lonely planet

LES ALPES DU NORD

ÉDITION ÉCRITE PAR
Claire Angot et Nolwenn Patrigeon

SOMMAIRE

Avant le départ

Haute-Savoie 64

Savoie 166

JAUNEDOE / STOCK.ADOBE.COM ©

MATTHIEU / STOCK.ADOBE.COM ©

Ci-dessus, à gauche : Grenoble (p. 274) ; à droite : lac de Saint-André (p. 173)

SOMMAIRE

VTT sur les hauteurs des Deux-Alpes (p. 351)

BARMALINI / STOCK.ADOBE.COM ©

En savoir plus

Carnet pratique

Haute-Savoie (p. 64)

Le mont Blanc, le lac d'Annecy et le Léman, le cirque du Fer-à-Cheval... La Haute-Savoie ne manque pas d'emblèmes alpins dont certains attirent les visiteurs du monde entier. C'est le paradis des marcheurs qui apprécient ses alpages fleuris.

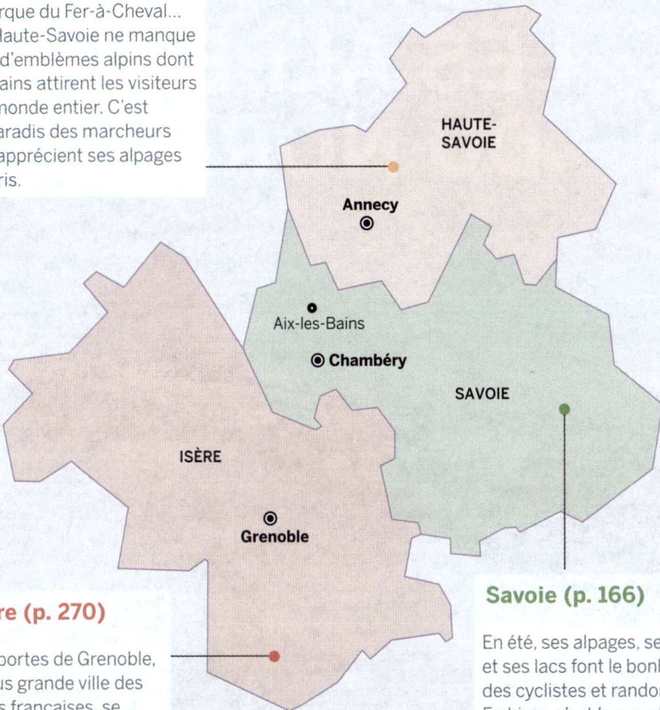

Isère (p. 270)

Aux portes de Grenoble, la plus grande ville des Alpes françaises, se trouvent tous les plaisirs de la montagne en Isère, quelle que soit la saison. Que vous randonniez ou que vous skiiez, ses massifs et ses sommets vous tendent les bras.

Savoie (p. 166)

En été, ses alpages, ses cols et ses lacs font le bonheur des cyclistes et randonneurs. En hiver, c'est le paradis blanc des skieurs avec de superbes domaines skiables et des stations renommées à l'international.

BIENVENUE
DANS
LES ALPES
DU NORD

Il y a 100 millions d'années, le rapprochement tectonique entre l'Afrique et l'Europe s'amorçait. Ainsi allaient naître les Alpes, et avec eux un cortège de sommets fascinants, de reliefs tourmentés et de vallées fertiles.

Au nord des Alpes françaises, les pays de Savoie et l'Isère sont un des endroits au monde où les possibilités d'activités en plein air (randonnée, escalade, ski, cyclisme, sports d'eaux vives...) sont les plus grandioses. Avec deux parcs nationaux d'exception (les Écrins et la Vanoise) et une quantité de réserves et de parcs naturels régionaux (Bauges, Chartreuse, Vercors), les randonneurs y évoluent dans des territoires extrêmement bien préservés, riche d'une faune sauvage et d'une flore vraiment remarquables. Les cyclistes, quant à eux, peuvent défier les cols mythiques du Tour de France : Madeleine, Galibier, Iseran, Aravis... Et avec trois vastes lacs naturels (lac du Bourget, lac Léman et lac d'Annecy) et de superbes lacs artificiels (Roselend, Monteynard, Mont-Cenis...), la baignade et les plaisirs nautiques sont loin d'être à la peine.

Nature rime avec culture : les admirables églises baroques et les musées passionnants vous retiendront. Dans cette région frontalière avec l'Italie et la Suisse, l'histoire se lit partout : les anciennes places fortes, les villages médiévaux et les centres anciens des villes sont les témoins des soubresauts qu'ont connu le Dauphiné et la maison de Savoie pendant plusieurs siècles.

Enfin, pour faire bonne chère, à vous les délicieux fromages d'alpage, les vins de Savoie, le miel de montagne... Les plus belles expériences alpines n'attendent que vous !

Randonnée aux lacs des Chéserys (p. 105)
SANDERSTOCK / STOCK.ADOBE.COM ©

CARTES DÉTAILLÉES
Haute-Savoie (p. 64)
Savoie (p. 166)
Isère (p. 270)
JURA
SUISSE
Lac Léman
Plages du Léman
Évian-les-Bains
Thonon-les-Bains
SUISSE
Saint-Claude
Gex
Vallée d'Abondance
Vallée d'Aulps
Abondance
CHABLAIS
Oyonnax
GENÈVE
Annemasse
Avoriaz
Morzine
Les Gets
Stations des Portes du Soleil
Bourg-en-Bresse
HAUTE-SAVOIE
Samoëns
Cirque du Fer-à-Cheval
AIN
Bellegarde-sur-Valserine
La Roche-sur-Foron
Cluses
Sixt-Fer-à-Cheval
PLATEAU DES GLIÈRES
Parmelan (1 832 m)
Sallanches
Chamonix-Mont-Blanc
Vallée de Chamonix
Ambérieu-en-Bugey
Saint-Gervais-les-Bains
Annecy
Col de la Forclaz et Tournette
CHAÎNE DES ARAVIS
Col des Aravis
Megève
Tramway du Mont-Blanc
Tunnel du Mont-Blanc
Mont Blanc (4 810 m)
Courmayeur
Rumilly
Abbaye d'Hautecombe
Semnoz
Lac d'Annecy
Belley
BEAUFORTAIN
Col du Petit-Saint-Bernard (2 188 m)
Lac du Bourget
Aix-les-Bains
MASSIF DES BAUGES
Parc naturel régional du Massif des Bauges
Albertville
Lac de Roselend
Bourg-Saint-Maurice
ITALIE
Sainte-Foy-Tarentaise
Les Arcs

ALTITUDE
2 000 m
1 000 m
500 m
200 m
0
SAVOIE
ISÈRE
DRÔME
HAUTES-ALPES
ITALIE
La Tour-du-Pin
Lac d'Aiguebelette
Chambéry
Parc naturel régional de Chartreuse
Massif de la Chartreuse
Voiron
Saint-Pierre-de-Chartreuse
MASSIF DE LA CHARTREUSE
Vallée du Haut-Bréda
Vallée du Grésivaudan
CHAÎNE DE BELLEDONNE
Isère
Grenoble
Lans-en-Vercors
Grottes de Choranges
Pont-en-Royans
Villard-de-Lans
Parc naturel régional du Vercors
La Chapelle-en-Vercors
Mémorial de la Résistance en Vercors
Vassieux-en-Vercors
Trièves
Monestier-de-Clermont
Col de Rousset (1 254 m)
Die
Chamrousse
Plateau d'Emparis
L'Alpe-d'Huez
Le Bourg-d'Oisans
Les Deux-Alpes
Mont Aiguille
MASSIF DES ÉCRINS
Parc national des Écrins
Barre des Écrins (4 102 m)
Valbonnais
VALGAUDEMAR
Drac
Orcières-Merlette
TARENTAISE
Moûtiers
La Plagne
Tignes
Val-d'Isère
Col de l'Iseran
Courchevel
VANOISE
Méribel-les-Allues
Parc national de la Vanoise
Bonneval-sur-Arc
Les Ménuires
Trois-Vallées
Val-Thorens
Lac du Mont-Cenis
Saint-Jean-de-Maurienne
Saint-Michel-de-Maurienne
Église baroque d'Avrieux
Modane
MAURIENNE
Valloire
Tunnel du Fréjus
Col du Galibier (2 642 m)
Mont Thabor (3 179 m)
Col du Lautaret (2 058 m)
Névache
Serre-Chevalier
Col de Montgenèvre (1 850 m)
Montgenèvre
Briançon
Col d'Izoard (2 642 m)
Durance
Parc naturel régional du Queyras

IEVGEN SKRYPKO / STOCK.ADOBE.COM ©

1 TUTOYER LES SOMMETS

Nul besoin de chausser des crampons et de savoir manier le piolet pour se hisser sur les plus beaux sommets des Alpes. Entre ciel et terre, téléphériques et télécabines vous transportent là où azur et glace s'entremêlent à perte de vue.

L'AIGUILLE DU MIDI (P. 106)

Emporté par un des plus hauts téléphériques d'Europe, on gagne en moins d'une demi-heure un sommet à plus de 3 800 m… avant de prendre l'ascenseur pour atteindre le point le plus haut de l'aiguille du Midi (p. 106), à 3 842 m d'altitude !

LA CIME DE CARON (P. 222)

Surplombant à 3 195 m d'altitude les domaines de Val-Thorens et des Trois-Vallées, la cime de Caron réserve une vision à 360° sur les Alpes. Le tout en moins de 5 minutes de téléphérique !

D'autres beaux balcons sur les Alpes

- **Vertige des Cimes** (p. 307)
- **Télécabine des Glaciers, La Plagne** (p. 239)
- **Mont Revard** (p. 199)
- **Le Chard du Beurre** (p. 211)
- **Le crêt de Châtillon** (p. 79)

LE TÉLÉPHÉRIQUE DE LA GRANDE MOTTE (P. 232)

Doté d'une cabine-terrasse, il permet d'aller admirer de près le glacier de la Grande-Motte, à 3 456 m d'altitude, et de profiter d'un superbe panorama sur le mont Pourri, le mont Blanc et la Grande Sassière.

LE BRÉVENT (P. 104)

Accessible par télécabine et téléphérique, le sommet du Brévent culmine à 2 525 m sur le versant le plus ensoleillé de la vallée de Chamonix. De bon augure pour des randonnées panoramiques dans la chaîne du Mont-Blanc.

2 RANDONNER DANS LES GRANDS PARCS

Sanctuaires écologiques soigneusement protégés, les parcs nationaux et régionaux des Alpes françaises, domaines des amoureux de la nature, sont beaucoup plus faciles d'accès qu'on ne l'imagine. Cheminer avec humilité au royaume des marmottes et des campanules sous le regard perçant des gypaètes barbus entre deux nuits en refuge... l'expérience est inoubliable.

↑ LE VERCORS (P. 304)
En façonnant le calcaire à leur guise, les éléments ont dessiné les paysages spectaculaires de ce parc naturel régional, au sein duquel coexistent faune et flore parmi les plus sauvages, et villages agricoles.

↑ LA VANOISE (P. 256)
Depuis les vallées de la Tarentaise ou de la Maurienne, 600 km de sentiers balisés permettent de s'approcher au plus près de glaciers impressionnants déclinant toutes les nuances de gris.

→ LA CHARTREUSE (P. 296)
À cheval sur l'Isère et la Savoie, ce parc que Stendhal surnommait "l'émeraude des Alpes" est apprécié pour ses combes verdoyantes. Toisé de hautes barres rocheuses, il est parcouru de rivières et cascades sublimes.

FRANÇOIS ROUX / STOCK.ADOBE.COM ©

↗ LES ÉCRINS (P. 348)

Ses 150 sommets à plus de 3 000 m impressionnent, mais le massif des Écrins se laisse facilement approcher grâce à ses sept vallées, dont celle du Vénéon, en Isère.

↓ LES BAUGES (P. 199)

Le territoire de la fameuse tome avec un seul "m" est une terre de pastoralisme qui compte plus de 14 sommets à plus de 2 000 m.
La promesse d'autant d'ascensions mémorables dans une nature préservée.

GUILLAUME ASTRUC / STOCK.ADOBE.COM ©

Où observer la faune alpine ?

- **Réserve naturelle des Aiguilles Rouges** (p. 112)
- **Vallon de Rosuel** (p. 239)
- **Parc de Merlet** (p. 114)
- **Parc du domaine de Vizille** (p. 287)

↘ LA TARENTAISE (P. 226)

Avec ses trois domaines skiables de légende, Trois-Vallées, Paradiski et Tignes-Val-d'Isère, la vallée de la Tarentaise concentre une quinzaine de stations et plus de 1 300 km de pistes.

Les meilleurs spots de ski de fond

- ▶ **Savoie Grand Revard** (p. 202)
- ▶ **Autrans-Méaudre** (p. 309)
- ▶ **Praz de Lys-Sommand** (p. 157)
- ▶ **Bessans** (p. 265)

↓ L'ALPE-D'HUEZ (P. 348)

Exposé plein sud, ce domaine arbore plus de 250 km de pistes. Luges sur rail, skis attelés (à cheval ou à chien), raquettes, motoneige... Les amoureux de la neige s'en donnent ici à cœur joie. En été, place aux fondus de VTT.

3

MONTER AU **PARADIS BLANC**

Depuis quelques années, les grandes stations agissent de concert pour offrir à leurs skieurs des terrains de glisse toujours plus vastes. Résultat, on peut passer une journée sur la poudreuse sans jamais reprendre le même télésiège ! Sélection de ces domaines d'exception que le monde nous envie.

SEBASTIEN_GERARD / STOCK.ADOBE.COM ©

↑ LES PORTES DU SOLEIL (P. 142)
Un ensemble de 650 km de pistes, à cheval sur huit stations françaises, dont Morzine-Avoriaz, Châtel et Abondance. Il est même possible de rejoindre quatre stations en Suisse...

CLAIRE ANGOT ©

← CHAMONIX-MONT-BLANC (P. 101)
Une destination mythique qui permet de skier au pied du mont Blanc quel que soit son niveau et, pourquoi pas, de s'initier au speedriding, au télémark ou au snowboard.

4 VAINCRE LES COLS MYTHIQUES

Le Tour de France les a rendus célèbres, mais nul besoin de s'escrimer sur un guidon pour profiter à plein de leurs panoramas ébouriffants. Accessible en voiture (ou à pied), ces grands cols font partie du patrimoine national. Photo souvenir obligatoire !

→ COL DES ARAVIS (P. 94)

Pourvu de corniches offrant une vue saisissante sur le Mont-Blanc, le col des Aravis, à presque 1 500 m d'altitude, est un excellent point de départ pour des balades à pied tranquilles ou des randonnées plus relevées.

↙ COL DU MONT-CENIS (P. 264)

Séparant l'Italie de la France, voici sans doute l'un des plus beaux cols de Savoie, assorti d'un magnifique lac de barrage de 668 ha et ceinturé par de magnifiques alpages fleuris tout l'été.

UNCLE SAM / STOCK.ADOBE.COM ©

MILOSK50 / STOCK.ADOBE.COM ©

← COL DE LA FORCLAZ (P. 86)

Pour l'un des plus beaux panoramas haut-savoyards, embrassant le lac d'Annecy, les sommets des Aravis, le Mont-Blanc et le massif des Bauges, direction le col de la Forclaz, au sud d'Annecy. Inoubliable !

Les meilleurs restaurants d'altitude

- **Refuge de Solaise** (p. 230)
- **Le Génépi** (p. 351)
- **Chez Pépé Nicolas** (p. 222)

↓ COL DE L'ISERAN (P. 228)

Frontière naturelle entre les deux grandes vallées savoyardes de la Maurienne et de la Tarentaise, le plus haut col routier des Alpes a gardé son caractère sauvage, notamment côté Bonneval-sur-Arc.

SAVOIELEYSSE / STOCK.ADOBE.COM ©

5 PLONGER DANS LES **LACS DE MONTAGNE**

Bénéficiant d'un ensoleillement record et d'une eau dépassant les 25°C, sans parler du panorama qui les entoure, ils font le bonheur des baigneurs et des amateurs de nautisme. Bateaux de croisière, voiliers, pédalos, paddles, barques électriques… il y en a pour tout le monde.

↓ LE LAC DU BOURGET (P. 186)

Surplombé par l'imposante dent du Chat, le plus grand et plus profond lac naturel de France a conservé cet aspect sauvage si apprécié des âmes romantiques.

MINICEL73 / STOCK.ADOBE.COM ©

→ LE LAC D'AIGUEBELETTE (P. 179)

Il se distingue par la couleur bleu-vert de son eau frôlant parfois les 30°C, ses sept plages de sable fin et ses possibilités d'activités nautiques (bateau électrique, aviron) qui pour autant ne viennent jamais troubler la quiétude des lieux.

MONIQUE POUZET / STOCK.ADOBE.COM ©

MARIUS DOICOV ©

↗ LE LAC D'ANNECY (P. 81)
On profite de ses berges à vélo, de ses plages en maillot et de son eau transparente en pédalo. Au milieu de massifs préalpins, le "Grand Lac" assume son urbanité chic tandis que le "Petit Lac" se veut plus sauvage.

VOUVRAYSAN / STOCK.ADOBE.COM ©

← LE LAC LÉMAN (P. 130)
Parce que ses eaux sont de très bonne qualité, le Léman attire les baigneurs de tout poil, justifiant ainsi son statut de "mer intérieure" des Alpes.

Le top des lacs de barrage

- **Lac de Roselend** (p. 207)
- **Lac du Crozet** (p. 291)
- **Lac de Saint-Guérin** (p. 208)
- **Lac du Chevril, Tignes** (p. 231)

6 FAIRE LE PLEIN DE FROMAGES

Fromages et pâturages sont les mamelles des Alpes françaises. Nombre d'exploitations fermières ouvrent leurs portes pour faire découvrir les différentes étapes de fabrication d'un produit, véritable emblème de toute une région.

TOMFRY / STOCK.ADOBE.COM ©

↑ LA TOME DES BAUGES (P. 202)
Parmi la centaine de variétés de tomme de Savoie, la tome des Bauges se distingue, et pas seulement en raison de son "m" en moins. Pour un pique-nique, son goût fruité se marie à merveille avec le pain de campagne.

→ L'ABONDANCE (P. 151)
Ce fromage doit son nom à la vallée qui l'a vu naître, le val d'Abondance, et à la race bovine qui lui donne son lait. Son goût de noisette et sa légère pointe d'amertume en font un des fromages stars des Alpes.

D_E_R_I_C / STOCK.ADOBE.COM ©

GALAM / STOCK.ADOBE.COM ©

↑ LE BEAUFORT (P. 205)

Originaire du Beaufortain, qu'il soit d'été (au goût fruité et floral) ou d'hiver (lorsque les vaches sont nourries au foin), le "prince des gruyères" est un des trois fromages (avec le comté et l'emmental) indispensables à une bonne fondue savoyarde.

↓ LE REBLOCHON (P. 371)

Essentiellement produit dans le massif des Aravis et dans le Val d'Arly grâce au lait crémeux de la seconde traite, le plus vendu des fromages savoyards se déguste cru ou bien fondu dans une délicieuse tartiflette, à savourer au chaud après une journée sur les pistes.

ILLUSTREZ-VOUS / STOCK.ADOBE.COM ©

Et pour accompagner le fromage

- ▶ Vin de Savoie (p. 178)
- ▶ Crozets (p. 372)
- ▶ Confiture de myrtilles (p. 372)
- ▶ Noix de Grenoble

HERR KAISER / STOCK.ADOBE.COM ©

7 SILLONNER LES VALLÉES

Laissez-vous submerger par la grandeur de ces espaces naturels à la force indomptable. Plateaux isolés, vallées à l'abri des grandes migrations touristiques, sommets oubliés... Bien qu'étant une destination de vacances très prisée, les Alpes françaises n'ont rien perdu de leur authenticité.

↙ LA VALLÉE DE LA TARENTAISE (P. 226)

L'hiver, cette vallée dessinée par l'Isère est le paradis des skieurs et des snowboarders. L'été, hameaux au bâti préservé, lacs d'altitude et alpages fleuris y composent des paysages paisibles à souhait.

OLIVIER CIRENDINI ©

← LE TRIÈVES (P. 323)

Microrégion iséroise dont les vallées fertiles s'étendent entre le massif du Vercors et la chaîne du Dévoluy, le Trièves et ses villages pittoresques constituèrent un refuge pour les huguenots durant les guerres de Religion.

Le top des stations-villages

- **Chablais** (p. 133)
- **Vallée d'Abondance** (p. 149)
- **Arêches-Beaufort** (p. 205)
- **Domaine des 7 Laux** (p. 294)

↓ LA VALLÉE DE LA HAUTE MAURIENNE (P. 254)

Authentique, cette partie de la Maurienne recèle un intéressant patrimoine historique et religieux, et permet dans le même temps de s'immerger dans des paysages naturels éblouissants !

AIDE / STOCK.ADOBE.COM ©

ISO 68 / STOCK.ADOBE.COM ©

← LA VALLÉE DU GIFFRE (P. 155)

De Mieussy au cirque du Fer-à-Cheval, majestueux amphithéâtre de falaises calcaires, vous voici dans l'eldorado de la balade. À pied, à vélo, à cheval ou en raquettes.

↑ YVOIRE (P. 131)

Village sentinelle posé au bord du lac Léman, Yvoire fut fortifié par Amédée V le Grand au XIVe siècle. Admirez ses portes anciennes, son donjon et son château.

Les plus beaux forts et châteaux perchés

- **Barrière de l'Esseillon** (p. 255)
- **Château de Miolans** (p. 178)
- **Menthon-Saint-Bernard** (p. 83)

↓ CONFLANS (P. 203)

Cette petite cité médiévale fortifiée, juchée sur un rocher à la confluence (d'où son nom) de l'Arly et de l'Isère, séduit ses visiteurs en baguenaude au fil de ses jolies ruelles pavées.

8

APPLAUDIR **LES BÂTISSEURS MONTAGNARDS**

De belles prouesses architecturales ont été réalisées pour s'adapter aux reliefs tourmentés des Alpes : cités de pierre bâties pour résister aux climats extrêmes ou forteresses érigées pour intimider les envahisseurs sont les témoins d'une histoire souvent rude et mouvementée.

STUDIOBIGOTE / STOCK.ADOBE.COM ©

↑ BONNEVAL-SUR-ARC (P. 267)
Au bout de la vallée de la Maurienne, Bonneval-sur-Arc, classé parmi les Plus Beaux Villages de France, nous transporte au pays de *Belle et Sébastien*.

AURÉLIEN ANTOINE / STOCK.ADOBE.COM ©

← HAUTELUCE (P. 209)
En contrebas de la station des Saisies, cette petite cité montagnarde s'articule autour de sa superbe église Saint-Jacques-d'Assyrie, reconnaissable à son bulbe en écailles métalliques et à ses fresques extérieures en trompe-l'œil.

9 S'OFFRIR UNE **VIRÉE CITADINE**

Valorisées dans l'imaginaire collectif par leur proximité avec les plus hauts sommets et les plus beaux lacs d'Europe, les grandes villes alpines renferment bien des trésors : des châteaux dans lesquels s'est nouée l'histoire de la région, des musées à visiter (même quand il ne pleut pas) et des rues commerçantes animées bordées de restaurants de plus en plus qualitatifs.

↑ ANNECY (P. 68)
Les façades ocre, rose et saumon de ses immeubles donnent à la ville un faux air d'Italie, le dédale de ruelles autour de la maison forte du palais de l'Île nous transporte en plein Moyen Âge, tandis que les abords du lac dégagent une atmosphère enivrante de Belle Époque.

↓ CHAMBÉRY (P. 170)

Dominée par le château des ducs de Savoie, la préfecture savoyarde arbore un joli centre ancien rythmé par d'élégants hôtels particuliers du XVIe et du XVIIIe siècle. D'étonnants raccourcis – les allées – permettent de passer d'une ruelle pavée à l'autre, ni vu ni connu.

BORISB17 / STOCK.ADOBE.COM ©

Le top des cités thermales

- Évian (p. 138)
- Thonon-les-Bains (p. 133)
- Aix-les-Bains (p. 187)
- Uriage-les-Bains (p. 286)

→ GRENOBLE (P. 274)

Juxtaposition de boulevards haussmanniens et de ruelles piétonnières, le centre historique de Grenoble dégage une atmosphère exquise de capitale à la montagne. Les nombreux musées (gratuits !) retraçant l'histoire de la région n'y sont pas pour rien.

CRILEY / STOCK.ADOBE.COM ©

10 ADMIRER LES TRÉSORS **DE L'ART RELIGIEUX**

Ornementation baroque, architecture néomédiévale, œuvres modernes multicolores… Dans les Alpes du Nord, les édifices religieux passent rarement inaperçus. Un décor ostentatoire qui fait écho aux paysages dans lesquels s'inscrivent ces joyaux du patrimoine national.

↑ LES ÉDIFICES BAROQUES DE MAURIENNE **(P. 243)**

Val-Cenis, Avrieux, Bessans… Les églises et chapelles de la vallée de la Maurienne collectionnent les fresques colorées, les dorures et les angelots, témoignages des grands moyens déployés aux XVIIe et XVIIIe siècles par l'Église catholique pour contrer la Réforme.

↓ L'ÉGLISE NOTRE-DAME-DE-TOUTE-GRÂCE, PLATEAU D'ASSY (P. 118)

Construite de 1937 à 1946, cette église est un temple à la gloire de l'art moderne. Pierre Bonnard, Georges Braque, Marc Chagall, Fernand Léger, Henri Matisse... entre autres artistes célèbres, ont signé la décoration de la nef.

EDOUARD BAL ©

Les plus belles églises baroques

- **Saint-Pierre d'Extravache, Bramans** (p. 260)
- **Saint-Nicolas-de-Véroce, Saint-Gervais-les-Bains** (p. 125)
- **Notre-Dame des Vernettes, Peisey-Vallandry** (p. 224)
- **Notre-Dame-de-la-Gorge, Les Contamines-Montjoie** (p. 129)

→ L'ABBAYE D'HAUTECOMBE (P. 197)

Phare religieux planté sur la côte sauvage du lac du Bourget, Hautecombe ouvre son église au public. Loin de la sobriété prônée par les Cisterciens à l'origine de l'abbaye, sculptures, bas-relief, trompe-l'œil... le style troubadour du XIXe siècle atteint ici son paroxysme.

MONIQUE POUZET / STOCK.ADOBE.COM ©

LES ALPES DU NORD
SANS VOITURE

Le réseau ferroviaire est particulièrement dense dans les Alpes du Nord. Chacun des grands lacs (Annecy, Bourget, Léman et Aiguebelette) est ainsi accessible en train. Il est même possible de rejoindre les grands espaces naturels des parcs nationaux de la Vanoise et des Écrins par le rail grâce aux gares de Saint-Jean-de-Maurienne, Modane, Bourg-Saint-Maurice ou Briançon. Un réseau de bus et de navettes complète cette offre, en hiver pour rejoindre les stations de ski, ou en été pour se perdre dans les massifs montagneux.

Les transports à la carte

Train Outre les villes principales de la région, le réseau parcourt l'ensemble des vallées et permet ainsi de s'approcher au plus près de ses trésors naturels : Chartreuse, Vercors, Bauges, Mont-Blanc, Vanoise ou Écrins.

Bus Dans l'ensemble de la région, les réseaux de bus sont gérés par une plateforme commune, www.laregionvoustransporte.fr, qui permet d'organiser de manière relativement fluide un périple sans voiture.

Vélo Avec ses routes en lacet et ses cols mythiques, la région est le paradis des fous du guidon. Nul besoin de trop souffrir pour s'offrir les plus belles routes en altitude ; de superbes itinéraires sont accessibles à tous grâce au vélo électrique. Vous pourrez généralement embarquer votre vélo sur les lignes TER.

0 50 km

AIN

Annecy et son lac (p. 68)
La "Venise des Alpes" est facilement accessible en TGV depuis Paris, et en TER depuis Lyon, Valence, Grenoble, Chambéry et Chamonix. En été, des bus gratuits desservent le Semnoz et le plateau des Glières. Et une piste cyclable longe le lac dont on peut faire le tour.

ISÈRE

Trois-Vallées (p. 216)
Courchevel, Méribel, Val-Thorens... Le plus grand domaine skiable au monde est accessible en TGV, et des navettes relient toutes les stations.

DRÔME

ARDÈCHE

Vercors (p. 304)
Depuis Grenoble, on rejoint aisément Lans-en-Vercors, point de départ de belles randonnées dans le massif, avec les lignes des Cars Région T64 et T65.

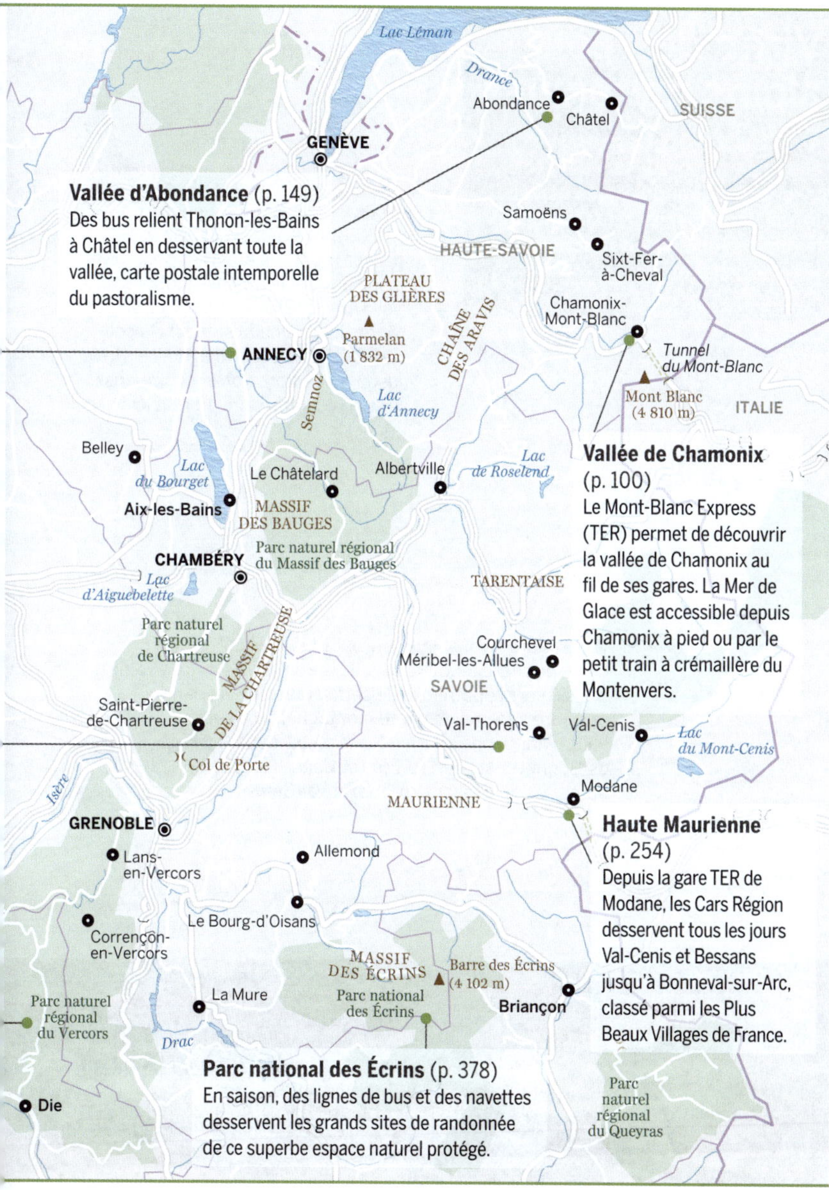

Vallée d'Abondance (p. 149)
Des bus relient Thonon-les-Bains à Châtel en desservant toute la vallée, carte postale intemporelle du pastoralisme.

Vallée de Chamonix (p. 100)
Le Mont-Blanc Express (TER) permet de découvrir la vallée de Chamonix au fil de ses gares. La Mer de Glace est accessible depuis Chamonix à pied ou par le petit train à crémaillère du Montenvers.

Haute Maurienne (p. 254)
Depuis la gare TER de Modane, les Cars Région desservent tous les jours Val-Cenis et Bessans jusqu'à Bonneval-sur-Arc, classé parmi les Plus Beaux Villages de France.

Parc national des Écrins (p. 378)
En saison, des lignes de bus et des navettes desservent les grands sites de randonnée de ce superbe espace naturel protégé.

ITINÉRAIRE
5 À 8 JOURS

SANS VOITURE

Virée des cols alpins mythiques

À vélo, qu'il soit classique ou électrique, prenez la tangente sur la route des Grandes Alpes ! Aravis, Iseran, Mont-Cenis... vous franchirez les cols mythiques où se sont jouées les plus belles étapes du Tour de France.

Le Grand-Bornand – Beaufort (p. 205) Traversez La Clusaz (p. 94), passez le col des Aravis et poursuivez jusqu'en Savoie avec les stations du Val d'Arly (p. 213) et leurs vues sur le Mont-Blanc. Une fois franchi le col des Saisies, laissez-vous descendre jusqu'à Beaufort. Votre récompense : le succulent fromage produit ici !

57 km

Val-d'Isère – Val-Cenis (p. 259) Plus haut col routier des Alpes, le légendaire col de l'Iseran (2 764 m, p. 228) sera l'apothéose de cette étape difficile dans un cadre sublime de haute montagne. Arrivé en haute Maurienne, marquez une pause dans le village de Bonneval-sur-Arc (p. 267) et visitez les églises baroques de Bessans (p. 265) et Val-Cenis.

48,4 km

SANS VOITURE

Cluses (p. 164) – **Le Grand-Bornand** (p. 97) Commencez votre périple à Cluses, accessible en train. Votre première étape vous fera découvrir le superbe massif des Aravis en passant par le Reposoir (p. 164) et le col de la Colombière (1 613 m). À votre arrivée, prenez le temps de flâner dans le charmant hameau du Chinaillon (p. 97).
30,30 km

Beaufort – Bourg-Saint-Maurice (p. 233) Cette étape difficile fait passer du Beaufortain à la Tarentaise au fil de paisibles paysages d'alpages d'une beauté saisissante. Il longe le lac de Roselend (p. 207) juste avant l'ascension mythique du cormet de Roselend (1 968 m), avant de redescendre tranquillement aux portes de la Tarentaise.
39,7 km

Bourg-Saint-Maurice – Val-d'Isère (p. 226) Jusqu'à Sainte-Foy-Tarentaise, délaissez la voie verte et optez pour la variante par La Rosière (p. 235) et Montvalezan : à vous les vues sur les glaciers de la Vanoise ! Vient ensuite le lac de Tignes (p. 231), sur un des plus hauts barrages d'Europe, puis Val-d'Isère, dernier village avant le col de l'Iseran.
34,41 km

Val-Cenis – Oulx, en Italie Après Val-Cenis, le col du Mont-Cenis (2 081 m, p. 264) s'atteint après avoir franchi 683 m de pente sur 10 km. La récompense ? Le magnifique lac du Mont-Cenis et son panorama grandiose ! Passé la frontière italienne, voilà les petites villes de charme du val de Suze, puis Oulx et sa gare TGV.
72,25 km

ITINÉRAIRE
10 JOURS

Découvrir l'Isère en mode zéro carbone

En établissant votre camp de base à Grenoble, vous serez proche de plusieurs sites incontournables du département et gagnerez rapidement de très beaux spots de randonnée.

Grenoble (p. 274) Prévoyez 2 jours pour visiter Grenoble et ses musées. Empruntez le téléphérique pour vous hisser sur les hauteurs de la ville et jouir d'un panorama splendide vers la Chartreuse, Belledonne, le Vercors... De quoi vous mettre en appétit pour la suite !
De Grenoble, les lignes de bus T75, 90 et 91 mènent au domaine de Vizille.

Vercors (p. 304) Autre jour, autre massif ! Partez à l'assaut du plateau du Vercors depuis Lans-en-Vercors (p. 304). Élancez-vous sur la passerelle "Vertige des Cimes", un fabuleux balcon sur les Alpes. Explorez le plateau des Allières ou celui des Ramées en randonnée.
On rejoint Lans-en-Vercors depuis Grenoble avec la ligne T64 ou T65.

Trièves (p. 323) Dotée de curieux monts rappelant les paysages du Far West, cette microrégion peu habitée est un éden pour les randonneurs. Observez le maître de céans, le magnétique mont Aiguille (2 087 m), illuminer les lieux. Et faites le plein de nature dans cet espace préservé !
Depuis Grenoble, prenez le TER jusqu'à la gare de Clelles. De là, gagnez Chichilianne grâce au service SNCF de taxi à la demande (p. 325).

SANS VOITURE

Chartreuse (p. 296) Saint-Pierre-de-Chartreuse (p. 296) est le cœur actif de ce très beau massif. À la Correrie, vous pourrez découvrir la vie des moines de l'ordre des Chartreux, avant de partir pour une belle randonnée autour du magnifique monastère, ou bien vers le Grand Som.
Depuis Grenoble, la ligne de bus T40 dessert Saint-Pierre-de-Chartreuse.

2 **Domaine de Vizille** (p. 287) Partez à la journée découvrir ce très beau château du XVIIe siècle qui abrite un musée dédié à la Révolution française. Prévoyez un pique-nique et une belle balade dans le parc du château (plus de 100 ha). Vous pourrez contempler cerfs, biches et daims depuis des observatoires.
Depuis Grenoble, les lignes de bus T75, 90 et 91 vous permettront de faire l'aller-retour jusqu'au domaine de Vizille.

ITINÉRAIRE
7 JOURS

SANS VOITURE

Échappée ferroviaire et étapes citadines

Au rythme du train, laissez-vous bercer par cet itinéraire jalonné de visites culturelles, dans des cités alpines riches en histoire et en patrimoine.

1 **Annecy** (p. 68) Débutez par la découverte de la Venise des Alpes : son cœur médiéval, ses canaux, son château et les anciennes prisons du palais de l'Île. Vous pouvez louer un vélo pour faire le tour du lac.
D'Annecy, TER jusqu'à Aix-les-Bains

2 **Aix-les-Bains** (p. 187) Faites halte dans la jolie cité thermale chère à Lamartine et veillée par la dent du Chat. Admirez les palaces Belle Époque et enfourchez un vélo pour arpenter les rives du lac du Bourget, sauvages à souhait.
D'Aix-les-Bains, TER jusqu'à Chambéry-Challes-les-Eaux

3 **Chambéry** (p. 170) Laissez-vous charmer par le vieux Chambéry, ses passages et "allées", son château et le trompe-l'œil de sa cathédrale. Le musée Jean-Jacques Rousseau vaut vraiment le détour.
De Chambéry-Challes-les-Eaux, TER jusqu'à Grenoble

4 **Grenoble** (p. 274) Les férus d'histoire apprécieront la visite de l'étonnant musée archéologique Saint-Laurent, qui vous fera revivre intensément 2 000 ans du passé de la ville. Soif d'art ? Prévoyez plusieurs heures au musée des Beaux-Arts pour admirer la peinture occidentale du XIIIe siècle à aujourd'hui.

ITINÉRAIRE
7 JOURS

SANS VOITURE

Une semaine en Haute-Savoie

Sous l'œil du mont Blanc, approchez séracs et glaciers alpins depuis Chamonix, cédez aux plaisirs nautiques à Annecy, la merveilleuse Venise des Alpes, et voguez sur le lac Léman, véritable mer à la montagne.

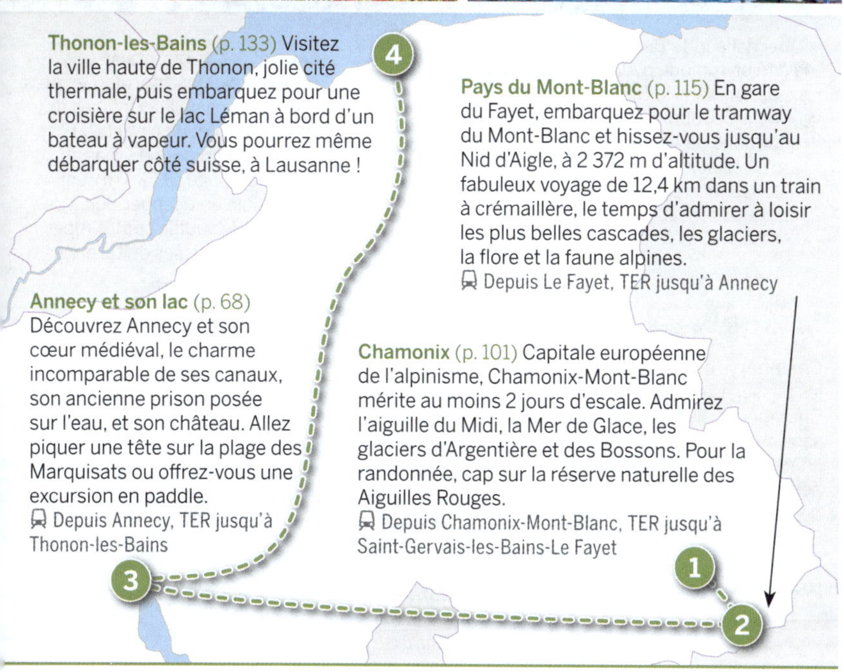

Chamonix (p. 101) Capitale européenne de l'alpinisme, Chamonix-Mont-Blanc mérite au moins 2 jours d'escale. Admirez l'aiguille du Midi, la Mer de Glace, les glaciers d'Argentière et des Bossons. Pour la randonnée, cap sur la réserve naturelle des Aiguilles Rouges.

🚆 Depuis Chamonix-Mont-Blanc, TER jusqu'à Saint-Gervais-les-Bains-Le Fayet

Pays du Mont-Blanc (p. 115) En gare du Fayet, embarquez pour le tramway du Mont-Blanc et hissez-vous jusqu'au Nid d'Aigle, à 2 372 m d'altitude. Un fabuleux voyage de 12,4 km dans un train à crémaillère, le temps d'admirer à loisir les plus belles cascades, les glaciers, la flore et la faune alpines.

🚆 Depuis Le Fayet, TER jusqu'à Annecy

Annecy et son lac (p. 68) Découvrez Annecy et son cœur médiéval, le charme incomparable de ses canaux, son ancienne prison posée sur l'eau, et son château. Allez piquer une tête sur la plage des Marquisats ou offrez-vous une excursion en paddle.

🚆 Depuis Annecy, TER jusqu'à Thonon-les-Bains

Thonon-les-Bains (p. 133) Visitez la ville haute de Thonon, jolie cité thermale, puis embarquez pour une croisière sur le lac Léman à bord d'un bateau à vapeur. Vous pourrez même débarquer côté suisse, à Lausanne !

ITINÉRAIRE 8 JOURS

SANS VOITURE

Cocktail savoyard

Depuis l'agréable Chambéry, vous gagnerez successivement plusieurs grandes vallées, au caractère bien distinct. L'occasion d'apprécier des villages de montagne préservés, de s'extasier devant des églises baroques et de randonner dans des paysages de toute beauté.

3

4

1 **Chambéry** (p. 170) Arpentez les passages et ruelles du vieux Chambéry, saluez les "Quatre sans cul", montez jusqu'au château. Et gardez quelques heures de visite pour la maison de Rousseau et le musée des Beaux-Arts.

TER jusqu'à Modane, et navette pour Bonneval-sur-Arc

2 **Maurienne** (p. 243) Tout au fond de la vallée de la haute Maurienne, Bonneval-sur-Arc, classé parmi les Plus Beaux Villages de France, vous attend à 1 850 m d'altitude. Admirez les chalets en pierre et bois coiffés d'un toit de lauze et partez randonner dans les environs.

Revenir à Modane, puis TER pour Albertville et navette pour Arêches-Beaufort

3 **Albertville et le Beaufortain** (p. 203) Gagnez la cité olympique d'Albertville et partez en excursion dans le Beaufort, le petit "Tyrol savoyard". Depuis Arêches-Beaufort, une randonnée de 4 heures 30 permet d'atteindre le merveilleux lac de Roselend.

Depuis Albertville, TER jusqu'à Bourg-Saint-Maurice et funiculaire jusqu'aux Arcs

4 **Les Arcs et la Tarentaise** (p. 236) Paradis pour les sportifs, Les Arcs offre des possibilités infinies de randonnées et de circuits VTT. Le point culminant du massif, l'aiguille Rouge (3 226 m), est accessible en téléphérique. Vue à couper le souffle sur les Alpes françaises, suisses et italiennes !

ITINÉRAIRE
4 JOURS

SANS VOITURE

Tour des Bauges à vélo

Accessible à tous, cet itinéraire presque plat fait le tour du massif des Bauges et offre l'occasion de baignades et de dégustations de vin. En fin de parcours, vous pourrez voguer sur le lac du Bourget et découvrir ses pépites.

Annecy (p. 68) **– Albertville** (p. 203)
Prenez le temps de découvrir la vieille ville d'Annecy, ses arcades et ses canaux, puis longez la voie verte du lac sur la rive ouest en vous ménageant de belles pauses plage, par exemple à Saint-Jorioz ou à Doussard. Reprenez la direction d'Ugine pour rejoindre Albertville.
🚲 44,5 km ; possibilité de faire cette étape en bateau d'Annecy à Doussard en saison, en embarquant son vélo.

Albertville – Montmélian (p. 178)
D'Albertville, suivez le cours de l'Isère en direction de la Combe de Savoie, connue pour ses délicieux vins de Savoie Chignin-Bergeron. Halte baignade possible aux lacs de Grésy-sur-Isère ou de Carouge, veillé par le sublime synclinal perché de l'Arclusaz. Ne ratez pas le musée de la Vigne de Montmélian.
🚲 41,29 km

Montmélian – Aix-les-Bains (p. 187)
Mettez le cap sur Chambéry, et visitez son château et ses ruelles. Empruntez ensuite la voie verte qui mène jusqu'à Aix-les-Bains en longeant le lac du Bourget par sa rive est. À votre arrivée, allez admirer les vieux palaces et le centre-ville d'Aix.
🚲 37 km

Aix-les-Bains – Chanaz (p. 194) Depuis Aix-les-Bains, vous rallierez facilement Annecy en TER, mais avant cela, en saison, pourquoi ne pas vous offrir une belle croisière sur le lac du Bourget avec escale à l'abbaye d'Hautecombe (p. 197) et au charmant village de Chanaz ?
⛴ Prévoyez la journée pour la croisière avec deux escales.

ITINÉRAIRE
2-3 JOURS

Idées week-end

Envie d'une escapade au grand air ? Les villes alpines et certains massifs sont facilement accessibles en train et bus, et se prêtent bien à de courts séjours. De quoi séduire à la fois les amateurs de culture et les sportifs !

Week-end romantique à Annecy (p. 68)
Il faut au moins un week-end pour avoir le temps de bien appréhender les charmes d'Annecy, se perdre et se reperdre dans son dédale de canaux, grimper jusqu'à son musée-château... Et finir en beauté en louant une barque au pont des Amours pour aller voguer sur le lac, cerné par les massifs préalpins.

1

Aix-les-Bains et le lac du Bourget (p. 187) Faites d'abord halte à Aix-les-Bains pour profiter des eaux thermales et vous faire dorloter dans un spa. Promenez-vous au bord du magnifique lac naturel du Bourget, qui séduit par son caractère sauvage. Pour une vue d'ensemble, prenez une navette pour le mont Revard. À 1 537 m d'altitude, une plateforme de verre située au-dessus du vide vous permettra d'admirer le lac et les montagnes qui le cernent. Fabuleux !
🚌 L'été, la ligne Nature relie Aix-les-Bains à La Féclaz en passant par Le Revard.

2

Grenoble et le Vercors (p. 274 et 304)
En plus de sa vieille ville, Grenoble regorge d'excellents musées pour se laisser conter art et histoire. Offrez-vous ensuite une mémorable randonnée dans le Vercors. Depuis Villard-de-Lans, accessible en bus, gagnez par exemple le refuge de la Soldanelle. Entre falaises abruptes et décor minéral, à vous les panoramas sur le Trièves et les Alpes du Sud.
🚌 Les Cars Région T64 desservent la station de Villard-de-Lans.

3

SANS VOITURE

4

Bol d'air au bord du lac Léman (p. 130)
Au nord de la Haute-Savoie, laissez passer le temps sur les 53 km de rives du lac Léman, avec vue sur la Suisse. Laissez-vous charmer par l'atmosphère Belle Époque des stations thermales d'Évian-les-Bains (p. 138) et de Thonon-les-Bains (p. 133). Vous pourrez louer un vélo pour partir en excursion vers les charmants villages lacustres d'Yvoire (p. 131) ou de Nernier (p. 134).
Évian-les-Bains et Thonon-les-Bains sont desservis par le train.

4

1

10 RANDONNÉES DANS LES ALPES DU NORD

Quelle que soit la difficulté que vous choisirez pour votre randonnée, les Alpes du Nord vous offriront un cadre formidable : des sentiers d'exception y donnent vue sur de majestueux sommets et de superbes lacs, traversent des alpages, des prairies et des forêts, et mènent à la rencontre de marmottes ou de bouquetins.

Partir en randonnée avec la FFRandonnée

La FFRandonnée La Fédération française de la randonnée pédestre, c'est près de 250 000 adhérents, 3 500 associations affiliées, 215 000 km de sentiers balisés GR® et PR, 110 comités régionaux et départementaux, 20 000 bénévoles, animateurs et baliseurs.

Les baliseurs-collecteurs Pour que chacun puisse cheminer sereinement, 8 500 bénévoles passionnés s'activent toute l'année, garants d'un réseau d'itinéraires, sélectionnés et aménagés selon des critères de qualité.

Les types de balisage

- *GR® (Grande Randonnée®) : blanc et rouge*
- *GR® de Pays (Grande Randonnée® de Pays) : jaune et rouge*
- *PR (Promenade & Randonnée) : jaune*

La FFRandonnée dans les Alpes du Nord
Pour plus d'informations sur la randonnée dans la région, consultez le site Internet du comité régional (auvergne-rhone-alpes.ffrandonnee.fr) ou ceux des comités départementaux (haute-savoie.ffrandonnee.fr ; savoie.ffrandonnee.fr ; isere.ffrandonnee.fr).

Parmelan – massif des Bornes (p. 46)

Trélod – massif des Bauges (p. 55)

Refuge du Taillefer (p. 57)

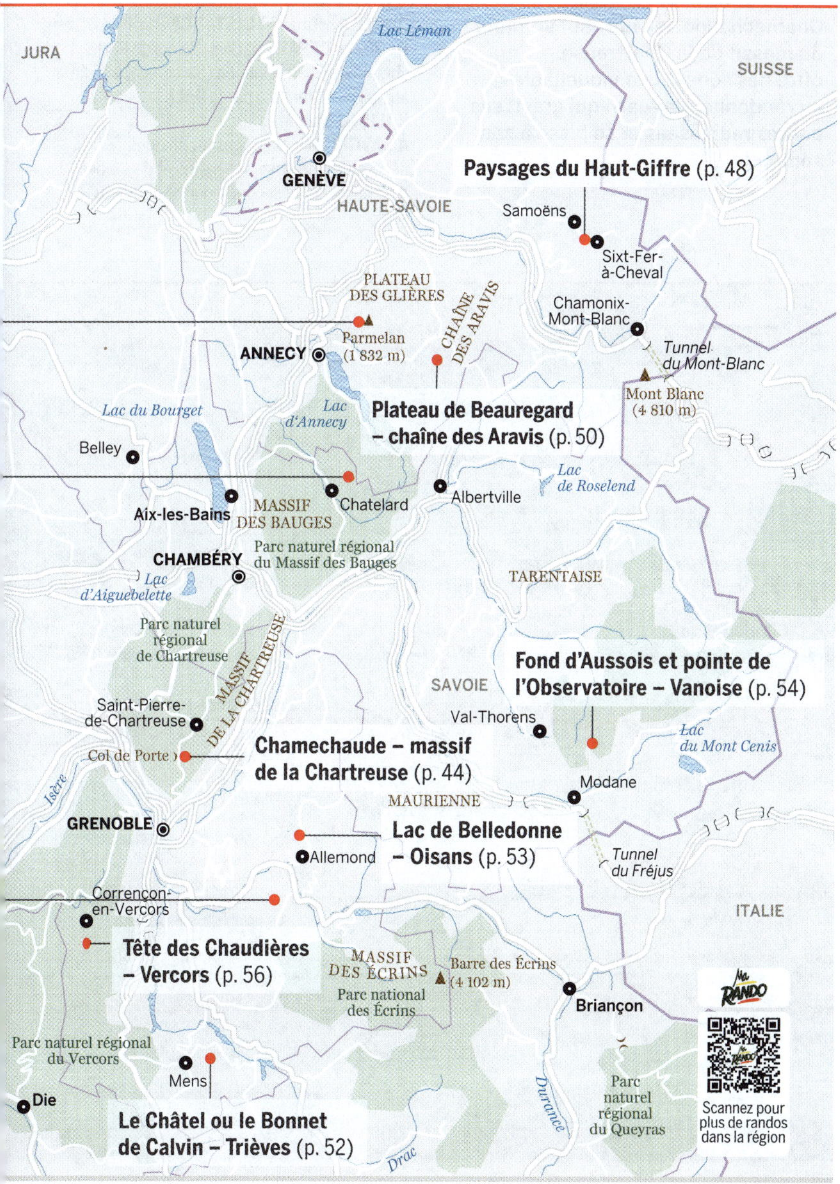

JURA
Lac Léman
SUISSE
GENÈVE
HAUTE-SAVOIE
Paysages du Haut-Giffre (p. 48)
Samoëns
Sixt-Fer-à-Cheval
PLATEAU DES GLIÈRES
CHAÎNE DES ARAVIS
Chamonix-Mont-Blanc
Tunnel du Mont-Blanc
Parmelan (1 832 m)
ANNECY
Mont Blanc (4 810 m)
Lac du Bourget
Lac d'Annecy
Plateau de Beauregard – chaîne des Aravis (p. 50)
Belley
Lac de Roselend
Albertville
Aix-les-Bains
MASSIF DES BAUGES
Chatelard
Parc naturel régional du Massif des Bauges
CHAMBÉRY
Lac d'Aiguebelette
TARENTAISE
Parc naturel régional de Chartreuse
MASSIF DE LA CHARTREUSE
SAVOIE
Fond d'Aussois et pointe de l'Observatoire – Vanoise (p. 54)
Saint-Pierre-de-Chartreuse
Val-Thorens
Lac du Mont Cenis
Col de Porte
Chamechaude – massif de la Chartreuse (p. 44)
Isère
Modane
MAURIENNE
GRENOBLE
Lac de Belledonne – Oisans (p. 53)
Allemond
Tunnel du Fréjus
Corrençon-en-Vercors
ITALIE
Tête des Chaudières – Vercors (p. 56)
MASSIF DES ÉCRINS
Barre des Écrins (4 102 m)
Parc national des Écrins
Briançon
Ma Rando
Parc naturel régional du Vercors
Mens
Durance
Parc naturel régional du Queyras
Die
Scannez pour plus de randos dans la région
Le Châtel ou le Bonnet de Calvin – Trièves (p. 52)
Drac

CHAMECHAUDE (MASSIF DE LA CHARTREUSE)

Chamechaude, le plus haut sommet du massif de la Chartreuse, offre des sensations inoubliables au randonneur aguerri qui gravit ses pentes redressées et se hisse à son sommet.

DURÉE 4 heures 30 **DISTANCE** 8 km
D+ 762 m **DÉPART** parking du col de Porte, chemin de Chamechaude (Sarcenas), à 15 km au nord de Grenoble par la D512
BALISAGE jaune
À SAVOIR deux passages techniques nécessitent de poser les mains et de s'aider d'un câble sur le second pour se hisser au sommet.

FFRandonnée

> *Attention, le parcours évolue en milieu escarpé et le final est aérien. Néanmoins, il est possible de s'arrêter à l'antécime et de profiter du panorama. Bien rester sur le chemin balisé pour limiter l'érosion de ce parcours très fréquenté ; présence de chiens de berger en été.*

1 Au col de Porte, prendre le chemin de Chamechaude (à droite du restaurant) jusqu'au poteau "Col de Porte" (1 325 m) situé au bout du parking en lisière de bois. Remonter l'ancienne piste de ski en tenant la lisière du bois sur la gauche pour gagner le poteau "Forêt Sectionnale" (1 370 m) et s'élever dans la forêt jusqu'à la cabane de Bachasson (1 635 m).

2 Tourner à gauche en direction de Chamechaude et poursuivre l'ascension jusqu'au poteau "La Folatière" (1 743 m) situé sous le rocher **[observer au-dessus du chemin le rocher rendu spectaculaire par une forte érosion]**.

3 Prendre à droite en direction de Chamechaude ; la présence des pins se fait plus rare, le chemin entre dans les prairies et, par une succession de lacets, approche le bas des roches de Chamechaude **[un regard sur la partie droite de la prairie donnera peut-être, selon la saison, la possibilité d'admirer le lis martagon qui y a élu domicile]**. Le sentier devient ensuite plus alpin et a subi des aménagements notables **(attention toutefois aux dépôts de petits cailloux sur les marches, qui peuvent s'avérer glissantes à la descente)**. Le sentier continue à s'élever de façon continue et parvient **(par un passage un peu technique, en s'aidant de ses mains)** sur une plateforme formant une antécime de Chamechaude **[depuis cette plateforme, un large panorama s'offre au randonneur]**.

> *Ce point d'altitude de 2 065 m pourra constituer la fin de l'ascension pour qui ne souhaite pas franchir le couloir final.*

4 Au moyen d'un câble qui équipe le couloir final (la montée peut impressionner), accéder au sommet de Chamechaude et à sa croix **[panorama sur toute la Chartreuse ainsi que les sommets du Vercors et de Belledonne]**.

5 Le retour s'effectue par le parcours de montée. Les autres variantes sont réservées au randonneur équipé et parfaitement renseigné sur les précautions à prendre.

Plateau de Chamechaude (p. 296)

LE PARMELAN (MASSIF DES BORNES)

Avec cette randonnée haute-savoyarde, voyagez de la fraîcheur des hêtraies et des sapinières à l'ambiance minérale d'un plateau calcaire modelé par l'érosion et le vent. Du haut de la falaise spectaculaire, panorama à 360° !

DURÉE 3 heures 45
DISTANCE 8 km
D+ 670 m
DÉPART parking "Bois Brûlé" (Villaz), au bout de la route forestière du Parmelan ; à 14 km au nord-est d'Annecy par les D1203 et D175
BALISAGE panneaux directionnels, jaune

1 En haut du parking, emprunter la large piste pentue et atteindre rapidement un embranchement.

2 Bifurquer à gauche sur le sentier des vaches et s'élever en sous-bois. Couper des ruisselets (**possibilité de boue**). À une borne (balise), prendre franchement à droite pour suivre un sentier qui monte en lacet (**attention aux racines**) jusqu'à un carrefour avec le chemin venant du chalet Chappuis.

3 Poursuivre à gauche pour cheminer toujours en sous-bois jusqu'à l'embranchement du Crêt de Chatillon, accès aux deux Montoirs.

> *Possibilité de continuer vers le Petit Montoir.*

4 S'engager à droite sur le sentier qui gagne le pied de la falaise puis se faufile à travers les rochers (**réservé aux randonneurs expérimentés, pente forte, attention à ne pas glisser et à ne pas faire rouler les pierres, bien utiliser les chaînes**) [**point de vue spectaculaire**]. Déboucher assez vite sur le plateau au niveau d'un petit col au Grand Montoir (1 731 m) où l'on rejoint l'accès depuis le Petit Montoir.

5 Poursuivre à droite par un chemin rocailleux montant modérément pour passer sous la Tête du Parmelan et atteindre le refuge CAF [**vue panoramique**] (**attention : ne pas s'approcher du bord de la falaise**).

6 Revenir au Grand Montoir.

5 Continuer à droite vers le Petit Montoir par une longue descente à travers les lapiaz [**panorama, flore, relief karstique**].

7 Laisser sur la droite le sentier rejoignant le chalet de l'Anglettaz et poursuivre la descente pour entrer en forêt. Le sentier longe le pied de la muraille (**attention : dévers important et très pentu**). Retrouver une bifurcation de l'aller.

4 Descendre en face par le chemin de l'aller.

3 Poursuivre tout droit en forêt jusqu'au chalet Chappuis [**panorama vers Annecy et les Bauges**].

8 Contourner la ferme (buvette) et rejoindre le départ en suivant la large piste (**possibilité de boue**).

JASCKAL / STOCK.ADOBE.COM ©

Vue sur Annecy

PAYSAGES
DU HAUT-GIFFRE

Cette boucle, peu difficile mais variée, vous mènera des paisibles hameaux perchés sur les versants ensoleillés, aux (anciennes) gorges, sombres et modelées par le travail millénaire des eaux du Giffre.

DURÉE 2 heures 30
DISTANCE 7 km **D+** 470 m
DÉPART parking des gorges des Tines (Sixt-Fer-à-Cheval), à 3,5 km au sud-est de Samoëns par la D907
BALISAGE 1 à 5 : panneaux directionnels ; 6 à 8 : blanc-rouge (GR®5)
À SAVOIR les échelles sont déconseillées aux jeunes enfants.

1 Emprunter la route vers Sixt sur 300 m jusqu'à trouver à gauche un poteau directionnel au Raffour **(prudence pour traverser la route)**.

2 Après quelques mètres dans un pré, monter en face en forêt par un sentier **[beaux hêtres ou "fayards"]**. Passer une petite croix blanche, délaisser l'accès à la via ferrata. Le sentier s'insinue entre des blocs de rocher avant de couper une petite route. La pente s'accentue, le sentier se rétrécit au sortir de la forêt, puis rejoint la route au pied du village du Mont.

3 Monter dans le village **[chalets, greniers, bassins, four à pain, chapelle]** avant de revenir au parking.

3 Passer devant la ferme et descendre par un sentier à travers les sous-bois. Ignorer un sentier à gauche et poursuivre jusqu'à Balme-Dessus.

4 Virer de suite à droite direction "Vallon-d'en-Haut" par une sente herbeuse qui se mue en chemin. Dévaler la pente en forêt jusqu'à déboucher à proximité d'un pré plat que l'on longe sur la gauche jusqu'à la D49.

5 Par la D49 à gauche, gagner le hameau du Souget et poursuivre jusqu'à la D907 ; la longer à gauche sur environ 300 m **(prudence !)** jusqu'au Perret.

6 Franchir le pont sur le Giffre (GR®5), puis traverser le hameau des Faix (ou Fays). Poursuivre à plat en forêt par une large piste **[à proximité, à gauche, chapelle Notre-Dame-des-Grâces]**. Après avoir traversé une prairie, parvenir à une bifurcation à proximité immédiate du torrent.

7 Suivre le sentier de droite (GR®5) qui, peu après, atteint le pied des gorges et s'insinue au creux des falaises **(échelles métalliques)**. Atteindre l'embranchement "Dessus les Tines".

8 Descendre à gauche par un sentier rocailleux. En bas, s'orienter à gauche. Passer au pied d'un rocher d'escalade, gagner la passerelle des Tines **[vue sur les gorges et le cours actuels du Giffre]**, puis le parking.

WAYNE / STOCK.ADOBE.COM ©

Chapelle Notre-Dame-des-Grâces

ISO-68 / STOCK.ADOBE.COM ©

Gorges des Tines (p. 160)

LE PLATEAU DE BEAUREGARD DEPUIS LE COL DE LA CROIX-FRY

Aménagé au nord pour la pratique du ski, le plateau reste bien préservé au sud. Cette promenade haute-savoyarde à travers forêt, tourbières et alpages vous offrira des vues imprenables sur la chaîne des Aravis, le mont Blanc et la vallée de Thônes.

DURÉE 4 heures
DISTANCE 9 km
D+ 555 m
DÉPART parking du col de la Croix-Fry, à 13 km à l'est de Thônes par les D12 et D16
BALISAGE poteaux directionnels et pictos jaunes

FFRandonnée

1 Depuis les panneaux d'accueil expliquant les possibilités de promenades offertes, remonter la route en direction des "Maisons du Bois" de la Fondation Veyrat. À la première épingle, Sous les Rosières (1 475 m), tourner à gauche sur un bon sentier. Progresser en balcon forestier à travers le plateau des Follières [**belles perspectives vers le mont Charvin**].

2 Suivre le balisage du sentier parfois descendant en bordure des alpages de Follières (**zone Natura 2000 des Follières, rester sur le sentier**) souvent humides [**mouilles"**] et monter au bassin de Colomban (1 680 m) (croisement d'itinéraires) et au chalet isolé de Colomban (1 685 m).

> *Possibilité de découvrir à gauche (20 min aller-retour) la croix de Colomban (1 691 m)* [**vue sur la vallée de Thônes, le mont Lachat et en arrière les montagnes des Glières**].

> *Possibilité de faire une variante par la crête des Frêtes* (**pentes raides**). *Suivre le tracé en pointillé sur la carte.*

3 Prendre à droite un chemin descendant vers le plateau [**remarquer le mur, qui reste mystérieux, exactement nord-sud**]. Laisser à droite le chalet de Lachat. Découvrir à gauche l'oratoire Saint-Jacques.

4 Continuer sur la droite, laisser à gauche le chalet "Vé la Louise à Manu" [**belle vue sur les dômes de Miage dans la trouée du col des Aravis**]. Au carrefour des Matins Clairs (1 610 m), passer à gauche du gîte et remonter en longeant le bois.

> *Après l'hôtel La Piste bleue, il est conseillé de monter à la pointe de Beauregard (20 min aller-retour)* [**oratoire Masson-Germain, table d'orientation, vue circulaire de la trouée d'Annecy à La Clusaz, les Aravis et le massif du Mont-Blanc, le mont Charvin**].

5 Du plateau de Beauregard (1 610 m), descendre par le large chemin, passer à droite du chalet d'alpage de Vod'zin. Ignorer les chemins à gauche, puis traverser un ruisseau. Remonter en rive droite, laisser à droite le chemin direct du plateau et arriver aux Rosières (1 500 m), à l'intersection du sentier du Tour du Val Sulens.

6 Depuis Sous les Rosières (1 475 m), regagner le départ par la petite route.

Plateau de Beauregard (p. 93)

LE CHÂTEL OU LE BONNET DE CALVIN

FFRandonnée

Cet itinéraire en aller-retour offre des panoramas incomparables sur le Trièves et les montagnes environnantes : le Vercors, l'Obiou et les Écrins.

DURÉE 4 heures
DISTANCE 8,5 km
D+ 710 m
DÉPART parking du Petit-Châtel à 5 km à l'est de Mens, à 63 km au sud de Grenoble via les D1075 et D34
BALISAGE jaune

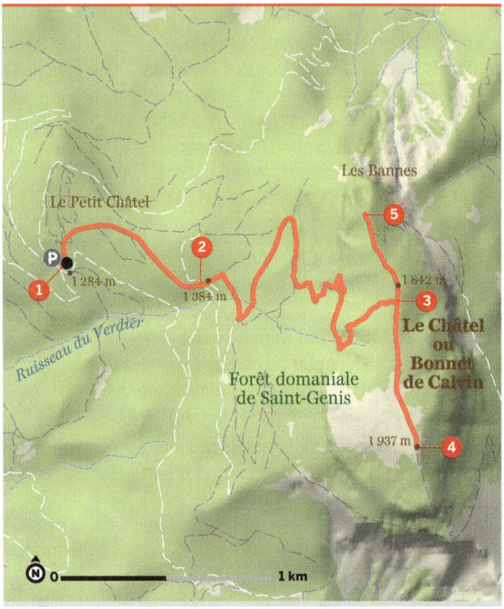

1 Au parking (poteau "Baret" 1280 m), prendre le sentier forestier en direction du Châtel **[également nommé Bonnet de Calvin à cause de sa forme caractéristique]**. Traverser la sapinière pour rejoindre une piste forestière dans un virage aux poteaux "Granges de Châtel" (1390 m).

2 Quelques mètres plus loin, retrouver le sentier sur la gauche qui monte en pente plus soutenue. Gagner de nouveau la piste forestière et poursuivre jusqu'à sa plateforme terminale. Le sentier se poursuit avec quelques passages raides en escalier et atteint la crête au poteau "Le Châtel" (1890 m).

3 Atteindre le sommet du Bonnet de Calvin vers la droite par un sentier à travers la prairie. Il est matérialisé par une borne (1 937 m).

4 Redescendre au carrefour **(point 3)** et continuer en face pour descendre à la table d'orientation.

5 Le retour s'effectue par le même itinéraire qu'à l'aller.

Le Châtel

LE LAC DE BELLEDONNE

FFRandonnée

Cet itinéraire vous fera découvrir le caractère sauvage de Belledonne, sur le versant Oisans du massif, peu connu des randonneurs. Après avoir traversé forêts et alpages, le lac de Belledonne, installé au pied du Grand Pic de Belledonne, ne vous laissera pas insensible.

DURÉE 6 heures **DISTANCE** 11 km **D+** 940 m **DÉPART** parking de Coteyssard, sur les hauteurs d'Allemond, à 45 km à l'est de Grenoble ; **BALISAGE** jaune
À SAVOIR présence possible de névés en début et fin de saison ; itinéraire déconseillé l'hiver (risque d'avalanche sur certaines portions).

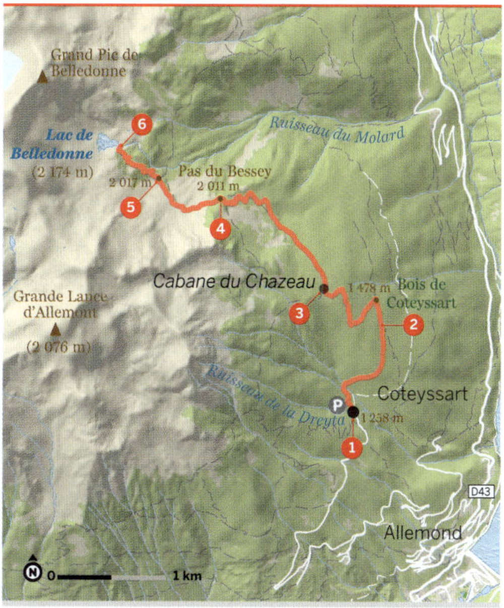

1 Du poteau "Coteyssard parking" (1258 m), juste avant le ruisseau de la Dreyta, s'engager dans le sentier qui monte en forêt.

2 Au poteau "Bois de Coteyssard" (1478 m), aller en face et poursuivre la montée sur un large sentier. Il gagne une prairie située environ 100 m en dessous de la cabane du Chazeau **[cabane refuge non gardée, source non contrôlée à proximité]**.

3 Continuer la progression par un sentier en balcon au milieu des myrtilles et des rhododendrons. L'ascension est au départ peu raide **[panoramas très dégagés]**. Par un sentier ensuite plus escarpé **[belle vue sur les pics de Belledonne et le massif des Grandes Rousses]**, atteindre le pas du Bessey (2011 m).

4 Le cheminement continue dans des pierriers.

5 Au poteau "Sous le Grand Charnier" (2017 m), laisser le chemin de droite qui va au Rivier-d'Allemont, continuer toujours dans des pierriers jusqu'à un gué. La dernière montée **(bien suivre le balisage jaune)** mène au lac de Belledonne (2174 m).

6 Le retour se fait par le chemin emprunté à l'aller.

LE FOND D'AUSSOIS ET LA POINTE DE L'OBSERVATOIRE

FFRandonnée

Cette randonnée d'une grande diversité sous l'œil vigilant de la dent Parrachée offre des vues magnifiques sur les montagnes de la Vanoise.

DURÉE 2 heures 45
DISTANCE 8,5 km
D+ 420 m **DÉPART** parking des barrages de Plan d'Amont (Aussois), à 14,5 km au nord-est de Modane par les D215 et D108
BALISAGE 1 à 2 : panneaux jaune ; 2 à 3 : blanc-rouge ; 3 à 4 : panneaux jaune ; 3 à 5 : blanc-rouge ; 5 à 1 : panneaux jaune
À SAVOIR le sentier de la pointe de l'Observatoire n'est à n'entreprendre que par de bonnes conditions météorologiques

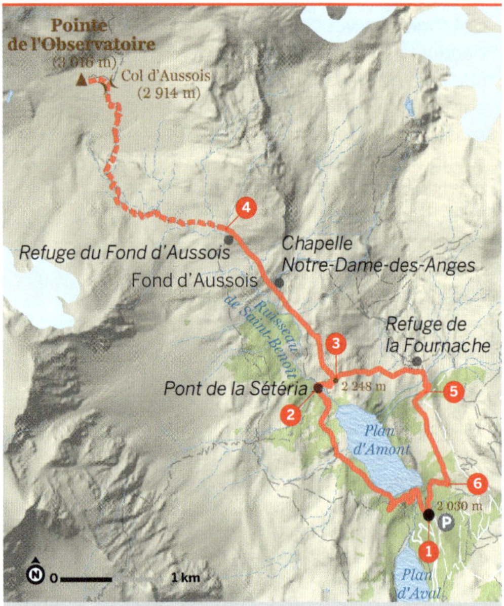

1 Du parking, rejoindre le barrage que l'on contourne par la gauche en prenant la piste qui s'élève progressivement jusqu'au pont de la Sétéria.

2 Franchir le pont sur le ruisseau de Saint-Benoît et continuer par le sentier jusqu'à une bifurcation (2 248 m).

3 Prendre à gauche le sentier en direction du refuge du Fond d'Aussois. Il traverse une zone humide avec de nombreux ruisseaux et des gués avec des passerelles **(i bien rester sur le sentier car l'alpage est une propriété privée)**. Passer devant la chapelle Notre-Dame-des-Anges et parvenir au bout du plateau au refuge du Fond d'Aussois.

> Possibilité de monter jusqu'à la pointe de l'Observatoire (itinéraire complet : difficile – 7 heures 30 – 13,6 km – 1 010 m de dénivelé – altitude maxi : 3 016 m) : après le Fond d'Aussois, le sentier remonte le vallon qui se redresse à partir de 2 450 m. Le parcours a été aménagé avec de grandes dalles. Avant d'arriver au col d'Aussois, prendre un sentier à gauche qui monte jusqu'à 2 944 m. Par une sente à gauche, grimper à la pointe de l'Observatoire en s'aidant un peu des mains sur la fin. Retour au refuge par le même itinéraire.

4 Redescendre par le même chemin dans le vallon du ruisseau de Saint-Benoît jusqu'à la bifurcation de l'aller.

3 Remonter à gauche, passer en contrebas du refuge de la Fournache, franchir deux ruisseaux et atteindre une fourche (2 306 m).

5 À droite, descendre par le sentier du bas le long du ruisseau et traverser à l'horizontale jusqu'à l'aplomb du barrage.

6 Ne pas rater sur la droite, un sentier qui descend d'abord dans une clairière puis dans le bois, par de petits lacets. Rejoindre le parking.

EN MONTANT AU TRÉLOD

FFRandonnée

Au cœur du massif des Bauges, à cheval sur la Savoie et la Haute-Savoie, la randonnée au chalet des Gardes offre de beaux paysages de moyenne montagne et une vue sur les principaux sommets du massif alors que du Trélod, le panorama s'étend à 360°.

DURÉE 4 heures
DISTANCE 7,3 km **D+** 680 m
DÉPART parking des Cornes, au-dessus du village de Doucy-en-Bauges, à 8 km à l'est du Châtelard par les D911, D60a et D60
BALISAGE jaune-rouge

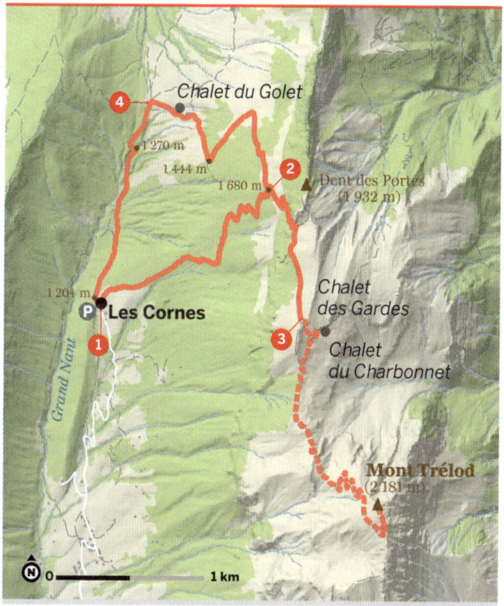

1 Du parking des Cornes, prendre le sentier à droite qui s'élève rapidement dans la forêt jusqu'au croisement sous la dent des Portes à 1 675 m.

2 La montée continue à droite sous l'impressionnante paroi rocheuse de la dent des Portes. Laisser à gauche le raidillon qui grimpe à la dent. Les lacets cèdent désormais la place à un beau sentier balcon qui s'étire à travers les alpages **[vue sur la partie ouest du massif des Bauges : Semnoz, Margériaz, Colombier, puis vers le sud sur la Chartreuse et Belledonne dans le lointain].** Au bout du replat, le sentier débouche sur l'ancien chalet des Gardes (1 880 m) aujourd'hui disparu **[par temps dégagé, cela vaut la peine de s'engager sur quelques mètres en aller-retour sur la petite crête à droite pour bénéficier d'une vue splendide sur le reste des Bauges et le mont Blanc]**.

> Possibilité de monter jusqu'au Trélod (itinéraire complet : difficile – 6 heures – 9,5 km – altitude maximale : 2 181 m – dénivelé positif : 1 080 m). Continuer vers le sud par le sentier en pente douce qui passe à proximité du chalet du Charbonnet. La dernière montée se fait par un sentier plus raide et étroit mais bien tracé et sans difficulté, à éviter toutefois si le terrain est mouillé. Un "chaudron" marque le point culminant **[vue sur l'ensemble des Bauges, le mont Blanc et le lac d'Annecy ; flore abondante et variée au printemps, chamois]**.

3 Redescendre à la bifurcation sous la dent des Portes.

2 Obliquer à droite, le long d'un agréable sentier avec une jolie vue vers le nord du massif et la Haute-Savoie. Il alterne prairies et forêt avant d'atteindre les chalets du Golet. Passer à gauche des chalets et rejoindre la piste en contrebas.

4 Descendre par la piste à gauche pour retrouver le départ.

LA TÊTE DES CHAUDIÈRES (VERCORS)

FFRandonnée

Cette randonnée, agrémentée par la présence fréquente de marmottes et de bouquetins, permet d'accéder à la Tête des Chaudières (2 029 m), au-dessus de Corrençon-en-Vercors. Au sommet, un panorama grandiose s'offre au randonneur.

DURÉE 4 heures 40
DISTANCE 10,5 km
D+ 935 m
DÉPART parking de la station de ski du Clos de la Balme (Corrençon-en-Vercors), à 45 km au sud-ouest de Grenoble par les D1532, D531 et D215
BALISAGE jaune-vert

1 Du parking, prendre la piste forestière qui monte à droite des remontées mécaniques ; elle suit les pistes de ski.

2 Au premier virage en épingle (présence d'un poteau directionnel), quitter la piste pour emprunter un sentier qui devient rapidement caillouteux. Il continue par une pente un peu soutenue. Après s'être élargi **(i zone de tranquillité du tétras-lyre : bien rester sur le chemin pour limiter le dérangement)**, il arrive au poteau "Combeauvieux" (1 795 m).

3 Laisser la piste et suivre à droite le sentier qui traverse les alpages (bergerie). Après un pierrier, l'itinéraire arrive au "Pas de la Balme" (1 839 m) **[présence fréquente de bouquetins]**.

4 Suivre le sentier qui, au début, longe la falaise sans pour autant être vertigineux. Arriver au cairn sommital de la Tête des Chaudières (2 029 m) **[panorama à 360° sur la barrière est du Vercors, les hauts plateaux du Vercors, le mont Aiguille, le Grand Veymont]**.

5 Le retour se fait par le même itinéraire.

FLORIAN CALVAT / STOCK.ADOBE.COM ©

Vue depuis le Pas de la Balme

LE REFUGE DU TAILLEFER

Au départ d'Ornon, dans l'Oisans (Isère), partez à la découverte du massif du Taillefer. Ses paysages grandioses et ses espaces d'une belle biodiversité valent bien quelques efforts...

DURÉE 4 heures
DISTANCE 9,5 km
D+ 700 m
DÉPART parking des Terres-Froides, à 1 km du hameau de la Grenonière, dans les hauteurs d'Ornon, à 60 km à l'est de Grenoble par les N85, D1091, D526 et D210A
BALISAGE jaune

❶ Depuis le parking, remonter la piste.

❷ Au premier poteau "L'Airette" (1 480 m), croiser le sentier du retour. Poursuivre par la piste sur 150 m.

❸ Au second poteau "L'Airette" (1 488 m), s'engager à droite dans un sentier bien marqué qui monte lentement et passe plusieurs gués. Au poteau "Basse Montagne" (1 660 m), laisser à droite la direction du refuge, puis passer le ruisseau de l'Échaillon (passerelle). Le sentier assez pentu grimpe sur des dalles rocheuses pour déboucher sur une prairie humide du pied du Taillefer parcourue par le Rif Garcin (espace fragile mis en défens pour la restauration).

❹ Au poteau "La Jasse" (2 010 m), continuer à droite sur un sentier qui conduit au "Pas de l'Envious" (2 072 m).

❺ Poursuivre à droite sur un sentier en balcon qui retraverse le ruisseau de l'Échaillon, tout près du refuge du Taillefer **(ⓘ buvette, couchage et restauration sur réservation par sms au 06 13 81 81 87)**. Le sentier continue en descendant lentement sur "La Buffe" (1 780 m) **[panorama sur l'Oisans et les Grandes Rousses]**.

❻ Prendre à droite un sentier qui descend rapidement vers le premier poteau de "L'Airette" (1 480 m) croisé à l'aller.

❷ Revenir au parking par la piste empruntée à l'aller.

FÊTES ET FESTIVALS
L'AGENDA

Carnaval vénitien d'Annecy

★ Les grands rendez-vous

La Grande Odyssée, janvier

Musilac, juillet

Ultra-Trail du Mont-Blanc, août

Fête du lac d'Annecy, août

Le Grand Bivouac, octobre

Carnaval vénitien d'Annecy, mars

Janvier

Marathon international de ski de fond

(www.marathondebessans.com ; mi-jan). Le plateau de Bessans accueille plus d'un millier de skieurs qui s'affrontent sur 2 jours.

La Grande Odyssée VVF

(www.grandeodyssee.com ; mi-jan). Cette course internationale de chiens de traîneau longue distance réunit les meilleurs mushers au fil d'un périple qui traverse une vingtaine de stations de Haute-Savoie, de Savoie et d'Isère.

Concours international de sculpture sur neige

(www.valloire.net ; mi-jan). À Valloire, des équipes venues du monde entier sont mises au défi de créer une œuvre à partir d'un cube de neige de 50 m^2. La semaine précédente, concours de sculptures sur glace.

☆ Classicaval

(www.festival-classicaval.com). Ce festival de musique classique, divisé en deux volets, l'un en janvier et l'autre en mars, offre l'occasion d'entendre des artistes internationaux dans l'église baroque de Val-d'Isère.

Février-mars

Carnaval vénitien d'Annecy

(www.lac-annecy.com ; fin fév-début mars). Au moins 250 paires d'yeux cachées sous des masques vénitiens et de très beaux costumes à admirer durant un week-end à Annecy.

Festival international d'art pyrotechnique
(courchevel.com ; début mars). À Courchevel, spectacles gratuits de feux d'artifice précédés d'une descente aux flambeaux.

Pierra Menta
(pierramenta.com ; 4 jours mi-mars). Une compétition internationale de ski-alpinisme, dans le Beaufortain. Des milliers de spectateurs montent soutenir les participants dès 5h du matin dans une ambiance très chaleureuse. Version estivale en juillet.

Rock the Pistes Festival
(www.rockthepistes.com ; 2e quinzaine du mois). Pendant une semaine, des concerts inclus dans le forfait de ski sont programmés sur des scènes éphémères installées sur les pistes des Portes du Soleil, avec de grands noms des musiques actuelles.

Tomorrowland Winter
(winter.tomorrowland.com ; 2e quinzaine du mois). L'édition hivernale de ce gros festival de musique électronique belge se tient à L'Alpe-d'Huez, au pied des pistes.

Avril

Festival Aventure et Découverte
(www.festival-aventure-et-decouverte.com ; mi-avr). Quatre jours de projections de films d'aventure à Val-d'Isère.

Mai

Festival Cirq'ule
(arc-en-cirque.asso.fr ; fin mai-début juin). Porté par le Centre régional des arts du cirque de Chambéry, une série de spectacles tout en voltige et en poésie.

Juin

Festival international du film d'animation
(www.annecyfestival.com ; mi-juin). Le "Cannes de l'animation" se déroule à Annecy et met en compétition des films de toutes sortes : marionnettes, dessins animés, 3D.

Les Estivales du Château
(www.savoie.fr ; juin et juil). Musique du monde, variété, théâtre, ballet, opéra... Des rendez-vous culturels gratuits dans la cour d'honneur du château des ducs de Savoie, à Chambéry.

Fête des Fromages de Savoie
(www.fromagesdesavoie.fr ; juin ou juil). Producteurs et gourmets se retrouvent le temps d'un week-end dans une ambiance ludique, dans un lieu qui change chaque année.

Juillet

Musilac
(www.musilac.com ; début juil). Un des plus gros rendez-vous de musiques actuelles en France, avec un public d'environ 80 000 personnes sur l'esplanade du lac du Bourget. Muse, Placebo, Lenny Kravitz, The Prodigy s'y sont produits.

Vercors Music Festival
(www.vercorsmusicfestival.com ; début juil). Durant 3 jours, groupes émergents de pop, rock, électro, hip-hop et autres musiques actuelles se produisent sur la scène d'Autrans.

Festival baroque du Pays du Mont-Blanc
(www.festivalmontblanc.fr ; 1re quinzaine du mois). Concerts et conférences dans les plus belles églises baroques du Pays du Mont-Blanc.

Guitare en Scène
(www.guitare-en-scene.com ; mi-juil). Le petit village de Saint-Julien-en-Genevois accueille des grandes pointures (Marcus Miller, Gilberto Gil, Francis Cabrel...) pour des concerts mémorables.

Pèlerinage des Vernettes
(16 juil). Il rassemble plusieurs centaines de personnes au sanctuaire Notre-Dame-des-Vernettes, à Peisey-Vallandry.

☆ Cosmo Jazz Festival
(cosmojazzfestival.com ; fin juil). Une série de concerts en altitude et dans le centre de Chamonix, dont beaucoup sont gratuits.

Août

Fête du Lac
(www.lac-annecy.com ; 1er sam du mois). Un spectacle son et lumière très prisé (200 000 spectateurs) avec feux d'artifice, drones et animations au-dessus du lac d'Annecy.

☆ Festival Les Nuits d'Été
(festivallesnuitsdete.fr ; 1re quinzaine du mois). Danse, musique, théâtre, installations : deux semaines de spectacles dans l'avant-pays savoyard et près du lac d'Aiguebelette.

Assomption
Le 15 août, plus d'un millier de fidèles se réunissent en la chapelle Notre-Dame de Myans. Aux Contamines-Montjoie, l'église Notre-Dame-de-la-Gorge est également un lieu de pèlerinage très fréquenté.

La Belle Dimanche
(www.chatel.com ; 3e dim du mois). Une des plus anciennes fêtes d'alpage et des bergers de la région. Démonstrations de vieux métiers, activités pour les enfants, musique traditionnelle...

Ultra-Trail du Mont-Blanc
(montblanc.utmb.world/fr ; fin août). La course de tous les superlatifs : des milliers de coureurs parcourent 168 km autour du Mont-Blanc (9 600 m de dénivelé positif). Les premiers terminent en une vingtaine d'heures.

Septembre

☆ Festival des nuits romantiques
(www.nuitsromantiques.com ; fin sept, début oct). En mémoire des auteurs romantiques que le lac du Bourget a inspirés, ce festival de musique romantique a lieu à Aix-les Bains et à l'abbaye d'Hautecombe.

Octobre

☆ Festival international de la bande dessinée
(chamberybd.fr ; début oct). Ce grand rendez-vous chambérien donne l'occasion aux amoureux de BD de rencontrer leurs dessinateurs et scénaristes préférés.

☆ JazzContreBand
(jazzcontreband.com ; oct). Environ 80 concerts à savourer tout le mois partout en Haute-Savoie, en Savoie, et même en Suisse, avec en 2024 Ibrahim Maalouf, Erik Truffaz, El Comité...

Retour des alpages
(www.lac-annecy.com ; 2e sam du mois). Les rues d'Annecy sont noires de monde pour accueillir la descente des troupeaux, célébrée depuis le Moyen Âge. Défilé des vaches, présentation de vieux métiers, groupes folkloriques...

☆ Le Grand Bivouac
(www.grandbivouac.com ; mi-oct). Ce festival autour du voyage réunit quelque 30 000 personnes durant une semaine à Albertville. Conférences, expos photos, spectacles et concerts de musique du monde.

Novembre

☆ Festival du cinéma rural
(cinerural-labiolle.org ; début nov). Cinq jours de projections de films autour du thème de la ruralité, en présence des réalisateurs, à La Biolle, près d'Aix-les-Bains.

☆ Le Mois de la Photo
(www.maison-image.fr). Une trentaine d'expositions photos à découvrir dans toute l'agglomération de Grenoble.

Décembre

☆ Festival de cinéma européen des Arcs
(lesarcs-filmfest.com ; 2e quinzaine du mois). Plus d'une centaine de films y sont présentés.

Le Fabuleux village des Flottins
(lesflottins.com ; 2e quinzaine de déc et début jan). Un marché de Noël pas comme les autres ! Les Flottins, curieux petits personnages, envahissent les rues et les places d'Évian, dans un univers de rêverie fantastique.

VOYAGER
EN FAMILLE

Les enfants de tout âge se feront un plaisir d'investir ces terrains plus ou moins escarpés ! Hiver comme été, dans les grandes stations comme dans les villages ou les petites villes des vallées, les activités se déclinent à l'envi, au rythme de chacun. Reste à maîtriser le budget. Mais que l'on soit adepte de sensations fortes ou en quête de connexion avec la nature, l'aventure en famille est souvent plus accessible qu'on ne le croit !

Des activités adaptées hiver comme été

Là-haut, les possibilités d'activités semblent infinies. L'hiver, les tout-petits se retrouvent au jardin des neiges et vivent souvent leurs premières sensations de glisse sur une luge. Dès 3 ans, ils peuvent se familiariser avec l'univers du ski notamment avec Piou-Piou, la mascotte des ESF, et ses espaces dédiés à la découverte. Les domaines skiables sont désormais adaptés à tous les niveaux, avec de nombreuses pistes faciles, de moins en moins cantonnées au bas des stations, et de beaux parcours scénarisés. Les ados en recherche de sensations fortes se tourneront volontiers vers les zones dédiées au freestyle des grosses stations (Avoriaz, Tignes, Les Deux Alpes...), en ski comme en snowboard.

Les petites stations de moyenne altitude (Sixt-Fer-à-Cheval, Autrans-Méaudre, Le Désert d'Entremont, Praz de Lys-Sommand...) s'avèrent idéales pour les familles qui souhaitent profiter de la montagne loin des foules sans tout miser sur le ski. L'offre variée d'activités (observation de la faune, luge, construction d'igloo, visite de ferme, sortie raquettes...) permet une immersion authentique dans l'univers montagnard, à des tarifs plus accessibles.

L'été, les grands lacs alpins (Aiguebelette, Annecy, Bourget et Léman) sont propices à la baignade et aux sports nautiques (pédalo, barque, paddle...). Dans les rivières et les torrents, les sports d'eaux vives (canyoning, rafting, hydrospeed...) devraient plaire aux plus grands ; de même que la grimpe, avec l'escalade et la via ferrata. Les activités à pratiquer avec les animaux sont également très appréciées : cani-rando avec des chiens de traîneau, observation de bouquetins et de marmottes à l'aide de jumelles, balade à cheval... Sans oublier les grands classiques : randonnée à pied, à VTT, farniente dans les piscines d'altitude avec vue sur les cimes, nuit en refuge...

Randonner avec des enfants

La randonnée sur les sentiers alpins apporte beaucoup aux enfants en termes d'autonomie, de gestion de l'effort et de découverte de la nature. Choisissez bien votre balade en fonction de leur âge, en prenant en compte durée, dénivelé et altitude. De 4 à 8 ans, les enfants peuvent marcher de 3 à 12 km et monter jusqu'à 2 200-2 500 m d'altitude. Prévoyez une moyenne de 1 à 3 km/h pour les plus grands. Entre 8 et 12 ans, les excursions peuvent faire jusqu'à 15 km par jour, et des circuits de plusieurs jours peuvent être organisés (si les adultes portent les sacs). Au-delà de 12 ans, il est possible d'envisager des randonnées classiques. Dans tous les cas, sachez que la motivation joue un rôle aussi important que les capacités physiques. Soyez ludique, inventez des jeux, des défis, invitez des amis ou profitez des connaissances d'un accompagnateur en montagne. Pour les tout-petits, gardez bien en tête qu'un enfant reste immobile dans un porte-bébé, et peut donc rapidement souffrir du froid, en particulier aux extrémités (mains, pieds...). Protégez-les bien du soleil, et ne dépassez pas les 1800-2000 m d'altitude avec un enfant de moins de 18 mois. Méfiez-vous également des téléphériques, qui font prendre de l'altitude sans palier (les risques d'otite sont réels).

Labels et accueil des enfants

Une trentaine de stations des Alpes du Nord possèdent le **label national Famille Plus Montagne** (www.familleplus.fr) qui garantit des conditions d'accueil spécifiquement adaptées : commerces et services de proximité, animations pour tous les âges, sans oublier des tarifs familiaux, et des professionnels formés à l'accueil des enfants. Lieux adaptés, gardiens aux petits soins, marches d'approche accessibles... 37 refuges sont estampillés **Refuges en famille** (www.ffcam.fr/refuges-en-famille.html).

En haute saison, la plupart des stations possèdent des garderies, incluant des activités de plein air (réservez !). Côté hébergement, les résidences évitent de nombreuses contraintes liées aux séjours d'hiver à la montagne avec la réservation possible de matériel et de cours de ski, l'accès aux pistes et à d'autres activités. L'accueil en chambres d'hôtes à la ferme permet aux enfants d'observer la traite des vaches et les soins aux animaux, et de profiter d'excellents produits fabriqués sur place (tartes aux myrtilles, fromages...).

À ne pas manquer avec des enfants

Musées et attractions

Musée des Cristaux – Espace Tairraz (Chamonix) Pour découvrir comment se forment les cristaux dans les Alpes et les massifs du monde entier (p. 102).

Galerie Eurêka (Chambéry) Expositions ludiques à tendance scientifique et espace montagne interactif (p. 176).

La Magie des automates (Lans-en-Vercors) Un monde féerique de personnages et de machines animées (p. 305).

Musée de l'Ours des cavernes (Entremont-le-Vieux) Sur les traces des plantigrades de la Préhistoire (p. 184).

Sites naturels

Parc de Merlet (Les Houches) Très belles balades en toute saison. L'été, on peut y observer marmottes, bouquetins, cerfs... (p. 114)

Mer de Glace (vallée de Chamonix) L'état du plus grand glacier français rend concret le concept de changement climatique. Une grotte sculptée amuse les petits et allège la visite (p. 103).

Rosuel (Peisey-Nancroix) Porte d'entrée de la Vanoise, un magnifique cirque glaciaire à la faune et à la flore riches (p. 239).

Massif des Bauges Parc régional idéal pour de petites promenades familiales en moyenne montagne (p. 199).

Grotte de Choranche La visite de ces impressionnantes galeries souterraines se conclut par un spectacle son et lumière (p. 311).

Sous les sommets, la plage

Plage d'Excenevex Le long du Léman, une plage de sable offrant un accès progressif dans l'eau et des aires de jeux (p. 131).

Plage de l'Impérial (Annecy) Plage d'herbe idéale pour la détente et les baignades (p. 75).

Plage des Mottets (Viviers-du-Lac) Plage de sable au sud du lac du Bourget, surveillée en juillet-août. Jeux, pistes de roller et de skateboard, équipements de barbecue (p. 191).

Plages des bases de loisirs des Ilettes et de Passy (Sallanches) Plages aménagées et surveillées en été, avec superbe panorama sur le mont Blanc (p. 117).

Plage de la base de loisirs du Sougey Plage de sable du lac d'Aiguebelette, surveillée de mi-juin à fin août. Jeux pour enfants et bar-restaurant (p. 180).

Plan d'eau biotope (Combloux) Baignade face au mont Blanc dans une eau limpide, régénérée par 10 000 plantes aquatiques (p. 121).

LIRE, ÉCOUTER, VOIR
EN AVANT-GOÛT

ELISA LOCCI / STOCK.ADOBE.COM ©

Livres

Premier de cordée (Roger Frison-Roche, 1941). L'inoubliable histoire du Chamoniard Pierre Servettaz, dont la vie bascule à la mort de son père, guide de haute montagne.

Un roi sans divertissement (Jean Giono, 1947). Une enquête policière glacée et métaphysique dans le Trièves.

La Traversée des Alpes, essai d'histoire marchée (Antoine de Baecque, 2014). Du lac Léman à la Méditerranée, un passionnant récit de voyage le long du GR®5 émaillé de connaissances érudites.

Ailefroide, altitude 3 954 (Jean-Marc Rochette, 2018). Un superbe roman graphique sur l'alpinisme.

Films

Le Genou de Claire (Éric Rohmer, 1970). Jeux de séduction autour du lac d'Annecy, avec Jean-Claude Brialy.

Les Bronzés font du ski (Patrice Leconte, 1979). La comédie mettant en scène la troupe du Splendid a été tournée à Val-d'Isère.

Les Rivières pourpres (Mathieu Kassovitz, 2000). Grenoble et ses environs, les glaciers du massif du Mont-Blanc servent de cadre à l'adaptation du polar de Jean-Christophe Grangé.

Une hirondelle a fait le printemps (Christian Carion, 2001). Les beautés du Vercors séduisent une citadine incarnée par Mathilde Seigner, qui partage ici l'affiche avec Michel Serrault.

Les Sentiers du petit bonheur (Anne et Érik Lapied, 2000). La vie traditionnelle dans un petit village de montagne.

Belle et Sébastien (Nicolas Vanier, 2013). Dans un village alpin (Aussois) pendant la Seconde Guerre mondiale, un enfant apprivoise une chienne abandonnée.

Musique

La Pastourelle du Val d'Arly Formation de folklore savoyard.

L'Écho de nos montagnes Groupe folklorique annecien.

Radio Meuh La webradio associative née à La Clusaz est devenue une des plus prisées de France. Elle diffuse soul, hip-hop, électro, pop-rock, le tout sans publicité.

Ci-dessus : vue sur le mont Blanc (p. 115)

HAUTE-SAVOIE

Le département le plus septentrional des Alpes françaises peut se targuer de réunir certains des plus beaux emblèmes de la région. À commencer par le massif du Mont-Blanc et ses cimes légendaires, qui, depuis la conquête du toit de l'Europe à la fin du XVIIIe siècle, ne cessent d'attirer les visiteurs des quatre coins du globe. Les plus téméraires s'équipent de piolets et de crampons pour toucher de près les neiges éternelles, mais on peut aussi se hisser parmi les aiguilles en un rien de temps à l'aide des téléphériques et des tortillards qui sillonnent le secteur, et admirer les glaciers de près. Tout au nord, changement de décor : les 53 km de rive française du lac Léman invitent à la baignade, aux sports nautiques et au délassement. Tout comme le lac d'Annecy, "la Venise des Alpes". L'entrelacs de canaux et de ruelles de sa vieille ville est un enchantement. Si vous aimez les cascades et le rafting, les torrents de montagne n'attendent que vous, notamment sur le Giffre, où le cirque du Fer-à-Cheval est une splendeur à ne pas manquer. Pour les marcheurs, les alpages fleuris des Aravis ou du val d'Abondance sont le décor de sublimes randonnées. Et, si vous préférez goûter aux plaisirs hivernaux, vous pourrez vous mesurer aux pistes mythiques des Portes du Soleil.

Randonnée dans les Aravis

TOMFRY / STOCK.ADOBE.COM ©

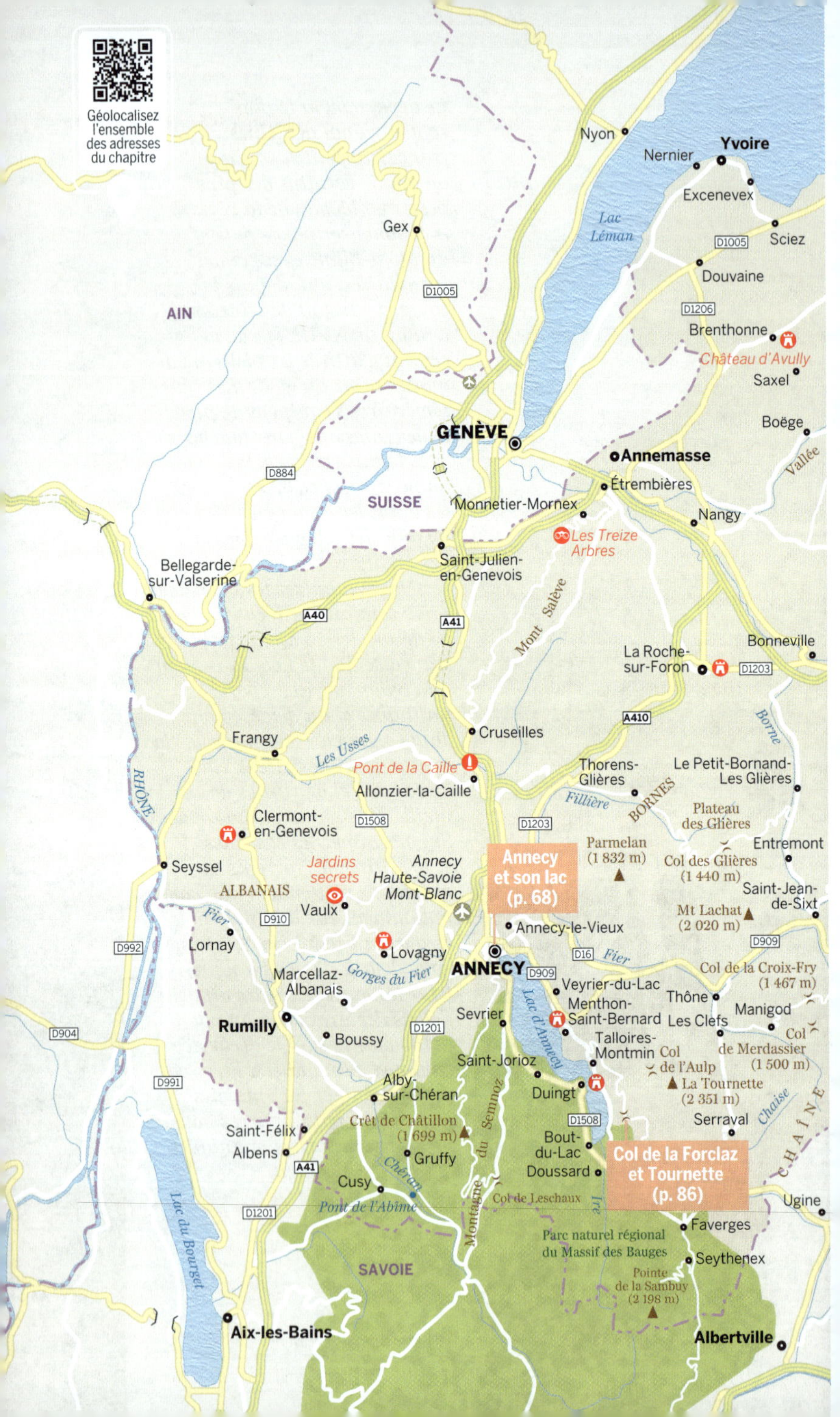

Géolocalisez l'ensemble des adresses du chapitre
Nyon
Nernier
Yvoire
Excenevex
Lac Léman
Sciez
D1005
Douvaine
Gex
D1005
AIN
D1206
Brenthonne
Château d'Avully
Saxel
Boëge
GENÈVE
Annemasse
Vallée
D884
Étrembières
SUISSE
Monnetier-Mornex
Nangy
Les Treize Arbres
Bellegarde-sur-Valserine
Saint-Julien-en-Genevois
A40
A41
Mont Salève
La Roche-sur-Foron
Bonneville
D1203
A410
Borne
Frangy
Cruseilles
Les Usses
Pont de la Caille
Allonzier-la-Caille
Thorens-Glières
Le Petit-Bornand-Les Glières
Fillière
BORNES
RHÔNE
Clermont-en-Genevois
D1508
D1203
Plateau des Glières
Parmelan (1 832 m)
Entremont
Annecy et son lac (p. 68)
Col des Glières (1 440 m)
Seyssel
Jardins secrets
Annecy Haute-Savoie Mont-Blanc
Saint-Jean-de-Sixt
ALBANAIS
Vaulx
Mt Lachat (2 020 m)
Fier
D910
Annecy-le-Vieux
D992
Lornay
Lovagny
D16
Fier
D909
ANNECY
D909
Col de la Croix-Fry (1 467 m)
Marcellaz-Albanais
Gorges du Fier
Veyrier-du-Lac
Thône
Menthon-Saint-Bernard
Manigod
Lac d'Annecy
Rumilly
Sevrier
Les Clefs
D904
D1201
Col de Merdassier (1 500 m)
Boussy
Talloires-Montmin
Col de l'Aulp
Saint-Jorioz
La Tournette (2 351 m)
D991
Alby-sur-Chéran
Duingt
Semnoz
Chaise
CHAÎNE
Crêt de Châtillon (1 699 m)
D1508
Serraval
Saint-Félix
Bout-du-Lac
Albens
Gruffy
Col de la Forclaz et Tournette (p. 86)
A41
Doussard
Chéran
Cusy
Montagne du Semnoz
Col de Leschaux
Ire
Ugine
D1201
Pont de l'Abîme
Faverges
Parc naturel régional du Massif des Bauges
Lac du Bourget
SAVOIE
Seythenex
Pointe de la Sambuy (2 198 m)
Aix-les-Bains
Albertville

Lac Léman
Plages du Léman (p. 131)
Meillerie
Évian-les-Bains
D1005
Saint-Gingolph
Ripaille
Thollon-les-Mémises
Thonon-les-Bains
RHÔNE
A9
Dent d'Oche (2 222 m)
Les Cornettes de Bise (2 438 m)
Drance
D902
La Vernaz
Gorges du Pont du Diable
Le Jotty
Vallée d'Abondance
La Chapelle-d'Abondance
Pic de Morclan (1 970 m)
Lullin
Vallée d'Aulps
Abondance
Bellevaux
Le Biot
L'Essert
Châtel
SUISSE
Habère-Poche
Abbaye N.-D. d'Aulps
Pointe de Nantaux (2 170 m)
Morgins
Habère-Lullin
Saint-Jean-d'Aulps
Les Lindarets
Tête du Linga (2 127 m)
Verte
Lac de Vallon
Brevon
Bogève
Montriond
Avoriaz
Roc d'Enfer (2 244 m)
Morzine
Les Hauts-Forts (2 464 m)
Stations des Portes du Soleil (p. 142)
D902
Sommand
Les Gets
Col de Joux-Plane (1 691 m)
Le Praz-de-Lys
Saint-Jeoire
Mieussy
Giffre
Pic de Tenneverge (2 985 m)
Taninges
Samoëns
Morillon
Cluses
Vercland
Sixt-Fer-à-Cheval
Cirque du Fer-à-Cheval (p. 159)
D1205
Mont-Saxonnex
Vallorcine
Arve
Les Carroz-d'Arâches
Cascade du Rouget
Cascade Bérard
D1506
Col de Balme
Chartreuse du Reposoir
A40
Flaine
Col des Montets (1 461 m)
Col de la Colombière (1 613 m)
Cascade d'Arpenaz
Réserve naturelle des Aiguilles-Rouges
Argentière
Le Chinaillon
Désert de Platé
Lac Blanc
Lognan
Le Grand-Bornand
Pointe Percée (2 752 m)
Arve
Plateau-d'Assy
Plaine-Joux
La Flégère (1 877 m)
Aiguille des Grands Montets (3 297 m)
Borne
Lac Vert
Massif du Brévent
Chamonix-Mont-Blanc
Aiguille Verte (4 122 m)
Sallanches
Servoz
Mont Dolent (3 820 m)
ARAVIS
Cordon
Passy
La Clusaz
Trou de la Mouche (2 437 m)
D1205
Parc de Merlet
Vallée de Chamonix (p. 100)
Combloux
D909
Les Houches
Aiguille du Midi (3 842 m)
Glacier des Bossons
Saint-Gervais-les-Bains
Col des Aravis (p. 94)
Megève
Le Nid d'Aigle (2 386 m)
Vallée Blanche
DES
Mont d'Arbois (1 833 m)
Saint-Nicolas-de-Véroce
Tunnel du Mont-Blanc
Praz-sur-Arly
Flumet
Mont Joly (2 525 m)
Bon Nant
Mont Blanc (4 810 m)
Aiguille Croche (2 487 m)
Les Contamines-Montjoie
ITALIE
N.-D. de la Gorge
Réserve naturelle
A5
Courmayeur
D1212
Col du Joly (1 989 m)
Lac Jovet
Arly
Tramway du Mont-Blanc (p. 126)
Doron de Beaufort
Beaufort
SAVOIE
0
10 km

ANNECY

Son dédale de canaux et de venelles de charme lui vaut le doux surnom de "Venise des Alpes". On s'y perd facilement, mais qu'importe, on ne se lasse pas d'arpenter plusieurs fois ses ponts et ses rues séculaires bordées par le Thiou et le Vassé, les deux cours d'eau qui traversent la ville. Ni de contempler les eaux turquoise de son lac, qui, parachevant ce tableau idyllique, sont une invitation à la baignade qu'on ne saurait refuser. Depuis plusieurs années, la ville connaît une fréquentation touristique qui flirte avec la saturation. Pour la découvrir de manière apaisée, évitez les mois de juillet et d'août.

À voir

Le vieil Annecy

Dominée par le musée-château – l'ancienne résidence des comtes de Genève –, la partie la plus ancienne de la ville est un agréable enchevêtrement de ruelles moyenâgeuses délimité par un bras du Thiou, au nord, et le quai Eustache-Chappuis, à l'est. Par endroits, les façades des demeures repeintes dans les tons ocre, roses et saumon donnent à la ville un faux air d'Italie. Nous vous conseillons de débuter votre balade au "pont sur le Thiou" (le pont Perrière), face aux Vieilles Prisons (le palais de l'Île), ou bien au château. De là, explorez le quartier en rayonnant autour du bras principal du Thiou.

Palais de l'Île

JASCKAL / STOCK.ADOBE.COM ©

Palais de l'Île — Édifice médiéval

(04 56 49 40 37, 04 50 33 87 30 ; 3 passage de l'Île ; tarif plein/réduit 4-5/2-2,50 € selon saison, gratuit -12 ans, billet combiné avec le château 8-9/5 €, visites guidées possibles ; oct-mai mer-lun 10h-12h et 14h-17h, juin-sept mer-lun 10h30-18h). Posée sur une île rocheuse au milieu du Thiou, cette maison forte médiévale, connue aussi sous le nom de "Vieilles Prisons", fut édifiée au XIIe siècle. Les photographes amateurs sont nombreux à se poster sur le pont Perrière afin d'immortaliser cet édifice emblématique fendant les eaux telle la poupe d'un bateau. D'abord utilisé comme atelier monétaire, le bâtiment fut transformé en prison au XIVe siècle, fonction qu'il occupa jusqu'à la fin du XIXe siècle ; il abrita aussi le palais de justice. Durant la Seconde Guerre mondiale, il retrouva un rôle sinistre : on y enferma les maquisards, puis, à la libération d'Annecy, les prisonniers allemands. Aujourd'hui, c'est un lieu d'exposition dédié à l'architecture et au patrimoine du territoire annécien. Les lugubres cachots aux portes épaisses sont le temps fort de la visite. Au terme d'une campagne de restauration, la muséographie a été repensée, avec notamment un parcours dédié aux familles.

Château d'Annecy — Patrimoine régional

(04 50 33 87 34 ; pl. du Château ; tarif plein/réduit 6,50-7/3,50-4 € selon saison, gratuit -12 ans, billet combiné avec le palais de l'Île 8-9/5 €, visites guidées 1 heure 30 ; oct-mai mer-lun 10h-12h et 14h-17h, juin-sept mer-lun 10h30-18h). C'est sans doute la construction de cette fortification, sur le

Jean-Jacques et Louise-Éléonore, l'idylle annécienne

Adolescent fugueur et imprégné des thèses calvinistes, Jean-Jacques Rousseau (1712-1778) est envoyé à l'âge de 16 ans chez Louise-Éléonore de Warens, à qui un curé savoyard le confie avec le projet de le ramener vers la religion catholique. Le jeune homme arrive à Annecy le jour des Rameaux. Lorsque Mme de Warens, sur le point de se rendre à la messe, croise son regard, c'est une rencontre déterminante pour l'écrivain. "Je m'étais figuré une vieille dévote bien rechignée ; la bonne dame de M. de Pontverre ne pouvait être autre chose à mon avis. Je vois un visage pétri de grâces, de beaux yeux bleus pleins de douceur, un teint éblouissant, le contour d'une gorge enchanteresse", écrit-il dans *Les Confessions*. De douze ans son aînée, Mme de Warens deviendra sa protectrice et sa maîtresse.

dernier contrefort rocheux du Semnoz, qui contribua au développement de la nouvelle ville d'Annecy au détriment d'Annecy-le-Vieux. Plusieurs fois incendiée et reconstruite, la forteresse juxtapose des bâtiments construits entre le XIIe et la fin du XVIe siècle.

L'élément le plus ancien est la **tour de la Reine**, à droite de la porte, avec des murs de plus de 4 m d'épaisseur. Le **logis Vieux** (XIVe-XVe siècle) était la demeure des comtes de Genève. À gauche, la façade Renaissance est celle du **logis Nemours** (XVIe siècle). Enfin, le **logis Neuf** (fin XVIe siècle) abritait la garnison.

Aujourd'hui, le château, classé monument historique, a pour vocation de valoriser le patrimoine régional au travers d'expositions temporaires et permanentes. Le logis Vieux et le logis Nemours abritent un intéressant **musée d'Art régional** (peintures de paysage, sculptures, poteries, faïences, mobilier...). Au fond de la cour, dans la **tour Perrière** et le **logis Perrière**, se trouve l'**Observatoire régional des lacs alpins**. Ce petit musée scientifique présente l'écosystème des lacs alpins et détaille les processus utilisés pour dépolluer le lac d'Annecy (voir l'encadré p. 81).

Rue Sainte-Claire

Rue pittoresque

Les restaurants y sont très nombreux et la forte fréquentation l'a malheureusement un peu figée. Mais les mardi, vendredi et dimanche matin, jours de **marché**, le pouls de la ville bat tout le long de la rue (il vous faudra jouer des coudes en haute saison). Au n°18, l'**hôtel Bagnoréa** fut le premier siège de l'Académie florimontane (voir l'encadré p. 71) au début du XVIIe siècle. Au niveau du n°31, la **fontaine Quiberet** (1646), l'une des plus vieilles fontaines de la ville, est sculptée d'une truite, l'emblème d'Annecy. Au bout de la rue, la **porte Sainte-Claire** gardait l'une des entrées de la ville. Sa cloche résonne depuis 1556. Les mâchicoulis et les gonds de sa double porte sont d'époque. N'hésitez pas à continuer jusqu'à la **place Sainte-Claire** pour admirer, au n°24, la belle maison Gallo, à l'architecture d'inspiration turinoise.

Rue Jean-Jacques-Rousseau

Rue pittoresque

Au n°10, au niveau du conservatoire à rayonnement régional d'Annecy, se trouvait la demeure de Mme de Warens, la protectrice de Rousseau (voir l'encadré ci-dessus). Elle fut détruite en 1784 pour ériger un **palais épiscopal**. Dans la cour, on peut voir un buste de l'écrivain et une balustrade de bronze doré : un clin d'œil au fameux balustre d'or que l'auteur des *Confessions* rêvait d'utiliser pour marquer l'endroit où il fit pour la première fois, en 1728, la rencontre de celle qui allait devenir sa tutrice et sa maîtresse. Au n°13 se situe l'ancienne maîtrise où il s'initia à

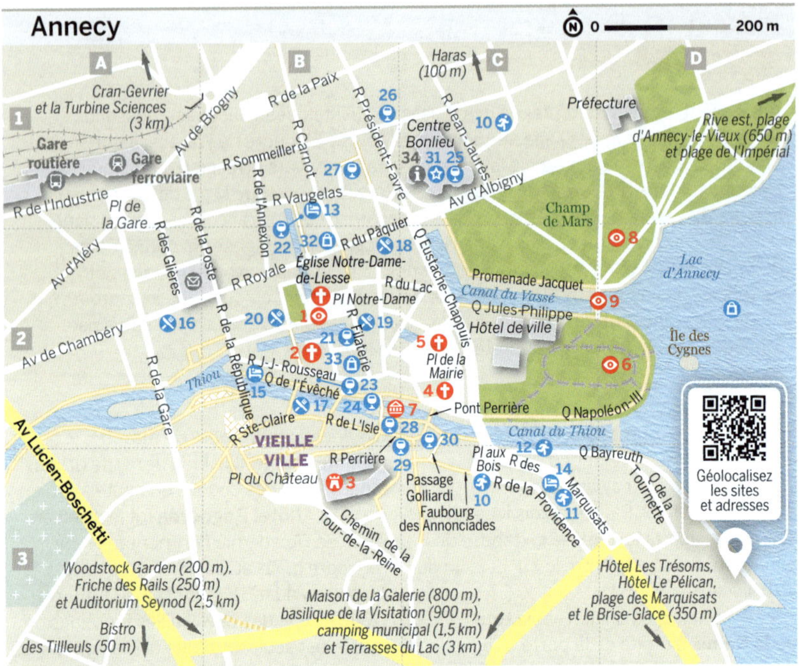

Annecy

À voir

1 Ancien hôtel de ville B2
2 Cathédrale Saint-Pierre B2
3 Château d'Annecy B3
4 Église Saint-François-de-Sales C2
5 Église Saint-Maurice C2
6 Jardins de l'Europe D2
7 Palais de l'Île B2
8 Pâquier D2
9 Pont des Amours C2

Activités

10 Cyclable C1
11 Roul' Ma Poule C3
12 Compagnie des Bateaux du lac C3

Où se loger

13 Atipik Hôtel B1
14 Boutik Hotel C3
15 L'Auberge du Lyonnais B2

Où se restaurer

16 L'Esquisse A2
17 Le Fréti B2
18 L'Étage B2
19 Haven B2
20 Midget B2

Où prendre un verre et sortir

21 Bar Roux d'Heure B2
22 Antiope B1
23 Café Bunna B2
24 Le Café des Arts B2
25 BD Fugue C1
26 Le Ouistiti à Roulettes B1
27 La Queue du Coq B1
28 Terre Adélice B2
29 Glacier des Alpes C3
30 Maison Perrière C2
31 Bonlieu Scène nationale C1

Achats

32 Au Fidèle Berger B2
33 Opinel B2

Renseignements

34 Office de tourisme C1

la musique. C'est au n°15, dans la **maison Lambert**, que saint François de Sales écrivit son *Introduction à la vie dévote*.

Cathédrale Saint-Pierre

Mélange des genres

(rue Jean-Jacques-Rousseau). Elle fut achevée en 1538 et consacrée cathédrale en 1822. Sa façade arborant une belle rosace est de style Renaissance, mais l'intérieur est gothique. Ne manquez pas le buffet de l'orgue, de style Louis XIV, datant de 1842. Les peintures sont également admirables (une *Adoration des Mages* du XVIe siècle, une copie de la *Descente de Croix* du Caravage et la *Délivrance de saint Pierre* par Mazzola). De mi-juillet à fin août, le dimanche à 17h30, des **concerts d'orgue** (orgue-cathedrale-annecy.fr ; 15 €, gratuit -18 ans) sont organisés.

Ancien hôtel de ville

Édifice médiéval

(pl. Notre-Dame). Situé sur l'emplacement d'un ancien oratoire médiéval, ce bâtiment du XVIe siècle fut rénové au XVIIIe pour accueillir le premier hôtel de ville d'Annecy. Devant sa façade jaune, un bel escalier en fer forgé est orné d'une truite, figure des armoiries de la ville. Les locaux sont aujourd'hui occupés par la cure de l'église Notre-Dame, les services municipaux ayant été transférés en 1855 dans l'actuel hôtel de ville, près des jardins de l'Europe (voir p. 73).

Église Saint-Maurice

Nef gothique

(rue Saint-Maurice). Cette église au toit savoyard est la plus ancienne église d'Annecy. Elle fut bâtie en 1422 par le cardinal de Brogny qui, après l'incendie qui ravagea la ville, voulut aider les Annéciens à se relever en fondant un couvent de Dominicains. L'édifice a connu de multiples transformations au fil des siècles. Il servit notamment de grenier à foin et de grenette (marché couvert) en 1792, lorsque les armées révolutionnaires entrèrent en Savoie. L'église actuelle abrite notamment deux peintures murales du XVe siècle : une *Assomption de la Vierge*, et surtout une peinture funéraire en trompe-l'œil de Philibert de Monthoux, conseiller des ducs de Savoie et de Bourgogne, véritable chef-d'œuvre.

Église Saint-François-de-Sales

Baroque savoyard

(pl. Saint-François-de-Sales). Édifiée au XVIIe siècle en bordure du Thiou, elle est aussi appelée l'"église des Italiens", car la messe y est donnée en cette langue le dimanche matin. Elle abrita les tombeaux de Jeanne de Chantal et de François de Sales, transférés ensuite à la basilique de la Visitation (p. 74). Longtemps, un dépôt de charbon, des logements et une boulangerie occupèrent sa nef et ses chapelles latérales, avant sa restauration en 1890. Vous pourrez y apercevoir sept retables de style baroque.

L'Académie florimontane

Dans la seconde moitié du XVIe siècle, François de Sales, alors étudiant en droit à l'université de Padoue, et son ami Antoine Favre, futur grand magistrat, font en Italie la découverte des académies, ces sociétés de lettrés cultivant les beaux-arts et l'éloquence. Avec Honoré d'Urfé (auteur de *L'Astrée*, roman-fleuve très réputé en son temps), ils décident d'importer le concept à Annecy et, dans l'hiver 1606-1607 – soit une trentaine d'années avant la naissance de l'Académie française –, créent une société savante qu'ils nomment la Florimontane. On s'y livrera à de brillants exercices oratoires et littéraires. Aujourd'hui, l'association est toujours vivante et possède un riche fonds de livres et d'archives. Elle a pour emblème un oranger couvert de fruits dans un cirque de montagnes enneigées.

KAVALENKAVA / STOCK.ADOBE.COM ©

Cité internationale du Film d'animation — Culture

(☎ 04 85 46 76 70). Longtemps située dans le Conservatoire d'art et d'histoire de la Haute-Savoie, près de la plage des Marquisats, l'exposition permanente du musée du Film d'animation s'apprêtait à déménager lors de notre passage, à la faveur de la rénovation de l'ancien haras d'Annecy, en plein cœur de la ville. Appelés à devenir tout à la fois une cité internationale du cinéma d'animation, un parc arboré et une halle gourmande, les lieux devaient ouvrir courant 2025 et être l'épicentre du Festival international du film d'animation qui anime la cité chaque année en juin.

Les bords du lac

Pour vous balader sur les bords du lac, gagnez d'abord l'avenue d'Albigny, voie royale bordée de platanes qui longe le Champ de Mars d'Annecy (Pâquier).

Pâquier — Poumon vert

Cette vaste pelouse taillée au cordeau, très fréquentée au moindre rayon de soleil, est autant le rendez-vous des amoureux en goguette que des joueurs de foot du dimanche. Le lieu a été le théâtre de nombreux événements historiques, dont des manœuvres militaires et nombre d'exécutions publiques. Au bout du Pâquier trône le fameux **Impérial**, le palace Belle Époque qui fait la fierté d'Annecy ; Charlie Chaplin et Winston Churchill y séjournèrent. Côté ville, on peut admirer le bâtiment de la **préfecture** (1864) dû à l'architecte lyonnais Léon Charvet, ainsi que le **centre culturel de Bonlieu**, inauguré en 1981. Dû à Maurice Novarina et Jacques Lévy, il fait la jonction entre la ville moderne et la vieille ville. Au bord du lac, la vue sur la vaste étendue d'eau, le Parmelan, le mont Veyrier, la Tournette, les Bauges et le Semnoz est splendide. Une table d'orientation permet de se repérer. Tout l'été, Bonlieu organise par ailleurs **Annecy Paysages** (www.annecy-paysages.com), un parcours culturel constitué d'une vingtaine d'œuvres d'art insolites disséminées dans toute la ville.

Pont des Amours — Romantique

Reliant le Champ de Mars aux jardins de l'Europe, le célèbre pont des Amours

JACKSCAL / STOCK.ADOBE.COM ©

JASCKAL / ADOBE STOCK ©

De gauche à droite : place Sainte-Claire (p. 69) ; pont des Amours ; église Saint-François-de-Sales (p. 71)

enjambe le canal du Vassé. Le long du cours d'eau, l'enfilade de vedettes en acajou des années 1930, à présent propulsées à l'énergie électrique, ajoute au charme du lieu. En face, vous pouvez apercevoir l'**île des Cygnes**, un îlot artificiel.

Jardins de l'Europe — Arboretum

Des séquoias géants centenaires, un ginkgo biloba, un cèdre de l'Atlas… Cet arboretum a vu le jour en 1863, au moment où la Savoie a été rattachée à la France. Il regroupe de très belles essences venues des quatre coins du globe. Chaque dimanche d'été (mi-juin à début septembre), le lieu se transforme en "P'tit bal perdu", avec une piste de danse ouverte à tous et une scène accueillant des musiciens.

En dehors du centre

La Turbine sciences — Sciences et environnement

(04 50 67 12 85 ; laturbine.annecy.fr ; pl. Chorus, Cran-Gevrier ; exposition tarif plein/réduit 5/3 €, gratuit -12 ans, balade scientifique ou numérique 3-5 € ; variables selon expositions ;). Ce sympathique centre de culture scientifique, technique et industrielle organise expositions temporaires, conférences, ateliers et balades hors les murs autour de l'environnement et des sciences, avec un médiateur scientifique ou en suivant une application. Le lieu étant populaire, durant les vacances scolaires, veillez à réserver tôt pour les expositions, surtout les jours de pluie !

Maison de la Galerie — Lieu de mémoire

(04 50 33 87 30 ; rue de la Providence). C'est dans cette maison, où résident les sœurs de Saint-Joseph, que François de Sales et Jeanne de Chantal fondèrent l'ordre de la Visitation en 1610. Située à l'écart de la vieille ville, elle est aujourd'hui un lieu de mémoire et de vénération de François de Sales. Elle se découvre pendant les Journées du patrimoine ou lors de visites organisées par l'office de tourisme, mais il est également possible de se présenter et de sonner pour appeler les sœurs de Saint-Joseph qui peuvent (ou non) autoriser la visite des lieux.

Promenade sur le Pâquier (p.72)

Basilique de la Visitation Reliques saintes

(☎04 50 45 20 30 ; visitationannecy.org ; 20 av. de la Visitation ; entrée libre ; ⏲lun-sam 7h15-18h30, dim 9h-18h). En direction du Semnoz, cet édifice achevé en 1930 attire le regard, avec son haut clocher blanc (72 m) qui abrite un carillon de 37 cloches. Les reliques de saint François de Sales et de sainte Jeanne de Chantal y sont conservées et un petit musée attenant présente quelques objets leur ayant appartenu.

Activités

Activités nautiques

Le long de la promenade Jacquet (qui borde le Pâquier), de nombreux loueurs proposent des barques ou des pédalos.

Tout autour du lac, les possibilités d'activités nautiques sont innombrables. Des centres nautiques, tel celui de Talloires (p. 84), louent planches à voile, Optimist, catamarans... Les amateurs pourront pratiquer le paddle (p. 84). À Duingt (p. 87) et à Talloires (p. 84), il est possible de s'essayer à la plongée, au ski nautique ou au wakesurfing (surf sur la vague produite par un bateau). Vous pourrez également vous initier à l'apnée avec **Planète Apnée** (www.planeteapnee.fr) à Veyrier-du-Lac, ou encore plonger depuis Talloires (voir p. 84).

Aventures aériennes

Pour découvrir les mille et une facettes du lac et de ses montagnes, des sorties en **montgolfière** sont proposées par la **Compagnie des Ballons** (☎04 50 63 38 10 ; compagniedesballons.com ; 280 € la balade de 1 heure à 1 heure 30 ; ⏲avr-déc).

Frissons garantis avec le **parapente** depuis le col de la Forclaz (de mi-avril à octobre ; voir l'encadré p. 86) avec notamment **Airmax Parapente** (www.airmax-parapente.com ; 90-150 € le vol) ou **Espace 3D** (☎06 50 33 61 10 ; espace3d.fr ; 105-350 € le vol). À privilégier hors week-end et en fin d'après-midi pour des conditions plus favorables.

Baignade

En été, l'eau du lac avoisine les 23°C. Parmi les plages surveillées, au sud du centre-ville, la **plage des Marquisats**, plantée de pelouse, est très prisée dès les premiers rayons de soleil. Du côté du Pâquier, la **plage de l'Impérial** puis celle de l'**Albigny** sont agrémentées de quelques snacks, bars et glaciers. D'autres plages du tour du lac auront peut-être votre faveur, comme la **plage de la Brune** à Veyrier-du-Lac, celle du **Clos Berthet** à Sevrier, ou la **plage de Doussard**, qui offre une vue imprenable sur les dents de Lanfon. La **plage de Saint-Jorioz**, en grande partie sablonneuse, est quant à elle payante (adulte/10-17 ans 2,60/1 €, gratuit -10 ans, 1 € après 16h30).

Croisières

Des bateaux de la **Compagnie des bateaux du lac d'Annecy** (04 50 51 08 40 ; bateaux-annecy.com ; croisière commentée de 1 heure-1 heure 30 tarif plein/4-12 ans 18-21/12,50-14 € ; mi-fév à fin-déc) proposent des balades commentées. C'est un bon moyen de découvrir les communes voisines, accrochées au bord du lac. Une **navette** (mai-sept) dessert aussi tous les ports : Angon, Sevrier, Saint-Jorioz, Duingt, Doussard, Talloires, Menthon-Saint-Bernard, Veyrier-du-Lac. Pensez aussi aux **bateaux Arc-en-Ciel** (04 50 51 52 15, 07 77 31 10 67 ; arcenciel-annecy.com ; quai Napoléon-III ; à partir de 10 € ; mars-nov) qui, en plus des circuits commentés, proposent à la location des bateaux sans permis et des pédalos (à partir de 15 € les 30 minutes).

Vélo

Flânez dans la Venise des Alpes ou admirez le lac sous tous les angles en pédalant le long de ses rives, longées par une piste cyclable (voir p. 81). De nombreux loueurs proposent plusieurs types de vélos (classiques, tandems, à assistance électrique...), notamment **Roul' ma poule** (04 50 27 86 83 ; www.annecy-location-velo.com ; 4 rue des Marquisats ou 47 av. du Petit-Port ; 8 € l'heure, 24 € la journée ; mars-début nov) et **Cyclable** (Pâquier 04 50 65 09 09, 13 rue de la Préfecture ; vieille ville 04 50 51 51 50, 8 pl. aux Bois ; www.velo-annecy.fr ; 24 € la journée ; tte l'année).

RAWSAVOYARD / STOCK.ADOBE.COM ©

RANDONNÉE
Le Parmelan

Cette randonnée, l'une des préférées des Annéciens, offre, à son sommet (un plateau calcaire karstique situé à 1 800 m d'altitude), un panorama à couper le souffle sur Annecy, les Bornes et les Aravis, avec le mont Blanc en arrière-plan. Plusieurs itinéraires balisés s'offrent à vous. La montée par le Grand Montoir, qui compte des passages aériens sur une sente étroite et escarpée (équipée par endroits de chaînes et de rampes), est à déconseiller aux personnes sujettes au vertige. La boucle qui passe par le Petit Montoir est plus longue, mais plus simple. Point de départ de la balade, le parking du Bois Brûlé se situe à 16 km d'Annecy par la D5. Pour l'itinéraire détaillé, voir p. 46.

Où se loger

Camping municipal Le Belvédère Vue sur le lac €

(04 50 45 48 30 ; annecy-camping-municipal.fr ; 8 rte du Semnoz ; nuitée 2 pers 14,40-20,10 € ; fin mars à mi-oct). Au pied du Semnoz et en lisière de forêt, ce camping d'une centaine d'emplacements est plutôt verdoyant et fréquenté par une clientèle familiale. Une douzaine de chalets sont également à la location (485-772,50 €/semaine). Les places en hauteur, devant ces chalets, ont une vue splendide sur le lac et le mont Veyrier.

VAUT LE DÉTOUR
Le pont de la Caille

À cheval sur les communes d'Allonzier-la-Caille et de Cruseilles, au nord d'Annecy, ce pont suspendu à haubans qui franchit la rivière des Usses à 147 m de hauteur, inauguré en 1839, a fière allure avec ses quatre tours crénelées. À vélo, il fait l'objet d'une sympathique boucle de 46 km au départ d'Annecy. Pour 350 m de dénivelé, elle permet de jouir de belles vues sur la montagne de la Mandallaz et sur le lac lors de la redescente.

Atipik Hôtel Central et contemporain €€
(04 50 52 84 33 ; atipikhotel.fr ; 19 rue Vaugelas ; d 65-130 € ;). Un établissement à l'accueil très sympathique, proche des principaux sites et de la gare. Les 25 chambres – un peu étroites – et les suites familiales sont décorées dans des teintes contemporaines, avec du mobilier moderne. Deux d'entre elles ont vue sur le canal. Pas d'ascenseur. Stationnement offert la nuit (19h-8h) dans plusieurs parkings municipaux.

Le Boutik Hotel Coquet et douillet €€€
(04 50 44 04 40 ; leboutikhotel.com ; 2 rue des Marquisats ; d 120-250 € ; petit déj buffet 20 € ;). Une ancienne maison de bonnes sœurs transformée en un hôtel de poche (il n'y a que 12 chambres) à la déco inspirée et agrémentée d'un adorable jardin. Chaque pièce a son univers, de la chambre bohème à celle dédiée à la littérature ; le terrain de pétanque, les salons cocons à l'ambiance florale et l'espace café rétro-vintage complètent l'offre. Bonus : vous pourrez y acheter quelques belles trouvailles en matière de décoration.

L'Auberge du Lyonnais Intimiste €€€
(04 50 51 26 10 ; www.auberge-du-lyonnais.com ; 9 rue de la République ; d 125-285 € petit déj inclus, suite 350-750 € petit déj inclus ; P). Repris en 2021 et situé au cœur de la vieille ville dans un bâtiment classé, cet élégant quatre-étoiles est parfait si vous cherchez un hôtel à taille humaine (onze chambres) aux prestations soignées. On aime en particulier le design épuré où le vieux bois vient réchauffer le béton, et la table bistronomique du chef Guillaume Roignant, qui oscille entre terre et mer (plats 20-33 € ; brunch 29 €).

Les Trésoms Avec vue €€€€
(04 50 51 43 84 ; lestresoms.com ; 15 bd de la Corniche ; d 120-450 €, petit déj 25 € ; P). Cet hôtel quatre étoiles a l'une des plus jolies vues sur le lac. Les chambres font la part belle au bois et aux motifs floraux. Deux villas (de 4 chambres chacune) sont à louer également (800-1 200 € la nuit, minimum 2 nuitées). Mention spéciale à l'accueil de Véronique Droux, la maîtresse des lieux, aux soins parfaits du spa et au restaurant étoilé.

Où se restaurer

Haven Healthy €€
(04 50 51 21 48 ; haven-annecy.fr ; 5 rue Filaterie ; brunch 28 € ; lun-sam 8h30-16h, dim 8h30-15h). Dans ce spot australien, on se régale à toute heure de la journée de toasts avocat-feta, de brioches maison, de bowls gourmands, de pancakes joufflus, de chaï *latte*... avec options sans gluten, sans lactose, végétarienne et vegan. Petite terrasse au calme l'été. Service fort sympathique.

Midget Cave à manger €€
(04 50 32 79 25 ; www.midget.fr ; 4 quai Madame-de-Warens ; tapas 4-18 €, vins au verre 6-12 € ; mer-ven 18h30-23h, cave dès 14h, sam-dim 10h-15h et 18h-23h). L'adresse ultime si vous êtes un passionné d'accords mets-vins, et *a fortiori* de vins naturels. Avec près de 500 références, Carine et Benjamin ont vraiment le chic pour mettre en valeur des vignerons engagés, et les breuvages s'accompagnent de sympathiques tapas

(œufs mimosa, tacos *pulled pork*, tarte truite, citron et capucines…).

Le Fréti Spécialités fromagères €€
(04 50 51 29 52 ; lefreti.fr ; 12 rue Sainte-Claire ; plats 17-35 € ; soir tlj, midi sam-dim). Tous les Annéciens vous diront d'aller goûter une spécialité fromagère à cette adresse. Fondue aux fines herbes, à la tomate, aux morilles, aux cèpes, au paprika ; raclette nature, fumée, au poivre vert ; tartiflette… Difficile de faire son choix ! On a particulièrement apprécié la Brisgotte, une spécialité de la maison (d'octobre à fin mai), un pain surprise rempli de vacherin fribourgeois. L'accueil est souriant. Terrasse au frais sous les arcades en été. Réservation conseillée.

Les Terrasses du Lac Avec vue €€
(04 50 45 34 86 ; www.restaurant-les-terrasses-du-lac.com ; 7 rte du Semnoz ; plats 21-32 €, menus 45-76 € ; fermé lun-mar). À 5 minutes en voiture du centre-ville, perché sur les premiers reliefs du Semnoz, c'est un des rares endroits où vous pourrez déguster, si l'arrivage le permet, une féra ou des perches du lac attrapées par Emmanuel Clerc, un des derniers pêcheurs d'Annecy, avec une vue splendide sur le mont Veyrier et le lac. Une adresse que l'on souhaiterait garder pour soi !

L'Étage Cuisine traditionnelle €€-€€€
(04 50 51 03 28 ; letageannecy.com ; 13 rue du Pâquier ; plat du jour 12 €, plats 22-45 € ; tlj). Passé la porte d'une belle bâtisse bourgeoise du XVIIe siècle, il suffit de monter quelques marches pour s'attabler à l'une des tables de tradition favorites des Annéciens. Au menu, des plats d'inspiration brasserie (escargots en persillade, os à moelle, ris de veau, sole meunière…) ou de fameux classiques savoyards (raclette, fondue aux cèpes, feuilleté au reblochon…). À midi, le plat du jour est d'un excellent rapport qualité/prix (réservez bien à l'avance !).

L'Esquisse Gastronomique €€€
(04 50 44 80 59 ; www.esquisse-annecy.fr ; 21 rue Royale ; menu 5/6/9 inspirations 85/100/125 € ; mar-sam). La table étoilée au Michelin de Magali et Stéphane Dattrino réjouit les papilles avec des mets simples et efficaces réalisés à partir de poissons issus de lacs alpins ou de la pêche maritime et de viandes locales (bœuf de Rumilly). L'accueil bienveillant et la déco, axée sur la nature, finissent de convaincre.

Un café, s'il vous plaît !

Les zincs où siroter son p'tit noir ne manquent pas à Annecy. Envie de tranquillité ? Filez au **Café Bunna** (06 37 85 18 30 ; cafebunna.com ; 17 rue Jean-Jacques-Rousseau), le plus petit *espresso bar* de la ville, situé dans une ruelle discrète, qui concocte des boissons détox maison et des cafés frappés à tomber. Un peu plus loin, le **Bar Roux d'Heure** (06 87 26 13 77 ; 6-8 rue Filaterie) fouette les neurones à coup de *macchiato* et autres boissons maison. On peut également bruncher et déjeuner dans ces lieux. Si vous êtes plutôt chocolat chaud, un après-midi d'hiver, allez donc vous réchauffer au Fidèle Berger (p. 80).

Où prendre un verre

Pour siroter un verre au milieu des livres, on recommande l'agréable librairie-café **Antiope** (04 56 49 27 63 ; 4 passage Gruffaz ; lun-sam 9h30-19h) ou bien **BD Fugue** (04 50 45 22 80 ; Centre Bonlieu, 1 rue Jean-Jaurès ; lun 14h-19h, mar-sam 10h-19h).

Le Café des Arts Bistrot avec terrasse
(04 50 51 56 40 ; 4 passage de l'Isle ; café 1,70 €, demi 3,50 € ; déc-août tlj, sept à mi-nov fermé mar). Situé à côté du palais de l'Île, après un joli dédale de canaux et de venelles, ce petit troquet est souvent bondé : la faute à sa délicieuse terrasse où siroter un blanc de Savoie et grignoter du saucisson ou de la tomme de pays. Apéro-concert le mercredi soir de mai à septembre, livres et jeux à disposition toute l'année, et expositions temporaires.

Le Bistro des Tilleuls Scène et événements

(☎ 09 53 27 03 09 ; www.bistrodestilleuls.com ; 13 ch. de la Prairie ; demi 3,30 € ; ⏲ lun-mar et jeu-ven 7h-1h, mer 7h-minuit, sam 17h-1h, restauration à midi lun-ven). Un bistrot "à l'ancienne", où plutôt que d'avoir les yeux rivés sur l'écran de son smartphone, on discute volontiers avec son voisin de table. Il faut dire que la programmation y pousse : soirées *open mic*, tournois de pétanque, concerts... On peut même s'y attabler à midi et se laisser surprendre par une joyeuse bistronomie à prix doux (menu 21 €).

La Queue du Coq Bar à cocktails

(☎ 09 81 26 95 00 ; 10 rue Vaugelas ; cocktail à partir de 12 € ; ⏲ mar-sam soir). Le repaire idéal pour déguster de rafraîchissants cocktails et "mocktails" (sans alcool) pointus dans une atmosphère détendue, dans la petite cour du Pré Carré. Déco années 1970, service efficace et possibilité de commander un cocktail sur mesure.

Woodstock Garden En plein air

(woodstockbar-annecy.com ; 32 av. de Loverchy ; demi 3,80 € ; ⏲ tlj 16h-22h). À deux pas du centre-ville, une adresse ultra décontractée façon beergarden où déguster bières artisanales, houmous, burrata et ou un tzatziki maison en écoutant du bon son. DJ set et cours de yoga en été.

Le Ouistiti à Roulettes Bières et tapas

(☎ 06 62 40 07 54 ; 31 rue Sommeiller ; bière 6,20-10,20 € ; ⏲ lun-sam 17h30-1h). Planche de fromages et charcuterie, houmous maison, légumes et camembert rôti à arroser de bières artisanales et/ou de vins en biodynamie dans un cadre animé.

SI VOUS AIMEZ...

Les glaces et les sorbets

Voici nos adresses coup de cœur pour déguster d'excellents sorbets et crèmes glacées dans la vieille ville.

Terre Adélice (☎ 04 50 77 61 05 ; www.terre-adelice.eu ; 5 rue Perrière). Le célèbre artisan-glacier ardéchois 100% bio a ouvert une boutique en 2024. Testez absolument le parfum marrons confits ! En hiver, crêpes et gaufres bio également.

Glacier des Alpes (☎ 04 50 51 08 86 ; glacierdesalpes.fr ; 16 rue Perrière). Une institution qui régale petits et grands depuis une trentaine d'années, avec notamment les irrésistibles parfums fleur de lait et caresse des îles (mangue-passion-goyave).

Maison Perrière (☎ 04 50 23 12 58 ; maisonperriere.wordpress.com ; 24 quai Perrière). Une autre valeur sûre qui a également ses afficionados.

Où sortir

Le Brise-Glace Musiques actuelles

(☎ 04 50 33 65 10 ; le-brise-glace.com ; 54 bis rue des Marquisats). Cette salle de concerts à l'architecture contemporaine, située au bord du lac, est entièrement consacrée aux musiques actuelles, avec une programmation aussi bien dédiée aux enfants qu'aux adultes. Stages, masterclass et ateliers de qualité à destination des musiciens amateurs.

Bonlieu Scène nationale Spectacle vivant

(☎ 04 50 33 44 11 ; bonlieu-annecy.com ; 1 rue Jean-Jaurès). Ce complexe culturel est un lieu de diffusion et de production pluridisciplinaire de haut vol : théâtre, danse, musique, cinéma... Un bel événement gratuit hors les murs a souvent lieu sur le Pâquier début juillet chaque année, renseignez-vous !

Auditorium Seynod Spectacles et cinéma

(☎ 04 50 52 05 20 ; www.auditoriumseynod.com ; pl. de l'Hôtel-de-Ville, Seynod). Danse, musique, cinéma, ciné-concerts et spectacles en tout genre rythment la saison de cet établissement incontournable de la vie culturelle annécienne.

ANGE TRAVERSO / STOCK.ADOBE.COM ©

À NE PAS MANQUER

Le Semnoz

Prévoyez au moins une demi-journée pour la découverte du Semnoz – on prononce le "z" final –, la montagne à laquelle s'adosse Annecy. Son point culminant, le **crêt de Châtillon** (1 699 m), offre un extraordinaire panorama sur les alpages et les nombreux sommets environnants : les monts du Faucigny, ceux du Chablais, le Jura... À l'est, à 60 km à vol d'oiseau, vous reconnaîtrez la chaîne du Mont-Blanc. Par temps clair, on aperçoit le lac du Bourget et le Léman. Une table d'orientation, à côté d'une grande croix, à 10 minutes de marche depuis les deux parkings, vous aidera à vous y retrouver. Depuis Annecy, on accède au crêt de Châtillon en une demi-heure par la D41 (en voiture ou via les bus de la SIBRA). Dès les premiers lacets de la route, la **forêt du Crêt-du-Maure** et ses majestueux résineux offrent de très belles possibilités de balades. On peut aussi accéder au Semnoz par l'autre versant, via le col de Leschaux, notamment depuis Sevrier et Saint-Jorioz, pour de beaux aperçus des paysages riants des Bauges.

Pour connaître les différents sentiers et activités estivales (VTT, trottinette, luge d'été...), contactez l'office de tourisme d'Annecy (p. 80) ou visitez le site www.semnoz.fr. Vous pourrez aussi acheter du fromage en direct aux cinq alpagistes qui travaillent sur place.

En hiver, le **domaine skiable** (forfait adulte 2 heures/1 jour 11,50/16,50 €) entretient 15 km de pistes de ski alpin. Les pistes de **ski de fond** (forfait journée 7,50 €, 4,10 € sur présentation d'un titre de transport) totalisent quant à elles 46 km. Belles balades en raquettes balisées également.

La Friche des Rails Éphémère

(www.annecy-paysages.com/la-friche-des-rails-ap2021 ; 2 rue de la Cité ; certains soir d'été, se renseigner). Depuis 2021, une ancienne friche industrielle située dans le quartier des Trois-Fontaines a été aménagée et s'anime en plein cœur de l'été au gré d'une programmation éclectique et gratuite. Soirées contes, bals, musiques du monde le lundi soir, scènes ouvertes... La Friche réunit un public intergénérationnel dans une ambiance bon enfant. Bar et food-trucks sur place. Depuis le centre-ville, empruntez l'itinéraire fléché depuis la promenade du Saint-Sépulcre ; il longe le Thiou depuis le lycée Gabriel-Fauré jusqu'à la Friche.

Achats

Au Fidèle Berger — Chocolats et salon de thé

(☎ 04 50 45 00 32 ; aufideleberger.fr ; 2 rue Royale ; ⏲ mar-ven 9h30-18h45, sam 9h-19h). Véritable institution locale, cette pâtisserie-chocolaterie centenaire vaut le détour pour ses Cloches d'Annecy, des coques en chocolat noir ou au lait et ganache pralinée, référence à la Savoyarde, la plus grosse cloche de France, produite en 1891 par la fonderie annécienne Paccard, qui se trouve dans le clocher de la basilique du Sacré-Cœur de Montmartre. On se délecte également des chocolats chauds et des roseaux d'Annecy, petits bâtonnets de chocolat fourrés à la liqueur, clin d'œil à l'emblème du lac.

Opinel — Coutellerie

(☎ 04 50 11 75 16 ; opinel.com ; 22 rue Filaterie ; ⏲ dim-mer 10h-13h et 14h-18h, jeu-sam 10h-19h). La marque savoyarde a ouvert sa toute première boutique en nom propre dans la vieille ville d'Annecy. À dénicher : des couteaux de table design, des modèles en frêne, des canifs...

Renseignements

L'office de tourisme (☎ 04 50 45 00 33 ; lac-annecy.com ; 1 rue Jean-Jaurès) peut vous mettre en relation avec des guides conférenciers pour des visites guidées de la ville et assure la billetterie pour la visite de la ferme des Noisetiers, dans le Semnoz (tarif plein/7-12 ans 9/5 €) ou la visite combinée des gorges du Fier et du château de Montrottier (tarif plein/5-15 ans 35/21 €, trajet en bus inclus).

Depuis/vers Annecy

BUS

Les bus de la **SIBRA** (www.sibra.fr), gratuits en juillet-août, desservent notamment le Semnoz et le plateau des Glières.

VOITURE

Depuis Marseille (420 km), Lyon (145 km) ou Chambéry (49 km), on accède à Annecy par

Session parapente au-dessus du lac d'Annecy

l'A41, sortie 16 Annecy Centre. Depuis Paris (560 km), Genève (40 km) ou Chamonix (100 km), c'est la sortie 17, Annecy Nord.

TRAIN

Les liaisons directes **TGV** entre Paris et Annecy sont fréquentes. De nombreux **TER** relient Annecy à Lyon, Valence, Grenoble, Chambéry et Chamonix.

AVION

L'**aéroport international de Genève** se situe à 43 km d'Annecy et celui de **Lyon Saint-Exupéry** à 125 km, avec dans les deux cas des liaisons vers Annecy par train et par bus.

AUTOUR DU LAC D'ANNECY

Dès la fin du XIXe siècle, les premiers touristes investirent ses pontons de bois, s'adonnèrent aux sports nautiques et commencèrent à se baigner dans les eaux du lac, dont les nuances changent au gré des passages nuageux. Bordé par Annecy à son extrémité nord, le lac est plus exposé au soleil sur sa rive est, baptisée "la rive soleil", ponctuée par les communes huppées de Menthon-Saint-Bernard et de Talloires, et surplombée par les dents de Lanfon et la Tournette. C'est à la pointe de Duingt, sur la rive ouest, que se trouve la délimitation entre le "Grand Lac" (bassin nord) et le "Petit Lac" (bassin sud). Le second, qui se termine par une immense roselière au niveau de Doussard, est réputé plus romantique et plus sauvage.

Le tour du lac est une excursion très prisée ; si vous optez pour la voiture, vous serez probablement confronté à des embouteillages colossaux à la belle saison. Outre les excursions en bateau (p. 82), le tour du lac à vélo est une manière agréable de découvrir ses différents paysages. Près de 40 km de **piste cyclable** ont été aménagés autour du lac, en grande partie le long d'une ancienne voie ferrée. À parcourir tôt le matin et de préférence dans le sens des aiguilles d'une montre, afin d'éviter une longue côte un peu raide à Talloires (qui devient ainsi une descente).

Un lac qui revient de loin

Deuxième lac naturel de France par ses dimensions (14,6 km de long et 800 m à 3,3 km de large), le lac d'Annecy servit longtemps de tout-à-l'égout aux communes avoisinantes. Dans les années 1950, le constat est sans appel : le lac est mourant. Il est asphyxié par les algues, qui, s'accaparant tout l'oxygène disponible, anéantissent la biodiversité aquatique. En 1957, huit communes relèvent leurs manches pour créer un syndicat mixte chargé de le dépolluer. Un premier réseau d'assainissement est achevé en 1976. En 2002, une très vaste opération de vidange a également lieu. Aujourd'hui, le lac a recouvré sa limpidité d'antan. Malheureusement, un peu trop… À présent, le lac pèche par excès de transparence : les rayons du soleil pénétrant mieux dans l'eau, les couches supérieures ne se refroidissent pas assez l'hiver, l'eau manque de brassage et la faune des profondeurs manque d'oxygène à son tour. Joli pour la carte postale, mais moins bien pour les poissons. Seuls deux pêcheurs professionnels peuvent désormais y travailler.

Vous ne serez pas seul : les rives du lac sont malheureusement victimes de leur succès et obligent à la patience et à la prudence.

Annecy-le-Vieux

Annecy-le-Vieux est réputée pour être la banlieue résidentielle huppée d'Annecy – qu'on appelait Annecy-le-Neuf au Moyen Âge. Son tout petit centre ancien, sa placette et son clocher roman du XIIe siècle (le reste de l'église est une reconstruction néoclassique du XIXe siècle) méritent une halte. En face de l'église, vous apercevrez la **villa Dunand**, où le compositeur Gabriel Fauré séjourna plusieurs étés à la fin de sa vie. Depuis 2017, Annecy-le-Vieux fait partie de la commune nouvelle d'Annecy.

LUKAS ZIMILENA / STOCK.ADOBE.COM ©

Activités

Si vous souhaitez louer un bateau (avec ou sans permis), un kayak transparent ou un pédalo, direction **Les Frères Coin-Coin** (06 01 10 56 16 ; locationbateauxannecy.com ; fév à mi-oct). Côté baignade, la vaste **plage d'Albigny** est bordée de fleurs et de végétation.

Où se restaurer

Chez Cocotte — Vue lac €€

(04 50 45 72 01 ; www.chez-cocotte.com ; 15 av. de Chavoires ; plats 18-28 € ; mi-mai à fin août mer-lun 10h-minuit, avr à mi-mai et sept à début oct mer-lun 10h-17h). Bagels gourmands, salades généreuses, viandes grillées fondantes à souhait ou thon juste snacké à déguster en terrasse avec vue sur le lac. Une adresse détendue où le service est efficace et la bonne humeur de mise ; sympa aussi à l'heure de l'apéro, avec notamment mille et une variations de Spritz (au citron, à la bergamote, au campari...).

Café Brunet — Cuisine canaille €€

(04 50 27 65 65 ; cafebrunet.com ; 18 pl. Gabriel-Fauré ; plats 24 €, menus 22-45 € ; juil-août mar-dim, sept-juin mar-sam). Ce restaurant propose une cuisine traditionnelle française (pieds de porc, joue de bœuf braisée, jarret de veau...) qui sait aussi se faire plus légère (cabillaud sauvage, cocotte de légumes rôtis, féra à la plancha...). Beau choix de vins au verre et terrasse ombragée par de magnifiques marronniers, très agréable l'été.

Achats

Patrick Agnellet — Chocolats

(04 50 23 14 30 ; patrick-agnellet.com ; 17 rue Centrale ; lun-sam 8h30-19h, dim et jours fériés 8h30-12h30). Éclats d'amandes caramélisées, chocolats Les Aravis, pâtisseries aussi jolies qu'exquises... La boutique du chocolatier pâtissier Patrick Agnellet mérite incontestablement une halte ! Une **autre boutique** (04 84 27 00 10 ; 228 allée des Symphorines ; même horaires mais fermée lun) plus grande se trouve à Argonay.

LUKAS ZIMILENA / STOCK.ADOBE.COM ©

SERGEY / STOCK.ADOBE.COM ©

De gauche à droite : Talloires (p. 84) ; rives du lac d'Annecy ; château de Menthon

La Laiterie Fromages et produits laitiers
(04 50 01 42 43 ; www.la-laiterie.fr ; 111 rte de Thônes ; mar-jeu 9h-12h30 et 14h30-19h, ven-sam 9h-19h, dim 9h-12h30). Située dans une ancienne fruitière sur la route qui mène à Thônes et aux stations de ski, cette grande boutique propose un très large choix de fromages de Savoie (que vous pourrez faire mettre sous vide pour la conservation), de produits laitiers et d'autres gourmandises du terroir.

Menthon-Saint-Bernard

Un château hérissé de tourelles, un palace surplombant le lac, et puis les dents de Lanfon qui toisent tout le village : Menthon-Saint-Bernard semble sorti d'un conte de fées. Hélas ! Très vite, les prix des hébergements et des restaurants vous rappellent à la réalité.

À voir et à faire

Pour la baignade, la **plage de Menthon** est idéale si vous craignez le soleil. Les arbres sont nombreux et vous trouverez facilement un coin ombragé.

Château Patrimoine
(04 50 60 12 05 ; chateau-de-menthon.com ; visite guidée simple ou costumée tarif plein/5-15 ans 11/6 €, gratuit -5 ans ; juil-août tlj 12h-19h, avr-juin et sept-oct ven-dim et jours fériés 14h-18h). Les habitants du village prétendent que Walt Disney, en vacances à Talloires dans les années 1930, s'en serait inspiré pour dessiner le château de *La Belle au bois dormant*. Érigée il y a plus de mille ans, mais largement retouchée au XIXe siècle, la demeure appartient toujours à la famille de Menthon, qui y réside aux beaux jours. C'est là qu'aurait vu le jour leur aïeul Bernard de Menthon, le fondateur de l'hospice du Grand-Saint-Bernard. On y dénombre pas moins de 105 pièces – 8 seulement se visitent –, dont une remarquable bibliothèque comportant 12 000 ouvrages antérieurs à 1789, dont une édition de *L'Encyclopédie* de Diderot et d'Alembert et de nombreux incunables. La terrasse offre une vue imprenable sur le lac. Les propriétaires font découvrir

les lieux sous forme de visite guidée de 45 minutes (un peu expéditive...). Les week-ends et jours fériés, une dizaine de comédiens en costumes d'époque investissent les lieux pour un son et lumière qui fait revivre l'histoire du château. Cette deuxième option, plus singulière, intéressera davantage le jeune public. De mi-novembre à début janvier, le château se met à l'heure du Père Noël et accueille un marché d'artisanat et des animations (www.lechateauduperenoel.com).

Talloires-Montmin

Face à la pointe de Duingt, un étroit port de pêche agrippé au "Petit Lac" (bassin sud) et une ribambelle de villas cossues – des résidences secondaires pour beaucoup – éparpillées sur les pentes. Vous êtes ici dans l'un des plus beaux villages du tour du lac. Là encore, l'offre d'hébergement est très chic ; les luxueuses berlines et les voitures de sport aux plaques d'immatriculation internationales témoignent d'une fréquentation choisie.

SI VOUS AIMEZ... Le paddle

Pour pratiquer ce sport de glisse nautique, filez par exemple chez **NCY Sup Annecy** (06 85 85 60 06 ; ncy-sup.com ; 166 ch. vers Rives, Sevrier ; 12,50 € l'heure) ou au **Cercle de voile de Sevrier** (04 50 52 40 04 ; www.cvsevrier.fr ; rte du Port ; 14 € l'heure). Essayez-vous aussi au yoga-paddle avec **Au Bout du Lac Yoga** (06 09 81 59 42 ; auboutdulacyoga.com ; 120 rte de la plage, Doussard ; 32 € la séance de 1 heure 30). NCY Sup Annecy propose la même activité ainsi que des **soirées Paddle Burger** (35 €/pers pour 3 heures avec repas), les mercredis à la tombée de la nuit : après une virée en paddle (doté de LED colorées), on cuisine un burger au reblochon avec les autres estivants.

À voir

L'**abbaye**, quoiqu'un peu austère, en impose par sa taille. C'est désormais l'un des hôtels-restaurants les plus chics qui bordent le lac d'Annecy. Vous pourrez aussi apercevoir le **roc de Chère**, un petit massif calcaire qui s'avance dans le lac et qui sépare Talloires de Menthon-Saint-Bernard. C'est une réserve naturelle à la faune et à la flore très rares, prisée des randonneurs. On atteint son sommet en 1 heure par un joli sentier de promenade depuis Menthon-Saint-Bernard (p. 83). Sur les hauteurs, plus au sud, le **col de la Forclaz** offre l'une des meilleures vues sur le lac (p. 86).

Activités

La petite **plage d'Angon**, probablement l'une des plus jolies du tour du lac, est surveillée. Elle offre l'avantage d'un accès progressif dans l'eau. Vous pourrez aussi vous rendre à la **plage municipale** (route du Port), également gratuite et surveillée.

Non loin de là, le **Cercle nautique de Talloires** (04 50 60 79 92, 06 03 45 72 34 ; mi-juin à mi-sept) loue voiliers, Optimist, catamarans, dériveurs, planches à voile... Cours possibles. Si vous êtes tenté par le wakeboard ou le ski nautique, adressez-vous au camping La Chapelle Saint-Claude (page ci-contre). Pour la plongée, adressez-vous à **Profil Plongée** (04 50 60 79 56 ; www.profilplongee.fr ; baptême 70 €) qui propose baptêmes, stages d'apnée et autres explorations des profondeurs du lac. L'occasion peut-être de découvrir l'épave du fameux *France*, ce bateau à vapeur qui coula dans le lac d'Annecy en 1971, et dont les vestiges, à 42 m de fond, attirent près de 7 000 plongeurs par an (accessible à partir du niveau 2). Vous pouvez aussi contacter **Évolution 2** (06 75 30 48 12 ; evolution2.com ; plongée guidée 55 €).

Les environs immédiats de Talloires offrent de belles possibilités de canyoning avec les **cascades d'Angon**, accessibles aux débutants. Un peu plus loin, le ruisseau de **Montmin**, plus sauvage, est plus exigeant physiquement. Deux prestataires

JASCKAL / STOCK.ADOBE.COM ©

Rive est du lac d'Annecy

pourront vous aider : **Monté Médio** (06 12 13 05 30, 04 50 27 76 85 ; montemedio.com ; mai-oct) et **Annecy Canyoning** (07 81 35 88 01 ; annecycanyoning.com ; mai-oct).

Où se loger

La Chapelle Saint-Claude Camping €

(04 50 60 36 97 ; lachapellesaintclaude.com ; 125 rue du Ponton, Angon ; empl. 2 pers avec élec 28-43 € ; mi-avr à sept ;). De jolis emplacements avec vue sur le lac ou les montagnes, une plage privative, et même une petite chapelle sur le terrain. Ce camping familial trois étoiles a tout pour plaire ! Possibilité de louer un réfrigérateur. Sanitaires très propres. Location de chalets et de mobil-homes à la semaine.

Où se restaurer

Le Petit Paradis

Les pieds dans l'eau €€-€€€

(04 50 65 21 70 ; petitparadisdici.fr ; plage d'Angon ; plats 29-37 € ; tlj mai-sept). Une adresse qui n'a pas volé son nom ! Installez-vous face au petit lac et craquez pour les goujonettes en friture, la truite à la grenobloise ou le filet de canette boisée. Un régal pour les papilles et la vue, mais aussi pour les oreilles, car un pianiste ou un guitariste égaie souvent le repas. En dessert, on ne s'est toujours pas remis du soufflé choco Paradis.

Doussard

À l'entrée de la combe d'Ire, Doussard compte quelques-uns des sites les plus sauvages du lac ainsi qu'une très belle réserve naturelle, à l'écart de la grande route. C'est un camp de base idéal pour allier plaisirs nautiques et montagne tout en s'éloignant un peu du tumulte estival. Les familles plébiscitent cette commune où l'hôtellerie de plein air est très appréciée aux beaux jours et où les services et loisirs sont particulièrement adaptés aux enfants et adolescents de tous les âges.

À voir

Réserve naturelle du Bout-du-Lac Sortie nature

(04 50 66 47 51 ; reserves-naturelles.org/reserves/bout-du-lac-dannecy ; rte de la Vieille-Église ; accès libre, interdit aux chiens ; P). Foulques macroules, canards et grèbes huppés sont nombreux à nicher dans cette

À NE PAS MANQUER

Le col de la Forclaz et la Tournette

La montagne de la Tournette qui domine le lac d'Annecy est l'occasion d'une jolie excursion en voiture puis d'une randonnée offrant des panoramas parmi les plus beaux de la région.

Depuis Annecy, longez la rive est jusqu'à Écharvines (entre Menthon et Talloires), puis prenez la D42 en direction du **col de la Forclaz**, que vous atteindrez après une vingtaine de minutes de route. À gauche après un hôtel-restaurant, un chemin vous mène en une dizaine de minutes de marche à un panorama exceptionnel embrassant le lac et englobant les cimes des Bauges, le Semnoz et les dents de Lanfon. Vous pourrez admirer (ou tester) les parapentes qui décollent, et déguster une spécialité savoyarde dans un des restaurants du site, dont **Le Balcon du Lac** (☎ 04 50 60 70 24), **Le Chalet La Pricaz** (☎ 04 50 60 72 61) ou **L'Auberge de Montmin** (☎ 04 50 63 85 40), doublement étoilée au Michelin.

Reprenez ensuite votre véhicule en direction du **col de l'Aulp**. Vous tomberez vite sur les hautes falaises calcaires de la Tournette. Au lieu-dit Les Prés-Ronds, mieux vaut laisser votre voiture en bas du chemin. Après 40 minutes de marche, vous serez au col de l'Aulp (1 425 m), puis à son chalet-buvette. Vous pourrez débuter une randonnée d'au moins 2 heures vous menant jusqu'au **refuge de la Tournette** (1 774 m), avec des vues inoubliables sur le cirque du Casset, le lac d'Annecy et les sommets qui l'environnent. Les marcheurs les plus aguerris choisiront de marcher jusqu'au sommet du Fauteuil (2 351 m), que l'on atteint après un passage assez aérien équipé de câbles et d'échelles, et d'où l'on admire un des plus beaux spectacles qu'il soit permis de contempler dans les environs – un panorama spectaculaire sur le lac et toute la région, avec le Mont-Blanc à l'horizon. Il n'est pas rare de rencontrer ici des bouquetins (prenez vos jumelles). La redescente se fait par le même chemin. Attention, sans nécessiter de matériel particulier, cette marche demande une bonne connaissance du milieu rocheux et peut s'avérer difficile pour un public non aguerri. Prévoyez la journée pour l'excursion.

Pour connaître les sentiers et leurs variantes, renseignez-vous auprès de l'office de tourisme d'Annecy (p. 80).

délicieuse réserve naturelle. Un sentier en bois sur pilotis serpente tranquillement sur 3 km entre sous-bois, marais, prairie jonchée de crocus au printemps et rivières. Des castors y ont été réintroduits en 1972. Pour les apercevoir, venez de nuit ou tôt le matin. Des visites guidées et des sorties crépusculaires sont organisées en été. Accès par la route de la Vieille-Église (au niveau du magasin SNC sur la D1508 ou depuis la D909A).

Où se loger

Le Lac Bleu Camping €-€€
(04 50 44 30 18 ; www.camping-lac-bleu.com ; rte de la Plage ; empl 2 pers 19-59 €, fin avr à fin sept ; P). Ce camping cinq étoiles doté d'une plage privée avec ponton et d'une piscine avec toboggans a tous les équipements que l'on peut souhaiter et les emplacements sont plutôt spacieux. Loue aussi des mobil-homes et des studios.

La Grangelitte Chambres d'hôtes €€
(04 56 20 31 49, 06 28 28 47 20 ; grangelitte.com ; 995 rte de Marceau ; s/d/tr/ste avec petit déj 77-119/87-129/117-159/147-209 € ; P). Cinq chambres (dont une suite) très confortables et aménagées avec beaucoup de goût dans une ancienne grange rénovée. La propriétaire, grande amoureuse de son terroir, n'est pas avare en conseils pour les excursions. Le Jacuzzi extérieur et le petit déjeuner gargantuesque constituent deux plus indéniables. Location d'appartement également (295-575 €/semaine).

Duingt

Sur la rive ouest, face au roc de Chère et à la baie de Talloires, ce charmant village s'étale à la base d'une presqu'île qui marque la limite entre le petit et le grand lac. La fréquentation y est volontiers familiale. À la pointe trône le **château de Ruphy** (privé), représenté par Cézanne dans *Le Lac bleu* (1896).

Vous trouverez facilement à louer du matériel pour vous adonner aux sports nautiques (ski nautique, paddle, kayak, wakeboard...). Contactez par exemple **Arena Watersports** (06 72 30 26 81 ; www.arena-watersports.com ; 590 rte d'Annecy, résidence la Baie des Voiles). Pour la baignade, à côté du château de Ruphy, en face de la baie de Talloires, s'étend une **plage** gratuite mais non surveillée, avec un superbe panorama. Toilettes et snack sur place.

Saint-Jorioz

La **plage** (payante et surveillée juil-août, tarif adulte/10-17 ans/-10 ans 2,80/1 €/gratuit, entrée 1,20 € après 16h30 ; 9h30-17h30) de ce village installé sur la rive ouest du lac est l'une des plus grandes plages de sable et d'herbe du tour du lac. Détentrice du label Pavillon bleu, elle est idéale pour les familles. Au programme des réjouissances : un plongeoir à trois niveaux (jusqu'à 5 m de hauteur), deux terrains de beach-volley (sur sable et gazon), une aire de jeux pour les 6-12 ans, un snack où se désaltérer et une vue fabuleuse sur les dents de Lanfon et la Tournette, Annecy et Veyrier-du-Lac. Parking gratuit.

Où se loger et se restaurer

L'Orée du Lac Chambres d'hôtes €€
(06 86 95 12 48 ; loree-du-lac.com ; 493 rte de Sales ; s/d 92-110/98-120 € avec petit déj ; P). Deux chambres cosy indépendantes, aucun vis-à-vis, le lac à 5 minutes à pied, grande piscine, petit déjeuner copieux fait maison, accueil sympathique, jardin reposant, déco chaleureuse, accès à un frigo commun : pas de doute, la chambre d'hôtes d'Isabelle et Marc, une ancienne ferme rénovée, a tout bon. Un gîte à louer également (483-1 200 €/semaine).

Les Ô d'Annecy Chambres d'hôtes €€
(06 88 22 41 44 ; chambre-hotes-o-annecy.fr ; 1132 rte de la Côte ; d 175-285 € avec petit déj et accès au spa, ste 280-310 €, gîte 230-290 € ; planche 25 €, table d'hôtes 35 € ; P). Ta et Bernard accueillent leurs hôtes dans une demeure centenaire nichée au milieu d'un parc arboré de 5 000 m² surplombant le lac. Le lieu compte 4 chambres, une suite, un gîte, un spa avec une piscine chauffée au bois, une table d'hôtes et un salon

suspendu dans les arbres, à tester à l'heure de l'apéro. Possibilité de massage dans un tonneau avec vue sur le lac. Un véritable havre de paix.

Les Tilleuls Traditionnel €€

(04 50 68 60 19 ; lestilleuls.com ; 167 rte de l'Ancienne-Gare ; menus 28-38 €, plats 18,50-32 € ; fermé jan et sam midi ;). Une table familiale où déguster des poissons du lac (féra meunière, friture de perchettes ou truitelles) et des plats traditionnels (tartiflette, fondue...) dans une ambiance bon enfant et sans chichis. En prime, un accueil aux petits oignons. Douze chambres simples mais confortables sont aussi proposées (d 85-105 €).

Sevrier

Située le long du Semnoz (voir p. 79), sur la côte ouest, cette commune dispose de deux plages gratuites de sable et d'herbe avec une vue imprenable sur les dents de Lanfon et la Tournette : la **plage municipale** (route de la Plage, stationnement payant) et la **plage du Clos-Berthet**. Mais elle mérite aussi le détour pour son **musée Paccard** (04 50 52 47 11 ; musee-paccard.com ; 215 rte de Piron ; visite adulte/enfant 9,50-20 €/7-15 € selon formule de visite, gratuit -10 ans ; horaires variables, se renseigner) consacré à la fonderie Paccard qui produit des cloches en bronze exportées dans le monde entier (la démonstration de coulée de cloches, le jeudi sur réservation, est à ne pas rater), ainsi que pour l'**écomusée du Lac d'Annecy** (04 50 52 41 05 ; ecomusee-lacannecy.com ; rte de l'Église) qui présente la vie savoyarde au XIXe siècle. Quant aux sportifs, ils pourront s'adonner à tous les types d'activités nautiques, notamment au paddle (voir l'encadré p. 84).

Pays de Faverges

À une grosse vingtaine de kilomètres d'Annecy vers le sud se déploie ce secteur aux nombreux attraits, trop souvent négligé des vacanciers. Un peu à part, proche d'Annecy mais à bonne distance des foules et des bouchons, il est particulièrement propice aux plaisirs de la montagne, sans oublier les loisirs lacustres. On y prend volontiers son temps et on y consomme local. **Faverges** est dominé par un joli donjon du XIIIe siècle qui offre une belle vue panoramique sur les environs : le **donjon des Seigneurs de Faverges** (06 68 88 91 05 ; www.chateaudefaverges.com ; 293 ch. de la Vie-Plaine ; adulte/enfant 2/1,50 € ; mi-juin à début sept lun-ven 14h30-18h30, sam 10h-12h et 14h-16h, reste de l'année tlj sur rdv ; garez-vous au parking des Tisserands et continuez à pied en suivant le fléchage) contrôlait le passage entre les comtés de Savoie et de Genève. Pour les passionnés d'histoire, la visite peut se prolonger avec un passage au **Musée archéologique de Viuz-Faverges** (www.archeoviuz.fr ; 855 rte de Viuz ; tarif plein/5-14 ans 4/2,50 € ; été lun-sam 14h30-18h, reste de l'année lun-ven), à 2 km de là, qui met en valeur le fruit de fouilles réalisées dans la région (hache en cuivre, bijoux, statuette en terre cuite, monnaie...).

Plus au sud via la D112, la **station de La Sambuy** a récemment fermé et les remontées mécaniques ont été démontées. Reste la belle piste de **luge sur rail** (navette gratuite au départ de Doussard en juil-août ; tarif 1/6 tours 6/30 €, à partir de 3 ans) accessible en toutes saisons, avec 600 m de dénivelé et des sensations à la clé. Et l'ascension jusqu'à la Petite (2 107 m) et la Grande Sambuy (2 198 m) reste un classique en matière de randonnée pour leur vue formidable sur les sommets et le lac d'Annecy.

ALBANAIS

Situé entre le lac du Bourget et celui d'Annecy, ce secteur pittoresque (dont le nom renvoie à Alby-sur-Chéran), un peu délaissé par les touristes, est des plus agréables. Il est parcouru par les magnifiques rivières du Fier et du Chéran (classé "rivière sauvage"), et on y pratique la pêche, le **canoraft** – contactez **Essaonia Esprit Rafting** (06 63 08 30 16 ; essaonia.net) – et même l'orpaillage (rapprochez-vous de l'office de tourisme de

Rumilly). On peut aussi le parcourir à VTT au gré de doux paysages vallonnés (430 km de pistes), avec le massif des Bauges en ligne de mire. Plusieurs petits châteaux sont disséminés dans les environs.

À voir et à faire

Alby-sur-Chéran — Bourg médiéval

Ancienne capitale de la cordonnerie, ce joli bourg médiéval niché au pied du Semnoz est le lieu idéal pour une pause déjeuner, avec sa placette triangulaire agrémentée d'une fontaine et de belles bâtisses à arcades aux façades colorées.

Rumilly — Capitale de l'Albanais

Rumilly reste une place industrielle de renom : outre l'implantation de Tefal et CPF Nestlé Chocapic, le territoire a vu naître Vulli et la fameuse Sophie la Girafe. Joseph Joffo (1931-2018), l'auteur d'*Un sac de billes* (1973) qui relate sa fuite, enfant, de la France occupée, y trouva refuge durant la Seconde Guerre mondiale, et fut fait citoyen d'honneur de la ville en 1975.

Quelques curiosités méritent votre attention. Allez jeter un œil à l'ancienne **halle au blé** de 1869, également appelée la grenette, qui se trouve dans le centre-ville, et aux **hôtels particuliers** qui l'entourent. Certains datent de la Renaissance, d'autres du XVIIe siècle. Avec sa fontaine à cols de cygne, la **place de la mairie**, enserrée par quelques maisons à arcades, possède un certain cachet. Juste à l'ouest, au niveau du pont Édouard-André, de vieilles demeures bordent la Néphaz.

À l'entrée sud de Rumilly (le long de la D3) se trouve une **base de loisirs** : un plan d'eau (baignade surveillée en juillet-août, mais parfois interdite en raison de risques sanitaires : renseignez-vous), de beaux espaces verts, une piste cyclable, des sentiers de promenade, des espaces de pique-nique et une aire de jeux pour les enfants. Une passerelle enjambant le Chéran permet d'accéder aux chemins de VTT et pédestres sans avoir à contourner Rumilly.

L'été, il fait bon déguster une bière fraîche et un burger sur la terrasse de la

SI VOUS AIMEZ...
Les châteaux

Ils ne sont pas nombreux en Haute-Savoie, mais dans l'Albanais, à l'ouest d'Annecy, chacun de ces édifices a une histoire bien singulière :

- **Château de Clermont** (04 50 33 50 33 ; Clermont-en-Genevois ; visite guidée tarif plein/réduit 3/2 €, gratuit -8 ans ; avr à début nov, renseignez-vous sur les horaires). Gallois de Regard, homme d'Église, fit bâtir ce splendide palais Renaissance dans son village natal à partir de 1575. Dans la cour d'honneur, ne manquez pas les trois galeries à double étage qui font le charme de celui qu'on surnomme le "château farfelu". Spectacles gratuits en soirée le samedi de mi-juin à fin août.
- **Château de Montrottier** (04 50 46 23 02 ; chateaudemontrottier.com ; Lovagny ; tarif plein/6-15 ans 10/6 € ; juil-août lun-ven 10h-17h30, sam 10h-16h, dim 10h-18h30, avr-juin et sept-oct mer-dim 10h-17h30). Sur une butte isolée juste au-dessus des gorges du Fier, il gardait le pont de la route Chambéry-Genève. Les différentes parties de l'édifice ont été construites entre le XIIIe et le XIXe siècle, mais ce sont surtout les collections, très hétéroclites, qui méritent une visite (faïences, armes, céramiques, bas-reliefs, mobilier...). L'été, visites guidées l'après-midi et spectacles pour enfants. Escape game.

Château de Montrottier
GERALD VILLENA / STOCK.ADOBE.COM ©

brasserie-distillerie Veyrat (07 69 40 46 19 ; brasserie-veyrat.com ; 210 impasse des Prés-aux-Biches, Marcellaz-Albanais ; horaires variables), à quelques kilomètres de là. Les bières artisanales bio produites ici sont nos préférées dans tout le secteur.

Gorges du Fier — Site géologique

(04 50 46 23 07 ; gorgesdufier.com ; Lovagny ; tarif plein/7-16 ans 6/3 € ; mi-mars à mi-juin et sept à mi-oct 9h30-18h15, mi-juin à fin août 9h30-19h15). À Lovagny, à 10 km d'Annecy, le Fier se faufile à travers d'admirables gorges, où il a taillé dans la roche des curiosités géologiques : ici, des visages semblant façonnés par la main d'un sculpteur ; là, une "mer de rochers" – un curieux amoncellement de roches provoqué par un effondrement.

Musée de la Fausse Monnaie — Collection insolite

(06 82 16 20 74 ; fausse-monnaie.com ; 1355 rte de Chapeiry, Marcellaz ; 14 € ; visite guidée de 2 heures 30 sur réservation téléphonique). Ce passionnant musée, entièrement dédié à la fausse monnaie et aux faux-monnayeurs, comprend une collection unique au monde. Christian Porcheron a accumulé fausses pièces et faux billets pendant plus de 40 ans ; prolixe sur le sujet, il conte volontiers les histoires du grand banditisme.

Les Jardins de Lornay — Bambouseraie

(07 83 28 68 40 ; www.jardins-lornay.com ; 4950 rte de Lornay, Lornay ; entrée 5 €, gratuit -8 ans ; mi-juil à fin août lun-mar 14h-18h, mer-dim 10h-23h, avr à mi-juil lun-ven 14h-17h30, sam-dim 13h30-18h, sept à début oct mar-ven 14h-17h30, sam-dim 13h30-18h). Ce jardin botanique de 1,5 ha niché entre sous-bois, espaces agricoles et eaux du Fier recense plus de 70 espèces de bambous rares issues de montagnes du monde entier, et organisées à la façon d'un jardin anglais autour de jolies serres et terrasses. Jeu de piste pour les enfants et restauration sur place.

Les Jardins secrets — Havre de verdure insolite

(04 50 60 53 18 ; jardins-secrets.com ; hameau de Lagnat, Vaulx ; tarif plein/réduit/4-12 ans

Gorges du Fier

10/8/4,50 € ; début juil à fin août tlj 10h30-18h, avr à mi-juil lun-ven 14h-17h30, sam-dim 13h30-18h, sept à début oct mar-ven 14h-17h30, sam-dim 13h30-18h ;). Un havre de paix insolite de 7 500 m² comprenant une multitude de jardins, un bassin, un salon oriental, de magnifiques roses, des fontaines… On passerait des heures à observer chaque détail. Nocturnes estivales avec contes et musiques tziganes ou orientales. Restauration le midi, et **brunch** (adulte/4-14 ans 30/14 € ; 10h30-12h) certains dimanches. Pour une nuitée pittoresque, réservez dans un des étonnants "micropalaces" situés dans la forêt attenante aux jardins : des **cabanes** (06 98 78 10 49 ; www.micro-palaces.com ; à partir de 180 € avec petit déj) chics et colorées, tout confort, posées en pleine nature.

Étangs de Crosagny Site naturel
(04 50 45 03 36 ; Saint-Félix ; entrée libre). Cabane d'observation, petits sentiers : ce site naturel sensible est idéal pour contempler une flore et une faune (principalement des oiseaux) typiques dans un cadre serein. Si vous avez des jumelles, apportez-les !

Renseignements

L'**office de tourisme de Rumilly** (04 50 64 58 32 ; rumilly-tourisme.com ; 1 pl. de la Manufacture) propose des visites guidées des lieux pittoresques, des châteaux et autres sites et domaines incontournables. Carte des promenades et randonnées dans l'Albanais (à pied et à VTT).

MASSIF DES ARAVIS

Au nord-est du lac d'Annecy commence le massif des Aravis. Bordé à l'est par le Val d'Arly et au nord par la vallée de l'Arve, il compte quelques sites remarquables, au nombre desquels le plateau des Glières et la chaîne des Aravis proprement dite, éblouissante montagne calcaire longue d'une trentaine de kilomètres et d'une altitude moyenne de 2 500 m, formée sur les sédiments du mont Blanc. Entre alpages et plaines rocheuses, c'est le repaire des sportifs. Les randonneurs comme les férus d'escalade raffolent de ses combes ; les cyclistes, eux, trouveront forcément un col à défier. Les gourmands sont aussi les bienvenus, ce massif généreux étant le berceau du reblochon !

Thônes

Située entre Annecy et les stations de ski des Aravis, la commune possède une situation géographique commode qui distribue plusieurs vallées. L'été, on peut choisir de loger au calme sur ses hauteurs et prévoir tout de même quelques excursions au lac d'Annecy tout proche. L'hiver, on rallie très vite le domaine skiable des Aravis, à 15 km. C'est dans la vallée de Thônes qu'est né le reblochon (voir p. 371) au XIIIe siècle ; il s'en produit encore 5 millions par an dans quelque 120 fermes disséminées dans le secteur.

À voir

Dans le centre, ne manquez pas les jolies maisons à arcades du XVe siècle près de l'**église Saint-Maurice** (XVIIe siècle). Cette dernière abrite plusieurs retables remarquables. À voir également : le dynamique **écomusée du Bois et de la Forêt** (04 50 32 18 10 ; ecomusee-bois-foret.com ; vallée de Montremont ; visite animée avec démonstration de sciage adulte/6-18 ans 7/5 €), aménagé dans une scierie hydraulique du XIXe siècle.

Au sud, par la D12, on peut gagner le **val Sulens** (entre Les Clefs et Serraval) peu fréquenté par les marcheurs mais très agréable, notamment le village du Bouchet au pied du mont Charvin.

Au hameau de Morette, à 4 km du centre de Thônes, se trouve sur un même site le musée départemental de la Résistance, le mémorial départemental de la Déportation et la nécropole nationale des Glières, où sont enterrés 105 combattants du plateau des Glières (voir l'encadré p. 100).

Activités

Thônes est particulièrement adaptée aux activités estivales, notamment la randonnée pédestre et le VTT. Pour une balade douce en famille, longez par exemple les bords du Fier depuis Morette, avec quelques trous d'eau bienvenus où se rafraîchir (circuit balisé de 10 km en rive gauche et 14 km en rive droite). Dans le bourg, la **Roche à l'Agathe**, réputée difficile, séduira les amateurs de **via ferrata** avec sa vue plongeante sur la ville. Les amoureux de nature opteront pour une randonnée pédestre avec un guide pour s'initier à la faune, la flore et la géologie. Adressez-vous au **bureau des guides** (04 50 02 01 33, 06 87 84 76 63).

Où se loger et se restaurer

Mountains Coffee À toute heure €-€€
(04 50 27 84 87 ; mountains-thones.fr ; 4 rue Blanche ; mar-sam 8h-19h). On peut s'y arrêter pour une boisson et une petite douceur (carrot cake, muffin, cheesecake) ou s'y attabler à midi et se régaler de wraps généreux, de quiches et de salades composées. Dans tous les cas, il fait bon laisser passer le temps sur la terrasse en été, et puis, pourquoi pas, commander un chaï ou une glace végétale (marrons d'Ardèche, citron vert-basilic, melon...).

Les Écotagnes Cabanes dans les arbres €€€
(06 70 02 10 14 ; ecotagnes.com ; La Croix, Les-Villards-sur-Thônes ; d 409 € en demi-pension ; fin avr à mi-nov). En hauteur, dans une clairière bordée de résineux et coupée de tout, Hugo Genand et son père Patrice ont construit de leurs mains deux cabanes perchées dans les sapins et reliées par des passerelles. Vos hôtes viendront vous chercher en 4×4, en bas d'un chemin rocailleux où vous laisserez votre véhicule. Le confort est sobre, mais la déco est chaleureuse, et la table d'hôtes très conviviale (côte de bœuf à la cheminée, fondue, tartiflette...). Un chalet plus classique avec 2 chambres (d 319 € en demi-pension) peut aussi vous accueillir. Le plus ? Le bain scandinave sur la terrasse, à tester à la belle étoile.

Renseignements

L'**office de tourisme de Thônes** (04 50 02 00 26 ; thonescoeurdesvallees.com ; 1 rue Blanche) vend une carte de randonnée (5 €), deux topoguides (3 €) et une carte VTT (3 €) couvrant le secteur Tournette, Bornes et Aravis.

Manigod

Niché dans la haute vallée du Fier, ce village situé à 26 km de route d'Annecy est l'un des plus beaux du massif des Aravis, sans pour autant verser dans la carte postale ni subir la saturation touristique. Fermes, clocher à bulbes, chapelles, chalets à toit en tavaillons (tuiles de bois) et soubassement en pierre : toutes les caractéristiques de la Haute-Savoie agro-pastorale sont ici au rendez-vous.

Au centre du village, l'**église Saint-Pierre** (XVIIe siècle) arbore une façade baroque du XVIe siècle et abrite un orgue monumental de style sarde. De vergers en forêts de sapins, vous ferez, dans les alentours, des balades inoubliables. Très agréable **marché savoyard** le mardi matin en été.

Activités

Été

Une **piscine chauffée** (tarif plein/5-12 ans 4/2 €, gratuit -5 ans, 2 € à partir de 18h ; dim-mar et jeu-ven 11h-12h30 et 13h30-19h, mer et sam 13h30-19h) en plein air ouvre chaque été au col de Merdassier, où vous pourrez prendre des cours d'aquagym et des leçons de natation. Le col de Merdassier est idéal pour découvrir la faune des Alpes (chamois, bouquetins, marmottes et grands rapaces des Aravis). Le **lac du Mont-Charvin** est facilement accessible et peut faire l'objet d'une très belle balade familiale (4 heures 30 ; départ au parking de Sous-l'Aiguille, en suivant la direction du hameau La Charmette depuis le village). Pour les amateurs de VTT, sept itinéraires descendants familiaux ont été balisés et sont

La Clusaz (p. 94)

particulièrement propices à la découverte de la pratique. S'ajoute un espace **boarder cross-VTT** accessible depuis le télésiège du Chevreuil (col de Merdassier). D'autres itinéraires de **cross-country** valent le détour : le tour de l'Andran, le plateau de Beauregard, le tour de Sulens... Vous pourrez vous procurer la carte VTT à l'office de tourisme (3 €). Pour les amateurs, un petit site d'**escalade** se situe sur la falaise du Nant Gothier (10 voies courtes).

Hiver

Manigod englobe les **domaines des cols de la Croix-Fry et de Merdassier** (forfait 4 heures adulte 26,10 €), reliés entre eux, et à celui de **La Clusaz** (forfait 4 heures/journée 47/52 €). Pour le **ski nocturne** (forfait 20,60 € ; ven-sam soir et vac. scol.), le domaine dispose de huit pistes éclairées. Pour le **ski de fond** (demi-journée 9,50 €), le **domaine du plateau de Beauregard**, en commun avec La Clusaz, déroule 25 km de pistes. Pour la **randonnée en raquettes**, on dénombre 7 itinéraires balisés, entre le domaine de Beauregard, le col de la Croix-Fry et le col de Merdassier (voir aussi la randonnée p. 50). Côté **snowboard**, vous trouverez un *boarder cross* et un espace snow.

Où se restaurer

Lo Garâjo — Éclectique **€€**

(06 12 73 17 52 ; www.logarajo.com ; 651 rte du Col-de-la-Croix-Fry ; orange bio pressée 5 €, chaï latte 4 € ; tlj 9h30-21h). Coffee-shop, bar à vins, bières et jus, épicerie fine, boutique de déco, librairie... Ce repaire atypique (un ancien garage) propose des pâtisseries et des ardoises de produits locaux, des bières artisanales à accompagner de sardines à l'huile et de gressins vendus dans l'espace boutique, de la jolie céramique, et une vue splendide sur les montagnes à admirer confortablement installé dans des chiliennes. Concerts, cours de yoga et événements réguliers.

Renseignements

L'**office de tourisme de Manigod** (04 50 44 92 44 ; manigod.com ; 3 rte de Thônes) organise des goûters à la ferme pour les enfants et des visites de fermes et de caves d'affinage.

CLAIRE ANGOT ©

À NE PAS MANQUER

Le col des Aravis

À presque 1 500 m d'altitude, à la jonction entre deux départements, le col des Aravis, aux impressionnantes corniches, offre une vue vivifiante sur le mont Blanc. Il sépare la commune de La Giettaz (Savoie) de celle de La Clusaz (Haute-Savoie). Depuis cette dernière, on y accède en serpentant 20 minutes sur la D909, avec des pourcentages de dénivelé très élevés. Un challenge bien connu des cyclistes ! C'est aussi un très bon point de départ pour randonner en famille face à l'aiguille Verte, l'aiguille du Midi, le mont Blanc ou les dômes de Miage, et regarder paître les vaches de races abondance et tarine en alpage tout l'été. Les amateurs de via ferrata apprécient également le lieu (renseignez-vous auprès de l'office de tourisme de La Clusaz ou du Grand-Bornand, p. 100, ou, encore mieux, faites-vous accompagner par un professionnel de la Compagnie des guides des Aravis, p. 97).

La Clusaz

Edgar Grospiron, Régine Cavagnoud, Candide Thovex, Vincent Vittoz… Pas moins de huit champions du monde originaires de La Clusaz se sont illustrés dans des disciplines de sports d'hiver variées. Mais la station n'a pas la grosse tête pour autant ! Bien que très fréquentée et animée, La Clusaz continue de cultiver ce qui a toujours fait son succès : un mariage paisible entre tradition et modernité.

À voir

Vous admirerez beaucoup de **chalets** traditionnels à La Clusaz et dans les environs. Ces fières demeures très bien entretenues en disent long sur les conditions de vie d'autrefois. Partez à leur découverte en vous égarant un peu dans les hameaux. À côté de l'office de tourisme, la **grenette**, une ancienne halle, accueille le marché du lundi matin. Son toit couvert de tavaillons (bardeaux) est admirable.

À ne pas manquer également, le **Hameau des Alpes** (04 50 66 94 34 ; www.lehameaudesalpes.com ; 44 rte de la Patton ; tarif plein/5-12 ans 7/4 € ; juil-sept mar-dim 13h-19h), un musée qui met en avant la richesse culturelle et patrimoniale du territoire via, entre autres, un espace ludique scénarisé sur le reblochon et un coin dédié à l'évolution du ski. Interactif et instructif !

Dans les proches environs, ne manquez pas la **vallée** et le **lac des Confins**. À la sortie de La Clusaz en direction du col des Aravis, suivez à gauche le chemin du Fernuy. Vous arriverez à un joli lac glaciaire et à une chapelle du XIXe siècle. L'hiver, le lac gelé fait la joie des patineurs. Vue splendide sur les Aravis.

Activités

L'**espace aquatique** (04 50 02 43 01 ; 434 rte de la Piscine) avec bassin en plein air ou couvert et une magnifique vue sur les cimes enneigées l'hiver était en travaux de rénovation lors de notre passage. Il promettait de rouvrir à l'été 2025.

Été

En matière d'activités de plein air, La Clusaz est pleine de ressources. Mais c'est certainement son domaine de **VTT** de descente qui fait le plus rêver : espace *freeride* et 112 km de sentiers pour tous les niveaux, dont 3 pistes créées par le champion Antonin Lieutaghi. Quatre remontées sont ouvertes l'été : les télécabines de la Patinoire et de Beauregard, et les télésièges du crêt du Merle et du crêt du Loup. Appelez le **service des pistes** (04 50 32 65 00) pour plus d'informations. Les sportifs un peu expérimentés pourront se frotter à la piste bleue de **cross-country** aménagée du crêt du Merle aux Confins (par la combe du Voret), ou bien s'amuser sur la piste de vitesse de La Grenêche, longue de 2,7 km pour un dénivelé de 400 m, et qui cumule 19 virages tracés en sous-bois et en prairie (départ du télésiège du crêt du Merle). À tester aussi, la piste de descente VTT de La Ferriaz (depuis la télécabine de Beauregard). Beauregard aura la faveur des familles. Cours d'initiation ou de perfectionnement possibles à VTT et VTTAE (assistance électrique) avec **Évolution 2** (04 50 02 81 29 ; evolution2.com) ou **Alpes Aventures** (04 58 23 10 00 ; www.alpesaventures.com). En mal d'adrénaline ? Misez sur la nouveauté 2024 de la station : une gigantesque balançoire baptisée **La Bascule**, perchée à 1 860 m sur la terrasse du Balcon des Aravis (tarif 24 € avec accès inclus par le télésiège du crêt du Merle ou du crêt du Loup).

Pour la **randonnée**, ce sont 90 km de sentiers balisés ; une superbe balade mène jusqu'au lac de Tardevant. Les plus chevronnés randonneront jusqu'au **Trou de la Mouche** (très beau panorama, mais à éviter par temps de pluie).

À 5 km du village, une très belle **via ferrata** (niveau difficile) a été aménagée sur une barre calcaire.

Un **golf** (06 37 48 35 99 ; page Facebook Golf des Confins) se trouve sur le plateau des Confins.

Hiver

L'exploitation de l'"or blanc" à La Clusaz a commencé dans les années 1920. Depuis, la station a développé tout ce qui peut faire le bonheur des fous de glisse. Côté **ski alpin** (forfait journée adulte 52 €), le domaine s'étend sur 4 massifs : Aiguille, Balme, Étale et Beauregard. Il est de plus relié au domaine de Manigod (la Croix-Fry et Merdassier). Les débutants privilégieront Beauregard, tandis que les plus expérimentés se frotteront aux rouges de l'Aiguille, au "mur d'Edgar", pour les bosses, ou bien au Vraille, une piste noire réputée sur le domaine de Balme. Le domaine La Clusaz-Manigod est relié à ceux du Grand-Bornand et de Saint-Jean-de-Sixt (forfait adulte "Aravis" 2 jours 111 €). Plusieurs enseignants sont formés au handiski et la station est labellisée Famille Plus.

Pour le **ski de fond** (forfait journée adulte 10,50 €), le site des Confins, qui accueille régulièrement la Coupe du monde, offre

Musique en plein champ

Fondée en 2007, **Radio Meuh** (radiomeuh.com), la webradio 100% musicale de La Clusaz, est connue des amateurs de son qui groove bien au-delà des frontières savoyardes. L'été, elle organise **Le Champ des Platines**, une série de rendez-vous musicaux conviviaux dans des alpages volontaires, en lien avec la mairie de La Clusaz (accès libre, buvette et restauration sur place, programmation sur Facebook et le site de l'office de tourisme). Allez aussi faire un tour à **L'Esperluette – Guinguette des Prés** (06 67 07 30 06 ; rte du Borne, Le Grand-Bornand ; juil-août 12h-15h et 16h-23h), qui propose salades, tapas, cocktails, bières et vins en biodynamie à déguster en pleine nature, à deux pas de la rivière du Borne.

de belles possibilités (52 km de pistes, liaison avec le Grand-Bornand), ainsi que le plateau de Beauregard (voir p. 93). Les pros de **snowboard** (forfait journée adulte 52 €) privilégieront le domaine de Balme, tandis que les apprentis freestyleurs fileront du côté de l'espace LCZ Family Run sur le secteur du Mini-Loup.

Vous pouvez aussi pratiquer des sports moins connus comme le **speed riding** (04 50 52 50 13 ; flyeo.com), mélange de ski et de parapente, ou bien vous rabattre sur la **patinoire** (04 50 02 48 45 ; 94 pl. du Pré-de-Foire ; entrée + location patins 8,50 € ; mi-oct à fin avr tlj, jusqu'à 22h30 sauf dim). Parmi les équipements proposés, on trouve aussi les Bumpers Hurricane, sortes d'auto-tamponneuses sur glace (3 € les 3 minutes). Ludiques et accessibles dès 6 ans !

Où se loger

La Montagne Central et économique €-€€
(04 50 63 38 38 ; laclusaz-montagne.com ; 58-175 € ;). Dans le centre-ville, à deux pas de l'espace aquatique, ce deux-étoiles propose trois catégories de chambres : l'éco plaira aux budgets serrés (prix plafond à 58 € l'été pour une chambre de 13 m²) et les catégories standard et supérieure gagnent un peu d'espace et/ou bénéficient d'une jolie vue. Parking public à 200 m.

Le Christiania Hôtel-restaurant €€
(04 50 02 60 60 ; www.hotel-christiania.fr ; 77 rte du Col-des-Aravis ; d 70-237 €, petit déj adulte/-12 ans 17/13 € ; tte l'année,). Situé dans le centre, à proximité des commerces et des pistes de ski, ce trois-étoiles, qui dispose d'un **sauna** (15h-21h, à réserver), compte 26 chambres à la décoration boisée qui bénéficient d'une jolie vue, que ce soit sur le plateau de Beauregard ou sur la chaîne des Aravis. Le petit déjeuner buffet est copieux et le restaurant Le Bistro affiche une carte alléchante. Bornes pour vélos électriques.

Les Sapins Skis aux pieds €€-€€€
(04 50 63 33 33 ; laclusaz-sapins.com ; 105 ch. des Riffroids ; d 65-222 € selon saison, petit déj buffet 15 € ; fermé mi-avr à début mai et 2e quinzaine de nov ;). Moquette moelleuse, literie à motifs savoyards et boiseries claires : les agréables chambres de ce chalet sont de bon confort et plutôt spacieuses. La plupart disposent d'un balcon et toutes sont situées au pied des pistes, face à la chaîne des Aravis. Spa (Jacuzzi et hammam) et piscine extérieure. Pendant les vacances de Noël et d'hiver, demi-pension obligatoire (268-380 €/jour).

Où se restaurer

Sushi Fumi Sushis savoyards €
(04 50 01 72 13 ; 396 rte du Col-des-Aravis ; formule à partir de 12,90 € ; fermé mai). Dans leur petit repaire gourmand, Jérôme et Cyrille concoctent des makis et sushis aussi bien classiques qu'originaux (à base de beaufort, chèvre des Confins, pain d'épices artisanal, confiture maison...). Le tout à arroser de vin de Savoie ou de bière japonaise. Le plus : un accueil affable qui donne envie de revenir !

Le Chalet du Lac Traditionnel €€
(☎04 50 02 53 26 ; lechaletdulac-laclusaz.com ; 307 ch. du Laythet ; menu 35 €, plats 23-34 € ; ⏱fermé mai et nov). Sur le plateau des Confins, cette adresse rustique isolée jouit d'une vue imprenable sur le lac des Confins, le massif de Balme et le Danay. On déguste des plats typiques : gratin de crozets, fondue, tartiflette... Pour goûter un peu à tout, testez par exemple l'assiette bûcheron avec diot au vin blanc, tuile de tomme, reblochon, polenta et salade.

La Ferme Terroir gourmand €
(☎04 50 02 50 50 ; lesfermiers.com ; 1078 rte du Col-des-Aravis ; plats 16-29 € ; ⏱tlj juil-sept et déc-avr, jeu-lun mai-juin et oct-nov). Coup de cœur pour cette adresse qui propose tant des burgers fermiers et des pizzas que des spécialités traditionnelles (diots-crozets, tartiflette, fondue...). Carte des vins variée et accueil jovial. Fait aussi **hôtel** (🛏 95-290 €, petit déj 17 €) avec demi-pension possible.

La Scierie Cuisine fine €€-€€€
(☎04 50 63 34 68 ; la-scierie.com ; 321-331 rte du Col-des-Aravis ; plats 21-65 €, menus 36-49 € ; ⏱tlj mi-déc à fin sept, fermé mar soir et mer fin sept à mi-déc). Une des tables les plus appréciées de La Clusaz, tant pour son design raffiné que pour l'assiette. Les spécialités fromagères savoyardes sont très appréciées. Coup de cœur aussi pour le tartare de bœuf, l'agneau des Aravis et les desserts ultra gourmands. En hiver, le Lodge, la terrasse de l'établissement, accueille des concerts et les DJ branchés du secteur à l'heure de l'apéro.

ℹ Renseignements

L'**office de tourisme de La Clusaz** (☎04 50 32 65 00 ; www.laclusaz.com ; 161 pl. de l'Église) propose une balade commentée dans le bourg le jeudi matin (5 €).

Pour vos projets de randonnée ou de ski hors piste, contactez la **Compagnie des guides des Aravis** (☎04 50 63 35 99 ; guides-des-aravis.com ; 9 ch. de la Croix).

ℹ Depuis/vers La Clusaz

L'été, les **navettes** gratuites d'**Aravis Bus** (www.aravisbus.fr) permettent de circuler dans les Aravis. Toute l'année, liaisons quotidiennes avec Annecy et Thônes avec **Altibus** (www.altibus.com).

Le Grand-Bornand

C'est ici, dans cette station village aux 400 chalets anciens (un record à l'échelle des Alpes françaises), que paissent la plupart des vaches de race abondance que compte la Haute-Savoie. Dès les beaux jours, elles remplacent les skieurs sur les pistes et l'on entend tinter leurs cloches, du vallon du Bouchet au col de la Colombière. Leur lait, aux excellentes qualités fromagères, donne le fameux reblochon, que vous pourrez déguster en toute saison, directement dans les exploitations agricoles. Ne ratez pas le **marché au reblochon** du mercredi matin (le dernier de la région !), une tradition vieille de deux siècles qui fait se rencontrer acheteurs et producteurs.

À voir et à faire

Sur les hauteurs, le vieux village du **Chinaillon**, avec ses chalets anciens et sa chapelle, valent une petite promenade. Avec des enfants, vous serez conquis par l'excellent **festival Au Bonheur des Mômes** (www.aubonheurdesmomes.com ; 3e semaine d'août), surnommé "l'Avignon des enfants".

Maison du patrimoine Musée
(☎04 50 02 79 18 ; patrimoine-legrandbornand.com ; 305 rte de la Patinoire ; tarif plein/4-12 ans 4/3 €, visite guidée 7 € ; ⏱juil-août lun-mar et jeu-ven 9h30-12h30, juin et début à mi-sept mer et sam 14h-17h, visite nocturne mer 21h). Dans cette ancienne ferme du début du XIXe siècle, on vous expliquera les fondements de l'habitat traditionnel et du mode de vie montagnard. En prime, des balades gourmandes et des activités pour les familles sont régulièrement proposées. Les visites guidées nocturnes sont vivement recommandées.

La Source Multidisciplinaire
(☎04 50 02 78 35 ; lasource-legrandbornand.com ; 66 ch. des Dodes ; tarif plein/4-12 ans 11/9 € ; ateliers 6-10 € ; ⏲juil-août lun-sam 10h-18h, juin et début à mi-sept mer et sam 10h-18h). Ce lieu de découverte et de partage autour de l'Alpe propose des activités pédagogiques et créatives à l'intérieur et à l'extérieur de l'un des plus vieux chalets du village : programmation artistique, jardin pédagogique, ateliers, ruches à livres, arbre à jouer...

Activités

Été

Pour les sportifs, les activités estivales sont très variées.

Un **pass à la journée** (adulte/enfant 19,80/14,30 €) donne accès aux remontées du Rosay, du Lachat et du Châtelet pour les piétons, VTTistes et parapentistes.

Pâturages au Grand-Bornand

DABOOST / STOCK.ADOBE.COM ©

Le **vélo** est bien sûr à l'honneur. L'office de tourisme et plusieurs prestataires du Grand-Bornand possèdent le label "Accueil Vélo" qui garantit des services de qualité. Pas moins de 178 km de pistes balisées VTT vous attendent. Parmi les spots phares, le **tour du Lachat** (18,2 km), un itinéraire VTT classé rouge passant par les crêtes et la vallée du Maroly, et le **col de la Colombière**, qui a valu au Grand-Bornand d'être huit fois ville étape du Tour de France. Il est possible de faire des **balades à thème à vélo électrique** (renseignements à l'office de tourisme ; 45-125 € la journée, repas inclus). **Netski Active Mountain** (☎04 50 27 51 35 ; www.netski.com), au Chinaillon, loue toutes sortes de vélos et les protections associées à la pratique.

La **Compagnie des guides** (p. 100) peut organiser des sorties d'**escalade** ou de **canyoning**. Les parcours de **via ferrata** à proximité sont réservés aux plus aguerris.

Pour un baptême de **parapente** au mont Lachat (85 €), adressez-vous à **Airlinks** (☎06 02 22 87 25) ou **ESI Starski** (☎04 80 80 60 50).

Parmi les 160 km de sentiers balisés pour la **randonnée**, de beaux chemins conduisent au col des Annes ou au lac de Lessy. **Equit'horizon** (www.equithorizon.fr) propose des **randonnées à cheval**.

Côté **golf**, **Le Rocher Blanc** (☎04 50 02 70 11 ; golf-grandbornand.com) est un parcours 9 trous homologué.

Pour une session zen, réservez un cours de **yoga en plein air** auprès de **Masala Yoga** (☎06 44 01 79 07 ; masalayoga.fr ; 15 €).

Hiver

Le **domaine du Grand-Bornand** (forfait journée adulte 45 €) aligne 84 km de **pistes de ski alpin**. Il est relié à ceux de La Clusaz-Manigod et de Saint-Jean-de-Sixt (forfait adulte "Aravis" 2 jours 111 €).

Les amateurs de **ski de fond** se régaleront dans la **vallée du Bouchet** et au **Chinaillon** (journée adulte 10,50 €, nocturne 5,50 €). Les deux domaines totalisent 74,5 km de pistes et la station dispose d'un stade de biathlon baptisé Sylvie-Becaert

Col de la Colombière

en l'honneur de l'enfant du pays, double championne du monde et médaillée olympique.

À noter également, 70 km de sentiers de **raquettes** et 27 km de sentiers balisés (guide à 3 € à l'office de tourisme). **Aravis Équitation** (06 71 56 62 53 ; www.aravis-equitation.com) propose du **ski joëring** et des promenades en traîneau. Cinq itinéraires de **ski de randonnée** balisés et en accès libre complètent l'offre.

Où se loger

La Croix Saint-Maurice Central avec vue €€

(04 50 02 20 05 ; www.hotel-lacroixstmaurice.com ; 29 pl. de la Grenette ; d 90-188 €, petit déj buffet 17 € ; fermé oct ;). Un charmant hôtel-restaurant en plein centre et à deux pas des pistes. La plupart des chambres, avec mobilier en pin et literie dans les tons bordeaux, gris ou brun, disposent d'un balcon plein sud qui donne sur l'église du village et la chaîne des Aravis. Hammam, sauna, Jacuzzi et location de vélos électriques. Un restaurant savoyard et une brasserie en continu complètent l'offre. Demi-pension possible.

Les Fermes de Pierre et Anna Chalet-hôtel de charme €€

(04 50 51 54 99 ; fermes-pierre-anna.com ; 4681 rte de la Vallée-du-Bouchet ; d 120-166 €, petit déj buffet 15 € ; fermé nov ;). À deux pas du golf, l'été, et des pistes, l'hiver, cette adresse confidentielle (un chalet construit il y a près de 300 ans) est un havre de paix isolé dans la délicieuse vallée du Bouchet. Les huit chambres et suites boisées sont confortables et spacieuses. Le restaurant sert une cuisine traditionnelle. L'accueil est très soigné et l'on se sent vite chez soi. Demi-pension possible.

Où se restaurer

Le Shed Café Sucré-salé €

(04 50 33 01 29 ; www.shedcafe.fr ; rte de la Vallée-du-Bouchet ; toasts 11-12,50 €, smoothie 6,50-7 € ; mar-dim 8h-18h). Du petit déj au goûter d'après-ski ou rando (c'est selon), cette adresse a tout bon ! On adore les pancakes au sirop d'érable, les *cheesy eggs* (œufs brouillés à l'abondance et oignons sur lit de patates douces rôties), les toasts généreux, les milkshakes et smoothies… Et l'accueil efficace et chaleureux !

VAUT LE DÉTOUR
Le plateau des Glières

Ce plateau isolé, enserré entre deux crêtes boisées, fut un haut lieu de la Résistance pendant la Seconde Guerre mondiale. En mars 1944, les Allemands, épaulés par la Milice, y attaquent les maquisards qui s'y sont regroupés. Le lieu se révèle un terrible piège : plus d'une centaine de résistants trouvent la mort lors de ces combats. Mais c'est à nouveau sur le plateau des Glières que les Alliés parachuteront des tonnes d'armes en août 1944, permettant aux résistants haut-savoyards de libérer à eux seuls le département.

Au niveau du col des Glières (1 440 m), à 500 m du parking, se trouve le colossal **Monument national de la Résistance**, œuvre du sculpteur Émile Gilioli. Une randonnée de 2 heures (le sentier "maquis des Glières") serpente à travers le plateau et permet d'en découvrir l'histoire. Il est aussi praticable à VTT. Un sentier "nature et paysages" part, quant à lui, du parking du monument (comptez 1 heure 30). L'hiver, l'endroit est apprécié pour le ski de fond et la raquette (www.plateaudesglieres.fr).

L'accès au plateau se fait par Thorens (en 20 minutes) ou par Le Petit-Bornand (route plus difficile et plus escarpée). Il est desservi par des bus au départ d'Annecy (www.sibra.fr) ; renseignez-vous auprès de l'office de tourisme d'Annecy (lac-annecy.com ; voir p. 80) et de celui de Faucigny-Glières (tourisme-faucigny-glieres.fr). Une fois sur le plateau, l'hiver, la neige oblige les visiteurs à se garer sur le parking à côté du chalet d'accueil. L'été, on peut continuer encore un bon kilomètre sur une piste carrossable avant de stationner son véhicule pour aller découvrir les environs.

Le Cent 74 Bistronomique €€
(04 50 45 89 80 ; 621 rte de la Vallée-du-Bouchet ; plats 21-27 €, menus 39-44 € ; mar-dim). L'adresse idéale pour changer un peu des classiques fromagers. Lors de notre passage, il y avait au menu : rigatoni et crème de truffe, filet de dorade au chorizo, mignon de cochon à la coppa, sashimi de thon mariné... De quoi se régaler à prix plutôt sages, dans une atmosphère moderne et boisée.

Renseignements

L'**office de tourisme du Grand-Bornand** (04 50 02 78 00 ; legrandbornand.com ; pl. de l'Église) fournit un plan de tous les producteurs de reblochon qui vendent directement leur production et font visiter leur ferme. Visite guidée du Chinaillon le jeudi à 10h en été (tarif plein/6-12 ans 7/5 €). Le même bâtiment abrite le **bureau des guides** (06 36 21 19 10 ; guides-grandbornand.com), à contacter pour le ski hors piste, l'escalade, le VTT ou la randonnée.

Depuis/vers Le Grand-Bornand

Liaisons quotidiennes en **bus** avec Annecy par Thônes avec la compagnie **Altibus** (www.altibus.com). Le week-end de mi-décembre à fin mars, liaisons avec les aéroports de Lyon Saint-Exupéry et de Genève.

En **voiture**, notez que le col de la Colombière est fermé l'hiver : pas d'accès possible depuis/vers la vallée de l'Arve et Le Reposoir (voir l'encadré p. 164).

VALLÉE DE CHAMONIX

À près de 15 km de la Suisse (par le col des Montets) comme de l'Italie (par le tunnel du Mont-Blanc), la vallée de Chamonix est blottie au cœur des Alpes du Nord. Sur son versant nord, largement occupé par la réserve naturelle des Aiguilles-Rouges, à vous les lacs d'altitude et de magnifiques panoramas sur les massifs de l'aiguille Verte et du Mont-Blanc, séparés par la Mer de Glace. Sur le versant sud, d'Argentière aux Houches, se dressent des forêts de conifères et plus haut, une formidable succession d'aiguilles rocheuses entrecoupées par des glaciers millénaires. Autant de paradis qui feront briller les yeux des amateurs de glisse, d'adrénaline et de sports de plein air !

Depuis/vers la vallée de Chamonix

La ligne ferroviaire **Mont-Blanc Express** (voir l'encadré p. 111) dessert tous les villages de Saint-Gervais-Le Fayet à Martigny (Suisse) en passant par Servoz, Les Houches, Chamonix, Argentière et Vallorcine.

Si vous séjournez dans un hôtel ou une chambre d'hôtes, demandez à votre hébergeur votre **carte d'hôte**, gratuite. Elle permet de circuler gratuitement sur toute cette ligne. S'y ajoutent des réductions dans les musées, et sur les sports et loisirs (demandez la liste des avantages à l'office de tourisme) et sur les navettes urbaines Chamonix Bus. Si vous êtes hébergé à titre gratuit, la carte doit être retirée en mairie ou en office de tourisme ; elle coûte 10 € par personne et par séjour d'une semaine.

Chamonix-Mont-Blanc

Chamonix-Mont-Blanc (Cham' pour les intimes) est incontestablement la capitale européenne, sinon mondiale, de l'alpinisme. Et comme après le sport, le réconfort, elle se fait fort d'abriter également d'excellentes tables, qui laissent aux visiteurs de tout aussi fabuleux souvenirs. Essayez d'y venir en dehors des périodes critiques – la ville connaît une fréquentation impressionnante lors des vacances scolaires, surtout en hiver –, ou armez-vous de patience pour rejoindre les principaux sites.

À voir

Le Vieux Chamonix

Le centre historique de Chamonix fut en grande partie détruit par un incendie au milieu du XIXe siècle ; il reste donc peu de bâtiments vraiment anciens à voir. Au

Chamonix

De record en record

Ce sont de riches Anglais qui, les premiers, explorèrent la vallée et la chaîne du Mont-Blanc et contribuèrent à la naissance de l'alpinisme. Au milieu du XVIIIe siècle, ces touristes aisés étaient les seuls à pouvoir s'offrir les services de guides aguerris. Mis à part les cristalliers et les chasseurs de chamois, rares étaient les Chamoniards qui s'aventuraient jusqu'aux cimes. En 1741, Richard Pococke et William Windham découvrirent ainsi la Mer de Glace. Par la suite, c'est un Suisse, le savant Horace Bénédict de Saussure, qui se mit en tête d'atteindre le sommet du mont Blanc, mais il échoua à plusieurs reprises. Finalement, ce sont deux Chamoniards, Jacques Balmat (paysan et cristallier) et Michel-Gabriel Paccard (médecin), qui furent les premiers à parvenir sur le toit de l'Europe, le 8 août 1786. En 1808, Marie Paradis sera la première femme à s'y hisser.

Au XIXe siècle, la Mer de Glace inspira les artistes romantiques, et l'empereur Napoléon III fit le voyage pour l'admirer. On aménagea alors un sentier et l'hôtel du Montenvers sortit de terre. Au début du XXe siècle, une petite ligne ferroviaire fut inaugurée. Peu à peu, avec les progrès techniques, des passionnés repoussèrent toujours plus haut leurs limites et vainquirent les parois les plus difficiles de la chaîne. Dans les Grandes Jorasses, la face nord de la pointe Walker fut atteinte en 1938, le Linceul en 1968. Le pilier sud-ouest du Petit Dru fut vaincu en 1955, la face sud du Fou en 1963, et le couloir nord des Drus en 1973. Aujourd'hui encore, les exploits de Lionel Terray, Gaston Rébuffat, Riccardo Cassin, Walter Bonatti, René Desmaison, Gary Hemming, Patrick Berhault ou Christophe Profit font partie des plus belles pages de l'histoire de Chamonix.

début du XXe siècle, de grandes dynasties hôtelières ont érigé de somptueux palaces pour recevoir une clientèle fortunée, pour l'essentiel anglo-saxonne. Ces établissements n'ont pas résisté à la crise des années 1930, mais vous pourrez encore apercevoir de très beaux édifices Belle Époque autour de la **place Jacques-Balmat**, du nom du guide qui, le premier, accomplit l'ascension du mont Blanc avec le docteur Paccard, en 1786. Une statue l'y met en scène, indiquant le sommet du mont Blanc au naturaliste Horace Bénédict de Saussure, qui étudia la région et réalisa la deuxième ascension du mont Blanc, en 1787. Dans la **rue du Docteur-Paccard**, ne ratez pas l'immense fresque consacrée aux grands pionniers chamoniards de l'alpinisme. L'**église Saint-Michel**, dominée par un clocher à bulbe traditionnel, date du tout début du XVIIIe siècle. Dans son entrée, deux vitraux ont pour thème les sports d'hiver, l'autre religion de la ville !

Musée des Cristaux — Géologie

(☎04 50 55 53 93 ; esplanade Saint-Michel, 615 allée du Recteur-Payot ; tarif plein/réduit 7,30/5,30 €, gratuit -18 ans ; juil-août mar-dim 10h13h 14h-18h, renseignez-vous le reste de l'année). Agrandi et réaménagé en 2021, il se classe parmi les plus beaux musées minéralogiques nationaux. En observant les quartz fumés et les fluorines roses, vous apprendrez comment se créent ces pierres remarquables, à plusieurs kilomètres sous le sol, à la rencontre de la terre, du feu et de l'eau, et comment, depuis les profondeurs, ils émergent grâce à la surrection des montagnes ou au forage des mines. Un très beau voyage sous les Alpes mais aussi sous d'autres massifs bien plus éloignés : Namibie, Rocheuses, Himalaya... Un hommage est aussi rendu aux grands cristalliers. Avec des enfants, demandez le carnet d'exploration (gratuit, dès 8 ans).

Musée du Mont-Blanc — Histoire

(☎04 50 55 29 46 ; musee-alpin-chamonix.fr). Le vénérable Musée alpin de Chamonix, installé dans l'ancien Chamonix Palace (un

ELISA LOCCI / STOCK ADOBE.COM ©

Mer de Glace

des magnifiques hôtels que comptait la ville au début du XXe siècle), était encore fermé pour d'importants travaux de rénovation lors de notre dernier passage. Il promettait de rouvrir fin 2025 sous l'appellation musée du Mont-Blanc.

Vers les sommets alpins

Grâce aux téléphériques qui parcourent toute la vallée, il suffit de quelques minutes pour être plongé au cœur de la haute montagne et avoir accès à des panoramas vertigineux.

Mer de Glace et train du Montenvers — Glacier

(04 50 53 22 75 ; www.montblancnaturalresort.com ; billet combiné train aller-retour et grotte tarif plein/5-14 ans et +65 ans 39,50/33,60 € ; départ ttes les 20 min à 1 heure selon affluence et période, trajet 20-30 min, fermé 2e quinzaine oct). Avec le réchauffement climatique, la Mer de Glace a beaucoup perdu de sa majesté au fil des ans et ne sera sans doute plus visitable d'ici 2035. Malgré tout, le plus grand glacier français (7 km de long, 200 m d'épaisseur) continue d'attirer des milliers de visiteurs et fait même figure de rite de passage obligé pour qui se rend à Chamonix.

Il fut baptisé par deux Anglais en 1741 : le naturaliste Richard Pococke et son ami William Windham, qui y vit alors "une mer agitée d'une brise qui aurait gelé tout à coup". Les habitants de l'époque s'y aventuraient peu ; ces "glacières" leur inspiraient une crainte superstitieuse.

Depuis Chamonix, on y accède à pied ou par un **train à crémaillère** rouge mis en circulation en 1908. À l'époque, il fallait 1 heure pour parcourir le trajet de 5 km qui comporte des pentes à 20% et un dénivelé total de presque 900 m. Aujourd'hui, une grosse vingtaine de minutes suffisent. Au sortir du tortillard, du haut de la gare de Montenvers, vous serez à 1 935 m d'altitude. À vous la vue panoramique sur la **Mer de Glace**, et en arrière-plan, les Drus et les Grandes Jorasses (une table d'orientation est installée près de l'hôtel-restaurant du Montenvers). Notez toutefois que sa surface apparaît bien grisâtre en fin

Téléphérique du Brévent

Grotte de glace

de printemps et à l'été (le glacier charrie de la roche et des poussières rocheuses), et qu'elle est en partie bâchée pour limiter la fonte, alors que l'hiver, le glacier est recouvert d'un joli manteau blanc. À ce niveau, vous trouverez un **glaciorium** qui présente l'histoire de la formation du site. Par un sentier un peu escarpé ou en télécabine suivie d'environ 200 marches à descendre, on descend jusqu'à la glace et on accède à un étonnant ouvrage d'art éphémère : la **grotte de glace**. Creusée chaque année au bout du glacier, une opération aujourd'hui nécessaire pour pallier son écoulement annuel de 70 m, elle prend la forme d'un rapide circuit où l'on peut s'émerveiller des teintes bleutées de la glace au fil de différentes pièces, et lire quelques éléments de muséographie.

Les randonneurs aguerris à la haute montagne apprécieront la via ferrata du balcon de la Mer de Glace ou bien la redescente sur Chamonix par Les Planards ou le village des Bois.

Le **Grand hôtel du Montenvers** (www.refugedumontenvers.com) permet de passer la nuit sur le site. Inoubliable !

Le Brévent Face aux glaciers

(☎ 04 50 53 22 75 ; montblancnaturalresort.com ; aller-retour Chamonix-Planpraz tarif plein/5-14 ans 23/19,60 €, aller-retour Chamonix-Brévent 39,50/33,60 €). Le balcon sud de la vallée de Chamonix, où s'étend le domaine skiable du Brévent, jouit d'un ensoleillement idéal et fait face à la chaîne du Mont-Blanc, de l'autre côté de la vallée. Le sommet du Brévent y culmine à 2 525 m, à l'extrémité méridionale de la réserve naturelle des Aiguilles-Rouges. Depuis Chamonix, une télécabine vous transporte jusqu'à Planpraz (à 1 999 m), puis un téléphérique vous conduit jusqu'au sommet du Brévent (à 2 525 m).

Activités

Été comme hiver, les possibilités offertes par Chamonix semblent inépuisables. C'est un vrai paradis pour les amoureux d'activités de plein air, qui peuvent s'adonner au VTT (p. 107 ; 87 km de pistes, même si ce n'est pas la spécialité de la vallée), au parapente, à l'alpinisme, à l'escalade...

Vous trouverez également un **golf** (☎04 50 53 06 28 ; golfdechamonix.com ; 35 rte du Golf), ainsi que des terrains de tennis, une patinoire et une très belle piscine au **centre sportif Richard-Bozon** (☎04 50 53 23 70 ; 214 av. de la Plage).

Côté sensations, grâce aux téléphériques qui parcourent toute la vallée, il suffit de quelques minutes pour être plongé au cœur de la haute montagne et avoir accès à des panoramas vertigineux. Ne vous en privez pas ! Ceux qui seraient tentés par l'ascension du mont Blanc se reporteront à l'encadré p. 127.

Randonnée

La vallée de Chamonix compte 350 km de sentiers et pas moins de 170 itinéraires. L'office de tourisme et les librairies de la vallée vendent un guide et une carte détaillée (guide/carte 16/2 €). Il existe aussi une application téléchargeable sur le site Internet de l'office de tourisme qui présente quelques randonnées avec leur durée, leur difficulté et un tracé. Attention toutefois à la batterie qui se décharge, très sollicitée avec le GPS, encore plus par temps froid !

Le **Brévent** (voir page ci-contre) est extrêmement fréquenté par les randonneurs. Depuis la télécabine de Planpraz, vous pourrez atteindre assez rapidement plusieurs lacs (lac Cornu, lacs des Chéserys). Et du sommet du Brévent, il existe un très beau sentier vers l'aiguillette des Houches (en passant par le refuge de Bellachat).

Si vous allez voir l'aiguille du Midi (p. 106), faites d'une pierre deux coups. Le **plan de l'Aiguille**, point intermédiaire situé à la fin du premier tronçon de téléphérique (à 2 317 m), est un excellent point de départ pour des promenades faciles. De là, vous pourrez par exemple rejoindre à pied le **Montenvers** et la **Mer de Glace** (p. 103).

Une très belle marche de difficulté moyenne consiste à monter jusqu'au **lac Blanc** (2 352 m), dans la **réserve naturelle des Aiguilles-Rouges** (voir l'encadré p. 112). Souvent enneigé, il offre un point de vue absolument splendide sur les Drus, l'aiguille Verte et les aiguilles de Chamonix, les sommets se reflétant dans les eaux du lac. Le site souffre de la surfréquentation en juillet-août (voir p. 112). Deux possibilités pour la montée : soit au départ de l'Index (2 385 m) pour 1 heure 15 de traversée, soit au départ de la Flégère (1 877 m) pour 1 heure 45 de montée. Pour la descente, comptez 1 heure 10 du lac à la gare de départ des télécabines de la Flégère. Si vous voulez corser un peu le tout, renseignez-vous sur les variantes par les lacs des Chéserys.

Le forfait été Mont-Blanc Multipass

Si vous séjournez plusieurs jours dans la vallée de Chamonix entre le printemps et l'automne et que vous voulez voir un maximum de panoramas, investissez dans le **Multipass** (tarif plein 1/2/3 jours 87,70-90/90-105/105-120 €, 5-14 ans 74,60-76,50/76,50-89,30/89,30-102 €). Le prix d'achat est certes élevé, mais cette carte donne un accès illimité à toutes les remontées mécaniques de la vallée, et vous pouvez opter pour un pass avec plusieurs jours non consécutifs, afin de vous adapter à la météo et ne pas monter "pour rien" si la visibilité est mauvaise. À vous les grands sommets et leurs vues magnifiques ! La zone de validité englobe le domaine Brévent-Flégère, le domaine des Grands-Montets (glacier d'Argentière), le domaine de Balme-Tour-Vallorcine, l'aiguille du Midi, le site et le train du Montenvers-Mer de Glace, le tramway du Mont-Blanc, le domaine des Houches et le télésiège des Bossons.

Trail

Face à l'infinité de parcours de trail possibles, le site www.chamonix.com/activites/la-vallee-du-trail vous sera d'une aide précieuse. Vous pouvez aussi vous contenter de regarder passer les coureurs du mythique **Ultra-Trail du Mont-Blanc** (UTMB ; montblanc.utmb.world/fr/races/UTMB),

WILDMAN / STOCK.ADOBE.COM ©

L'aiguille du Midi

Quel éblouissement devant le panorama qui se déroule au sommet de l'aiguille du Midi ! Entre ciel et terre, rocs de granit, azur et glace s'entremêlent à perte de vue. Construit en quatre années au début des années 1950, le téléphérique de l'aiguille du Midi – défi technique immense pour l'époque – propulse, en une vingtaine de minutes et en deux tronçons, le quidam chaussé de simples baskets au **piton nord** de l'aiguille, à près de 4 000 m d'altitude. Là, sur 360°, les sommets légendaires se succèdent : le mont Blanc, les Grandes Jorasses, l'aiguille Verte, la dent du Géant... Majestueuse, l'**arête du Midi-Plan** est un régal pour les alpinistes en cordée. Après le téléphérique, qui s'arrête à 3 777 m, les plus hardis pourront prendre un ascenseur supplémentaire dans le **piton central** et atteindre 3 842 m d'altitude. Là-haut, ils pourront se frotter au fameux **Pas dans le vide**, une cabine vitrée totalement transparente avec 1 000 m de vide sous les pieds et vue sur le mont Blanc (consultez les horaires au préalable sur Internet). Sujets au vertige, s'abstenir ! Enfin, un petit musée très instructif, **L'Espace vertical**, traite de l'alpinisme et des sports extrêmes en montagne.

En juillet-août, la télécabine **Panoramic Mont-Blanc** (aller-retour tarif plein/4-15 ans 117,50/99,90 €, durée 50 minutes) relie le sommet de l'aiguille du Midi à la pointe Helbronner en Italie. L'accès se fait par la passerelle Rébuffat.

Infos pratiques

Téléphérique (☎ 04 50 53 22 75 ; montblancnaturalresort.com ; av. de l'Aiguille-du-Midi, Chamonix ; aller-retour tarif plein/5-14 ans et +65 ans 57,50-78/57,50-66,30 € ; départ ttes les 10 à 30 min, durée 20 min, mi-déc à début nov). **Prévoyez 2 à 3 heures et emportez des vêtements chauds, des lunettes de soleil et de la crème solaire. La visite est interdite aux enfants de -3 ans et déconseillée aux -5 ans. En période de forte affluence (juil-août), pensez à réserver votre billet par téléphone ou sur Internet.**

à la fin août. Sept courses sont proposées, dont une totalisant 171 km et 10 000 m de dénivelé positif à cheval sur l'Italie, la Suisse et la France.

Parapente

Le Brévent est l'aire de décollage privilégiée des parapentistes, tant la vue sur le massif est grandiose. Mais des départs peuvent aussi se faire depuis l'aiguille du Midi (avec initiation à l'alpinisme). Vous pouvez contacter **Les Ailes du Mont-Blanc** (☎06 20 46 55 57 ; www.lesailesdumontblanc.com) ou **Chamonix Sport Aventure** (☎06 45 89 28 52 ; chamonix-sport-aventure.com).

Escalade et via ferrata

Le granit de Chamonix attire les grimpeurs du monde entier. Le **rocher des Gaillands**, situé à 2 km de la ville (près du lac des Gaillands) ou les plaques du **Brévent** (depuis le sommet du téléphérique, à 5 minutes de marche) sont des sites très appréciés. La **via ferrata des Évettes**, accessible depuis la télécabine de la Flégère (aller-retour tarif plein/5-14 ans 22/18,70 €), est aussi à ne pas manquer.

Rafting

On peut descendre l'Arve en rafting au départ de Chamonix. **Évolution 2** (☎04 50 55 53 57 ; evolution2.com/chamonix/rafting) propose une sortie de 6 km qui vous fera naviguer sur la partie haute de la rivière, avec ses courants plus rapides.

VTT

Les offices de tourisme de la vallée de Chamonix distribuent un plan gratuit à l'échelle 1/40 000 détaillant 23 itinéraires VTT tous niveaux. Vous pouvez aussi vous rendre sur le site chamonix.com pour voir le détail de chaque circuit et utiliser les filtres pour choisir votre itinéraire selon vos envies. Pour louer des VTT, direction **Sanglard Sports** (☎04 50 53 24 70 ; rentski.com ; 199 pl. du Mont-Blanc), qui loue aussi des vélos à assistance électrique.

Hiver

Le **domaine skiable de Chamonix-Mont-Blanc** s'étale sur plusieurs stations et sur trois versants, tous reliés par un système de navette : Les Planards à deux pas du centre-ville, Le Brévent-La Flégère (aux Praz), Les Grands-Montets (à Argentière, voir p. 111) et le domaine de Balme (au Tour). Ce dernier aura la faveur des débutants, tout comme certaines pistes au Brévent ou à la Flégère. Les skieurs confirmés se régaleront, quant à eux, avec la piste Charles-Bozon, le col Cornu, la combe de la Charlanon (Brévent) ou la mythique combe Lachenal (accessible depuis le télésiège de l'Index). En tout, ce sont 155 km de pistes entre 1 000 m et 2 500 m d'altitude dans un cadre absolument splendide qui s'offrent à vous. Le forfait **Chamonix Le Pass** (adulte journée/4 heures 47-71/61 € selon saison) vous donnera accès à toutes les stations du domaine. Le forfait **Mont-Blanc Unlimited** (journée adulte 83 €) couvre, lui, 400 km de pistes et permet de skier également autour du mont Blanc (Les Houches, Courmayeur en Italie). Il ajoute l'accessibilité au tramway du Mont-Blanc et au train du Montenvers.

Lacs des Chéserys (p.105)

JASCKAL / STOK ADOME.COM ©

VAUT LE DÉTOUR
Observer les glaciers

Outre la **Mer de Glace** (p. 103), de nombreux glaciers se laissent contempler de près dans la vallée, avec, l'été, des sentiers ménageant des vues exceptionnelles. Depuis le **col des Montets** (p. 112), on peut par exemple rejoindre l'**aiguillette des Posettes** (2 201 m) pour observer le glacier du Tour. Depuis Tré-le-Champ-le-Haut, on peut aussi monter à l'**aiguillette d'Argentière** (1 893 m). On évolue alors dans la réserve naturelle des Aiguilles-Rouges (p. 112), avec une vue sur le glacier d'Argentière. Il y a aussi l'**aiguillette des Houches** (2 285 m). L'été, on peut déjeuner sur le pouce au pied du glacier d'Argentière et contempler de près les séracs. Pour cela, il suffit de prendre une benne jusqu'à **Lognan** à 1 970 m d'altitude. À 40 minutes à pied de Lognan, le site "Point de vue" abrite une superbe **cascade de glace**. Une fois le téléphérique reconstruit (il a été détruit par un incendie en 2018), à l'horizon de l'hiver 2026, les marcheurs pourront aussi prendre le 2e tronçon et se hisser jusqu'aux **Grands-Montets**, à 3 275 m. L'hiver, quand les glaciers sont recouverts de neige, le ski de randonnée à même les glaciers a la cote. Il y a la **vallée Blanche** (ci-contre) bien sûr, mais on peut aussi s'aventurer vers la **pointe Helbronner** et la **vallée d'Aoste** (côté Italie). Dans tous les cas, le mieux est de vous adresser à la **Compagnie des guides de Chamonix-Mont-Blanc** (p. 111).

Glacier d'Argentière
LUKASZ JANYST / STOCK.ADOBE.COM ©

Pour les amateurs de **ski de randonnée**, le plus célèbre des itinéraires relie Chamonix à Zermatt, en Suisse, sur une durée de 5 jours. D'autres peuvent se parcourir en une journée, au départ des Grands-Montets ou de la Flégère, par exemple.

Deux ensembles de pistes sont dédiés au **ski de fond** (journée adulte 10 €, ou 8 € pour les détenteurs d'une carte d'hôte ; voir p. 101). L'une relie Chamonix au hameau des Bois, l'autre à Argentière à travers une forêt de sapins.

Accessible depuis le téléphérique de l'aiguille du Midi (3 842 m), la **vallée Blanche** (20 km de descente sur 2 800 m de dénivelé) offre de janvier à mai de très belles possibilités de hors-piste glaciaire assorti de panoramas féeriques. Un classique dont raffolent les skieurs expérimentés. Si vous vous y frottez, ne lésinez pas sur la sécurité : les dangers du site (crevasses) devraient vous inciter à être accompagné d'un guide. Et sachez qu'en période de vacances scolaires, vous serez très loin d'être seul sur place. L'affluence peut parfois un peu gâcher le plaisir...

Huskydalen (☎04 50 47 77 24, 06 84 99 34 67 ; huskydalen.com) propose des initiations à la conduite d'attelage de chiens de traîneau (baptême 1 heure 95 €, enfant 7-11 ans 60 €).

Où se loger

Camping de la Mer de Glace Calme et verdoyant €
(☎04 50 53 44 03 ; chamonix-camping.com ; 200 ch. de la Bagna, Les Praz ; empl 2 pers 27,40-33,70 € ; ⏲début mai à fin sept ; 📶). Dans une clairière ombragée et fleurie, un beau terrain accueille tentes, caravanes et camping-cars. Très jolie vue sur les Drus et le mont Blanc. Le tout est plutôt isolé, au calme, et il n'y a pas d'animations organisées. Tente cuisine pour faire la popote en commun et food-trucks gourmands.

Crèmerie Balmat Chambres d'hôtes €-€€

(04 50 53 24 44 ; www.cremeriebalmat.com ; 749 promenade des Crèmeries ; s/d avec toilettes sur le palier 65/75 €, s/d classique 75/90 €, petit déj 10,50 € ;). Tout près du bois du Bouchet, cette maison d'hôtes située dans un chalet cossu séduit par sa simplicité et son authenticité, et par l'accueil amène de Michèle. Le rapport qualité/prix est imbattable, et il vous sera difficile de quitter le jardin avec vue sur les aiguilles et le massif.

Le Faucigny Hôtel de charme €€

(04 50 53 01 17 ; hotelfaucigny-chamonix.com ; 118 pl. de l'Église ; d/d sup/qua 100-300/115-380/150-450 €, petit déj 15 € ; P 15 €/jour). De petites chambres chics et très confortables avec mobilier contemporain, et une grande salle de détente/petit déjeuner particulièrement agréable. Spa (Jacuzzi, sauna, massage) et patio fleuri. Au 2ᵉ étage, les chambres sont mansardées. Goûter offert l'après-midi.

Plan B Hôtel-restaurant €€-€€€

(04 85 30 01 60 ; planb-chamonix.com ; 196 av. de Courmayeur ; d/tr/qua 81-300/98-400/115-500 €, petit déj 15 € ; tte l'année ;). Ce nouvel hôtel à la déco moderne est idéal pour les familles. Véritable lieu de vie, on peut y manger à toute heure de la journée (des produits locaux). Il compte un espace jeux (et un mini-bowling !), un salon, un spa (sauna et hammam)... et des chambres très cosy.

Aiguille du Midi Hôtel-restaurant €€-€€€

(04 50 53 00 65 ; hotel-aiguilledumidi.com ; 479 ch. de Napoléon, Les Bossons ; d éco et standard/classique/sup 92-152/150-200/194-244 € ; petit déj 14 € ; fin mai à mi-sept, mi-déc à début avr ;). Ce grand hôtel, tenu par la même famille depuis cinq générations, est particulièrement agréable l'été pour sa piscine et sa vue sur le glacier des Bossons. La plupart des chambres ont été rénovées dans un style contemporain gardant un peu l'esprit montagnard, avec bois brossé et salle de bains épurée. Certaines sont restées plus classiques. Terrain de tennis (terre battue, 15 €/heure pour les extérieurs), sauna, Jacuzzi et salle de massage. Demi-pension possible.

Changez de crèmerie !

Dès le début du XXᵉ siècle, la vallée de Chamonix a vu fleurir au bord des sentiers de randonnée de petites "crèmeries", sortes de cantines de montagne ayant pour vocation de permettre aux premiers visiteurs, qui à l'époque arpentaient ces chemins à dos de mulet, de faire une pause et de se désaltérer. Aujourd'hui, la tradition des petites crèmeries très fleuries a subsisté. On peut y prendre un goûter (tartes aux framboises, aux myrtilles) et y déjeuner ou y dîner à la bonne franquette (fromages, omelettes...). N'hésitez pas à pousser la porte d'un de ces établissements !

Auberge du Bois Prin Chic €€€€

(04 50 53 33 51 ; boisprin.com ; 69 ch. de l'Hermine ; d 250-370 €, ste 315-450 €, petit déj 25 €, menu midi 65 €, menu 5 services 95 € ; restaurant mer-dim ;). Cette adresse mythique de la vallée du Mont-Blanc a été reprise par le chef Emmanuel Renaut (triplement étoilé pour le Flocon de Sel à Megève) et sa femme Kristine. Elle ne compte que dix chambres réparties dans un joli chalet traditionnel et rénovées avec goût. Bonus : un espace bien-être intimiste, une table gourmande et une vue splendide sur le glacier des Bossons.

Où se restaurer

Le Moö Bières et burgers €-€€

(04 50 55 33 42 ; 239 av. Michel-Croz ; burger 17,90-20,90 € ; tlj). Le succès de ce bar-restaurant tient autant au dynamisme de l'équipe suédoise qui l'a ouvert (Morten, Oscar et Örjan, leurs initiales expliquant

Road-trip autour du Mont-Blanc

À deux ou à quatre roues, un circuit de 300 km bien connu des motards dessine une boucle autour du massif du Mont-Blanc. Traversant trois pays – la Suisse, l'Italie et la France –, il offre de très beaux panoramas et franchit de magnifiques cols, avec toujours l'imposante chaîne de glaciers en toile de fond. Il n'est pas balisé, mais, muni d'un GPS ou d'une bonne carte, vous pourrez facilement le suivre. Depuis Chamonix, commencez par gagner Vallorcine, puis Martigny (en Suisse) et Orsières. Avant d'entrer en Italie, vous pourrez apercevoir le Grand Combin, sommet des Alpes suisses culminant à 4 314 m. Rejoignez ensuite Aoste, ses ruines romaines et sa collégiale de Saint-Ours, puis contournez Courmayeur par le sud. En rentrant à nouveau en territoire français, vous pouvez gagner Bourg-Saint-Maurice, puis le lac de Roselend et le Beaufortain, et traverser Hauteluce et Notre-Dame-de-Bellecombe. À partir de Praz-sur-Arly, vous voici à nouveau en Haute-Savoie. Après Megève et Saint-Gervais, retour à la case Chamonix. À faire l'été ou au printemps, quand les cols sont franchissables ; prévoyez 2 jours et renseignez-vous auprès de l'office de tourisme de Chamonix (page ci-contre).

le nom du lieu) qu'à ses excellentes bières danoises et belges. Le burger vedette, le Moö (cheddar Wyke Farm, bacon et sauce barbecue maison), ne déçoit jamais ! Réservation possible uniquement le soir.

La Calèche

Fromages & Co **€€**

(04 50 55 94 68 ; 18 rue du Dr-Paccard ; formule déj 27 €, menu savoyard 45 €, plats 25-42 € ; tlj). Si vous souhaitez déguster des spécialités fromagères ou une cuisine traditionnelle accompagnée de bons vins, l'endroit vous plaira assurément ! On garde un souvenir ému de la fondue aux cèpes, des pendules à coucou qui sonnent les heures entre les tables pendant le repas, des batteries de casseroles en laiton suspendues, et de l'accueil enjoué du personnel.

Maison Carrier

Cuisine alpine fine **€€-€€€**

(04 50 53 00 03 ; www.hameaualbert.fr ; menu du jour 39 €, formule entrée-plat ou plat-dessert 31 € ; mer-ven, menu tout-cochon 59 € ; mer-dim, fermé sept à mi-déc). Situé dans le décor d'une ancienne ferme d'alpage, le restaurant du Hameau Albert-Ier, un des hôtels les plus haut de gamme de Chamonix, fait honneur aux savoir-faire de jadis en apportant une légère touche de modernité bienvenue. Son légendaire buffet de dessert (le "vré"), à se damner, justifie à lui seul la réservation. On peut aussi passer seulement pour le **goûter** (mer-dim 15h-17h30 formule à 17 € vré et boisson chaude ; réservation conseillée). Formule brasero au jardin certains jeudis d'été (49 €).

Le Matafan

Généreux et inventif **€€-€€€**

(04 50 55 35 46 ; www.hotelmontblancchamonix.com ; 62 allée du Majestic ; plats 28-45 €, formule midi 35 €, menu midi dim 55 €, autre menu 65 € ; tlj). Dans l'enceinte du superbe hôtel Mont-Blanc, la table de l'ancien étoilé Mickey Bourdillat est une valeur sûre, avec notamment une formule du marché à prix tenu (35 € le midi, plat + dessert) aussi gourmande qu'élégante. En dessert, prenez un aller simple pour le septième ciel en craquant pour le soufflé au chocolat bio. Aux beaux jours, réservez dans l'agréable jardin.

L'Index

100% local et concerts **€€€**

(07 88 69 48 25 ; index-chamonix.com ; 309 promenade des Crèmeries ; menus 55-70 € ; tlj 11h-23h). La table du chef Xavier Aubel, qui a fait ses armes avec Emmanuel Renaut et valorise les filières locales, a tout pour plaire. Plusieurs plats nous ont laissés sans voix : la féra fumée, le risotto aux

girolles, le veau d'Hérens cru, noisettes du Piémont et herbes sauvages... Le petit plus l'été : une programmation de **concerts** de haute volée : Chinese Man, Earth Wind and Fire, Goran Bregović s'y sont produits récemment. Programme sur le site internet.

Où prendre un verre

Rose du Pont Féerie Belle Époque €€

(☎ 04 50 89 88 52 ; www.rose-du-pont.com ; 43 pl. Balmat ; café 2,40 €, pâtisseries 9-12 €, crêpes 6-8,50 € ; ⏲ tlj 8h-minuit, 22h30 en basse saison). Vous ne pourrez pas rater sa superbe devanture Art Nouveau rose bonbon, témoin des fastes de la Belle Époque. Une fois à l'intérieur, quel plaisir de remonter le cours du temps et de commander une succulente pâtisserie, une crêpe ou une glace artisanale ! Avant de partir, ne manquez pas les toilettes, dignes d'un wagon de l'Orient-Express. Restauration également (mais moins convaincante...).

Shoukâ Salon de thé €€

(☎ 04 50 47 49 20 ; shouka-chamonix.fr ; 206 rue du Dr-Paccard ; pâtisseries 4,50-6 € ; ⏲ tlj 8h-19h30). Chocolaterie, boutique, salon de thé : ce nouveau torréfacteur séduit à grand renfort de cafés de spécialité, de chocolats premium (sans conservateur ni lécithine de soja), de pâtisseries bien garnies (on recommande le banana bread) et de glaces avec topping chocolat l'été. Agréable terrasse.

Renseignements

L'**office de tourisme de Chamonix-Mont-Blanc** (☎ 04 50 53 00 24 ; www.chamonix.com ; pl. du Triangle-de-l'Amitié) organise des visites guidées de la ville.

Fondée en 1821, la **Compagnie des guides de Chamonix-Mont-Blanc** (☎ 04 50 53 00 88 ; chamonix-guides.com ; 190 pl. de l'Église) est la plus ancienne compagnie de guides de haute montagne du monde. Parmi les possibilités : l'été, le Tour du Mont-Blanc, la randonnée ou l'alpinisme dans les faces nord ; l'hiver, le ski hors piste et la vallée Blanche.

Le Mont-Blanc Express

Inaugurée en 1908, cette ligne de chemin de fer, aujourd'hui intégrée au réseau **TER** (mont-blanc-express.ch ; ⏲ 7h-19h, 12 départs quotidiens), relie Saint-Gervais à la commune de Martigny, en Suisse. Au fil des 19 gares côté français et 11 côté suisse, c'est un excellent moyen de découvrir les vallées de Chamonix et du Trient. Horaires et tarifs sur le site Internet des chemins de fer suisses (sbb.ch/fr).

Pour vos activités et vos déplacements, pensez à vous procurer la **carte d'hôte** (voir p. 101).

Depuis/vers Chamonix

La compagnie de bus **SAT** (☎ 04 50 53 01 15 ; sat-montblanc.com ; pl. de la Gare) assure des liaisons quotidiennes entre l'aéroport de Genève et Chamonix.

Argentière

Au pied du glacier d'Argentière, ce joli village tranquille est organisé autour de l'indétrônable clocher à bulbe savoyard. C'est de là que part le téléphérique pour les Grands-Montets (détruit par un incendie en 2018, il devrait être reconstruit pour la fin 2026), qui permet de s'approcher au plus près des **séracs du glacier**, ces imposants amas de blocs de glace aux teintes bleutées.

La télécabine de Charamillon-Balme permet quant à elle d'accéder au **col de Balme** (2 191 m). Il offre un magnifique panorama sur la vallée du Trient, en Suisse, et la vallée de Chamonix, et l'opportunité de balades faciles dans les alpages.

Activités

Argentière est une destination pour les sports d'hiver. Les skieurs confirmés,

ROCHAGNEUX / STOCK.ADOBE.COM ©

À NE PAS MANQUER

Le massif des Aiguilles-Rouges

Situé sur le flanc nord de la vallée, baptisé "balcon sud" en raison de son ensoleillement, le vaste massif des Aiguilles-Rouges doit son nom à la présence de fer qui a donné une teinte rougeâtre à la roche (du gneiss) en s'oxydant. Plusieurs **réserves naturelles** sont situées sur ce massif : celles des Aiguilles-Rouges, de Carlaveyron et du vallon de Bérard. On peut y voir de très beaux lacs alpins (lac Blanc, lacs Noirs, lac Cornu, lac du Brévent) et on y croise une faune et une flore typiques de ces altitudes : aigle royal, bouquetin, lagopède alpin, chamois, rhododendron, arnica... Entre Argentière et Vallorcine, au **col des Montets**, les animateurs du **chalet d'accueil de la réserve des Aiguilles-Rouges** (04 50 53 00 24 ; chamonix.com ; col des Montets ; accès libre ; juil-août tlj 9h30-18h, horaires variables reste de l'année) se tiennent à votre disposition pour vous faire découvrir les secrets de ce milieu protégé (observation de roches et de cristaux possible au microscope). Côté randonnée, vous évoluerez entre d'impressionnantes combes et des arêtes effilées, avec vue sur le mont Blanc. Notez bien qu'il est formellement interdit de se baigner dans les lacs sous peine de dégrader fortement le milieu. La surfréquentation du **lac Blanc** fragilisant ce site, mieux vaut faire cette randonnée (voir p. 105) en dehors de la pleine saison, au mois de septembre. Si vous souhaitez dormir en tente dans le massif, vous devrez respecter les zones de bivouac autorisé et vous enregistrer en ligne sur bivouac.nature-haute-savoie.fr.

notamment, y sont à la fête. Interminables et situées dans un cadre sublime, les pistes des **Grands-Montets** (forfait Mont-Blanc Unlimited adulte journée 64-90 €) ont une qualité de neige (le domaine est exposé au nord et se situe à une altitude élevée) qu'on vient chercher de très loin – attendez-vous à des files d'attente. Elles ne sont pas damées et sont situées sur trois versants : le glacier d'Argentière, Lognan et la Pendant. Les débutants pourront se rabattre sur les pistes vertes et bleues de **La Vormaine** (forfait journée tarif plein/6-14 ans 23,10/19,60 €).

Le tronçon du haut, culminant à 3 300 m et très prisé des skieurs confirmés, devrait rester fermé jusque fin 2026 à la suite de l'incendie du téléphérique (voir p. 108). Le site ne représente toutefois que 10 % du domaine skiable – par ailleurs il devrait rester ouvert aux skieurs de randonnée.

En été, Argentière est une bonne base pour aller randonner dans la réserve naturelle des Aiguilles-Rouges (voir l'encadré page ci-contre).

Où se loger

Hôtel Le Dahu Bon marché €

(04 50 54 01 55 ; www.hotel-argentiere.com ; 325 rue Charlet-Straton ; d 73-139 €, petit déj adulte/enfant 12/6,50 € ; P). Un établissement simple et chaleureux à prix ultra compétitif, une rareté dans la région. Des petites chambres douillettes, propres, la plupart avec balcon et jolie vue sur le village. La salle où l'on prend le petit déjeuner donne sur l'aiguille Verte et le glacier d'Argentière. Accueil très sympathique. Dans les chambres les moins chères, la douche est à l'extérieur, mais son usage est privatif. Parking public gratuit. Pas d'ascenseur.

Où se restaurer

Le Grenier Sans chichis

(04 50 54 06 00 ; restaurant-legrenier.com ; 372 rue Charlet-Straton ; formule 2 plats 16 €, menu du jour 18,50 €, plats 11-18 € ; tlj sauf mer). Une adresse sans prétention où l'on vient se régaler de belles salades composées, d'un magret de canard, de crêpes, de burgers, sans se faire assommer quand vient l'addition. Les produits proviennent presque exclusivement de filières locales. Service non-stop pour les crêpes et galettes. Aux beaux jours, réservez votre place en terrasse.

Renseignements

L'**office de tourisme d'Argentière** (04 50 54 02 14 ; www.chamonix.com ; 24 rte du Village) est ouvert en saison seulement.

VAUT LE DÉTOUR

Vallorcine et le vallon de Bérard

Enclavé l'hiver – le col des Montets étant bien souvent infranchissable –, Vallorcine a fait de son isolement un atout. Quel plaisir de se retirer ici, à 16 km de Chamonix et de sa foule, pour une balade au calme, au fil des hameaux ! De belles vaches savoyardes vous encouragent du regard… Nous vous recommandons le **chemin des Diligences** ou bien la charmante **cascade de Bérard** et le vallon qui l'entoure. Pour en savoir plus sur les 80 km de sentiers accessibles depuis Vallorcine, adressez-vous à l'**office de tourisme de Vallorcine** (04 50 54 60 71 ; vallorcine.com ; 183 rte des Confins).

Vallorcine

Les Houches

On dit du village des Houches qu'il est la sentinelle du mont Blanc. Face aux aiguilles de Chamonix, il offre des vues magiques sur la chaîne. Très dispersés, les différents hameaux s'échelonnent de 800 à 4 304 m, certains posés dans des paysages d'alpage, d'autres nichés dans une forêt épaisse. On s'y promène au calme, souvent en famille, bercé par le bruit des torrents et surveillé par la fameuse statue du Christ-Roi, qui garde un œil sur toute la vallée. Quelle que soit la période de l'année, quiétude et douceur de vivre sont au rendez-vous.

À voir

L'**église Saint-Jean-Baptiste** (XVIIe siècle), tout en sobriété, abrite un retable central en bois sculpté et peint par le Piémontais Jean-Baptiste Bozzo. Les vitraux et le chemin de croix sont des œuvres des années 1930.

Enfoui dans la forêt, le **Christ-Roi**, en béton armé, surplombe le versant de Coupeau. Il date de 1934 et a été conçu par Georges Serraz (1883-1964) d'après le modèle du Corcovado de Rio. Il mesure 25 m de hauteur, avec son socle.

Parc de Merlet — Faune alpine

(07 67 22 82 69 ; parcdemerlet.com ; tarif plein/4-15 ans 9/6 €, réservation obligatoire ; juil-août tlj 9h30-19h30, mai-juin et sept mar-dim 10h-18h). Chamois, bouquetins, marmottes, mouflons, cerfs sika, daims... Tout ce petit monde se balade dans une vingtaine d'hectares de nature boisée et un peu escarpée sur le balcon du Merlet, face au mont Blanc (vue imprenable !). Les animaux se laissent approcher de si près que c'en est impressionnant (ils se montrent plus facilement en fin de journée). Deux sentiers sillonnent le parc (1 heure ou 2 heures), dont un accessible aux poussettes. Un système d'étoiles qui jalonnent le site rend la visite interactive avec un smartphone et vous permettra d'en apprendre un peu plus sur le milieu montagnard et ses animaux.

En voiture, depuis Les Houches, suivez la gare SNCF, puis prenez la route en direction de Coupeau sur 3 km et suivez la route forestière. Prévoyez 10 à 30 minutes de marche en petite montée après le parking.

Activités

Été

Les randonneurs aguerris aiment aller tutoyer le sommet de l'**aiguillette des Houches** (fort dénivelé mais vue magique, 5 heures aller-retour depuis Le Bettey) ou s'approcher des séracs du **glacier de Bionnassay**, en partant par exemple du Nid d'Aigle, desservi par le tramway

BRAD PICT / STOCK ADOBE.COM ©

Vue depuis le Prarion

du Mont-Blanc (voir p. 126). Comptez 2 heures 30 aller-retour et attendez-vous à quelques passages difficiles avec échelles. Plus familial, le **chemin des villages** (2 km, accès vélos et poussettes) relie le centre du village à la route des Granges en franchissant le torrent du Bourgeat.

Pour une balade à la découverte des plantes qui vous entourent et pour apprendre à les cuisiner, ou bien pour une randonnée aquarelle, contactez le guide et ethnobotaniste **Sébastien Perrier** (contact@montagnenature.com, www.montagnenature.com).

Les amoureux de **VTT de descente** trouveront plusieurs itinéraires accessibles depuis les remontées du Brévent, de Bellevue ou du Prarion. Là encore, forts dénivelés et sentiers vertigineux seront au rendez-vous.

Hiver

Le **domaine skiable des Houches** (forfait journée adulte 46 €) est varié et plaît aux familles, avec 55 km de pistes tranquilles au-dessous des 2 000 m. Seule exception, la célèbre Verte des Houches : une piste

CLAIRE ANGOT ©

Alpage aux Houches

noire légendaire de 3 343 m de longueur pour 870 m de dénivelé. S'ajoutent 10 km de pistes de **ski de fond** au Prarion (aller-retour en télécabine 19,50 €).

Côté **raquettes**, plusieurs sentiers de niveau facile à moyen sillonnent ce même plateau. Une très belle balade consiste à combiner plusieurs boucles balisées, intitulées Plateau du Prarion et Belvédère du Prarion, avec passage en forêt et vue panoramique sur la vallée de Chamonix (renseignements et accès à la télécabine du Prarion ou au téléphérique de Bellevue). Comptez entre 45 minutes et 2 heures 30 selon votre envie d'explorer les lieux.

Où se loger et se restaurer

Pour confectionner de délicieux sandwichs avec un pain au levain naturel produit par un paysan boulanger, direction **Le Pain de Chibon** (427 rte du Pont ; ☎ 06 66 52 44 73).

Hôtel Rocky Pop Design et bon marché €€
(☎ 04 85 30 00 00 ; rockypop.com ; 1476 av. des Alpages ; s/d/tr 60-220/70-240/85-310 €, penthouse 200-900 €, petit déj adulte/4-14 ans 15/10 €, restaurant plats 13-23 €, menu 38 € ; ❄ wifi P). Cet hôtel ludique et convivial propose des chambres et des penthouses à la déco soignée évoquant un peu l'univers des jeux vidéo et les années 1980. Parmi les petits plus, un grand écran pour une soirée cinéma dans le salon extérieur, une laverie, des flippers et un baby-foot, et un parking gratuit. Service de restauration également. Le tout à prix tenus. L'hôtel dispose de son propre ski-shop permettant de louer son matériel l'hiver. Toutes les 30 minutes, des bus gratuits mènent vers les pistes ou vers le centre-ville de Chamonix.

Renseignements

Office de tourisme des Houches (☎ 04 50 55 50 62 ; leshouches.com ; 9 pl. de la Mairie)

Bureau des guides de Chamonix (☎ 04 50 53 00 88 ; chamonix-guides.com ; voir p. 111)

PAYS DU MONT-BLANC

L'arrondi du mont Blanc, les Drus si verticaux, l'aiguille Verte, et toute une quantité de pics de légende... Lorsqu'on séjourne dans le pays du Mont-Blanc, comment parvenir à détacher les yeux de cette chaîne de 31 km qui aimante le regard, joue à cache-cache avec les routes, et toise majestueusement les environs depuis des siècles et des siècles ? On entre généralement dans ce pays en remontant la vallée de l'Arve par Sallanches, à l'ouest, ou par le Val d'Arly, plus au sud, à la limite de la Savoie. Le val Montjoie, à l'est, passage autrefois bien connu des contrebandiers, peut constituer une porte d'entrée pour les randonneurs (la Grande Traversée des Alpes, partie du GR®5, la traverse) mais c'est un cul-de-sac pour les automobilistes. Vous trouverez dans cette région nombre de stations familiales très agréables, encore beaucoup de villages aux hameaux tranquilles, ainsi qu'un patrimoine riche en églises baroques.

Sallanches

Ville commerçante assez importante, Sallanches est un point de passage très fréquenté sur la route du mont Blanc, d'où un trafic parfois encombré. C'est cependant un point de départ intéressant pour explorer la région. Plusieurs châteaux sont disséminés dans le bourg et les hameaux, dont celui des Rubins, qui abrite l'Observatoire des Alpes. Et il fait bon se promener le long de la Sallanches, le torrent auquel la ville doit son nom et qui la traverse en confluant avec l'Arve. Chaque été début août, le festival Les Enfants d'abord enchante le jeune public pendant 4 jours.

À voir

Château des Rubins – Observatoire des Alpes

Patrimoine naturel

(04 50 90 83 03 ; sallanchesmontblanc.com ; 105 montée des Rubins ; tarif plein/5-14 ans et réduit/famille 7,50/6/21 €, ateliers en plus tarif plein/5-14 ans 8,50-6,50 € ; vac. scol. dim-ven 10h-18h, reste de l'année mer-ven et dim 10h-18h). Ce musée interactif met en avant les richesses de la nature alpine en abordant les thèmes de la géologie, de la faune et la flore, de la montagne et l'eau... Son intérêt réside surtout dans les animations, activités et ateliers proposés au quotidien ; l'été, certains ont lieu le mercredi après-midi sur la base des Ilettes (voir ci-dessous), pour petits et grands. Consultez le programme sur Internet.

Centre de la nature montagnarde

Sorties nature

(04 50 58 32 13 ; www.centrenaturemontagnarde.org ; 9 rte de Doran ; lun-ven 9h-12h et 14h-17h). Observation des oiseaux, des castors, soirées astronomie, balades à la découverte des petites bêtes, ateliers boussole... Cette association de sensibilisation à l'environnement montagnard, ultra dynamique et plébiscitée par les familles, vous fera découvrir des trésors insoupçonnés. De quoi changer durablement votre regard sur le vivant ! Ateliers dès 3 ans.

Collégiale Saint-Jacques

Église baroque

(84 quai Saint-Jacques ; entrée libre ; tlj 8h-18h). Reconstruite entre 1680 et 1688, la collégiale conserve un tabernacle médiéval et un trésor d'objets liturgiques. Son mobilier et sa décoration intérieure ont été réalisés par des artistes piémontais au XIXe siècle. Sur la façade sud, vous pourrez apercevoir un cadran solaire de 1848.

Cascade d'Arpenaz

Site naturel

Haute de 270 m, cette cascade suscita une grande admiration parmi les voyageurs qui découvraient les paysages du Mont-Blanc au XVIIIe siècle et fut représentée dans nombre de peintures. À 4 km par la D1205 en direction de Cluses. De là, un sentier balisé de 45 minutes permet de rejoindre les lacs des Ilettes (voir ci-après).

Activités

De belles possibilités de baignade vous attendent aux trois lacs de la **base de loisirs des Ilettes** (accès par l'ancienne route Impériale, qui longe l'A40 ; partie nord surveillée

12h-18h juil-août, parking et toilettes gratuits). L'un des lacs est dévolu à la pêche, et un observatoire permet d'observer les oiseaux en toute discrétion. Très fréquenté en été.

Où se loger et se restaurer

Pour une expérience de nuit en refuge, renseignez-vous sur les soirées proposées par le **refuge de Tornieux** (refuge-tornieux.com ; nuitée en demi-pension tarif plein/4-11 ans 74/54 €) ou le **refuge de Doran** (refugededoran.fr ; nuitée en demi-pension tarif plein/4-12 ans 50/40 €).

L'Émile Bocaux — Fait maison €-€€

(06 12 83 84 59 ; 6 rue du Mont-Blanc ; plats 10-18 €, dessert 6,50 € ; lun-mar midi, mer-ven midi et soir). À emporter ou sur place, de très bons plats maison qui ravissent les gourmands : reblochon pané, risotto crème de parmesan, poireaux vinaigrette à la japonaise... On aime aussi le choix de vins au verre, aux prix plutôt sages.

L'Essentiel — Fait maison €€

(09 82 54 65 05 ; 15 pl. du Pré-de-Foire ; plats 19-26 €, plat du jour 16,50 € ; fermé dim, lun, et jeu soir). On se sent rapidement comme à la maison dans cette bonne table du centre-ville qui travaille à l'ardoise et fait honneur aux produits frais. Les filets de perche figurent parmi les plats vedettes, tout comme la pièce du boucher sauce aux morilles, ou encore l'exquise côte de bœuf découpée devant le client. Desserts maison de belle facture aussi (testez la pavlova si elle est proposée !).

Renseignements

Office de tourisme de Sallanches (04 50 58 04 25 ; sallanchesmontblanc.com ; 32 quai de l'Hôtel-de-Ville)

Passy

Située entre Sallanches et Le Fayet, la vaste commune de Passy est connue pour abriter l'église Notre-Dame-de-Toute-Grâce (p. 118), et pour ses jolies possibilités de balades à partir du **plateau d'Assy**

SI VOUS AIMEZ... Les villages à l'écart

Les files d'attente et la débauche d'activités, très peu pour vous ? Vous devriez apprécier le calme de ces destinations moins courues :

- **Praz-sur-Arly** Entre le pays du Mont-Blanc, le Beaufortain et les forêts du val d'Arly, Praz-sur-Arly conserve d'innombrables fermettes, certaines encore habitées par des producteurs de fromage. Le **domaine skiable du Val d'Arly** (120 km de pistes) est relié à l'**Espace Diamant** (espacediamant.com), ouvrant les portes à 192 km de pistes. Belles balades en raquettes possibles. **Alpes Montgolfière** (04 50 55 50 60 ; alpes-montgolfiere.fr) organise des vols en ballon avec vue sur le mont Blanc et les Aravis.
- **Servoz** À l'entrée de la vallée de Chamonix, juste avant Les Houches, à 800 m d'altitude, ce chapelet de hameaux pittoresques offre de belles possibilités de randonnées l'été et de balades en raquettes l'hiver. Les **gorges de la Diosaz** (04 50 47 20 97 ; gorgesdeladiosaz.com ; été uniquement) peuvent être contemplées depuis un joli circuit suspendu. Après de gros orages, le débit du torrent et les cascades peuvent devenir très impressionnants.

Servoz

VAUT LE DÉTOUR

Le plateau d'Assy et l'église Notre-Dame-de-Toute-Grâce

Situé sur la commune de Passy, le plateau d'Assy est célèbre pour ses sanatoriums construits après la Première Guerre mondiale, dont certains ont été conçus par de célèbres architectes (Henri-Jacques Le Même, Pol Abraham). On y accède par la **route de la sculpture contemporaine** : entre la plaine et le domaine de Plaine-Joux, face au mont Blanc, des sculptures signées d'artistes renommés sont dispersées sur une douzaine de kilomètres. De quoi vous mettre l'eau à la bouche avant d'arriver à la somptueuse **église Notre-Dame-de-Toute-Grâce** (04 50 58 80 52 ; vac. scol. tlj 10h-17h, reste de l'année mer et sam-dim). Consacrée en 1950, cette église moderne est sidérante. Le chanoine Devémy, fervent artisan de ce projet fou, dont les travaux commencèrent en 1938, réussit à convaincre les plus grands artistes de son temps (Bonnard, Braque, Chagall, Couturier, Léger, Lipchitz, Matisse, Rouault, Strawinsky, entre autres) de décorer la nef. Ainsi, Marc Chagall illustra le passage de la mer Rouge à l'aide de la céramique, Jean Lurçat réalisa la tapisserie du chœur (l'Apocalypse selon saint Jean), Fernand Léger signa la mosaïque de la façade... Germaine Richier, quant à elle, exécuta un Christ souffrant qui fit scandale. Sous le chœur, la crypte vaut aussi le coup d'œil. L'office de tourisme de Passy (p. 119) organise des visites commentées de l'église et des sanatoriums.

À 3 km de Plaine-Joux, cerné par la chaîne des Fiz, le **lac Vert** peut également faire l'objet d'une halte agréable. On en fait le tour en une quinzaine de minutes. Il est assez fréquenté, mais le camaïeu de vert et les reflets des sapins dans l'eau sont vraiment enchanteurs.

(ci-dessus). Face aux massifs des Aiguilles-Rouges et du Mont-Blanc, la **réserve naturelle de Passy** englobe notamment les imposantes falaises de la chaîne des Fiz où nichent l'aigle royal et le gypaète barbu. Fin juillet-début août, le festival **Les Musicales d'Assy** (lesmusicalesdassy.fr) attire les esthètes et les amoureux de jazz et de musique classique avec les concerts exceptionnels donnés au sein de l'église Notre-Dame ou au jardin des Cimes.

Activités

Passy est un excellent spot pour le **parapente**, au départ du site de Plaine-Joux, où vous trouverez l'école **Aérofiz** (06 07 13 59 31 ; aerofiz.com). La **base de loisirs des Îles** (parking 3 € ; baignade surveillée juil-août ; ch. de Mont-Blanc-Plage, accès par la route du Fayet depuis Sallanches) comprend aussi un lac bordé de pelouses où s'étendre au soleil, offrant de multiples activités : baignade, paddle, pêche, minigolf, croisière sur mini-bateau, Accrobranche... Superbe vue sur le mont Blanc.

Des sorties **rafting**, **paddle**, **hydrospeed** sur l'Arve sont organisées au départ de Passy ; contactez **Session Raft** (04 50 93 63 63 ; www.adventures-payraud.com).

Depuis Plaine-Joux, nombreux sont les randonneurs à s'aventurer sur le sublime **tour des Fiz**, modulable selon la condition physique et le nombre de jours de marche souhaité (1 à 5 jours). Devant cette popularité, veillez à réserver vos nuitées en refuge à l'avance. Sachez que le bivouac est toléré de 19h à 9h et que des patous sont à l'œuvre dans les alpages (adoptez les bons comportements ; voir p. 296). Vous pouvez aussi rejoindre le **désert de Platé**, le plus grand lapiaz d'Europe (voir l'encadré p. 165) depuis Praz-Coutant (6,9 km, 3 heures 30 environ, niveau intermédiaire).

Depuis 2024, le nouveau **télésiège de Barmus**, au cœur de la station de Plaine-Joux, ouvre aussi de nouvelles possibilités de trail et de randonnée depuis le sommet du domaine. Et, avec des enfants, ne manquez pas la **passerelle du Nant Bordon**, une passerelle himalayenne de 160 m accessible en une demi-heure de marche en forêt depuis le parking de la place Tobé sur le plateau d'Assy.

Jardin des Cimes Main verte

(☎ 04 50 21 50 87 ; jardindescimes.com ; 447 rte du Dr-Davy ; tarif plein/5-15 ans/famille 7,50/4/19 € ; ⏲ fin mai à fin sept, horaires variables). Sur le plateau d'Assy, avec les neiges éternelles du mont Blanc pour toile de fond, ce jardin poétique, ludique et vagabond enchante petits et grands en racontant l'histoire des plantes de montagne et des plantes potagères. Café-boutique, herboristerie et restauration. Accès libre à la terrasse du jardin pour la vue et **concerts apéros'jardins** (⏲ juil-août, fermeture à 23h) en été.

VOUVRAYSAN / STOCK.ADOBE.COM ©

Lac Vert, Passy

Où se loger et se restaurer

Les Cabanes du Mont-Blanc Insolite €€€

(☎ 06 63 77 78 03 ; cabanesdumontblanc.com ; ch. des Parchets ; 2-4 pers 120-190 €, 6 pers 170-180 €, repas adulte/enfant 28/23 € ; ⏲ mai à mi-oct). Pour vivre votre rêve d'enfant et dormir haut perché, passez la nuit dans l'une de ces cabanes dans les arbres, équipées chacune de toilettes sèches, d'un petit lavabo et d'une réserve d'eau de 5 litres. Douches et sanitaires classiques à 5 minutes à pied. Panoramas sublimes et accès direct à de nombreux sentiers de randonnée. Possibilité de panier pique-nique et repas chaud sur réservation. Prix dégressifs dès 2 nuits.

Auberge de l'Orangerie Familial et confortable €€

(☎ 04 50 58 49 16 ; orangeriemontblanc.com ; 3 carrefour de la Charlotte ; d 109-239 €, petit déj adulte/3-10 ans 15/10 €, plats 22-38 € ; ⏲ restaurant soir mar-sam ; 🏊 📶). Entre Sallanches et Passy, cet établissement un peu à l'écart propose des chambres assez spacieuses, récemment rénovées, la plupart dotées d'un balcon avec vue sur le mont Blanc. Vous pourrez aussi compter sur un petit spa avec hammam et une piscine chauffée. Très bonne table également (berthoud, fondues...).

Renseignements

Office de tourisme de Passy-Mont-Blanc

(☎ 04 50 58 80 52 ; passy-mont-blanc.com ; 8 Grande-Rue Salvador-Allende)

Cordon

Situé à 5 km au sud-ouest de Sallanches, ce village n'a pas volé son surnom de "balcon du Mont-Blanc". Dès l'arrivée par la D113, la vue sur le massif, tantôt habillé de brume, tantôt dégagé, a vraiment de quoi faire rater un virage ! De là, les sommets semblent vous inviter à la randonnée.

Le sentier du baroque

Depuis Combloux jusqu'aux Contamines-Montjoie, un itinéraire d'une vingtaine de kilomètres en balcon baptisé le "sentier du baroque" serpente le long des plus beaux oratoires, chapelles et églises baroques du pays du Mont-Blanc. Comptez 2 jours de marche pour profiter au mieux de ce patrimoine. Les offices du tourisme distribuent gratuitement un plan du sentier et vendent une brochure décrivant de manière détaillée les différents édifices.

À voir

Église Notre-Dame-de-l'Assomption Baroque

(tlj été 9h-19h, hiver 10h-17h). Construite au XVIIIe siècle, cette église est un très bel exemple du style baroque savoyard. On doit la décoration peinte, polychrome et lumineuse, au Suisse Léonard Isler. Une très belle coupole en trompe-l'œil illustre la vie du Christ et de la Vierge. Le retable à colonnes torsadées dans les teintes or, rouge et vert est admirable.

Pour une visite guidée, renseignez-vous auprès de l'**office de tourisme** (04 50 58 01 57 ; cordon.fr ; 1 pl. du Mont-Blanc ; visite guidée 5 €, gratuit -12 ans ; location tablette 4 €, prévoir une pièce d'identité), qui loue aussi des tablettes permettant de voir en photos des détails architecturaux trop éloignés pour être visibles à l'œil nu.

Activités

L'été, l'office de tourisme distribue un plan des sentiers de **randonnée** aménagés dans le bas du village. Pour 7 €, vous pouvez également acheter un plan et un livret avec d'autres propositions englobant les communes voisines que sont Combloux, Sallanches, Megève, Praz-sur-Arly... Pour les sentiers **VTT** du même territoire, il vous en coûtera 5,50 €. L'hiver, des **balades au clair de lune** en moyenne montagne avec un accompagnateur sont proposées (contactez l'office de tourisme) ainsi que des soirées raquettes-tipi-fondue. L'**escalade** est également largement pratiquée (rocher de Rochefort et école pour les enfants).

L'hiver, le petit **domaine skiable** (forfait journée adulte 23 €) de 11 km de pistes est idéal pour les enfants ou les débutants. Dix sentiers sont balisés pour les adeptes des **raquettes** (encadrement possible par des accompagnateurs en montagne).

Renseignements

Office de tourisme de Cordon (04 50 58 01 57 ; www.cordon.fr ; 1 ch. des Motteuses)

Combloux

"La perle des Alpes dans son écrin de glaciers", écrivit Victor Hugo au sujet de Combloux. Jolies fermes, prairies couvertes de fleurs en été, le tout face au mont Blanc... Difficile de faire plus typique, et pourtant : ajoutez donc son beau clocher qui marque le départ du sentier du baroque (voir l'encadré ci-contre), et la carte postale est parfaite. Autre bon point : l'hiver, depuis Combloux, vous avez très rapidement accès aux pistes du domaine skiable de Megève sans avoir à subir les prix excessifs que pratique cette très chic station voisine.

À voir

Église Saint-Nicolas Baroque

Le bâtiment que l'on voit aujourd'hui date de 1702-1704 : il fut construit sur l'emplacement d'un premier édifice du XVe siècle. Pièce maîtresse des lieux, le magnifique retable central en bois polychrome a été classé en 1971. Observez aussi les statues de saint Pierre et de saint Paul, dorées à l'or fin, qui encadrent le tabernacle. Le clocher à double lanternon, reconstruit au XIXe siècle, est également classé.

Activités

Été

La station offre de belles possibilités de **randonnée** (carte des sentiers balisés en vente à l'office de tourisme). **Marie-Claude Hubert** (06 72 82 87 99 ; yogarando.com), accompagnatrice en montagne et naturopathe, propose des promenades botaniques, des ateliers de fabrication de cosmétiques naturels et des randonnées yoga.

Plan d'eau biotope Piscine naturelle
(04 50 91 21 62 ; Plan-Perret ; tarif plein/5-14 ans 6/5 €, après 16h 4/3 € ; début juil à début sept lun et mer-dim 10h30-19h, mar 10h30-20h30, modifiable selon météo). Les eaux de baignade de ce plan d'eau écologique, pionnier du genre en France, sont régénérées par plus de 10 000 plantes aquatiques. Quatre couloirs sont dédiés à la nage. De surcroît, le panorama est à couper le souffle, face au mont Blanc. Plage engazonnée pour rêvasser au soleil (location de parasols et de transats à 5 € l'un, 8 € les deux). La capacité d'accueil est limitée pour préserver la qualité de l'eau – réservez en été. Pour les afficionados de la méthode Wim Hof et de la nage en eau froide, renseignez-vous sur les créneaux de nage hivernale entre le 21 septembre et le 21 décembre.

Hiver

Situé en dessous des 2 000 m, le **domaine des Portes du Mont-Blanc** (forfait journée adulte 45,50 €) englobe Combloux, Megève-Le Jaillet, La Giettaz et Cordon. L'ensemble représente une centaine de kilomètres de pistes qui séduiront les familles et les skieurs peu expérimentés. Les très bons skieurs se laisseront plutôt tenter par le **domaine Évasion Mont-Blanc** (forfait journée adulte 59,50 €), plus de 400 km de pistes sur les Portes du Mont-Blanc (voir p. 215), mais aussi Les Contamines, Saint-Gervais, Saint-Nicolas-de-Véroce et Megève (Rochebrune, Cote 2000, mont d'Arbois, Princesse).

Attention toutefois, les différentes stations ne sont pas toutes joignables à ski depuis Combloux (Contamines, mont d'Arbois...). Pour rejoindre Megève ou la télécabine de la Princesse (mont d'Arbois) il faut emprunter le skibus (navette gratuite) depuis le centre de Combloux.

Les opportunités de profiter de la neige ne se limitent pas au ski de piste : balades en **raquettes** (encadrées ou pas) sur des circuits balisés, **ski de fond** et **ski de randonnée** (10 itinéraires), **boardercross**, parcs de **luge** pour enfants, **fatbike sur neige**... Le choix est vaste.

Où se loger et se restaurer

Le Coin savoyard Hôtel-restaurant €€
(04 50 58 60 27 ; www.coin-savoyard.com ; 300 rte de la Cry-Cuchet ; d 100-280 € selon confort et saison, petit déj 15 € ;). À deux pas de l'église baroque, on adore cet établissement chaleureux et gourmand où l'on peut s'attabler sur la grande terrasse toujours animée, partager un reblochon

Combloux

pané, déguster un excellent burger ou de fameux gnocchis de polenta, finir par un dessert gourmand, et rester dormir dans une chambre coquette, à tarif tenu. Tout y est, l'accueil amène et efficace, et une piscine extérieure.

La Grange d'Aldaré Chambres d'hôtes €€

(06 14 31 42 33 ; lagrangedaldare.jimdofree.com ; 274 rte de la Grange ; s/d 80-90/95-105 € avec petit déj, table d'hôtes adulte/-15 ans/-10 ans 26/15/10 € boissons incluses ; table d'hôtes sur réservation lun, mer, jeu et sam ; P). Ellena et Cédric ont ouvert cette maison d'hôtes en 2018 et elle ne semble pas désemplir. Est-ce en raison de leur accueil à la fois discret et chaleureux ? De la délicieuse table d'hôtes à savourer au coin du feu ? Ou bien de leurs trois chambres douillettes où le bois blond prédomine ? Sans doute un peu tout à la fois… Possibilité de chambre familiale communicante. Espace bien-être (Jacuzzi et sauna, sur réservation).

Renseignements

Office de tourisme de Combloux (04 50 58 60 49 ; combloux.com ; 49 ch. des Passerands)

Megève

C'est à Noémie de Rothschild que l'on doit la transformation de Megève, petit village montagnard, en une station huppée et mondaine, calquée sur le modèle de Saint-Moritz, en Suisse. C'est à l'occasion d'un séjour dans cette dernière, en 1916, que l'idée de rivaliser avec les stations suisses vint à la baronne ; le voisinage de la clientèle allemande, tandis que la guerre faisait rage, lui déplut alors fortement. La station vit ainsi le jour au sortir de la guerre ; l'achèvement du premier hôtel, au mont d'Arbois, date de 1921. Très vite, les têtes couronnées de toute l'Europe s'empressèrent d'y séjourner. Aujourd'hui, si la grande bourgeoisie a remplacé l'aristocratie, les boutiques de luxe, les belles cylindrées et les prestations haut de gamme sont de rigueur. Y séjourner n'est assurément pas à la portée de tout le monde. Mais une excursion à la journée permet déjà de visiter le centre, puis, grâce aux remontées mécaniques, de jouir de délicieux panoramas et de très belles vues sur les sommets des Aravis, sur les Fiz et sur la chaîne du Mont-Blanc.

À voir

Les vieilles bâtisses de charme, toutes de pierre, crépies ou non, se trouvent dans le centre historique, près de la place du village, de l'office de tourisme et de l'ancien prieuré. On se promène dans des rues piétonnières à pied ou en **calèche** (32 €/15 min). Rue d'Arly, ne manquez pas l'ancien **lavoir** avec sa belle charpente en bois. À deux pas de là, la sculpture ***My Way*** représentant une main effleurant quelques touches de piano est l'œuvre de l'artiste Pierre Margara. Elle rend hommage à Jacques Revaux qui composa, dans un hôtel donnant sur cette même ruelle, la chanson *Comme d'habitude* (1967) pour Claude François, reprise notamment par Franck Sinatra. L'**église Saint-Jean-Baptiste**, fondée par les Bénédictins en 1085, abrite un beau retable du XVIIIe siècle et un splendide chœur du XIVe. Le chemin de croix du **Calvaire** (départ au-dessus de la patinoire centrale découverte ; arrivée au plateau du mont d'Arbois face aux télécabines) est jalonné de 15 chapelles et oratoires abritant des peintures ou des sculptures d'influences très variées. À 30 minutes du centre en direction du Creux Saint-Jean (renseignez-vous auprès de l'office de tourisme), la promenade de la **cascade de la Belle-au-Bois** (un site de canyoning), vaut également le détour pour sa chute d'eau de 30 m. Une passerelle facilite l'accès au point de vue.

Le **marché** du vendredi matin, le long de la rue du Village, attire beaucoup de monde.

Activités

Été

On ne sera pas surpris de trouver sur place (au mont d'Arbois) un **golf** de 18 trous. Et,

Megève

puisque Megève possède un **altiport**, on peut même envisager un inoubliable survol commenté du mont Blanc dans un petit avion monomoteur avec **Aérocime** (☎04 50 21 03 21 ; www.aerocime.com ; 30/40 min 150/200 €/pers ; 3 à 4 pers maximum). Plusieurs prestataires proposent des vols en **parapente** au départ de Rochebrune. Contactez **Baptême Megève Parapente** (☎06 62 13 27 71 ; www.megeveparapente.com ; baptême 100 €/20 min, -10 € le matin) ou **Megève Aventure** (☎06 82 01 68 40 ; www.megeve-aventure-bernard-blandin.fr ; baptême à partir de 80 €/20 min).

Le nom de Megève viendrait du celte *mag eva*, "village au milieu des eaux". Il est donc logique que le **canyoning** y ait beaucoup de succès. Si vous êtes tenté par l'expérience, contactez le **bureau des guides** (☎04 50 21 55 11 ; www.guides-megeve.com) ou **Évolution 2** (☎04 50 55 54 55 ; evolution2.com/megeve).

Pour les nombreux circuits de **VTT** et de **randonnée** (mont Joly, mont d'Arbois, crêt du Midi, Jaillet...), vous trouverez le détail des sentiers et des cartes en vente à l'office de tourisme. La marche reliant le mont d'Arbois au mont Joly est présentée dans l'encadré p. 124. La **télécabine du Jaillet** (aller adulte/enfant 11/9 €) mène au départ de plusieurs sentiers de randonnée et de VTT (niveau facile) avec une vue splendide sur le mont Blanc. Possibilité de se restaurer en chemin (Chalet de la Vieille, P'tite Ravine). **Mb Bike** (☎04 28 38 01 01 ; mbbike.fr) propose des sorties à la demi-journée (200 € jusqu'à 8 pers.). Une fois au sommet du Jaillet, une balançoire géante accueille les visiteurs en mal de sensation (adulte 20 €).

Au pied du Jaillet, deux pistes de **luge quatre saisons** accueillent les amateurs de glisse (fermé en mai).

L'énorme complexe sportif du **Palais** (☎04 50 21 15 71 ; lepalaismegeve.com ; 247 rte du Palais-des-Sports) abrite une **patinoire** olympique, une **piscine** intérieure (sauna et hammam) et une extérieure, des courts de **tennis**, un mur d'**escalade** et un **espace balnéoforme**. La piscine extérieure, avec son bassin olympique, sa pelouse et son toboggan, est particulièrement agréable.

En famille, on vous conseille une escale à la ferme du Maz, près du plateau du mont d'Arbois (goûter et repas sur réservation au ☎06 23 61 57 85) ou à la **ferme de**

SI VOUS AIMEZ...
Les randonnées avec panoramas

Petite sélection des plus belles randonnées en pays du Mont-Blanc.

Col du Joly À partir de la **télécabine du Signal** (04 50 47 02 05 ; aller-retour tarif adulte/enfant 17/13,10 € ; juil-sept 9h-12h30 et 13h45-17h), dans la station des Contamines-Montjoie, vous gagnerez en une demi-heure le col du Joly (1 989 m), d'où vous jouirez d'une vue sur le mont Blanc d'un côté, et sur la Savoie de l'autre.

Aiguille Croche Depuis le col du Joly, un sentier abrupt conduit à l'aiguille Croche (2 487 m) en 1 heure 30. Une fois au sommet, un panorama époustouflant se dévoile : chaîne des Aravis, Meije, glacier de la Grande Casse et toute la chaîne du Mont-Blanc. Les plus motivés poursuivront jusqu'au mont Joly (2 525 m).

Lacs Jovet À partir de Notre-Dame-de-la-Gorge, un sentier à cheval sur l'itinéraire du TMB (voir l'encadré p. 129) serpente dans la réserve naturelle des Contamines et vous emmène jusqu'à deux lacs splendides. Prévoyez la journée et une pause pique-nique au premier lac.

Du mont d'Arbois au mont Joly Au départ du mont d'Arbois, au-dessus du village de Megève, un sentier balisé vous conduit tout en haut du mont Joly. Prévoyez 5 heures pour l'aller-retour.

La Croix du Planay (04 50 58 36 31 ; www.bienvenue-a-la-ferme.com), au pied du mont Joly sur les hauteurs du village. On peut y prendre le déjeuner ou le goûter en regardant sauter les cabris (vente directe de produits laitiers et choix de spécialités locales). L'**Accrobranche Parc Aventure** (06 76 29 71 04 ; cote2000aventure.com ; 3460 rte Cote-2000 ; tarif plein/-16 ans 26/20 € ; tte l'année, sur réservation en intersaison) situé près de l'altiport a aussi la cote auprès des enfants.

Hiver

Les 400 km de piste du **domaine de Megève** sont sans difficulté majeure. Plusieurs possibilités s'offrent aux skieurs : les massifs mont d'Arbois/Princesse et Rochebrune/Cote 2000 sont les secteurs les plus fréquentés, accessibles depuis le centre du village. Un peu excentré, le massif du Jaillet est plutôt familial.

Deux forfaits sont possibles : le **forfait Portes du Mont-Blanc** (journée adulte 45,50 €) inclut Le Jaillet, La Giettaz, Combloux et Cordon. Plus complet, le **forfait Évasion Mont-Blanc** (journée adulte 59,50 €) donne accès au domaine Portes du Mont-Blanc, mais aussi à l'ensemble mont d'Arbois-Princesse-Rochebrune-Cote 2000 ainsi qu'à Saint-Gervais, Saint-Nicolas-de-Véroce et aux Contamines-Montjoie.

Les amateurs de **ski de fond** (forfait journée adulte 8 €, -17 ans 6 €) auront pour eux 38 km de pistes, dont 18 km en accès libre et 7 pistes payantes à La Livraz.

Patinoire centrale En plein air
(04 50 21 23 77 ; 35 rue Oberstdorf ; tarif plein/5-14 ans 6/4,60 €, location patins 3,90 € ; mi-déc à mi-mars). En plein centre du village, vous aurez la joie de patiner cheveux au vent. Animations pour les enfants.

Où se loger et se restaurer

Au Coin du feu Charme authentique €€
(04 50 21 04 94 ; www.coindufeu.com ; 252 rte de la Rochebrune ; d 115-395 €, petit déj 22-24 € ; P). Récemment rénové avec passion, ce petit hôtel de charme de 22 chambres séduit rapidement ses hôtes avec son atmosphère de chalet de montagne réconfortant. Dans les chambres comme dans l'agréable lobby lumineux, le bois, le granit du Mont-Blanc et les étoffes Arpin créent un délicieux cocon dont il sera difficile de partir. En bonus, le restaurant Le Saint-Nicolas et sa cuisine fine à déguster sur la très jolie terrasse.

Grand Hôtel du Soleil d'Or Chic €€€
(04 50 34 31 06 ; lesoleildor-megeve.com ; 255 rue Charles-Feige ; d/tr/ste 179-719/269-819/269-819 € selon saison ; fermé mai et nov). Le plus vieil hôtel de la station (1901), rénové en 2019 et doté de cinq étoiles, propose 29 chambres et suites élégantes, un spa cocon, un rooftop avec vue sur les montagnes où siroter de délicieux cocktails créatifs, une chocolaterie dans laquelle boire un (vrai !) chocolat chaud à accompagner de pâtisseries maison et une table intimiste où se régaler de plats copieux (et d'un immense chariot de desserts).

La Yourte Cantine sympathique €
(04 50 53 54 15 ; 58 pl. de la Résistance ; jus 7,50 € ; tlj 12h-19h). Vous vous régalerez de plats entièrement réalisés maison : crêpes, gaufres, tartines (à l'avocat, montagnarde...), salades (lentilles, quinoa...), et de jus pressés minute vitaminés. Petite terrasse et accueil fort sympathique.

Le Prieuré Bistronomie €€-€€€
(04 50 21 01 79 ; 116 pl. de l'Église ; leprieure-megeve.com ; plats 29-45 €, menu 40 € ; tlj 9h-21h). Le chef Emmanuel Renaut tient cette table nettement plus accessible que son restaurant triplement étoilé Flocons de Sel. À la carte, une revisite de classiques familiaux : nems de reblochon, quenelles de brochet, risottos, poissons de lac fumés... Joli déco et situation centrale.

Renseignements

L'**office de tourisme de Megève** (04 50 21 27 28 ; www.megeve-tourisme.fr ; Maison des Frères, 70 rue Monseigneur-Conseil) distribue chaque année un guide officiel très complet.

Bureau des guides de Megève-Combloux
(04 50 76 21 55 11 ; guides-megeve.com ; rue Ambroise-Martin)

Saint-Gervais-les-Bains

La découverte de ses eaux thermales, au début du XIXe siècle, marqua le début de l'essor de cette station dont la popularité n'a pas faibli depuis. Un succès dû aussi en grande partie à la proximité du mont Blanc qui, du haut de ses 4 805 m – il est mesuré tous les deux ans par une équipe de géomètres alpinistes –, marque la fin de la commune. La variété d'ambiances et de paysages que vous trouverez ici justifie à elle seule le voyage. La commune est constituée de quatre villages étagés le long de la montagne : tout en bas, à l'entrée de la ville, Le Fayet avec sa gare et son casino ; Saint-Gervais proprement dit, son centre vital, où l'on trouve espaces piétonniers et édifices Belle Époque ; un peu isolé, à 8 km au sud du bourg, Saint-Nicolas-de-Véroce (voir ci-après) abritant une incontournable église baroque ; enfin Le Bettex, sur le versant ouest, dont le front de neige a de faux airs suisses.

À voir

Dans le bourg de Saint-Gervais, l'avenue du Mont-Paccard regroupe beaucoup d'anciens palaces, notamment l'ancien **hôtel du Mont-Joly** au n°448, orné d'une très belle marquise Art déco. L'**église de Saint-Gervais**, construite en 1697, avec sa façade peinte et son clocher à bulbe, est tout à fait dans le style baroque savoyard.

Église Saint-Nicolas-de-Véroce Joyau baroque
(Saint-Nicolas-de-Véroce ; visite guidée tarif plein/réduit 5,50/4 € sur réservation au 04 50 47 76 08 ; 9h-19h). Dans ce petit bout du monde figé dans le temps, cher à Gide, Mauriac ou Claudel, se dresse le plus bel édifice baroque du pays du Mont-Blanc. Sa construction, financée par les colporteurs merciers, dura de 1725 à 1729. Le portail, œuvre d'un tailleur de pierre de Sixt, est l'un des plus beaux de Savoie. À l'intérieur, la décoration foisonnante témoigne de la ferveur qui animait la petite paroisse au début du XVIIIe siècle. Les sublimes peintures de la voûte relatant la vie de saint Nicolas, rehaussées par un superbe bleu profond, sont signées par les frères Avondo. Elles datent de 1856 et correspondent plutôt aux canons néoclassiques. Dans le

Église Saint-Nicolas-de-Véroce

Maison forte de Hautetour

chœur, le retable est remarquable. Si vous visitez l'église en fin de journée, attention à la fermeture automatique des portes. Accolé à l'église, un **musée d'Art sacré** (tarif plein/réduit 3,50/2 €) abrite son riche trésor : 600 objets dont une relique de saint Nicolas de Myre. Livrets jeux pour les familles.

En été et en hiver, les navettes gratuites **Facilibus** (www.saintgervais.com) desservent l'église depuis la télécabine de Saint-Gervais Village.

Tramway du Mont-Blanc — Train à crémaillère

(04 50 53 22 75 ; montblancnaturalresort.com ; 80 av. de la Gare, Le Fayet ou 571 rue du Mont-Lachat ; aller-retour Le Fayet-mont Lachat tarif plein/5-14 ans et +65 ans 37/28,90 € ; mi-déc à mi-avr et mi-juin à fin sept, 4 à 12 départs/jour). Ce train à crémaillère au look rétro serpente sur 12,4 km pour un inoubliable voyage jusqu'au **Nid d'Aigle**, à 2 380 m d'altitude, dont la gare était en travaux de rénovation lors de notre dernier passage (réouverture prévue à l'été 2026 ; durant ce temps terminus au mont Lachat). Passé Saint-Gervais, les cinq arrêts desservis – Motivon (1 400 m), col de Voza (1 653 m), Bellevue (1 794 m), mont Lachat (2115 m) et Nid d'Aigle (2 380 m) – sont autant de départs d'excursion possibles. Avec des pentes à 8%, les wagons avancent tout doucement (12 km/h en moyenne), et l'été, vous aurez tout le temps d'admirer cascades, glaciers et flore alpine durant la petite heure que dure le trajet complet. En hiver, dernier arrêt au plateau de Bellevue, qui fait la joie des skieurs.

Le billet s'achète à la gare du Fayet ou à celle de Saint-Gervais, mais vous pouvez aussi choisir d'embarquer plus loin. Au niveau du Nid d'Aigle, vous vous trouverez face au splendide **glacier de Bionnassay**.

Réservation plus que recommandée en haute saison.

Maison forte de Hautetour — Ascension virtuelle

(04 50 47 79 80 ; 114 passage Mont-Joux ; tarif plein/réduit 5/3,50 €, gratuit -5 ans ; mar et sam-dim 14h-18h, mer-ven 10h-12h30 et 14h-18h,

vac. scol. jusque 19h mer et ven-sam, fermé nov). Restaurée, cette bâtisse du XIIIe siècle abrite la maison transfrontalière des guides de Saint-Gervais-Courmayeur. Le visiteur y est embarqué dans une ascension virtuelle du mont Blanc : la scénographie mêle vidéos, extraits sonores, matériel d'alpinisme, vieilles affiches... Également des expositions temporaires d'art contemporain.

Pour découvrir d'autres maisons fortes du Moyen Âge, il est possible de parcourir une boucle à pied d'environ une heure au cœur du bourg (livret gratuit à demander à l'office de tourisme). Un jeu de piste familial adapté aux enfants et qui permet de découvrir l'histoire de la ville.

Activités

La **patinoire couverte** (04 50 93 50 02 ; adulte/enfant 4,70/3,70 €, location de patins 3,10 € ; mi-déc à mi-avr et juil-août) amusera petits et grands. Les **Bains du Mont-Blanc** (04 50 47 54 57 ; thermes-saint-gervais.com ; parc thermal, 355 allée du Dr-Lépinay ; entrée adulte 39-54 € selon saison, réservation en ligne conseillée ; tlj) proposent des soins dans le cadre de cures médicales mais également un agréable espace spa avec saunas à différentes températures, bains de vapeur, ateliers de relaxation, parcours... Les bienfaits des eaux du mont Blanc, qui jaillissent à 38°C, sont reconnus depuis deux siècles. L'établissement est situé dans un agréable parc parcouru par un torrent et les nocturnes sont particulièrement agréables.

Randonnée

Le mieux est de grimper à bord du tramway du Mont-Blanc (voir p. 126) qui vous conduira au point de départ de la randonnée de votre choix. À tester également, la randonnée avec un âne. C'est ce que propose l'organisme **Les Ânes Montagnards** (06 51 28 56 35 ; lesanesmontagnards.fr ; 268 rue des Fiz ; juin- sept), de la simple balade de 1 heure (à partir de 10 €) à la semaine complète en autonomie.

La réglementation de l'accès au mont Blanc

Surfréquenté et parfois bien peu respecté, le mont Blanc a trop souvent été le théâtre d'accidents impliquant des personnes imprudentes et pas assez préparées pour être en mesure de se hisser à son sommet. Pour mettre fin à ces dérives, sur proposition du maire de Saint-Gervais, l'ascension du mont Blanc par la voie du Goûter (la voie dite "normale") est désormais limitée et réglementée. Seuls un peu plus de 200 alpinistes sont autorisés chaque jour à effectuer l'ascension grâce à un permis, ce qui correspond au nombre de places disponibles en refuge.
Voir aussi l'encadré p. 129.

Ski

Saint-Gervais est situé au cœur du **domaine skiable Évasion Mont-Blanc** (forfait journée adulte 59,50 €), soit 445 km de pistes reliées à Megève, Combloux, aux Contamines et à La Giettaz. La commune est également reliée au **domaine skiable des Houches** (forfait journée adulte 30-54 € selon saison), grâce au tramway du Mont-Blanc – un véritable voyage en soi ! Les bons skieurs apprécieront la piste de la Venaz, la piste rouge du Bettex (sous la télécabine), ou les pistes Chevreuil et Chamois du mont Joly.

Environ 30 km de pistes de **ski de fond** attendent les amateurs, avec notamment la très belle piste en balcon qui relie Saint-Nicolas-de-Véroce et Le Bettex.

Où se loger

Bistrot du Mont Joly Bistrot alpin €€
(04 50 78 66 00 ; almae-collection.com ; 4115 rte de Saint-Nicolas, Saint-Nicolas-de-Véroce ; formule barbecue adulte/-12 ans 45/25 €, plats 22-34 € ; tlj juil-août, mer-dim reste de l'année, fermé début avr à mi-mai et nov). Dans

MARIUS DOICOV ©

Mont Joly (p. 129)

le giron de l'hôtel chic Armancette, juste en face, ce bistrot propose une cuisine alpine familiale assez élaborée et quelques mets d'inspiration italienne (risotto d'*orzo*, caponata d'aubergines, *vitello tonnato*...). Le vendredi soir en été, la formule barbecue rencontre un franc succès pour ses fameuses grillades de viande et de poisson assorties d'un dessert (veillez à réserver). Fait aussi salon de thé avec billard à l'étage, cheminée et terrasse.

Le Sérac Table gourmande €€€
(04 50 93 80 50 ; www.3serac.fr ; 22 rue de la Comtesse ; menus 68-88 € ; soir mar-mer, midi et soir jeu-sam). Entre la mairie et l'église, l'entrée de ce restaurant étoilé est discrète, mais bien connue des gourmets. Dans un décor sobre et très soigné (âtre mural, pans de mur boisés, baie vitrée avec belle vue panoramique), vous dégusterez une succulente cuisine de montagne aux accents méditerranéens, qui sait se faire audacieuse tout en s'appuyant sur de solides bases régionales. L'**épicerie-traiteur Séracgourmet** et le **Bistrotsérac** (04 50 98 43 35 ; 38-40 av. du Mont-Paccard ; menu 36 € ; tlj vac. scol., sinon mar-sam), aux prix plus accessibles et de la même maison, sont également à découvrir sur la place du village.

Renseignements

Le bâtiment de **l'office de tourisme de Saint-Gervais** (04 50 47 76 08 ; saintgervais.com ; 43 rue du Mont-Blanc) abrite aussi la **Compagnie des guides et des accompagnateurs** (04 50 47 76 55 ; guides-mont-blanc.com).

Depuis/vers Saint-Gervais-les-Bains

La **gare de Saint-Gervais** est une étape de la ligne desservant Chamonix. C'est aussi le point de départ du **TER Mont-Blanc Express** (p. 111). Pour circuler dans les quatre villages de Saint-Gervais, renseignez-vous sur les navettes gratuites Facilibus.

Les Contamines-Montjoie

Familiale et un peu à l'écart, la station des Contamines-Montjoie respire la tranquillité, tout en proposant une belle palette de loisirs. Le prix des hébergements y est plus modeste que dans les stations voisines, ce qui ne gâche rien. Le village est le point de départ de sentiers de randonnée exceptionnels, avec des niveaux de difficulté variés. Il est autant plébiscité par les familles que par les randonneurs chevronnés et les amoureux de nature intacte.

À voir et à faire

À la fin du sentier du baroque (voir l'encadré p. 120), tout au fond d'une belle vallée boisée, l'**église Notre-Dame-de-la-Gorge** (1699), très imprégnée du culte marial, est de toute beauté. Le retable sculpté du fond représente une Vierge à l'Enfant. Un pèlerinage important y a lieu le 15 août, avec un spectacle son et lumière qui attire des milliers de visiteurs.

Au bord d'un petit lac, le **parc de loisirs du Pontet** (06 84 17 63 85 ; www.lescontamines.com ; juil-août tlj, avr-juin, sept, vac.scol. sam-dim uniquement, fermé oct-mars) propose escalade, tennis, golf, volley, tir à l'arc, VTT, pêche, baignade…

Dans la **réserve naturelle des Contamines-Montjoie**, la plus haute de France, vous pourrez, outre la randonnée, pratiquer l'alpinisme, l'escalade (site de la Duchère), ou la pêche (lacs Jovet).

Pour vos **randonnées** et excursions à **VTT**, empruntez par exemple la **télécabine de la Gorge**, d'où partent de nombreux sentiers avec vue sur toute la chaîne du Mont-Blanc. Au départ du parking de Notre-Dame-de-la-Gorge, une belle option consiste aussi à rallier le **lac de l'Étape**, à 1 470 m, pour une baignade et une vue sur les dômes de Miage, le mont Joly et l'aiguille de la Bionnassay (boucle de 5,6 km ; 3 heures ; niveau moyen).

L'hiver, les 25 km de pistes du **domaine nordique** (06 58 07 70 95 ; tarif plein/6-15 ans 11/6 €) situé sur le site Notre-Dame-de-la-Gorge sont très appréciés des fondeurs pour leur ambiance "Grand Nord", très nature. Le **domaine alpin** possède 48 pistes entre 1 200 m et 2 500 m d'altitude, des deux côtés du col du Joly (forfait journée adulte/enfant 52,50/43 €). Il est apprécié des familles comme des skieurs expérimentés, notamment pour sa liaison avec le domaine Évasion Mont-Blanc.

RANDONNÉE

Le Tour du Mont-Blanc (TMB)

Les Contamines-Montjoie se situent sur le GR® "Tour du Mont-Blanc".
À cheval sur la France, l'Italie et la Suisse, cette boucle d'environ 200 km en moyenne montagne alterne entre pâturages, parois rocheuses très raides et longues moraines glaciaires. Il faut compter une dizaine de jours de marche de 6 heures pour en venir à bout, et être habitué à randonner en terrain varié et à porter un sac de randonnée volumineux. Différentes étapes sont possibles en fonction de la météo, des capacités physiques de chacun et du chargement porté. Renseignements sur autourdumontblanc.com. Chaque année, des sportifs aguerris essaient de réaliser ce parcours en moins de deux jours lors de l'Ultra-Trail du Mont-Blanc (voir p. 105).

Mont Joly — Point de vue

Du haut de ses 2 525 m, le mont Joly délimite la vallée de l'Arly et celle du val Montjoie. On peut y accéder par l'aiguille Croche ou par une belle randonnée depuis le mont d'Arbois à Megève (voir l'encadré p. 124). Ses crêtes sont très exposées aux intempéries et aux orages : soyez prudent !

Où se loger et se restaurer

Pour une belle nuitée en refuge avec coucher de soleil sur la chaîne du Mont-Blanc, contactez le **Refuge des Prés** (06

61 86 50 43 ; www.lerefugedespres.com ; demi-pension adulte/-12 ans/adulte 72/51 € ; hiver et été), perché à 1 935 m d'altitude, au pied des cols de la Fenêtre et de la Cicle, au cœur de la réserve naturelle et à proximité de nombreux GR® et sentiers tous niveaux.

L'Ô à la Bouche Bistronomie créative **€€-€€€**
(04 50 47 81 67 ; lo-contamines.com ; 510 rte de Notre-Dame-de-la-Gorge ; menus 38-55 €, plats 20-30 € ; mar-dim, vente mer, ven-sam 15h-18h). Pour changer des spécialités savoyardes, vous voici à la bonne adresse. Jugez plutôt : ceviche de poulpe aux agrumes, tataki de thon et rougail gingembre passion, filet d'omble chevalier au beurre d'agrumes… Vente directe de charcuterie artisanale et de viande de bœuf séchée.

Renseignements

L'**office de tourisme des Contamines-Montjoie** (04 50 47 01 58 ; lescontamines.com ; 18 rte Notre-Dame-de-la-Gorge) distribue la carte des sentiers de randonnée du val Montjoie au Pays du Mont-Blanc (7 €). Pour le Tour du Mont-Blanc (voir l'encadré p. 129), rendez-vous au **bureau des guides et accompagnateurs** (04 50 47 10 08 ; www.guides-mont-blanc.com).

LE LONG DU LAC LÉMAN

Une "petite mer". C'est ce qui vient à l'esprit lorsque le regard embrasse l'horizon du lac Léman et ses eaux limpides. Avec 167 km de rives, et atteignant par endroits une profondeur de plus de 300 m, ce lac d'origine glaciaire, le plus grand lac naturel d'Europe de l'Ouest, a de quoi impressionner ! Calme et serein l'été, il peut être très agité les jours de tempête et fait alors la joie des véliplanchistes, qui se rient de ce qu'on appelle la "bise du lac". Une flotte de bateaux le sillonne et dessert les ports suisses, sur la rive d'en face. À bord d'un bateau à aubes Belle Époque, ne vous privez pas d'une excursion

Yvoire

chez la voisine helvète pour une journée. Une trentaine d'espèces de poissons se plaisent dans ces eaux ; déguster un filet de féra ou d'omble chevalier est un rituel gourmand auquel les visiteurs regrettent rarement de céder.

Yvoire

En raison de sa situation géographique stratégique entre le Jura et les Alpes, cette cité médiévale de charme, aujourd'hui classée parmi les Plus Beaux Villages de France, fut autrefois une place forte. Il faut essayer d'imaginer ce qu'était ce village-forteresse au XIVe siècle, date de sa construction, aux heures savoyardes les plus mouvementées, bien avant le rattachement de la Savoie à la France. Aujourd'hui, changement de décor. Le village est envahi de boutiques de souvenirs et de galeries d'art, et subit les assauts répétés des cars de touristes. Difficile de trouver un moment où s'y balader en toute quiétude. Si vous le pouvez, privilégiez les mois de juin et septembre.

À voir

Le **bourg médiéval** est interdit aux véhicules et se visite à pied. On se gare sur l'un des parkings situés juste avant les remparts (2,40 €/heure), ou, plus économique, au parking des remparts (2,50 €/journée), mais ce dernier est très vite plein.

Passé la **porte de Rovorée**, l'une des deux portes anciennes (avec la porte de Nernier) qui permettent de franchir les remparts, promenez-vous au fil des ruelles et descendez jusqu'au **port de plaisance**.

Château médiéval Donjon et tourelles

Vous devrez vous contenter d'admirer ses façades, car l'édifice est privé et ne se visite pas. Habité par la famille Bouvier d'Yvoire depuis 1655, il fut construit sur une ancienne place forte, entre 1305 et 1318, sur l'ordre du comte de Savoie Amédée V le Grand, maître de Chablais, qui avait en tête de récupérer le Faucigny. Dans la foulée, il fit bâtir une ville neuve fortifiée

SI VOUS AIMEZ...

Les plages le long du lac

Pas toujours facile de trouver les bons coins à baignade quand on ne connaît pas les environs... Suivez le guide !

- **Excenevex** (excenevex.fr). La seule véritable plage de sable fin du lac Léman, très fréquentée l'été, se trouve dans ce village, juste à côté d'Yvoire. Embouteillages les week-ends d'août.
- **Plage de Sciez-Songy** (04 50 72 64 57 ; destination-leman.fr). Plage de galets avec pelouse, buvette, restaurants, jeux pour enfants et baignade surveillée l'été... Parking gratuit.
- **Plages d'Anthy-sur-Léman** (04 50 70 35 01 ; anthy-sur-leman.fr). Quoique non surveillées, ces plages sont très fréquentées. Assez ombragée, la plage municipale des Recorts, avec ses galets et ses parties herbeuses, est la plus convoitée. Mais la petite plage des Balises ou celle du Champ-de-l'Eau ont aussi leur charme.
- **Plage de Messery** (04 50 94 71 57 ; www.messery.fr). À La Pointe, ou Sous les Prés si on aime les plages bien enherbées, ou pour louer un paddle ou un pédalo.
- **Plage de Tougues à Chens-sur-Léman** (04 50 94 04 23 ; chenssurleman.fr). Baignade surveillée l'été.
- **Plage de Publier, au niveau du Parc Maxima** (04 50 70 82 14 ; www.ville-publier.fr). Un des rares endroits où la baignade est autorisée pour les chiens.

Plage d'Excenevex
AURÉLIEN ANTOINE / STOCK.ADOBE.COM ©

VAUT LE DÉTOUR
Le Salève

Depuis cette voûte calcaire de 1 300 m d'altitude située au sud-ouest d'Annemasse, on peut contempler d'un seul coup d'œil la plaine de Genève, le lac Léman et, juste au-dessus de celle des Aravis, la chaîne du Mont-Blanc. Corot et Courbet immortalisèrent la beauté des lieux. Un **téléphérique** (lieu-dit du Pas-de-l'Échelle, Étrembières ; aller-retour tarif plein/4-15 ans 18/6,50 €) permet de rejoindre le sommet en 5 minutes depuis son point de départ, à proximité de l'autoroute Blanche (A40).

Pour gagner le sommet par la route, il faut emprunter la D41A depuis Monnetier-Mornex au nord-est, à partir de Cruseilles au sud-ouest. À l'aller ou au retour, faites une pause aux **Treize-Arbres** : à 5 minutes du parking d'un hôtel-restaurant se trouvent une table d'orientation et un très beau point de vue sur les dents du Midi et la chaîne du Mont-Blanc. Les parapentistes s'élancent d'ici. Pour préparer vos escapades, rendez-vous à la **Maison du Salève** (maisondusaleve.com ; 775 rte de Mikerne, Présilly ; tarif plein/6-18 ans 6/3 € ; juil-août mar-dim 10h-18h, fév-juin et sept-déc mer, sam-dim 14h-18h avec ouvertures additionnelles en vac scol. zone A, fermé en jan) qui présente une exposition permanente sur le Salève et son patrimoine, et organise une foule de visites guidées et de balades découvertes.

Plusieurs circuits de VTT et de randonnée sont possibles. Mais c'est surtout l'escalade qu'on pratique ici, appelée plutôt "varappe" dans le secteur ; contactez les guides du **bureau de la Montagne du Salève** (06 85 54 86 94, 06 20 85 08 24 ; bureaumontagnesaleve.com). Le bureau organise aussi des balades à VTT, avec des ânes ou naturalistes, de la marche nordique, du canyoning...

autour de l'édifice. Il s'agissait de contrôler une route stratégique entre Genève et l'Italie, et de surveiller la navigation sur le Léman entre le "Petit Lac" et le "Grand Lac". Au XVIe siècle, alors que les Bernois, les Genevois et les Français s'en prenaient au duc de Savoie, le château fut incendié et les remparts autour du village détruits. Seuls le grand donjon rectangulaire et ses tourelles tinrent bon.

Église Saint-Pancrace — Joli clocher

Avec son clocher à bulbe rutilant recouvert d'acier inoxydable, l'église est immanquable. Son chœur date du XIVe siècle, mais elle a été remaniée à plusieurs reprises. La flèche et le coq sont recouverts d'or.

Jardin des Cinq Sens — Jardin ludique

(04 50 72 88 80 ; jardin5sens.net ; rue du Lac ; tarif plein/étudiant/6-18 ans 14,50/10,50/8 € ; mi-avr à début sept tlj 10h-18h30, début sept à début oct tlj 10h-17h30). Juste à côté du château, ce jardin labyrinthique veut offrir aux enfants comme aux adultes une expérience initiatique. On peut toucher, regarder, humer et même goûter ! Des dizaines et des dizaines de variétés de plantes médicinales et aromatiques sont représentées. Vous en saurez plus sur leurs caractéristiques et leurs propriétés, parfois très étonnantes. Mais pour cela, la **visite guidée** (1 heure 30 environ, sur réservation ; sam-dim à 11h) est vraiment recommandée, tout comme les jeux de découverte pour les enfants.

Domaine de Rovorée – La Châtaignière — Espace naturel sensible

(04 50 72 80 21 ; accès libre ; tte l'année). Ce vaste domaine de 24 ha situé en bord de lac et classé espace naturel sensible, planté de châtaigniers séculaires et de séquoias géants, est situé à 20 minutes à pied d'Yvoire par une voie verte. Il est très agréable de s'y promener ; en juillet-août, des jeux et des animations gratuites de sensibilisation à l'environnement y sont proposées et des visites guidées démarrent tous les jours à 15h au manoir de Rovorée (environ 1 heure, sans réservation).

Circuits organisés

Croisière commentée Bateau hybride

(07 48 92 71 81 ; www.bateaux-leman.com ; port de plaisance ; croisière 1 heure tarif plein/4-12 ans 19/13 € ; mi-juil à fin août 10h15, 11h30, 13h45, 15h, 16h15 et 17h30, fin avr à mi-juil et fin août à fin sept mar-dim 13h45, 15h et 16h15). À bord de L'Odina, un bateau d'une cinquantaine de places équipé de batteries lithium et de panneaux solaires, cette promenade sur le lac de 45 minutes environ avec commentaires sur l'histoire d'Yvoire et de son château est des plus agréables. Le circuit vous emmènera découvrir les plus beaux points de vue sur la dent d'Oche et les montagnes des environs.

Où se restaurer

Les Jardins du Léman Cuisine fine €€€

(04 50 72 80 32 ; lesjardinsduleman.com ; Grande-Rue ; plats 31-47 €, menus 58-69 € ; tlj juil-août, jeu-mar sept à mi-nov et fév-juin). On apprécie la terrasse panoramique avec vue sur l'eau, bien sûr, mais aussi la finesse des plats (classiques mais parfois brillamment revisités) et le service toujours très attentif, même lors de l'affluence estivale. Au menu ce jour-là : féra du Léman sauce vierge aux agrumes, ris de veau et volailles de Bresse sauce morilles et vin jaune, filets de perche beurre meunière... Bonus pour les amateurs : la cave recèle les meilleurs crus savoyards.

Renseignements

L'**office de tourisme d'Yvoire** (04 50 72 80 21 ; destination-leman.com ; pl. de la Mairie) organise des visites guidées (1 heure 30) du bourg médiéval (tarif plein/-6 ans 7/4 €).

INSOLITE !

La "molle du lac"

Si un riverain du Léman vous dit que vous êtes atteint de la "molle du lac", ne prenez pas la mouche. Il veut simplement dire que vous êtes gagné par cette langueur paresseuse qui s'empare de ceux qui regardent le lac Léman trop longtemps. Signe qu'il est peut-être temps pour vous de gagner le Chablais voisin et ses innombrables activités...

Thonon-les-Bains

Ancienne capitale du Chablais, bien plus commerçante et plus grosse qu'Évian-les-Bains, sa voisine, la station thermale de Thonon-les-Bains se divise en une ville haute, qui abrite un joli centre-ville et des rues piétonnières, et une ville basse au port tranquille (le port de Rives). S'y retrouvent pêcheurs, touristes en goguette et curistes en quête d'un bon restaurant. À la limite de la ville, le château de Ripaille, où l'on produit un vin fameux, attire de nombreux visiteurs.

À voir

La ville haute et la ville basse sont reliées par un **funiculaire** (tarif plein 1,20 €, gratuit -6 ans ; juil-août tlj 8h-23h, mai-juin et sept tlj 8h-21h, oct-avr lun-sam 8h-12h15 et 13h15-18h30, dim et jours fériés 10h30-12h15 et 13h15-18h ; départ ttes les 4 min en moyenne) datant de la fin du XIXe siècle. La station haute se trouve au niveau de la place du Château, la station basse à hauteur de l'écomusée de la Pêche.

Ville haute

Le centre-ville compte d'innombrables petites rues piétonnières agréables où faire du shopping. Rejoignez la **place du Marché** et rayonnez dans les environs.

Place du Château Panorama

C'est ici que se dressait autrefois le château des ducs de Savoie, réduit à néant par les Français à la fin du XVIe siècle. L'endroit

SI VOUS AIMEZ...
Les villages lacustres

Voici quelques villages de charme isolés posés au bord du Léman.

- **Nernier** (nernier.eu). Lamartine, Byron, Shelley et d'autres écrivains et peintres posèrent leurs valises dans ce bourg médiéval situé à côté d'Yvoire. Un sentier invite le promeneur à suivre leurs traces (visite guidée en été et vacances de Pâques).
- **Meillerie** (meillerie.com). Jean-Jacques Rousseau y situa la résidence de son héros Saint-Preux, chassé de Clarens, dans *La Nouvelle Héloïse*. Les falaises qui surplombent le bourg face au Léman sont superbes. Joli prieuré du XIIIe siècle. Départ de belles randonnées. À une dizaine de kilomètres à l'est d'Évian.
- **Saint-Gingolph** (pays-evian.fr). Tout à fait sur la frontière est, à 17 km d'Évian, ce charmant village franco-suisse est traversé par une jolie rivière, la Morge. Vous y trouverez plusieurs plages municipales et un parc d'aventure dans les arbres. C'est aussi le point de départ du GR®5 (voir p. 378) et de la ViaRhôna.

Saint-Gingolph
JULIEN RONDEZ / STOCK.ADOBE.COM ©

jouit d'une vue splendide. Vous apercevrez le port de Rives en contrebas, le funiculaire qui le dessert, le Léman, interminable, le château de Ripaille tout au nord (à votre droite) et, au loin, le Jura et les Alpes.

Église Saint-Hippolyte — Baroque

(accès par l'église Saint-François-de-Sales, 16 rue Chante-Coq). Avant de devenir ce bel édifice aux couleurs éclatantes, tout à fait dans le style baroque, l'église Saint-Hippolyte fut plusieurs fois remaniée. Élevée dans le style roman, au XIe siècle, comme église paroissiale, elle fut restructurée dans le style gothique au XVe siècle. Au milieu du siècle suivant, juste après la conquête du Chablais par les Bernois, elle fut vouée au culte protestant. Mais c'est entre 1643 et 1707, à l'heure de la Contre-Réforme, qu'elle subit son plus important remaniement : elle fut alors ornée de tous les éléments décoratifs propres au baroque, décors foisonnants en stuc, volutes et torsades réalisés par des artisans italiens. Observez les dix panneaux de la voûte du chœur, qui illustrent la vie du Christ et la Trinité, ainsi que le riche mobilier. Communiquant avec l'édifice, la **basilique néogothique Saint-François-de-Sales** date du XXe siècle et a été construite pour le remplacer. En vain. Les fidèles se sont élevés contre la démolition de leur vieille église, si bien qu'aujourd'hui, les deux bâtiments coexistent encore.

Ville basse

Port de Rives — Pittoresque

Tout au fond du port, en suivant la digue, on peut voir les **guérites colorées** des pêcheurs et leurs filets qui sèchent en attendant la prochaine sortie sur les eaux du lac. Perche, féra, omble chevalier, écrevisse, truite... Les eaux du Léman sont généreuses. L'été, le produit de la pêche se vend à la criée à 9h30. Depuis les quais, vous apercevrez aussi le château de Rives, édifié au XVe siècle, propriété de la ville (ne se visite pas).

Écomusée de la Pêche et du Lac — Écologie

(☎ 04 50 70 69 49 ; port des Pêcheurs de Rives ; tarif plein/réduit 3/2,50 €, gratuit -18 ans ; ⏲ juil-août tlj 10h-12h30 et 14h30-18h, juin et sept mer-dim 14h30-18h). Installé dans des guérites typiques, ce musée présente les différentes techniques de pêche et permet d'observer de près la faune d'eau douce (quatre aquariums et des expositions sur les oiseaux lacustres). Privilégiez la visite guidée si vous le pouvez (départ à 15h et 16h30, ainsi qu'à 11h seulement en juillet-août).

Dans les environs

Château et forêt de Ripaille

Histoire et vin

(☎ 04 50 26 64 44 ; ripaille.fr ; à 3 km du centre en direction d'Évian ; tarif plein/réduit/7-15 ans 10/8/5 €, gratuit -7 ans, visite guidée ou audioguide 2 € ; château ⌚juil-août tlj 10h-18h, avr-juin et sept à début nov dim et mar-ven 10h-18h, sam 10h-17h, visite costumée et théâtralisée à 15h en été). En terrasse au-dessus du Léman, cette demeure chargée d'histoire fait le grand écart et combine étonnamment des éléments architecturaux médiévaux et de style 1900. Au milieu du XIVe siècle, c'était un pavillon de chasse ; il fut transformé en résidence, avant de devenir rapidement le siège du gouvernement des comtes de Savoie. Au début du XVe siècle, le premier duc de Savoie, Amédée VIII, fit bâtir le château que l'on connaît, initialement pourvu de sept tours (il n'en reste plus que quatre), destinées à accueillir six de ses compagnons. Il fera progressivement des lieux une sorte de chartreuse pour grands seigneurs, qui sera habitée par des religieux jusqu'en 1789. C'est aujourd'hui une propriété privée. Vous ne pourrez le visiter qu'en partie, avec notamment les anciennes caves, la grande terrasse panoramique et les douves médiévales, la reconstitution des cuisines du XVIIe siècle et de la salle à manger Belle Époque, et la salle Amédée, où sont exposés de nombreux objets des XIVe et XVe siècles. L'endroit est ceinturé de vignes, qui, dit-on, jouissent d'un microclimat exceptionnel. On en tire un vin blanc AOC très réputé, issu du cépage chasselas, originaire du canton voisin de Vaud, en Suisse. Pour les familles, un livret-jeu à 2 € est disponible à l'accueil.

Un **arboretum-sylvetum** (☎ 04 50 26 28 22 ; accès libre ; ⌚mar-dim mai-sept 10h-19h, oct-nov et jan-avr 10h-16h30, dernière entrée 1 heure avant fermeture) planté dans les

Bateau à vapeur de la Compagnie générale de navigation (p. 137)

SI VOUS AIMEZ... Les vallées secrètes

Si vous aimez vous ressourcer de manière simple, mettez le cap sur ces petits coins de paradis :

- **Vallée Verte** (alpesduleman.com). Située à une vingtaine de kilomètres au sud du Léman, cette vallée enclavée regroupe huit communes, dont Habère-Poche, Habère-Lullin, Saxel, Bogève... Comme son nom le laisse présumer, l'endroit se prête parfaitement aux activités de plein air : randonnée à pied ou à cheval, VTT, pêche... Les stations des Habères et d'Hirmentaz sont très appréciées des familles pour les sports d'hiver : luge, ski alpin et ski nordique en tête. Dans les environs proches, à Brenthonne, ne ratez pas la visite du **château d'Avully** (chateauavully.com), flanqué de son joli donjon carré.
- **Vallée du Brevon** (alpesduleman.com). À 15 minutes au sud de Thonon-les-Bains, jouxtant la vallée Verte, cette petite vallée se concentre autour des bourgs de Bellevaux et de Lullin. Ne manquez pas le joli lac de Vallon, né d'un glissement de terrain, très apprécié des pêcheurs et des randonneurs.
- **Val des Usses** Un peu moins enclavée que les précédentes, cette vallée est baignée par la rivière des Usses, qui prend sa source au Salève. Le secteur vallonné qui s'étend autour de la commune de Frangy offre quantité de possibilités de balades. Pour des excursions accompagnées, vous pouvez contacter **Olivier Dunand** (06 37 61 16 80 ; changezdair.com).

Lac de Vallon
VOUVRAYSAN / STOCK.ADOBE.COM©

années 1930 et habité par de nombreux chevreuils jouxte les lieux. Il abrite un **mémorial des Justes**.

Réserve naturelle du delta de la Dranse — Balade nature

(04 50 81 49 79 ; www.thononlesbains.com/patrimoine-naturel/reserve-naturelle-du-delta-de-la-dranse-thonon-les-bain ; av. de Saint-Disdille). La Dranse se jette en delta dans le Léman à la hauteur de Thonon-les-Bains dans ce qui est devenu une réserve naturelle nationale en 1980. C'est une zone de halte migratoire ainsi qu'un site de nidification important, où l'on peut observer des hérons, des mouettes rieuses, des petits échassiers, mais aussi des castors tôt le matin ou tard le soir. On y recense aussi 23 espèces d'orchidées. L'idéal : venir avec ses jumelles et prévoir une halte à l'observatoire de l'étang de Saint-Disdille. Pour trouver l'entrée de la réserve, après le camping de Saint-Disdille, prenez à droite vers Port Ripaille ; devant l'entrée de Port Ripaille, prenez encore à droite et continuez pendant 600 m le long du camping.

Activités

Baignade

Le choix de beaucoup de visiteurs se porte sur la **plage municipale** (04 50 71 08 04 ; après le port direction Ripaille ; tarif plein/réduit 5,30/3,80 €, gratuit -5 ans ; fin avr à mi-sept), payante, avec pelouse sous les pins et trois piscines chauffées avec toboggans.

Si vous cherchez une plage gratuite, optez pour la **plage de galets de La Pinède** (naturiste par endroits), ou pour celle, plus excentrée encore, de **Saint-Disdille** (tout au nord à la sortie de la ville), avec galets également, surveillée l'été, et située dans un grand parc arboré.

Activités nautiques

Si vous voulez louer un pédalo, un canoë ou un paddle, adressez-vous à **L'Oxxy Beach** (voir page ci-contre). La **base nautique des Clerges** (06 52 80 14 15 ; ch. de Montjoux) loue aussi des canoës et des kayaks.

L'école de plongée **Aquaventure** (06 07 14 95 39 ; aquaventure.fr ; 117 av. de Saint-Disdille) organise des baptêmes de plongée ou des sorties de tout niveau pour explorer le lac.

Enfin, pour découvrir la Dranse et son milieu, contactez **Évolution 2** (04 50 81 72 37 ; evolution2.com/thonon-lac-leman ; 9 ch. de la Ballastière), qui propose des sorties rafting, hydrospeed, canoraft, et aussi des écobalades familiales (dès 8 ans). Les moniteurs sont formés à la reconnaissance des espèces et vous apprendront beaucoup sur cet écosystème.

Circuits organisés

La **Compagnie générale de navigation** (04 50 71 14 71 ; cgn.ch) propose différentes croisières touristiques sur tout le lac Léman à bord d'anciens bateaux à vapeur. À Thonon, le départ se fait depuis le port de Rives. Une ligne dessert Lausanne (1re/2e classe 51/72 CHF l'aller-retour), située en face de Thonon-les-Bains. Idéal pour une excursion en Suisse à la journée ! Pour une balade plus courte au large de Thonon, contactez la **Compagnie des bateaux du Lac Léman** (06 51 11 34 60 ; www.bateaux-leman.com ; port de Rives ; croisière commentée de 1 heure tarif plein/-12 ans 19/13 €).

Où se loger

Camping de Saint-Disdille

Proche de la plage €

(04 50 71 14 11 ; disdille.com ; 117 av. de Saint-Disdille, à 4 km du centre ; empl 2 pers 21-34,50 € ;). Assez isolé du centre, au cœur d'un parc boisé très agréable, ce camping est situé juste à côté de la petite plage de Saint-Disdille et de la réserve naturelle du delta de la Dranse. Il dispose de nombreux équipements et propose des locations de mobil-homes, de chalets et de bungalows à la semaine. Supérette, restaurant et laverie.

Hôtel Arc-en-Ciel

Moderne et bon marché €€

(04 50 71 90 63 ; hotelarcencielthonon.com ; 18 pl. de Crête ; d/tr/qua 79-135/99-149/134-179 € selon confort et saison, petit déj buffet 12 € ; P 7 €/jour). À 10 minutes à pied du centre, un hôtel entièrement rénové et pourvu de chambres spacieuses à la décoration assez contemporaine. La plupart des chambres disposent d'un balcon. On apprécie la situation au calme et la très bonne isolation des lieux, la piscine et le jardin où prendre le petit déjeuner. Quelques chambres familiales en duplex avec cuisine.

Où se restaurer

L'Oxxy Beach

Burgers au bord de l'eau €€

(09 53 97 02 06 ; oxxybeach.fr ; parc de La Châtaigneraie ; plats 18-26 € ; fin mai à mi-sept tlj 10h15-23h). Au bord du Léman, juste à côté de la plage de Saint-Disdille, un sympathique restaurant de plage où vous pourrez déjeuner ou dîner en terrasse avec vue sur le lac. Excellents burgers et salades composées. Location de pédalos et de canoës. Réservation impérative.

Raphaël Vionnet

Tout-en-un €-€€€

(04 50 72 24 61 ; raphaelvionnet.fr ; 43 av. du Général-Leclerc). À l'entrée du port, cette adresse pare à tous les budgets et toutes les envies avec à la fois un bar à tapas en terrasse l'été (mai à mi-sept), un bar à vins (mi-sept à mi-mai), un salon de thé (mi-sept à mi-mai), et deux belles tables, l'une bistronomique (mi-sept à mi-mai, mer-sam le midi, menu 40 €, 12 couverts uniquement) et l'autre gastronomique (mi-sept à mi-mai, mer-sam le soir, menu en 9 partitions 99 €), dans une très belle véranda face au lac.

Renseignements

Office de tourisme de Thonon-les-Bains
(04 50 71 55 55 ; thononlesbains.com ; château de Sonnaz, 2 rue Michaud)

Depuis/vers Thonon-les-Bains

TRAIN

Quelques liaisons **TGV** directes depuis Paris ; liaisons TGV quotidiennes jusqu'à Bellegarde-sur-Valserine (dans l'Ain), puis TER (environ 4 heures de trajet).

VOITURE

Thonon-les-Bains est à 35 km de Genève (45 min), à 75 km d'Annecy (1 heure 10) et à 37 km des Gets (40 min).

BATEAU

Voir la section *Circuits organisés*, p. 137.

Évian-les-Bains

Ville d'eaux très en vogue à la Belle Époque, hôte de conférences internationales prestigieuses (les accords d'Évian en 1962, le G8 en 2003), Évian fut un port très actif au Moyen Âge, mais a gardé très peu de traces de cette époque. C'est surtout le thermalisme qui a façonné la cité telle qu'on peut la visiter aujourd'hui – elle se révélera sans doute plus petite que ce que vous aviez imaginé au regard de sa stature internationale. Au XIXe siècle, les gens de la bonne société se retrouvaient à Évian pour "prendre les eaux". La célèbre eau minérale découverte en 1789 est mise en bouteilles à Amphion-les-Bains, à quelques kilomètres de là.

À la période de Noël, le **Fabuleux village des Flottins** (lesflottins.com) anime avec brio tout Évian dans un vaste décor fait de bois flotté. Une magnifique parenthèse poétique qui séduira les amoureux de contes et de légendes.

À voir

Commencez par l'agréable promenade du **front du lac**. Arborée et agrémentée d'espèces végétales appréciant le microclimat lacustre, elle longe des jardins et les édifices les plus remarquables de la ville : le palais Lumière, le casino, le théâtre, la villa Lumière (qui abrite l'hôtel de ville) ainsi que les nouveaux établissements thermaux. Poursuivez vos découvertes architecturales dans le centre-ville, en rayonnant autour de la rue Nationale (piétonnière). Datant de 1907, le **funiculaire** (gratuit ; fin avr à fin sept tlj 10h-12h30 et 13h15-19h10) relie la ville haute au front du lac à la belle saison.

Évian-les-Bains

MARUOKAJOE / STOCK.ADOBE.COM ©

Les stations se trouvent rue du Port et avenue de la Verniaz.

Église Notre-Dame-de-l'Assomption — Gothique savoyard

(rue du Lac). Cet édifice fut bâti à la fin du XIIIe siècle sous le règne du comte Pierre II de Savoie. Le portail à fronton triangulaire de style romano-byzantin date, lui, du début du XXe siècle. La principale curiosité se trouve dans la chapelle du Rosaire : un bas-relief de *La Vierge à l'Enfant* en bois polychrome avec dorure, datant de la fin du XVe siècle.

Buvette Cachat — Art nouveau

(📞04 50 84 80 29 ; 19 rue Nationale ; accès libre). C'est à l'architecte Jean Hébrard que l'on doit ce bâtiment édifié en 1903. Son dôme de tuiles et ses vitraux sont un très bel exemple du style Art nouveau. Vous pourrez bien les observer depuis l'avenue des Sources. À l'intérieur, des expositions sont consacrées à l'histoire de l'eau minérale à Évian. Un très gros chantier de restauration de la buvette Cachat a été initié en 2021. Elle devrait rouvrir en 2025.

La source Cachat est la plus célèbre d'Évian. En 1790, le marquis de Lessert, un Auvergnat, s'étant désaltéré à la fontaine Sainte-Catherine, dont le propriétaire était un certain monsieur Cachat, vit brusquement diminuer ses problèmes de reins, et fit le lien avec l'eau de la fontaine. Il en vanta les vertus, et les bienfaits de la source se firent très vite connaître. M. Cachat commença à vendre son eau, et c'est ainsi qu'en 1829, la première Société des eaux thermales fut créée, entraînant avec elle la construction de thermes et l'expansion touristique de toute la ville.

L'**usine d'embouteillage des eaux d'Évian** se trouve quant à elle à Publier, à 4 km de là vers l'ouest. Les visites se font dans le cadre d'un circuit en bus de 2 heures ou 4 heures, qui passe par l'impluvium du plateau de Gavot, où tout commence (evianexperience.com ; sur réservation ; visite 2 heures tarif plein/réduit/6-15 ans 10/8/5 €, 4 heures 16/14/8 €).

Si vous êtes convaincu, comme l'étaient les Anciens, des vertus de l'eau thermale d'Évian, sachez que le luxueux complexe hôtelier **Evian Resort** (www.evianresort.com) dispose d'une piscine remplie de cette eau minérale et propose aussi des soins.

Palais Lumière — Anciens thermes

(📞04 50 83 15 90 ; quai Besson ; expo tarif plein/réduit 9/7 €, gratuit -16 ans ; 🕒lun-mar 14h-18h, mer-dim 10h-18h, visite guidée tlj 14h30, 4 € supp). La façade de cet ancien établissement thermal, construit en 1902, donne directement sur le lac. Hautes verrières, dôme imposant et clochetons : le palais est tout à fait dans le goût de ce qui se bâtissait dans les villes d'eaux alpines à la fin du XIXe et au début du XXe siècle. Rénové dans les années 2000, il accueille désormais des expositions, souvent de grande qualité, et des congrès. Un bel effort en direction des familles, avec un livret-jeu pour les 6-12 ans pour chaque exposition, des ateliers pédagogiques et un parcours découverte pour les -10 ans (🕒mer à 16h, 7 € pour l'adulte accompagnateur). Le majestueux hall d'entrée inondé de lumière naturelle est en accès libre, et vaut le coup d'œil : admirez ses vitraux, son dôme, son splendide parquet, ses boiseries et sa faïence.

Villa Lumière — Belle Époque

(rue de la Source-de-Clermont ; 🕒lun-ven 9h-11h30 et 13h30-17h). L'ancienne résidence d'été de la famille Lumière (celle des frères Louis et Auguste, qui développèrent le cinéma) date de 1896. De style néoclassique, elle héberge l'hôtel de ville d'Évian depuis 1927. Vous pouvez accéder librement au hall, à l'escalier d'honneur, au grand salon et au salon doré. La décoration intérieure et le mobilier versent plutôt dans le rococo. En sortant, observez la monumentale réplique en bronze du *Penseur* de Michel-Ange au bord de la terrasse nord.

Villa du Châtelet — Belle Époque

(📞04 50 83 63 53 ; www.evianchatelet.org ; 31 quai Paul-Léger ; tarif plein/-18 ans et réduit

Le Chablais, un musée de géologie à ciel ouvert

Sur une traversée de 50 km, le Chablais est un formidable condensé de l'histoire des Alpes où l'on peut lire les trois temps de la géologie : d'abord la formation des roches, puis la construction des reliefs et enfin l'érosion. Cette caractéristique a fait l'objet d'un travail important de valorisation (signalétique, animations…) qui a valu à ce territoire – comme au parc naturel des Bauges voisin – le **label de géoparc** attribué par l'**Unesco**. Par-delà la géologie, cette reconnaissance concerne aussi le bâti traditionnel, l'usage de la montagne, la vie en alpage, les contes et légendes, les richesses naturelles (notamment les eaux minérales de Thonon et d'Évian). Une vingtaine de sites emblématiques ont été aménagés. Sur place, de nombreux panneaux pédagogiques donnent des clés de lecture du paysage et des patrimoines identitaires. Par ailleurs, un réseau de médiateurs passionnés propose des sorties insolites. Renseignez-vous sur geoparc-chablais.com.

8/4 € avec collation, gratuit -12 ans ; jeu-dim 14h30-18h30, visites commentées de 20 min 15h, 16h et 17h). Avec son nom évoquant un petit château, on n'est pas surpris, passé le portillon, de découvrir l'imposante tourelle octogonale qui flanque sa splendide façade 1900. Récemment rénovée en petit centre culturel, cette délicieuse demeure hors du temps vous fera remonter le cours de l'histoire pour découvrir les plus belles heures d'Évian. L'entrée inclut une boisson et une mignardise, afin de laisser l'expérience infuser en vous. Renseignez-vous sur le programme d'animations (rencontres littéraires, ateliers, concerts…).

Jardin de l'eau du Pré Curieux Zone humide

(04 50 75 04 26 ; tarif plein/4-12 ans 19/13 € ; mi-juil à fin août tlj départs à 10h, 13h45 et 15h30 ; mai à mi-juil et fin août à fin sept fermé lun, même horaires). À l'ouest de la ville, ce site à l'écart, propriété du Conservatoire du littoral, permet de découvrir les particularités des zones humides en s'amusant. On embarque sur *L'Agrion*, un bateau électro-solaire amarré au ponton qui fait face au casino, et l'on part à la découverte de tout un écosystème comprenant un jardin d'eau et ses carpes koï, un parc boisé de 3,5 ha et une maison de style colonial. Une jolie balade pour les familles.

Activités

Comme la plupart des villes d'eaux, Évian dispose d'un **casino** (casino.evianresort.com/fr). Son **golf** (golf-club.evianresort.com) a également vu défiler des pointures internationales.

Baignade

La très agréable **plage municipale d'Évian** (04 56 30 11 20 ; av. du Général-Dupas ; adulte/enfant 5,20/4 €, 3,50/1,90 € après 17h30 ; fin avr à mi-sept) est payante, mais en plus de l'accès au lac, elle permet de profiter de deux piscines chauffées et d'un toboggan de 160 m de long dans un ensemble verdoyant et arboré. Une petite plage gratuite avec prairie s'étend au niveau du **parc Dollfus**, mais la baignade n'est pas surveillée.

Activités nautiques

Au port des Mouettes, le **Cercle de voile** (04 50 75 06 46, 07 83 73 61 21 ; voile-evian.fr ; quai Paul-Léger ; mars-oct) propose diverses activités (Optimist, planche à voile, dériveur, catamaran…) allant de l'initiation au perfectionnement. Pour la plongée, contactez le **Club subaquatique** (07 86 51 74 68 ; club-subaquatique-evian.fr ; 3 rue du Martelay). **Apnée Léman** (07 81 83 51 65 ; apnee-leman.com) propose quant à lui des initiations à l'apnée et ses bienfaits.

Ski

Dans les environs très proches d'Évian, les stations de **Bernex** (forfait 1 jour 29 €) et de **Thollon-les-Mémises** (forfait 1 jour 25,50 €) sont très rapidement accessibles avec des liaisons par navette en saison. Par beau temps, l'expérience du ski avec vue sur le lac est des plus vivifiantes ! Vous pouvez aussi compter sur les domaines d'Abondance (p. 151) et de la Chapelle-d'Abondance (p. 153). Renseignements sur www.leman-mountains-explore.com.

Circuits organisés

L'association **Mémoire du Léman** (barquelasavoie.com) gère une réplique de barque traditionnelle à voile latine baptisée *La Savoie*. Des croisières sont proposées de mai à septembre, avec parfois des animations à bord (repas, musique...). Pour des escapades en Suisse ou pour rejoindre d'autres ports de la rive française, contactez la **Compagnie générale de navigation** (www.cgn.ch).

Où se loger

Hôtel Continental
Central et de charme **€€**

(☎04 50 75 37 54 ; hotel-continental-evian.com ; 65 rue Nationale ; s/d/tr 65-75/75-95/110-140 € ; wifi). Dans la grande rue piétonnière d'Évian, cet établissement est décoré à la mode de la Belle Époque (parquet en chêne XIXe siècle, lustres, mobilier d'époque...). Certaines chambres ont vue sur le lac. La situation est on ne peut plus centrale, mais les esprits chagrins regretteront peut-être la faible insonorisation des chambres (parquet qui craque).

Où se restaurer

Le Banc des Gourmets
Poissons **€€**

(☎09 78 81 24 88 ; lebancdesgourmets.fr ; 1 rue de l'Église ; plats 21-35 € ; mar-sam). Un poissonnier et un chef pâtissier ont eu la belle idée de s'associer pour proposer une cuisine inspirée, dédiée aux produits "des lacs et des mers" fraîchement pêchés. Au

DBRNJHRJ / STOCK.ADOBE.COM ©

Buvette Cachat (p. 139)

gré des saisons, après la douzaine d'huîtres de rigueur, il faudra choisir entre le bar, la sole, la féra du Léman... Et conclure, pourquoi pas, par un superbe baba au rhum ?

Le Saint-Louis
Spécialités savoyardes **€€**

(☎09 82 29 01 20 ; le-saint-louis.fr ; 11 pl. Charles-de-Gaulle ; plats 17-31,50 € ; mer-dim). Ouverte en 2023, cette table du centre-ville a rapidement fait l'unanimité. On s'y régale de salades composées géantes où les fromages du terroir sont rois, de spécialités fromagères (fondue, croûte, raclette...), de cuisses de grenouille, ou d'un filet de perche meunière sauce tartare. En saison et le week-end, réservez.

Renseignements

L'**office de tourisme d'Évian-les-Bains** (☎04 50 75 04 26 ; evian-tourisme.com ; pl. d'Allinges) propose un circuit en 25 étapes racontant l'histoire des principaux édifices de la ville, du Moyen Âge à la Belle Époque. Plan gratuit sur place.

Multipass été Portes du Soleil

Pour un accès illimité à toutes les remontées mécaniques piétonnes (pas de vélo !) du domaine, vous pouvez investir dans le Multipass. Valable de mi-juin à mi-septembre, il coûte 3 € par jour et offre aussi des réductions ou la gratuité sur certains équipements (patinoire, tennis, piscines...). Une condition : il faut loger chez un hébergeur participant à l'opération. Il existe aussi des multipass à la journée (14 €) qui peuvent s'avérer avantageux lorsqu'on est simplement de passage et que l'on veut faire un maximum d'activités.

Depuis/vers Évian-les-Bains

TRAIN

La gare d'Évian se trouve près du parc Dollfus. Liaisons TGV quotidiennes depuis Paris jusqu'à Bellegarde-sur-Valserine (dans l'Ain), puis TER (4 heures 15). TGV directs Paris-Évian les week-ends des vacances scolaires en été et en hiver.

VOITURE

Évian est à 45 km de Genève (50 minutes), à 85 km d'Annecy (1 heure 20) et à 220 km de Lyon (2 heures 30).

BATEAU

Voir la section *Circuits organisés*, p. 141.

STATIONS DES PORTES DU SOLEIL

Dans le Chablais d'en haut, celui des hauts sommets et des sports d'hiver, se trouve l'un des plus grands domaines skiables au monde : les Portes du Soleil. Un ensemble de 650 km de pistes à cheval sur quatre stations suisses et huit stations françaises (vallées d'Aulps et d'Abondance, val d'Illiez). L'été, c'est aussi un terrain de jeu fabuleux pour les amateurs de vélo, avec 600 km d'itinéraires balisés (VTT de descente, cross-country et enduro) et 22 remontées mécaniques accessibles aux vélos. Longtemps, Savoyards, Bernois et Valaisans se sont férocement affrontés sur cette zone frontalière. Aujourd'hui paisible, le territoire s'enorgueillit d'un beau patrimoine religieux et de superbes chalets traditionnels bien conservés. L'été, les cloches des troupeaux de vaches abondances résonnent dans toute la vallée. N'hésitez pas à pousser vos balades jusqu'en Suisse, mais surveillez les horaires de fermeture des liaisons pour ne pas devoir rentrer en taxi !

Notez aussi que dans tout ce secteur, apprécié par les voisins helvètes et par les Britanniques, dont beaucoup ont fini par s'y installer, se pratiquent des prix élevés. Si votre budget est serré, établissez-vous plutôt dans la vallée d'Aulps ou dans les petites stations des vallées environnantes.

Les Gets

Sur la route de la vallée de Morzine, le petit village de moyenne montagne des Gets a toujours été plutôt prospère. Il a longtemps vécu de la vente de bois et de l'activité agropastorale avant que la ruée vers l'"or blanc" ne vienne tout chambouler. Devenus une petite station qui s'est considérablement étendue en fond de vallée, Les Gets ont néanmoins su préserver une architecture d'inspiration traditionnelle qui s'intègre au paysage. Il fait toujours bon se promener dans le petit bourg cossu et goûter à sa douceur de vivre.

À voir

Alta Lumina Forêt enchantée

(☎ 04 50 75 87 58 ; altalumina.com ; 736 rte du Lac ; tarif plein/enfant/fam 19,50/10,50/55 €, gratuit -5 ans ; ⏱ tlj à la tombée de la nuit). Ouvert en 2021, ce parcours nocturne en forêt séduira les petits comme les grands. On suit les traces d'un colporteur de musique et de sa montgolfière le long d'un sentier d'un kilomètre. L'histoire est racontée à la fois par la lumière, l'image et le son. Interactif et poétique ! Il vous faudra emprunter les navettes gratuites (voir p. 144) au départ des parkings des Perrières et du marché (10 minutes). Réservation en ligne conseillée en saison.

Musée de la Musique mécanique Sciences et musique

(☎ 04 50 79 85 75 ; musicmecalesgets.org ; 294 rue du Vieux-Village ; visites guidées 1 heure 15 tarif plein/4-15 ans 10/6 €, visite autonome 2e bâtiment 7/4 €, billet couplé 14/9 € ; ⏰ mi-juil à fin août tlj 10h15-19h15, hors saison tlj 14h15-19h sauf sam jan-avr, fermé début nov à Noël). Du phonographe au juke-box en passant par le gramophone ou l'orgue de Barbarie, ce musée restitue toutes sortes d'ambiances sonores et présente les différentes techniques mises au point pour diffuser le son. On vous conseille vivement la visite guidée pour voir fonctionner un maximum d'instruments : pianos automatiques façon saloon, carillons et un impressionnant (et bruyant !) orgue de manège des frères Limonaire. Dans un autre bâtiment, on peut voir davantage de phonos et d'automates, ou encore une guinguette.

Notez que le **plus vieux manège de chevaux de bois français** a été remis en état de marche et fonctionne à l'année en plein cœur du village.

Activités

Été

Le gros atout de cette station l'été est assurément le **VTT**, avec un **bike park** (www.lesgets.bike) comprenant 17 pistes de descente et six pistes de cross évoluant entre alpages et forêts. Trois remontées mécaniques sont accessibles aux cyclistes : mont Chéry, Express Chavannes et Nauchets, et il est facile de gagner la Suisse voisine. Pour les enfants, il existe un grand *jump park* pédagogique et très réputé. Pour la location de vélos à assistance électrique, contactez **Delavay Sports** (☎ 04 50 79 74 57 ; delavaysports.com ; 523 rue du Centre) ou **Évasion Sports** (☎ 04 50 79 70 90 ; www.bike4park.com ; 16 rue du Pressenage).

Côté **randonnée**, les environs comptent 180 km de sentiers balisés. Celui allant du mont Chéry (accessible par télécabine) au mont Caly offre de magnifiques panoramas en balcon. Un topoguide gratuit de 13 balades est disponible à l'office

PHILIPPE / STOCK.ADOBE.COM ©

Les Portes du Soleil à VTT

Avec 22 remontées mécaniques ouvertes aux vélos l'été, le domaine des Portes du Soleil est l'eldorado des vététistes. Le **forfait jour** (adulte/5-15 ans 36/27 €) permet d'accéder à toutes, de manière illimitée. Il existe aussi une version hebdomadaire intéressante pour les passionnés. Un topoguide d'une cinquantaine de circuits est en vente un peu partout, ainsi qu'une carte du domaine au 1/35 000. Le tour des Portes du Soleil, un enduro mythique à réaliser en une journée, fait figure d'incontournable : 80 km de circuit passant par huit communes, en France comme en Suisse, avec 7 000 m de dénivelé négatif et 1 000 m de dénivelé positif.

Les Portes du Soleil disposent aussi d'un grand choix de pistes adaptées au VTT électrique et de points de rechargement disséminés un peu partout. Un plan des pistes et un balisage spécifique ont été créés pour promouvoir cette pratique.

de tourisme. S'y ajoutent trois parcours de trail face au mont Blanc (5,8 km et 15,1 km), accessibles depuis la télécabine du mont Chéry.

Hiver

Le domaine de **ski alpin** (adulte/5-15 ans 53/41 €, Portes du Soleil 70/53 €, -5 € environ en réservant en ligne) comprend 120 km de pistes plutôt faciles, idéales pour les familles, et est relié à celui des Portes du Soleil. Les skieurs expérimentés iront plus volontiers du côté du mont Chéry, exposé plein sud face au mont Blanc. Un régal ! Les fondeurs trouveront 12 km de pistes de **ski de fond** accessibles gratuitement aux Chavannes (prévoir un véhicule) ou au mont Chéry. Une belle **patinoire** (✆06 82 93 41 93) en plein air attend les petits et les grands.

Pour découvrir le **VTT sur neige** sur fatbike électrique, contactez Loisibike (✆06 82 65 24 71, 51 rue du Centre).

Où se loger et se restaurer

Hôtel Alpina — Hôtel-restaurant €€-€€€

(✆04 50 75 80 22 ; www.hotelalpina.fr ; 55 impasse de la Grange-Neuve ; s/d 79-148,50/100-306 € selon saison, petit déj 16 € ;). Ce trois-étoiles avec restaurant (L'Oxalys) propose 39 chambres confortables décorées dans un esprit montagnard contemporain. Il dispose d'une piscine et d'un spa avec Jacuzzi, sauna et hammam. Ses prix plutôt tenus aux beaux jours en font une bonne option. Bons points aussi pour l'amabilité de l'équipe et le petit déjeuner avec beaucoup de choix. Possibilité de demi-pension.

Les Petits Sablés — Salon de thé €€

(✆04 50 79 71 93 ; 563 rue du Centre ; jus 6,80 € ; tlj 7h-19h en saison). C'est ici que l'on déguste l'une des meilleures tartes aux myrtilles de la région, mais également des tiramisus, sablés et autres pâtisseries réconfortantes. À accompagner d'un jus de fruits pressé minute et/ou d'un chocolat chaud maison. Accueil fort sympathique d'Alain et Nadine.

L'As des Neiges — Cuisine fine €€

(✆04 50 80 62 53 ; asdesneiges-lesgets.com ; 624 rue du Centre ; plats 22-31,50 € ; horaires variables). Dans une déco moderne avec cuisine ouverte, on peut apercevoir l'équipe affairée à réaliser des spécialités fromagères et des plats plus élaborés, à l'image du filet mignon de cochon façon saltimbocca ou du carré d'agneau rôti au thym. Belle sélection de bières du monde.

À la même adresse (entrée de gauche), **Le Comptoir**, qui propose pizzas, pâtes et salades composées, est aussi une bonne option et fait vente à emporter.

Renseignements

Office de tourisme des Gets (✆04 50 74 74 74 ; lesgets.com)

Depuis/vers Les Gets

TRAIN

Les gares SNCF les plus proches sont situées à Cluses (45 min en bus) et à Thonon-les-Bains (1 heure en bus). La **SAT** (www.sat-leman.com) assure les liaisons en car.

VOITURE

Thonon-les-Bains est à 37 km (45 min), Annecy à 83 km (1 heure 20) et Chamonix à 65 km (1 heure 15).

Comment circuler

Un service de **navettes** gratuites dessert tous les jours le village et ses hameaux. Pour connaître les arrêts et les horaires, contactez l'office de tourisme.

Le **Balad'Aulps Bus** (p. 148) dessert les communes voisines de la vallée entre Les Gets et Bioge.

CLAIRE ANGOT ©

À NE PAS MANQUER

La vallée d'Aulps

Cette vallée toisée par le roc d'Enfer, la pointe de Nantaux et les Hauts-Forts s'étend sur une vingtaine de kilomètres de La Vernaz à Morzine, le long de la D902. On vient surtout la visiter pour son patrimoine religieux. Elle fut en effet un haut lieu de vie monastique. Au **domaine de découverte de la vallée d'Aulps** (04 50 04 52 63 ; abbayedaulps.fr ; Saint-Jean-d'Aulps ; tarif plein/enfant 7/3,50 € ; mi-juin à mi-sept tlj 10h-19h, avr à mi juin, mi-fin sept et mi-fin déc dim-ven 14h-18h30, jan-mars et oct lun-ven 14h-18h), vous pourrez admirer les vestiges d'une importante **abbatiale cistercienne**, dont la construction débuta vers 1150, et découvrir le quotidien des religieux qui y vécurent durant 700 ans. Juste à côté, l'ancienne ferme des moines a été aménagée en un centre d'interprétation à la scénographie claire et très pédagogique.

Côté balade, ne manquez pas celle qui fait le tour du **lac de Montriond**, que l'on rejoint par la D228, qui part vers l'est entre Morzine et Saint-Jean-d'Aulps. C'est un agréable lac de montagne aux sentiers ombragés, propice à la baignade ou aux sessions de paddle et de canoë, à la pêche ou à la randonnée. L'hiver, le **ski de fond** prend le relais autour du lac, et l'animation **De feu et de glace** permet de découvrir le site à la lueur des flambeaux (renseignement à l'office de tourisme).

Les **gorges du pont du Diable** (04 50 72 10 39 ; lepontdudiable.com ; lieu-dit Le Jotty, La Vernaz ; tarif plein/4-14 ans 18/14 € ; juil-août tlj 9h-18h, avr-juin et sept tlj 10h-12h et 14h-17h) méritent aussi une halte. La Dranse de Morzine, la rivière locale, a creusé dans la roche des falaises atteignant 60 m de hauteur. On descend quelques escaliers et on circule au milieu de ce spectacle naturel, le long de passerelles aménagées. En chemin, vous verrez le fameux pont du Diable, en pierre, qui fut l'objet de multiples légendes tournant autour de l'esprit malin. Et pour remplir vos cabas de fromages, direction le **GAEC du mont Caly** (06 64 01 85 43 ; gaeclemontcaly.over-blog.com ; 870 rte des Grandes-Alpes ; horaires variables), qui organise des visites de la ferme très appréciées des familles.

Infos pratiques

Office de tourisme de la vallée d'Aulps (04 50 79 65 09 ; valleedaulps.com ; Saint-Jean-d'Aulps)

Faire redescendre la pression

Les fans de mousses apprécieront les délicieuses bières **Ibex** (440 rte du Pré, Montriond ; ibexbeer.com) réalisées par Dave Branfield. La *taproom* et le restaurant accueillent de nombreux concerts et événements. Et la terrasse appelle à une belle pause lors de vos randonnées entre Morzine et Montriond. À tester également : la **Brasserie de la Vallée du Giffre** (bieres-du-giffre.com). Guillaume Wagemans a imaginé une soixantaine de bières de caractère brassées à l'eau des Alpes, dont la "Bout du monde", en référence à la balade emblématique du cirque du Fer-à-Cheval (p. 159).

Morzine

Le centre de la station-village, désencombré par la mise en place de navettes et de parkings gratuits, est agréable à arpenter à pied. Vous y croiserez quantité de Britanniques épris des lieux. Ici, on a exploité l'ardoise dès le XIVe siècle, avec un fort pic d'extraction au XVIIIe siècle. Quelques mines sont encore en activité. D'aucuns y sont même venus chercher de l'or. Mais en vain : cette drôle de ruée a vite tourné court. Aujourd'hui, c'est plutôt l'"or blanc" et le VTT qui font vivre la station.

À voir

Ardoisière des 7 Pieds — Patrimoine industriel

(06 72 82 29 27, 06 77 20 99 25 ; ardoise-morzine.com ; 565 rte des Ardoisières, Les Meuniers ; tarif plein/-16 ans 5/3 € ; mi-juil à mi-août, visite guidée mar 17h et ven 10h30). La visite de l'atelier de fabrication (comptez 1 heure) est l'occasion de revenir sur l'histoire de l'ardoise et l'évolution des techniques d'extraction. Vous aurez droit à d'intéressantes démonstrations : sciage d'un bloc, fente, découpe à la cisaille. À 2 km du centre : au rond-point des Meuniers, prenez la direction du téléphérique d'Avoriaz ; le site est à 500 m.

Activités

Été

Les estivants pourront compter sur la **télécabine du Pléney** (04 50 79 00 38). De là, de superbes **randonnées** pédestres sur les crêtes sont possibles et quelques pistes de descente attendent les vététistes. Un guide gratuit des balades à faire été comme hiver (200 km de sentiers balisés) est disponible à l'office de tourisme.

Morzine peut également être un très bon point de départ pour faire le tour des Portes du Soleil à **VTT** (voir l'encadré p. 143).

Le **parc des Dérêches** (parc-dereches.com) regroupe un tas d'activités qui plairont aux familles (piscine, patinoire, skatepark, Accrobranche, centre équestre...). Le **Complexe aquatique** (04 50 79 01 69 ; piscine adulte/enfant 8/6 €, adulte piscine et espace bien-être 16 € ; juin-août et fin oct à mi-avr) est très agréable avec ses trois bassins (dont un olympique), son sauna et son hammam. Le **Centre équestre Alpes Équitation** (06 30 05 32 14 ; morzine-equitation.fr ; 612 rte de Montriond, Essert-Romand) propose des balades de 1 heure à plusieurs jours.

Hiver

En matière de **ski alpin** (forfait journée Morzine-Les Gets adulte/5-15 ans 53/41 €, Portes du Soleil 70/53 €, -5 € environ en réservant en ligne), il y en a ici pour tous les niveaux, avec une centaine de kilomètres de pistes réparties sur deux secteurs : celui de Morzine-Avoriaz et celui de Morzine-Les Gets. Le domaine est aussi relié à l'ensemble des Portes du Soleil.

On trouve des pistes faciles ou de difficulté moyenne sur les pentes du Pléney. Les plus hardis emprunteront le télésiège de Chamossière pour dévaler la piste noire des Creux, qui offre au sommet une vue magnifique sur le mont Blanc, l'aiguille du Midi, les dents Blanches, les Aravis...

Pour le **ski de fond** (accès libre), parmi les 80 km de pistes réparties sur six boucles, nous vous conseillons le tour du lac de Montriond, au bord du lac entièrement gelé (voir l'encadré p. 145). Idéal aussi avec des **raquettes**.

L'équipe de hockey des **Pingouins de Morzine-Avoriaz** évolue au **palais des sports** (Skoda Arena, 502 rte du Palais-des-Sports). L'ambiance dans les gradins lors des matchs est très bon enfant. Vous pouvez aussi vous lancer sur une **patinoire couverte** (04 50 79 08 43 ; adulte/enfant 5/3 € ; location patins 4 € ; horaires variables, nocturne jeu 20h30-23h) aux heures dédiées au grand public ou sur la **patinoire extérieure** (06 17 10 59 36 ; adulte/enfant 5/3 € ; location patins 4 € ; horaires variables) située sur la place de l'Office-du-Tourisme, qui propose souvent des jeux de glace pour les enfants.

Où se loger

Comme dans toute les stations des Portes du Soleil, l'hôtellerie est rarement une solution économique pour se loger. Pour de meilleurs tarifs, surtout pour un séjour long, regardez l'offre de meublés de tourisme.

L'Équipe Hôtel-restaurant €€
(04 50 79 11 43 ; hotelequipe.fr ; 733 av. de Joux-Plane ; été d/tr 125-150/155-180 €, petit déj 13 €, demi-pension 115-120 €/jour et par pers ;). Au pied des pistes et en face de la gare téléphérique du Pléney, cet hôtel propose de jolies chambres dans le style rustique chic, chacune disposant d'un balcon. Ses tarifs sont raisonnables l'été compte tenu de sa situation et de ses équipements (piscine, Jacuzzi, hammam, sauna, terrain de squash, salle de projection, billard...). En revanche, l'hiver, les prix s'envolent et la formule en demi-pension est la plupart du temps obligatoire.

Où se restaurer

La Chaudanne Cuisine traditionnelle €€
(04 50 79 12 68 ; lachaudanne-morzine.com ; 590 rte de la Plagne ; plats 19-32 € ; mi-juin à mi-sept midi et soir, déc à mi-avr soir uniquement sauf week-ends et vac. scol., fermé lun juin et

Morzine

sept). Décoré de manière moderne avec de belles boiseries, ce restaurant propose une cuisine traditionnelle appliquée, réalisée avec de bons produits frais. Lors de notre passage, l'agneau aux cacahuètes et son jus d'aromates s'est révélé très convaincant ! S'ajoutent les indémodables classiques fromagers, ainsi que les burgers, pâtes et buddha bowls. L'été, soirée brasero le mercredi soir, et l'hiver, le bar à vins cosy du sous-sol est idéal pour se réchauffer après le ski.

La Grange Spécialités savoyardes **€€**
(04 50 75 96 40 ; lagrangemorzine.com ; ch. de la Coutettaz ; plats 19-32 € ; mi-juin à début sept mar soir-dim, déc à mi-avr tlj durant vac. scol., sinon mer-dim). Cette adresse appréciée des familles propose croûtes savoyardes, fondues, salades, viandes et poissons dans une ancienne grange aménagée. Difficile de ne pas trouver son bonheur ! À midi, la formule plat du jour, fromage et dessert à 20 €, servie sur une ardoise, est imbattable !

Le Clin d'Œil Sud-Ouest **€€-€€€**
(04 50 79 03 10 ; restaurant-leclin.com ; 63 rte du Plan ; plats 18-35 €, menus 39-52 € ; hiver tlj sauf dim midi, été sam et dim midi, mar-dim soir, fermé oct-nov et mai-juin). Avec un chef originaire de Bagnères-de-Bigorre, en plus des spécialités savoyardes, cet établissement fait honneur aux spécialités du Sud-Ouest. Essayez par exemple le trio de canard, ou bien le cassoulet. Le cadre boisé est aussi raffiné que les plats. Idéal pour un tête-à-tête comme pour un repas en famille. Service très sympathique.

Renseignements

L'**office de tourisme de Morzine-Avoriaz** (04 50 74 72 72 ; morzine-avoriaz.com ; pl. de l'Office-du-Tourisme) distribue un plan gratuit du vieux bourg de Morzine. Morzine et Avoriaz (ci-après) ne forment qu'une seule et même commune mais les offices de tourisme sont distincts, et vous trouverez là les informations concernant Morzine uniquement.

Depuis/vers Morzine

TRAIN

Les gares SNCF les plus proches sont celles de Cluses et de Thonon-les-Bains, chacune à 45 min en bus. La compagnie de cars **SAT** (sat-leman.com) assure les liaisons.

Comment circuler

L'été et l'hiver, des navettes et un petit train assurent gratuitement le transport dans la station. Demandez les horaires et le plan à l'office de tourisme.

Le **Balad'Aulps Bus** (04 50 79 65 09 ; trajet tarif plein/-10 ans 1,50/0,75 €, carnet 10 tickets 10 € ; fin juin à fin août et fin déc à fin mars, ttes les 45 min) dessert les communes voisines de la vallée entre Morzine et Bioge.

Avoriaz 1800

Créée de toutes pièces au début des années 1960, la station d'Avoriaz s'inscrit en nette opposition avec la rigueur architecturale canonique de la station de Flaine, par exemple, bâtie à la même époque (voir p. 163). L'utilisation du bois (le cèdre rouge notamment) en parement sur tous les bâtiments est caractéristique de la station et la rend plus chaleureuse. – autant que peut l'être une station conçue pour les sports d'hiver. On laisse sa voiture dans les parkings (payants) situés à l'entrée de la ville, puis on marche, ou bien on skie, jusque dans les rues – les pistes se croisent à l'intérieur même de la station. Avoriaz, assez isolée, a surtout été conçue pour les sports d'hiver, mais elle propose aussi une foule d'activités d'été, et accueille de plus en plus d'estivants.

Activités

Aquariaz Centre aqualudique
(04 50 74 24 42 ; 142 rte des Rennes ; tarif plein/3-11 ans 10/7 € ; mi-déc à mi-avr et juil-août tlj 13h30-19h30). Ce centre aqualudique avec ses cascades, ses rochers, sa jungle et sa rivière à courant est apprécié été comme hiver.

SNOWSERGE / STOCK.ADOBE.COM ©

Avoriaz 1800

Été

Pour le **VTT**, vous pourrez compter sur dix remontées mécaniques ouvertes l'été (Super-Morzine, Zore, Mossettes, Lindarets, Chaux Fleurie). Pour vous perfectionner avant de dévaler les pistes, contactez **Rustine School** (☎06 14 52 41 82 ; rustinebikeschool.fr) ou **Evolution 2** (☎04 50 74 02 18).

Sur le site du Proclou, le **golf d'Avoriaz** (☎04 50 74 17 08 ; golfclubmorzineavoriaz.com) s'étend sur 45 ha d'alpages et de forêt surplombant la vallée de Morzine. Un cadre exceptionnel !

Hiver

Le **ski alpin** (adulte/5-15 ans 53/41 €, Portes du Soleil 70/53 €, -5 € environ en réservant en ligne) offre de larges perspectives sur les dents du Midi ou les dents Blanches. Certaines pistes sont tracées entre les sapins. Les skieurs expérimentés ne rateront pas les pistes noires de la combe du Machon (au départ du télésiège de la Combe).

Également 45 km de pistes de **ski de fond** (accès libre) et 4 **snowparks**.

Où se restaurer

Le Trainô Spécialités savoyardes **€€**

(☎04 80 16 12 92 ; promenade du Festival ; plats 13-29 € ; tlj mi-déc à fin avr et fin juin-août). Une adresse qui se fait fort de satisfaire tous les appétits dans une ambiance "comme à la maison". Burgers fameux, viandes et poissons, bonnes spécialités savoyardes... Tout est copieux et servi avec le sourire. Voilà qui donne envie de rester savourer un génépi avant d'aller au lit !

Renseignements

Office de tourisme d'Avoriaz (☎04 50 74 02 11 ; avoriaz.com)

VALLÉE D'ABONDANCE

Ce n'est pas pour rien que son nom évoque une idée de profusion, de richesse. Couverts de fleurs de montagne l'été, égayés par le tintement des cloches des belles laitières, les villages du val d'Abondance ont toujours su tirer parti

Il n'y a pas d'âge pour apprendre...

Vous n'avez jamais eu votre flocon, encore moins votre première étoile, et vous souhaitez essayer le ski ? Destinées aux adultes débutants, les formules "youcanski", d'une durée de 3 ou 6 jours et incluant location de matériel, cours et forfait, peuvent vous intéresser. Renseignements sur portesdusoleil.com.

de leurs ressources variées. La zone compte encore une centaine d'exploitations agricoles, dont la plupart sont des élevages de vaches. Mais ici, on aime aussi travailler le bois. En témoignent les magnifiques chalets traditionnels aux balcons à balustrade sculptée et les colombes patiemment taillées à l'Opinel que vous apercevrez çà et là dans les maisons et les commerces (une tradition locale).

Comment s'y rendre et circuler

En saison, l'ensemble des villages de la vallée d'Abondance est relié par les navettes **ColomBus** (1,20 €/trajet, carnet 10 tickets 9,60 €, gratuit avec un multipass en été). Les cars de la **SAT** (sat-leman.com) relient Thonon-les-Bains à Châtel en desservant toute la vallée.

Abondance

Situé à 930 m d'altitude, le village d'Abondance a donné son nom au fameux fromage à pâte pressée cuite, mais aussi à une race de vaches qui fournit l'essentiel du lait nécessaire à sa fabrication. On la reconnaît facilement à sa robe rouge et acajou et à ses "lunettes" (deux taches rouges autour des yeux). L'apparition des vaches abondances dans la vallée remonte à l'arrivée des Burgondes au Ve siècle. Ce sont ensuite les moines, nombreux dans la vallée, qui ont progressivement sélectionné les races. Le secteur eut un important rayonnement spirituel et religieux, dont vous prendrez conscience en allant voir la très belle abbaye Notre-Dame, posée à l'entrée du bourg, qui s'étale tout en longueur.

À voir

Abbaye Notre-Dame Gothique montagnard

Site religieux majeur dans les environs, l'abbaye devint en 1875 le premier édifice savoyard à être classé monumenthistorique. Si vous n'optez pas pour la visite commentée, un QR Code vous permettra de télécharger un livret de visite qui donne de nombreuses clés d'interprétation.

L'**église abbatiale** (entrée libre ; tlj), très bien conservée, fut fondée au XIIe siècle par des chanoines de saint Augustin. C'est un trésor d'architecture gothique alpine. Le traditionnel clocher à bulbe ne détonne pas, contrairement au déambulatoire et aux chapelles rayonnantes. Les fabuleux décors en trompe-l'œil du XIXe siècle (sur les voûtes du chœur et le triforium), œuvres de Casimir Vicario, ont récemment fait l'objet d'une heureuse restauration.

Le **cloître** (04 50 81 60 54 ; tarif plein/6-18 ans 5,50/4,50 €, gratuit -6 ans et avec le multipass, visite guidée +3/2,50 €, billet couplé avec Maison du Fromage abondance 9 € ; juil-août 9h30-12h30 et 14h-18h, mai-juin et sept 9h30-12h et 14h-18h, fin déc-avr et oct lun-ven 14h-17h) est magnifique. Il abrite de splendides peintures murales du XVe siècle en très bon état. Plusieurs artistes piémontais y ont raconté les épisodes de la vie de la Vierge et des scènes de l'Évangile tout en les plaçant dans le cadre de vie savoyard de l'époque. C'est donc aussi un témoignage social et économique qui montre ce à quoi pouvait ressembler le duché de Savoie aux alentours des années 1430. Dans la **salle du chauffoir**, ne ratez pas la belle exposition d'objets d'art sacré.

Pour une visite insolite, renseignez-vous sur les **Rondes de nuit** les jeudis soir en été (concerts, spectacles...). Un **escape game** a également été mis en place

Cornettes de Bise (p. 152)

(10 €/équipe de 5 max). Des **ateliers de méditation ou de yoga** ont aussi lieu l'été.

Maison du Fromage abondance
Espace découverte

(04 50 73 06 34 ; tarif plein/réduit 5,50/4,50 €, gratuit -6 ans, visite guidée +3/2,50 €, billet couplé avec abbaye 9 €, ateliers 6-12 ans 7 € ; mar-sam 9h30-12h et 14h-17h30, fermé mi-nov à mi-déc). Le long d'un parcours en neuf étapes, vous découvrirez tous les secrets de l'Abondance au fil des paysages, des gestes, des savoir-faire et de vos cinq sens. La boutique vous permettra de faire des provisions et vous y trouverez des fiches de recettes à réaliser avec le fromage, notamment le fameux berthoud : du fromage d'Abondance préalablement frotté d'ail gratiné au four avec du vin blanc, servi avec de la charcuterie et des pommes de terre. C'est la délicieuse spécialité de la vallée et de tout le Chablais.

Lac des Plagnes
Promenade

À 1 190 m d'altitude, on peut faire le tour de ce petit lac tranquille par le sentier "tour du lac", ou par le sentier "des pêcheurs", un tout petit peu plus court (20 minutes) – ces derniers sont nombreux à venir se poster sur les berges du lac. Si l'on suit le premier sentier et que l'on bifurque au panneau indiquant la direction des Tinderets, on rejoint le lieu-dit Cubourré, au pied de la Pointe d'Ardens. Ce site magnifique marque le début d'un autre sentier très agréable menant au refuge des Tinderets. Le lac est situé à environ 5 km du bourg depuis lequel il est fléché. Le site est apprécié pour le ski de fond également. **Restaurants** (été et à midi durant les vac. de Noël et d'hiver) sur place.

Activités

Pour le **ski alpin** (forfait journée adulte 27,50 €), le domaine de l'Essert est accessible en télécabine depuis le centre du village. Il est particulièrement adapté aux débutants et aux familles, tout comme le front de neige de Ludoffaz, où les petits peuvent faire de la luge. Pour les plus motivés, Abondance est relié au domaine des Portes du Soleil.

Les offices de tourisme du val d'Abondance vendent une carte (4 €) et un topoguide de 32 itinéraires (5 €) de **randonnée** à faire dans le secteur. Les douze premières boucles sont consultables sur le site Internet.

L'été, l'agréable sentier "Bords de Dranse", qui relie Abondance à Châtel, se parcourt à pied ou à **VTT** (16 km) et le retour peut se faire via la navette ColomBus. Un guide des randonnées en hiver (**raquettes**) est disponible gratuitement à l'office de tourisme.

Où se loger et se restaurer

Le Vieux Chalet Chambres d'hôtes €

(04 50 73 02 79 ; Charmy L'Envers ; s/d/tr/qua 45/73/99/124 € avec petit déj, table d'hôtes 22 €, demi-pension 55 €/pers (à partir de 4 nuits) ; fermé oct-déc ;). Dans un vieux chalet savoyard (il date de 1734 !), Liliane propose de petites chambres simples et proprettes, et prépare le soir venu poêlées, reblochonnades, berthouds... L'accueil est à la fois discret et très prévenant. Les hôtes élèvent des chèvres et des vaches et fabriquent de délicieux fromages que vous pourrez goûter. Fabuleuse tarte aux myrtilles également ! Table d'hôtes sur réservation. Rapport qualité/prix imbattable.

Restaurant de l'Abbaye Cuisine traditionnelle €€

(04 50 73 02 03 ; 7 rue de la Dranse ; www.restaurant-abbaye.fr ; plats 18-34 €, formule midi 29 €, menus 39-54 € ; jeu-lun). C'est l'endroit tout indiqué pour déguster un berthoud, la spécialité de la vallée, mais, plus que ça, le chef aux commandes depuis 2023 signe ici une cuisine fine, généreuse, à l'image du tournedos de lotte au lard en matelote, fenouil braisé, ou du pavé de gigot au foin (exquis !). Aux beaux jours, réservez votre couvert sur l'agréable terrasse au bord de la Dranse.

Le Ferraillon Hôtel-restaurant €€

(04 50 73 07 75 ; hotelleferraillon.com ; Richebourg ; s/d 73-82/100-125 €, petit déj 15 € ; mi-déc à avr et juin-sept ; P). Ce trois-étoiles très confortable est l'une de nos adresses préférées dans la vallée ! On plébiscite sa piscine couverte, son Jacuzzi, et sa vingtaine de chambres parquetées avec salle de bains moderne. Bon rapport qualité/prix. Demi-pension possible.

Achats

Ferme de la Lanche Fromages bio, etc.

(04 50 81 67 31 ; 524 rte de Sous-le-Pas-l'Envers ; lun-sam 9h-19h30, dim 15h-19h30). Fromages de vache et de chèvre, beurre, viande de porc et de vache, charcuterie en saison, savons de lait de chèvre et biscuits confectionnés à partir des fromages : autant de délices que vous serez heureux de rapporter de cette sympathique ferme bio. Vous trouverez aussi d'autres produits artisanaux provenant des alentours : escargots, miel, farine, confiture, charcuterie, œuf, vin, alcool... À la sortie d'Abondance en direction de Thonon, sur la gauche.

Renseignements

L'**office de tourisme d'Abondance** (04 50 73 02 90 ; www.leman-mountains-explore.com/decouvrir/nos-villages/abondance) se situe juste à côté de l'abbaye et met à disposition des familles un livret de jeu de piste pour parcourir le village.

La Chapelle-d'Abondance

Surplombée par les Cornettes de Bise, une montagne qui culmine à 2 432 m, cette charmante petite station est une réplique d'Abondance. Grâce à ses belles possibilités de randonnée et de ski de fond, elle séduit les familles été comme hiver. Son église baroque date du XVIIIe siècle et son clocher a la particularité de superposer quatre bulbes. Comme à Abondance, partout dans les hameaux, vous verrez des chalets plusieurs fois centenaires, cossus et très soignés.

Activités

Été

Pour une **randonnée** au départ du village, nous vous conseillons la boucle du Blanchet ou le circuit (facile) "Sur les traces du chamois", qui passe par la réserve de chasse du Mont-de-Grange et les chalets de Perthuis (observation de chamois, mouflons, marmottes et panneaux pédagogiques). Les plus courageux s'attaqueront au sommet des Cornettes de Bise, avec un dénivelé de 1 400 m au départ du bourg. Le **lac d'Arvouin**, perché à 1 670 m, est idéal pour approcher des bouquetins sans se confronter à de féroces dénivelés.

Les amateurs de **via ferrata** feront escale au site du Saix de Miolène (accès libre), qui comprend trois niveaux de difficulté.

Hiver

Les adeptes de **ski de fond** (forfait journée 10 €) se régaleront : ils pourront parcourir toute la vallée. Au programme, 21 km de pistes très ensoleillées avec double traçage et passages à travers bois. Jolis sentiers de **raquettes** également. Pour le **ski alpin** (forfait journée adulte 33 €), comptez sur 75 km de pistes de difficultés très variables, réparties sur deux domaines (Crêt-Béni et La Braitaz). Le tout est relié au domaine skiable des Portes du Soleil. Vous pouvez aussi opter pour le forfait **Chapelle Liberté** (adulte/enfant journée 54/49 €, -3 à 4 € sur internet) qui comprend les pistes de La Chapelle-d'Abondance (Crêt-Béni et Braitaz), Torgon, Super-Châtel, Barbossine, Morgins, Linga et Pré-la-Joux.

Où se loger et se restaurer

Le Chabi — Hôtel-restaurant €€

(04 50 73 50 14 ; lechabi.fr ; rte du Rys ; d 107-167 €, demi-pension 46 €/pers, petit déj 14 € ; fermé fin oct-Noël et avr ;). Situé un peu à l'écart mais néanmoins proche du centre, l'établissement de 28 chambres surplombe le village et dispose d'un très beau panorama sur les Cornettes de Bise et les dents du Midi. Petit balcon privatif pour presque toutes les chambres, sauna, Jacuzzi et piscine chauffée couverte en hiver.

Le Fer Rouge — Bar brasseur-restaurant €-€€

(04 50 73 50 29 ; lieu-dit Les Thoules ; menus 17-42 € ; mi-déc à mi-avr et mi-juin à fin sept tlj 16h-1h). Au rez-de-chaussée, le

La Chapelle-d'Abondance

bar, avec une foultitude de vieux fauteuils dépareillés et une programmation musicale assez rock. À l'étage, le restaurant : plus moderne et plus intimiste, idéal pour un tête-à-tête. Dans chacune des salles, vous pourrez commander burgers, salades, spécialités fromagères, ou, plus original, un crumble de lapin. Six bières artisanales d'excellente facture sont brassées sur place (7 € la pinte). Concerts en hiver.

Renseignements

Office de tourisme de La Chapelle-d'Abondance (☎04 50 73 51 41 ; sites.valdabondance.com ; 10 rte des Frasses)

Châtel

Situé juste à côté de la frontière suisse, et au fond de la vallée d'Abondance, ce village étalé en longueur est apprécié pour ses activités d'été – le VTT en tête –, mais aussi pour son domaine skiable boisé

Lac de Vonnes, Châtel

faisant partie des Portes du Soleil (p. 142), ainsi que pour son *snowpark*. Les fermes sont nombreuses dans le village (une trentaine). Au gré de vos randonnées, vous pourrez faire escale dans l'une d'entre elles, assister à la fabrication de l'Abondance et/ou en goûter.

Activités

Pour un shot d'adrénaline, essayez donc le **Fantasticable** (☎04 50 73 34 24 ; solo/duo 42/84 €, incluant les montées des télésièges de Pierre-Longue et des Rochassons et la descente du télésiège de Pierre-Longue), l'attraction très en vogue de la station. Attaché à un harnais relié à un câble, vous survolez le hameau de Plaine-Dranse à une hauteur maximale de 240 m.

Été

Les vététistes pourront compter sur 90 km de sentiers balisés, accessibles grâce à quatre remontées mécaniques, ainsi qu'un **bike park** (20 tracés ; accessible par les télésièges de Pierre-Longue et/ou des Rochassons) à Pré-la-Joux. Si vous êtes infatigable, faites comme les skieurs l'hiver, étendez votre terrain de jeu à l'ensemble du domaine des Portes du Soleil. Vous pourrez louer des vélos auprès de **Mountain Ride** (☎04 50 73 58 58 ; mountainride.fr ; 310 rte de Pré-la-Joux).

En matière de **randonnée** pédestre, nous vous conseillons l'ascension du pic de Morclan, à partir du **télésiège du Morclan** (aller-retour adulte/5-15 ans 8,60-9,50/6,40-7,10 €, gratuit avec un multipass), après avoir pris la **télécabine de Super-Châtel** (☎04 50 73 34 24 ; aller-retour adulte/5-15 ans 8,60-9,50/6,40-7,10 €, gratuit avec un multipass). À près de 2 000 m d'altitude, le panorama (sur les dents du Midi notamment) vous laissera sans voix.

Hiver

Pour le **ski alpin**, le **forfait Châtel Liberté** (adulte/enfant journée 54/49 €, -3 à 4 € sur Internet), donne accès au domaine skiable de Châtel (secteurs de Barbossine, Super-Châtel, Linga et Pré-la-Joux), au domaine de La Chapelle-d'Abondance, à la station suisse de Torgon et à une partie de la station suisse de Morgins (secteur Corbeau). La station est aussi reliée au domaine des Portes du Soleil (forfait adulte/enfant jour 70/63 €, -3 à 4 € sur Internet). Vous pourrez skier de nuit le jeudi soir (à partir de 19h30, sur le stade de Linga). Les snowboardeurs rejoindront le **snowpark** de Super-Châtel via les téléskis des Coqs et des Bassons. Également 21 km de pistes pour les **fondeurs (adulte 10 €/jour)** et sept sentiers de **raquettes** avec liaison vers les villages limitrophes.

Où se loger et se restaurer

L'été, pour une pause déjeuner ou goûter à la ferme, rapprochez-vous de celles de Barbossine, du Mouet (www.alpagedumouet.fr) ou de l'alpage de Chaux Fleurie, avec sa délicieuse vue sur le lac de Montriond.

Camping L'Oustalet — Avec piscine €

(04 50 73 21 97 ; oustalet.com ; 1428 rte des Freinets ; empl 22-32 € ; mi-juin à début sept et mi-déc à fin avr pour les mobil-homes et chalets). À 2 km du village, on apprécie le calme de ce camping de 77 emplacements qui propose aussi 13 mobil-homes pris d'assaut l'hiver. Piscine chauffée, sanitaires très propres et accueil agréable. Sauna (10 € la séance pour deux).

Café Zeph — Bistrot savoyard €€

(04 50 73 24 15 ; www.cafezeph.fr ; 69 rte du Centre ; plats 19,50-34 € ; variables). Réservez une table sur la terrasse de l'étage, profitez de la vue sur l'église et les montagnes, et laissez-vous tenter par une spécialité savoyarde (berthoud, tartiflette, fondue...) ou une belle viande (tartare de bœuf, noix d'entrecôte Angus, fondue bourguignonne...). En dessert, l'*affogato* (expresso, glace vanille et chantilly) vaut le détour.

Le Vieux Four — Cuisine traditionnelle fine €€

(04 50 73 30 56 ; 55 rte du Boude ; menus 34-49 € ; mar soir-dim début juil à fin août et mi-déc à fin avr). Décoration élégante avec nappes tombantes, fauteuils rouges, et quelques clins d'œil à la vie rustique : voici l'une des meilleures tables de la vallée. La féra en papillote est délicieuse, tout comme la pierrade ou le risotto d'abondance et sa fricassée des sous-bois. Vous ferez facilement bonne pioche dans la carte des vins, avec beaucoup de crus savoyards. Agréable terrasse en contrebas pour se mettre au frais l'été.

Renseignements

Office de tourisme de Châtel (04 50 73 22 44 ; chatel.com ; 14 rte de Thonon)

VALLÉE DU GIFFRE

Entre la chaîne du Mont-Blanc et le lac Léman, la vallée du Giffre s'étend sur 35 km de Mieussy jusqu'au cirque du Fer-à-Cheval. Si vous aimez les sports à sensation (parapente, via ferrata, mais surtout rafting, canyoning, escalade sur cascade de glace), c'est le coup de cœur assuré ! Prévoyez une belle randonnée sur le site du Fer-à-Cheval, vraiment impressionnant (surtout à la fonte des neiges).

Depuis/vers la vallée du Giffre

La gare SNCF la plus proche est située à Cluses, dans la basse vallée de l'Arve. De là, la **Société Jacquet** (04 79 68 32 96 ; jacquet-autocars.com) assure des liaisons en bus. Vous pouvez passer par la centrale de réservation **Altibus** (altibus.com) qui s'occupe des liaisons vers les stations, été comme hiver.

En **voiture**, depuis Thonon-les-Bains, comptez 1 heure à 1 heure 30, depuis Annecy 1 heure 15 à 1 heure 30, et depuis Chamonix 45 min.

Comment circuler

En hiver, des navettes de **ski bus** circulent toutes les 20 min et desservent les remontées mécaniques du Grand Massif (Morillon, Samoëns, Les Carroz, Sixt-Fer-à-Cheval et Flaine) et de Vercland.

L'été, l'excellent **dispositif Rando'Bus** permet d'atteindre en navette 14 départs de randonnée situés dans toute la vallée (2 € l'aller-retour ; destination-montagnesdugiffre.fr). Vous trouverez sur Internet ou en office de tourisme le dépliant avec le détail des horaires et des boucles.

Samoëns

Samoëns (se prononce "Samouin") est une station appréciée des familles. Elle est située dans une vallée ouverte, où il est facile de circuler, et son bourg est plutôt charmant. C'est la ville des tailleurs de pierre, les "frahans" comme on les appelait à l'époque où ils créèrent une confrérie en 1659. Exploitant les nombreuses carrières de calcaire que compte la vallée du Haut-Giffre, ils étaient mondialement réputés et furent appelés pour travailler sur les fortifications de Vauban ou sur des chantiers jusqu'en Louisiane ou en Pologne. Aujourd'hui, des témoignages de leur talent subsistent un peu partout dans le village. Ouvrez l'œil !

Le **marché** du mercredi matin, l'un des plus fréquentés de la région, mérite le détour. Oubliez votre voiture ce jour-là.

À voir

Dans le bourg, baladez-vous vers les **anciennes halles** du marché et sur la charmante **place du Gros-Tilleul**, avec son arbre planté en 1438 et sa fontaine en pierre ornée de visages de bronze.

Église Notre-Dame-de-l'Assomption Maçons de Samoëns

(04 50 34 40 28 ; tlj 9h-11h30 et 15h-18h). Cette église a gardé trace du savoir-faire des maçons de Samoëns, tailleurs de pierre réputés. Jetez par exemple un œil au bénitier monobloc en marbre noir du milieu du XIXe siècle. L'édifice fut construit sur les ruines d'une église détruite en 1476, dont il a conservé la partie inférieure de la tour-clocher (XIIIe siècle) et la chapelle Saint-Claude (XVe siècle).

Samoëns

ISO-68 / STOCK.ADOBE.COM ©

Jardin botanique alpin de la Jaÿsinia

Jardin

(04 50 34 49 86 ; entrée libre ; mai-sept tlj 8h-12h et 13h30-19h, oct à mi-déc tlj 8h-12h et 13h30-16h30). Ce fabuleux jardin botanique a été créé à flanc de montagne en 1906 par Marie-Louise Cognacq-Jaÿ, cofondatrice, avec son mari, de la Samaritaine à Paris, et originaire de Samoëns. Exposé plein sud, il offre 1,5 km de promenade bucolique en montée un peu raide, avec de très beaux panoramas sur le bourg. Il regroupe 4 800 plantes de montagne réparties en 2 500 espèces. Vous y verrez également des jeux d'eau et des cascades, les ruines du château de la Tornalta (XIIe siècle) et une petite chapelle du XVIIIe siècle.

Activités

Été

En matière de **sports d'eaux vives**, Samoëns et la vallée du Giffre offrent de très belles possibilités. Pour le rafting, le canoraft ou l'hydrospeed, contactez la joyeuse équipe d'**Écolorado** (04 50 34 45 26 ; ecoloradorafting.com ; lieu-dit Gorgux) ou **Nunayak** (04 50 93 86 74 ; 06 75 72 84 21 ; haute-savoie-rafting.com). Une sortie classique consiste à relier Sixt-Fer-à-Cheval à Samoëns. Nunayak propose aussi de la **via ferrata**.

Pour le parapente, adressez-vous à **Pégase Air Samoëns** (04 50 34 95 80 ; parapente-samoens.com ; baptême à partir de 80 €).

Côté **randonnée**, l'ensemble du Grand Massif offre 900 km de sentiers balisés. Pour appréhender ce milieu de manière originale, **Claire Philipczyk** (06 72 62 24 64 ; nature-quintessence.fr) peut vous initier à la marche afghane, à la rando yoga, à la marche sensorielle ou à la sylvothérapie (demi-journée 24 €).

Hiver

À **Samoëns 1600** (forfait journée adulte/8-15 ans 27,50/22 €, gratuit -8 ans), les moins assurés sur des skis pourront évoluer sur l'un des domaines pour débutants les plus grands de Haute-Savoie

SI VOUS AIMEZ...

Les petites stations-villages

Vous détestez vous perdre dans les vastes domaines skiables et préférez éviter la foule ? Vous apprécierez sans doute de séjourner dans ces petits villages de la vallée du Giffre :

- **Praz de Lys-Sommand** C'est l'un des meilleurs domaines nordiques de Haute-Savoie. Les fondeurs y skient en admirant les massifs du Mont-Blanc, des Aravis, du Chablais et du Jura. La station abrite aussi l'une des plus belles tourbières des environs.
- **Taninges** Situé au carrefour des Aravis et du Chablais sur la D907, ce petit village abrite un splendide carillon de 40 cloches (dans l'église Saint-Jean-Baptiste) et une chartreuse du XIIIe siècle. Le bourg ancien ne manque pas de charme. Le domaine skiable est celui de Praz de Lys-Sommand.
- **Mieussy** C'est dans ce charmant village qu'a été inventé le parapente, et cette activité continue d'attirer les amateurs de sensations fortes. C'est un excellent spot pour l'escalade également. Le domaine skiable est celui de Praz de Lys-Sommand.
- **Morillon** Cette station est située sur le domaine skiable du Grand Massif. Une nouvelle télécabine permet de se hisser rapidement à 1 100 m d'altitude à la station des Esserts (aller-retour 2 €).

Taninges

(60 km de pistes). Les plus aventureux opteront quant à eux pour un forfait **Grand Massif** (forfait journée adulte/8-14 ans 57,50/46 €, gratuit -8 ans). La station est en effet reliée à un vaste ensemble offrant 265 km de glisse sur cinq communes (Morillon, Samoëns, Les Carroz, Sixt-Fer-à-Cheval et Flaine). Vous pouvez y accéder en 8 minutes depuis le village grâce à une télécabine (le Grand Massif Express).

Également 76 km de pistes de **ski de fond** (forfait journée 9,50 €) réparties sur deux sites. Un topoguide de 15 balades en **raquettes** est par ailleurs en vente à l'office de tourisme.

Où se loger et se restaurer

La Ferme d'En Bas

Chambres d'hôtes €€

(04 50 34 95 32 ; vallonsdenbas.com ; 483 rte de Vallon-d'En-Bas ; d 98-109 € avec petit déj, table d'hôtes adulte/12-16 ans/-12 ans 33/25/15 €, sur réservation ;). Quatre petites chambres coquettes faisant la part belle au bois, dans un chalet plein de charme, au cœur d'un hameau à l'écart. Le petit déjeuner à base de produits bio, la table d'hôtes très gourmande (sur réservation) et le Jacuzzi extérieur font de cette adresse un de nos coups de cœur dans le secteur.

Le Gai Soleil

Hôtel-restaurant €€-€€€

(04 50 34 40 74 ; hotel-samoens.com ; 26 rte de Taninges ; d été/hiver 94-154/160-235 €, demi-pension +42 €/pers ;). Des chambres simples et coquettes (meubles en pin et décoration savoyarde) avec de belles prestations et un accueil très prévenant : voilà ce qui fait le succès de cet hôtel familial situé au cœur de la station, à proximité de toutes les bonnes tables et des commerces. Piscine chauffée couverte, Jacuzzi, sauna, grotte à sel et hammam. Tarifs dégressifs à partir de 4 nuits. La moitié des chambres – celles exposées au sud – ont la climatisation.

Renseignements

Office de tourisme de Samoëns (04 50 34 40 28 ; samoens.com ; rue de la Gare).

Sixt-Fer-à-Cheval

Les amoureux de nature isolée adoreront ce village, dont les trois quarts sont situés sur la plus grande réserve naturelle de Haute-Savoie. Très étalé, il est composé de 24 hameaux répartis sur un vaste territoire de 12 000 ha. Un peu partout, falaises et chutes d'eau dessinent un cadre exceptionnel, situé à la confluence de deux branches du Giffre, ce qui en fait un terrain de jeu idéal pour les activités de plein air : rafting, via ferrata, escalade sur cascade glacée l'hiver... Point d'orgue de l'ensemble : le majestueux cirque du Fer-à-Cheval (voir l'encadré page ci-contre), animé par le fracas d'une trentaine de cascades en juin. Un spectacle grandiose !

À voir

Sur la place du village, vous pourrez découvrir l'**ensemble abbatial**, constitué d'une abbaye du XIIe siècle bâtie par Ponce de Faucigny et d'une église du XIIIe siècle, elle-même composée d'une partie abbatiale et d'une partie paroissiale. La seconde, l'église Sainte-Marie-Madeleine, a conservé sa nef d'origine. Les mercredis soir d'été, des **concerts gratuits** ont lieu dans les jardins.

Cascade du Rouget

Site naturel

Parmi les nombreuses cascades que compte la commune, c'est la plus importante de toutes. Surnommée la "Reine des Alpes", elle jaillit en deux ressauts sur 80 m de hauteur. Spectaculaire ! À 4 km au sud du bourg par la D29 en passant par Salvagny. Pour un petit peu d'effort, garez-vous au parking du Nant sec (gratuit) et empruntez le sentier qui mène à la cascade (30 à 45 minutes d'ascension).

CÉDRIC26 / STOCK.ADOBE.COM ©

À NE PAS MANQUER

Le cirque du Fer-à-Cheval

À la fonte des neiges, dans un tumulte incroyable, une trentaine de cascades jaillissent des parois du fabuleux cirque du Fer-à-Cheval ! Dominé par les Cornes du Chamois, cet immense amphithéâtre calcaire de 2 km de diamètre boucle l'est de la vallée du Giffre sans pour autant être totalement un cul-de-sac. Ses falaises escarpées et parfois austères s'appuient sur les flancs découpés du Tenneverge (2 985 m) et atteignent 500 à 700 m de hauteur. C'est le deuxième cirque montagneux de France après Gavarnie, dans les Hautes-Pyrénées.

Jacques Balmat, premier ascensionniste du mont Blanc, trouva la mort sur ce site en 1834, près du mont Ruan. Toute sa vie, il fut obsédé par la quête d'un filon d'or dans les parages. Il le chercha sans relâche entre le cirque du Fer-à-Cheval et Vallorcine. Le fer y fut un peu exploité, mais on ne trouva jamais d'or. Depuis le petit étang baptisé plan du Lac, au pied du cirque, vous pourrez gagner facilement le lieu-dit le **Bout-du-Monde** (prenez la direction du fond de la Combe) : un site magnifique où naît le Giffre, d'origine glaciaire. Comptez 2 heures 30 à 3 heures l'aller-retour pour cette belle balade familiale.

Infos pratiques

À 6,5 km de Sixt par la D907 ; accès restreint l'hiver. Parking payant l'été (7 € ; mai-sept) à 5 min à pied du cirque, avec aire de pique-nique et toilettes. L'été, les VTT doivent circuler sur le site avant 12h ou après 17h pour ne pas déranger les promeneurs.

À l'entrée du site, le restaurant **Le Chalet du Fer à Cheval** (06 46 05 00 00 ; midi mi-juin à sept tlj, déc à mi-juin et mi-sept à fin oct mer-dim) est une valeur sûre pour déjeuner, autant pour les spécialités régionales que les plats de poisson, et la vue en terrasse est sublime (réservez).

Cascade du Rouget

Activités

Été

La **via ferrata** du Mont, sous le hameau du même nom, offre un beau parcours sur une barre calcaire (2 à 3 heures, 135 m de dénivelé, assez difficile à difficile). Côté **VTT**, le Haut-Giffre offre 700 km de sentiers balisés, dont notamment la descente des Grandes Platières à Flaine et Sixt, riche en sensations (14 km et 1 800 m de dénivelé). Pour les **sports d'eaux vives** (rafting, hydrospeed, airboat...), très appréciés dans la vallée, contactez **Altitude Rafting** (06 42 52 00 38) ou **Nunayak** (voir p. 157).

Les plus beaux sites naturels du village sont le point de départ de très belles **randonnées** accessibles à tous : le cirque du Fer-à-Cheval, la cascade du Rouget, les gorges des Tines, la cascade de la Pleureuse et la cascade de la Sauffraz... Dix refuges d'altitude vous permettront de faire étape. Le GR®5 passe par ce secteur. Un itinéraire rejoint Chamonix en 12 heures de marche via le col d'Anterne. À cheval sur la Suisse, le **tour des Dents Blanches** (tour-dentsblanches.com) est un joli trek de 44 km pour 3 800 m de dénivelé positif qui s'effectue en 4 étapes. Il permet de surplomber le Haut-Giffre et le val d'Illiez en Valais.

Hiver

Le domaine de Sixt ne compte plus que 2 pistes vertes et 2 pistes bleues accessibles via téléski, et la fameuse piste des Cascades qui part des Grandes Platières à Flaine (Grand Massif). Pour le ski alpin, privilégiez alors plutôt le Grand Massif (accessible via des navettes gratuites).

En matière de **ski de fond** (forfait journée 9,50 €), vous trouverez 32 km de pistes rien que sur Sixt. Plusieurs sentiers de **raquettes** balisés également (topoguide en vente à l'office de tourisme).

Sixt est aussi l'un des principaux sites de France pour l'**escalade sur cascade de glace** : des dizaines d'itinéraires de 40 à 500 m en tout. Faites-vous accompagner par un professionnel du **bureau des guides** (06 77 00 99 71 ; guidesixt.com).

Où se loger et se restaurer

Chambres d'hôtes Le Mont — Vue imprenable €€

(04 50 34 95 10, 06 75 79 99 85 ; chambresdhotes-lemont.fr ; hameau Le Mont ; d/tr/qua 85-95/120/145 € avec petit déj, mazot d avec/sans petit déj 62/78 € ; mai-nov). On accède à cette adresse, située dans un charmant et tranquille hameau, par une route assez escarpée après avoir traversé une très belle forêt de hêtres. Dans un chalet familial de 1830 tout de pierres claires et de bois chaleureux, Chantal et Alain proposent quatre chambres confortables avec salle de bains privée, ainsi qu'un petit mazot avec juste un lavabo et un W.-C. Depuis le jardin, la vue sur la vallée est remarquable. Vous apercevrez la cascade du Rouget et la pointe de Sales.

Auberge de la Feuille d'Érable Cuisine régionale €€
(☎04 50 34 44 47 ; lieu-dit Chef-Lieu ; plats 21-24 € ; ⏲fermé lun-mar hors vac. scol.). Cette sympathique adresse propose toujours ce qui fait son succès depuis des années : des recettes régionales roboratives mijotées avec amour (matouille, fondue, truite...). Portions généreuses et bon rapport qualité/prix.

Le Pelly Camping €€
(☎04 50 34 12 17 ; lepelly.com ; 184 rte du Pelly ; empl 2 pers 17,70-35,60 €, location tente 45 à 103 € selon confort et saison ; ⏲mai à mi-sept). Ce camping écoresponsable (recyclage, économie d'eau et d'énergie, compostage...) est niché au cœur du cirque du Fer-à-Cheval, dans un environnement très calme. Vous pourrez loger dans des bungalows ou des tentes (classiques ou vintage) ou réserver un emplacement pour installer votre propre campement. Séjour de 2 nuits minimum de mi-juillet à fin août ; restaurant sur place.

Renseignements

L'**office de tourisme de Sixt-Fer-à-Cheval** (☎04 50 34 49 36 ; haut-giffre.fr ; Maison de la montagne, pl. du Tilleul) héberge le **Bureau des guides** l'été et l'**École du ski français** l'hiver.

VALLÉE DE L'ARVE ET SES ENVIRONS

Dans le Faucigny historique, le torrent de l'Arve, qui prend sa source dans le Mont-Blanc et se jette dans le Rhône à Genève après un parcours tumultueux, arrose un bassin très urbanisé, qui regorge d'industries spécialisées dans le décolletage et la mécanique de précision. Si la partie basse de la vallée entre La Roche-sur-Foron et Bonneville est plutôt pittoresque, la partie haute affiche un visage parfois un peu morne. C'est d'ici qu'on accède aux pistes de ski de la station de Flaine.

Depuis/vers la vallée de l'Arve

TRAIN

La gare de La Roche-sur-Foron se trouve sur les lignes régionales Genève-Saint-Gervais et Annecy-Saint-Gervais, qui fonctionnent presque tous les jours. Genève et Saint-Gervais se trouvent ainsi à 45 min, Sallanches et Annecy à 30 min.

VOITURE

Depuis La Roche-sur-Foron, Thonon-les-Bains est à 43 km (1 heure), Annecy à 34 km (30 min) et Chamonix à 62 km (45 min).

La Roche-sur-Foron

La Roche-sur-Foron fut la capitale du comté de Genève de 1033 à 1219. Dans le centre historique de la cité, un patrimoine bien restauré (de nombreux hôtels particuliers notamment) témoigne encore de ce passé prestigieux.

À voir

Vieille ville Cœur médiéval
Très coloré, le centre historique est agréable. Promenez-vous vers la rue du Silence, la place Saint-Jean et la rue Perrine. Vous pourrez voir les échoppes de deux luthiers et de très beaux hôtels particuliers. Au n°79 de la rue Perrine, ne manquez pas la **maison Boniface**, de style Renaissance. Depuis la rue des Fours, montez pour rejoindre la **tour des comtes de Genève** (☎04 50 03 36 68 ; 2 € ; ⏲juil-août tlj 10h-12h et 14h-18h), vestige d'un château détruit en 1590. Après avoir grimpé ses 137 marches, vous aurez un panorama de la ville et de la vallée.

La Roche compte par ailleurs deux **châteaux** distants d'à peine 50 m en haut de la ville médiévale : celui du Saix, à l'extrémité de la rue du Plain-Château, et celui de l'Échelle, entouré d'un beau parc, à l'extrémité de la rue du Collège. Au niveau du faubourg Saint-Bernard, vous pourrez voir l'ancien couvent des Bernardines, aujourd'hui **collège Sainte-Marie**. Il abrite

La Roche-sur-Foron

une chapelle dotée d'un retable baroque original. Quant à l'**église Saint-Jean-Baptiste**, reconnaissable à son imposant clocher à bulbe, elle abrite un orgue du XIXe siècle de Giovanni Franzetti, classé monument historique.

Aux abords de la cité médiévale, à 1 km de marche, se trouvent la source dite de la **Bénite Fontaine** et un **oratoire** (04 50 03 20 83 ; tlj) accueillant de nombreux pèlerinages. Un beau lieu de promenade, calme et ombragé.

Plaine des Rocailles — Blocs erratiques

(à 10 km par la D2 ; accès libre). Entre La Roche-sur-Foron et Nangy, ce secteur pittoresque et empreint d'un certain mystère est parsemé d'énormes blocs calcaires qui se seraient détachés lors d'un gigantesque éboulement survenu sans doute il y a plus de 10 000 ans. Ces blocs seraient issus des sommets qui dominent la rive gauche de la vallée du Borne. Plutôt verdoyante et humide, la plaine des Rocailles abrite une faune et une flore spécifiques (cyclamen d'Europe, nombreuses fougères, papillon azuré de la sanguisorbe...).

Où se loger et se restaurer

Les Afforêts — Hôtel central €-€€

(04 50 03 35 01 ; hotel-les-afforets.fr ; 101 rue de l'Égalité ; d 104-124 €, petit déj 13 € ;). Plutôt bien situé pour visiter la ville, dans un quartier calme, cet hôtel rénové propose des chambres confortables et élégantes, avec un accueil tout sourire. Le design est moderne, le mobilier et les couleurs au goût du jour. Deux parkings publics gratuits sont à proximité.

Chez Mosse — Circuit court €€

(04 50 03 98 13 ; www.chezmosse.com ; 58 pl. du Tilleul ; menu du jour 22 €, plats 18-28 € ; mer-sam). Ici, la carte est courte (3 entrées, 3 plats, 2 desserts), mais elle change souvent, et c'est le jeu lorsque l'on propose une cuisine "engagée" issue des produits des filières locales. Dans l'assiette, cela donne par exemple : une tartelette aux tomates, un magret de canard accompagné d'aubergines à la japonaise puis un vacherin romarin-abricot. Exquis ! Tout comme la petite terrasse à l'écart du bruit.

Le Bié Bistronomie €€
(04 50 03 54 46 ; lebie.fr ; 12 pl. de la République ; plats 18-31 € ; mar-sam sauf jeu soir). Un restaurant mouchoir de poche où l'on savoure une délicieuse cuisine de marché, issue de produits locaux triés sur le volet (saucisse de Morteau, rognons de veau, entrecôte, poissons, fromages du Jura et de Savoie…), avec de belles suggestions à l'ardoise et une carte des vins inspirée. Le tout à prix sage. Réservation conseillée.

Renseignements

L'**office de tourisme de La Roche-sur-Foron** (04 50 03 36 68 ; larochesurforon.com ; pl. Andrevetan) propose un circuit de découverte de la vieille ville avec plan, ainsi que des visites guidées de mai à septembre (dont des visites contées en nocturne). Également une balade guidée sur tablette.

Bonneville

À la confluence du Borne et de l'Arve, l'ancienne capitale du Faucigny conserve quelques souvenirs de sa grandeur passée, notamment le **château des Sires du Faucigny** (04 50 97 38 37 ; 104 pl. de l'Église ; accès libre ; mi-juin à mi-sept mer-dim 10h-12h et 13h-18h), datant du XIIIe siècle et très bien conservé avec ses deux belles tours, sa courtine et sa cour carré. Successivement demeure seigneuriale, puis résidence comtale et prison dès le XVIe siècle jusqu'en 1934, il accueille aujourd'hui des spectacles et des visites théâtralisées pendant l'été (programme à l'office de tourisme). Le château, qui poursuit une rénovation sur plusieurs années, ne se visite qu'aux beaux jours mais devrait étendre sous peu ses plages d'ouverture. Il se situe sur un promontoire rocheux, juste au pied du **Môle**, une montagne culminant à 1 863 m, surnommée par les habitants le Fuji Yama des Alpes en raison de sa forme conique. Elle sépare la vallée de l'Arve de celle du Giffre et peut faire l'objet d'une belle ascension au départ de Saint-Jean-de-Tholome (4 heures aller-retour, 720 m de dénivelé, niveau intermédiaire).

En juillet, ne ratez pas le festival **Pleins Feux** (www.pleinsfeuxfestival.com), gratuit, qui propose des concerts de qualité et attire des milliers de visiteurs.

Renseignements

Office de tourisme de Bonneville (04 50 97 38 37 ; tourisme-faucigny-glieres.fr ; 23 rue Pertuiset)

Mont-Saxonnex

Surplombant toute la vallée de l'Arve, à 500 m du lit du fleuve, ce petit village bâti en terrasses est un lieu de halte pour la vue (vraiment splendide !) qu'il offre depuis le parvis de l'église Notre-Dame-de-l'Assomption. Par temps clair, au-delà de la vallée, vous verrez les cimes du Jura. Au hameau de **Pincru**, une chapelle de 1664 est surmontée d'un drôle de petit clocher à bulbe doré en forme de physalis.

Un peu avant d'arriver au village depuis Bonneville, la **cascade du Dard** vaut aussi le coup d'œil. Entre la vallée de l'Arve et Mont-Saxonnex par la D186, faites une pause au point de vue de **Brizon**. Ce belvédère offre une très belle vue sur les **gorges du Bronze**.

Activités

Depuis la chapelle de Pincru, une belle balade de 2 heures consiste à rejoindre le **lac Bénit**, à 1 477 m d'altitude. Au pied du massif du Bargy, cette étendue d'eau d'origine glaciaire est située en **zone Natura 2000** et abrite une faune très riche : triton alpestre, grenouille rousse, crapaud, salamandre…

Renseignements

Office de tourisme de Mont-Saxonnex (04 50 96 69 69 ; cluses-montagnes-tourisme com)

Flaine

Ceux qui, à la montagne, recherchent la douceur de vivre agropastorale et les vieux

VAUT LE DÉTOUR
La chartreuse du Reposoir et ses environs

Au pied du village du Reposoir, situé dans un recoin de la vallée de l'Arve, se trouve la **chartreuse du Reposoir**, un monastère fondé en 1151 par le bienheureux Jean d'Espagne et rénové au XVIIe siècle. Vu des pentes, le tableau est magnifique. L'ensemble de bâtiments est délicatement tapi dans un cirque boisé au bord d'un petit lac de montagne. C'est désormais un monastère de carmélites. Seuls le grand cloître roman du XIIe siècle et la chapelle sont ouverts au public (accès libre ; tlj 8h30-12h et 14h30-18h30). Vous pourrez y voir un film court sur le mode de vie des sœurs et acheter des broderies réalisées par leurs soins (pochettes, bavoirs, serviettes, sacs), des baumes, des hydrolats, de l'hydromel… Pour une visite guidée des lieux, contactez **Anne-France Binder** (☎ 06 81 70 17 44).

Les environs sont très appréciés l'été pour les **randonnées** avec vue sur la pointe Percée (2 753 m), le point culminant des Aravis, mais aussi l'hiver pour les **balades en raquettes**. Pour une pause gourmande, comptez sur la délicieuse cuisine fine du restaurant **La Chartreuse** (☎ 04 50 98 17 11 ; www.lachartreuse74.fr ; 622 rte de Béol ; menus 39-52 € ; ⏲ mer-sam midi et soir et dim midi, fermé début à mi-sept) ou sur des achats de fromages fabriqués par les alpagistes des environs (chevrotin, reblochon, abondance…). À 30 minutes de marche (un peu raide) du parking de la Lanche se trouve la **ferme pédagogique des Cabrettes** (☎ 04 50 98 18 01 ; ⏲ juin à mi-sept) où l'on peut assister à la traite des chèvres. De là, un sentier vous mène en 1 heure au col des Annes, au pied de la pointe Percée, avec une splendide vue sur les Aravis.

L'été, on peut accéder à la commune du Reposoir par la très agréable route du col de la Colombière (fermé l'hiver, à 20 km du Grand-Bornand, voir p. 97). L'hiver, il ne reste plus comme accès que la D4 depuis Cluses, à 14 km.

chalets seront déçus. Comme Avoriaz, Flaine a été érigée *ex nihilo* à 1 600 m d'altitude dans les années 1960. Maître du Bauhaus, l'architecte Marcel Breuer, qui la conçut – et signa notamment le palais de l'Unesco à Paris –, a largement privilégié le béton. Deux contrepoids néanmoins : Éric et Sylvie Boissonnas, les deux mécènes à l'origine de la création de la station, étaient amateurs d'art moderne et de musique classique. Ils choisirent de faire de Flaine un étonnant musée à ciel ouvert. Par ailleurs, depuis le sommet de Flaine aux Grandes Platières, à 2 500 m d'altitude, la vue sur la chaîne du Mont-Blanc (les Grandes Jorasses, l'aiguille du Midi, le mont Blanc…) est vraiment splendide !

À voir

La station compte un **parc de sculptures monumentales** dont *Le Boqueteau* de Jean Dubuffet, *La Tête de femme* de Pablo Picasso et *Les Trois Hexagones* de Victor Vasarely. L'auditorium abrite une fontaine signée Pol Bury. L'**hôtel Le Flaine**, emblème de la station avec sa terrasse solarium en équilibre au-dessus d'une falaise, ainsi que l'**immeuble Bételgeuse**, premiers bâtiments de Flaine, réalisés par Marcel Breuer dans le style moderniste, et inaugurés en 1969, sont aujourd'hui classés à l'inventaire supplémentaire des monuments historiques. La **chapelle œcuménique** (1971), du même architecte, les a rejoints en 2014.

Activités

Été

Pour la **randonnée**, vous aurez accès à 150 km de sentiers balisés au départ de la station. Partez par exemple du **téléphérique des Grandes Platières** (adulte/5-15 ans 19,50/16 € ; juil-août tlj 9h-17h15) ou du lac de Vernant. Possibilités de balades familiales (lac de Flaine, 1 heure) ou plus exigeantes (Tête du Colonney, 6 heures). Le site de l'office de tourisme propose une quantité de randonnées et de **circuits VTT** tous niveaux. Ainsi que de beaux parcours de **trail** entre 1 300 et 2 500 m d'altitude. Pour toutes vos activités de plein air, téléchargez l'appli **Flaine Les Carroz Outdoor**.

Hiver

Les **skieurs alpins** (forfait journée adulte/5-15 ans 46,20/34,70 €) trouveront à Flaine un site à l'enneigement exceptionnel et 140 km de pistes tous niveaux entre 1 600 et 2 500 m. Les plus expérimentés se lanceront sur les pistes Lucifer, Faust, Le Styx... Diablement impressionnantes ! Le domaine fait partie du **Grand Massif** (voir p. 158). Rejoignez par exemple Sixt-Fer-à-Cheval via la très jolie piste des Cascades (14 km de piste bleue, retour jusqu'à Samoëns en navette puis téléphérique).

Les **fondeurs** profiteront de 6,5 km de pistes tracées pour le skating et le classique sur le plus haut domaine nordique des Alpes (accès libre). Sur le Grand Massif, le site d'Agy propose 30 km de pistes supplémentaires à 30 minutes de la station.

Renseignements

L'**office de tourisme de Flaine** (04 50 90 80 01 ; flaine.com) propose des visites guidées gratuites de la station le mardi à 14h organisées par le Centre d'art (sur réservation). En juillet-août, une vingtaine de concerts gratuits de musique classique sont donnés dans l'auditorium.

VAUT LE DÉTOUR

Le désert de Platé

Cet océan minéral entouré d'arêtes rocheuses et parsemé de quelques rares végétaux est vraiment saisissant ! C'est un plateau calcaire recouvert d'un des plus vastes lapiaz (étendue de calcaire déchiqueté) d'Europe. Le site offre de magnifiques panoramas vers les massifs du Mont-Blanc et des Aravis. On y accède par le GR®96 ou le **téléphérique des Grandes Platières** (04 50 90 40 00 ; aller-retour adulte/enfant 19,50/16 € ; juil-août tlj 9h-17h15) depuis Flaine. Balade accessible à tous (sauf peut-être les personnes âgées peu mobiles ou les jeunes enfants), pourvu que l'on soit bien chaussé (crevasses, trous, roches parfois instables). L'application Flaine Les Carroz Outdoor aide à s'y retrouver dans ce paysage si singulier.

Désert de Platé
ESTELLE PARISOT/ STOCK.ADOBE.COM ©

SAVOIE

Célèbre dans le monde entier pour la qualité et l'étendue de ses domaines skiables, la Savoie est en hiver le paradis blanc des pistards ; la grandeur de ses paysages conduit également les amateurs de promenade dans la neige – en skis de fond et en raquettes – à arpenter cette olympe dont le poète Lamartine louait la sérénité. Rassurez-vous, derrière la notoriété des grandes stations de la Tarentaise et des Trois-Vallées se cachent toujours des coins de nature et des villages préservés – dans le Beaufortain ou la haute Maurienne notamment – à même de ravir les amoureux de montagne en quête d'authenticité.

L'été, une fois la neige fondue, les vététistes prennent possession des pistes, tandis que les cyclistes sur route s'attaquent aux cols mythiques du Tour de France, tels l'Iseran et le Galibier. Les marcheurs disposent aussi d'un extraordinaire terrain de jeu, que ce soit aux alentours des stations ou dans les espaces préservés de la région, au premier rang desquels figure le parc national de la Vanoise. Et puis, dans les eaux des lacs du Bourget ou d'Aiguebelette, on nage ou l'on pratique les loisirs nautiques en respirant l'air pur des sommets.

Les amateurs de patrimoine ne seront pas déçus. La vieille ville de Chambéry, les palaces Belle Époque d'Aix-les-Bains, les églises baroques de la Tarentaise et de la Maurienne, la cité médiévale de Conflans… Autant de richesses à découvrir entre dégustations de beaufort et de vin de Savoie.

Hameau de L'Écot, Bonneval-sur-Arc (p. 267)

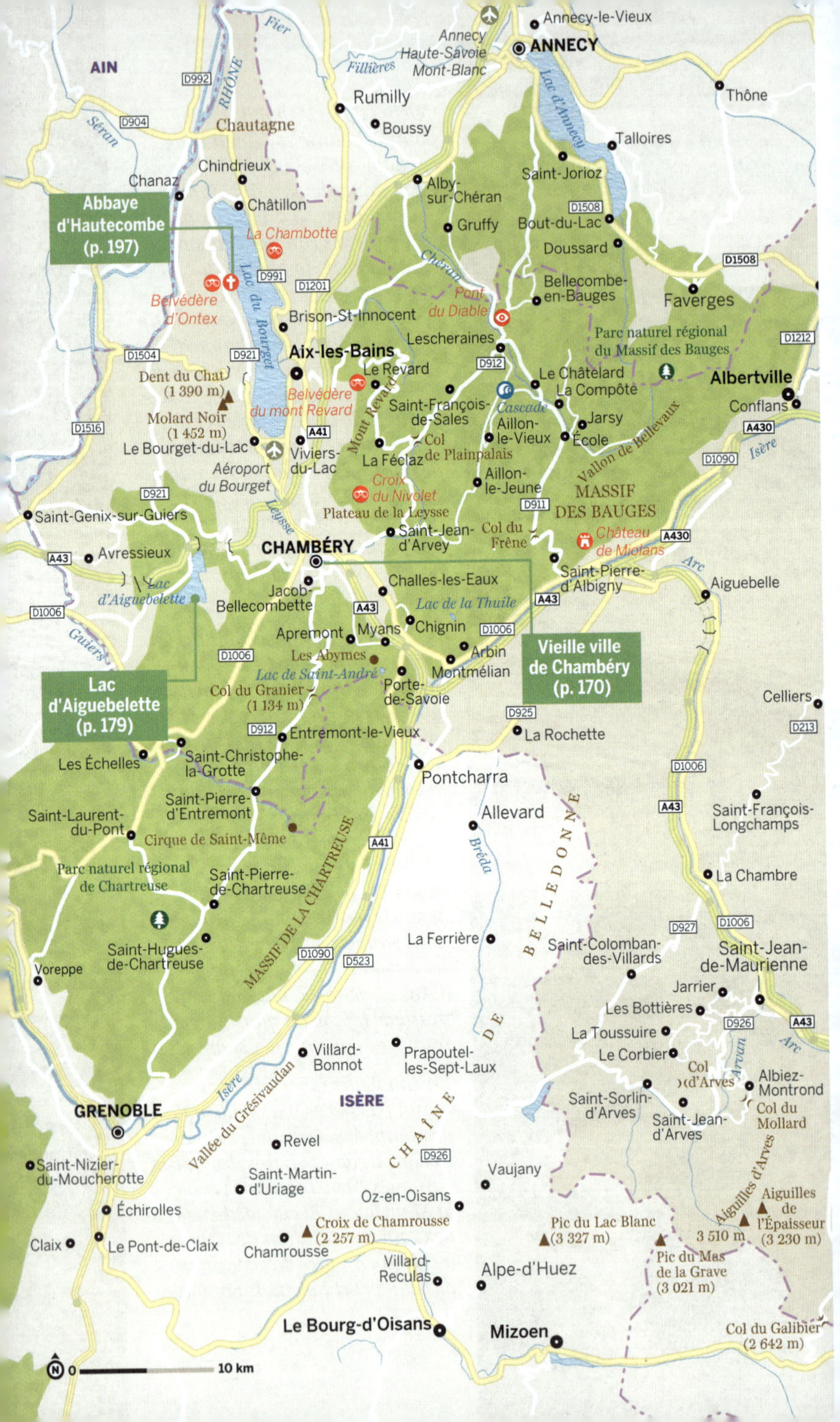

Annecy-le-Vieux
ANNECY
Annecy
Haute-Savoie
Mont-Blanc
Fier
Fillières
AIN
D992
RHÔNE
Rumilly
Thône
Séran
D904
Chautagne
Boussy
Lac d'Annecy
Talloires
Chindrieux
Chanaz
Alby-sur-Chéran
Saint-Jorioz
Châtillon
Abbaye d'Hautecombe (p. 197)
Gruffy
D1508
Bout-du-Lac
La Chambotte
Doussard
Chéran
D1508
D991
D1201
Bellecombe-en-Bauges
Lac du Bourget
Pont du Diable
Faverges
Belvédère d'Ontex
Brison-St-Innocent
Parc naturel régional du Massif des Bauges
D1212
Lescheraines
D1504
D921
Aix-les-Bains
D912
Le Revard
Le Châtelard
Albertville
Dent du Chat (1 390 m)
Belvédère du mont Revard
La Compôte
Conflans
Mont Revard
Saint-François-de-Sales
Cascade
Molard Noir (1 452 m)
Aillon-le-Vieux
Jarsy
A430
D1516
A41
Col de Plainpalais
École
Vallon de Bellevaux
Le Bourget-du-Lac
Viviers-du-Lac
La Féclaz
Isère
D1090
Aéroport du Bourget
Croix du Nivolet
Aillon-le-Jeune
MASSIF DES BAUGES
D921
D911
Leysse
Plateau de la Leysse
Saint-Genix-sur-Guiers
Saint-Jean-d'Arvey
Col du Frêne
Château de Miolans
A430
CHAMBÉRY
A43
Avressieux
Arc
Saint-Pierre-d'Albigny
Lac d'Aiguebelette
Jacob-Bellecombette
Challes-les-Eaux
Aiguebelle
D1006
A43
Lac de la Thuile
A43
Apremont
Myans
Chignin
D1006
Guiers
Vieille ville de Chambéry (p. 170)
D1006
Les Abymes
Arbin
Montmélian
Lac de Saint-André
Lac d'Aiguebelette (p. 179)
Col du Granier (1 134 m)
Porte-de-Savoie
Celliers
D925
D213
D912
Entremont-le-Vieux
La Rochette
Les Échelles
Saint-Christophe-la-Grotte
D1006
Pontcharra
Saint-Pierre-d'Entremont
Allevard
A43
Saint-François-Longchamps
Saint-Laurent-du-Pont
Cirque de Saint-Même
A41
Bréda
Parc naturel régional de Chartreuse
Saint-Pierre-de-Chartreuse
MASSIF DE LA CHARTREUSE
La Chambre
D927
D1006
La Ferrière
Saint-Colomban-des-Villards
Saint-Jean-de-Maurienne
Saint-Hugues-de-Chartreuse
D1090
D523
Voreppe
CHAÎNE DE BELLEDONNE
Jarrier
Les Bottières
D926
A43
La Toussuire
Arc
Villard-Bonnot
Prapoutel-les-Sept-Laux
Le Corbier
Arvan
Col d'Arves
Albiez-Montrond
ISÈRE
Isère
Saint-Sorlin-d'Arves
Saint-Jean-d'Arves
Col du Mollard
GRENOBLE
Vallée du Grésivaudan
Aiguilles d'Arves
Revel
Saint-Nizier-du-Moucherotte
D926
Vaujany
Saint-Martin-d'Uriage
Oz-en-Oisans
Aiguilles de l'Épaisseur (3 230 m)
Échirolles
Croix de Chamrousse (2 257 m)
Pic du Lac Blanc (3 327 m)
3 510 m
Claix
Le Pont-de-Claix
Chamrousse
Pic du Mas de la Grave (3 021 m)
Villard-Reculas
Alpe-d'Huez
Le Bourg-d'Oisans
Mizoen
Col du Galibier (2 642 m)
N
0
10 km

Géolocalisez l'ensemble des adresses du chapitre

CHAMBÉRY

Chambéry offre une plongée au cœur de l'histoire de la Savoie. Son imposant château, son centre médiéval serti de rues piétonnières commerçantes, sa fontaine des Éléphants et ses hôtels particuliers donnent à la préfecture de la Savoie, chère à Jean-Jacques Rousseau, un cachet unique dans la région. Faites comme ses habitants, arpentez-la, ainsi que ses environs, en pédalant ! Les pistes cyclables et les possibilités de location de vélo y sont nombreuses. Idéalement placée entre deux parcs naturels régionaux (celui des Bauges, au nord-est, et celui de Chartreuse, au sud-ouest), c'est aussi un bon camp de base pour prendre rapidement la poudre d'escampette et s'offrir de très belles excursions dans un environnement montagnard préservé.

À voir

Château des ducs de Savoie — Visite guidée

(pl. du Château ; accès libre à une partie du château ; visite guidée tarif plein/réduit 7/5,50 € ; vac. scol. mar-dim 10h30-18h, sinon mar-ven 13h30-18h et sam-dim 10h30-18h, visites guidées sur réservation). Ancienne résidence des princes de Savoie érigée à partir du XIIIe siècle, le château, qui abrite le siège du conseil départemental et de la préfecture, forme un méli-mélo architectural de styles et d'époques allant du Moyen Âge à nos jours. Dans la tour Yolande est installé le **Grand Carillon de Chambéry** (concert à 11h sam en juil-août, 1er et 3e sam du mois sept-juin), un des plus grands au monde avec ses 70 cloches. Les salles de l'ancienne chambre des comptes accueillent une exposition (accès libre) sur l'histoire du château et de la Savoie. Seules les visites guidées permettent d'accéder à certaines parties médiévales, notamment la cour d'honneur, la tour Trésorerie et la Sainte-Chapelle, qui abrita le saint suaire de 1502 à 1578.

Fontaine des Éléphants — Emblème chambérien

(pl. des Éléphants). En remontant la rue de Boigne face au château, on tombe nez à nez avec… les "Quatre sans cul" ! C'est le coquet surnom donné à cette étonnante

Château des ducs de Savoie

fontaine, élevée en 1838 en hommage au général de Boigne, qui légua à sa ville une bonne partie de sa fortune acquise aux Indes. On ne voit en effet que la tête et l'avant du corps des quatre éléphants. La statue posée au sommet de la colonne le représente, regardant vers la rue qu'il a fait percer.

Cathédrale Saint-François-de-Sales Trompe-l'œil

(pl. de la Métropole ; juin-nov lun-sam 10h-12h et 14h-18h, dim 15h-19h, déc-mai lun-sam 9h-12h et 14h-17h, dim 9h-12h et 15h-20h). Ancienne église des Franciscains édifiée entre le XVe et le XVIe siècle dans le style gothique flamboyant, elle vaut surtout pour son ensemble de peintures en trompe-l'œil de 6 000 m^2, le plus vaste d'Europe. Elles ont été réalisées au XIXe siècle dans le style gothique troubadour par Fabrizio Sevesi et Casimir Vicario. Une fois franchies les belles portes sculptées du XVIIe siècle, il faut scruter murs et plafonds et leurs volutes et arabesques peintes. Depuis 2010, l'édifice abrite une autre curiosité : une reproduction à taille réelle du saint suaire, offerte à la ville par l'archevêque de Turin à l'occasion du 150e anniversaire de la réunion de la Savoie à la France.

Hôtels particuliers Patrimoine

Les nombreux hôtels particuliers du vieux Chambéry sont riches d'enseignements sur l'histoire de la ville. Rue de la Croix-d'Or, au n°70, ne manquez pas l'**hôtel de La Pérouse**, datant de la Renaissance, avec sa belle cour intérieure et son escalier à vis logé dans une tourelle polygonale. Admirez ensuite, au n°18, les grilles en fer forgé du portail de l'**hôtel de Castagnery de Châteauneuf**, typique d'un palais à l'italienne du XVIIe siècle. En face, au n°19, l'**hôtel de Bellegarde**, au décor néoclassique, fut un des foyers de la vie mondaine à Chambéry. Le pape Pie VII et Napoléon Ier y séjournèrent. L'**hôtel de Cordon**, un ancien hôtel particulier du XVIe siècle, a été réhabilité en un excellent **Centre d'interprétation d'architecture et du patrimoine** (04 79 70 15 94 ; 71 rue Saint-Réal). Cet espace interactif évoque la construction de Chambéry, la gastronomie et la vie locales. C'est le point de départ des visites guidées du centre ancien et du château.

Allées ou traboules ?

À l'ombre du château, la vieille ville recèle un dédale de ruelles médiévales, appelées "allées" à Chambéry, mais mieux connues à Lyon sous le nom de "traboules" (du latin *trabulare*, "traverser"). Elles permettent de passer d'une rue à une autre via une cour d'immeuble. Vous pourrez accéder à certaines d'entre elles, notamment derrière les façades colorées de la place Saint-Léger, cœur primitif de la ville. De cette place part la plus étroite d'entre elles, l'allée Henri-Planche (à droite de la boutique RougeGorge). D'autres, fermées par des digicodes, ne se laissent découvrir qu'à l'occasion des **visites guidées du centre historique** (tarif plein/réduit 7/5,50 €) proposées par l'office de tourisme (p. 176).

Musée savoisien Histoire locale

(04 56 42 43 43 ; www.musee-savoisien.fr ; pl. Métropole ; gratuit ; mer-lun 10h-18h, fermé 2e et 3e semaines jan). Installé dans un couvent franciscain fondé au XIIIe siècle, ce musée qui a rouvert en 2023 après quatre années de rénovation est un incontournable pour qui veut mieux appréhender l'histoire des pays de Savoie, du paléolithique à nos jours. Un intéressant parcours de plus de 2 000 m^2 met en scène près de 2 000 objets (graffitis romains, pirogue carolingienne, anciennes raquettes à neige ou même télécabine) retraçant les tournants historiques majeurs de cette région, qui n'était ni italienne, ni française, mais tout simplement savoisienne jusqu'en 1860 – date où le duché de Savoie, créé en 1416, devint français. Le premier dimanche du mois, vous pourrez opter

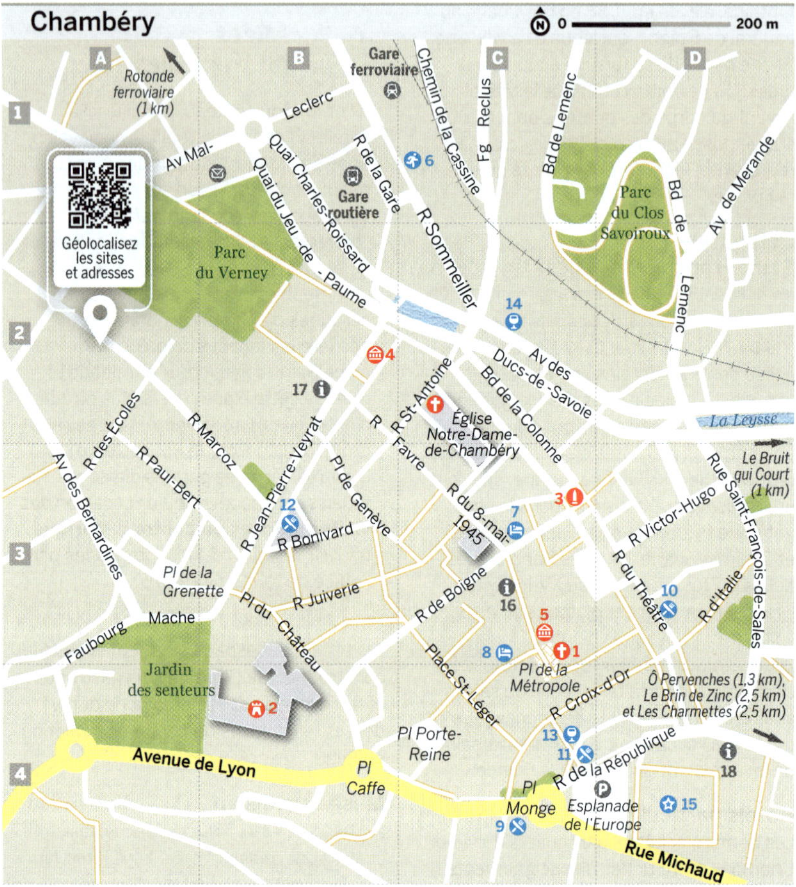

pour la formule "P'tit déj au musée" : une **visite guidée** (tarif plein/12-26 ans 12/6 € ; sur réservation la veille jusqu'à 17h ; 10h) après une collation gourmande dans le cloître.

Musée des Beaux-Arts — Peintures

(04 79 33 75 03 ; pl. du Palais-de-Justice ; tarif plein/réduit 3/1,50 € hors expo temporaire, 5,50/2,50 € en période d'expo ; mar-dim 10h-18h, ouvert lun si férié). L'ancienne halle aux grains rassemble une fort belle collection de peintures italiennes allant des primitifs siennois de la fin du Moyen Âge aux peintres piémontais du XVIIIe siècle, en passant par le Quattrocento florentin, le maniérisme et le baroque napolitain. Le musée permet aussi de découvrir des peintres savoisiens de différentes époques, ainsi que des œuvres de Fragonard (*Le Jeu de la palette*), de l'atelier de Georges de La Tour ou de l'école flamande.

Les Charmettes — Maison de Rousseau

(04 79 33 39 44 ; 890 ch. des Charmettes ; gratuit, audioguide 1 € ; mar-dim 10h-18h). Entre 1736 et 1742, dans cette maison de campagne nichée au creux d'un vallon, Jean-Jacques Rousseau séjourna avec Mme de Warens – sa protectrice et sa maîtresse, qu'il appelait "Maman" (voir l'encadré p. 69). L'écrivain décrit les Charmettes dans ses *Confessions*

Chambéry

À voir

1	Cathédrale Saint-François-de-Sales	C3
2	Château des ducs de Savoie	B4
3	Fontaine des Éléphants	C3
4	Musée des Beaux-Arts	B2
5	Musée savoisien	C3

Activités

6	Vélostation	C1

Où se loger

7	Hôtel des Princes	C3
8	Suites de l'Hôtel de Sautet	C3

Où se restaurer

9	Da Anna Maria	C4
10	Le Bistrot	D3
11	Pinson	D4
12	Les Halles	B3

Où prendre un verre

13	L'Arbre à Bières	C4
14	Le Corsaire	C2

Où sortir

15	Quartier Curial	D4

Renseignements

16	Hôtel de Cordon/CIAP	C3
17	Office de tourisme	B2
18	La Ruch Boutik'	D4

et dans les *Rêveries du promeneur solitaire*. Devenue après sa mort un lieu de pèlerinage, la maison, dont l'intérieur a été reconstitué, conserve beaucoup de charme, et son jardin botanique offre un cadre idéal pour un pique-nique à l'ombre des pommiers. Depuis le centre-ville, s'y rendre à pied en passant par le parc de l'Étincelle constitue une jolie promenade (2 heures aller-retour).

Rotonde ferroviaire

Patrimoine architectural

(731 ch. de la Rotonde ; visite guidée tarif plein/réduit 7/5,50 €, gratuit -12 ans ; juil-août mar, jeu et sam, sept-juin sam ; sur réservation 04 79 33 42 47 ou www.chamberymontagnes.com). Cette rotonde, bâtie entre 1906 et 1910 pour faciliter les manœuvres et l'entretien des locomotives, et couverte d'une charpente métallique articulée de type Eiffel, est une des dernières réalisations massives de ce type – l'usage du béton armé ayant ensuite supplanté cette technique. Attention, le lieu étant encore en activité, il est impossible d'y accéder en dehors des visites guidées.

Activités

Randonnée

Au départ de Jacob-Bellecombette, petite commune de la banlieue de Chambéry, le **circuit des cascades** (2 heures 15) vous fera voir trois chutes d'eau, se frayant un chemin dans la roche calcaire. La **Croix du Nivolet**, visible partout depuis le centre, constitue aussi un joli but de promenade facile (comptez 2 heures 30 aller-retour en partant du hameau du Sire, à La Féclaz). Une fois là-haut, panorama enchanteur sur la chaîne de Belledonne, les vignobles de la Combe de Savoie, Chambéry, Aix-les-Bains et son lac, et même la Vanoise et le Mont-Blanc.

Vélo

Une **piste cyclable** permet de rejoindre Le Bourget-du-Lac ou Aix-les-Bains. Autre option : emprunter l'autre versant de la voie verte (portion de la Belle Via) jusqu'au joli petit **lac de Saint-André** cerné de vignobles, à deux pas du mont Granier. Comptez 40 minutes de trajet (n'oubliez pas votre maillot de bain).

Pour louer une monture à tout petit prix, adressez-vous à la **Vélostation** (04 79 96 34 13 ; www.velostation-chambery.fr ; 313 pl. de la Gare ; vélos à partir de 6 €/jour ; avr-oct lun-ven 7h30-19h, sam-dim 9h-19h).

Où se loger

Hôtel des Princes

Central €€

(04 79 33 45 36 ; www.hoteldesprinces.com ; 4 rue de Boigne ; d/tr/qua 57-180/99-240/139-

BORISB17 / STOCK ADOBE.COM ©

260 €, petit déj buffet 16,50 € ;). Sous les arcades de la rue de Boigne, à 50 m de la fontaine des Éléphants, cet immeuble cossu abrite des chambres confortables et silencieuses. Petite touche royale dans la déco contemporaine grâce aux rideaux rouge et or et au papier peint orné de couronnes et de trophées de chasse. Salon avec café, thé et tisane à volonté. Salle de fitness. Accord avec le parking de la mairie à 50 m (12 €/24 heures). Spa privatif (26 € l'heure, sur réservation). Réduction en réservant directement sur le site Internet.

Ô Pervenches Hôtel-restaurant €

(04 79 33 34 26 ; www.opervenches73.fr ; 600 ch. des Charmettes ; d 93-170 €, petit déj 14 € ;). À 200 m de la maison de Rousseau, sur les hauteurs de Chambéry, ce petit trois-étoiles perdu dans la verdure offre le calme de la campagne, un accueil charmant, un petit spa de nage extérieur et dix chambres coquettes, donnant côté jardin ou montagne. Les brunchs du 3e dimanche du mois y rencontrent un grand succès (adulte/13-17 ans/-12 ans 35/20/13 €, réservation conseillée).

Suites de l'Hôtel de Sautet Chambres d'hôtes €€€

(07 63 34 97 12 ; suitessautet.com ; 6 rue Métropole ; d 100-150 €, 25 €/pers. suppl, petit déj 15 € ;). Cinq suites dans un hôtel particulier du XVIIIe siècle en plein cœur de la vieille ville, qui concilient déco moderne dans les tons clairs et charme de l'ancien (cheminées, parquet et mobilier d'époque). Petit déjeuner gourmand, bio et local. Accueil impeccable.

Où se restaurer

Da Anna Maria Pizzeria €

(04 79 33 24 42 ; 27 pl. Monge ; plats 11,50-16,70 € ; lun-ven). Ce petit antre aux airs de chalet italianisant n'a rien de très savoyard… Le pizzaiolo ne vient même pas de la Botte ! Pourtant, de son vaste four qui occupe la moitié de l'espace, ce maestro sort de pures merveilles. Des *margherita* (à la mozzarella) et *marinara* (sans fromage), des blanches (sans tomate) ou encore, parmi les spécialités, le *tronchetto* : pâte roulée comme une baguette, farcie de mozza et couverte de serrano. En un mot : bravissimo !

AURÉLIEN ANTOINE / STOCK.ADOBE.COM ©

UOLIR / STOCK.ADOBE.COM ©

De gauche à droite : place Saint-Léger ; circuit des cascades ; chambre de Jean-Jacques Rousseau aux Charmettes (p. 172)

Les Halles Brasserie **€€**

(☎04 79 60 01 95 ; www.leshallesrestaurant.fr ; 15 rue Bonivard ; formule midi entrée+plat ou plat+dessert 20 €, menu midi 24 €, plats 18-26 € ; ⏲mar-sam). Accolée au marché couvert, cette table est très appréciée pour ses prix sages et ses plats gourmands (risotto crémeux et viande séchée des Alpes, pêche locale en croûte de chorizo, ravioles au basilic...). Gardez une place pour les desserts du chef pâtissier, à l'instar de l'irrésistible coque mousse au chocolat au lait et noix de coco, nappée de sauce chocolat noisette.

Le Bistrot Bistronomie **€€**

(☎09 82 32 10 78 ; www.restaurant-lebistrot.com ; 6 rue du Théâtre ; plats 20-28 €, pizzas 13-18 €, menus 39 € ; ⏲mar-sam midi-soir). Parmi les délices proposés par le chef Sylvain Bailly : linguini aux palourdes, cuisses de grenouille en persillade, tataki de thon rouge mariné au soja... Une cuisine fine et généreuse à déguster dans une atmosphère qui évoque les bistrots parisiens des Années folles. Pizzas également, et épicerie fine sur place. Réservez pour la terrasse aux beaux jours.

Pinson Savoyardo-méditerranéen **€€**

(☎04 79 70 96 40 ; restaurant-pinson.fr ; 22 pl. Monge ; plats 25-31 € ; ⏲mar-jeu midi, ven-sam midi et soir). Attablé sur la terrasse dissimulée par un figuier, on oublie d'abord la ville. Puis les mets subtils du chef ayant exercé deux ans au Liban nous emmènent encore plus loin. À l'image de ce poulpe à la plancha, jus tomaté/safrané, fenouil et chakchouka, on célèbre ici de bien jolies noces entre saveurs orientales et produits régionaux. Accueil souriant et service efficace.

Où prendre un verre

Le Corsaire Rooftop

(☎04 79 85 53 40 ; www.corsaire-chambery.com ; 20 av. des Ducs-de-Savoie ; ⏲mar-sam 17h30-1h30, dim-lun 17h30-0h45). L'endroit parfait pour siroter un verre et partager une interminable planche de charcuterie et fromages à plusieurs (classique/1 m 14/40 €), idéalement sur la grande terrasse surélevée, ou bien à l'intérieur un jour de concert. Billards et fléchettes.

Fontaine des Éléphants (p. 170)

L'Arbre à Bières Bar-restaurant
(04 79 69 46 51 ; 144 rue Dessaix ; 17h30-minuit lun-sam). Ambiance toujours bon enfant dans cet estaminet proposant aussi de la petite restauration (tartes flambées). Grand choix de bières artisanales.

Où sortir

Quartier Curial Pôle culturel et festif
Ce quartier s'organise autour du **Carré Curial**, une ancienne caserne d'infanterie napoléonienne, et de l'**Espace Malraux** (04 79 85 55 43 ; www.malrauxchambery.fr), une salle de spectacles (scène nationale) conçue par Mario Botta, qui lui a été accolée. Outre des bars et restaurants, on y trouve un cinéma d'art et d'essai, un théâtre, la médiathèque et la **galerie Eurêka** (04 79 60 04 25), riche d'expos temporaires et d'un espace montagne interactif. Rue de la République, l'étonnante verrière aux quatre palmiers appartient au centre des congrès **Le Manège** (04 79 33 30 30), ancienne annexe de la caserne.

Quartier des Halles Bars et restaurants
Partant de la place de Genève qui accueille le **marché couvert** (mar-sam) et le **marché en plein air** (mar et sam), la rue Bonnivard est l'épicentre du quartier chambérien à la mode. S'y succèdent bars à manger, restaurants branchés et boutiques d'artisans, à l'image de **La Forge des Halles** (04 79 68 48 38 ; www.laforgedeshalles.com ; mar-mer 9h-20h, jeu-sam 9h-22h), bel atelier de créateurs inventifs.

Le Bruit Qui Court Locavore et coopératif €
(04 56 29 52 24 ; 87 rue Sainte-Rose ; plats midi 13-15 €, tapas 4-5 € ; mar-ven 12h-14h et 18h-1h, sam 18h-1h). Ce sympathique café-restaurant s'appuie sur la production fermière locale pour proposer de la restauration le midi et une ambiance de bar à tapas avec animations en soirée (concerts, conférences, expos, ateliers en tout genre...). Beaucoup de produits bio et de mets végétariens, choix de bières artisanales et de rhums arrangés, planteurs ou mojitos.

Le Brin de Zinc Concerts
(09 86 06 62 26 ; www.brindezinc.fr ; ZA de la Peysse, Barberaz ; concerts 6-25 €). À 2,5 km du centre de Chambéry, sur la commune de Barberaz, cette salle de concerts programme autant de la pop indé que du metal progressif sans oublier le rock indé, le dub, le rap français, le jazz... Bref, on y écoute de tout à prix modique. Super pour faire de belles découvertes musicales sans se ruiner !

Renseignements

Chambéry compte deux points d'information touristique : l'**office de tourisme** (04 79 33 42 47 ; www.chamberymontagnes.com ; 5 bis pl. du Palais-de-Justice), à côté du musée des Beaux-Arts et la **Ruche Boutik'** (04 79 85 71 13 ; 240 rue de la République) qui propose des produits locaux et des souvenirs chambériens.

Depuis/vers Chambéry

Nombreux sont les voyageurs qui transitent par la **gare de Chambéry** pour se rendre vers les stations de ski. Paris est à 3 heures de **TGV**, Lyon à 1 heure de **TER**.

L'**A43** venant de Lyon se poursuit à l'est via la vallée de la Maurienne jusqu'à la frontière italienne, puis gagne Turin. L'**A41** permet de rejoindre Grenoble au sud, Aix-les-Bains, Annecy et Genève au nord. Quatre **parkings relais** (www.chamberymontagnes.com/infos-pratiques/acces-et-deplacements/stationnement) permettant de se garer gratuitement puis de rejoindre le centre-ville en bus sont répartis autour de Chambéry.

ENVIRONS DE CHAMBÉRY

Combe de Savoie

Située au confluent des vallées de l'Arc et de l'Isère, creusée par les glaciers de la Tarentaise et de la Maurienne, la Combe de Savoie est un espace de transit important entre Chambéry et Albertville. Coincés dans les bouchons, les vacanciers en route vers les stations ont tout le temps d'admirer les vignes jalonnant le versant sud du massif des Bauges, ainsi que le château de Miolans les dominant majestueusement.

Challes-les-Eaux

La destinée de Challes, aux portes de Chambéry, a connu un tournant avec la découverte de l'eau la plus sulfurée d'Europe dans les années 1840. Longtemps, on vint s'y soigner ou se détendre dans un établissement thermal aujourd'hui fermé. Témoins de cette époque fastueuse mais révolue, le pimpant casino de style Napoléon III et un château du XVIIe siècle transformé en hôtel contribuent encore au cachet de la cité.

Activités

Un **plan d'eau** dédié à la pêche et à la baignade jouxte l'aérodrome, et permet de faire trempette en admirant les engins planer.

Planeurs de Challes Vol à voile
(04 79 72 97 19, le matin ; www.planeur-challes.fr ; 35 av. de Chambéry). La plus importante école de vol à voile de France propose des vols de découverte (30 minutes/1 heure 130/220 €), une bien belle manière d'entrevoir les sommets alpins. Saison idéale : entre avril et octobre.

Le village-musée de la Combe de Savoie

Un hameau abandonné a été transformé en **écomusée** (04 79 37 94 36 ; lescoteauxdusalin.fr ; 530 ch. des Carrières-du-Salin, Grésy-sur-Isère ; tlj 10h-17h juil-août, 14h-17h juin et sept) par des passionnés. Les bâtiments ont été aménagés de façon à évoquer les métiers et les modes de vie dans les campagnes jusqu'au milieu du XXe siècle.

Où se loger et se restaurer

Château des Comtes de Challes Hôtel de charme **€€-€€€**
(04 79 72 72 72 ; www.chateaudescomtesdechalles.com ; montée du Château ; d/ste 120-168/199-284 €, petit déj 15 € ;). Des chambres spacieuses au charme suranné, donnant sur un grand parc de 4 ha avec piscine : ce château est une bonne option pour une escapade romantique. L'atmosphère des lieux est vraiment reposante. Dommage que le restaurant ne soit pas vraiment au niveau que laissent attendre les prix.

La Ferme de Ramée Champêtre **€€**
(04 79 28 03 05 ; www.restaurant-lafermederamee.com ; 500 ch. de Ramée, Saint-Jeoire-Prieuré ; menu semaine/week-end et jours fériés 25/28 € ; jeu-dim le midi, ven-sam le soir ; magasin ouvert jusqu'à 17h). À 4 km de Challes, en pleine campagne, atmosphère authentique garantie dans cette grosse

VAUT LE DÉTOUR

Le vignoble de la Combe de Savoie

Principale région viticole du département, la Combe de Savoie est plantée de cépages donnant naissance à d'excellents crus.

En venant de Chambéry par la N6 (D1006), vous pourrez d'abord rendre visite aux vignerons de **Chignin** pour vous familiariser avec le vin blanc très typé qu'est le chignin-bergeron. Nous conseillons la cave d'**André et Michel Quénard** (04 79 28 12 75 ; www.am-quenard.fr ; Torméry ; lun-ven 8h30-11h30 et 14h-17h, sam 9h30-12h). Reprenez la N6 direction Montmélian et son agréable bourg perché dans lequel se trouve le **musée de la Vigne et du Vin** (04 79 84 42 23 ; 46 rue du Docteur-Veyrat ; tarif plein/réduit 5/3 €, gratuit -18 ans, visite guidée 8/4 € ; juil-sept mar-sam 10h-13h et 15h-18h, oct-juin mar 14h-18h, mer-ven 10h-12h et 14h-18h, sam 10h-12h30). Il permet d'admirer une belle collection de pressoirs, de tout savoir sur le vin de Savoie et de comprendre le miracle de son exploitation en si forte pente.

À 3 km se trouvent **Arbin** et sa mondeuse, un cépage donnant un vin rouge presque noir, puissant et poivré. Deux bonnes adresses : **Les Fils de Charles Trosset** (06 82 36 82 62 ; 280 ch. des Moulins ; sur rdv) et le **domaine Louis Magnin** (04 79 84 12 12 ; www.domainelouismagnin.fr ; 90 ch. des Buis ; sur rdv), ce dernier étant aussi réputé pour son chignin-bergeron. Poursuivez sur la D201 et vous arriverez à la plus grosse cave de Savoie, la **Cave des vins fins de Cruet** (04 79 84 28 52 ; cavedecruet.com ; tlj 9h-12h30 et 14h-19h).

ferme servant des plats bien savoyards (charcuterie et omelette, tartiflette, fondue...) sur des nappes à carreaux. Les biscuits gourmands fabriqués sur place et les glaces maison valent aussi le détour. Pensez à réserver.

Miolans

C'est dans ce lieu-dit situé à 3,5 km du village de Saint-Pierre-d'Albigny que s'élève la "Bastille savoyarde", un château médiéval haut perché, visible à des kilomètres.

À voir

Château de Miolans Forteresse

(06 08 34 03 03 ; www.chateau-de-miolans.com ; Miolans, Saint-Pierre-d'Albigny ; tarif plein/réduit 9/5 € ; juil-août 10h-20h, reste de l'année voir site Internet, fermé aux visites individuelles de mi-nov à fin mars). Quelle vue ! Du haut de sa tour Saint-Pierre (XIIe siècle), cette forteresse offre un panorama unique sur la Combe de Savoie, qu'elle domine de 300 m. Par temps clair, le regard porte jusqu'au mont Blanc d'un côté et au Vercors de l'autre. On retient aussi l'histoire étonnante du donjon, que les ducs de Savoie transformèrent en prison de 1564 à la Révolution. Certaines geôles contiennent des graffitis réalisés par des prisonniers. Dans l'une d'elles, en 1772, le sulfureux marquis de Sade fut enfermé pour conduite scandaleuse. Il s'en évada quatre mois plus tard... Prenez le temps de découvrir les pièces du château, d'errer dans son souterrain de défense, galerie longue de 60 m, et de flâner dans les jolis jardins médiévaux sur la terrasse. Le château, géré par la famille qui en est propriétaire, ne se visite pas toute l'année. L'hiver, prévoyez des vêtements chauds pour explorer les lieux (vent et humidité). Pas de toilettes ni de point d'eau.

Où se loger et se restaurer

La Table d'Auré Restaurant €€

(04 79 36 42 06 ; 40 impasse de la Gare, Chamousset ; plats 28-32 €, formule midi 19 €, menu 48 € ; fermé dim soir et lun). Dans ce restaurant qui fait la part belle aux produits locaux et au gibier, une formule déjeuner particulièrement avantageuse côtoie un menu plus recherché et copieux (incluant fromage *et* dessert). On a particulièrement apprécié la féra fumée, la crème brûlée au reblochon et la pavlova aux myrtilles.

Château des Allues Maison d'hôtes **€€€**
(06 75 38 61 56 ; chateaudesallues.com ; Les Allues, Saint-Pierre-d'Albigny ; d 155 € avec petit déj inclus, ste 165-180 € avec petit déj ; table d'hôtes adulte/enfant 48/20 € ;). Passé la porte de cette maison forte du XVe siècle, tout n'est qu'émerveillement. En particulier, la salle à manger aux boiseries de noyer où est servie la table d'hôtes (à base de produits du potager bio), et cinq chambres d'un grand raffinement. Aux beaux jours, le pantagruélique petit déjeuner est pris sur la terrasse donnant sur la chaîne de Belledonne, et le grand parc de 3 ha invite à la balade. Également cinq beaux gîtes à louer à la semaine, aménagés dans des dépendances (à partir de 600 € la semaine).

Avant-pays savoyard

Lac d'Aiguebelette

Le lac d'Aiguebelette, grâce à sa situation proche d'une sortie de l'A43, attire Chambériens, Grenoblois et Lyonnais. Il est un peu victime de son succès. La circulation en accordéon est une scène estivale quotidienne, et restaurants et hébergements de qualité n'étant pas légion, mieux vaut réserver longtemps à l'avance. Mais les eaux vert émeraude du lac frôlant parfois les 30°C, son calme (les bateaux à moteur thermique sont interdits), ses deux îles si photogéniques et son environnement de montagnes le rendent irrésistible.

À voir

Maison du lac Artisanat et petite faim
(07 64 75 26 67 ; 572 rte d'Aiguebelette, Nances ; juil-août tlj 9h-18h, mai-juin et sept tlj 9h-12h30 et 14h-17h30, oct-avr lun-ven 9h-12h et 14h-17h). Au bord du lac d'Aiguebelette, ce bel espace héberge l'office de tourisme, mais aussi l'agréable salon de thé **Côté**

Château de Miolans

Lac (avr-sept tlj 9h-18h30, oct et jan-mars mer-dim 9h-18h, fermé nov-déc) qui assure une petite restauration, et une boutique qui met en avant l'artisanat local. Surveillez aussi le programme des expositions et des animations (concerts).

La Galerie du Tournant Galerie d'art
(06 11 30 30 19 ; www.lagaleriedutournant.fr ; Saint-Alban-de-Montbel ; avr-oct ven-dim 14h30-19h). Aménagée, en plein virage en effet, dans une ancienne grange, cette galerie associative expose des artistes contemporains. Sculpture, peinture, art brut, céramique et installations diverses.

Activités

Baignade

Le lac compte sept plages, payantes en saison (adulte/enfant 2,50-6/1-4 €). Nous recommandons celle du **Sougey** (rive ouest) pour sa vue, celle de **Lépin-le-Lac** (rive est) pour les activités proposées et celle d'**Aiguebelette** pour son ensoleillement jusqu'au crépuscule.

Lac d'Aiguebelette

AURÉLIEN ANTOINE / STOCK.ADOBE.COM ©

Activités nautiques

Pour vous échapper un moment sur le lac à bord d'un bateau à moteur électrique, d'un pédalo, d'un canoë ou d'un patino (petite barque à rames pour deux), contactez **Le Farou** (06 82 18 17 15 ; Maison du lac, Nances ; patino 15 €/heure, pédalo 23-30 €/heure, bateau élec 84-94 €/2 heures ; juin-août).

À Nances également, **Vertes Sensations** (04 79 28 77 08, 06 50 69 77 08 ; www.vertes-sensations.com) propose une large gamme d'activités : canoë-kayak, stand-up paddle, mais aussi canyoning, via ferrata, location de vélo...

Tout ce que la France compte d'amateurs d'aviron semble se donner rendez-vous au lac d'Aiguebelette. L'**aviron-club d'Aiguebelette** (04 79 36 02 90 ; avironaiguebelette.fr ; 1011 rte des Plages, Novalaise) propose séances d'initiation et stages.

Balades et randonnées

Depuis la petite église de Saint-Alban se dévoile un superbe panorama sur le lac, ses îles et la montagne de l'Épine. Un chemin bordé de pâturages a été aménagé ; longeant le lac jusqu'à la **plage du Sougey**, il offre une promenade d'une vingtaine de minutes vraiment charmante.

La **combe du Grenand et son canyon** peuvent constituer une très jolie promenade familiale au départ de l'église de La Bridoire. Une boucle de 4 km permet de voir plusieurs cascades, des "marmites de géant" et de superbes **gorges**.

Les plus sportifs opteront pour le **tour du mont Grêle** (15 à 18 km, environ 6 heure 30) pour contempler le lac de haut (à 1 425 m) et marcher sur d'anciennes voies sardes et romaines. Les fiches randos sont téléchargeables gratuitement sur www.pays-lac-aiguebelette.com ou disponibles à la Maison du lac (1 €).

Pour des balades à trottinette tout-terrain électrique sur les hauteurs du lac, tentez **Trottexpérience** (06 75 49 31 32 ; www.trott-experience.com, à partir de 39 € par pers pour 1 heure).

Parapente

Contactez **Aiguebelette Parapente** (☎04 79 75 60 41, 06 99 12 73 62 ; www.aiguebeletteparapente.fr ; 284 av. du Goutier, Novalaise) qui vous fera planer.

Où se loger et se restaurer

Pas moins d'une dizaine de campings ont fleuri en bord de lac. Nous recommandons le **Camping Bellevue** (☎04 79 36 01 48 ; bellevuecamping.com ; forfait 2 pers 19-21 € ; mi-avr à sept), familial, dont la disposition en terrasses offre une belle vue sur le lac à (presque) tout le monde, le **Camping Huttopia** (☎04 79 36 01 44 ; europe.huttopia.com ; 213 rte du Sougey, Saint-Alban-de-Montbel ; forfait 2 pers 33 € ; fin mars-début nov) pour ses sympathiques tentes prêtes à camper, chalets et roulottes (45-150 €), ou le **Camping Le Curtelet** (☎04 79 44 11 22 ; camping-le-curtelet.com ; forfait 2 pers 18-22 € ; mi-mai à fin sept), qui dispose d'une plage privée.

Hôtel Novolaise Plage — Hôtel-restaurant €€

(☎04 79 71 64 61 ; novalaise-plage.com ; 391 rte des Plages, Novalaise ; P). Un délicieux hôtel de charme avec plage privée, dont les chambres, petites mais décorées avec soin, donnent toutes sur le lac. Au sein de l'établissement, le restaurant Les Roselières est aussi très apprécié pour sa cuisine fine (plats 27-31 €, entrée-plat 40 €, plat et dessert 43 €, menus 48-58 €) et sa terrasse avec vue.

La Bageatière — Maison d'hôtes €€

(☎07 69 18 94 17, 04 79 65 95 61 ; www.labageatiere.com ; 55 rte de la Bageatière, Lépin-le-Lac ; d/tr/qua/5 pers 135-155/185/215/245 € avec petit déj ; table d'hôtes 38 € sur réservation ; P). Une très belle maison d'hôtes, très accueillante, avec quatre chambres fraîches et florales, un grand jardin, un potager pour la table d'hôtes, et un tas d'activités pour toute la famille (ping-pong, jeux de société, mölkky, badminton, espace détente, piscine chauffée, prêt de vélos… ou sieste dans les hamacs). Un bon rapport qualité/prix, vu les services !

Les Belles Rives — Restaurant les pieds dans l'eau €€

(☎04 79 36 05 03 ; www.lesbellesrives-aiguebelette.fr ; Le Port, Aiguebelette-le-Lac ; plats 18-28 €, menus 29,50-38,50 € ; tlj midi et soir, fermé oct-mai). Si, faute d'avoir réservé, vous ne trouvez plus de place sur la terrasse sur pilotis enchanteresse de cette adresse en bord de lac, ne soyez pas trop déçu : la grande cour ombragée sous les platanes est aussi très agréable pour profiter des fritures de perches et/ou de plats traditionnels bien travaillés. Service très efficace.

Renseignements

L'**office de tourisme du lac d'Aiguebelette** (☎04 79 36 00 02 ; www.pays-lac-aiguebelette.com) se trouve dans la **Maison du lac** (voir p. 179) et vend des fiches randos à l'unité, téléchargeables aussi sur le site Internet.

Saint-Genix-sur-Guiers

Aux confins de l'Isère et de l'Ain, cet ancien village-frontière entre Savoie et Dauphiné a perdu ses fortifications, mais conserve un joli centre médiéval. Un parcours pédestre dans ses ruelles permet de se familiariser avec les personnages ayant marqué l'histoire locale, notamment le contrebandier Louis Mandrin.

À voir et à faire

Le Repaire Louis-Mandrin — Histoire locale

(☎04 76 31 63 16 ; www.repaire-mandrin.fr ; 47 rte de Pont-de-Beauvoisin, derrière la mairie ; tarif plein/réduit 5/3 € ; juil-août lun-sam 10h-12h30 et 14h-18h, reste de l'année voir sur le site Internet). Ce musée familial se présente sous la forme d'un parcours interactif d'une heure, vous entraînant à travers caches, bois et tavernes fréquentés par le "contrebandier au grand cœur" Louis Mandrin (1725-1755). Une mise en scène originale et non dénuée d'humour. Un film présente aussi l'histoire de la contrebande entre la Savoie et la France.

Château de Montfleury Site historique (☎06 08 02 17 91 ; www.chateau-montfleury.fr ; tarif plein/6-14 ans 8/4 € ; ⌚juil-août tlj 14h-18h, avr-juin et sept-oct sam-dim 14h-18h). À 8 km à l'est de Saint-Genix en allant vers le lac d'Aiguebelette et au nord de l'A43 se trouve cet étonnant château. Propriétaire des lieux depuis 1972, le fantasque Marc Prière s'est mis en tête de rénover cette maison forte médiévale, à l'architecture composite, qui servait de colonie de vacances depuis l'après-guerre. Artiste peintre, il a égayé so intérieur de tableaux, et amassé une collection d'armes rares et anciennes, ou encore des vélocipèdes par centaines recouvrant les murs d'une des pièces de ce dédale. Une visite passionnante !

Achats

Gâteau Labully Pâtisserie historique (☎04 76 31 63 02 ; pl. de l'Église ; ⌚mar-dim). C'est ici qu'a été inventé le fameux gâteau de Saint-Genix. Cette brioche aux pralines naquit vers le milieu du XIXe siècle grâce à Françoise Guillaud, qui fit découvrir cette recette à son pâtissier de mari, Pierre Labully. Celui-ci déposa la recette sous son nom, et non pas sous l'appellation saint-genix (méfiez-vous donc des pâles copies vendues un peu partout). Voilà pour l'histoire officielle. La légende, elle, remonte au IIIe siècle, lorsque la jeune Sicilienne Agathe eut l'outrecuidance de refuser les avances du proconsul romain. Son châtiment ? On lui coupa les seins. Mais le lendemain, les voici qui repoussèrent par miracle ! Après le rattachement de la Sicile au duché en 1713, la Savoie s'appropria la légende et le 5 février, jour anniversaire de la sainte, les femmes prirent l'habitude de préparer un gâteau en forme de sein, avec une belle praline en guise de téton !

Renseignements

L'**office de tourisme de Saint-Genix** (☎04 76 31 63 16 ; www.pays-lac-aiguebelette.com) se situe dans le même bâtiment que le Repaire Mandrin.

MASSIF DE LA CHARTREUSE

Son nom évoque un ordre monastique et deux liqueurs (une jaune et une verte) fabriquées côté Isère (voir p. 296). Mais pour les passionnés d'activités de pleine nature, la Chartreuse, c'est avant tout un parc naturel régional des plus verdoyants et un formidable massif préalpin parcouru de rivières où s'adonner pêle-mêle à la randonnée, au cyclisme, au ski, à la varappe... Un paradis tout indiqué pour venir chercher adrénaline, émerveillement et de la fraîcheur, même en pleine torpeur estivale.

Environs du mont Granier

Depuis Chambéry, la silhouette du mont Granier (1 933 m), maintes fois remodelée au gré d'éboulements successifs, se laisse déjà contempler. Le plus funeste d'entre eux eut lieu en 1248 et marqua durablement toute la région. Après des pluies diluviennes, tout un pan du mont se détacha, provoquant un gigantesque glissement de terrain qui toucha 15 villages et causa la mort de 5 000 personnes. Selon la légende, les dégâts se seraient arrêtés juste au niveau de l'actuelle vierge dorée de l'**église Notre-Dame de Myans**. Dans la crypte, allez voir la Vierge noire sculptée dans le bois, une rareté qui daterait du XIIe siècle.

Aujourd'hui, les éboulis du Granier forment le substrat de vignes où s'épanouissent deux crus parmi les plus célèbres de Savoie : **apremont** et **abymes**, deux noms évocateurs pour qui connaît le passé tourmenté de cette région. Pour vos dégustations, misez sur le domaine de Jean-François Maréchal, alias **Le P'tiou Vigneron** (☎04 79 28 36 23 ; www.marechal-apremont.com ; coteau des Belettes), qui exploite une dizaine d'hectares en coteau et propose le gîte et le couvert. Si vous cherchez des vins bio, direction le **domaine Adrien Dacquin** (525 ch. de Pierre-Hachée, Les Marches ; domainedacquin.free.fr ; ⌚sur rdv).

Saint-Pierre-d'Entremont

À deux pas de là, ménagez-vous une belle pause baignade et/ou pique-nique au **lac de Saint-André**, toisé par le mont Granier et ceinturé de vignes, accessible à vélo depuis Chambéry (en suivant la boucle du lac de Saint-André n°20, balisée en vert). Enfin, la ferme pédagogique **Aux Fruits de la Treille** (www.auxfruitsdelatreille.com ; 228 rte des Échelards, Myans) est tout indiquée avec des enfants (jus de fruits, animations ludiques...). Elle propose des gîtes et accueille les camping-cars.

Les Entremonts en Chartreuse

Cette partie du massif de la Chartreuse est frontalière avec l'Isère, dont elle est séparée par les gorges du Guiers vif. Plébiscitée par les familles et les amoureux de nature, elle recèle les villages les plus actifs et touristiques du secteur, à l'image de Saint-Pierre-d'Entremont (en Isère) et d'Entremont-le-Vieux, aux portes du domaine skiable du Désert d'Entremont et du joli village de Corbel.

À voir et à faire

Désert d'Entremont Ski et randonnée

(ski-alpin-chartreuse.com et www.entremonts.fr). Dans un site superbe face au mont Granier, au-dessus d'Entremont-le-Vieux, ce petit domaine skiable familial se prête à l'initiation, au ski de fond et aux sorties en raquettes.

Corbel Village

Cet adorable village, à seulement 11 km d'Entremont-le-Vieux, offre un cadre particulièrement apaisant et préservé. Sa petite église Saint-Jean-Baptiste, refaite au XIXe siècle dans le respect d'un édifice ancien, est éclairée par des vitraux créés par Arcabas (voir p. 297) en 1997. Un système sonore permet d'entendre l'artiste présenter son œuvre. Plusieurs départs de randonnée sont fléchés depuis le village, notamment sur le tracé du GR®9. Promenez-vous aussi dans le petit jardin communal entretenu par des bénévoles et admirez le panorama sur les gorges du Frou.

Musée de l'Ours des cavernes — Entremont-le-Vieux

(04 79 26 29 87 ; musee-ours-cavernes.com ; tarif plein/réduit/6-18 ans 7/6/4 € ; juil-août tlj 10h-12h30 et 14h-18h, mai-juin et sept lun-sam 14h-18h, oct-avr vac. scol. tlj 14h-18h). Situé à côté de la coopérative laitière d'Entremont-le-Vieux, ce musée récemment agrandi et rénové pour plus d'interactivité est consacré à l'ours des cavernes, plantigrade préhistorique qui hibernait dans les grottes des environs. La visite, ludique et didactique, s'adresse à tous et déçoit rarement.

Activités

Été

La Chartreuse est un paradis pour la **randonnée**. Pour des idées de balades de quelques heures ou à la journée, vous pouvez acheter dans les offices de tourisme le cartoguide édité par le parc naturel régional de Chartreuse (7 €) ou bien consulter le site www.chartreuse-tourisme.com. Plusieurs sentiers de randonnée sont indiqués depuis les abords de l'Auberge du Praz, au Désert d'Entremont. On peut par exemple rejoindre le village de Corbel, indiqué en 1 heure 35 par le GR®9, ou monter vers la **pointe de la Cochette**, avec un panorama qui s'étend par temps clair jusqu'au mont Blanc, en environ 3 heures aller-retour. Les sportifs aux pieds sûrs pourront se hisser sur la **Roche-Veyrand**, où les orchidées sauvages sont légion dès le printemps (8,6 km, 4 heures, niveau difficile avec passages très raides et aériens). Les amateurs d'**escalade** ou de **via ferrata** trouveront leur bonheur sur les falaises calcaires du massif. La **via ferrata de Roche-Veyrand**, près de Saint-Pierre-d'Entremont, est vraiment splendide. Avec ses ponts suspendus et ses passages vertigineux, elle peut se faire au gré de plusieurs variantes avec échappatoire selon le niveau.

Où se loger et se restaurer

Le Cozon — Camping €

(06 27 81 11 53 ; www.campingducozon.fr ; Saint-Pierre-d'Entremont ; empl/adulte/enfant 3,50/4,60/3,50 €, tente bivouac montée pour 2 pers 32 € ; Pâques à la Toussaint). À la sortie de Saint-Pierre-d'Entremont en direction de Chambéry, ce camping simple, accueillant et bien entretenu propose des emplacements et des tentes bivouac montées.

Le **camping de l'Ourson** (www.campingourson.com) ouvert toute l'année grâce à ses chalets, est installé à Entremont-le-Vieux.

L'Herbe Tendre — Gîte, chambres et restaurant €-€€

(04 79 65 14 76 ; herbetendre.fr ; Le Bourg, Saint-Pierre-d'Entremont ; 2/3 pers 60-90/85-110 €, petit déj 10 €, plats 17-24,50 € ; restaurant sept-juin mer-dim midi et soir, juil-août mer-lun midi et soir ; wifi). Côté hébergement, cette adresse qui remporte de bons échos propose des chambres doubles, et d'autres pouvant accueillir jusqu'à 4 personnes. Elles ont été récemment refaites et déclinent une décoration et un confort sobres, avec bois naturel et teintes claires. L'ensemble est proposé dans une approche de "gîte". Côté cuisine, les plats font la part belle aux produits locaux : fondue, raclette, filet de bœuf de Chartreuse ou truite du Guiers, gratin de ravioles, diots et crozets, fromages des Entremonts...

Auberge des Entremonts — Restaurant €-€€

(04 79 26 21 37 ; Entremont-le-Vieux ; plats 13-21 € ; tlj midi, juil-août midi et soir). Au cœur d'Entremont-le-Vieux, cette belle auberge se distingue par le fait qu'elle est un établissement d'aide par le travail, mais aussi et surtout par sa cuisine de terroir faite maison : belles salades, truite rôtie, pièce du boucher au bleu de Chartreuse, suprême de pintade. Concluez par un soufflé glacé... à la Chartreuse !

Pompon — Restaurant €€

(04 79 65 73 01 ; www.restaurantpompon.fr ; Corbel ; plats 14-17 € ; mer-sam 10h-minuit, dim 10h-18h). Avec sa terrasse panoramique située face à la Roche-Veyrand, difficile

de ne pas céder à l'appel de cette très bonne table qui fait dans la bistronomie joyeuse : tagliatelles aux morilles, tourte d'agneau à la bière et steak de thon aux agrumes lors de notre passage. Le choix à la carte est court (3 entrées, 3 plats et 3 desserts), mais c'est gage de qualité. Et vous accompagnerez facilement le tout de délicieux vins du cru et d'ailleurs, à tarif étonnamment sages.

Achats

Si vous aimez l'artisanat local, faites escale à la boutique de producteurs locaux (bijoux, cuir, cosmétiques, coutellerie, poterie, textile, produits du terroir...) de l'**office de tourisme de Saint-Pierre-d'Entremont** (04 79 65 81 90 ; www.chartreuse-tourisme.com ; boutiqueartisanale-chartreuse.fr ; 15 pl. de l'Église).

Coopérative laitière des Entremonts — Fromages

(04 79 26 20 55 ; ici-en-chartreuse.fr ; Entremont-le-Vieux ; lun 14h30-19h30, mar-dim 9h-12h30 et 14h30-19h). À la sortie d'Entremont-le-Vieux en direction du Désert, à côté du musée de l'Ours des cavernes, cette coopérative fédère une vingtaine de producteurs. Elle propose une belle gamme de fromages au lait cru, notamment plusieurs délicieuses tommes de vache. La boutique se double d'un petit espace de découverte (visite avec dégustation dès 2 €, visite des caves d'affinage 5,50 €, renseignez-vous sur le site Internet).

Cirque de Saint-Même

Seulement 2,5 km au-dessus de Saint-Pierre-d'Entremont, ce petit cirque verdoyant abrite de superbes paysages de cascades, ce qui explique sa surfréquentation estivale. Amphithéâtre naturel, intégré à la réserve naturelle des Hauts de Chartreuse, le cirque est bâti sur une hydrogéologie complexe, traversée par les eaux du Guiers vif. Le cours d'eau a ainsi créé plusieurs cascades, qui jaillissent dans ses parois hautes de centaines de mètres.

Deux sentiers en boucle permettent de découvrir le cirque : le **sentier du fond**

Cirque de Saint-Même

du cirque (facile, environ 30 minutes), qui part à plat vers le pied de l'amphithéâtre, et surtout le **sentier des cascades** (assez physique, environ 1 heure 30), qui figure à juste titre en tête de liste des motivations des visiteurs. Le tracé de ce dernier, balisé en jaune, monte parfois assez abruptement en sous-bois, sur un sentier empierré. La récompense est de croiser de belles cascades, notamment la bien nommée **Grande cascade**, qui justifie les efforts pour l'atteindre. Après elle (on l'atteint en 40 minutes environ si l'on suit le sentier dans le sens des aiguilles d'une montre), la descente est plus facile. Si vous souhaitez aller directement à la Grande cascade sans faire la boucle, le plus rapide est de parcourir le sentier en contournant le cirque dans le sens contraire des aiguilles d'une montre, en partant en face du restaurant Le Chalet du Cirque.

Une auberge-restaurant et un snack ouvrent sur place en saison, et le lieu est un spot de pique-nique familial apprécié. Afin de réguler la fréquentation estivale, un parking payant (voiture/moto 5/3 €) est mis en place de fin avril à septembre (le week-end uniquement en basse saison).

L'excès de visiteurs mettant en péril l'équilibre du site et gâchant fortement la visite, si vous le pouvez, venez en semaine ou le matin, ou en dehors des mois de juillet-août. Le site www.chartreuse-tourisme.com regorge d'autres idées de randonnées comme, tout près de là, le superbe **sentier du Cozon**, au départ de la même commune (10,7 km, 4 heures, niveau moyen). Au fil de l'eau, vous observerez des marmites de géant sculptées dans la pierre par la rivière Cozon, et de belles cascades.

Saint-Christophe-la-Grotte

Ce n'est pas une, mais **deux grottes** (☎04 79 65 75 08 ; grottes-saint-christophe.com ; tarif plein/5-14 ans 9,50/6,50 € ; 3796 rte de Chambéry ; ⏲horaires variables, fermé nov-mars) qui sont ouvertes au public (visite guidée) au-dessus du village de Saint-Christophe. On visite d'abord la grotte supérieure, dite "active" car encore parcourue par les eaux, avant de pénétrer dans la grotte inférieure, riche de concrétions et de marmites de géant, pour déboucher sur une passerelle offrant une vue imprenable sur la vallée du Guiers. On peut y pratiquer la spéléologie et même l'acrospéléologie, encadré par des moniteurs. Des spectacles historiques y ont lieu en juillet-août.

Entre les deux grottes, le **canyon du défilé des Échelles** est en accès libre (40 minutes aller-retour). Cette gorge, aménagée au XVIIe siècle en route carrossable par le duc de Savoie Charles-Emmanuel II, et appelée aussi "Voie sarde", fut abandonnée au profit du tunnel des Échelles, percé par Napoléon en 1804.

Pour accéder aux grottes et au canyon, deux solutions : le parking à l'entrée du tunnel de la RD1006 en venant de Chambéry, ou le parking du village de Saint-Christophe, à quelques centaines de mètres du pont Saint-Martin (sur la D46) surplombant le Guiers vif. Cette frontière naturelle départageait autrefois le duché de Savoie et la France, et aujourd'hui la Savoie et l'Isère.

AUTOUR DU LAC DU BOURGET

"Ô temps ! suspends ton vol..." C'est sur les bords du lac du Bourget que le poète Lamartine (1790-1869) écrivit ce fameux vers. D'où que l'on arrive, le plus vaste et le plus profond lac naturel de France frappe par sa beauté sauvage, et on comprend aisément qu'il ait inspiré les romantiques. Dominé par les Bauges à l'est et les contreforts sud du Jura à l'ouest, avec la dent du Chat au pied de laquelle est installée la magnifique abbaye d'Hautecombe (p. 197), il a vu Aix-les-Bains et son port d'eau douce (le plus important de l'Hexagone) se développer sur ses rives. En été, le lac attire de nombreux amateurs de sports nautiques, de montagne, d'activités autour du bien-être, ou simplement de baignade à 25°C !

Aix-les-Bains

Aix vient du latin *aquae*, les eaux... Aix-les-Bains, ou l'histoire d'un pléonasme qui prend tout son sens avec le double attrait du lac et des sources d'eau chaude, que les Romains furent les premiers à utiliser. Aujourd'hui troisième ville thermale de France, Aix tire toujours parti de ses atouts naturels et de son climat doux. Elle ne correspond peut-être plus à l'image de destination élégante qu'elle avait lorsque la reine Victoria, Lamartine et George Sand, ou encore les sultans et les maharajas y séjournaient, mais les somptueux palaces dans lesquels ces honorables visiteurs descendaient sont encore bien présents.

À voir

Casino Grand Cercle Mosaïque
(☎04 79 35 16 16 ; 200 rue du Casino). Nul besoin d'entrer dans la salle des machines à sous de ce casino inauguré en 1849 pour admirer, en levant la tête, un petit chef-d'œuvre : les cinq coupoles de la voûte, ornées d'une mosaïque de 1883 du Vénitien Antonio Salviati, trois millions et demi de petits cubes de verre sertis sur fond d'or.

Musée Faure Musée d'art
(☎04 79 61 06 57 ; 10 bd des Côtes). Cette belle villa à l'italienne du début du XXe siècle rassemble la deuxième collection d'œuvres de Rodin en France, avec 33 études et sculptures. Parmi les autres grands noms exposés au musée : Pissarro, Degas, Cézanne, Boudin ou encore Corot – excusez du peu ! Lors de notre passage, il s'apprêtait à fermer ses portes pour être rénové et agrandi, avec une réouverture prévue pour 2026 sous l'appellation "La Villa – Collection d'Art".

Arc de Campanus et temple de Diane Vestiges romains
Au Ier siècle de notre ère, Lucius Pompeius Campanus, membre d'une riche famille patricienne de la région, fit ériger l'**arc** de Campanus qui s'élève aujourd'hui dans un coin de la place de l'hôtel de ville (place Maurice-Mollard). On a pensé qu'il s'agissait d'un monument funéraire, mais c'était plus vraisemblablement une porte de la ville, avec les thermes en perspective.

Le **temple de Diane** est lui aussi romain, même si son appellation remonte au Moyen Âge, lorsque tous les monuments

Lac du Bourget

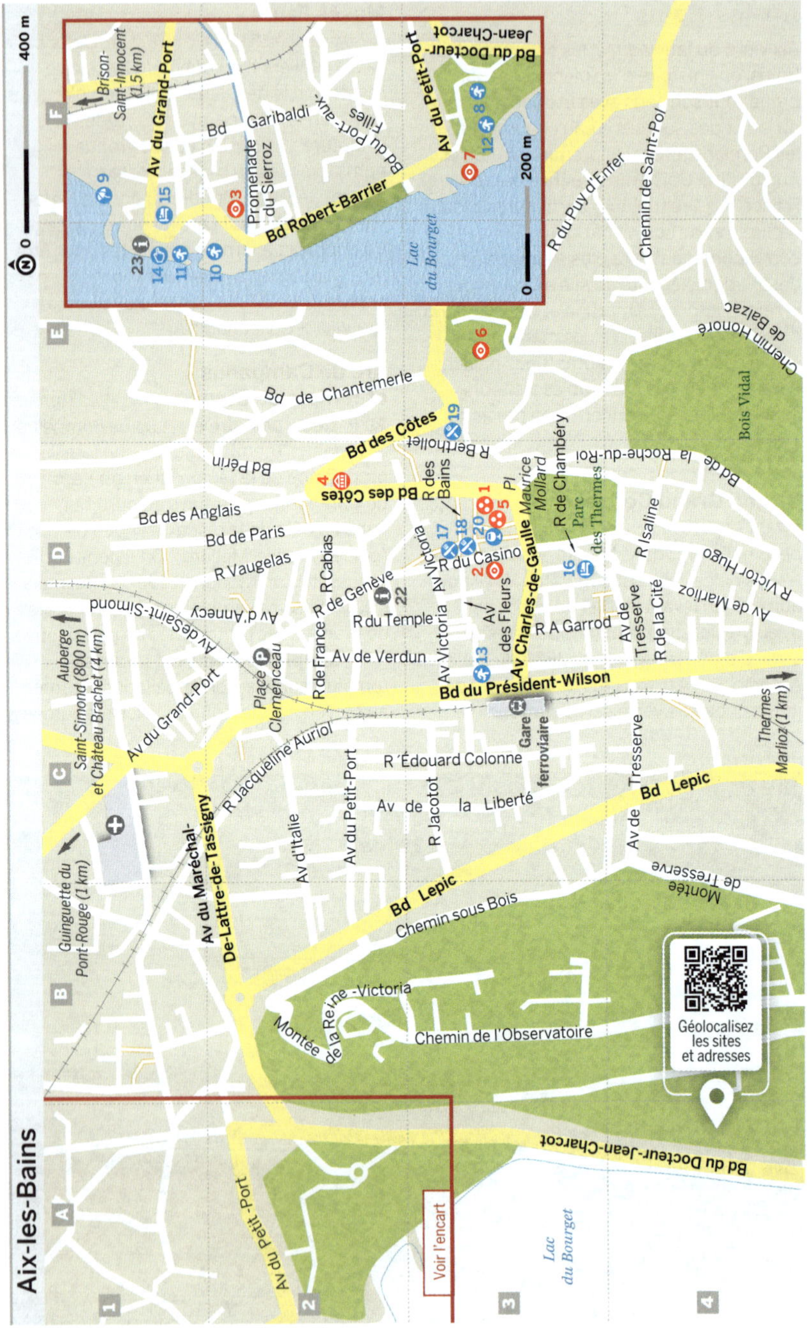

Aix-les-Bains
Lac du Bourget
Bd du Docteur-Jean-Charcot
Voir l'encart
Av du Petit-Port
Montée de la Reine-Victoria
Chemin de l'Observatoire
Géolocalisez les sites et adresses
Guinguette du Pont-Rouge (1 km)
Av du Maréchal-De-Lattre-de-Tassigny
Bd Lepic
Chemin sous Bois
Montée de Tresserve
Av d'Italie
Av du Petit-Port
R Jacotot
Av de la Liberté
R Jacqueline Auriol
R Édouard Colonne
Av de Tresserve
Gare ferroviaire
Thermes Marlioz (1 km)
Auberge Saint-Simond (800 m) et Château Brachet (4 km)
Av du Grand-Port
Place Clemenceau
R de France
Bd du Président-Wilson
Av Victoria
Av de Verdun
R du Temple
Av des Fleurs
Av Charles-de-Gaulle
R A Garrod
Av de Tresserve
R de la Cité
Av de Marlioz
R Victor Hugo
Av de Saint-Simond
Av d'Annecy
R de Genève
R Cabias
R Vaugelas
Bd de Paris
Bd des Anglais
R du Casino
Pl Maurice Mollard
R de Chambéry
Parc des Thermes
R Isaline
R des Bains
Bd des Côtes
Bd Périn
R Berthollet
Bd de la Roche-du-Roi
Bois Vidal
Chemin Honoré de Balzac
Bd de Chantemerle
R du Puy d'Enfer
Chemin de Saint-Pol
Brison-Saint-Innocent (1,5 km)
Av du Grand-Port
Bd Garibaldi
Promenade du Sierroz
Bd du Port-aux-Filles
Bd Robert-Barrier
Av du Petit-Port
Bd du Docteur-Jean-Charcot
Lac du Bourget
0 200 m
0 400 m
A B C D E F
1 2 3 4
1 2 3 4 5 6 7 8 9 10 11 12 13 14 15 16 17 18 19 20 22 23

Aix-les-Bains

À voir

1 Arc de Campanus ... D3
2 Casino Grand Cercle ... D3
3 Hôtel Adelphia ... F2
4 Musée Faure - La Villa – Collection d'Art ... D2
5 Temple de Diane ... D3
6 Thermes Chevalley ... E3
7 Aqualis ... F3

Activités

8 Aqualac ... F3
9 Plage de Mémard ... F1
10 Point Plage ... E2
11 Takamaka ... E1
12 Cap Vert ... F2
13 Vélodéa ... D3

Circuits organisés

14 Compagnie des Bateaux ... E1

Où se loger

15 L'Iroko ... E1
16 Maison Lina – Grand Hôtel du Parc ... D3

Où se restaurer

L'Aquarium ... (voir 7)
17 L'Évasion ... D3
18 Café des Bains ... D3
19 Le Sens Unique ... E3

Où prendre un verre et faire la fête

Le Lounge Bar ... (voir 2)
20 Vintage ... D3
M. Charles ... (voir 15)

Renseignements

21 Office de tourisme ... D2
22 Point information ... E1

en rapport avec les eaux étaient baptisés du nom de la déesse de la Nature.
Le monument et l'intéressant petit musée archéologique qu'il abrite sont inclus dans la mairie, et ne sont accessibles que pendant les visites guidées de l'office de tourisme.

Thermes et balnéothérapie — Détente ultime

Fermés en 2008, les **anciens thermes nationaux**, situés dans le centre historique dans un bâtiment classé, ont fait l'objet d'un concours d'architectes pour leur rénovation, et les travaux ont commencé en 2024. Des commerces et des logements doivent y voir le jour, tout en sauvegardant des éléments d'intérêt patrimonial (thermes romains, bains privés de l'Aga Khan III, parties Art déco et néoclassiques...).

C'est désormais sur les hauteurs de la ville, aux **thermes Chevalley** (04 79 35 38 50 ; www.valvital.fr ; 10 rte du Revard) que l'on soigne les rhumatismes, l'arthrose et les problèmes de circulation, avec une entrée possible au spa thermal (hammam, Jacuzzi, sauna...) pour les visiteurs individuels non-curistes.

L'eau froide d'une autre source, celle des **thermes Marlioz** (04 79 61 79 61 ; 111 av. de Marlioz), jadis fréquentés par Napoléon III et l'impératrice Eugénie, traite quant à elle les voies respiratoires.

Pour un moment de lâcher-prise, le spa du **domaine de Marlioz** (04 79 61 78 78 ; www.domainedemarlioz.com ; 111 av. de Marlioz ; entrée 20 € ; mar-ven, accès sur réservation de soin les week-ends) est tout indiqué, tout comme celui de l'**hôtel Adelphia** (04 79 88 72 72 ; www.adelphia.fr ; 215 bd Robert-Barrier ; 2/3 heures 27/32 €, accès au spa 2 heures si achat d'un soin de 60 € ou plus), face à la marina du Grand-Port.

Aqualis — Centre d'interprétation du lac

(04 79 70 64 69 ; aqualis-lacdubourget.fr ; 52 esplanade Jean-Murguet, Petit Port ; tarif plein/4-18 ans 3/2 € ; vac. scol. zone A tlj, visites à 14h30 et à 16h30, se renseigner le reste de l'année). Au rez-de-chaussée d'un ancien aquarium, ce petit musée interactif dévoile une partie de ce qui se passe sous la surface du lac du Bourget. Grâce aux visites accompagnées d'un médiateur, on en apprend beaucoup sur les poissons peuplant un lac qui atteint par endroits... 145 m de profondeur ! Nombreux ateliers, escape games et conférences : surveillez le programme !

Activités

C'est au Grand Port que sont installés la plupart des prestataires d'activités sur le lac. La ville est labellisée France station nautique grâce à son important club de voile, qui dispose en été d'un **Point plage** (06 60 81 11 48 ; 10h-19h30 tlj juil-août, sam-dim juin et sept) auprès duquel vous pourrez louer catamarans, paddles géants et canoës ou réserver des leçons. De l'autre côté du Grand Port, en venant de l'esplanade du lac, se situe l'agréable **plage de Mémard** (surveillée en juillet-août), bordée de roseaux et d'un grand parc arboré. Le parking d'accès donnant sur l'avenue du Grand Port est gratuit mais assez petit : les places y sont chères en été !

Bateau

Il est possible de naviguer sur le lac en autonomie en louant un bateau avec ou sans permis auprès du **Cap Vert** (06 64 81 73 00 ; www.capvert73.fr ; Esplanade, Petit Port ; 1 heure/4 heures 60/155 € ; juin-août à partir de 10h, avr-mai et sept-oct à partir de 13h).

Brison-Saint-Innocent

AURÉLIEN ANTOINE / STOCK.ADOBE.COM ©

Randonnée

Au départ de l'ancienne gare de Mouxy, à 3,5 km du centre d'Aix sur la D913 en direction du Revard, un joli sentier intitulé **Sur les traces de la crémaillère** permet de revivre l'époque de l'ancien train à crémaillère, qui circula de 1892 à 1937, entre Mouxy et le Revard. L'itinéraire permet d'admirer d'anciens ouvrages d'art. Parvenu au belvédère du Revard (voir aussi p. 199), on contemple tout le lac du Bourget et Aix-les-Bains. L'intégralité du sentier totalise 1 200 m de dénivelé, mais vous pouvez aussi vous contenter d'une boucle de 4 km (2 heures environ, niveau facile) depuis le point de départ intermédiaire de Trévignin. En saison, un bus permet de rejoindre ce départ. Pour retrouver ce parcours ou composer votre marche à la carte, procurez-vous la fiche rando correspondante à l'office de tourisme (0,50 €) ou retrouvez le détail de l'itinéraire sur www.aixlesbains-rivieradesalpes.com, rubrique randonnée.

Nous recommandons aussi la belle promenade de la **grotte aux Fées** (2 heures) qui, depuis les hauteurs de **Brison-Saint-Innocent**, petit village attenant au nord d'Aix, mène à travers la forêt de Corsuet jusqu'à un splendide point de vue sur le lac.

Pour une petite marche, un sentier piétonnier de 1,5 km en bord de lac relie le Grand Port à la **pointe de l'Ardre** (plage de Brison-Saint-Innocent).

Vélo

Une dizaine de parcours tous niveaux sillonnent les environs d'Aix-les-Bains. Le plus couru ? Le tour du lac (60 km, 4 heures 30), à condition d'être sportif ou de disposer d'un vélo électrique. Large, séparée de la route et bien indiquée, la voie verte permet d'aller jusqu'à Chambéry (17 km), ou de bifurquer vers Le Bourget-du-Lac. Le parcours débute en prenant la voie verte jusqu'au Bourget-du-Lac. On longe ensuite la rive ouest du lac sur une route peu empruntée jusqu'à Chanaz (p. 194), avec possibilité d'emprunter un tunnel cycliste pour éviter le dénivelé du col

VAUT LE DÉTOUR
Les plages du lac

Aussi grand soit-il, le lac du Bourget, sauvage, ne dispose que d'une petite dizaine de plages accessibles aux baigneurs.

- **Brison-Saint-Innocent (pointe de l'Ardre)** Vaste terrain herbeux en partie ombragé, donnant sur une plage de galets. Pétanque, volley, location de canoës et de pédalos. Parking payant en saison.
- **Plage de Châtillon** Petite plage située à l'extrémité nord du lac, près du village de **Chindrieux**, à côté du charmant port de Châtillon. Depuis Aix, longez le lac direction Chindrieux, puis suivez les indications gare-plage. Parking payant en saison. Deux restaurants.
- **Les Mottets** La plage familiale par excellence, avec jeux pour les enfants, barbecues, piste de roller/skate, et un espace pédagogique sur la roselière des Mottets, dans laquelle des cistudes ont été réintroduites. Accès payant en saison. Aux Viviers-du-Lac, sur l'axe Aix-Chambéry.

du Chat. Il est possible de retourner à Aix-les-Bains en bateau depuis Chanaz avec la Compagnie des bateaux Aix-les-Bains (voir ci-contre).

Pour louer des montures à tout petit prix, direction **Vélodéa** (☎ 04 79 88 94 39 ; classique/VAE 6/14 € la journée ; ⏲ avr-oct lun-sam 9h-19h, nov-mars lun-sam 10h-12h et 14h-18h), juste en face de la gare.

Aqualac Piscine et jeux
(☎ 04 79 61 48 80 ; pl. Daniel-Rops ; tarif plein/3-17 ans 5,40/4,40 €, entrée piscine et aller-retour en bus 7 €). Au sud du Petit Port, ce complexe concentre de nombreuses activités (trampoline, volley, badminton...) autour de plusieurs piscines (ludique, olympique en plein air et de 25 m couverte). Sur place, le **Restaurant de la Plage** sert notamment des salades copieuses.

Takamaka Sports de plein air
(☎ 04 79 35 45 36 ; www.takamaka.fr ; 65 bd du Lac, Grand Port ; ⏲ tlj mai-sept). Canyoning, rafting, parapente (105-159 € selon vol)... Ces spécialistes des sports de plein air sont très polyvalents. Location de vélos et de canoës.

Circuits organisés

L'office de tourisme (p. 194) propose une intéressante **visite guidée sur le thème des anciens palaces** édifiés à la Belle Époque (tarif plein/réduit 8/6 €, durée 1 heure 45, sur réservation, départ devant l'entrée du Splendid au 31 rue Georges-Ier).

Compagnie des Bateaux Croisières
(☎ 04 79 63 45 00 ; www.bateaux-aixlesbains.com ; Grand Port ; ⏲ tte l'année). Parmi les différentes croisières sur le lac proposées (avec restauration, soirées à thème...), la plus populaire reste celle vers l'abbaye d'Hautecombe qui permet d'y faire escale pour une **visite** (tarif plein/4-12 ans 17,50/12,50 € visite de l'abbaye non incluse, à réserver au préalable et à régler sur place ; ⏲ plusieurs départs par jour en juil-août).

Où se loger

L'Iroko Hôtel **€€**
(☎ 04 79 63 40 95 ; www.hotel-iroko.com ; pl. du Président-Édouard-Herriot, Grand Port ; s/d/tr/qua 84-159/94-164/120-195/166-245 € selon confort et saison ; petit déj buffet adulte/4-11 ans 15/7,50 € ; 📶 🅿). Un établissement très bien situé sur le Grand Port, dont 3 des 23 chambres donnent sur le lac. Classiques, égayées par des œuvres africaines (d'où le nom de l'hôtel emprunté à un arbre du Mali), elles disposent presque toutes d'un petit balcon. Accueil très aimable, mini-bar gratuit avec jus de fruits et eaux minérales et parking privatif figurent parmi les plus non négligeables. Le copieux petit déjeuner vous donnera envie d'escalader des sommets.

SI VOUS AIMEZ...
Les beaux panoramas

Outre le belvédère du Revard (p. 199), voici quelques sites spectaculaires.

- **Belvédère de la Chambotte** Depuis Saint-Germain-la-Chambotte, on rejoint cet à-pic au-dessus du lac du Bourget par une route étroite. à gauche du restaurant **Le Belvédère** (04 79 88 44 06 ; belvedere-la-chambotte.com ; plats 27,50-34,50 €), fort recommandable, un sentier dans la forêt mène en 2 minutes à un point de vue sauvage.
- **Relais du Chat** Depuis Le Bourget-du-Lac, la route mène jusqu'à cette antenne-relais. De là, on fait face au massif des Bauges et au mont Blanc, avec le Revard au premier plan. Le restaurant le **Relais des Aigles** (www.restaurantdesaigles.fr ; menu midi 26 €, autre menu 28 €), une sympathique escale propose jeux de piste et accrobranche. Un sentier d'une heure mène jusqu'au **Molard Noir** (facile) ou à la **dent du Chat** (difficile), avec à la clé des panoramas à 360°.
- **Croix du Nivolet** Du haut de ses 1 547 m, elle domine tout le bassin chambérien. On l'atteint depuis Le Sire, à La Féclaz (facile, 2 heure 30 aller-retour), ou depuis le lavoir de Lovettaz, à Saint-Jean-d'Arvey (difficile, 4 heures).
- **Belvédère d'Ontex** Sur la côte ouest du lac du Bourget, sur la D914, il offre une splendide vue sur l'abbaye d'Hautecombe (p. 197).

Dent du Chat

Auberge Saint-Simond Hôtel-restaurant **€€**

(04 79 88 35 02 ; www.saintsimond.com ; 130 av. de Saint-Simond ; d 88-170 €, pers supp 15 €, petit déj 14 € ; menu midi 27 €, autre menu 43 €, salades composées 19,50-22 € ; restaurant tlj sauf dim soir et lun midi ;). À 1 km du centre, voici un établissement excellemment tenu et chaleureux. Cuisine raffinée et présentation soignée, en salle ou en terrasse à l'ombre des platanes, chambres modernes et piscine chauffée dans le parc. La rue, très passante en journée, peut néanmoins être bruyante.

Maison Lina – Grand Hôtel du Parc Quatre-étoiles **€€€**

(06 12 60 10 05 ; www.maison-lina.com ; 28 rue de Chambéry ; d 140-270 €, suite 200-410 €, petit déj buffet 23 € ; 13 €/jour). Ce splendide établissement a fait peau neuve pour rouvrir en 2024 après deux années de rénovation, et quelle réussite ! Les 28 chambres, toutes uniques et plus élégantes les unes que les autres, rendent hommage au cinéma, à la femme et à la mode. Mention spéciale pour le lounge bar **M. Charles** (tlj 8h30-22h30, plat du jour à moins de 20 €), le restaurant gastronomique **Léo-Paul** (menus 39-95 € ; mer-dim), l'adorable jardin d'hiver et le petit spa Mélina, intimiste à souhait.

Château Brachet Luxe **€€€**

(04 58 62 01 01 ; www.chateaubrachet.com ; 48 imp. des Couduriers, Grésy-sur-Aix ; ch 200-600 €, petit déj 25-29 € ; formule midi 39 €, soir 65-97 € ; restaurant tlj mar-mer ;). Avec ses cinq étoiles bien méritées, la villa du docteur Brachet – médecin star des têtes couronnées du XIXe siècle en villégiature – fait revivre les fastes de la Belle Époque outre-Manche. Chambres hyper confortables, cuisine gastronomique, terrain de tennis, parcours de golf, sauna, hammam... rien ne manque.

Où se restaurer

Café des Bains Brasserie **€-€€**

(04 79 34 89 36 ; www.cafedesbainsaix.fr ; 9 rue des Bains ; formules petit déj 8-19,50 €,

plats du jour 15-23 €, plats 15-28 € ; mar-jeu 8h-15h, ven-sam 8h-15h et 19h-22h, fermé sam soir jan-mai). Dans une rue piétonnière du centre-ville, ce café datant de 1881 est une de nos terrasses préférées d'Aix et la salle décorée façon bistrot a aussi son charme. On y vient à toute heure (café, petit déjeuner, apéritif...) et au moment des repas pour savourer une cuisine simple et savoureuse (burgers, salades composées, tartares, plats mijotés) et céder à un dessert pâtissier de très belle facture (vacherin glacé, tarte citron meringuée, chocolat sous toutes ses formes...).

L'Évasion — Inventif €€

(04 79 61 38 16 ; 12 rue des Bains ; plats 17-25 € ; lun et ven-sam midi et soir, mar, jeu et dim midi). Tables espacées, fauteuil en daim, parquet en chêne... Le cadre apaisant de cette petite adresse de centre-ville est de parfait augure pour déguster des plats mitonnés avec beaucoup d'astuces. Agrémentés de coriandre, de vinaigrette à la figue ou de pâte de curry, les poissons ou tartares du moment, toujours à la carte, sont un vrai régal.

L'Aquarium — Poissons €€

(04 79 53 26 22 ; www.brasserielaquarium.com ; 1250 bd Robert-Barrier, Petit Port ; formule midi 26 €, menu midi 29 €, autre menu 46 €, plats 22-42 € ; mar-sam midi et soir, dim midi). En couple ou entre amis, on s'installe sur la terrasse aérée de ce bâtiment Art déco d'une blancheur éclatante pour partager à l'apéritif une assiette (huîtres, escargots, crevettes à la thaï...) ou pour un menu complet faisant honneur au poisson. Quand le soleil se couche sur le lac et que l'on se laisse bercer par les bateaux du Petit Port qui tanguent au premier plan... l'endroit est idyllique.

Le Sens Unique — Bistronomie €€

(04 79 61 21 09 ; www.galliahotel.fr ; menu midi 28 €, autres menus 49-66 €, plats 24-36 € ; mar midi, jeu-lun midi et soir). Aux beaux jours, réservez absolument votre table sur la délicieuse terrasse fleurie, bien à l'écart de la rue. On se régale ici d'une cuisine de marché audacieuse qui se fait tantôt économique, avec une formule midi à prix très doux, tantôt exubérante, avec le homard rouge et son risotto crémeux aux girolles ou le pigeon royal rôti au sautoir. Une excellente adresse !

Où prendre un verre

Tout au long de la journée, l'ambiance feutrée et raffinée du lounge bar **M. Charles** de la Maison Lina (voir page ci-contre) est une excellente option. L'été, la terrasse de la **Guinguette du Pont-Rouge** (guinguettepontrouge.com ; 151 av. du Grand-Port ; mer 18h-minuit, mer-sam 12h-15h et 18h-1h, dim 12h-17h) est l'une des plus festives du secteur (concerts, soirées à thème...).

Vintage — Bar à vins

(04 79 61 05 04 ; www.vintagebaravins.com ; 13 rue Albert-Ier ; mar-sam 18h-1h30). Les fûts installés sur le trottoir sont le théâtre de fameux apéros-tapas. Quelque 500 références de vins, ceux de Savoie étant dignement représentés. Si ça vous a plu, passez à la boutique, La Réserve, au n°11 de la rue.

Le Lounge Bar — Cocktails

(04 79 35 03 57, 06 10 14 86 67 ; www.leloungebar.fr ; 200 rue du Casino ; fermé le mer). À partir de 18 heures, la terrasse couverte du restaurant occupant l'une des ailes du casino se transforme en bar à cocktails. La carte affiche plus de 40 spécialités. À l'intérieur dans une salle baroque à la moquette moelleuse, le restaurant Le Carré d'As propose des plats honnêtes... à condition d'avoir le temps.

Achats

Pour faire d'heureuses emplettes et goûter aux produits du terroir savoyard, ne manquez pas le **marché** du mercredi et du samedi sur la place Clemenceau et dans les halles couvertes, chères aux Aixois depuis 1911.

Les vins de Chautagne

S'étirant sur environ 60 km^2, la petite région viticole de la Chautagne se déploie de Seyssel (en Haute-Savoie) jusqu'au nord du lac du Bourget, où la vigne tapisse les rives orientales et occidentales du lac. Dans cette ancienne cuvette glaciaire devenue une plaine alluviale fertile, les reliefs jurassiens font place à la molasse et la vigne s'épanouit sur des collines le plus souvent orientées nord-sud, jouissant d'une arrière-saison chaude. Pour découvrir ces vins étonnants, dont beaucoup sont réalisés en travail raisonné et après des "vendanges en vert", rendez-vous au **Caveau de Chautagne** (04 79 54 27 12 ; www.caveau-chautagne.com ; 47 impasse de la Cave, Ruffieux ; lun-sam 9h-12h 14h-19h, dim 10h-12h et 14h-19h, non-stop en juil-août), qui réunit une trentaine de vignerons. Du côté des rouges et des rosés, vous retrouverez les cépages gamay, mondeuse, pinot noir et cabernet. Pour les blancs, place au jacquère, à l'altesse (ou roussette), au chardonnay et au veltliner (ou malvoisie). Le Caveau propose sur place un petit **parcours de visite sensorielle** (gratuit) sur le thème des vins de Savoie et une **balade vigneronne** au cœur des vignes à effectuer en autonomie, avec pique-nique (23 € pour deux, à réserver une semaine à l'avance).

Vous pouvez aussi rendre visite à la multimédaillée **Cave du Prieuré** (04 79 44 02 22 ; www.caveduprieure.com ; 3447 rte des Vignobles ; lun-sam 14h-18h), sur les pentes nord-ouest du mont du Chat, à Jongieux. C'est là qu'est produit le plus ancien cru de Savoie, le marestel. Pas de meilleure adresse pour déguster ce blanc de cépage altesse !

Renseignements

Outre un **office de tourisme** (04 79 88 68 00 ; www.aixlesbains-rivieradesalpes.com ; 8 rue du Casino) en centre-ville, Aix-les-Bains dispose de deux **points informations** : l'un au **Grand Port** (04 79 34 15 80), l'autre au **Petit Port** (04 79 70 64 69) à l'entrée d'Aqualis.

Depuis/vers Aix-les-Bains

À 25 minutes de Chambéry en voiture, Aix jouit des mêmes avantages : le **TGV** direct pour Paris (en 3 heures), et la proximité de l'**autoroute A41**.

Comment circuler

La ligne 1 du réseau **Ondéa** (www.ondeagrandlac.fr ; 1,60 € le trajet) relie le Grand Port au centre-ville en 15 minutes en passant par le Petit Port avant de continuer vers Le Bourget-du-Lac.

Chanaz

Traversé par le canal de Savières, exutoire naturel du lac du Bourget vers le Rhône, ce coquet village de 500 habitants, en plus de son tourisme fluvial, compte sur ses boutiques d'artisanat pour séduire les visiteurs (très nombreux en été). Chanaz est un village de Chautagne, cette microrégion marécageuse du bout du lac riche d'une des plus importantes peupleraies d'Europe et d'un beau vignoble (voir l'encadré ci-contre). Le village est beaucoup fréquenté par les cyclistes qui empruntent la ViaRhôna et rallient ensuite Belley, à 15 km de là, dans l'Ain. Chaque fin d'été, le festival **Batôjazz** (www.batojazz.com) permet d'écouter des artistes de jazz en voguant sur l'eau.

À voir et à faire

Pour louer vélos, canoës ou paddles et explorer le secteur, contactez **Prolynx sports** (06 95 00 84 23 ; www.chanazloisirs.com ; Marina des îlots ; demi-journée vélo/VAE/canoë/paddle 15-17/28-31/14-36/18-20 € ; juil-août tlj 10h-19h, mai-juin et sept sam-dim).

ALEXANDRE LENOIR ©

Canal de Savières à Chanaz

Moulin à huile Démonstration

(☎04 79 54 56 32 ; www.moulindechanaz.com ; ch. de la Fontaine ; ⏲mai-sept mar 14h-17h, mer-sam 11h-17h, dim 11h-16h, reste de l'année voir sur site Internet). Restauré comme à l'origine, ce moulin à eau de 1868 est dit "à huile", le moulinier y produisant de l'huile de noix et de noisette, dans un rituel immuable auquel il vous sera donné d'assister. Riches explications et vente de produits régionaux (craquez pour les délicieux chouchous ou la confiture de noisettes !).

Musée gallo-romain de Chanaz Histoire locale

(☎04 79 52 11 84 ; www.chanaz.fr ; rue du Chef-Lieu ; entrée libre ; ⏲juil-août tlj 14h-18h, mi-avr à juin et sept à mi-oct lun et ven-sam 14h30-17h30, dim 14h-18h). Installé dans une chapelle gothique du XVᵉ siècle, ce petit musée raconte l'histoire du village potier de Portout (à 3,5 km de Chanaz), très actif dans l'Antiquité, et expose les beaux bijoux et objets trouvés lors des fouilles. Atelier de création de poteries pendant les vacances (dès 4 ans).

Où se loger et se restaurer

Le Doux Nid Maison d'hôtes €€

(☎04 79 63 22 14, 06 32 86 97 61 ; le-doux-nid.com ; 501 rte du Canal ; ch 70-135 € avec petit déj ; wifi). Cinq chambres très soignées aux thèmes bien marqués, dans un ancien relais de poste du XVIIIᵉ siècle, en plein cœur du village. Les deux plus chères donnent sur le canal. Espace bien-être avec Jacuzzi et petit déjeuner copieux, à l'image des plats du restaurant **Le Relais Gourmand**, tenu par le propriétaire en bas de la maison et disposant d'une belle terrasse sur le canal. Local vélo fermé et possibilité de louer un van aménagé pour explorer les environs.

Auberge de Savières À fleur d'eau €€

(☎04 79 54 56 16 ; savieres.com ; 545 rte du Canal ; plats 22-30 €, menus 33-35 € ; ⏲juil-août dim et lun le midi, fermé mar, mer-sam midi et soir, se renseigner hors saison ; wifi P). En bord de canal, quel plaisir de déguster de fameuses cuisses de grenouille, des plats de poisson raffinés ou l'excellent burger veggie et ses frites de patate douce, en regardant passer les embarcations... Sans doute la table la plus agréable du village. Veillez à réserver, car cela se sait !

Domaine des îles de Chanaz Chalets lacustres et camping €

(04 79 54 58 51 ; www.chanaz.fr/domaine-des-iles ; 681 rte de l'Écluse ; empl. tente 17,70-22,80 € avec élec, chalets 1-4 pers/5-6 pers 83-135/104-156 €). Posé à l'embouchure du canal de Savières, ce camping propose des chalets sur pilotis disposant de tout le confort nécessaire. Expérience amusante que de manger sur la terrasse au-dessus des eaux et d'amarrer son canoë-kayak au pied de son logis. Tentes safari, écolodges, roulottes bohèmes viennent compléter la gamme des hébergements en dur, mais vous pouvez aussi poser votre tente.

Shana Hôtel & Résidence Hôtel €€

(04 58 39 01 15 ; shanahotel.fr ; 796 rte de l'Écluse ; d/tr 105-153/130-227 € ;). Dernier né des établissements hôteliers de Chanaz, cette adresse est l'une des rares du secteur à disposer d'une piscine extérieure (petite mais agréable). Ses 25 chambres, décorées dans les tons clairs avec motifs naturels, sont coquettes – les lits *king size* sont particulièrement confortables. Sur place, le **Bar gourmand** assure une petite restauration à partir de plats traiteur (formule entrée-plat-dessert 28 €). Location de studios et appartements. Local vélo sécurisé.

Achats

Amarrée sur le canal de Savières près du pont, l'immanquable **Péniche aux Abeilles** (04 79 54 24 03 ; lapenicheauxabeilles.fr ; 26 rue de la Passerelle) est l'endroit parfait pour acheter des produits du terroir, en particulier de savoureux miels et les gourmandises les accompagnant.

La Brûlerie de Chanaz Thé ou café ?

(06 75 84 23 70 ; www.bruleriedechanaz.com ; 82 montée du Fort ; avr-oct tlj 10h30-12h et 14h-18h, nov-mars lun-mar). Dans une cave du XVe siècle réhabilitée, cet artisan torréfacteur propose un beau choix de cafés et de thés et saura vous conseiller au mieux selon vos goûts. Produits régionaux également.

Bières du Biez Brasserie artisanale

(04 79 52 22 19 ou 06 59 47 93 80 ; www.brasserie-de-chanaz.fr ; 136 rte du Canal ; lun-ven 8h-12h30 et 14h-17h). Blondes, brunes, ambrées type Barley Wine, blanches, bières de saison... Difficile de ne pas trouver une bière à son goût chez cet artisan brasseur qui fabrique aussi de la limonade (citron ou orange) et du tonic. La production s'effectue à quelques encablures de la boutique (à l'entrée du village, à 50 m après l'église). Le week-end, on retrouve l'artisan aux halles couvertes du marché d'Aix-les-Bains.

Circuits organisés

Plusieurs compagnies se disputent le marché des croisières sur le canal, un incontournable à ne pas manquer ! **Chanaz Croisières** (04 79 35 88 85 ; www.chanaz-croisieres.fr) organise des balades de 1 à 2 heures entre lac et écluse, à bord d'un original et silencieux bateau électrique à aube. Ce prestataire loue aussi des bateaux électriques sans permis (95 € la demi-journée) et des canoës (12-20 € la demi-journée). **Bateaucanal** (04 79 54 51 80 ; www.bateaucanal.com) offre un programme plus complet, et des croisières-repas.

Renseignements

Point d'information touristique de Chanaz

(04 79 54 59 59 ; www.chanaz.fr ; pl. Antoine-Gianetto)

Le Bourget-du-Lac

À l'extrémité sud du lac, Le Bourget affiche le visage tranquille d'une petite station touristique, axée sur les sports nautiques et la randonnée.

À voir

Un **sentier piétonnier** de 1,5 km relie les principaux sites d'intérêt.

À NE PAS MANQUER

L'abbaye d'Hautecombe

À 24 km du Bourget-du-Lac et à 26 km d'Aix-les-Bains, cet ancien monastère cistercien est le joyau d'une rive lacustre par ailleurs des plus sauvages. Fondée en 1139, l'abbaye a connu son âge d'or aux XIIIe et XIVe siècles, jouissant d'une grande puissance séculière et d'un intense rayonnement spirituel. Transformée en faïencerie après la Révolution, elle fut réoccupée par les Cisterciens puis par les Bénédictins, jusqu'à l'installation en 1992 d'une communauté catholique œcuménique (la communauté du Chemin neuf).

L'église, l'un des deux seuls bâtiments ouverts au public, se visite avec un audioguide détaillant son histoire et son exubérance architecturale. Elle a été presque entièrement reconstruite au XIXe siècle, dans le style troubadour, sorte d'imitation kitsch et idéalisée du Moyen Âge, très en vogue à l'époque. D'où un décor ultrachargé en sculptures, à l'opposé complet de la sobriété cistercienne ! L'abbaye est aussi connue pour être la nécropole des comtes et ducs de Savoie, une quarantaine d'entre eux s'y étant fait inhumer jusqu'au XVIe siècle.

À voir également, la grange batelière du XIIIe siècle, dont les arcades voûtées accueillaient les bateaux chargés des récoltes en provenance des terres de l'abbaye situées de l'autre côté du lac. Elle servait à stocker le grain et la farine. Expositions et concerts y sont régulièrement organisés.

Infos pratiques

Abbaye (☎04 79 54 26 12 ; hautecombe.chemin-neuf.fr ; Saint-Pierre-de-Curtille ; visite de l'église tarif plein/réduit 4,50/2,50 €, gratuit -18 ans ; ⏲juil-août tlj sauf mar 10h-11h15 et 14h-17h ; hiver mer-dim 10h-11h15 et 14h30-17h). **Des bateaux permettent d'accéder à l'abbaye par voie lacustre depuis Aix-les-Bains ou Chanaz** **(voir p. 191 et page ci-contre).**

SI VOUS AIMEZ...

Les microaventures

Envie de sortir des sentiers battus et de partir pour une expérience insolite en pleine nature ? Optez pour une de ces trois possibilités sur le lac du Bourget ou à proximité :

- **Arpenter la côte sauvage en packraft** Depuis l'abbaye d'Hautecombe, **Blue Secret** (07 65 23 02 89 ; blue-secret.com) vous emmènera randonner jusqu'à une crique isolée où vous gonflerez votre kayak avant de partir explorer le lac avec de belles pauses baignades.
- **Via ferrata du Roc de Cornillon** Avec 2 parcours possibles (1 heure et/ou 45 minutes), elle est idéale pour s'initier et offre des panoramas à couper le souffle sur le lac. Départ depuis La Chapelle-du-Mont-du-Chat.
- **S'initier à la plongée ou à l'apnée** À Chindrieux, Laurent Touret, d'**Into the Blue** (06 52 83 16 28 ; intothebluechindrieux.com) transmet avec brio sa passion pour la faune et la flore lacustres.

En centre-ville, le **prieuré** (XIe siècle), doté d'une très belle bibliothèque avec un plafond en cuir de Cordoue, n'est accessible que sur **visite guidée** (04 79 88 68 00 ; tarif plein/12-18 ans 6/5 €, visite couplée avec le château de Thomas II 8/6 € ; été jeu 9h30-10h30). Ses jardins et sa remarquable **église Saint-Laurent** sont quant à eux ouverts toute l'année (ne manquez pas la crypte romane).

Dans la foulée, à 1 km de là, allez visiter le **château de Thomas II** (mêmes tarifs que le prieuré ; été jeu 11h-12h), bâti au XIIIe siècle par le comte de Piémont, et qui, dévasté par un incendie au XVe siècle, n'a gardé qu'une de ses quatre tours originelles.

À quelques centaines de mètres débute un **parcours ornithologique avec un observatoire** ouvrant sur le marais, le lac et les montagnes.

Activités

Baignade

La plage du Bourget-du-Lac est aménagée (jeux pour enfants, terrain de beach-volley, douches...), surveillée et payante de 10h à 18h en juillet-août (tarif plein/4-17 ans 2,30-3,20/1,60-2,20 €). Le parking attenant, dit de la Croix-Verte, est également payant (5 €/véhicule la journée, 3 € après 17h)

Activités nautiques

Au port des Mirandelles, à côté de la plage, se situe **Bourget Nautic** (07 81 09 97 66 ; fin mai à sept), qui loue des bateaux avec ou sans permis et des pédalos (20-25 €/h). Stages de voile et location de catamarans sont possibles auprès du **yacht-club du Bourget-du-Lac** (04 79 25 21 66 ; www.ycbl.fr ; 223 av. Ernest-Coudurier). Autres options : le canoë-kayak avec le **club Chambéry-Le Bourget Canoë-Kayak** (06 52 91 33 13 ; www.clbck.fr ; 223 ch. du Pailleret) et, en saison, l'aviron avec le **club nautique Chambéry-Le Bourget-du-Lac** (04 79 25 26 98 ; www.cncbaviron.com ; 711 bd du Lac).

Randonnée

Le **mont du Chat** est tout désigné pour les marcheurs, qui rejoindront d'abord le relais du Chat (p. 192).

Où se loger et se restaurer

Atmosphères Étoilé **€€€**

(04 79 25 01 29 ; www.atmospheres-hotel.com ; 618 rte des Tournelles ; d 190-280 €, pers supp 30 €, petit déj 25 € ; menu midi 70 €, autres menus 6/8 services 120/145 € ; mer-sam ; P). Atmosphère... plutôt décontractée pour un restaurant étoilé, mais qui sied parfaitement au cadre champêtre du lieu, sous la dent du Chat et avec une vue magique sur le lac. Cuisine somptueuse : lavaret, canette de la Dombes, ou encore un surprenant dessert où l'oseille rencontre le chocolat. Côté hôtel, quatre chambres spacieuses et contemporaines, trois avec balcon face au lac, une avec terrasse et hamac côté montagne.

Le Calypso Brasserie €€

(04 79 25 00 08 ; 223 bd du Lac ; plats 15-28 € ; mar-dim). Des cinq restaurants touristiques bordant le port, celui-ci se distingue par des plats plus travaillés. Ce jour-là, le filet d'omble chevalier cuit sur peau, pomme de terre nouvelle et crème de cerfeuil nous a plus que convaincus ! Accueil souriant et personnel arrangeant.

Renseignements

Office de tourisme du Bourget (04 79 88 68 00 ; www.lebourgetdulac.fr/loffice-de-tourisme ; pl. du Général-Sevez)

MASSIF DES BAUGES

Territoire parmi les moins peuplés des pays de Savoie, le parc naturel régional du massif des Bauges, qui est aussi un Géoparc mondial, séduit par ses paysages karstiques tantôt vallonnés et tout en douces courbures, tantôt plus intimidants, avec tout de même 14 sommets de plus de 2 000 m, dont l'Arcalod, point culminant avec ses 2 217 m. La randonnée et le ski de fond sont les activités reines de ce territoire attachant où le pastoralisme est encore très important. Ne manquez pas d'aller à la rencontre des Baujus, fiers de leur terroir et de leur inimitable tome.

À voir et à faire

Le massif s'étend entre Chambéry, Aix-les-Bains, Annecy et Albertville. Depuis Aix, la route grimpe vers le **Revard**, puis redescend légèrement vers **La Féclaz**, offrant de superbes vues sur le lac du Bourget.

Depuis Chambéry, les automobilistes montent vers **Saint-Jean-d'Arvey**, et ont alors le choix entre la route du **col de Plainpalais** (la plus directe) et celle menant aux **Aillons-Margériaz**. Cette dernière commune regroupe **Aillon-le-Jeune** (où se dresse la chapelle classée de la Correrie), **Aillon-le-Vieux** et la station du **Margériaz**.

Toutes les routes rejoignent ensuite la D911, l'axe qui traverse le cœur du parc régional, depuis **Lescheraines** au nord jusqu'au **col du Frêne** et son splendide panorama au sud. Il traverse en chemin **Le Châtelard**, capitale historique des Bauges et bourg-rue jalonné de vieilles boutiques. Depuis École, la jolie D60 rejoint **La Compôte**, le seul village des Bauges à l'habitat groupé, face auquel s'étagent des prés parsemés de grangettes (granges servant au stockage du foin). Au pied de la dent de Pleuven (1 771 m), le charmant village voisin de Jarsy est apprécié pour ses possibilités de balade avec vue sur le mont Colombier (2 045 m).

Science Explo Astronomie

(06 52 55 14 99 ; scienceexplo.fr ; 5 allée des Gentianes, Aillon-le-Jeune). Tous les ans fin juillet, l'École d'astronomie de Savoie organise un très beau festival d'astronomie et, tout au long de l'année, des animations, des stages et des observations sont proposées. Le PNR du massif des Bauges étant engagé avec plusieurs communes pour réduire la pollution lumineuse et l'éclairage urbain, les nuits y sont magnifiquement étoilées.

Belvédère du Revard Panorama

(passerelle fermée l'hiver). Aménagé à 1 537 m d'altitude, ce vaste site offre un formidable panorama à 360°. Côté ouest, des plates-formes (le sol de l'une d'entre elles est en verre...) s'avancent au-dessus du vide et permettent d'admirer le lac du Bourget et ses pourtours. À l'est, on peut voir moutonner les Bauges avec les Alpes et le mont Blanc en arrière-plan. Pour vous y rendre depuis Aix-les-Bains, voir p. 190.

Cascade du Pissieu Site naturel

(Le Châtelard). Se formant juste en aval d'une source qui draine l'essentiel des pluies et des eaux de fonte de neige du plateau du Margériaz, cette cascade constitue un but idéal de balade familiale (surtout au printemps). De Lescheraines, prenez la D59 en direction d'Aillon-le-Jeune et tournez à gauche après 2 km au hameau du Villaret. Parking à côté du pont. Comptez 1 heure aller-retour.

GUILLAUME ASTRUC / STOCK-ADOBE.COM ©

Canyon du Pont du diable — Site naturel

Ce petit pont enjambe une gorge étroite et profonde, plutôt impressionnante, fréquentée par les amateurs de canyoning. Depuis Lescheraines, prenez la direction de Bellecombe-en-Bauges, et garez-vous sur le parking à l'intersection Bellecombe/col de Lechaux. Le canyon est situé à 300 m en contrebas en suivant la signalétique. Pour une expérience canyoning (réservée à un public sportif néanmoins), contactez **O'Speed Canyoning** (☎ 06 74 10 11 35 ; www.ospeed.fr ; 60 €/pers).

Activités

Randonnée — Point de vue

L'ascension du **mont Trélod** (2 181 m) offre des paysages d'alpage de toute beauté et un panorama sur les sommets environnants (Aravis, Belledonne, mont Blanc, Vanoise). Un itinéraire sportif, avec un dénivelé de 1 080 m (5 à 6 heures aller-retour). À Doucy-en-Bauges, poursuivez jusqu'au Cul-du-Bois et au parking. Voir aussi la randonnée vers le Trélod p. 55.

Le bucolique **vallon de Bellevaux** et sa chapelle, où sourd une eau dite miraculeuse, offre aussi de belles boucles au pied du mont Pécloz.

Spéléo-rando — Au centre de la Terre

Si le massif des Bauges a été labellisé Géoparc mondial par l'Unesco, c'est en partie grâce à ses 300 km de galeries souterraines. Deux cavités permettent de s'enfoncer sous terre durant une centaine de mètres en autonomie : la grotte de Banges à proximité de Lescheraines, et le sentier des Tannes et Glacières à Aillon-le-Jeune (prévoyez des chaussures et une lampe). Pour des excursions plus profondes avec casque, lampe frontale et combinaison, faites-vous accompagner par Matthieu de **Karst-3E** (☎ 06 32 41 01 47 ; www.karst-3e.fr) pour une spéléo-rando en famille (3 heures 45 €, matériel inclus), ou bien en spéléologie à proprement parler, sous réserve d'être endurant et sportif (6/8 heures 75-110 €, matériel inclus) : déconnexion totale garantie ! Pour une expérience insolite, ce prestataire propose un bivouac souterrain avec fondue (150 €/personne hors repas, prévoyez un duvet).

VOUVRAYSAN / STOCK.ADOBE.COM ©

EDOUARD BALE

De gauche à droite : massif des Bauges ; belvédère du Revard ; cascade du Pissieu (p. 199)

Baignade et jeux — Loisirs

Labellisé rivière sauvage, le **Chéran** offre quelques belles possibilités de baignade dans des vasques cristallines, notamment dans le secteur d'Allèves et de Cusy.
À proximité de Lescheraines, la **base de loisirs des Îles du Chéran** (☎ 04 79 63 32 64) cumule activités gratuites (plage surveillée en été, pataugeoire ludique, terrains de sport) et payantes (wakeboard et jeux gonflables). Un sentier aménagé le long du Chéran permet de rejoindre la cascade du Pissieu en 1 heure.
À Aillon 1000, le **Pays suspendu des Géants** (☎ 04 79 54 61 88 ; www.lesaillons.com) est également très apprécié des enfants en raison de ses filets suspendus et de ses 21 tyroliennes.

Où se loger et se restaurer

L'Herbier de la Clappe — Chambres d'hôtes €

(☎ 06 86 82 51 53 ; www.lherbierdelaclappe.com ; 2211 rte du Noyer, Le Noyer ; s/d/tr 51/61/73 € avec petit déj). À 100 m du restaurant Chez Cyrille (ci-contre), cette maison d'hôtes est une des plus économiques du secteur. Petit plus : on peut y découvrir un joli jardin pédagogique pour en savoir plus sur les plantes alpines, notamment les plantes médicinales.

Auberge des Clarines — Terroir €€

(☎ 04 79 54 80 80 ; hotel-les-clarines.fr ; Les Granges, Le Châtelard ; d 85-110 € selon confort et saison, ste d 110-120 €, 35 €/pers. supp ; petit déj 14,50 € ; plat du jour 16 €, menu midi 22 €, plats 19-28 € ; restaurant jeu-lun, hôtel et restaurant fermés en nov ;). Six chambres de bon confort au look contemporain, un accueil plein de gentillesse, une cuisine variée et goûteuse qui fait l'unanimité – du bowl végétarien à une délicieuse matouille en passant par le tataki de bœuf et d'autres belles pièces de viande ou de poisson. Demi-pension possible (42 € avec repas du soir et petit déj).

Chez Cyrille — Menus du marché €€

(☎ 04 79 34 68 87 ; Le Noyer ; menu végétarien 17 €, menus 22 et 35 € ; ouvert lun, mar midi, jeu-sam et dim midi, jours fériés midi seulement). Si la grande salle carrée à la déco minimaliste manque quelque peu

SI VOUS AIMEZ...
Les sports d'hiver

Loin de la fréquentation des grandes stations alpines et de leurs tarifs élevés, les Bauges offrent une belle variété d'activités hivernales.

Ski de fond et raquettes Avec 150 km de pistes, **Savoie Grand-Revard** (☎04 79 25 80 49 ; www.savoiegrandrevard.com ; forfait adulte journée 12 €) est un des plus grands domaines de ski nordique de France. Il relie les trois stations du Revard, de La Féclaz et de Saint-François-de-Sales. Également 6 itinéraires pour raquettes.

Ski alpin Restez sur le domaine de **La Féclaz-Le Revard** (☎04 79 25 80 93 ; forfait journée adulte 25 €) et ses 22 km de pistes, idéales pour l'initiation. Ou direction **Les Aillons-Margériaz** (☎04 79 54 64 65 ; www.lesaillons.com ; forfait journée adulte 29 €), domaine divisé en deux stations reliées par des navettes (40 km de pistes). Aillons-Margériaz 1 400 est adapté aux débutants, et Aillons-Margériaz 1 000 (forfait journée adulte 17 €) est recommandé pour les initiés mais ouvert seulement aux vacances scolaires.

Chiens de traîneau Activité proposée par **Nordic Event** (☎06 83 88 85 02 ; www.nordicevent74.com) à Saint-François-de-Sales et par la **Ferme des chiens de traîneaux** (☎06 84 05 66 41 ; www.chiensdetraineauxaillonsmargeriaz.fr) à Aillon-le-Jeune. Comptez environ 110 € par personne pour 1 heure à 1 heure 30 d'activité.

d'intimité, l'accueil compense ce défaut, et que dire de la cuisine ! Les deux menus changent deux fois par semaine selon le marché, offrant une qualité constante dans de copieuses assiettes. Fondue ou raclette (22 €/personne) sur commande au moins 48 heures à l'avance. Menu sans gluten ou adapté aux allergies sur réservation.

D'Aillon et d'Ailleurs

Hôtel-restaurant de charme **€€-€€€**

(☎04 58 39 01 30 ; www.aillon-ailleurs.com ; menu midi 39 €, autres menus 65-85 €, d 180 €, ste 180-240 €, petit déj 18 €, gratuit -12 ans ; wifi P). Difficile de trouver matière à reprocher à cet élégant quatre-étoiles qui abrite à nos yeux la meilleure table des Bauges. Les chefs Marc et Raphaëlle Guy-Seigneur, passionnés par les plantes des montagnes et le terroir alpin en général, y subliment les poissons de lac mais aussi l'agneau et d'autres viandes. Les chambres ne sont pas en reste, notamment la chambre Séléné, disposant d'une lunette astronomique pour observer le ciel. Spa avec 2 petits Jacuzzi.

Achats

Poteries, cuir, sculptures, mohair, confitures... À Lescheraines, la **Maison des artisans** (☎04 79 63 80 08 ; été et vac. de Noël et d'hiver tlj, reste de l'année sam-dim) propose les productions d'une vingtaine d'artisans baujus.

Côté gastronomie, ne manquez pas de goûter le fromage du pays, la tome des Bauges (avec un seul "m", ou elle n'est pas baujue !). Rendez-vous à la **coopérative de Lescheraines** (☎04 79 63 30 37 ; fromagerie-savoie.com ; tlj 9h30-12h et 15h-19h), au bord de la D912, au-dessus du village. On peut aussi se rendre à la **ferme de la Correrie** (☎04 79 54 64 70), en direction d'Aillon-le-Jeune, en dessous de la chartreuse d'Aillon, ou à la **fromagerie du Val d'Aillon** (☎04 79 54 60 28 ; fromagerie-savoie.com ; visite adulte/enfant 2,50/1,50 € avec dégustation ; tlj 9h-12h et 15h-19h30), qui dispose à l'étage d'un espace visite donnant sur l'atelier de fabrication. Pour accompagner le fromage, pas meilleure boulangerie qu'**Aux sources du pain** (04 79 53 15 99 ; auxsourcesdupain.fr ; Le Mont, Le Noyer ; mar-sam 8h-13h et 14h30-18h30, non-stop en août), au Noyer, qui propose d'excellents pains bio et des biscuits .

Renseignements

Office de tourisme du Châtelard (04 79 54 84 28 ; www.chamberymontagnes.com ; av. Denis-Therme). Situé au siège de la **Maison du parc**, il distribue des cartes et donne des informations sur les nombreuses randonnées et activités de pleine nature alentour. Vous y trouverez aussi le programme des **Renc'arts**, une série de rendez-vous culturels en plein air proposé par le parc/Géoparc, associant à chaque fois un scientifique et un artiste, et celui du **festival Musique et Nature en Bauges** (www.musiqueetnature.fr), avec d'excellents concerts de musique classique tout l'été.

ALBERTVILLE, BEAUFORTAIN ET VAL D'ARLY

Ville olympique, Albertville s'ouvre au nord-est sur le Beaufortain et au nord sur le Val d'Arly. Le premier est un magnifique massif de moyenne montagne au cocktail des plus bucoliques : des villages préservés, des chalets de bois, un lac aux eaux émeraude et turquoise, de verdoyants alpages peuplés de vaches tarines, ces bonnes laitières originaires de la Tarentaise. Le second, plus modeste, cache néanmoins quelques perles sur les flancs de ses reliefs.

Albertville

Grâce à sa situation géographique idéale au carrefour de quatre vallées (Tarentaise, Maurienne, Combe de Savoie et Val d'Arly), Albertville se vit offrir une notoriété mondiale en 1992 avec l'organisation des Jeux olympiques d'hiver. Née en 1836 de la réunion de deux bourgs, Conflans et L'Hôpital, par le roi de Piémont-Sardaigne Charles-Albert, Albertville a conservé cette dichotomie avec, en fond de vallée, une sous-préfecture sans grand charme et, sur les hauteurs, Conflans, une mignonne cité médiévale labellisée Ville d'art et d'histoire. Chaque année à la mi-octobre, la ville accueille le **Grand Bivouac** (www.grandbivouac.com), un festival du film documentaire émaillé de rencontres littéraires et de conférences.

À voir

Conflans — Cité médiévale

Ce petit bourg médiéval aux ruelles pavées témoigne du passé prospère que lui valait sa position stratégique à la confluence (d'où son nom) de l'Arly et de l'Isère. On entre par la **porte de Savoie (ou porte Tarine, au sud)**, vestige de l'enceinte du XIVe siècle, surmontée d'un blason sculpté aux armes de la cité. Après la fontaine se tient l'**église Saint-Grat**, édifice baroque du début du XVIIIe siècle qui abrite une magnifique chaire en noyer et un retable de style baroque. Sur l'agréable **Grand-Place**, la **maison Rouge** d'inspiration italienne date de la fin du XIVe siècle. D'abord couvent, puis caserne et hospice, elle abrite aujourd'hui le **musée d'Art et d'Histoire** (04 79 37 86 86 ; 18 Grand-Place ; tarif plein/réduit 5/2,50 €, gratuit -18 ans ; 10h-12h30 et 14h-18h, tlj vac. scol., mer-dim hors vac., fermé mi-nov à mi-déc) qui montre qu'Albertville était déjà une ville de passage dans l'Antiquité et qui présente d'étonnants bobsleighs et skis du début du XXe siècle. Partant de la place, une ruelle grimpe vers les **jardins de la Tour sarrasine** (début XIIe), dernier vestige du château de la Cour. De là, on contemple la vue sur le **château de Manuel de Locatel** (04 79 37 86 85 ; visite guidée en été), du XVIe siècle, en contrebas, et sur Albertville, la Combe de Savoie et le massif des Bauges.

Halle olympique — Multi-activités

(04 79 32 04 22 ; www.halleolympique.com ; 110 av. Joseph-Fontanet ; juil-août lun-sam 9h-12h et 13h30-18h30, dim 14h-18h, reste de l'année lun-sam 9h-12h et 14h-18h).

VAUT LE DÉTOUR
Le col de Tamié

À une demi-heure de voiture d'Albertville, le **fort de Tamié** (04 79 38 58 62 ; www.fort-de-tamie.com ; rte du Collet-de-Tamié, Mercury ; entrée libre ; tlj 10h30-18h30 juil-août, se renseigner le reste de l'année) est l'occasion d'une promenade panoramique facile le long d'un chemin de ronde ponctué de belvédères offrant de superbes vues sur la Combe de Savoie et le Mont-Blanc. Une visite du site en autonomie est possible : on vous remettra un plan, une lampe de poche et un audioguide. Édifié entre 1872 et 1878 pour former une protection sur la route Annecy-Albertville, le fort, recolonisé par la nature, abrite un **accrobranche** (06 11 70 08 77 ; 13-27 € selon parcours) pourvu d'une dizaine de parcours et d'une tyrolienne de 300 m de long et 100 m de haut. Escape games (15-28 €).

À 3 km du fort se niche l'**abbaye Notre-Dame de Tamié** (04 79 31 15 50 ; www.abbaye-tamie.com ; 1242 ch. du Monastère, Plancherine ; église tlj 9h-19h, boutique lun-sam 10h-12h et 14h-18h, dim 11h30-13h et 14h-18h). Fondée en 1133 et rebâtie à la fin du XVIIe siècle, elle abrite encore une trentaine de moines bénédictins qui se consacrent à la prière et à la production du fromage de l'abbaye (400 kg/jour). Seule l'église se visite (on peut assister à un office). Un espace d'accueil héberge une librairie, une salle d'exposition (film sur la vie des moines, 20 minutes) et une boutique, dans laquelle vous pourrez acheter le tamié de l'abbaye, un fromage de lait de vache à pâte molle, croisement entre le reblochon et la tomme de Savoie.

Entre l'abbaye et le fort, le **Chalet des Trappeurs** (04 79 32 21 44 ; lechalet-des-trappeurs.com ; col de Tamié ; plats 14-28 € ; mer-dim) plaira aux amateurs de spécialités savoyardes et de grillades au feu de bois (diots au gril, brochettes d'agneau, raclette, fondue...). Agréable terrasse en été pour profiter de l'ambiance forestière.

Construite pour les Jeux (la torche de la flamme olympique est située à l'entrée), la halle héberge une patinoire, une salle de concerts, un mur d'escalade, des courts de tennis et un restaurant. Elle abrite aussi l'office de tourisme et l'exposition **Tremplin 92** (tarif plein/12-18 ans 6/4 €) qui retrace l'épopée des Jeux olympiques de 1992 et évoque les Alpes de demain, notamment l'adaptation nécessaire des stations de ski au réchauffement climatique.

Où se loger et se restaurer

Pour un déjeuner express et sain, sur place ou à emporter, vous aurez le choix entre deux fast-foods bio : **La Cantine bio** (04 79 32 92 55 ; satoriz.fr ; 590 ch. de la Charrette ; lun-sam) qui propose 3 plats différents tous les jours (viande/poisson, végétarien et vegan) ou **L'ÉKilibre** (04 58 40 01 90 ; rue Louis-Armand ; lun-sam), qui pratique le tarif au poids.

Au Cheval Blanc Chambres d'hôtes €
(06 48 17 12 69, 06 03 40 29 39 ; www.auchevalblanc.info ; 11 rue Gabriel-Pérouse ; d 80-92 € avec petit déj ;). Dans le petit bourg médiéval de Conflans (accès porte de Savoie), cet ancien relais de poste du XVIIe siècle abrite deux belles chambres (pour 3 et 5 personnes) et deux gîtes. Le calme du lieu, l'accueil naturel et détendu, le petit jardin sur les remparts sont les points forts de cette adresse de charme. Garage sécurisé pour vélos et motos.

Base Camp Lodge Hôtel-restaurant €€
(04 58 02 03 60 ; www.basecamp-albertville.com ; 85 ch. du Pont-Albertin ; d 72-127 €, lit en dortoir 6-8 pers 44-52 €, capsule avec sdb partagée 54-64 €, petit déj buffet 14 € ; P). Ouvert en 2024, cet

établissement moderne et convivial fait feu de tout bois et propose à la fois des chambres d'hôtel, des chambres borgnes avec salle de bains partagée (les "capsules") et des lits en dortoir. On apprécie le bar et le restaurant sur place, ainsi que la sympathique piscine intérieure chauffée et l'espace fitness. Label Accueil vélo.

Ô Besoin d'Air Bistronomie €€
(04 79 37 71 29 ; www.obesoindair.com ; 17 pl. de Conflans ; formule déj 23 €, menus 26-38 € ; fermé dim soir, mer et jeu). Parmi les restaurants "à terrasse" cernant la jolie place de Conflans, celui-ci se distingue par ses plats traditionnels cuisinés avec une vraie finesse. Le steak de thon, la poitrine d'agneau confite ou le ris de veau s'encanaillent de touches exotiques, souvent asiatiques, qui font toute la différence. Service impeccable.

Renseignements

Maison du tourisme (04 79 32 04 22 ; www.pays-albertville.com ; 15 av. de Winnenden)

Conflans

Depuis/vers Albertville

Albertville est desservie par le **TGV** via Chambéry ou Grenoble. La ligne se poursuit jusqu'à Bourg-Saint-Maurice.

L'**autoroute A430**, prolongement de l'A43, rejoint Albertville.

Les **Autocars Blanc** (04 79 38 10 50 ; www.autocarsblanc.fr) et **Faure Savoie** (04 79 32 08 88 ; www.fauresavoie.fr) assurent la liaison avec le Beaufortain et le Val d'Arly.

Beaufortain

"La dernière vallée heureuse des Alpes" : c'est ainsi que Roger Frison-Roche, l'écrivain-alpiniste du pays, se plaisait à désigner le Beaufortain, ce petit massif calme, sauvage et verdoyant, surnommé aussi le "petit Tyrol savoyard" en raison de ses paysages d'alpage verdoyants sertis de chalets de bois. Situé au-dessus d'Albertville, entre Vanoise et Val d'Arly, le Beaufortain abrite des stations de ski à visage humain et n'a pas vu son pastoralisme sacrifié sur l'autel du tourisme de masse. Heureusement, car on n'ose l'imaginer sans... beaufort, le "prince des gruyères" selon l'illustre gastronome français Brillat-Savarin – et assurément l'un des meilleurs fromages savoyards.

Arêches-Beaufort

La commune de Beaufort (ou Beaufort-sur-Doron) se compose d'une multitude de petits hameaux et de deux villages principaux, Arêches et Beaufort, aux maisons séculaires serrées autour de leur église. La localité est communément appelée Arêches-Beaufort, y compris pour désigner la station-village hivernale, même si les pistes ne partent que d'Arêches. Sa véritable spécialité ? Le ski de randonnée.

À voir

Coopérative laitière du Beaufortain Du beaufort encore
(04 79 38 33 62 ; www.cooperative-de-beaufort.com ; av. du Capitaine-Bulle, Beaufort ;

gratuit ; juil-août tlj 8h-19h, fév-juin et sept tlj 9h-12h15 et 14h-18h30, oct-fév lun-sam 9h-12h15 et 14h-18h). Rénovée et modernisée, cette coopérative, qui produit environ 25% du beaufort français, est devenue le plus grand espace consacré au fromage en Savoie. Au deuxième étage, une visite sensorielle avec boîtes à odeur, objets à toucher, films et ambiances sonores plonge petits et grands dans l'univers du beaufort, dont on peut voir la fabrication tous les matins (9h-12h) à travers une baie vitrée donnant sur l'atelier. Entre mai et septembre (9h-12h et 14h-18h), projection du film *Au pays du beaufort* et visite guidée des caves (3 €). En dehors des heures d'ouverture de la coopérative, un distributeur automatique à l'entrée permet de se ravitailler (vente sur Internet).

À Arêches, la boutique du fromager-crémier **Le Duc Goninaz** (04 79 38 11 41 ; rte du Grand-Mont ; tlj 8h30-12h30 et 14h30-18h30) propose aussi une belle sélection de fromages vendus sous vide.

Église Saint-Maxime — Église baroque

(Beaufort ; tlj 9h-18h). Derrière son aspect austère, cette église dédiée à l'évangélisateur de la Tarentaise se distingue par un intérieur riche : retable baroque, poutre de gloire séparant le chœur de la nef et, surtout, une magnifique chaire en noyer de 1722 représentant les docteurs de l'Église.

Boudin — Hameau préservé

Ce hameau au drôle de nom est représentatif de l'architecture de montagne. À quelques lacets au-dessus d'Arêches, sur la magnifique mais étroite route du col du Pré, il semble figé dans le passé, avec sa petite chapelle Saint-Jacques construite par ses habitants au XVIIe siècle et ses magnifiques chalets anciens aux murs en pierre et en tronc d'épicéa, étagés et en partie enterrés de manière à ce qu'ils puissent s'accrocher à la très forte pente. Laissez votre voiture à Arêches pour rejoindre Boudin à pied, en passant par le chemin des Sœurs, puis celui de la Cascade menant vers le sentier Boudin-col du Pré (comptez 2 heures).

Activités

Été

Pour toutes les activités *outdoor*, vous pouvez télécharger l'**application**

Beaufortain

ALEXANDRE LENOIR ©

À NE PAS MANQUER

Le lac de Roselend

Au cœur du vert des alpages, un lac aux eaux évoluant entre le turquoise et l'émeraude, et un gigantesque barrage considéré comme le plus esthétique de Savoie... On peine à imaginer autrement ce paysage de carte postale. Pourtant, avant 1960, il y avait là un village d'alpage, Roselend, autour duquel s'étaient développés une vie pastorale et même les débuts d'une activité touristique. Tout cela disparut à la mise en eau du barrage.

Mais cette construction pharaonique de 800 m de long et 150 m de haut fut un mal pour un bien, puisqu'elle mit un frein à la naissance probable d'un tourisme de masse en réservant les espaces alentour à l'agriculture ; de plus, EDF versa des indemnités qui permirent indirectement la création de la coopérative laitière de Beaufort. Seul souvenir du hameau englouti, la **chapelle Sainte-Marie-Madeleine**, au bord de la D925, est une réplique de l'originale, et un joli lieu de pique-nique face au lac. Tout autour, les sentiers de randonnée sont légion. Au départ du plan de la Lai, nous vous recommandons celui de la **Grande Berge** (2 heures 30). Cette balade familiale empruntant le GR®5 passe par un authentique chalet d'alpage, le **refuge de Plan Mya** (☎06 08 46 03 10, 09 88 99 32 03 ; www.refuge-mya.com ; nuitée en demi-pension adulte/enfant -10 ans 50/38 €, panier-repas 10 €, menu 25 € ; ⏲mi-juin à mi-sept), et permet d'observer les marmottes qui gambadent dans les prairies au-dessus du lac. Faites-vous indiquer le petit crochet qui mène à une cabine téléphonique rouge à l'anglaise, inattendue, surplombant le lac. C'est aussi du plan de la Lai que vous pourrez partir à l'assaut de la **via ferrata du Roc du Vent**, une splendide formation rocheuse surplombant les lacs de Roselend et de la Gittaz. Enfin, la **Roche Parstire**, boucle de 4 heures au départ du col du Pré (parking), offre un panorama à 360° avec Roselend, la vallée d'Arêches et le Mont-Blanc en toile de fond.

Depuis Beaufort, on rejoint le lac de Roselend par la D925 mais on peut aussi passer par le col du Pré, via Arêches et Boudin. La route est magnifique, quoique sinueuse et étroite.

Traces Alpines, avec navigation GPS intégrée. Parmi les 250 km de sentiers de **randonnée** du secteur Arêches-Beaufort, nous vous recommandons celui des lacs de la Tempête (4 heures 30, difficulté moyenne, interdit aux chiens), ou celui du lac de Saint-Guérin, très sympa avec sa passerelle himalayenne (1 heure, facile, accessible aux poussettes et praticable à VTT), tous les deux au départ du parking situé près du barrage de Saint-Guérin. Pour les balades autour du lac de Roselend, voir l'encadré p. 207. Une dizaine d'itinéraires sont destinés aux adeptes du **trail** (départ d'Arêches et de Beaufort) avec montées sèches et centres de test. Les compétiteurs s'inscriront à l'une des deux courses (la Frison-Roche et la Pierra Menta Été).

Commun à Arêches-Beaufort et aux Saisies grâce à des navettes circulant entre les stations et même depuis Albertville (juillet-août), l'espace **VTT** (217 km de sentiers répartis sur 16 parcours de cross-country) attire sportifs et familles. Une boucle facile relie le village de Beaufort à l'espace d'initiation situé dans la toute proche base de loisirs de Marcôt (minigolf, tir à l'arc). Location de VTT chez **Gaspard Sport** (☎ 04 79 38 19 58 ; www.areches-gaspardsport.com).

Côté grimpe, si la splendide **via ferrata** du Roc du Vent est difficile, l'**escalade** pour tous niveaux reste possible sur différents sites.

Parapente, pêche, promenades en télésiège, piscine chauffée, parcours aventure complètent le panel d'activités.

Dans les offices de tourisme, vous pourrez vous procurer le topoguide GRP© *Tour du Beaufortain* (16,40 €). Le **forfait randonneur/vététiste** (16,20/19 € la demi-journée/journée) pour l'accès aux remontées mécaniques est vendu aux caisses.

Sortie VTT dans le Beaufortain

ALEXANDRE LENOIR ©

Hiver

Les 50 km de pistes d'**Arêches-Beaufort** (☎ 04 79 38 12 70 ; forfait journée adulte 37 €) se répartissent sur le secteur du Grand-Mont (départ à Arêches) et son point culminant du col de la Forclaz à 2 320 m, et sur le secteur du col des Combettes (2 130 m), au départ du Planay, avec son espace d'initiation, et des pistes plus techniques sur les hauteurs. Également plusieurs parcours de skicross pour différents niveaux. Ces deux secteurs sont reliés par une télécabine, des navettes et des pistes. Le domaine manque rarement de neige, et s'adapte bien aux familles grâce à sa taille raisonnable et ses pistes plutôt faciles. Des sorties sont organisées pour s'initier au ski de randonnée avec montée à peaux de phoque et descente sur une piste (parfois) vierge.

Le site du Marcôt dispose également de 12 km de pistes de **ski de fond** (forfait journée 5,80 €).

À la fin de l'hiver, vers la mi-mars, la **Pierra Menta**, épreuve de ski de randonnée (ou ski-alpinisme), est le moment fort de la saison, qui attire les sportifs du monde entier pour quatre jours d'endurance, 10 000 m de dénivelé, quinze sommets, des passages à 40 ou 45°. Le final est digne d'une étape du Tour de France, lorsque des milliers de supporteurs venus en skis ou en raquettes encouragent les concurrents sur la corniche du Grand-Mont.

Où se loger et se restaurer

Le Viallet Hôtel-restaurant €€

(04 79 38 10 47 ; www.hotelviallet.com ; rte de Saint-Guérin ; d 80-145 € selon période et confort, petit déj buffet 14 €, demi-pension 77-98 €/pers ;). Dans un solide bâtiment, sur les hauteurs du village et près de l'église, cet hôtel tenu de père en fils depuis plus d'un siècle propose une vingtaine de chambres claires et agréables, au mobilier chaleureux. Le restaurant au rez-de-chaussée sert une cuisine honnête à base de produits locaux. Parking privé pour les voitures et garage pour les motos et les vélos. Jardin agréable et terrasse pour profiter du soleil.

Les 9 Névés Restaurant-chambres d'hôtes €€

(04 79 32 69 22 ; www.les9neves.fr ; 130 rte des Balcons, Arêches ; menus 32-48 € ; d 75-107 € avec petit déj buffet, pers supp 20 € ; soir mar-sam, +lun pendant vac. scol., midi dim, fermé mer). Installés sur les hauteurs d'Arêches, Cindy et Benoît font profiter leurs hôtes d'une vue imprenable sur le village et la roche Parstire. En cuisine, Benoît travaille une carte très réduite (une viande, un poisson) et des produits frais pour des plats aussi gourmands que raffinés, à l'image de la truite fario au lard de Savoie ou du veau aux baies de genièvre. La déco des 5 chambres est minimaliste, tout en étant chaleureuse (2 nuits minimum). Pensez à réserver !

Renseignements

L'**office de tourisme d'Arêches-Beaufort** (www.areches-beaufort.com) compte deux bureaux, l'un à **Arêches** (04 79 38 15 33 ; rte du Grand-Mont), l'autre à **Beaufort** (04 79 38 37 57 ; Grande-Rue).

Hauteluce – Les Saisies

Au contraire de toutes les stations-villages du Val d'Arly et du Beaufortain qui l'entourent, la station des Saisies, posée à 1 650 m d'altitude près du col du même nom, est de construction récente. Elle a su profiter des Jeux olympiques de 1992 (les épreuves de ski de fond et de biathlon s'y sont déroulées) pour se développer. En été, elle accueille randonneurs et adeptes du VTT, mais c'est surtout l'hiver qu'elle se démarque, grâce à un magnifique **domaine de ski nordique**. Ses **pistes de ski alpin** aux pentes douces, face au mont Blanc, raviront les débutants. Quant à son charmant village de Hauteluce, vous le trouverez à 7 km en contrebas de la station par la route.

Le beaufort AOP

Sur les étals, vous vous interrogerez peut-être sur la différence entre le beaufort AOP dit aussi "beaufort d'hiver" et le beaufort *été* AOP.
Le beaufort d'été est fabriqué à partir de lait de vaches ayant brouté dans les alpages (de juin à octobre) une herbe fraîche particulièrement riche (en particulier le trèfle alpin). Le fromage qui en résulte est très fruité et reconnaissable à sa couleur jaune plus affirmée. Il est disponible après affinage, à partir du mois de janvier. En été, le fromage vendu dans les rayons est le plus souvent du "beaufort d'hiver" un peu moins cher, produit avec du lait de vache nourrie au foin, à l'étable (de novembre à mai). Le fromage est souvent moins goûteux et utilisé pour les fondues ou l'accompagnement des crozets. Le beaufort d'été est aussi parfois appelé "beaufort chalet d'alpage" quand il est produit en ferme. En été, des visites encadrées par des guides conférenciers sont organisées pour découvrir les alpages de la région (inscriptions et listes dans les offices de tourisme).

À voir

Église Saint-Jacques-d'Assyrie Clocher remarquable

(Hauteluce ; tlj 9h-17h). Datant de la seconde moitié du XVIe siècle, cette église

Les Piccard, une famille de champions

Les Piccard, c'est d'abord un lien avec Les Saisies, débuté en 1964 lorsque Éléonore et René s'installèrent en tant que loueurs de skis dans la toute jeune station – le premier téléski avait été inauguré l'année précédente. René y fut longtemps directeur de l'école de ski. Le couple donna naissance à sept enfants... dont six futurs champions ! Franck, l'aîné, décrocha une médaille olympique de chaque métal, l'or en super G et le bronze en descente à Calgary (Canada) en 1988, puis l'argent en descente quatre ans plus tard, à Albertville. Suivirent John, champion de France de combiné nordique, Ian, double champion de France de super G, Ted, vice-champion de France de skicross, Jeff, abonné aux places d'honneur en Coupe du monde de slalom géant. La seule fille, Leila, fut médaillée de bronze en slalom géant aux mondiaux de ski de Sestrières en 1997. Seul Karl suivit une autre voie... dans les remontées mécaniques. Aujourd'hui, Piccard Sports, le magasin des débuts, existe toujours, tenu par les frères Piccard.

de style baroque est repérable à son clocher à bulbe en écailles métalliques, construit en 1825 et qui s'élève à 55 m au-dessus de la vallée. Autre particularité extérieure, ses peintures en trompe-l'œil, notamment sur sa façade, évoquant un temple antique. Celle-ci est surmontée d'une représentation de saint Jacques d'Assyrie, premier évêque de Tarentaise venu évangéliser la vallée vers le milieu du Ve siècle avec saint Maxime. L'intérieur abrite un riche mobilier baroque. D'autres chapelles et églises (notamment dans les hameaux de Belleville et Le Planay) sont visibles à l'occasion d'une visite guidée organisée par l'office de tourisme.

Écomusée Histoire locale

(☎04 79 38 21 64 ; Hauteluce ; été gratuit, sur rdv reste de l'année, visite guidée 2 € ; ⏲juil-août tlj 9h-12h et 15h-18h30, dernière semaine de juin et 3 premières semaines de sept sam-mer mêmes horaires). Logé dans le bâtiment de l'office de tourisme, ce petit musée explore les traditions de la vallée via des objets du quotidien aujourd'hui disparus. Reconstitution d'une salle de classe et quelques films à visionner, dont un sur la construction du barrage de la Girotte. On recommande la visite guidée pour mieux appréhender les objets exposés. Livret découverte gratuit à l'accueil pour les enfants.

Activités

Pour des sensations fortes été comme hiver, essayez le **Mountain Twister** (☎04 79 39 06 77 ; luge 2 places 7 €, à partir de 3 ans ; ⏲tlj été et hiver), une luge montée sur rails qui dévale une piste longue de 800 m, surplombant le sol parfois de 8 m. Un système de freinage existe pour les moins téméraires. Non loin de là, avec des enfants, le **parc des Elfes** (☎04 79 38 90 30 ; rte des crêtes ; entrée 14 €, chasse au trésor 7 € ; ⏲mi-juin à mi-sept) et ses attractions dans les arbres peut être une bonne option. Le **Signal** (+14 ans/5-14 ans 8,50/6,50 €) est un centre aquatique ludique et de bien-être qui jouit d'une vue imprenable sur les massifs alentour.

Été

Pour toutes les activités *outdoor*, vous pouvez télécharger l'**application Traces Alpines**, avec navigation GPS intégrée. Pour la **randonnée**, procurez-vous à l'office de tourisme la carte des sentiers pédestres dans le Beaufortain (7,50 €), ou le topoguide des 40 itinéraires du secteur (3,50 €). Quelques suggestions : **Les Arpelières** (entre Les Saisies et Crest-Voland) est une superbe boucle (facile) de 2 heures pour explorer la **réserve de la Tourbière**, sorte de petite Laponie qui s'étend sur 300 ha de sol humide et acide. Vous y croiserez peut-être le droséra

AURÉLIEN ANTOINE / STOCK.ADOBE.COM ©

Église Saint-Jacques-d'Assyrie

(plante insectivore) ou le tétras-lyre (ou coq de bruyère). Un livret sur la réserve est en vente à l'office de tourisme (4 €). Au départ du col de la Lézette, on peut rejoindre en 45 minutes le belvédère du Chard du Beurre et son balcon suspendu en bois (avec transats !) offrant une vue imprenable sur le mont Blanc. En partant du même endroit, on rejoint en 1 heure 30 le **mont Clocher** (1 976 m) qui offre lui aussi une vue généreuse sur le mont Blanc. Enfin, pour approcher les **marmottes**, prenez le télésiège de la Bisanne et redescendez le sentier des Alpages, également accessible à partir du parking du plan du Pré sur la D123.

La station est réputée pour son domaine de **VTT**. Deux pistes sont adaptées aux débutants (la Pikachu et la Shrek), qui peuvent aussi faire leurs gammes dans un ludopark. Les plus expérimentés se régaleront sur l'impressionnante Dév'Albertville qui, comme son nom l'indique, dévale 19 km du mont Bisanne jusqu'à la ville olympique ! Des navettes pour transporter son VTT font la liaison entre les stations du Beaufortain.

Autre activité à succès, le parapente, avec **Les Volatiles** (☎ 04 79 38 95 54 ; www.les-volatiles.com ; vol biplace à partir de 100 €), club triple champion de France. Également : parcours aventure, piscine, parc ludique, mountain board.

Le **forfait journée illimitée** (piéton/VTT 15/24 €) d'accès aux remontées mécaniques est vendu aux caisses au pied du télésiège. Navettes gratuites entre Les Saisies et Hauteluce.

Hiver

Le domaine olympique de **ski nordique** (forfait journée 12,50 €) des Saisies se place sur le podium savoyard en termes de taille (120 km), et même sur la plus haute marche du point de vue de la variété et de l'environnement, grâce notamment à sa vue sur le mont Blanc. Décor de rêve et enneigement abondant !

Baigné de soleil, le **domaine skiable** (forfait journée adulte 42,20 €) relié à Hauteluce et à Bisanne 1 500 (70 km de pistes) est l'un des plus faciles des Alpes, notamment sur le mont Bisanne avec de larges pistes à faible dénivelé, idéales pour les débutants, avec une vue splendide sur les massifs des Aravis et du Mont-Blanc. Quelques pistes plus techniques se situent côté Légette. Offrant davantage de variété, le **Grand Domaine-Espace Diamant** (forfait journée 49 €) relie Les Saisies à l'ensemble du Val d'Arly (voir p. 213), soit 192 km de pistes.

Où se loger et se restaurer

Le Chalet d'Éléonore — Chambres d'hôtes €€

(06 20 05 04 89 ; 170 av des Jeux-olympiques, Les Saisies ; d avec petit déj juil à mi-sept 130 €, déc-avr 130-140 € ;). À l'étage du magasin de ski Piccard Sports, un beau chalet aux murs en bardage de pin, les anciennes chambres des fils Piccard sont désormais des chambres d'hôtes, spacieuses et élégantes, tenues par l'unique fille de la famille, Leila (voir l'encadré p. 210).

Secrets des Alpes — Déco-salon de thé-restaurant bio €€

(04 79 37 56 63 ; 270 rue de la Voûte, Hauteluce ; plats 15-23 € ; tlj sauf mer 10h-19h été et hiver). Jolie surprise que cette boutique à Hauteluce, dans laquelle les objets d'art et d'artisanat "made in Alpes" se mêlent joyeusement aux plaisirs de la table. Les produits locaux sont au centre de tout, dans la décoration comme dans les assiettes. En terrasse ou à l'intérieur, les papilles explorent de nouvelles saveurs : pâtes, tartinades, soupes (l'hiver) et fromage, et, le soir, la matouille, une tome des Bauges cuite au four (sur réservation).

Le Calgary — Hôtel-restaurant €€-€€€

(04 79 38 98 38 ; www.hotelcalgary.com ; 73 rue des Périots, Les Saisies ; d été/hiver 99-159/189-299 €, petit déj 20 €, demi-pension 75-98/106-157 € par pers selon confort et période ; fermé aux intersaisons ; P). Ce bel hôtel est situé juste derrière la rue principale des Saisies. Ses chambres, de taille inégale, arborent une déco savoyarde chaleureuse. Les plus agréables sont celles avec balcon, orientées plein sud. Mais l'atout du Calgary est son restaurant, qui sert une cuisine pleine de saveurs et propose une formule demi-pension économique. Piscine intérieure, sauna, hammam et Jacuzzi en libre accès (peignoir 10 €/jour). Parking couvert (30 €/jour).

Les Arcades – La Table de Laurent — Spécialités fromagères et gastronomie €€-€€€

(04 79 38 90 65 ; restaurant-lesarcades-saisies.com ; 473 av. des Jeux-olympiques, Les Saisies ; menus 34/50/80/105 €, plats 29-43 €, fondues 26-35 € ; tlj mi-juin à mi-sept, déc-avr et vac. scol.). Dans la rue principale des Saisies, vous apercevrez d'abord en vitrine les vieilles cafetières. La collection se poursuit à l'intérieur avec les bols et une salle chaleureuse habillée de bois, façon chalet savoyard. Dans les assiettes, c'est la qualité assurée, avec des spécialités régionales, mais pas seulement. De belles compositions autour de viandes et de poissons, colorées de légumes et agrémentées de sauces subtiles. La carte des crus savoyards est irréprochable. Accueil souriant et attentif.

La Ferme du Chozal — Hôtel-restaurant de charme €€€

(04 79 38 18 18 ; www.lafermeduchozal.com ; Hauteluce ; d été/hiver 150-235/185-350 € selon orientation et période ; menus 47-80 €, plats 27-35 € ; fermé aux intersaisons, restaurant soir mar-dim et midi sam-dim en été, mer-lun midi et soir en hiver ; P). Belle prestation dans cette ancienne ferme magnifiquement restaurée, qui propose douze chambres et suites luxueuses. Rien ne manque pour la détente : fitness, sauna, hammam, Jacuzzi, piscine chauffée et feu de cheminée. Au restaurant, les produits locaux sont excellemment mis en valeur grâce à une carte réduite variant au rythme des saisons. Exceptionnelle carte des vins de l'arc alpin. Également 3 appartements pour 6 à 10 personnes (de 1 250 à 4 200 €/semaine selon taille et saison).

Renseignements

Office de tourisme des Saisies (04 79 38 90 30 ; www.lessaisies.com ; 316 av. des Jeux-olympiques). **Visite guidée** (jeu 17h30, gratuit) en été sur les alpages ou sur l'histoire de la station.

Val d'Arly

Entre les massifs des Aravis, du Beaufortain et des Bauges, trait d'union entre la Savoie et la Haute-Savoie, le Val d'Arly, qui pour sa communication prend soin de se faire appeler Val d'Arly – Mont-Blanc (le toit de l'Europe n'est qu'à 25 km à vol d'oiseau), est une charmante vallée riche de villages se transformant l'hiver en petites stations familiales.

À voir et à faire

De loin le plus gros village du Val d'Arly, **Flumet** est un peu encombré en été car deux grandes routes touristiques s'y croisent : celle reliant Chamonix à Albertville, et la "route des Grandes Alpes" passant par les cols des Aravis et des Saisies. Cela dit, ses maisons à galerie de bois, qui surplombent l'Arly de 40 m, valent le détour : leurs fondations à même la roche remontent à la création du village fortifié au XIIIe siècle. Pour les observer au mieux, faites un tour sur le pont des Abymes ou rejoignez le moulin "à Tienne".

Les villages alentour, **La Giettaz**, **Notre-Dame-de-Bellecombe** ou **Crest-Voland-Cohennoz**, s'avèrent plus tranquilles et champêtres.

Maison du meunier et moulin "à Tienne" Patrimoine savoyard

(06 23 21 73 64 ; rue du Château, Flumet ; participation libre ; moulin mar et jeu 16h-18h30 juil-août, mar 16h-18h30 Noël-mars). La maison se trouve dans une petite ruelle, tandis que le moulin hydraulique céréalier est situé sur les rives de l'Arly. Vieux d'au moins trois siècles, il cessa de fonctionner en 1973 à la mort d'Étienne Mongellaz dit "Tienne", le dernier meunier d'une longue lignée. La

La Giettaz, Val d'Arly

ALEXANDRE LENOIR ©

maison, réhabilitée en petit musée, abrite la reconstitution d'une ferme flumerane.

Maison des contes de fées — Légendes à voir

(☎04 79 31 07 79 ; www.maisondescontes.fr ; Le Chéloup, Notre-Dame-de-Bellecombe ; tarif plein/3-15 ans 8/6,50 € ; ⌚tlj 10h-19h). On tombe des nues devant le travail titanesque réalisé par la famille Breyton, qui a mis des années pour réaliser chacun des tableaux animés des six contes présentés ici. Tous les personnages (Blanche-Neige, Cendrillon, le Petit Chaperon rouge...) et le décor dans lequel ils évoluent ont été réalisés en pâte à papier et à sel ! Deux **chambres d'hôtes** (s/d 60-70/70-100 € avec petit déj et visite de la maison).

Église Saint-Nicolas — Baroque

(Saint-Nicolas-la-Chapelle ; ⌚été 8h30-18h, visite guidée sur réservation à l'office de tourisme). Cette église baroque, une des plus belles du Val d'Arly, reconstruite à la fin du XVIIIe siècle, se remarque de loin par son clocher argenté à double lanternon surmonté d'une flèche élancée. Elle se situe dans le petit village de Saint-Nicolas-la-Chapelle, voisin de Flumet. Le portail baroque est dominé par une niche avec la statue de saint Nicolas. À l'intérieur se trouvent trois retables baroques aux colonnes torses décorées de feuilles de vigne.

Activités

Été

Quelque 350 km de sentiers de **randonnée** (carte 7 € dans les offices de tourisme) balisés serpentent à travers le Val d'Arly. Parmi les jolies balades, signalons celles des **Avenières**, entre Crest-Voland et Les Saisies (voir p. 210). Autre grand classique pour toute la famille, le circuit du **lac des Évettes** (2 heures 30, via le télésiège des **Évettes**). Les plus sportifs se lanceront dans l'ascension du **Gâteau** (depuis Flumet, 4 heures aller-retour), au sommet duquel se laisse apprécier une très jolie vue sur le Beaufortain, le Val d'Arly et le Mont-Blanc.

Le Val d'Arly dispose d'un excellent réseau de sentiers **VTT** (230 km d'itinéraires, carte 2,50 € dans les offices de tourisme). Plusieurs ludoparcs sont installés au pied ou au sommet des pistes, dont celui à l'arrivée du Lachat, à Crest-Voland. La pratique du **vélo électrique de randonnée (VER)** est encouragée grâce à des itinéraires comme le **tour des Secrets** (45 km, *roadbook* dans les offices de tourisme). Location chez **Bérod Sports** (☎04 79 31 21 07 ; berod-sports.com ; télésiège de la Logère, Crest-Voland) ou **Intersport** (☎04 79 31 70 95 ; Notre-Dame-de-Bellecombe ; de 39 à 75 €/jour selon le type de vélo).

Pour vous rafraîchir, direction le **plan d'eau de Flumet**, qui comporte une base de loisirs avec tennis, jeux gonflables, balançoire et skatepark. Autre plan d'eau, celui du **mont Lachat**, au-dessus de Crest-Voland. Facilement accessible en voiture, à pied, à VTT ou par le télésiège de la Logère, il est interdit à la baignade mais, avec ses aménagements (tables et barbecue), c'est le lieu idéal pour un pique-nique face au Mont-Blanc. Le **lac du Plan Dessert**, au-dessus du Planay (Notre-Dame-de-Bellecombe), est quant à lui le spot des pêcheurs.

Le **forfait randonneur/vététiste** (1 passage/24 heures 6,90/15 €) donnant accès aux remontées mécaniques de l'Espace Diamant est vendu aux caisses et à l'office de tourisme. Navette gratuite entre Val d'Arly et Les Saisies. Le forfait Cristal Vert (25 €) permet, quant à lui, d'accéder au nouvel espace enduro entre le sommet de Bisanne et Crest-Voland, et inclut l'accès au *bike park*.

Hiver

Quatre stations-villages, Crest-Voland – Cohennoz, Notre-Dame-de-Bellecombe, Flumet – Saint-Nicolas-la-Chapelle et Praz-sur-Arly (côté Haute-Savoie, voir p. 117) forment le **domaine du Val d'Arly** (forfait journée adulte 41,80 €), 120 km de pistes de 1 150 à 2 070 m, pour la plupart faciles et bien adaptées aux skieurs débutants à moyens. D'où une atmosphère très familiale. Le domaine du Val d'Arly est relié aux Saisies (p. 209) avec lesquelles il forme l'**Espace Diamant** (journée 49 €), riche de 192 km de pistes et de cinq *boardercross*.

Un peu à part, au pied du col des Aravis, la charmante station-village de **La Giettaz** a l'avantage d'être reliée au **domaine des Portes du Mont-Blanc** (p. 121 ; forfait journée adulte 47 €) regroupant Combloux et Megève-Le Jaillet, ainsi que Cordon (non relié ski aux pieds), soit 100 km de pistes.

Où se loger et se restaurer

Flor'Alpes — Hôtel familial €€

(☎04 79 32 90 88 ; www.floralpes.com ; 71 pl. de la mairie, La Giettaz ; s/d/tr 62-64/88-105/112-142 €, petit déj 13 €, demi-pension 92-105 € ; ⏱début déc à fin avr et début avr à fin oct ; wifi P). Entre l'église, l'école et la mairie, cet hôtel familial vient parfaire l'atmosphère villageoise du Giettaz. Déco tout en bois pour les neuf chambres dont quatre ont vue sur la chaîne des Aravis. Comptez sur Catherine, qui a repris l'hôtel de ses parents, pour vous renseigner sur les randos du coin. Accueil exemplaire et ambiance conviviale. Beau jardin et espace bien-être avec sauna et bain nordique.

Le Toî du Monde — Melting-pot €€

(☎04 79 10 63 53, 06 45 67 16 04 ; www.letoidumonde.com ; 464 ch. des Zorgières, Flumet ; d/qua/6 pers 126-136/ 173-194/257-289 €, petit déj 8-17 € ; menu 39 €, plats 26-36 € ; ⏱restaurant mar-sam soir, sam-dim midi ; piscine wifi P). Resto-ferme, café-concert, éco-gîte... Ancien ingénieur en développement, Florent a transformé la ferme de sa grand-mère en un lieu hors norme. Un "chalet-loft" pourvu d'une petite scène surplombée de plusieurs mezzanines où l'on savoure concerts de rock (ou de rumba) et gastronomie durable (les produits sont cultivés dans le potager, la viande vient des fermes environnantes). Aménagées avec les matériaux de la ferme originelle, les cinq chambres sont aussi chaleureuses que confortables. Petite piscine et spa (location de peignoir et sandales obligatoires 10 €).

La Ferme de Victorine — Restaurant gastronomique €€-€€€

(☎04 79 31 63 46 ; la-ferme-de-victorine.com ; Notre-Dame-de-Bellecombe ; menus 36/46/70 €, plats 26-35 € ; ⏱fermé mer en saison, ouvert ven-mar hors saison, fermé nov et juin). Cette ancienne ferme, dans laquelle la fameuse Victorine tenait une épicerie-bar dans les années 1920, est depuis une vingtaine d'années un repaire gastronomique pour la région. Formidable carte de plats composés de produits locaux (escargots, veau, gibier, poissons de lac...). Une cuisine raffinée mais sans chichis. Le chalet est situé à 3 km de Notre-Dame-de-Bellecombe sur la route du col des Saisies. Épicerie fine sur place (bocaux, terrines, confitures...).

Achats

Coopérative fruitière du Val d'Arly — Produits locaux

(☎04 79 31 70 90 ; coopvaldarly.com ; 71 rue des Évettes, Flumet ; ⏱tlj 8h30-19h30). Cette coopérative réunissant 80 producteurs fabrique du reblochon et d'autres fromages, et vend également saucissons, vins, yaourts, farcement... Petit "espace muséo" à l'intérieur.

Saveurs des Alpes — Boucherie-charcuterie

(☎04 79 31 60 93 ; www.charcuterie-grosset.com ; rue du Mont-Blanc, Flumet). L'un des derniers vrais artisans bouchers-charcutiers de la région, Jean-Christophe Grosset-Grange propose ses charcuteries salées et fumées sur place selon la méthode traditionnelle, avec une riche palette de saucissons.

Renseignements

L'**office de tourisme du Val d'Arly – Mont-Blanc** (☎04 79 31 06 82 ; www.valdarly-montblanc.com ; 147 rue du Mont-Blanc, Flumet) est présent à Flumet et dans les stations-villages de Crest-Voland – Cohennoz, Saint-Nicolas-la-Chapelle, Notre-Dame-de-Bellecombe et La Giettaz en saison.

LES TROIS-VALLÉES

Trois vallées formant une fourche au départ de Moûtiers : vallée de Saint-Bon, vallée des Allues et vallée des Belleville. Cela ne vous dit rien ? Et si l'on vous cite les stations aménagées dans ces vallées : respectivement Courchevel, Méribel et, pour la dernière, Les Menuires et Val-Thorens. Hé oui, voici l'autoproclamé plus grand domaine skiable au monde, avec ses 600 km de pistes ! Une énorme machine à skieurs en hiver faisant parfois oublier les villages originels qui occupent le bas des vallées, et sont restés bien préservés, comme Saint-Martin-de-Belleville.

Depuis/vers les Trois-Vallées

En **voiture**, depuis Albertville, on gagne Moûtiers par la N90. De là, la D117 conduit à la vallée des Menuires et à Val-Thorens, la D915 à celles de Courchevel et Méribel.

Moûtiers-Salins est la gare la plus proche. Elle est desservie par des **TGV** directs depuis Paris en hiver.

Liaisons en **bus** depuis Moûtiers avec **Transdev Savoie** (✆ 04 79 24 21 58, 0820 22 74 13 ; savoie.transdev.com) et **Altibus** (✆ 04 80 00 70 00 ; www.altibus.com).

Courchevel

Station huppée en hiver, Courchevel change de visage en été, et la clientèle fortunée et souvent étrangère, bien moins visible, cohabite alors avec une population plus familiale, composée de curieux ou de randonneurs. L'offre hôtelière se raréfie alors, mais l'avantage est que les adresses restant ouvertes proposent des tarifs parfois divisés par cinq.

La station s'organise autour de six pôles reliés par des navettes et des remontées mécaniques : le village historique de **Saint-Bon-Tarentaise** ; **Courchevel-Le Praz (1300)**, à l'ambiance village et à l'agréable architecture montagnarde, **Courchevel Village (1550)**, la plus petite, **Courchevel-Moriond (1650)**, la plus familiale, **Courchevel La Tania**, la plus anglaise et **Courchevel (1850)**, centre névralgique et royaume du luxe.

À voir

La Saulire — Point culminant

Au départ de Courchevel 1850, empruntez la télécabine des Verdons relayée par le téléphérique de la Saulire pour accéder au point culminant de la station (2 740 m) et jouir d'une perspective exceptionnelle sur le mont Blanc, la Grande Casse (le plus haut sommet de la Vanoise et du département de la Savoie) mais aussi les glaciers du parc national de la Vanoise et les Trois-Vallées. Table d'orientation, restaurant (fermé l'été), et départ de nombreuses activités : descentes VTT, randonnées et la plus haute via ferrata de France (voir page ci-contre).

Activités

Centre Aquamotion — Sportif et ludique

(✆ 09 71 00 73 00 ; aquamotioncourchevel.com ; Courchevel 1650 ; natation 1 heure 30 adulte 10 €, entrée bien-être 33 € ; ⏲ tlj 9h-22h, horaires réduits aux intersaisons).

Entre Courchevel-Moriond et Courchevel Village (1550), sur le site des **Grandes Combes**, ce grand centre à l'architecture contemporaine abrite plusieurs bassins avec ouverture extérieure mais également du surf *indoor*, un mur d'escalade, un espace ludique (à partir de 16 ans), un sauna et un hammam.

Été

Les activités sont dispersées sur différents sites. En dessous de Courchevel-Moriond (1650), la base nature du **lac de la Rosière** regroupe des activités pour les familles, comme le parcours aventure du **Repaire des écureuils** (✆ 04 79 09 31 72 ; www.parcoursaventure.net) avec tyrolienne. Malgré l'aspect intimidant de son pont de singe surplombant la vallée, la **via ferrata** est accessible aux enfants dès 8 ans (2 heures de parcours, 550 m de câble). Le lieu est propice à la **randonnée**. Du chalet-buvette (barbecue en libre accès) démarre un sentier botanique (1 heure 30, facile) et en remontant la rivière, la **cascade des Poux** n'est qu'à 45 minutes de marche. La **via ferrata de Croix des Verdons**, la plus haute de France, grimpe jusqu'à 2 739 m (800 m de câble, 3 heures d'ascension).

Les **lacs Merlet** font aussi l'objet d'une belle randonnée, avec deux options de départ non loin de Courchevel-Moriond : la prairie de Pralin, ou le col de la Platta en passant par la ferme d'Ariondaz (visite et vente de fromages).

En été, le **lac du Praz** est partagé entre pêche (le matin) et baignade (l'après-midi à partir de midi ; surveillée). Peut-être aurez-vous la chance d'assister à un entraînement sur les tremplins olympiques de **saut à skis** situés juste au-dessus. Au mois d'août s'y déroule sur revêtement synthétique une étape de la Coupe du monde de saut à skis.

La vallée de Courchevel est sillonnée de nombreux **itinéraires VTT** : 7 parcours enduro, 4 itinéraires de descente et 7 circuits dédiés au VTT à assistance électrique, dont la très prisée boucle par le col de la Loze (20,5 km entre Courchevel et Méribel).

Location et randonnée accompagnées à l'**espace VTT** (☎ 06 18 08 18 41 ; www.vtt3vallees.com) ou **Izibike** (☎ 06 35 10 75 09 ; www.izibike.fr).

Hiver

Avec 150 km de pistes, le **domaine skiable de Courchevel** (forfait journée adulte Courchevel/Trois-Vallées 68/75 €) est si varié (de 1 300 à 2 738 m) qu'il se suffit amplement à lui-même. Les plus férus de grands espaces pourront toujours multiplier leurs possibilités de glisse par quatre en accédant aux Trois-Vallées (600 km).

Les skieurs débutants ou de niveau moyen privilégieront Courchevel 1650 pour son faible dénivelé et son ensoleillement, tandis que les plus casse-cou s'en donneront à cœur joie dans l'espace allant des pentes raides de la Saulire au sommet de Chanrossa. Pour les amateurs de ski en forêt, direction Le Praz 1300 ou **La Tania**, la dernière station créée dans les Trois-Vallées (en 1991). Celle-ci est de taille modeste mais reliée au domaine et moins bling-bling que ses deux voisines Courchevel et Méribel.

Vous trouverez également cinq zones **freestyle** (Courchevel 1850), neuf boucles de **ski de fond** – soit 70 km, en accès libre – et deux pistes de **luge** : l'une de plus de 2 km éclairée jusqu'à 19h30 entre Courchevel 1850 et 1550 ; l'autre de 3 km entre l'Ariondaz et Courchevel-Moriond avec des nocturnes deux fois par semaine (13 €). Courchevel offre également beaucoup d'activités aux non-skieurs, avec de nombreux **itinéraires pédestres** et pour **raquettes**.

Les tremplins de saut à skis des J.O. de 1992 accueillent tous les ans des compétitions internationales.

Courchevel, du tourisme social à la jet-set

En se promenant dans Courchevel, on a peine à croire que cette station, dont la construction fut décidée par des hommes politiques de gauche comme Pierre Cot et Pierre de La Gontrie après la Seconde Guerre mondiale, avait pour but d'initier le développement de la Savoie en rendant les sports d'hiver accessibles au plus grand nombre. Cette mission première de tourisme social a progressivement évolué avec le succès international de Courchevel que l'on connaît. Aujourd'hui, même si la station tente de miser sur ses atouts sportifs avec l'organisation d'une étape de la Coupe du monde de ski alpin, les signes extérieurs de richesse y sont toujours très présents, surtout venant de Russie. Ici, l'office de tourisme côtoie le plus simplement du monde les boutiques Dior, Vuitton ou Prada...

ANDY EVANS PHOTOS / STOCK.ADOBE.COM ©

Où se loger et se restaurer

Les Monts Charvin Hôtel €€

(☎ 04 79 04 19 10 ; hotel-courchevel1850.com ; Impasse des Verdons, Courchevel 1850 ; d été/hiver 76-105/175-345 €, petit déj été/hiver 14/18 € ; ⏲ juil-avr, fermé sam-dim en sept et dernière semaine d'oct). Un hôtel bien tenu ; les chambres sont petites, mais si l'on souhaite un peu plus de confort, on peut opter pour les suites (150-460 € selon saison) dont certaines sont équipées d'une cheminée. Position centrale à Courchevel 1850. Accueil exemplaire.

Chalet l'Étagne Chambres d'hôtes €€-€€€

(☎ 06 28 34 46 05 ; www.chalet-etagne.fr ; rue du Lac, Courchevel-Le Praz ; d avec petit déj été/hiver 140-160/180-300 €, ste avec petit déj été/hiver 170-250/220-400 € ; wifi P). Situé au village du Praz, ce chalet confortable est doté de 3 chambres et 2 suites, et d'espaces communs chaleureux (salon avec cheminée), ainsi que d'un bon niveau d'équipement pour la détente (Jacuzzi et sauna). Accueil chaleureux.

Bistrot du Praz Terroir et gastronomie €€€

(☎ 04 79 08 41 33 ; www.bistrotdupraz.fr ; plats 22-32 € ; ⏲ mar-dim 11h-22h été et hiver). Une belle adresse face au lac du Praz et à la piste de saut. On y sert une cuisine légère à l'image du bouillon thaï de saumon au lait de coco, et aux accents asiatiques. Le tataki de bœuf vaut le détour, et en dessert, le pain perdu (à commander en début de repas) est à ne pas rater !

Renseignements

L'**office de tourisme** (☎ 04 79 08 00 29 ; courchevel.com) se situe à Courchevel 1850. Antennes ouvertes en saison à **Courchevel-Le Praz** (☎ 04 79 08 41 60), **Courchevel Village** (☎ 04 79 08 37 05) et **Courchevel-Moriond** (☎ 04 79 08 03 29). **Bureau des guides** (☎ 06 23 92 46 12 ; guides-courchevel.com).

Méribel

La station de Méribel fut fondée à la veille de la Seconde Guerre mondiale par un Écossais, Peter Lindsay. Fuyant les stations

De gauche à droite : Courchevel (p. 216) ; domaine de Courchevel ; téléphérique du Vallon

autrichiennes et allemandes en raison de la situation géopolitique, il était tombé amoureux de la vallée des Allues. Méribel est de fait depuis son origine la chasse gardée des Britanniques. Sa physionomie rappelle celle de Courchevel, avec ses quatre pôles : le charmant **hameau des Allues**, à 1 100 m ; **Méribel Village** à 1 400 m, un petit hameau traditionnel transformé depuis la fin des années 1990 en village résidentiel moderne, avec de nouveaux chalets bien intégrés à l'environnement ; la station phare **Méribel** (1 450-1 700 m), très haut de gamme avec ses hôtels de luxe ; et **Méribel-Mottaret** (1750), davantage bétonnée et conquise par les tour-opérateurs. Mais notre Écossais ayant tenu à respecter l'architecture locale lors de la création de "sa" station, Méribel se voit tout de même affublée du surnom de "belle" des Trois-Vallées.

À voir et à faire

Réserve naturelle du plan de Tuéda — Lac et promenades

Créée dans les années 1990, cette réserve s'étend du lac de Tuéda (1 650 m) jusqu'au glacier de Gébroulaz (3 153 m) sur une centaine d'hectares. Elle débute à 10 minutes à pied du parking de plan Ravet (Méribel-Mottaret), où l'on aperçoit un joli lac bordé d'une magnifique cembraie (forêt de pins cembro ou arolles). Point info à la **Maison de la réserve** (04 79 08 60 01 ; été lun-jeu 10h-12h30 et 13h30-18h), qui abrite également une exposition interactive ; un animateur nature y propose des ateliers pour les enfants. Un sentier botanique balisé et un sentier glaciologique permettent de se familiariser avec la flore alpine et de comprendre l'évolution géologique de la vallée.

Activités

Parc olympique – La Chaudanne — Centre sportif

(04 79 00 80 00 ; Méribel 1600 ; selon les activités). Ce grand complexe est ouvert été comme hiver, avec **salle de fitness** (adulte 12 €), **spa** (04 79 00 42 30 ; 24 €), **piscine** (04 79 04 13 46 ; adulte/5-18 ans 7/5,50 €) et **patinoire olympique** (04 79 00 80 00 ; adulte/5-18 ans 6/4,50 €, location

patins 4 €) ayant accueilli les épreuves de hockey lors des J.O. de 1992. Il abrite aussi un **mur d'escalade** (bureau des guides 06 43 89 72 91 ; guides-meribel.com) en accès libre.

Été

Une trentaine de sentiers de **randonnée** sillonnent la station. Le **lac de Tuéda**, riche d'une population élevée de truites farios et arc-en-ciel, est le rendez-vous des pêcheurs. Depuis ses rives, un sentier grimpe (assez sec au début) le long d'un torrent en direction du refuge du Saut et du lac des Fées, à l'entrée du parc national de la Vanoise (4 heures aller-retour). Présence de marmottes garantie ! Les plus sportifs pourront enchaîner jusqu'au col du Soufre (2 900 m) en longeant le glacier de Gébroulaz (3 heures de montée).

Des balades sympathiques partent de l'**altiport**. En forêt sur le plat, ou en boucle vers le col de la Loze et le lac bleu, avec un superbe panorama de Courchevel et des sommets environnants (4 heures). Pour des randos ou des vias ferratas accompagnées, contactez le **bureau des guides** (06 43 89 72 91 ; guides-meribel.com).

C'est aussi du côté de l'altiport qu'il faut se rendre pour exercer son swing sur le **golf de Méribel** (04 79 00 52 67 ; www.golf-meribel.com ; parcours 18 trous 50-75 € ; juin-oct), l'un des plus beaux parcours en haute montagne en France.

Entre Méribel-Mottaret et Méribel, le **parc ludique du Doron** est l'occasion de profiter de multiples activités sur un même site : un sentier pédestre aménagé avec tables de pique-nique et barbecues, un site d'escalade et, tout près, le Ranch Nordique du Bois d'Arbin, des courts de tennis et un parc aventure.

Côté **VTT**, vous pourrez compter sur un *bike park* complet (35 km de descente et 200 km d'itinéraires faciles pour tous niveaux avec remontées). Un sentier tranquille fait également le tour du lac de Tuéda. Plan des pistes de VTT disponible à l'office de tourisme (forfait journée remontées VTT/piéton adulte 26/23 €). Si vous comptez rester plusieurs

Méribel

jours et que vous avez réservé dans un hébergement partenaire, le pass de 3 jours (non consécutifs ; 32,40 €) peut s'avérer intéressant.

Hiver

Étalé sur deux versants opposés, le **domaine skiable de Méribel** (forfait journée adulte Méribel/Trois-Vallées 63,50/75 €) a le double avantage de posséder 150 km de pistes pour les skieurs de tous niveaux (de 1 400 à 2 952 m), et de se situer au cœur des Trois-Vallées, offrant la possibilité de rejoindre, en une remontée, Courchevel d'un côté ou Les Menuires et Val-Thorens de l'autre.

Les débutants évolueront dans la zone de l'altiport et à Méribel-Mottaret, qui donne aussi accès à des pistes rouges et noires. Ceux qui en ont sous la spatule se régaleront sur les pentes du mont de la Chambre ou du mont du Vallon, le point culminant, secteur toujours très enneigé face à la Vanoise, idéal pour le *freestyle*. La piste rouge de la Combe du Vallon affiche un dénivelé de 1 000 m. Du Roc-de-Fer, ne perdez pas la Face, une noire olympique qui a accueilli la descente féminine des Jeux d'Albertville.

Un **snowpark** est installé aux Plattières. Il y a aussi deux sites de **ski de fond** (accès libre) en forêt, l'un au lac de Tuéda, l'autre à l'altiport, relié à Courchevel 1850 et à La Tania, soit en tout 90 km, dont 33 km à Méribel.

Pour les non-skieurs, 25 km de **sentiers pédestres** et pour **raquettes** sont aménagés. Carte à l'office de tourisme et forfait remontées piétons (1/6 jours 28/85 €).

Où se loger et se restaurer

Hôtel L'Éterlou — Central et confortable €€

(04 79 08 89 02 ; www.hoteleterlou.com ; rte Albert-Gacon, Méribel ; d été/hiver 130-160/225-460 €, petit déj inclus en hiver ; été/hiver 15-20/25-30 €/jour). Situé en face du parc olympique, cet hôtel trois étoiles, doté d'une piscine extérieure chauffée, d'un Jacuzzi et d'un hammam, offre des chambres doubles confortables de tailles assez différentes (de 12 à 35 m²). Sa situation centrale, son équipe avenante et ses équipements ont font une excellente option en été.

En'K — Restaurant de village €€

(04 79 01 13 75 ; Les Allues ; plats 15-24 €, menus 23-25 € ; soir seulement, été et hiver tlj, intersaisons jeu-sam). Les adresses raffinées et chères ne manquent pas à Méribel. Mais pour s'attabler dans un restaurant bon marché et authentique, il faut rallier Les Allues. Au cœur du village, loin des lumières de la station, cette adresse tout sauf prétentieuse propose un intéressant mélange de spécialités savoyardes (diots au vin blanc, tartiflettes...) et asiatiques (nems, brochettes satay...) joliment cuisinées. C'est surtout convivial et chaleureux.

Clos Bernard — En pleine forêt €€

(04 79 00 00 07 ; www.closbernard.com ; rte de l'Altiport ; plats 28-48 € ; tlj en saison 10h-17h30, se renseigner le reste de l'année). Niché en pleine forêt, l'établissement demande d'abord une petite marche d'à peine 5 minutes, histoire de s'ouvrir l'appétit – mais vous pouvez aussi vous faire déposer en **calèche** (06 21 94 80 23 ; depuis le village). Une fois attablé, il vous faudra choisir entre de délicieux tartares et burgers (dont un fumé aux épines de pin), ou d'excellentes grillades au feu de bois (truite, souris ou carré d'agneau, côte de cochon...). Mais vous pourrez aussi faire plus léger avec une salade composée. Une belle escale !

Renseignements

Méribel tourisme (04 79 08 60 01 ; www.meribel.net) dispose également d'une antenne à **Méribel-Mottaret** (04 79 00 42 34).

Les Menuires et Val-Thorens

La vallée des Belleville comprend **Les Menuires**, **Val-Thorens** et **Saint-**

Martin-de-Belleville (p. 224). La station cosmopolite des Menuires, prisée autant par les familles que par les jeunes et les bons skieurs, voit son architecture de barres des années 1960 évoluer peu à peu. Les nouvelles constructions s'inspirent maintenant du chalet savoyard et cherchent à s'intégrer à leur environnement. Une dizaine de kilomètres plus loin, Val-Thorens, plus haute station d'Europe à 2 300 m d'altitude, attire une clientèle jeune et festive en hiver. En été, c'est la plus calme des stations des Trois-Vallées. Elle ne compte d'ailleurs ni hôtel, ni hébergement à la nuit.

À voir et à faire

Chez Pépé Nicolas

Ferme, restaurant et chalet d'alpage

(06 09 45 28 35 ; www.chezpepenicolas.com ; lieu-dit La Chasse, Les Menuires ; plats 24-33,50 € ; été tlj 8h-22h sauf dim soir, se renseigner le reste de l'année). C'est un lieu unique à 2 km des Menuires sur la route de Val-Thorens. Une ferme que Valentin a reprise de son père... qui l'avait héritée lui-même de son grand-père, qui l'avait achetée en 1957. Bref, une histoire de famille, qui propose aux touristes de partager un moment de convivialité autour des traditions paysannes. Au programme, visite du jardin en permaculture, fabrication du fromage dès 7h30, visites avec un alpagiste (adulte/5-15 ans 12/9 €) ou traite manuelle des chèvres entre 15h15 et 16h15 environ (gratuit pour les clients du restaurant et de la boutique). Attention, il y a souvent foule ! Également une boutique de produits locaux et un restaurant où sont servies les spécialités savoyardes (diots, croziflette, desserts de Mémé Joséphine...) à toute heure de la journée, à l'intérieur ou sur la terrasse offrant un large panorama de la pointe de la Masse et du glacier de Péclet-Polset. En été avec des enfants, prévoyez de passer un peu de temps avec les animaux avant ou après le déjeuner.

Chez Pépé Nicolas

JÉRÔME LABOUYRIE / STOCK.ADOBE.COM ©

Cime de Caron

Panorama

(Val-Thorens ; pass cime de Caron 40 € ; hiver tlj, été lun-ven). Il suffit de prendre deux télécabines (Cairn et Caron), puis le téléphérique de la Cime de Caron pour accéder au sommet, à 3 195 m d'altitude. L'été, douze cabines avec sol en verre offrent plus de sensations, avec l'impression de survoler la montagne. En sortant, vous aurez le souffle coupé. Par temps clair, vous pourrez distinguer des centaines de sommets des Alpes françaises, suisses et italiennes ! Table d'orientation et restauration.

Activités

Centre sportif

Multi-activités

(04 79 00 00 76 ; sogevab.com). Deux grands complexes sportifs, l'un aux Menuires (dans le quartier de la Croisette), l'autre à Val-Thorens, animés été comme hiver, avec l'espace aqualudique **La Bulle des Bruyères** (04 79 00 69 98 ; 619 rue des Bruyères, Les Menuires ; tlj 10h-20h30 en saison) comportant piscine, sauna, hammam et Jacuzzi. Attractions pour les enfants, salle de fitness, espace multisports

Cime de Caron

et huit terrains de tennis extérieurs répartis sur les deux stations.

Été

Vous trouverez de nombreux départs de sentiers de **randonnée**, même si certains sont visuellement "pollués" par les remontées mécaniques – plusieurs ont été démontées ces dernières années afin d'alléger le paysage. Le bucolique **lac du Lou**, à l'écart, demeure bien préservé. C'est une randonnée facile au départ du plan d'eau des Menuires ou du parking de La Chasse, près de Chez Pépé Nicolas (2 heures aller-retour). En bord de lac, le **refuge du lac de Lou** (07 70 22 86 79 ; demi-pension adulte en dortoir été-hiver 65/72 €, douche 3 € ; mi-juin à mi-sept et mi-déc à mi-avr) propose une cuisine de qualité et dispose de 33 couchages en dortoir. Les plus aguerris pourront grimper jusqu'à la **pointe de la Masse** (2 804 m) ou passer sous la pointe en effectuant une boucle ponctuée de jolies arêtes, cols et lacs. Un **circuit des lacs** y est aussi possible depuis le sommet de la télécabine de la Masse.

La **vallée des Encombres** mène au sommet du Grand Perron des Encombres, au départ de Caseblanche (à 8 km du lieu-dit du Châtelard, Saint-Martin-de-Belleville). Une colonie de bouquetins y a élu domicile : une belle opportunité de les observer de près ! Panorama magique de la barre des Écrins au Mont-Blanc. Niveau assez difficile (comptez 6 heures aller-retour).

Enfin, depuis Val-Thorens, nous vous recommandons la randonnée du **lac du Montaulever**, que l'on atteint par un agréable sentier zigzaguant à travers de vastes pelouses alpines. De nombreuses marmottes se laissent observer et la flore est très riche. La marche est assez facile, avec un dénivelé de 270 m. Comptez 2 heures 30 aller-retour. Pour les amateurs de **trail**, 3 parcours sont balisés à partir de Val-Thorens (Montaulever/6 km, Mont de la Chambre/10 km et Cime de Caron/21 km).

La **vallée des Belleville** dispose d'un beau domaine de **VTT**, avec plus de 300 km de circuits balisés. La piste Roc'n'Bike démarre aux Menuires, de la

ANDY EVANS PHOTO / STOCK.ADOBE.COM ©

SI VOUS AIMEZ...

Les villages préservés

Saint-Martin-de-Belleville Avec ses maisons aux murs de pierre et aux toits de lauze, le village en dessous des Menuires n'a guère changé et attire une clientèle de plus en plus huppée. Géré par la Maison du tourisme, le **musée de Saint-Martin** (04 79 00 20 00 ; st-martin-belleville.com ; pl. de l'Église ; tarif plein/réduit 5/4 €, gratuit -16 ans ; dim-ven 9h-12h et 14h-18h, intersaisons sur rdv) retrace l'histoire de ces transformations. En face, jetez un coup d'œil aux retables baroques de l'église Saint-Martin. À voir aussi, le **moulin de Burdin** (entrée libre ; été ven 9h30-12h, visites commentées 10h et 11h), auquel on accède par le sentier du Doron, et le **sanctuaire Notre-Dame-de-la-Vie** (1633-1680) et son retable détaillant la vie de Marie. Une télécabine et un télésiège relient le village au domaine des Trois-Vallées par le sommet de Tougnète (direction ensuite Méribel ou Les Menuires).

Peisey-Vallandry (office de tourisme 04 79 07 94 28 ; www.peisey-vallandry.com). Sur le versant ouest du massif des Arcs, Plan-Peisey et Vallandry sont deux stations jumelles en bordure de forêt reliées au domaine Paradiski (p. 237). Elles sont constituées d'une dizaine de villages plutôt bien préservés où dominent les gros chalets. À voir à Peisey, les retables dorés de l'église de la Sainte-Trinité ou, à 45 minutes de marche, ceux de la charmante **chapelle Notre-Dame-des-Vernettes**, au pied de l'aiguille Rousse. Les hébergements sont plus abordables qu'aux Arcs.

Aime Au pied de La Plagne, cette paisible bourgade, qui fut la capitale de la province romaine des Alpes Grées, abrite un patrimoine remarquable, à commencer par l'**église du prieuré Saint-Martin** (4 €, +2 € avec visite guidée, gratuit -16 ans et jeu d'août ; juil-août mar-sam 10h-13h et 14h30-18h), de style roman, ou la massive **tour de Montmayeur** (mêmes tarifs et horaires). À voir également, l'**espace archéologique** (4 €, +2 € avec visite guidée, gratuit -16 ans ; juil-août lun-sam 10h-13h et 14h30-18h). Pour une visite des trois sites (pass à 8 €), réservez à la **Maison du tourisme** (04 79 55 67 00).

télécabine du Roc 1 (mar-dim). Une zone pour les enfants est aménagée autour du **plan d'eau des Bruyères**, aux Menuires (à partir de 7 ans, gratuit) ainsi qu'une ludizone pour s'exercer à la descente sur l'espace de la Croisette.

Des cartes VTT et des topoguides sont disponibles aux offices de tourisme (ou téléchargeables gratuitement sur le site).

Les Menuires et Val-Thorens bénéficient d'un **bureau des guides** (04 69 96 55 15 ; lesmenuires.com/fr/bureau-des-guide) très actif qui propose des sorties accompagnées (visite d'un alpage, observation des chamois, des marmottes...), des randonnées glaciaires, des initiations au rafting, au canyoning ou un encadrement sur les vias ferratas du Levassay (1 heure 30) et du Cochet (3 heures).

Les enfants s'amuseront à escalader les arbres de la **Forêt des Aventuriers** (06 82 48 83 30 ; juil-août 10h-19h) à Saint-Martin-de-Belleville ou des rochers durant le parcours **Montagne Aventure** proposé par le **bureau des guides** (04 79 01 04 15). Autre activité appréciée des enfants, la **Mine** (04 79 00 94 42, descente 9 €), une piste de **luge** sur rail de 1 000 m de long, accessible dès 5 ans, aux Menuires.

Si vous restez plusieurs jours, le **passeport ascensionnel** (www.passeportascensionnel.com) offre des réductions sur les remontées mécaniques et beaucoup d'autres prestations.

Hiver

Trois possibilités concernant le domaine skiable : opter pour une seule **station** (forfait journée adulte Les Menuires/Val-Thorens 57,60/68 €), opter pour le forfait **vallée des Belleville** (74 €), ou voir les choses en grand avec le forfait **Trois-Vallées** (79 €).

La station des Menuires possède un **domaine skiable** (1 450-2 850 m) de 160 km de pistes, que l'on peut diviser en deux secteurs : celui situé au-dessus de la station, descendant depuis le Roc 1 jusqu'à Saint-Martin en une succession de pistes bleues, et celui de la pointe de la Masse, pour les skieurs plus aguerris et les amateurs de poudreuse.

Il y a un **snowpark** d'initiation et plusieurs zones ludiques ultravariées avec de nombreux modules, ainsi qu'une piste de **luge**, la Roc'n Bob (4 km).

Les non-skieurs pourront grimper au **mont de la Chambre** par la télécabine des Bruyères, pour profiter d'une vue sur le mont Blanc, et pourquoi pas redescendre jusqu'à la station en **raquettes**, par un itinéraire balisé d'un dénivelé de plus de 1 000 m !

Station la plus élevée d'Europe à 2 300 m d'altitude, Val-Thorens dispose d'un domaine grimpant jusqu'à de sublimissimes points de vue, comme à la **Cime de Caron** (voir p. 222), à l'**épaule du Bouchet** (point culminant des Trois-Vallées à 3 230 m), ou au **Péclet**, du haut duquel dévale la Belle Christine, une piste rouge. La piste noire de la cime de Caron est considérée comme la piste mythique de la station et l'une des plus belles des Alpes. Et même si ses 140 km de descentes offrent un tantinet moins de variété qu'aux Menuires, les skieurs de tous niveaux y trouveront leur compte.

Au pied du glacier de Péclet, à 3 000 m d'altitude, faites-vous plaisir sur la **piste du Cosmojet** (17 € la descente, gratuit 5-9 ans sur la luge d'un adulte ; lun-ven 12h-16h et 17h-18h, sam-dim 10h-16h), une descente sécurisée de 6 km... en **luge** ! C'est la plus longue de France : comptez bien 45 minutes de descente.

Un immense **snowpark** de 70 000 m² fera le bonheur des amateurs de freestyle.

Où se loger et se restaurer

Outre Chez Pépé Nicolas (voir p. 222), nous vous recommandons :

Le Pelvoux Hôtel près des pistes **€€**
(04 79 00 61 09 ; hotel-pelvoux-menuires.com ; La Croisette, Les Menuires ; d été sans/avec petit déj 81/105 €, d hiver 102-115 € avec petit déj ;). Pour accéder à cet hôtel, il faut pénétrer au cœur de la station. L'avantage, en hiver, c'est qu'on peut faire difficilement

BÉATRICE PRÉVE / STOCK.ADOBE.COM ©

Val-d'Isère

plus proche des remontées mécaniques. Le confort est simple, mais l'adresse est l'une des plus économiques du secteur et l'accueil est sympathique.

La Fromagerie des Belleville Fondu de fromage **€€**
(06 49 10 17 11 ; galerie des Adrets ; plats 18-24 € ; tlj 18h45-22h en saison). Raclette, matouille (une tome des Bauges cuite au four), reblochonnade… et bien évidemment fondue (100% beaufort ou aux trois fromages). Bien caché dans la galerie marchande de la Croisette, ce petit restaurant valorise avec succès le fromage savoyard. Accueil souriant.

Renseignements

Office de tourisme des Menuires (04 79 00 73 00 ; www.lesmenuires.com ; La Croisette) ; **bureau des guides** (07 56 15 39 40).

Office de tourisme de Val-Thorens (04 79 00 08 08 ; www.valthorens.com ; Grande-Rue) ; **bureau des guides** (06 35 76 81 45).

TARENTAISE

Difficile de résumer la vallée de la Tarentaise, aux visages si multiples, dont la constante est de suivre le cours de l'Isère depuis sa source, au-dessus du col de l'Iseran, jusqu'à Albertville, en passant par Bourg-Saint-Maurice. C'est dans ce sens que nous vous dévoilerons sa diversité, qui s'exprime aussi bien dans les domaines skiables de Paradiski (La Plagne, Les Arcs et Peisey-Vallandry) ou de Tignes-Val-d'Isère, que dans le parc national de la Vanoise, paradis de la randonnée parsemé de villages au charme intemporel, ou encore dans tous ces cols et lacs de montagne agrémentant un paysage tourmenté.

Val-d'Isère

Une rue principale bordée d'hôtels et de boutiques plutôt chics, dans le cadre préservé d'un ancien village aux maisons de pierre et toits de lauze, le tout en fond de vallée de Tarentaise… Le site est unique, son histoire aussi ! Car Val-d'Isère, c'est une relation intime avec le ski. Originaire du village, Louis Bonnevie fut champion de France militaire de ski de fond dès 1906, trente ans avant la création de la station. Le ski était depuis longtemps déjà un moyen de locomotion pour les habitants. Rien d'étonnant à ce que se soient succédé à "Val" les plus grands champions, d'Henri Oreiller à Ingrid Jacquemod, en passant par les sœurs Goitschel, Jean-Claude Killy et, plus récemment, Clément Noël. Car la compétition fait partie des lieux : 50 ans de Coupe du monde de ski, les J.O. en 1992, la Coupe du monde de VTT, le trail le plus haut d'Europe... Une station résolument sportive donc, chère en hiver, animée et familiale en été.

Le héros du "planté de bâton"

Film culte de l'équipe du Splendid, *Les Bronzés font du ski* (1979) a été tourné à Val-d'Isère. L'une des scènes garde une résonance particulière dans la station : celle du planté de bâton, car elle a transformé Fernand Bonnevie (fils du premier champion Louis Bonnevie) en star locale. C'est en effet lui qui interpréta le moniteur de Jean-Claude Dusse (joué par Michel Blanc), probablement l'élève le plus difficile de sa carrière ! Car Fernand Bonnevie (mort en 2013 à l'âge de 98 ans), natif de Val-d'Isère, enseignait vraiment le ski, et fut même le moniteur de Jean Gabin, ou encore de Valéry Giscard d'Estaing. Aujourd'hui, le planté de bâton n'est plus guère enseigné dans les écoles de ski...

À voir et à faire

Église Saint-Bernard-de-Menthon — Baroque

(9h-19h). Construite au XVIe siècle, elle arbore un retable d'inspiration baroque (dorures, colonnes torses...). Le tableau central met en scène saint Bernard des Alpes, saint Maurice et saint Pierre II de Tarentaise contemplant le couronnement de la Vierge par la Trinité. Pour prolonger cette visite, suivez le **parcours des sept chapelles de Val-d'Isère** (visite guidée, inscription à l'office de tourisme).

Musée de Val-d'Isère — Histoire du ski

(04 79 06 09 09 ; Maison de Val, rue de la Face ; accès libre ; juil-sept lun-ven 9h-21h, dim 14h-21h, jan à début mai lun-sam 9h-21h30, dim 14h-21h). L'histoire du village et de sa transformation en station de montagne touristique est présentée à travers un fonds d'objets réunis par des passionnés, ainsi qu'avec des expos temporaires sur le patrimoine de la vallée.

Activités

Centre aquasportif — Multi-activités

(04 79 04 26 01 ; www.valdisere.com/bien-etre/centre-aquasportif ; rte de la Balme ; différents pass selon activités, entrée piscine et espace bien-être 22 € ; hiver-été tlj 9h-21h). Un immense complexe avec espaces plage (piscine, balnéo, sauna, spa, hammam...), sportif (salle de sports, mur d'escalade), tonique (musculation, yoga, squash...) et détente.

Ferme de l'Adroit — Visite de ferme

(04 79 06 13 02 ; laferme-de-ladroit.fr ; L'Adroit ; tlj 6h-12h et 15h-19h). Dans cette ferme à la production variée (bleu, tomme de Savoie, raclette et avalin, sorte de gruyère au lait d'été), vous pouvez assister à la traite des brunes des Alpes, la trentaine de vaches de cette exploitation (vers 17h30), et parfois à la fabrication du fromage (vers 8h30, renseignez-vous avant). Délicieux yaourts également. Vous pouvez aussi retrouver les produits à la **Fermette de Claudine** (04 79 06 13 89) dans le centre-ville.

Été

Le **Val pass** (1/6 jours 29/99 €) donne un accès illimité à 25 activités, dont celles du Centre aquasportif, mais aussi du bloc

PASCAL LÉDARD / STOCK.ADOBE.COM ©

À NE PAS MANQUER

Le col de l'Iseran

Perché à 2 764 m d'altitude, le plus haut col routier des Alpes, au cœur du parc national de la Vanoise (voir p. 256), marque la séparation entre la Tarentaise et la Maurienne (voir p. 243). Pour les deux vallées savoyardes, c'est donc une sorte de bout du monde, une impression que renforce un paysage grandiose mais austère, magnifique et troublant. De son sommet dévalent quelques-unes des plus belles pistes de Val-d'Isère. Chaque fin de printemps, il faut environ un mois pour dégager la route du col encombrée de plusieurs mètres de neige.

Construite dans l'entre-deux-guerres, la route de l'Iseran fait aujourd'hui partie de la route des Grandes Alpes et a été empruntée sept fois par les coureurs du Tour de France (dernier passage en 2019). Si vous vous sentez capable de grimper à vélo ce col classé hors catégorie, voici nos recommandations : montez depuis Bonneval-sur-Arc (côté Maurienne, voir p. 267), plus beau et sauvage (14 km jusqu'au col) ; partez tôt le matin pour éviter la circulation dense (attention aux motards), choisissez un bon braquet (32 devant et 28 derrière) et surveillez les marmottes qui ont l'habitude de traverser la route hors des passages cloutés ! Voir aussi l'itinéraire p. 32.

escalade, au poney, minigolf, skate parc..., et il inclut une randonnée d'une demi-journée avec guide.

Depuis la station, départ de **randonnées** belles et faciles, en particulier le sentier **Les Balcons**, qui se parcourt en une boucle de 3 heures, permettant de dominer la station et de voir les sources de l'Isère, la Vanoise et le col de l'Iseran. Nous recommandons aussi le **vallon de Prariond**, une marche depuis le parking du pont Saint-Charles le long des gorges du Malpasset, qui mène en 1 heure 15 au **refuge de Prariond** (✆ 06 08 83 75 30 ; refuge-prariond.vanoise.com ; dîner 28 € ; demi-pension 54-61 €) autour duquel on aperçoit fréquemment marmottes, bouquetins et chamois. Les meilleurs marcheurs poursuivront vers le **col de la Galise** ou **de la Lose**. Autres balades sportives, le tour du **mont Roup** depuis le parking du Manchet ou celui de la **pointe nord**

des Lorès (5 heures) raviront les amateurs de flore diversifiée et de glaciers. Notez que les remontées mécaniques sont gratuites pour les piétons l'été, ce qui multiplie les possibilités.

Le joli **lac de l'Ouillette** (2 500 m, accès par la télécabine de Solaise ou en voiture depuis le col de l'Iseran) est un haut lieu de la pêche à la truite (concours en été), et l'endroit idéal pour un pique-nique ou une balade à pied.

Val-d'Isère et Tignes se sont unies pour constituer un **bike park**, domaine **VTT** de 200 km dont 50 km de boucles VTTAE avec 5 remontées mécaniques ouvertes 7 jours sur 7 (accès illimité à la journée 19 €). Enfin, le **parc des sports du Manchet** et la plaine de la Daille dédient un espace aux pratiques du *dirt* et du *pumptrack*.

La **via ferrata** du Roc de Tovière et celle des Plates de la Daille est réservée à un public déjà aguerri.

Hiver

On se contenterait aisément des 150 km de pistes de Val-d'Isère, mais la station est reliée à Tignes en un grand **domaine skiable** (forfait journée adulte 71 €), dont les 300 km de pistes (de 1 550 à 3 456 m) en font l'un des plus beaux des Alpes. Côté Val-d'Isère, il comprend deux pistes mondialement connues : la mythique **Face de Bellevarde** (descente masculine des J.O. d'Albertville de 1992), à l'inclinaison maximale hallucinante de 71%, et la très longue **Oreiller-Killy (OK)**, qui accueillent chaque année, début décembre, le Critérium de la première neige, étape de la Coupe du monde de ski depuis 1955. Leur départ se situe au sommet du rocher de Bellevarde, que l'on rejoint par le remarquable **Funival**, funiculaire d'une capacité de 220 personnes filant depuis La Daille à 12 m/seconde, ou par l'Olympique, téléphérique débrayable assurant les 1 000 m de dénivelé depuis la station en à peine 6 minutes.

Mais le domaine Tignes-Val-d'Isère n'est pas réservé aux seuls champions. Les débutants auront la chance d'évoluer dans un magnifique secteur de haute altitude au-dessus de Bellevarde ou vers Solaise, tandis que les skieurs moyens trouveront de belles bleues réparties sur tout le domaine.

Autre espace de glisse à disposition, un grand **snowpark** situé sur l'envers de Bellevarde, dans la combe du Mont-Blanc. Également 44 km de pistes de **ski de fond** en accès libre, à l'exception des hauts plateaux du domaine Tignes-Val-d'Isère.

Où se loger et se restaurer

Hôtel-restaurant Avancher — Hôtel-restaurant €€

(04 79 06 02 00 ; www.hotel-avancher-valdisere.com ; av. du Prariond ; été s/d/fam 105/130/175-200 € avec petit déj, hiver 5 nuits minimum ; début juil à mi-sept, début déc à avr, restaurant mar-dim soir ; couvert été/hiver 12/20 €). Cet hôtel confortable offre de belles prestations avec une quarantaine de grandes chambres (lits *king size*, balcons, baignoires) à la déco soignée et des tarifs attractifs l'été. Joli espace bien-être sous les toits : Jacuzzi, hammam et petit sauna extérieur pour se délasser en contemplant les sommets… Le restaurant attire au-delà des clients de l'hôtel : dans une belle salle aux tables opportunément espacées, touristes et autochtones se côtoient autour de plats typiquement savoyards (fondue et raclette à l'ancienne) ou plus originaux. L'hiver, un minimum de 5 nuits est exigé.

Hôtel Altitude — Hôtel-restaurant €€-€€€

(04 79 06 12 55 ; www.hotelaltitude.com ; rue de la Face ; d été/hiver 135-165/281-490 € ; petit déj été/hiver 12/19 € ;). À deux pas des remontées mécaniques et à 5 minutes à pied du centre-ville, ce charmant trois-étoiles propose des chambres spacieuses et très douillettes à prix tenus l'été. Il dispose d'une belle piscine chauffée (ouverte aux extérieurs) où siroter un cocktail. L'équipe jeune et dynamique est avenante, et le bar est agréable à l'heure de l'après-ski ou de l'après-rando. Salle de remise en forme et parking couvert sur réservation.

Le Refuge de Solaise — Le plus haut €€€

(☎ 04 58 83 00 90, 07 77 14 12 90 ; www.lerefuge-valdisere.com ; sommet de Solaise ; plats 24-38 € ; ⏲ tlj en saison). À 2 551 m d'altitude, à deux pas du lac de l'Ouillette, c'est le refuge hôtel-restaurant le plus haut de France. Accessible par la télécabine de Solaise ou en voiture, on peut par exemple s'y régaler d'un parmentier de légumes, de *linguine* à la truffe ou d'une entrecôte-frites à prix relativement corrects pour un restaurant d'altitude. Moyennant un budget très conséquent, dortoir et chambres également. Mais les prix proposés nous ont laissés pantois, même l'été.

Le Salon des Fous — Crêperie et salon de thé €

(☎ 04 79 00 17 92 ; immeuble le Télémark, av. Olympique ; plats 12-28 € ; ⏲ mi-juin à fin août tlj 8h30-22h, sept lun-ven 8h30-18h, hiver tlj 8h-22h). Pour manger à Val-d'Isère sans se ruiner, les propositions ne sont pas légion. Cette adresse discrète est l'une d'elles, située sur l'avenue principale, parmi hôtels de luxe et magasins de sportswear. On apprécie l'atmosphère "village" dans laquelle on déguste galettes, crêpes, tartes salées, salades en été, sans oublier les pâtisseries. Le soir, bar à vins et tapas en hiver, et groupes de musiciens aux deux saisons.

Casserole et bouchons — Spécialités régionales €€

(☎ 04 79 41 15 71 ; 125 rue du Coin ; plats 26-34 €, fondues 31-46 € ; ⏲ tlj été 11h30-15h et 18h30-22h30, hiver 11h30-23h non-stop). Remarquez cette adresse située à droite en arrivant au 1er rond-point à l'entrée de Val-d'Isère. Vous risquez fort de vous attabler dans ce grand restaurant habillé de bois, ouvert tous les jours hiver comme été, et qui fait salle comble quelle que soit la saison. Il faut dire que les clients en ont pour leur argent. Les plats sont bien présentés et assiettes et "casseroles" (ragoût de bœuf ou de poisson, la spécialité de la maison) sont appétissantes. On n'en laisse pas une miette, malgré la quantité servie. Service rapide et efficace.

Lac de la Sassière, Tignes

DEAN MORIARTY/FOTOLIA ©

Renseignements

L'**office de tourisme** (☎ 04 79 06 06 60 ; www.valdisere.com ; pl. Jacques-Mouflier) propose la visite "Il était une fois Val-d'Isère" (tarif plein/5-14 ans 9/5 €), animée par la FACIM, une fondation pour l'action culturelle.

Comment circuler

Hiver et été, des **navettes gratuites** desservent tous les hameaux du village et circulent entre Tignes et Val-d'Isère.

Tignes

En 1956, quelques Tignards délogés de leur village englouti par le lac du Chevril (voir l'encadré p. 232) créèrent une station promise à un bel avenir. L'espace skiable qu'elle forme aujourd'hui avec Val-d'Isère est l'un des plus beaux du monde. Plus que sa voisine, Tignes attire une clientèle jeune, branchée, fêtarde et cosmopolite.

L'été, difficile de trouver station plus sportive et dynamique. Le choix d'activités semble sans limites, et nombre d'hôtels proposent des tarifs attractifs. Profitez-en ! À l'instar des autres grandes stations alpines, Tignes est séparée en plusieurs hameaux. À 2 100 m d'altitude, **Tignes-le-Lac** est le centre de gravité, jeune et familial, tandis que **Le Lavachet** est un peu excentré et **Val-Claret** essentiellement constitué de résidences hôtelières. Plus bas dans la vallée se trouvent **Les Boisses**, près du barrage, et **Les Brévières**, à 1 550 m, hameaux de charme où l'on retrouve de grands hébergements collectifs.

À voir

Lac de la Sassière — Lac artificiel

(entre Tignes et Val-d'Isère ; prendre la route montant à gauche au niveau de Villaret du Nial). Depuis le parking situé en contrebas du barrage hydroélectrique du Saut, l'un des plus importants en France, une boucle de marche facile (1 heure 30) au son des sifflements des marmottes et sous le regard des chamois et des bouquetins vous conduit au magnifique lac de la Sassière, dans la réserve naturelle de la Grande Sassière. Sur ses eaux se reflètent deux monts, la Grande Sassière (3 747 m), et la Tsanteleina (3 602 m) plantée sur la frontière franco-italienne. Depuis le parking ou le lac, une très belle randonnée est possible vers le col de la Bailletta, à 2 852 m (4 heures 30), du haut duquel on peut aussi redescendre vers Val-d'Isère en 2 heures.

Activités

Le Lagon — Eau et bien-être

(☎ 04 79 40 29 95 ; Tignes-le-Lac ; adulte/enfant 8,50/6,50 € ; été dim-ven 11h-20h30, sam 14h-19h30, horaires variables le reste de l'année, fermé sept et mai à mi-juin). Piscine intérieure de 25 m, bassin ludique avec nage à contre-courant, geyser, cascade, espace musculation, fitness, 4 Jacuzzi, 3 saunas, hammam...

Le Panorama — Espace culturel et multimédia

(☎ 04 79 40 04 40 ; Maison de Tignes-le-lac ; fin juin à début sept et fin nov à début mai lun-ven 10h-12h et 14h-19h, sam 14h-19h ; wifi). Idéal pour trouver une occupation quand la pluie s'invite en vacances, ce lieu protéiforme offre un grand choix de jeux de société et de jeux vidéo, des expositions, des expériences immersives historiques avec casques VR... Une belle réussite. Seul bémol : vous aurez du mal à en déloger vos enfants pour partir en randonnée !

Été

Bon nombre d'activités sont organisées sur le **lac de Tignes**, pourvu d'une base nautique avec location de canoës, kayaks, paddles et pédalos. À deux pas de là, vous pourrez améliorer votre swing sur le plus haut **golf 18 trous** d'Europe.

Parmi la trentaine de **randonnées** balisées, voici trois suggestions : les lacs du Chardonnet, une boucle facile de 2 heures depuis Tignes-le-Lac ; le bois de la Laye et le hameau des Combes, 2 heures 30 depuis le Lavachet ou la cascade la Gouille

ÉDOUARD BAL©

Le barrage du Chevril, un passé englouti

1952 ! Les anciens Tignards se souviennent encore de cette année tragique, durant laquelle leur village fut englouti par les eaux du lac artificiel du Chevril, formé par la mise en eau du plus haut barrage-voûte d'Europe (aujourd'hui encore le plus haut de France) : 181 m ! Vives protestations, sabotages, actions devant les tribunaux… rien ne put arrêter sa construction. Les besoins en énergie du pays après-guerre eurent raison de l'attachement des 400 habitants à leur vallée profonde et lumineuse.

En 2000, l'ultime vidange décennale pour l'inspection du barrage donna lieu, comme chacune de celles qui l'avaient précédée, à une émouvante procession et à des baptêmes d'enfants au cœur des restes du village recouvert de boue. Depuis 2014, ce sont des robots sondeurs qui inspectent l'ouvrage. Pour autant, une ultime vidange pourrait avoir lieu sous la pression de la dizaine de Tignards encore vivants, désireux de revoir leur village une dernière fois.

de Salin depuis le même lieu (1 heure 30, 340 m de dénivelé) ; et le circuit refuge du Palet-col de la Tourne, 3 heures 30 et 700 m de dénivelé.

Tignes et Val-d'Isère se sont unies pour former un *bike park* de 250 km de pistes **VTT** d'une variété exceptionnelle : descente, enduro, pumptrack, cross-country… Casque obligatoire. Vous trouverez de nombreux **loueurs de VTT** (classique/électrique 50/70 € par jour environ). La carte **My Tignes** (dès 26 € la semaine) donne accès au *bike park* en illimité ainsi qu'aux remontées mécaniques et à plusieurs activités (tennis, tir à l'arc, minigolf…).

Le **funiculaire** Perce-Neige puis le **téléphérique** de la Grande Motte permettent de se hisser au plus près du **glacier de la Grande Motte**, à 3 456 m (☎ 04 79 40 03 03 ; funiculaire aller-retour adulte 12 €, téléphérique aller-retour adulte 13 €, supplément 10 € pour le toit-terrasse). L'originalité de cette ascension ? La terrasse sur le toit du téléphérique, offrant aux passagers une vue à 360° qui embrasse le mont Pourri, le mont Blanc, la Cime de Bellecôte et les crêtes de la Grande Sassière (en été et quand le temps le permet !)

Hiver

Avec ses 150 km de pistes, le **domaine de Tignes** (forfait journée adulte Tignes/Tignes-Val-d'Isère 66/71 €) convient à lui seul aux skieurs et snowboardeurs de tous niveaux. Mais la plupart opteront pour le forfait du **domaine Tignes-Val-d'Isère** (1 550-3 456 m), réunissant les deux stations sur 155 pistes et 300 km de glisse. Le secteur des Brévières offre un somptueux panorama face à la Grande Sassière, au lac du Chevril et au massif du Mont-Blanc. Bien ensoleillé le matin, il réserve deux pistes splendides, une noire de 1 200 m de dénivelé, la Sache, et une bleue, la Corniche.

Vous trouverez un **snowpark** sur le secteur du Palet et il est possible de pratiquer le **ski nordique** autour du lac.

Parmi l'immense choix d'activités proposées, la **plongée sous la glace** (☎ 06 07 14 95 39 ; www.plongeesousglace-tignes.com) dans le lac de Tignes recueille un franc succès. Peut-être en partie parce qu'on plonge sur l'un des lieux de tournage du *Grand Bleu*…

Où se loger et se restaurer

Le Refuge Trois-étoiles €€

(☎04 79 06 36 64 ; www.refuge-tignes.com ; Tignes-le-Lac ; s/d/tr été 97/138/171 € hiver 116-205/181-309/240-410 € avec petit déj ; wifi). Celui qui fut en 1924 le premier refuge de montagne près du lac de Tignes jouit aujourd'hui d'un emplacement idéal au centre de Tignes. Il affiche de belles prestations : des petites chambres décorées façon chalet en bois, une salle de billard et un espace bien-être très propre (sauna, hammam, Jacuzzi). Petit déjeuner dans la grande salle au 5e étage avec vue panoramique sur le lac.

Le Jam Bar Italien €€

(☎04 79 00 21 05 ; pâtes 11,50-25 € ; tlj 9h-23h en saison). Ce petit restaurant (moins d'une dizaine de places à l'intérieur) est situé au rez-de-chaussée d'une barre d'immeubles. Ici, le chef cuisine avec amour un choix restreint de délicieux plats de pâtes et d'autres spécialités italiennes. Tout est fait maison, avec des produits frais, derrière le bar qui fait office de cuisine minuscule. Ambiance chaleureuse et familiale. Sympa aussi pour un *gelato* ou un café. Pour le dîner, veillez vraiment à réserver.

Ferme des Trois Capucines Restaurant et ferme €€

(☎04 79 06 35 10 ; www.ferme3capucines.com ; Le Lavachet ; plats 18-34 € ; mar-dim été et hiver). À la fois ferme, laiterie et restaurant, avec une cuisine du terroir non dénuée d'originalité (excellente fondue au cidre), cette adresse est un incontournable de la station. On s'installe dans une vaste salle boisée donnant sur l'étable et les chèvres, ou en terrasse. Le jeudi matin à 9h, en été, on peut assister à la fabrication du beaufort. Juste avant d'arriver à la station, suivez la petite route en direction du Lavachet. **Visite** (adulte/5-15 ans 8/3 €, réservation auprès de l'office de tourisme) avec un guide-conférencier le vendredi matin en été.

Renseignements

Office de tourisme de Tignes (☎04 79 40 04 40 ; www.tignes.net ; Tignes-le-Lac). Été comme hiver, des visites de l'intérieur du barrage ont lieu tous les jours. En été, visites guidées avec guide-conférencier sur les alpages et/ou l'histoire de Tignes.

Comment circuler

Hiver et été, des **navettes gratuites** circulent entre Tignes et Val-d'Isère.

Bourg-Saint-Maurice

Cette ancienne ville de garnison se révèle une base judicieuse pour explorer les environs, à la croisée des routes menant vers le Val d'Aoste italien, le Beaufortain ou encore les stations de haute Tarentaise. Elle est reliée en 7 minutes à la station des Arcs par funiculaire. Autre avantage notoire, les prix pratiqués sont sans commune mesure avec ceux des stations.

À voir

Filature Arpin Drap de Bonneval

(☎04 79 09 49 27 ; www.arpin1817.com ; 2 rue de la Filature, Séez ; boutique tlj 9h30-12h30 et 14h30-18h30, également à Courchevel, Val-d'Isère, aux Gêts, à Chamonix et à Megève). S'il fallait ne retenir qu'un seul symbole d'un savoir-faire artisanal en Savoie, ce serait celui du drap de Bonneval. Fabriqué en pure laine vierge de moutons des vallées savoyardes depuis 1817, ce tissu a donné naissance à des vêtements robustes, portés par des générations de montagnards et d'aventuriers. Le drap de Bonneval a ainsi fait la renommée de la filature Arpin, installée au bord d'un torrent faisant tourner ses métiers mécaniques. Pas moins de 24 étapes sont nécessaires à la fabrication des tissus (cardage, filage, tissage...), sur des machines dont certaines sont classées monument historique. Le magasin d'usine propose d'importants rabais. À 3 km de Bourg-Saint-

Maurice (D1090). Pour une visite guidée, rapprochez-vous de l'office de tourisme.

Chapelle Saint-Grat Patrimoine
(hameau de Vulmix ; renseignez-vous auprès de l'office de tourisme). Située dans le hameau de Vulmix, à 4 km de Bourg-Saint-Maurice, cette petite église sans caractère particulier extérieur est dédiée à saint Grat, protecteur des récoltes. À l'intérieur, une vingtaine de peintures murales datant du XVe siècle racontent, à la façon d'une bande dessinée, le pèlerinage de l'évêque d'Aoste vers la Palestine. À l'époque du pastoralisme triomphant, le hameau de Vulmix était l'un des plus importants de la région.

Activités

Sports d'eaux vives

Bourg-Saint-Maurice offre aux amateurs de sports en eaux vives l'un des plus beaux bassins de rafting et de canoë-kayak de France, sur l'Isère, alimentée par des torrents de montagne parfois impétueux.
Le **Club de canoë-kayak de Haute-Isère** (04 79 07 33 20 ; www.ckhi.org ; rte de Hauteville-Godon), installé dans la base internationale d'eaux vives, propose **initiation rafting** (50-68 € selon parcours), **nage en eaux vives** (70 €) et **kayak-raft** (50-80 € selon parcours). Cette base accueille chaque année de nombreuses compétitions. Soyez rassuré, on ne lance pas à l'eau les débutants sur le bassin des champions, mais sur un plan d'eau facile, juste à côté ! Bon plan : la base dispose d'une **aire de bivouac** (nuitée 5 €/pers) avec douches et sanitaires.

Parmi les prestataires proposant également des activités de rafting, canyoning et hydrospeed le long des 22 km de l'Isère situés en aval, citons **Arc Aventures by Évolution 2** (04 79 07 60 00 ; www.arc-aventures.com) et **Coureurs de Rivières** (04 79 04 11 22 ; www.coureurs-rivieres.com).

Où se loger et se restaurer

Pause Salon de thé €
(09 70 95 71 04 ; pausespecialtycoffee.com ; 155 av. du Stade ; lunchbox 22 €, plats 13-16 €, kürtös 5-6 € ; lun-sam 9h-18h). À l'heure du petit déjeuner, du déjeuner ou du goûter, ou encore pour acheter de succulents sandwichs à emporter en randonnée, ce salon de thé gourmand et convivial, avec terrasse sur rue, est tout indiqué ! Goûtez au *kürtös*, une brioche hongroise cuite à la broche qui se déguste sucrée ou salée. L'endroit propose également des vélos à la location.

Le Kozy Fusion €€
(04 79 09 85 13 ; 95 av. du Stade ; plats 24-26 € ; lun-mar et ven-sam midi et soir, jeu et dim seulement midi). Une carte courte, mais des mets qui font voyager et déçoivent rarement, le tout à prix plutôt sages : voici la recette du succès de ce sympathique restaurant pour lequel on vous conseille de réserver. On a particulièrement apprécié le tataki de thon, purée de patate douce, garnitures mexicaines et sauce chimichurri. Il faudra revenir pour goûter les tentacules de poulpe à la plancha ou le croustillant de canard.

Achats

Coopérative laitière de Haute Tarentaise Temple du beaufort
(04 79 07 04 47 ; www.fromagebeaufort.fr ; 39 pl. Castex ; 8h-19h). Dans les effluves de fromage, on remplit ici son panier de beaufort et autres produits locaux. À l'étage de cette coopérative regroupant 52 producteurs, une petite expo relève tous les secrets de l'AOP au goût de fleurs et de noisette. Visite guidée et dégustation le matin (6 €).

Renseignements

Office de tourisme de Bourg-Saint-Maurice
(04 79 07 12 57 ; www.lesarcs.com ; 30 pl. de la Gare). Un parcours en ville, ponctué d'une douzaine de panneaux d'information, débute près de la coopérative laitière.

La route du Petit-Saint-Bernard

Depuis le village de **Séez**, à proximité de Bourg-Saint-Maurice, la D1090 grimpe en lacet serré en direction du col du Petit-Saint-Bernard. Avant de vous lancer dans l'ascension, prenez le temps de découvrir l'**espace Saint-Éloi** (04 79 40 10 38 ; 5 rue Saint-Pierre ; 3 €, gratuit -12 ans ; juil-août lun-sam 14h-18h, hiver renseignez-vous auprès de l'office de tourisme), consacré à la fois au savoir-faire ancestral des forgerons et à la présentation de l'art baroque en Tarentaise. Non loin, la filature Arpin (voir p. 233) raconte un autre savoir-faire.

Au niveau du Noyeray, la D84 part sur la droite en direction de **Montvalezan** et **Sainte-Foy-Tarentaise**, deux villages aux nombreux hameaux de charme. Ceux du **Miroir** et de **La Masure** valent le détour pour leurs maisons à colonnes, et celui du **Châtelard** pour sa chapelle Saint-Michel. Il faut marcher un peu pour atteindre le plus connu d'entre eux, celui du **Monal**, à 4 km au sud-est de la station de Sainte-Foy.

Retour sur la D1090 et passage par la station familiale de **La Rosière** (forfait journée adulte 52,50 €), bien ensoleillée, à mi-chemin entre Séez et le col. Elle est reliée à La Thuile, côté italien, pour former l'espace San Bernardo (150 km de pistes).

Une vingtaine de kilomètres au-dessus de Séez, le **col du Petit-Saint-Bernard** (fermé en hiver) sépare la haute Tarentaise du Val-d'Aoste, la France de l'Italie. Si le passage d'Hannibal et de ses éléphants n'est pas prouvé par les historiens, le col est néanmoins fréquenté depuis des millénaires : en témoigne cet énigmatique cercle de 46 pierres, et la **colonne de Joux**, vestige d'un temple romain édifié en 45 av. J.-C. À son sommet trône depuis 1902 la statue de saint Bernard de Menthon, l'archidiacre d'Aoste qui, au XIe siècle, fonda en ce lieu un hospice pour venir en aide aux voyageurs égarés, transis de froid ou malmenés par les brigands. Le bâtiment, qui accueillait 15 000 voyageurs par an jusque dans les années 1920, a été réhabilité en 2014 en point information (exposition sur l'histoire de l'hospice et du col) et abrite un restaurant et des **hébergements** (09 74 04 12 05 ; nuitée en dortoir 30 €/pers, d 92 €). Le col est fermé dès le mois de novembre et recouvert de neige tout l'hiver. Selon un rituel immuable et festif, chaque année début juin, les chasse-neiges français et italiens se donnent rendez-vous de part et d'autre du col pour permettre son ouverture. Les murs de neige, vraiment impressionnants, atteignent plusieurs mètres de haut ! À voir également, le **jardin alpin La Chanousia** (04 28 25 21 89 ; 3 €, gratuit -10 ans ; juil à mi-sept tlj 9h-18h), rassemblant quelque 1 200 espèces de l'arc alpin et, côté italien, le joli **lac Verney**, d'origine glaciaire.

ANDY EVANS PHOTO / STOCK.ADOBE.COM ©

ANDY EVANS PHOTO / STOCK.ADOBE.COM ©

À gauche : station des Arcs ; à droite : piste de ski à Peisey-Vallandry

Depuis/vers Bourg-Saint-Maurice

Une dizaine de **trains** quotidiens relient Chambéry à Bourg-Saint-Maurice.

Des **bus** (www.altibus.com) relient les stations de Tignes, Val-d'Isère, La Rosière ou Sainte-Foy-Tarentaise. En été, des **navettes** (04 80 00 70 00 ; www.cars-region-savoie.fr) vont jusqu'au col du Petit-Saint-Bernard en passant par La Rosière (aller simple 3 €, avec VTT 6 €), ainsi que dans la vallée des Chapieux (09 88 77 38 97 ; 6,40 €).

Les Arcs

Comme son pluriel le laisse entendre, Les Arcs, ce sont plusieurs stations en une. La première créée, **Arc 1600**, petite et familiale, s'anime l'été, tout comme **Arc 1800**, centre névralgique prisé des sportifs. **Arc 1950** et **Arc 2000** sont moins intéressantes : Arc 1950 appartient à un groupe immobilier spécialisé dans l'hébergement de loisirs, mais propose de nombreuses activités en été, et Arc 2000 est plus restreinte en termes d'activités. La station des Arcs dépend de Bourg-Saint-Maurice (p. 233), à laquelle elle est reliée été comme hiver en 7 minutes par un funiculaire. Se loger à Bourg-Saint-Maurice peut se révéler une solution plus économique, les prix étant nettement moins élevés qu'en station.

À voir

L'**aiguille Rouge** (3 226 m), point culminant des Arcs, est accessible en **téléphérique** (tarif plein/5-12 ans 16/13 € ; tlj en été 9h30-16h30) depuis Arc 2000, été comme hiver. On y profite d'un panorama exceptionnel sur les Alpes françaises, suisses et italiennes, grâce à une nouvelle passerelle qui s'avance dans le vide sur 35 m de long. Notez qu'à mi-chemin, à l'arrivée de la télécabine de Varet, d'étonnantes **fresques lumineuses et sonores** (tlj 9h40-12h40 et 13h30-16h15) ont été installées dans le garage de la remontée mécanique.

Activités

Été

De belles **randonnées** sont possibles au départ d'Arc 2000, comme celle des Deux Têtes, une boucle de 1 heure à travers la forêt de pins cembro de Malgovert (panorama sur la haute Tarentaise), ou le circuit des lacs, un itinéraire facile d'une demi-journée qui offre une belle vue sur le versant italien du Mont-Blanc et sur l'aiguille Rouge.

Le domaine de la station est un des plus sympas en Savoie pour le **VTT**, avec 150 km balisés, depuis le bas de l'aiguille Rouge jusqu'à Bourg-Saint-Maurice. Ajoutez à cela un circuit cross-country de 32 km, des zones ludiques sur chaque site et une zone freestyle à Arc 1600. **Pass espace VTT** (1/7 jours 29/107 €) ; demandez la carte des itinéraires à l'office de tourisme.

Le **golf des Arcs** (☎06 10 61 37 18 ; www.golf-des-arcs.fr ; Arc 1800), un 18 trous, jouit d'une situation magique face au Mont-Blanc. Pour s'initier au parapente, rendez-vous chez **Arcs en Ciel** (☎04 79 07 61 91 ; www.arcsenciel.fr ; à partir de 130 €), ou **Darentasia** (☎ 04 79 04 16 81 ; www.darentasia.com).

Le **Hero Pass** (7 jours 41 €) donne accès en illimité au centre aquatique **La Piscine** (Arc 1800, adulte/enfant 7,30/5 €), aux remontées mécaniques pour les piétons et à de nombreuses activités.

Hiver

Le **domaine skiable des Arcs – Peisey-Vallandry** (1 200-3 220 m) fait partie des plus beaux des Alpes, avec ses 200 km de pistes d'une variété inouïe. Relié à La Plagne par le téléphérique Vanoise Express, il forme alors le domaine **Paradiski** (forfait journée adulte Les Arcs/Paradiski 68/74 €) qui court sur 425 km de pistes, dont 70% sont au-dessus de 2 000 m. On y trouve plusieurs espaces de **snowboard**, dont l'Apocalypse Park, à Arc 1600, accessible pour tous les niveaux. Le col de la Chal (2 600 m) est le point de départ du Rodéo Park, piste de **luge** de 3 km à dévaler sans modération (à partir de 12 ans). Les amateurs de **ski de fond** rejoindront Peisey-Vallandry qui offre 43 km de pistes dans un décor de forêt de mélèzes et de hameaux de montagne.

SI VOUS AIMEZ...

Dormir loin des foules

Voici quatre adresses coup de cœur à tendance écolo :

- **La Ferme d'Angèle** (☎04 79 41 05 71 ; www.ferme-angele.com ; Le Noyeray, Séez ; d/tr/qua 190/240/280 € avec petit déj, table d'hôtes 38 €/pers ; tte l'année ; wifi). Ce superbe chalet du début du XIXe siècle, proche de Bourg-Saint-Maurice, abrite cinq chambres douillettes que Valérie, ancienne sportive de haut niveau, a décorées avec raffinement. Sauna et bain nordique. À 3 km de Séez.

- **Chez Michel** (☎06 20 07 04 45, 04 79 06 99 49 ; La Masure, Sainte-Foy-Tarentaise ; été/hiver d 85-90/90-95 €, qua 145-155/155-165 € avec petit déj ; tte l'année). Moniteur de ski et fin connaisseur de la région, Michel accueille ses hôtes dans une maison du XVIIe siècle rénovée, au cœur du hameau de La Masure. La chambre jaune a sa salle de bains, tandis que la verte et la bleue en partagent une (idéal pour les familles). Cuisine à disposition.

- **Le Repoju – La Bergerie** (☎06 83 58 21 73 ; www.refuge-repoju.com ; Les Prioux, Pralognan-la-Vanoise ; nuitée/demi-pension 27/52 €, petit déj 7 € ; mi-mai à fin sept). Dans le magnifique hameau des Prioux, vous dormirez en dortoir (de 6 ou 4 personnes) dans une ancienne bergerie. Restauration copieuse et raclette au feu de bois.

Où se loger et se restaurer

Aiguille Grive Hôtel **€€**

(04 79 40 20 30, 06 12 45 35 05 ; www.hotelaiguillegrive.com ; Charmettoger, Arc 1800 ; d été 115-129 €, hiver demi-pension d 290-480 € ; plats 16-26 €, menu 42 € ; restaurant lun-dim soir été et hiver). En surplomb d'Arc 1800, ces six chalets contemporains abritent au rez-de-chaussée de grandes chambres à la décoration passe-partout, mais terriblement confortables. L'hiver, on en sort les skis au pied pour emprunter le corridor doté d'un revêtement anti-dérapant menant directement aux pistes. L'été, on profite à prix cassés des lits *king size* et des grands balcons ensoleillés sur la montagne. Le restaurant godille avec brio entre spécialités savoyardes solides et plats plus légers, tels la noisette de veau ou le saumon d'Écosse rôti.

Mamie Crêpe Crêpes originales **€€**

(04 79 07 23 88 ; mamiecrepe.com ; pl. des Villards, Arcs 1800 ; galettes 9-26 € ; tlj été et hiver). Une salle minuscule (convivialité assurée !), dans laquelle Papy Crêpe s'active à ses créations, garnies de produits frais, locaux et parfois bio, en vous racontant l'histoire du béret savoyard, tandis que Mamie Crêpe prépare ses délicieuses glaces quand elle n'est pas partie cueillir champignons ou myrtilles... ou vice versa ! Le choix est immense et l'originalité au rendez-vous (délicieuse soupe d'orties, herbes sauvages...).

Renseignements

L'**office de tourisme de Bourg-Saint-Maurice** (www.lesarcs.com) dispose d'antennes dans les stations : **Arc 1600** (04 79 07 70 70), **Arc 1800** (04 79 07 61 11), **Arc 1950** (04 79 08 81 58), **Arc 2000** (04 79 07 13 78) et **Peisey-Vallandry** (04 79 07 94 28). Toutes proposent des courses d'orientation ludiques plébiscitées par les familles.

La Plagne

En patois savoyard, une plagne désigne un lieu plat, en l'occurrence un plateau entouré de montagnes. Quoi de mieux pour y implanter une station ? Mais depuis 1961,

Sentier pédestre autour de La Plagne

EDUARD BAL ©

La Plagne s'est démultipliée. Aujourd'hui, elle relie trois villages à l'ambiance tranquille et familiale (Champagny-en-Vanoise, Montchavin-Les Coches, et Montalbert) et sept stations : **Plagne 1800**, **Plagne Bellecôte** à 1 930 m, **Plagne Centre** à 1 970 m (une des plus vivantes mais aussi la plus bétonnée), **Plagne Soleil**, la dernière-née, **Plagne Villages** et **Belle Plagne** à 2 050 m (deux ensembles plutôt réussis avec leurs immeubles en bois et leur ambiance piétonnière), et **Aime-La Plagne** avec son immense bâtiment, le "paquebot des neiges", échoué à 2 100 m. Difficile de s'y retrouver dans cet éclatement, même s'il fait aussi la richesse de cette destination. L'hiver, grâce à son gigantesque domaine skiable, la station attire les amateurs de glisse de toute l'Europe.

À voir et à faire

Télécabine des Glaciers Panorama

(piéton adulte/enfant 30/24 € ; été et hiver, dès 9h30). Mise en service en 2023, la nouvelle télécabine des Glaciers, appelée Live 3000, dessert le sommet à 3 080 m d'altitude. Une ascension de dix minutes depuis la roche de Mio pour atteindre un superbe point de vue sur les glaciers de la Vanoise. Deux cabines ouvertes baptisées Aérolive permettent de savourer le parcours sans aucune paroi, cheveux au vent, mais tout de même équipé d'un baudrier (49 €/personne). À tester si vous aimez les sensations fortes !

Fruitière du Dou du Praz Fromages

(06 13 94 26 74 ; juil-août tlj 10h-12h et 16h-19h). Au départ du sentier du Dou du Praz, au-dessus de La Plagne Villages, cette petite ferme invite les visiteurs à assister à une fabrication de beaufort avant d'éventuellement acheter fromage, sérac, beurre et produits locaux.

Deep Nature Bien-être

(04 58 35 00 00 ; www.deepnature.fr ; Belle Plagne ; tlj 10h-12h et 14h-20h). Bains bouillonnants et nordiques, ligne d'eau

MATTHIEU / STOCK.ADOBE.COM ©

Le vallon de Rosuel

Tout au bout de la D87, sur la commune de **Peisey-Nancroix** (à l'ouest des Arcs), s'ouvre le parc national de la Vanoise (voir p. 256), dans un cirque glaciaire entouré de vertigineuses cascades, autour du **refuge de Rosuel** (06 50 21 91 37 ; refuge-rosuel.vanoise.com ; bivouac/nuitée/demi-pension 6/21/54 €, petit déj 10 € ; dîner 23 € ; juin-sept). Il jouxte la Maison du parc avec son point d'information, un espace d'exposition et une boutique.

Le refuge est le point de départ de nombreuses randonnées, des sentiers du **lac de la Plagne** (2 heures) ou de **Rosuel** (2 heures), jusqu'aux circuits plus ambitieux comme celui du **refuge du Mont-Pourri** (5 heures 20) ou du **col du Palet** (8 heures). **Au Baudet malin** (06 01 08 57 56 ; aubaudet-malin.eklablog.com) loue des ânes en été et propose des promenades avec des rennes en hiver. Autres activités : **via ferrata des Bettières**, **parcours aventure Gli'Air** (06 50 16 14 94 ; www.gliair.com ; Pont-Baudin), mais aussi pêche, VTT, promenades à cheval, rafting...

Enfin, une curiosité, les anciennes **mines de plomb et d'argent** (06 14 94 49 76 ; Pont-Baudin, visite guidée tarif plein/8-13 ans 10,50/6,50 €), témoignant du passé de Peisey qui, sous la Révolution, s'appelait les "Monts d'Argent" : un filon de plomb argentifère y était en effet exploité. Sentier de découverte et jeu de piste.

avec nage à contre-courant, grotte de sel, sauna et hammam... Tout pour se relaxer, y compris en famille (formule spa à partir de 6 ans).

Activités

Été

La Plagne compte une petite trentaine de **randonnées** balisées, parmi lesquelles la jolie route en balcon reliant Belle Plagne à Plagne Aime 2000, avec vue sur le mont Blanc. La boucle du Dou du Praz (1 heure environ), accessible aux poussettes, offre également de beaux panoramas. Tout comme le sentier jusqu'au col du Carroley que l'on atteint en marchant vers le lac du même nom (3 heures 30 depuis Plagne Bellecôte ou Belle Plagne).

Une quinzaine de circuits **VTT** et un sentier ludique à Plagne Montalbert attendent les amateurs. Pour les mordus, possibilité de descendre jusqu'à Mâcot depuis la roche de Mio, soit plus de 2 000 m de dénivelé !

Le **forfait piéton/VTT** (20 €/jour, extension Paradiski 15 €/jour) d'accès aux remontées mécaniques est en vente aux caisses des remontées mécaniques

De niveau intermédiaire et accessible en famille, la **via ferrata des Bourtes** (1 heure 45) est équipée d'un pont de singe et de deux tyroliennes. On y accède après 45 minutes de marche depuis Belle Plagne.

Hiver

Avec 225 km de pistes d'une immense variété englobant les dix pôles (les trois villages et les sept stations), la réputation du **domaine skiable de La Plagne** (1 250-3 080 m) n'est plus à faire. Grâce aux deux téléphériques Vanoise Express, il est relié aux Arcs et à Peisey-Vallandry pour former **Paradiski** (forfait journée adulte La Plagne/Paradiski 68/74 €), soit 425 km de pistes ! Évidemment, avec un tel domaine, les skieurs de tous niveaux se verront comblés, même si les larges pistes bleues façon autoroute sont la dominante. Du sommet de Live 3000 (toit de La Plagne) à 3 080 m pour les très bons skieurs aux forêts de Montalbert pour les moins aguerris, les paysages sont, eux aussi, d'une grande diversité.

Quatorze itinéraires de **ski de fond** en accès libre sont répartis sur les différentes stations, formant en tout une quarantaine de kilomètres de pistes.

Unique en France, la piste olympique de **bobsleigh**, avec ses 19 virages et 1 500 m de long, est aujourd'hui ouverte à tous, avec des descentes possibles en solo (125 €) ou à plusieurs (55 €), dans des engins autoguidés et autofreinés, donc sans danger. Si vous n'avez pas froid aux yeux, vous pouvez vous faire conduire par un pilote professionnel pour des pointes à 120 km/h (139 €/personne) !

Où se loger et se restaurer

Le Carlina — Sur les pistes €€

(☎ 04 65 84 45 84 ; www.carlina-belleplagne.com ; Belle Plagne ; d été/hiver 130-150/230-690 € avec petit déj ;). Donnant directement sur les pistes, ce quatre-étoiles à l'ambiance décontractée multiplie les points forts : une piscine intérieure chauffée (avec solarium exposé plein sud), un spa, une vaste salle à manger cernée de baies vitrées, un parking souterrain et des chambres confortables où le bois lasuré fait bon ménage avec le blanc de la literie. Le restaurant, qui privilégie au maximum les produits de saison, est lui aussi hautement recommandable. Également 3 grands appartements (8 à 12 personnes) et 3 chalets de luxe (12 à 14 personnes) .

Joya — Comptoir éclectique €€

(☎ 04 57 55 55 61 ; La Plagne Centre ; plats 18-25 € ; dim-mer 11h-19h, jeu-sam 10h-21h). On s'attable dans ce lieu, tout à la fois épicerie, fromagerie et comptoir, dans une ambiance bon enfant et sans chichis pour déguster d'heureuses propositions (planches mixtes appétissantes, tomates-burrata, tartinades, burgers...) à assortir d'une large sélection de vins à prix corrects.

VAUT LE DÉTOUR
Le val de Vanoise

S'ouvrant avec la station thermale de **Brides-les-Bains**, le val de Vanoise dessine un Y avec Pralognan-la-Vanoise d'un côté et Champagny-en Vanoise de l'autre. Bien préservés, les deux villages donnent accès au splendide parc national de la Vanoise (voir p. 256). En été, c'est le paradis des randonneurs ; renseignez-vous sur les itinéraires auprès des **offices de tourisme de Champagny** (☎04 79 55 06 55 ; www.la-plagne.com/champagny-en-vanoise) et de **Pralognan** (☎04 79 08 79 08 ; www.pralognan.com ; 290 av. Chasseforêt) ou auprès du **bureau des guides de Pralognan** (☎04 79 08 71 21, 06 21 43 61 27 ; www.guides-pralognan.com).

À l'entrée de Champagny-le-Bas, vous ne manquerez pas, juchée sur son promontoire, l'**église Saint-Sigismond** (⏲mar-dim 15h-18h30), au splendide retable baroque, croulant sous les dorures et les angelots. Le vallon de Champagny-le-Haut s'ouvre 5 km plus loin, avec ses charmants hameaux et sa tour de glace artificielle de 24 m de haut (accès 12 €), appréciée des férus de varappe en tout genre.

De Champagny-le-Haut, une randonnée facile en 3 heures 30 aller-retour relie le **refuge du Laisonnay** (☎06 08 54 34 61 ; www.laisonnay.com ; demi-pension bivouac/dortoir ou tente fournie/ch 45/70/80 €/pers ; ⏲mi-juin à mi-sept) au lac asséché de la Glière qui, à 10 minutes du refuge de la Glière, vous transporte sur une autre planète.

Le **domaine skiable** (forfait journée adulte 61 €) de Champagny est relié, hiver comme été, à La Plagne, donc à Paradiski. Il comprend aussi 24 km de pistes de ski de fond. À Pralognan, optez pour la randonnée glaciaire, le ski de randonnée ou le curling dans la **patinoire olympique** (☎04 79 08 74 88 ; rte du Plateau ; entrée et patins adulte/5-13 ans 10/8 € ; ⏲tlj 16h-18h, 16h-19h en hiver, nocturnes mar et jeu 21h-23h).

Le village traditionnel de **Pralognan-la-Vanoise**, planté dans un décor de rêve façonné par les glaciers, abrite quant à lui une Maison du parc national de la Vanoise avec une exposition permanente et de nombreuses animations, et l'**Espace Glacialis** (☎04 79 01 40 28 ; www.espaceglacialis.fr ; Le Bois ; tarif plein/6-13 ans 3/1,50 € ; ⏲juil-août lun-ven 10h-12h et 13h30-18h, renseignez-vous le reste de l'année) présente ces géants sous l'angle scientifique et pédagogique, et propose un intéressant sentier glaciologique en 8 étapes avec livret d'interprétation au départ du Laisonnay-d'en-Bas.

Pralognan possède un **domaine skiable** (forfait journée adulte 38 €) de 32 km de pistes de ski alpin et 26 km de **ski de fond** (forfait journée 8,50 €). Ski de rando et raquettes sont aussi possibles. Pour les randonnées, voir p. 54.

L'Autrefoy Tout-en-un central **€€**
(☎04 57 55 90 24 ; 43 pl. de la Fruitière-Longefoy, Plagne-Montalbert ; plats 14-25 € ; ⏲épicerie et café fermé lun, renseignez-vous pour le restaurant, aux horaires variables). Dans l'ancienne fruitière du village, on trouve là une épicerie, un café, une cave à vins et un restaurant façon bistrot qui fait honneur aux produits frais et à la tradition (tartares, soupes, lapin à la moutarde...). La déco rappelle la vie d'antan sans pour autant verser dans le passéisme. Une adresse où il fait bon laisser passer le temps et discuter avec les tablées voisines.

ℹ Renseignements

L'**office de tourisme de la Grande Plagne** (www.la-plagne.com) compte une antenne par site ; l'été, le principal est celui **d'Aime-La Plagne** (☎04 79 55 67 00), en vallée, et l'hiver, celui de **Plagne Centre** (☎04 79 09 02 01).

Il organise une course d'orientation prisée des familles : demandez le dépliant.

Valmorel

Station dite de quatrième génération car inaugurée en 1976, bien après les "poids lourds" tarins, Valmorel s'est dès le départ orientée vers une architecture traditionnelle de gros chalets savoyards aux toits de lauze, et a eu l'intelligence de préserver un centre exclusivement piétonnier, favorisant ainsi une clientèle familiale. Assez dynamique l'été, elle possède un vaste domaine skiable relié à Saint-François-Longchamp (p. 246), dans la Maurienne.

Activités

Été

Le massif de la Vanoise et celui de la Lauzière sont tout proches, et les **randonnées** sont légion depuis Valmorel ou depuis **Doucy-station**. En restant à Valmorel, quelques balades familiales sont possibles, dont une boucle dans la forêt vers le refuge de Pierre-Larron (3 heures), au départ du restaurant L'Aigle Blanc, dans le hameau de La Charmette,

Au-dessus du hameau des Prioux (p. 237)

EDOUARD BAL ©

ou l'aller-retour jusqu'au plan d'eau de Malatrai (1 heure 30 environ, accès possible en télécabine). Vous pouvez aussi rejoindre le col de la Madeleine (boucle à la journée) ou partir pour la boucle de la Roche Blanche (5 heures 30, 11 km, 735 m de dénivelé).

L'accrobranche **Valmo'Branch** (☎06 76 88 64 64 ; www.magicadventure.org) possède la plus longue double tyrolienne de France (1,4 km !), permettant de voler à deux en même temps en parallèle. Réservation fortement conseillée.

Valmorel est un joli site pour s'initier au **parapente** en vol biplace (à partir de 80 €), au **canyoning** (☎06 12 29 75 10 ; www.ecole-de-canyoning.fr) ou au **VTT** avec un *bike park* de 365 km incluant les Vallées d'Aigueblanche.

Hiver

Le domaine de Valmorel (dont Doucy-station et Celliers font partie) est relié à Saint-François-Longchamp pour former le **Grand Domaine** (forfait journée adulte Valmorel/Grand Domaine 54/57 €), 165 km de pistes (1 250-2 550 m) destinées à tous, mais comportant quelques belles noires, comme celle du col du Mottet.

Une navette gratuite depuis Valmorel mène au départ des 20 km d'**itinéraires pédestres**, de **ski de fond** et de **raquettes**, en libre accès autour des hameaux des Avanchers-Valmorel, situés sous la station. Le **domaine de Nâves** possède quant à lui 42 km de pistes de ski de fond et notamment la plus haute **piste nordique** de Savoie (à 2 085 m !), une splendeur.

Où se loger et se restaurer

Hôtel du Bourg — Central €€

(☎04 79 09 92 28 ; www.hoteldubourg.com ; rue du Bourg ; d été/hiver 100-150/110-310 € selon période et confort, petit déj inclus ; ⏲été et hiver ; 📶). Ce gros chalet avec une extension, orienté côté montagne et côté village, abrite des chambres simples plutôt douillettes, même si les salles de bains sont un peu petites. Parties communes chaleureuses, avec en particulier un bar où les clients prennent plaisir à se retrouver. Sauna gratuit sur réservation.

L'Oxygène Hôtel-restaurant €€
(☎04 79 09 81 80 ; www.oxygene-hotel.fr ; La Charmette ; d/tr/qua 90-250/100-260/110-270 €, petit déj été/hiver 14/18 €, menus 38/48/58 € ; fermé mi-avr à mi-juin ; wifi). Un peu excentré dans le hameau de La Charmette, à 2 km de Valmorel, cet hôtel jouit d'une vue splendide sur la station et sur le massif de la Lauzière. Ses neuf chambres affichent un confort trois étoiles, pour un prix correct été comme hiver. Également espace spa et bien-être (5 € pour 40 minutes, sur réservation). Côté restaurant, on se régale de plats originaux d'une grande finesse.

L'Aigle Blanc Tradition et invention €€
(☎04 79 09 83 76 ; www.aigleblancvalmorel.fr ; La Charmette ; plats 19-29 € ; tlj sauf lun été et hiver ; hiver sur réservation). Agréable étape que ce restaurant, bien planté en pleine nature, en lisière de forêt, à 3 km de Valmorel. Il est accessible en voiture, en navette ou à pied par le sentier du plan Chevron. Cuisine sans esbrouffe mais inventive, à base de produits naturels non dénaturés. La fondue Aigle Blanc (tomates, trompettes-de-la-mort, lardons) est la spécialité de la maison. Nous vous conseillons de réserver l'été aussi. Plusieurs sentiers de randonnée partent directement des lieux.

Renseignements

Office de tourisme de Valmorel (☎04 79 09 85 55 ; www.valmorel.com)

VALLÉE DE LA MAURIENNE

Entre Saint-Jean-de-Maurienne et Modane, la basse et moyenne Maurienne se laisse aisément apprivoiser. Plusieurs villages-stations bien préservés se révèlent parfaitement adaptés au ski en famille, et restent très dynamiques en été, avec de très belles possibilités de balades et randonnées, notamment sous les magnifiques aiguilles d'Arves qui toisent tout le secteur. Quant aux cyclistes, ils trouveront là leur paradis, à condition d'aimer la grimpette et le passage des cols mythiques.

Depuis/vers la Maurienne

TRAIN Les gares de cette partie de la vallée sont celles de Saint-Avre-La Chambre, Saint-Jean-de-Maurienne, Saint-Michel-de-Maurienne et Modane. Lors de notre dernier passage, un énorme éboulement survenu en août 2023 sur la commune de Saint-André perturbait encore tout le trafic ferroviaire et les liaisons vers l'Italie, avec des cars de substitution. Une réouverture était prévue en 2025 après un chantier pharaonique.

Depuis Lyon, il existe en temps normal plusieurs liaisons directes par **TER**, mais la plupart des **TGV** ont une correspondance à Chambéry. Depuis Grenoble, correspondance obligatoire à Chambéry ou à Montmélian. Depuis Paris, certains TGV en route vers l'Italie s'arrêtent à Modane (4 heures).

VOITURE Depuis Lyon ou Chambéry, restez sur l'A43, qui se divise au niveau d'Aiguebelle (l'A430 continuant vers Albertville). Depuis Grenoble, il faut quitter l'A41 pour l'A43 au niveau de Montmélian.

Saint-Jean-de-Maurienne

Située à proximité des cols mythiques de la Madeleine et de la Croix-de-Fer, Saint-Jean-de-Maurienne est avant tout une ville de passage. L'été, elle accueille régulièrement le Tour de France et attire par milliers les fidèles de la petite reine (VTT ou cyclo). L'hiver, les skieurs rejoignent la station de Saint-François-Longchamp, Les Sybelles – le plus grand domaine skiable de Maurienne – ou les stations au-delà de Modane, en haute Maurienne. Si aujourd'hui la ville et la vallée sont entièrement tournées vers le tourisme, c'est la production d'aluminium qui leur a permis de prendre leur essor à la fin du XIXe siècle. Et comment ne pas mentionner la longue histoire religieuse de la ville, avec un patrimoine qui mérite d'être découvert, ainsi que l'aventure de l'Opinel, témoin du dynamisme de cette région ?

À voir

Saint-Jean-de-Maurienne

Cathédrale Saint-Jean-Baptiste — Patrimoine religieux

(tlj 8h-20h, été visite guidée mar 17h et jeu 10h). Si l'édifice date en majeure partie du XIe siècle, les éléments architecturaux remarquables sont postérieurs à cette date de 400 ans. À commencer par les magnifiques stalles gothiques (sur les flancs du chœur et dans l'abside), ornées de figures d'apôtres et de prophètes, et de motifs imaginaires sur leurs accoudoirs et miséricordes. Avant de ressortir, passez par le **cloître**, qui date lui aussi du XVe siècle. Ses arcades en forme de trèfle, très bien conservées, donnent sur un jardin coquet. Il faut s'adresser à l'office de tourisme pour une visite guidée de la cathédrale, ainsi que pour descendre dans les deux salles de la crypte, qui abrite des reliques de saint Jean-Baptiste, à savoir trois doigts de sa main ayant baptisé le Christ. On peut également y admirer des prémices d'art roman : des chapiteaux de gypse aux incisions rehaussées d'ocre.

Grand clocher — Tour centrale

(fermé au public). Cette tour donnant sur le parvis de la cathédrale et dont les fondations remontent au XIe siècle était à l'origine le clocher de l'église Notre-Dame ; la partie manquante entre la tour et la cathédrale fut détruite lors de la Révolution.

Musée de l'Opinel — Couteau à succès

(04 79 64 04 78 ; opinel.com/fr/la-marque/le-musee-opinel ; 25 rue Jean-Jaurès ; gratuit ; juil-août tlj 9h-18h30, sept-juin fermé dim). Ce musée prend place dans l'ancien atelier de production du fameux couteau (voir l'encadré ci-contre), resté dans son jus depuis sa mise en marche en 1932 (il a été mis à l'arrêt en 1986). Les machines des années 1930 sont toujours là et c'est l'occasion de tout savoir sur les ficelles du succès de ce produit, en particulier le célèbre Virobloc®. Boutique et atelier pour faire graver son Opinel (à partir de 6 €). Depuis 2022, la **route de l'Opinel**, un itinéraire de 16 km jalonné de panneaux, complète cette visite. Au départ du musée, il traverse la vallée de l'Arvan jusqu'à la place Opinel, à Albiez-le-Vieux, en faisant une escale au hameau de Gévoudaz où l'Opinel vit le jour. Demandez le dépliant et le livret-jeux gratuit au musée.

Musée des Costumes, Arts et Traditions populaires — Histoire locale

(04 79 83 51 51 ; pl. de la Cathédrale ; entrée libre ; fin juin à mi-sept lun-ven 10h-12h et 14h-18h, visites guidées lun 15h et ven 10h, vac. scol. lun-ven 14h30-17h30). L'intérêt de ce musée situé dans l'ancien évêché, au-dessus de l'office de tourisme, réside dans sa très riche collection de costumes traditionnels de Maurienne. À voir aussi : la reconstitution d'un intérieur mauriennais, une salle consacrée à l'art religieux et une autre à des pièces d'archéologie. Observez le riche décor baroque de la salle de réception et du balcon, et ne manquez pas de profiter de la vue qui embrasse la cathédrale et ses annexes.

Dans les environs

À hauteur de Sainte-Marie-de-Cuines, votre regard croisera l'**Aura** (ou Laura), une grande sculpture installée sur les flancs de la montagne censée représenter la solidarité entre les hommes. Elle est composée d'un assemblage de 42 000 pièces en aluminium gravées chacune d'un message d'un habitant de la vallée de Maurienne (ils étaient 42 000 lors de la création de l'œuvre en 1997). Elle est revendiquée comme la plus grande œuvre d'art collective au monde.

Autre ouvrage spectaculaire, la route qui mène au village de **Montvernier** (au départ de Pontamafrey). Pas moins de dix-huit lacets sur 400 m de dénivelé ! Six ans de travaux ont été nécessaires (1928-1934) pour construire cette route.

Activités

Le **parc L'Aventure** (06 50 36 88 95 ; parc-laventure.fr ; zone de loisirs La Combe des Moulins ; adulte et +14 ans/10-13 ans/6-9 ans/3-5 ans 22/19/18/13-15 € ; été tlj 10h-18h, Pâques et Toussaint sam-dim et mer après-midi) offre l'occasion aux petits (dès 3 ans) et aux grands de faire les singes dans les arbres et de traverser la forêt à l'aide de tyroliennes.

Le **circuit pédagogique des Ardoisiers**, au départ de **Saint-Julien-Mont-Denis** (entre Saint-Jean-de-Maurienne et Saint-Michel-de-Maurienne) promène le randonneur sur les traces de l'exploitation de l'"or noir" qui contribua à l'essor de la vallée ; elle compta jusqu'à 50 ardoisiers au plus fort de l'activité.

Le pays des Aiguilles d'Arves est traversé par dix parcours de **gravel** tout niveau (demandez la plaquette gratuite à l'office de tourisme).

L'Opinel, une fine lame !

L'histoire commence en 1890 lorsque Joseph Opinel, fils de taillandier et taillandier lui-même, imagine un couteau de poche pour les paysans qui venaient acheter haches et serpes dans l'atelier familial. Le succès est aussi grand qu'inattendu et, en 1901, la première usine Opinel voit le jour dans le hameau de Gévoudaz, au-dessus de Saint-Jean-de-Maurienne. Depuis lors, les éléments de ce couteau d'allure simple sont restés les mêmes (un manche en hêtre et une lame en acier, avec une virole de blocage). Les produits sont aujourd'hui fabriqués à Chambéry, et la société est tenue par Denis, 4e génération après le fondateur. En 120 ans, il s'est vendu à travers le monde quelque 260 millions de mains couronnées – l'emblème d'Opinel, qui fait référence à la main bénissante de saint Jean-Baptiste (voir ci-contre). En 1985, le Victoria & Albert Museum de Londres a classé l'Opinel parmi les 100 objets les mieux dessinés au monde lors d'une exposition consacrée au design.

Où se restaurer

Diot Vinot — Cave à manger **€€**

(09 54 19 08 26 ; www.diotvino.fr ; pl. du Marché ; plats 11-14 €, tapas 4-6 €, formule 3 tartines 14 € ; mar et jeu-ven 9h30-12h30 et 15h-22h, mer 15h-22h, sam 10h-14h et 15h30-22h). Indiquée autant pour venir s'approvisionner en vins de Savoie ou d'ailleurs que pour s'attabler le soir en terrasse autour d'un plat (ravioles, tartiflette, diots *waterzooï*…), cette adresse attachante séduira les amateurs de vin respectueux de l'environnement (bio, en biodynamie ou naturel). Vous pouvez faire confiance à Franck, qui connaît tous les vignerons du secteur, mais aussi les brasseurs artisanaux. Le samedi, jour de marché, vous pouvez apporter vos victuailles (charcuterie, fromage) et commander des vins pour les accompagner. Réservation conseillée.

Le Gavroche — Cuisine inventive et du marché **€€**

(04 79 20 49 30 ; www.restaurant-le-gavroche.com ; pl. du Marché ; formule déj 2/3 plats 15,50/19,90 €, menus 29-39-49 € ; mar-sam). Ce Gavroche (qui n'a rien de parisien) a pu enfin grandir en s'installant dans une belle salle vitrée de l'autre côté de la place du Marché. La décoration du restaurant a gagné en clarté mais la carte a, elle, conservé ce qui faisait son succès : assiettes inventives, formules économiques et produits de qualité. Une bonne table, et cela se sait. Réservation conseillée.

RANDONNÉE

Le tour des aiguilles d'Arves

Les magnétiques aiguilles d'Arves ne cesseront d'aimanter votre regard lors de votre séjour en Maurienne. Pour les contempler sous toutes les coutures, il n'y a pas meilleur itinéraire que le **tour des aiguilles d'Arves** (www.tourdesaiguillesdarves.fr). Avec une incursion dans les Hautes-Alpes, ce trek de 6 à 7 jours, réservé aux marcheurs confirmés, cumule 6 016 m de dénivelé et permet de se retirer dans des paysages d'une beauté saisissante : alpages tranquilles où paissent vaches, moutons et chèvres, cols déserts, crêtes au charme quasi mystique... Il est praticable de la fin juin à la mi-septembre, mais des névés peuvent persister au-dessus des 2 600 m (renseignez-vous auprès des offices de tourisme).

Renseignements

L'**office de tourisme de Saint-Jean-de-Maurienne** (04 79 83 51 51 ; www.montagnicimes.com ; pl. de la Cathédrale) est installé dans l'ancien palais épiscopal du XVIIIe siècle. L'application gratuite "Pays des Aiguilles d'Arves" décrit, carte à l'appui, les plus belles randonnées de la région.

Saint-François-Longchamp

Sur les pentes du col de la Madeleine, Saint-François-Longchamp se divise en plusieurs hameaux. C'est à Longchamp (1 650 m) que se situe l'essentiel de l'activité de cette station familiale. Relié à Valmorel, l'ensemble donne accès à un domaine skiable de 165 km.

À voir et à faire

Col de la Madeleine

Ascension mythique

À 3 km de Saint-François-Longchamp, le col a accueilli les coureurs du Tour de France à 25 reprises depuis 1969. Il relie les vallées de la Maurienne et de la Tarentaise. En été, les cyclistes amateurs se font photographier devant le panneau indiquant l'altitude de 2 000 m (la voirie a triché de 7 m par rapport à l'IGN !), ou font une pause sur les transats du restaurant **La Banquise 2000** (04 79 59 10 60 ; www.labanquise2000.fr ; tlj sauf lun soir en été, midi en hiver). Belle vue sur le mont Blanc et sur les sommets de l'Arvan-Villard. En hiver, la route qui mène au col devient le passage de plusieurs pistes de ski, notamment celle du col (piste bleue, accès via le télésiège du Frêne). De la vallée au col de la Madeleine, comptez une quinzaine de kilomètres.

Activités

Centre de balnéothérapie

Remise en forme

(04 79 59 10 56 ; Pré-Villot ; entrée 2 heures adulte/5-16 ans 19/14 € ; déc-avr et juil-août). Un complexe de remise en forme de 2 500 m², avec spa, hammams, balnéothérapie, massages, mais aussi bar et bowling.

Été

Pour une **balade** tranquille et familiale, optez pour le sentier pédagogique des Pâquiers/Clochettes (également praticable à VTT), une boucle de 2 heures 30 (5 km) descendant jusqu'à Saint-François 1450. De là, vous pourrez admirer les **cheminées de fée** formées par l'érosion avant de remonter par le chemin des Aversins (ou dit "de 1450"). Pour un joli point de vue, direction les **lacs Bleu** et **Blanc**, à pied ou par le télésiège de la Lune bleue (8 €). À côté du départ du télésiège, la piste de luge **La Comète** (1 ou 2 pers 7,50 € ; été et hiver) permet de dévaler les pentes de la station sur 900 m.

Au cœur de la station, passez par le **centre sportif des Longes** (04 79 59 10 56) si vous voulez améliorer votre coup droit, jouer au minigolf, apprendre le tir à l'arc ou profiter de la piscine en extérieur.

Col de la Madeleine

L'été, le parc accrobranche **Cime Parc** (☎ 06 48 23 31 60 ; cimeparc.wixsite.com ; 8-22 € selon parcours) est ouvert au plus de 1 m 15.

Hiver

Si Saint-François ne compte que 65 km de pistes (exposées plein sud !), la station est reliée à Valmorel, formant ainsi le **Grand Domaine** (forfait journée adulte Saint-François/Grand Domaine 54/57 €) avec 170 km de pistes entre Maurienne et Tarentaise. Pour les plus expérimentés, le télésiège de la Lauzière grimpe à 2 550 m, point culminant du domaine. Depuis les sommets, vue imprenable sur la chaîne de Belledonne, le mont Blanc et les aiguilles d'Arves.

Où se loger et se restaurer

La Perelle Plein sud **€€**

(☎ 04 79 59 12 27 ; www.hotellaperelle.com ; été d 99-159 € avec petit déj ; 🕒 mi-juin à mi-sept et déc-avr ;). Du fait de sa situation élevée, cet hôtel bénéficie de l'une des plus belles vues de la station. On en profite depuis sa grande terrasse plein sud ou depuis les chambres dont la majorité possède un balcon. Celles qui ont été rénovées arborent une déco chic en mélèze antique et une salle de bains dernier cri. Sauna, petite piscine intérieure et grande salle de restaurant au rez-de-chaussée (excellente côte de bœuf cuite à la cheminée). Ambiance décontractée. L'hiver, les chambres sont à prendre en pension complète.

Le Clocher des Pères

Restaurant, chambres d'hôtes **€€-€€€**

(☎ 04 79 59 98 06 ; www.leclocherdesperes.com ; Le Mollard, Saint-Martin-sur-La-Chambre ; d 120 € avec petit déj ; menus 90-115 € ; 🕒 jeu-sam midi et soir ;). Dans la montée vers Saint-François-Longchamp, offrant une vue splendide sur la chaîne de Belledonne, ces trois chambres d'hôtes au très bon rapport qualité/prix se situent dans une vieille maison du XVe siècle agrémentée d'une piscine. C'est aussi ici qu'office le chef étoilé Pierre Troccaz, l'artiste-cuisinier aux magnifiques compositions créatives mariant saveurs orientales et produits locaux. Attention, pas de CB pour les chambres d'hôtes.

La Louche Percée Spécialités régionales €€

(☎04 79 05 04 33 ; résidence les 4-Vallées ; plats 18-27 € ; ⏲tlj sauf mar midi été et hiver). La bonne adresse de la station pour se régaler de plats savoyards maison (raclette, gratin de crozets, burger au fromage à raclette fumé). Délicieuses fondues originales, à l'ail des ours ou au bleu de Bonneval. La terrasse ensoleillée en fin de journée et l'accueil très souriant sont de vrais plus.

Renseignements

Maison du tourisme (☎04 79 59 10 56 ; www.saintfrancoislongchamp.com ; Longchamp 1650). Elle délivre la carte **My Card** (adulte/enfant 25-26/20-26 €) offrant des réductions sur certaines activités.

Depuis/vers Saint-François-Longchamp

Liaisons en **navette** avec **Altibus** (www.altibus.com) et **Faure Savoie** (www.fauresavoie.fr) ou en taxi depuis la gare de Saint-Avre-La-Chambre.

Depuis l'A43, prenez la sortie n°26 "La Chambre". Le col de la Madeleine est fermé en hiver.

Vallée de l'Arvan

Au sud de Saint-Jean-de-Maurienne, d'étroites routes en lacet mènent à un chapelet de jolis villages ponctués de chalets de bois, dans un environnement bien préservé. L'hiver, six stations s'unissent pour former le plus grand domaine skiable de Maurienne, Les Sybelles.

À voir

Selon vos envies, vous pouvez prévoir un circuit de quelques heures à une journée au gré des villages et hameaux traditionnels perchés le long de petites routes – la D926 et ses ramifications – entre Saint-Jean-de-Maurienne et la frontière avec l'Isère.

À 6 km à l'ouest de Saint-Jean (D926), ne manquez pas les maisons à jambes de **Jarrier**, véritables ancêtres des constructions parasismiques. Les habitants de cette commune installée sur des

Col de la Croix de Fer

NIKOKVFRMOTO / STOCK.ADOBE.COM ©

SI VOUS AIMEZ...

L'histoire locale

Les villes de Saint-Michel-de-Maurienne, Modane et Saint-Georges-d'Hurtières possèdent chacune un passionnant musée témoignant de leur histoire.

Espace Alu – musée de l'Aluminium (04 79 56 69 59 ; espacealu.fr ; pl. de l'Église, Saint-Michel-de-Maurienne ; tarif plein/réduit/7-18 ans 8-10/6-8/4-5 € selon type de visite ; mi-juin à fin août lun-ven 10h-13h et 14h-19h, sam-dim 10h-13h et 14h-18h30, renseignez-vous sur le site Internet le reste de l'année). Ce musée de 600 m² retrace l'épopée, au XIXe siècle, de l'aluminium dans la vallée de la Maurienne. Géologie, procédés techniques, répercussions sur l'environnement, rien n'est laissé de côté. Parcours didactique et interactif pour les enfants. En famille, optez pour la visite "décalée" avec des animateurs survoltés (à partir de 7 ans).

Muséobar – musée de la Frontière (04 79 59 64 23 ; www.museobar.com ; 42 rue de la République, Modane ; tarif plein/réduit 4,50/3 €, pass famille 12 €, gratuit -7 ans ; juil-août jeu-sam 10h-12h et 15h-19h, mar-mer 15h-19h, dim 15h-19h, renseignez-vous sur le site Internet le reste de l'année). En 1860, la Savoie devient française. Onze ans plus tard est percé le tunnel du Mont-Cenis. Dès lors, Modane accueille les immigrants italiens par centaines. Situé en face de la gare, le Muséobar nous plonge dans cette époque à travers la reconstitution de quatre cafés, évoquant chacun un moment d'une période allant de 1860 à 1935. Intéressant mais sans doute un peu austère pour les enfants...

Le Grand Filon – musée du Fer (04 79 36 11 05 ; www.grandfilon.net ; Saint-Georges-d'Hurtières ; entrée avec audioguide ou livret-jeu tarif plein/réduit 8/5 €, visite guidée 3 heures tarif plein/réduit 20/15 € ; été mar-dim 11h-19h, vac. scol. mer-dim 14h-18h, fermé nov-mars). Depuis le Moyen Âge, le sous-sol alpin a été exploité à travers des mines de fer, de cuivre et parfois d'or où travaillaient les paysans à la recherche d'une activité hivernale. Le Grand Filon vous fait revivre cette histoire en parcourant des centaines de mètres de galeries, un parc métallurgique et un musée de ce site minier.

pentes constituées de plaques de schiste instables se sont adaptés à la situation, en faisant reposer leurs bâtisses sur des poutres en bois, les "jambes", posées sur de larges pierres plates que l'on pouvait repositionner en fonction des mouvements du sol. Un peu avant le hameau de Notre-Dame se trouve la **chapelle Saint-Roch** (ou chapelle Rose) de 1565, photogénique avec pour toile de fond les aiguilles d'Arves enneigées. La station d'**Albiez** offre aussi de belles vues sur les aiguilles, qui, par temps calme, se reflètent parfaitement sur le plan d'eau situé au col du Mollard (baignade autorisée et accès libre). La très jolie route conduit ensuite aux villages de **Saint-Jean-d'Arves** et de **Saint-Sorlin-d'Arves**. Le premier abrite quelques belles maisons du XVIe siècle, tandis que Saint-Sorlin se distingue par son **église Saint-Saturnin**, bâtie en 1603, aux singulières couronnes mortuaires accrochées à ses façades extérieures au lieu d'être posées sur les tombes (où la neige briserait leurs perles de verre). Si vous passez par ce village le mercredi après-midi en saison, faites un petit tour par son **musée de la Vie d'autrefois** (06 08 13 02 09 ; déménagement prévu au moment de notre passage, se renseigner). Enfin, vous pourrez découvrir toute la chaîne de fabrication du beaufort à la **coopérative laitière de la vallée des Arves** (04 79 59 70 16 ; lun-sam 9h-11h), à l'entrée du village en venant de Saint-Jean-de-Maurienne, avec distributeur automatique de fromages. Après Saint-Sorlin, la route grimpe vers les cols mythiques de la **Croix de Fer** et du

Glandon, maintes fois franchis par le Tour de France, qui permettent de rejoindre les stations de l'Isère.

Activités

Été

Le vaste **plateau des Albiez** offre de multiples possibilités de randonnées. Nous vous recommandons la superbe **balade des aiguilles d'Arves** (2 heures 30 aller-retour) menant au pied desdites aiguilles. Départ du parking du relais, 3 km au-dessus du **hameau du Chalmieu**, lui-même situé à 15 minutes en voiture d'Albiez-Montrond. Au début du parcours, une promenade (1 km) est jalonnée de bancs et de bornes audio présentant le patrimoine local. Possibilité de se rafraîchir et de se restaurer au **Chalet d'la Croë** (06 35 48 11 48 ; www.lechaletdlacroe.fr ; tlj en juil-août).

À Albiez-le-Jeune, d'autres balades mêlent culture locale et paysages. Les **sentiers des légendes** sont quatre boucles de 1 à 3 heures agrémentées de panneaux narrant des légendes locales. En route, vous apercevrez le **moine de Champlan**, un pic coiffé d'une moraine, formation géologique étonnante.

Du côté de **Saint-Sorlin**, de très belles randonnées sont possibles également, comme celle des **Trois Lacs**, qui permet de se rendre jusqu'au pied du glacier de Saint-Sorlin et du pic de l'Étendard (4 heures 45). Départ du parking du col de la Croix-de-Fer, à 15 minutes en voiture de Saint-Sorlin-d'Arves.

De multiples activités estivales sont proposées dans ces villages, à l'image des parcours dans les arbres d'**Arvanture** (06 89 58 19 02 ; adulte/ado/enfant 20/18/14 €), à l'entrée de Saint-Sorlin.

Hiver

Le **domaine des Sybelles** (www.sybelles.ski ; forfait journée adulte 58,10 €), de loin le plus grand espace skiable de Maurienne avec 310 km de pistes, relie les stations de La Toussuire, Saint-Sorlin-d'Arves, Saint-Jean-d'Arves, Le Corbier, Les Bottières et Saint-Colomban-des-Villards.

Enfin, un peu à l'écart, **Albiez-Montrond** (04 79 59 30 48 ; www.station-albiez.com ; forfait journée adulte 31,50 €) est une petite station-village typique de Maurienne, pour un domaine skiable de 35 km, avec des pistes adaptées aux enfants ou aux skieurs moyens, au pied des aiguilles d'Arves, et de nombreuses possibilités de balades en raquettes et en traîneau à chiens.

Dans la vallée voisine, la **station des Karellis** (04 79 59 50 36 ; www.karellis.com ; forfait journée adulte 34 €, gratuit pour les résidents à la semaine aux Karellis), unique en France par son caractère associatif, propose des séjours clés en main dans le cadre de villages de vacances.

Où se loger et se restaurer

Le Talapet Gîte et chambres d'hôtes €

(04 79 59 31 25 ; www.letalapet.fr ; col du Mollard, Albiez-Montrond ; d/tr 86-92/116-122 € avec petit déj ; tte l'année ;). Trois grandes chambres coquettes et colorées dans une maison récente au pied des pistes, avec entrée indépendante, terrasse avec vue sur les aiguilles d'Arves et piscine hors-sol l'été. Le petit déjeuner est à l'image du reste des prestations, excellent ; on le prend dans la salle à manger conviviale réservée aux hôtes. Les plus : le placard chauffant pour sécher ses vêtements, le garage fermé pour les voitures et l'accueil impeccable. Trois gîtes également.

Domaine du Trappeur Camping insolite €

(04 79 59 54 36 ; www.domainedutrappeur.com ; location 30-140 € la nuit selon le type d'hébergement et la saison, empl avec élec 17-27 € ;). Au pied du col de la Croix-de-Fer, cet hébergement de pleine nature repris il y a peu par une famille dynamique propose pêle-mêle, des tentes castor prêt à camper, des roulottes, des cabanes, des tipis, des bungalows toilés, deux yourtes, des chalets, et aussi des emplacements nus pour les campeurs purs et durs ! Sympathique bar-

ALEXANDRE LENOIR ©
Sur les hauteurs de Valloire

restaurant sur place (possibilité de demi-pension ou petit déjeuner), jeux pour les enfants et frigo partagé pour les campeurs. Prix dégressifs.

Du vin sur la planche Bar à vins €
(06 08 40 39 54, 04 79 20 38 16 ; 89 rue des Fermes, Saint-Sorlin-d'Arves ; tapas 6-15 €, planches 18-35 € ; tlj début juil à début sept 9h-1h30, mi-déc à mi-avr 16h à 1h30). Ce caviste-bar à vins a pris ses quartiers sur les hauteurs du village. Avec un grand choix de crus venant d'un peu partout, de généreuses planches et des tapas gourmandes, c'est l'un des endroits les plus conviviaux du village. Sympa aussi pour une crêpe, un vin chaud, un smoothie ou une glace à l'heure du goûter.

La Luge à Foin Restaurant €€
(06 35 54 84 81 ; résidence Le Front de Neige, Albiez-Montrond ; plats 18-28 € ; horaires variables, appelez). Une petite adresse très sympa où d'excellents plats maison teintés d'exotisme côtoient les plus attendus gratin de crozets et ravioles au reblochon, avec parfois des produits bio. Soirée fondue savoyarde le mardi soir. Terrasse agréable en été et service sans fausse note.

Renseignements

Office de tourisme des Albiez (04 79 59 30 48 ; www.montagnicimes.com)

Office de tourisme de Saint-Jean-d'Arves (04 79 59 73 30 ; www.sja73.com)

Office de tourisme de Saint-Sorlin-d'Arves (04 79 59 71 77 ; www.saintsorlindarves.com)

Depuis/vers la vallée de l'Arvan

Liaisons en **bus** par **Faure Savoie** (04 79 56 24 68 ; www.fauresavoie.fr) depuis la gare routière de Saint-Jean-de-Maurienne vers Albiez-Montrond, Saint-Jean-d'Arves, Saint-Sorlin-d'Arves, La Toussuire, Le Corbier et Les Karellis.

Les cols de la Croix-de-Fer et du Glandon sont fermés en hiver.

Valloire

Située entre les deux cols du Télégraphe et du Galibier, la plus méridionale des communes savoyardes attire du monde presque toute l'année. Au contraire de certaines autres stations, Valloire ne se réduit pas seulement à la saison hivernale.

Col du Galibier

Dès la réouverture des routes, et aux premiers rayons du soleil, les amateurs de cyclotourisme et les randonneurs s'échauffent pour partir à l'assaut des cols et sentiers. La station s'étend sur une vingtaine de hameaux. Elle est fière de son champion du monde de ski, Jean-Baptiste Grange.

À voir

Église Notre-Dame-de-l'Assomption

Chef-d'œuvre baroque

(horaires variables, renseignements à l'office de tourisme). D'extérieur sobre, cette église du XVIIe siècle, dans le style baroque savoyard, est sans nul doute l'une des plus remarquables de la région. Son exubérant retable du maître-autel est constitué de trois panneaux séparés par de splendides colonnes torsadées en pin cembro (un conifère qui pousse entre 1 400 et 2 500 m). La magistrale peinture centrale de l'Assomption de la Vierge est entourée à gauche d'une statue de saint Pierre, et à droite de celle de sainte Thècle, jeune fille originaire de Valloire. Celle-ci aurait rapporté de son pèlerinage à Alexandrie, en Égypte, au VIe siècle, des reliques des doigts de saint Jean-Baptiste (conservées dans la cathédrale de Saint-Jean-de-Maurienne, voir p. 244). Levez les yeux pour admirer la voûte avec tous ses anges et angelots sculptés.

Col du Galibier

Ascension mythique

(fermé fin oct à début juin). Col alpestre le plus souvent emprunté par le Tour de France (60 passages !), le Galibier culmine à 2 642 m et marque la frontière entre la Savoie et les Hautes-Alpes. La route qui y mène depuis Valloire grimpe à près de 7% de moyenne, et réserve des paysages rocailleux et de végétation rase de toute beauté. Au col, ne manquez pas de grimper encore un peu pour rejoindre la table d'orientation. La vue sur les glaciers des Écrins, une des trois aiguilles d'Arves, le pic de Rochebrune (massif du Queyras) et le Mont-Blanc est sublime. En poursuivant sur 7 km, on rejoint le col du Lautaret (voir p. 336). Comptez 36 km pour l'aller-retour depuis Valloire.

Activités

La **patinoire Philippe-Candeloro** (entrée + location de patins adulte/enfant 9,70/7,80 € ; dim-ven en saison), couverte, accueille les amateurs été comme hiver.

Été

Avec 130 km de sentiers balisés, vous aurez l'embarras du choix en termes de **randonnée**. Nous vous recommandons celle du **lac des Cerces** (splendide, très fréquentée en juillet-août, 3 heures) ou celle des **Lacs** (familiale, 4 heures 30).

Au départ du centre du village, une télécabine et un télésiège fonctionnent en été (11 € par personne) pour vous emmener au **lac de la Vieille** d'où l'on peut admirer les aiguilles d'Arves et le massif des Écrins. Activités gratuites pour les enfants (filets suspendus, descente en bouée gonflable, initiation au VTT), payantes pour les plus grands : tyrolienne au-dessus du lac, kart et catapulte stationnaire. Une autre **tyrolienne** (04 79 59 03 90 ; 39 €/pers) se trouve au sommet du télésiège de Brive 2, avec un dénivelé de 400 m (!).

Côté **VTT**, vous trouverez 8 sentiers cross-country pour tous niveaux, et 33 km de pistes techniques spécialement aménagées pour les plus expérimentés.

Pour une promenade en poney ou à cheval, direction le **centre équestre de Prej'Val** (04 87 38 87 74 ; Les Sélettes, Valloire).

À la recherche de quelque chose de plus acrobatique ? Un très grand parc aventure, la **Forêt de l'Enfer** (06 40 44 45 75 ; www.foretdelenfer.com ; adulte/enfant 20/10 € ; juil-août tlj sauf sam), et trois **vias ferratas** (accompagnement possible avec le bureau des guides 06 99 96 41 87 ; www.bureaudesguidesvalloire.com), dont une idéale pour débuter (celle de Poingt Ravier), vous attendent en direction du col du Galibier.

Hiver

Valloire est reliée à la petite station de Valmeinier pour former le **domaine Galibier-Thabor** (forfait journée adulte 52,30 €), 150 km de descente répartis en 89 pistes de tous niveaux. Au cœur du massif du Crey du Quart, bien ensoleillé, se trouve le royaume du *freestyle*, avec l'un des meilleurs **snowparks** français, proposant ski cross et de nombreux modules pour progresser. Des **espaces ludiques "easy park"**, sur le bord des pistes, permettent aux débutants et aux enfants de s'initier au plaisir des bosses. Les pistes "classiques" pour les débutants sont aussi nombreuses.

Autre avantage de Valloire, la station ne mise pas tout sur le ski. Au fond de la vallée, un **village nordique** donne accès à un sentier de découverte panoramique, à une piste de luge sécurisée et à de nombreux sentiers balisés pour raquettes.

Où se loger et se restaurer

Christiania Hôtel Hôtel-restaurant **€€**
(04 79 59 00 57 ; www.christiania-hotel.com ; rue de Tigny ; d été/hiver 98-180/110-190 €, petit déj buffet 16 €, demi-pension été/hiver 98-118/110-140 €/pers ; plats 22-30 €, menu 42 € ; fermé aux intersaisons ; P). Une atmosphère conviviale émane de ce gros chalet qui se dresse dans le centre-village. Les 20 chambres sont autant de petits nids douillets à la déco savoyarde, avec une touche design colorée ; la plupart disposent de balcons. Joli spa réservé aux hôtes. L'équipe de l'hôtel est aux petits soins. Le restaurant, d'inspiration régionale, est d'un bon rapport qualité/prix et propose de très bons plats de poisson (essayez la féra du lac Léman) et un large choix de vins. Cyclistes et motards apprécient le local fermé pour les deux-roues. Réservation recommandée.

Grand Hôtel de Valloire et du Galibier Hôtel-restaurant **€€€**
(04 79 59 00 95 ; www.grand-hotel-valloire.com ; 10 rue des Grandes-Alpes ; d été/hiver 90-120/110-170 €, demi-pension été/hiver 95-115/114-142 €/pers ; menu 43 €, plats 25-32 € ; fermé aux intersaisons ;). À l'entrée du bourg, cet hôtel datant de 1890 est une institution.

Aujourd'hui, la quatrième génération des propriétaires tient l'établissement, qui dispose d'une quarantaine de chambres spacieuses, rénovées régulièrement. La cinquième génération s'occupe du restaurant, qui propose une table créative, variée et rigoureuse dans le choix des produits. En été, piscine extérieure chauffée, et toute l'année, sauna et salle de fitness.

La Poutre Cuisine du terroir **€€**
(☎04 79 59 08 75 ; 6045 rte du Galibier ; plats 24-28 € ; ⌚mar-dim). À 6 km de Valloire en direction du Galibier, La Poutre jouit d'une vue époustouflante sur les sommets environnants. On y apprécie aussi une généreuse cuisine du terroir (l'incontournable ? la Potence, différentes viandes flambées au cognac et servies avec des sauces maison), que l'on savoure dans une jolie salle décorée de voitures miniatures, ou à l'extérieur, protégé du vent par les bâtiments en pierre. Prix abordables et accueil chaleureux : mieux vaut réserver !

Renseignements

Office de tourisme de Valloire (☎04 79 59 03 96 ; www.valloire.net ; 210 rte des Grandes-Alpes)

Depuis/vers Valloire

Pour venir en **bus** jusqu'à la gare Saint-Michel-Valloire, renseignez-vous au ☎09 70 83 90 73 ou sur www.cars-region-savoie.fr.

En **voiture**, depuis Saint-Michel-de-Maurienne, prenez la D902 sur 17 km via le col du Télégraphe.

HAUTE MAURIENNE

Tantôt encaissée et enserrée, tantôt large et bucolique, la vallée de la haute Maurienne, reliée à l'Italie, débute à la hauteur de Modane, une ville marquée par l'immigration italienne, entre 1870 et la Seconde Guerre mondiale – une période bien relatée dans le Muséobar (voir p. 249). Les traces laissées par les relations avec l'Italie sont d'ailleurs nombreuses, à commencer par la barrière de l'Esseillon, une étonnante série de fortifications, héritage des tensions franco-italiennes. Austère à première vue, la haute Maurienne ne manque pourtant pas de richesses. Ses églises baroques, ses magnifiques villages aux toits de lauze et ses sentiers de randonnée aux portes de la Vanoise séduiront à coup sûr les visiteurs en quête de montagne authentique.

Depuis/vers la haute Maurienne

Depuis la gare de Modane, les **bus** du réseau **Cars Région** desservent Val-Cenis (Bramans, Termignon, Lanslebourg et Lanslevillard) et Bessans jusqu'à Bonneval-sur-Arc tous les jours. Vous pouvez demander les guides mobilités hiver ou été dans les offices de tourisme ou consulter les horaires sur www.cars-region-savoie.fr. L'accès à ces bus est inclus dans les forfaits de ski de 6 jours et plus.

Aussois

Posé sur un plateau à 1 500 m d'altitude, aux portes du parc national de la Vanoise, Aussois séduit par ses ruelles où les maisons de pierre et de lauze sont serrées pour se protéger du vent, leurs toits se touchant presque. Au contraire de la plupart des villages mauriennais situés dans la vallée ou sur le versant exposé au nord, la petite station jouit de conditions très ensoleillées, été comme hiver, grâce à son exposition méridionale.

À voir

Village

Église Notre-Dame-de-l'Assomption Baroque
(⌚9h-18h). Cette petite église du XVIIe siècle typique de la région est sobre à l'extérieur et éblouissante à l'intérieur grâce à ses retables baroques, à ses

fresques et à ses tableaux, mais aussi à sa poutre de gloire en bois doré, très bien conservée.

L'Arche d'Oé Musée agropastoral
(☎04 79 20 49 57 ; 7 rue de l'Église ; tarif plein/6-12 ans 4,50/3,20 € ; ⏱mi-déc à mi-avr et juil-août lun-mar et jeu-ven 15h-19h, mer et dim 15h-18h, renseignez-vous le reste de l'année). "Oé" signifie Aussois en patois. Et c'est dans l'une des plus anciennes maisons du village que ce petit musée propose une plongée au cœur de l'histoire locale. Témoignages d'"Oérins" et reconstitutions diverses retracent son passé, des traditions pastorales à la naissance du tourisme.

Forts de l'Esseillon

Perchée sur l'Esseillon, une arête rocheuse en contrebas d'Aussois, cette ligne de fortifications militaires impressionne ! Au début du XIXe siècle, la région est sous le contrôle du royaume de Piémont-Sardaigne. Pour se défendre des invasions françaises et contrôler l'itinéraire transalpin par le col du Mont-Cenis, les Sardes édifient entre 1817 et 1834 cinq forts portant les prénoms des membres de la famille royale de Savoie. En 1870, dix ans après le rattachement de la Savoie à la France, l'intérêt stratégique de la "barrière de l'Esseillon" s'est déjà éteint et les forteresses sont abandonnées.

Depuis Aussois, en voiture, une route mène au **fort Victor-Emmanuel**, de loin le plus imposant : avec ses huit bâtiments en escalier, il était prévu pour héberger une garnison de 1 500 hommes. On le visite gratuitement au gré des différentes salles. C'est aussi le point de départ ou d'arrivée de plusieurs tronçons de la via ferrata du Diable (p. 259). On peut également atteindre ce fort en partant d'Avrieux et son église (p. 258), en passant par la belle **cascade Saint-Benoît**, haute de 80 m.

En surplomb du fort Victor-Emmanuel, trois ouvrages : le **fort Charles-Félix**, le **fort Charles-Albert** (dont il ne reste plus grand-chose) et le **fort Marie-Christine**, le plus haut des cinq, qui offre un splendide

Fort Victor-Emmanuel

panorama sur la vallée et est aujourd'hui occupé par un **gîte-restaurant**.

Posée sur l'autre rive de l'Arc, la redoute Marie-Thérèse abrite le **Centre d'interprétation du patrimoine fortifié** (☎04 79 20 33 16, 06 78 22 48 38 ; www.redoutemarietherese.fr ; tarif plein/7-14 ans/fam 4/2/10 €, visite guidée 6 € juil-août mer 15h et jan-avr mar 14h ; ⏱juil-août tlj 10h30-12h30 et 13h30-18h, 2e quinzaine de juin et début sept ven-dim 14h-18h), qui répondra à toutes vos questions sur la barrière de l'Esseillon et propose jeux de pistes et *escape game* dans ses galeries souterraines. Snack-bar dans la cour. Pour passer d'une rive à l'autre de l'Arc, le **pont du Diable** surplombe les **gorges de la rivière** à plus de 100 m de hauteur. Impressionnant !

Pour relier les forts de l'Esseillon à pied, suivez le **sentier des bâtisseurs** (4 heures, 7,4 km), qui serpente entre les ouvrages militaires en passant par le cimetière, le hameau de l'Esseillon et le pont du Diable.

Suite p. 258

Lac des Vaches

Le parc national de la Vanoise

Premier-né des parcs nationaux français, le parc national de la Vanoise, qui partage 14 km de frontière avec son homologue italien du Gran Paradiso, fut créé en 1963 pour faire face à la disparition annoncée du bouquetin. L'activité reine dans la zone cœur du parc étant la randonnée, les marcheurs s'en donnent à cœur joie sur les 400 km de sentiers balisés.

Pour ceux qui aiment...

☑ Ne ratez pas

La randonnée du col de la Vanoise.

Un sanctuaire de biodiversité

Entre les cours de l'Arc et de l'Isère, qui sillonnent respectivement les vallées de la haute Maurienne au sud-est et de la Tarentaise au nord-ouest, la Vanoise se caractérise par un climat ensoleillé, une géologie tourmentée, et une forte amplitude altitudinale avec 18 sommets à plus de 3 500 m et un point culminant, la Grande Casse, à 3 855 m. Le tout donne naissance à des milieux naturels très diversifiés. Alpages, lacs, rocs, forêts, glaciers... une mosaïque de milieux qui accueille une flore et une faune alpines d'une grande variété. Au-delà des emblématiques bouquetins (2 000 individus au dernier recensement) et marmottes, des chamois ou des majestueux gypaètes barbus, parmi les plus grands rapaces d'Europe, on rencontre aussi des témoins des dernières grandes glaciations, comme le lagopède alpin et le lièvre variable. Plus de 2 000 espèces végétales sont recensées, dont le fameux sabot de Vénus ou la linnée boréale.

Randonner dans le parc

Le parc est traversé du nord au sud par deux sentiers de grande randonnée, la **Via Alpina** et le **GR®5**. Ce dernier est notamment emprunté par le **tour des glaciers de la Vanoise**, qui peut s'accomplir entre 4 à 7 jours selon le tracé choisi. Nul besoin toutefois d'être un marcheur aguerri pour s'aventurer sur les sentiers du secteur. Côté tarentaise, le **vallon de Rosuel** (voir l'encadré p. 239) est le point de départ de nombreuses balades dont certaines à la demi-journée. La randonnée jusqu'au **refuge du col de la Vanoise** en passant par le **lac des Vaches** (5 heures 30) permet d'approcher les glaciers de Vanoise. Elle est très fréquentée ; départ au niveau du parking des Fontanettes, à Pralognan-la-Vanoise. Moins courue et plus calcaire, une belle marche démarre du hameau des Prioux, au-dessus de Pralognan, et se poursuit jusqu'au **cirque du Génépy** (5 heures) ou au **petit Mont-Blanc** (5 heures 15).

Infos pratiques

www.vanoise-parcnational.fr ; www.refuges-vanoise.com ; rando.vanoise.com ; accueil@vanoise-parcnational.fr
Point info à Modane et à Termignon (horaires variables)
Carte IGN du parc (13,90 €) et topoguide de la FFR "La Vanoise" (18,40 €)

Accès

Le parc est accessible au nord par la vallée de la Tarentaise et au sud par la vallée de la Maurienne. Les communes de Bourg-Saint-Maurice, Moûtiers et Modane sont desservies par le train. De là, on peut gagner la plupart des communes du parc en bus.

Dormir en refuge

Une cinquantaine de refuges accueillent les randonneurs, dont quatre sont des refuges-portes, situés en limite de la zone cœur. Côté Maurienne, il s'agit du refuge de l'Orgère, au-dessus de Modane, du refuge du plan du Lac, au-dessus de Termignon. Côté Tarentaise, vous trouverez le refuge du Bois (Champagny-en-Vanoise), et Rosuel (Peisey-Nancroix). L'été (juin-sept), mieux vaut réserver ! Le camping est interdit dans la zone cœur du parc mais le bivouac est possible aux abords des refuges (uniquement sur réservation).

MARIUS DOICOV ©

À NE PAS MANQUER

L'église Saint-Thomas-Becket

Situé en bordure de l'Arc, sur l'ancienne route menant vers l'Italie, **Avrieux** a vu défiler du beau monde. Le roi de France Charles II le Chauve y est même mort en 877. Et saint Thomas Becket, archevêque de Canterbury, y aurait fait étape au XIIe siècle, à une époque où les seigneurs d'Avrieux entretenaient des liens étroits avec l'Angleterre. Mais c'est au XVIIe siècle que l'église du village est reconstruite et décorée par des artistes locaux et du Piémont, qui déploient toute leur énergie pour la transformer en un chef-d'œuvre de l'art baroque. La fresque de la façade sur laquelle courent vices et vertus fait pâle figure au regard de l'exubérance intérieure.

Dans le vestibule, au revers de la porte sculptée montrant un Christ en gloire, sont peints et sculptés six épisodes de la vie de Thomas Becket. On retrouve le saint, accueilli au ciel par la Vierge et l'Enfant Jésus, sur le panneau du retable central. Ce dernier est à l'image du reste de l'église : une profusion de saints et d'angelots, des jeux de lumière et de courbes, des colonnes torses inspirées de celles du baldaquin de Saint-Pierre de Rome.

L'église et la chapelle Notre-Dame-des-Neiges peut se découvrir à travers des **visites guidées** (tarif plein/7-15 ans 6/5 € ; juil-août et de Noël à mi-avr jeu 14h, reste de l'année sur rdv pour les groupes) en réservant auprès de la **mairie** (06 78 22 48 38, patrimoine@avrieux.com).

Suite de la p. 255

Parc archéologique des Lozes

Des **gravures rupestres** sur des roches polies par l'ancien glacier de l'Arc, voilà la surprise réservée par ce site inattendu. Deux sentiers (30 minutes et 1 heure) avec panneaux d'indications vous font découvrir personnages, animaux ou motifs abstraits gravés pour la plupart entre le VIIe et le IIIe siècle av. J.-C. Cela dit, la plupart sont difficiles à distinguer, détériorés par le temps ou par des graffitis bien plus contemporains. D'Aussois, prenez la direction de Sardières et suivez la première piste à droite après le pont Saint-Pierre.

Activités

Été

Parmi les nombreuses opportunités de **randonnée**, nous vous suggérons la boucle de la Pierre du Diable (1 heure 30) et le tour de la Randolière (2 heures 30), deux balades familiales bien balisées et au dénivelé faible surplombant les lacs artificiels de plan d'Aval et plan d'Amont. Départ au sommet du **télésiège du Grand Jeu** (juil-août dim-ven ; adulte/6-12 ans 9,50/7,50 €). Une route étroite monte également jusqu'aux lacs. Carte gratuite à l'office de tourisme.

L'espace **VTT** de l'Esseillon offre 200 km de circuits balisés, pour tous les niveaux. Carte et guide en vente (4 €) à l'office de tourisme.

La **via ferrata du Diable**, la plus longue de France, surplombe les gorges de l'Arc, et met à profit sa boucle de plus de 3,7 km pour proposer sept tronçons – des Angelots, destiné aux enfants dès 6 ans, aux Rois Mages, doté de trois vertigineuses passerelles perchées au-dessus du vide. Location de matériel à Aussois.

Les enfants adoreront la visite du **parc polaire** (06 70 80 72 78 ; www.husky-adventure.net ; adulte/2-10 ans 10/8 €), chenil d'une cinquantaine de chiens de traîneau. Également canirando et trottinette.

Juste à côté de la redoute Marie-Thérèse, le **Parcobranche du Diable** (06 95 39 54 95 ; www.parcdudiable.fr ; tarif journée adulte/6-17 ans/2-5 ans 30/28/19 €) est le plus grand accrobranche de Savoie, et sa tyrolienne est l'une des plus hautes et plus longues du monde : 640 m de long, et une dernière partie à 200 m au-dessus des gorges de l'Arc. Sensations fortes garanties !

Hiver

Le **domaine skiable d'Aussois** (www.aussois.com ; forfait journée adulte/enfant 39,60/33,60 €) compte 55 km de pistes variées pour un petit domaine familial et bénéficie d'un beau dénivelé (1 500-2 750 m), et d'un bijou de piste noire, les Balmes.

Où se loger et se restaurer

La Roche du Croué Chambres et table d'hôtes **€€**
(04 79 20 31 07, 06 12 56 52 32 ; www.larocheducroue.com ; 3 rue de l'Église ; s/d/tr/qua 78/88/118/148 € ; table d'hôtes adulte/6-12 ans/2-5 ans 23/14/12 € ;). Située au cœur du village, cette ancienne ferme rénovée propose quatre chambres orientées côté jardin. Marianne, la nouvelle propriétaire, sert le petit déjeuner et le dîner dans l'ancienne étable, qui s'ouvre sur une large terrasse offrant une jolie vue sur la dent Parrachée et le mont Froid. Ouvert à l'année.

L'Étagne Cuisine traditionnelle **€€**
(04 79 20 41 81 ; 10 rte des Mottets ; plats 14-28 € ; juin-sept tlj, début déc à mi-avr mar-dim). Adoptée par les gens du cru, cette Étagne (femelle du bouquetin), tenue par un jeune couple, est la bonne adresse du bourg. En cuisine, on sert aussi bien des spécialités et variations autour de la raviole du Dauphiné que des plats du jour plus travaillés. Tout est fait maison, notamment les excellents desserts. Service souriant et terrasse au soleil devant la route principale. Réservez en haute saison et le week-end.

Renseignements

Office de tourisme d'Aussois (04 79 05 99 06 ; www.aussois.com ; 43 rte des Barrages et rue de l'Église)

Val-Cenis

Bramans, Termignon, Lanslebourg et Lanslevillard se sont récemment unis pour créer la commune nouvelle de Val-Cenis. Un vaste territoire qui englobe plus d'un tiers du parc national de la Vanoise et fait la joie des amoureux de nature préservée hiver comme été, mais aussi celle des amoureux de patrimoine religieux. À **Bramans**, empruntez les ruelles étroites qui serpentent entre les maisons aux toits de lauze. Lors de sa traversée des Alpes en 218 av. J.-C., Hannibal serait passé par ce hameau, et plus précisément par le col Clapier, avec son armée et ses 37 éléphants. À **Termignon**, goûtez à l'excellent bleu typique du secteur, et partez en randonnée dans le parc. À **Lanslebourg** et **Lanslevillard**, faites un arrêt prolongé pour découvrir les **églises et chapelles baroques** (www.escapades-baroques.fr) dans un cadre grandiose, toisées par les cimes.

À voir

Église Saint-Pierre d'Extravache — Église d'altitude

(Extravache, Bramans). Depuis Bramans, montez par la D100 sur 4 km en direction du Planay, puis prenez la route à droite. Le site, un haut plateau herbeux surmontant des ravines, au fond duquel se dresse cette église romane, face à la dent Parrachée (3 687 m), est sans doute un des plus photogéniques de la région. L'église Saint-Pierre d'Extravache, littéralement "Saint-Pierre au-delà du vide", plusieurs fois ravagée par les flammes, présente une abside en cul-de-four qui date du XIe siècle. L'édifice est considéré comme la plus ancienne église de la Maurienne. Sa fondation au IIe siècle marqua le début du christianisme dans la vallée.

Maison de la Vanoise — Centre d'interprétation

(☎04 79 20 51 67 ; pl. de la Vanoise, Termignon ; entrée libre ; ⌚en saison lun-sam 9h-12h et 14h-18h, dim 9h-12h et 14h30-18h, aux intersaisons lun-ven 9h-12h et 14h-17h). En plus de l'office de tourisme, ce bâtiment héberge un point info sur le parc national (voir p. 256) et un espace d'interprétation proposant des informations sur la gestion du milieu montagnard et ses différents acteurs : parc national, touristes et agriculteurs.

Église Saint-Pierre d'Extravache, Bramans

Musée d'Archéologie — Préhistoire

(☎04 79 20 59 33 ; www.archeologie-sollieres-sardieres.com ; rue du Châtel, Sollières-Envers ; adulte/enfant 4,80/3,30 € ; ⌚juil-août tlj 9h-12h et 14h-18h, juin et sept lun-ven 14h-18h). Ce petit musée fait état des objets découverts dans la grotte des Balmes (à ne pas confondre avec celles de la Balme en Isère) située au-dessus du village et occupée de -3 600 à -750 av. J.-C. Instructif pour qui s'intéresse à la préhistoire.

Église Notre-Dame-de-l'Assomption — Retables baroques

(Termignon ; visite libre ; ⌚mi-juin à fin sept mar-mer et ven-sam 15h-18h). Les églises de montagne cachent décidément bien leur jeu. Encore une fois, on aurait bien tort de se fier à l'aspect extérieur de cette église. Édifiée sur un petit éperon rocheux dominant le Doron, à l'entrée ouest du bourg, elle abrite un remarquable ensemble de cinq retables (XVIIe-XVIIIe siècles) dorés et peints. Le retable de l'Assomption et son tabernacle couverts de dorures sont éblouissants, de même que celui du

Rosaire, installé dans une chapelle latérale, avec son panneau central sculpté en bas-relief. Le baroque dans toute sa splendeur !

Chapelle Saint-Roch — Pèlerinage baroque

(mairie 04 79 05 93 78 ; Lanslevillard ; juil-août lun-ven 16h-19h, Noël à mi-avr lun-ven 16h-18h30). Commencez par cette chapelle du XVIIe siècle, érigée contre la peste, qui abrite un petit musée communal. Vous pourrez également obtenir les clés des sept chapelles de Lanslevillard pour les visiter à votre guise (dépôt de garantie). Chacune recèle une exposition sur la vie du village, du néolithique au XXe siècle. Lorsque la chapelle est fermée, on récupère les clés à la mairie de Lanslevillard.

Chapelle Saint-Sébastien — Bande dessinée

(mairie 04 79 05 93 78 ; Lanslevillard ; 2 € ; été tlj sauf sam 14h-16h45, sept mar-mer 15h-15h30, fermé le reste de l'année). Dominant le village de Lanslevillard, cette chapelle médiévale à l'extérieur modeste se distingue par ses peintures murales de la fin du XVe siècle. Leur état de conservation est remarquable, avec des couleurs lumineuses. Elles retracent la vie du Christ (36 panneaux sur les murs sud, ouest et nord) et celle de saint Sébastien (17 panneaux sur le restant du mur sud). En tout, ce sont donc 53 "vignettes", sans texte, qui se lisent comme une bande dessinée. Un chef-d'œuvre qui ferait presque oublier de lever les yeux pour admirer un magnifique plafond de 918 caissons sculptés et polychromes qui figurent le ciel étoilé, symbole du paradis. La chapelle est dédiée à saint Sébastien, saint patron des francs-archers, car elle aurait hébergé une compagnie de soldats au moment de sa construction.

Église Saint-Michel — Retables

(mairie 04 79 05 93 78 ; Lanslevillard ; entrée libre ; été tlj sauf sam 17h-18h30, hiver mer 15h-15h30 et ven 9h-9h30). Près de la chapelle Saint-Sébastien, cette église, citée dès le XIIe siècle, mais reconstruite

FLORENCE PIOT / STOCK.ADOBE.COM ©

SI VOUS AIMEZ...
Le ski

Près de Modane se trouvent trois petites stations à ne pas négliger :

- **Valfréjus** (www.valfrejus.com ; forfait journée adulte Valfréjus + La Norma 42,50 €). Petite station récente sous le mont Thabor, Valfréjus (1 550-2 737 m) a tiré les leçons des erreurs de ses aînées en cherchant à fondre son architecture dans la forêt. Atmosphère jeune et familiale, avec, sur les 70 km du domaine, quelques pistes sur lesquelles les plus affûtés se feront plaisir. Quelques autres activités hors ski, dont une piste de luge éclairée avec virages et tunnels, ou une école de speedriding (entre parapente et parachute, skis aux pieds).
- **La Norma** (www.la-norma.com ; forfait adulte journée Valfréjus + La Norma 42,50 €). Facile d'accès, La Norma, avec ses 65 km de pistes, son dénivelé important (1 350-2 750 m) et ses fortes pentes, est intéressante y compris pour les bons skieurs et les snowboardeurs. Située face au massif de la Vanoise, elle offre de jolis paysages. Idéale pour les familles, La Norma reste néanmoins la plus fêtarde des stations mauriennaises.
- **Orelle** (www.orelle.net ; forfait adulte Orelle/avec Val-Thorens/Trois-Vallées 40/68/79 €). Ce n'est pas à proprement parler une station, mais le village est relié à Val-Thorens et aux Trois-Vallées par télécabine.

Grimper des cols sans forcer

La Maurienne, qui se revendique comme "le plus grand domaine cyclable du monde", s'ouvre depuis quelques années à un public qui ne veut pas forcément souffrir dans la montée de ses cols mythiques (Galibier, Madeleine, Iseran, Glandon...). Pour répondre à cette demande, la région mise depuis plusieurs années sur le VTT et le vélo électriques (VAE) : la location de deux-roues est proposée par de nombreux prestataires listés par les offices de tourisme, et les bornes de recharge sont nombreuses sur le territoire (voir sur www.haute-maurienne-vanoise.com). La pratique du gravel, à mi-chemin entre le vélo de route et le VTT, y fait aussi une belle percée.
Avec des enfants, rendez-vous dans l'un des *bike parks* (Aussois, Bramans, Lanslevillard et Bessans) où ils pourront s'initier au VTT en s'amusant, en toute sécurité.

au XVIe siècle et agrandie depuis, mérite la visite pour ses retables baroques, surtout pour celui du Rosaire, daté de 1627 et signé Jean Clappier, peintre-sculpteur de la région. Elle abrite également les reliques de saint Landry, moine de l'abbaye de Novalaise.

Activités

Été

Quatre **télésièges** (04 79 05 96 48 ; 12 € ; juil-août lun-jeu et dim 10h-16h30) transportent randonneurs et vététistes en altitude dans tout le domaine de Val-Cenis pour un beau panorama sur les glaciers de la Vanoise. La télécabine du Vieux-Moulin et le **télésiège du Solert** peuvent par exemple vous transporter à la **Canopée des Cimes**, une plateforme panoramique située au sommet de la Met délivrant une vue plongeante sur le lac du Mont-Cenis. C'est le point de départ pour de jolies boucles à pied ou à vélo (2-3 heures).

À Bramans, bon nombre de **randonnées** partent du bout de la D100, au Planay : la vallée d'Ambin et son lac entouré de sommets de plus de 3 000 m (5 heures aller-retour), la vallée d'Étache, le lac de Savine...

À Termignon, depuis le parking du Coêtet, marchez par exemple jusqu'au lac Blanc (1 heure 30 aller-retour). Ou poursuivez jusqu'au bout de la route au parking de Bellecombe. De là, de nombreuses possibilités s'offrent à vous, mais ne manquez pas le **refuge du Plan du Lac** (09 72 64 70 97 ; refuge-plandulac.vanoise.com ; nuitée dortoir/ch 21-23/26-28 € selon saison, bivouac 6 € ; juin-sept) et sa table d'orientation face à un splendide panorama, au cœur des alpages de Termignon. Il se situe à 50 minutes de marche du parking.

À Lanslevillard, la randonnée de la **Pierre aux Pieds** attire également les foules, du nom de ce gros bloc de schiste erratique posé à 2 750 m d'altitude, à l'ombre du Grand Roc Noir (3 582 m). Bien plus qu'un simple caillou, la Pierre aux Pieds a été classée monument historique pour ses 82 mystérieuses empreintes de pieds creusées dans la roche, datant probablement de l'âge du fer (entre 700 et 200 ans avant J.-C). Une balade sans grande difficulté, mais tout de même près de 1 000 m de dénivelé, et 6 heures aller-retour. Départ du parking des Grattais (sur la route forestière des Grattais, à gauche 2 km après Lanslevillard, en direction de Bessans).

Sur la route vers Bellecombe, l'**Akroparc de la Vanoise** (06 32 06 73 37 ; www.arknatureaventure.com ; adulte/enfant 24/19 €) se distingue par l'étendue et la tranquillité du domaine où sont installés ses 7 parcours d'accrobranche. *Escape games* également.

Parc de loisirs des Glières Multi-activités
(04 79 05 89 32 ; Lanslevillard ; adulte/3-12 ans 6/4,30 €, entrée bien-être 15 € ; juin-août

tlj 14h30-19h, fin déc à mi-avr lun-mar, jeu-ven et dim 15h-19h, mer 15h-20h30, fermé sam). À disposition : piscine couverte, spa, hammam, Jacuzzi, remise en forme... et en hiver, une patinoire.

Hiver

Le grand **domaine skiable de Val-Cenis** (forfait journée adulte 48,50 €) possède 125 km de pistes et bénéficie d'un excellent enneigement grâce à une exposition plein nord. Les débutants seront les rois sur l'Escargot, l'une des pistes vertes les plus longues d'Europe (12 km). Les skieurs apprécient la belle vue sur le lac du Mont-Cenis depuis l'Ouillon, le point culminant du domaine.

Également deux **snowparks**, une grande piste de **luge** et une boucle gratuite de **ski nordique** de 27 km.

À Bramans, le **ski nordique** se pratique en libre accès au Planay à 1 700 m (des navettes assurent la liaison). Vous y trouverez également de très bonnes opportunités de **ski de randonnée**, et des pistes de **raquettes**.

Où se loger et se restaurer

Lo Paradi Songier

Chambres et table d'hôtes €€

(04 79 05 04 27, 06 86 25 77 79 ; Le Planay ; d 90 € avec petit déj, menu table d'hôtes 30 € boissons incluses ; juin-sept ;). Dans la maison de Véronique et Michel, deux chambres coquettes refaites à neuf, à la propreté impeccable, dotées d'une literie récente à même de requinquer les promeneurs éreintés. Salle de bains commune. Grand jardin avec Jacuzzi. Accueil souriant et généreux.

L'Outa

Hôtel-restaurant €€

(04 57 40 00 34 ; www.hotel-outa.com ; 2 rue de la Savoie, Termignon ; d à partir de 117,70 € ; plats 18-27 € ; déc-avr et juin-sept ;). Avec sa déco contemporaine, entre *street art* sur les murs et tableaux représentant Beethoven faisant des bulles de chewing-gum, cet établissement casse les codes du chalet savoyard et c'est tant mieux ! Spa avec un grand Jacuzzi (10 € pour 3 minutes) et bonne table misant sur une cuisine de saison fraîche et inventive

Fresques de la chapelle Saint-Sébastien (p. 261)

Le col du Mont-Cenis

À 2 100 m d'altitude, ce n'est pas le plus haut, mais c'est certainement l'un des plus beaux cols de Savoie. En été, de verdoyants alpages, sur lesquels ruminent les vaches et gambadent les marmottes, entourent un magnifique lac de barrage d'un bleu turquoise… sauf lorsque l'imprévisible lombarde, ce vent venu d'Italie, recouvre le plateau de brouillard et le rend inhospitalier.

Ce col à cheval entre les versants français et italien a été ballotté d'un pays à l'autre des siècles durant. Ce n'est qu'en 1947, à la faveur du traité de Paris, qu'il est définitivement passé côté français. Vingt et un ans plus tard, un gigantesque barrage EDF (le plus grand de Savoie) a été construit, portant à 668 ha la surface du lac. L'histoire du col est aussi liée à Napoléon Ier, qui lança les travaux pour transformer le modeste chemin muletier emprunté depuis le XIIe siècle (et peut-être par Hannibal et ses 37 éléphants en 218 av. J.-C.) en une route carrossable – l'actuelle D1006 – reliant la haute Maurienne au val de Suse.

En 1967, une étonnante chapelle de forme pyramidale a été érigée en référence à la campagne d'Égypte de Napoléon. Aujourd'hui, elle héberge le **musée de la Pyramide du Mont-Cenis** (04 79 64 08 48 ; plan des Fontainettes ; tarif plein 4 € ; juil-août mar-sam 13h30-17h30, dim 9h-12h et 13h30-17h30) qui décrit l'histoire du mont Cenis. Non loin, un ancien bâtiment d'EDF abrite la **Maison franco-italienne du Mont-Cenis** (point information 04 79 05 86 36) qui permet de se familiariser avec les vallées de la Savoie et du Piémont. À côté, un **jardin alpin** (accès libre ; juin-sept) permet de découvrir plus de 250 espèces de fleurs de montagne. Depuis le parking, traversez la nationale pour emprunter un sentier grimpant vers le **fort de Ronce** (entrée libre ; juin-sept), à 30 minutes de marche. Datant de 1877, c'est un des nombreux éléments défensifs construits par l'Italie à une époque de fortes tensions avec la France. Vous y verrez une exposition sur la place militaire du mont Cenis. Au niveau du col se trouve aussi une base nautique où vous pourrez louer kayaks et pédalos.

Le col est fermé de novembre à avril. Chaque année, le troisième dimanche de juillet, une fête franco-italienne des alpages du mont Cenis est organisée.

(risotto, fondue et, lors de notre passage, une excellente tourtiflette, une tartiflette dans une pâte feuilletée). Veillez à réserver !

La Vieille Poste Savoyard revisité **€€**
(04 79 05 93 47 ; www.lavieilleposte.com ; 87 rue du Mont-Cenis, Lans ; s/d/tr 71/90-100/110 €, petit déj 11 € ; plats 16-28 €, menu Pologne 38 € ; tlj ;). Tenu par une famille polonaise au dynamisme contagieux, cet hôtel-restaurant sert une cuisine solide alternant spécialités savoyardes (bonnes lasagnes gratinées au beaufort) et plats d'Europe centrale. Pour conclure, digestifs locaux… ou vodkas ! Propres et aménagées dans les tons clairs, les 20 chambres bon marché disposent d'un balcon pour la moitié d'entre elles.

Achats

Ferme de Chavières – Gaec La Grande Casse
Producteur de bleu de Termignon **€**
(07 50 86 76 69 ; Bellecombe ; vente début juin-sept). Juste avant le parking de Bellecombe, cette exploitation familiale produit de délicieux fromages au lait cru de vache : meule de Vanoise, tomme et bleu de Termignon. Conçu dans les alpages au-dessus de 2 000 m, ce bleu est un fromage de vache persillé au goût prononcé. Aujourd'hui, seuls cinq producteurs et une soixantaine de bêtes s'activent entre juin et septembre pour produire les meules d'une dizaine de kilos chacune. Vente de produits

sur place en été et toute l'année dans le village.

Renseignements

Val-Cenis – Bramans informations (☎04 79 05 03 45 ; www.valcenis.com ; rte du Planay)

Val-Cenis – Termignon informations (☎04 79 05 99 06 ; www.valcenis.com ; pl. de la Vanoise)

Val-Cenis – Lanslebourg informations (☎04 79 05 99 06 ; www.valcenis.com ; rue Sous-l'Église).

Bessans

Bessans n'a pas été épargné par la Seconde Guerre mondiale : il a été incendié par les Allemands en 1944. De nouveau ravagé treize ans plus tard, cette fois-ci par une crue de l'Arc, le vieux village est aujourd'hui réduit à quelques maisons derrière l'office de tourisme. Heureusement, la tradition des sculptures de diables (voir l'encadré p. 266) a perduré.

À voir

L'Érablo Habitation-étable

(rue de la Maison-Morte ; adulte/enfant 3/2 €, gratuit -6 ans ; visite guidée mer matin, sur réservation auprès de l'office de tourisme, fermé aux intersaisons). Cette ferme vieille de trois siècles, avec ses meubles et sa décoration d'époque, est un témoignage en l'état de la cohabitation autrefois nécessaire entre humains et animaux, qui vivaient sous un même toit pour lutter contre les rigueurs hivernales.

Église Saint-Jean-Baptiste Baroque

(entrée libre ; juil-août mar-sam 10h-12h et 15h-18h, dim 15h-18h, renseignez-vous auprès de l'office de tourisme en hiver). Lorsqu'on entre dans cette église surplombant le village, l'œil se porte instantanément vers l'étincelant maître-autel du XIXe siècle, en marbre blanc de Carrare, et vers les retables du XVIIe siècle, œuvres de l'artiste local Jean Clappier. À remarquer également, de belles peintures murales,

MATT / STOCK.ADOBE.COM ©

Lac du Mont-Cenis

et une émouvante Crucifixion sur le mur de la nef.

Chapelle Saint-Antoine Peintures

(2 € ; juil-août mar-sam 10h-12h et 15h-18h, dim 15h-18h, renseignez-vous auprès de l'office de tourisme en hiver). Toute proche de l'église, cette chapelle se distingue par ses peintures. Sur les murs extérieurs se déroule un cortège des vices et des vertus représentés par divers personnages ou animaux, datant de la fin du XVe siècle. Il y figure un guépard plus vrai que nature ! En bien meilleur état, les peintures intérieures illustrent la vie du Christ à travers une quarantaine de panneaux du début du XVIe siècle (dont un atroce *Massacre des Innocents*). Avec la voûte à caissons représentant le ciel étoilé, symbole du paradis, elles forment un ensemble similaire à celui de la chapelle Saint-Sébastien de Lanslevillard (p. 261). Saint Antoine était respecté en montagne en tant que saint protecteur du bétail, et en particulier des mulets et muletiers.

INSOLITE !
Les diables de Bessans

En 1857, le village de Bessans fut agité par un conflit entre le curé et les habitants. L'un de ces derniers, Étienne Vincendet, déposa à la porte du presbytère la statuette d'un diable retenant prisonnier un prêtre. Le curé comprit qui lui avait joué ce vilain tour et rapporta l'objet devant la porte du provocateur. Le manège se poursuivit, jusqu'à mettre à bout la patience du sculpteur, qui abandonna la partie. Mais un touriste, trouvant la statuette à son goût, la lui acheta. Dès lors, Vincendet sculpta des centaines de ces petits diables jusqu'au début du XXe siècle. Dans les années 1960, la famille Personnaz reprit le flambeau. Georges et son fils Fabrice (moniteur de ski à Bonneval en hiver) comptent parmi les derniers chapoteurs de diables ("chapoter" signifie sculpter en patois savoyard), et tiennent un atelier, **Au Chapoteur** (06 65 35 57 57 ; rue du Saint-Esprit, Bessans ; tlj 10h-12h et 15h-19h, sur rendez-vous aux intersaisons).

Activités

Été

Nous vous conseillons de vous rendre dans la **vallée d'Avérole**, bien indiquée depuis la départementale entre Bessans et Bonneval-sur-Arc. Les paysages mauriennais, de réputation austère, montrent ici un visage bien plus bucolique. La petite route fait face au point culminant de la haute Maurienne, la Pointe de Charbonnel (3 752 m), reconnaissable à son glacier sommital. La route passe par le hameau de **La Goulaz** et sa jolie chapelle Sainte-Anne, et mène jusqu'à **Vincendières**, un hameau aux maisons traditionnelles. De là, partez à pied jusqu'à **Avérole**, puis jusqu'au refuge du même nom, pour de belles vues sur le glacier d'Arnès et le vallon de la Lombarde. En juillet-août, une **navette** circule entre Bessans et Avérole (renseignez-vous auprès de l'office de tourisme).

Une nuit en alpage avec les enfants ? Rejoignez l'**alpage du Vallon** (04 79 59 50 37, 06 69 00 43 21 ; www.ecuriedepanino.com ; demi-pension adulte/8-12 ans/3-7 ans 85/60/50 €) accessible en 2 heures 30 depuis Bessans (sentier facile même pour les petits). Au menu : traite des vaches, dîner et nuit en demi-pension (en été seulement) au chalet et fabrication commentée du beaufort. En prime, bouquetins, chamois et marmottes à l'heure du petit déjeuner !

Hiver

Bessans ne dispose que d'un tout petit domaine de **ski alpin** ; en revanche, la station est le royaume du **ski nordique** (forfait journée adulte 12 €) en Maurienne, avec 120 km de pistes sur le plateau. En janvier s'y déroule d'ailleurs le marathon international, réunissant plus d'un millier de concurrents.

Les départs des pistes se situent à l'**Espace sportif Le Carreley** (04 79 05 96 65) à la sortie du village.

Bessans a acquis une notoriété internationale sur la scène du **biathlon**. Une discipline ouverte à tous, hiver comme été (sur skis à roulettes). Stages de tir et initiation à l'Espace sportif Le Carreley (renseignez-vous auprès de l'office de tourisme).

Où se loger

Chez Mamie Anna Chambres d'hôtes €€-€€€
(04 79 05 89 16, 06 64 80 80 25 ; www.chambres-hotes-bessans.com ; rue Saint-Étienne ; d 119-199 € avec petit déj ;). Ce chalet, que l'on ne peut pas manquer à la sortie de Bessans en direction de Bonneval, abrite cinq chambres impeccables, à la déco savoyarde pleine de charme. Grand confort, et accès gratuit au sauna. Vous bénéficierez des conseils avisés sur la Maurienne de

Mélanie et de Fabrice ; ce dernier est le petit-fils de Mamie Anna, mise à l'honneur dans ce qui fut sa maison.

Le Chalet de Séraphin Spécialités locales €€
(04 79 05 37 08 ; résidence le Clos-Vanoise ; plats 15-16 €, menus 27-35 € ; mi-déc à fin mars mer soir-dim midi, mi-juin à fin août jeu midi-dim soir). La famille Personnaz, qui tient la charcuterie attenante, a lancé son restaurant avec, au menu, tartes sucrées et salées, saucisses et charcuterie artisanales, ainsi que des spécialités comme le farci de Bessans, à base de saucisse et de chou. Belle carte des vins de Savoie. Inutile de préciser que tout est fait maison. Le restaurant est situé face au départ des pistes de ski de fond.

Renseignements

Office de tourisme de Bessans (04 79 05 99 06 ; www.bessans.com ; rue de la Maison-Morte). Fermé aux intersaisons.

Bonneval-sur-Arc

On ressent un peu une impression de bout du monde en faisant halte dans ce village, le dernier avant le col de l'Iseran, au fin fond de la haute Maurienne. Mais quelle belle surprise ! Classé parmi les Plus Beaux Villages de France, Bonneval, avec ses maisons aux toits de lauze, est resté préservé, et l'arrivée du tourisme n'a pas empêché l'économie pastorale de perdurer. Sachez néanmoins qu'en haute saison, l'affluence est importante et ôte un peu de magie aux lieux.

À voir

Vieux village Murs classés
Des maisons trapues à la charpente en bois de mélèze recouverte de lauze et aux murs en pierres de taille liées par de la chaux, serrées autour de leur église et ne laissant place qu'à d'étroites ruelles : tout le charme harmonieux de Bonneval est là, superbement restauré. Repérez les

N'oubliez pas votre maillot

Deux lacs d'altitude autorisent la baignade et sont surveillés en été : à **La Norma** (base de loisirs ; entrée adulte 6 €, 3 € après 17h) et à **Bessans** (espace Ludi'lacs, gratuit en été). En hiver, la base aqualudique de Val-Cenis propose aussi de la **plongée sous la glace** (06 45 49 45 66). Mais les piscines et centres aquatiques de Modane, Aussois, Lanslevillard permettent aussi de se rafraîchir.

maisons aux balcons de bois exposés au soleil. Quelques habitants y font encore sécher les greubons, de petites briques de fumier de vache ou de mouton servant de combustible pendant l'hiver.

L'Écot Hameau de charme
Ne manquez pas de rejoindre ce hameau composé de maisons à l'architecture traditionnelle (pierre et toit de lauze) qui surplombent la vallée, et d'une petite chapelle Sainte-Marguerite (XIIe siècle), le tout offrant un panorama grandiose à 2 000 m d'altitude. Une seule famille l'habite encore à l'année. Depuis Bonneval, une petite route longe l'Arc sur 4 km jusqu'à un parking, puis il faut marcher une dizaine de minutes. On peut aussi faire une boucle à pied depuis Bonneval (au lieu-dit Tralenta, côté est de la départementale) ; comptez 2 heures 30. Le hameau lui-même se trouve au départ de nombreuses randonnées (voir p. 268). Si vous avez aimé *Belle et Sébastien*, vous aurez sûrement reconnu le décor naturel des aventures du petit garçon et de son compagnon à quatre pattes.

Activités

Été

De magnifiques randonnées partent du hameau de L'Écot. Une classique, jusqu'au **refuge des Évettes** (04 79 05 96 64 ;

Bonneval-sur-Arc (p. 267)

mi-mars à mi-sept) peut se faire en aller-retour ou en boucle en empruntant les **gorges de la Reculaz**, accessibles selon les névés (3 heures 30 aller-retour). De vastes prairies dans lesquelles vous devriez pouvoir observer quelques marmottes précèdent l'arrivée dans ce cirque glaciaire de toute beauté. Du refuge, les plus sportifs poursuivront l'excursion jusqu'à l'incroyable site du **lac** et du **glacier du Grand Méan** (2 heures 30) pour prolonger l'impression d'être en Patagonie ! Le sentier n'étant pas balisé, il faut suivre les cairns.

Depuis L'Écot, vous pouvez aussi rejoindre le **refuge du Carro** (04 79 05 95 79), un des plus hauts de Savoie, à 2 720 m, mais le mieux est de le faire par le facile et splendide sentier balcon, débutant du parking de l'Oulietta, sur la route du col de l'Iseran. Attention, le parking est petit, payant et souvent plein en été. Des **navettes** montent depuis Bonneval plusieurs fois par jour en juillet-août, permettant d'effectuer le sentier en boucle. Dans les deux cas, prévoyez 7 heures de marche.

Vous pouvez aussi louer un **VTT électrique** pour parcourir les sentiers herbeux ou la route des cols au magasin de sport **Les Mélèzes** (06 84 00 54 20).

Hiver

Le **domaine skiable de Bonneval** (forfait journée adulte 36 €) est de taille modeste (25 km de pistes) mais se situe à haute altitude (1 800-3 000 m) et bénéficie de conditions d'enneigement généralement favorables.

L'École du ski français organise des **randonnées en raquettes** à la demi-journée ou à la journée, ainsi que des balades nocturnes. Nul besoin d'encadrement en revanche pour suivre l'itinéraire pour raquettes et piétons reliant Bonneval à L'Écot, sur 5 km, le long de l'Arc et bordé de magnifiques **cascades de glace**... que vous escaladerez peut-être ! Bonneval est très réputé en la matière (adressez-vous au bureau des guides pour une initiation). Autre activité très courue, le **ski de randonnée** avec des initiations, de quelques heures à plusieurs jours (renseignements à l'ESF).

Où se loger et se restaurer

Auberge d'Oul Chambres et restaurant **€€**
(07 61 62 59 53 ; www.aubergedoul.com ; pl. Marie-Louise ; d/tr et qua 80-140/100-140 €, petit déj 10 € ; plats 16-30 € ; tlj été et hiver). Une maison de 1661 au cœur du village, un intérieur labyrinthique tout en bois et poutres apparentes : difficile d'imaginer plus authentique pour passer la nuit. Un escalier un peu raide mène à deux petites chambres bon marché avec toilettes et douche communes. Pour plus de confort, choisissez la chambre d'hôtes au premier étage. Côté restaurant, d'excellentes spécialités savoyardes, et des plats généreux à base de produits du terroir. Très bon accueil et terrasse agréable.

Le Glacier des Évettes Hôtel-restaurant **€€**
(04 79 05 94 06 ; www.hotel-bonnevalsurarc.com ; d/fam 82-120/130-135 € selon confort et

Hameau de L'Écot

saison, demi-pension 67 €/pers, petit déj 9,50 € ; fermé aux intersaisons, restaurant fermé mer et dim soir ;). Le seul hôtel de Bonneval ne s'endort pas sur ses couronnes de sapin, rénovant par étapes ses 15 chambres. Bois brûlé au mur et parure de lit aux motifs rappelant les fêtes de fin d'année font joli ménage. Grande salle au premier étage pour prendre le petit déjeuner.

Chez Mumu Bout du monde **€**
(06 87 83 90 62 ; hameau de L'Écot ; été tlj 10h-18h et jeu soir sur réservation, hiver dim-ven 10h-18h ; plats 10-20 €). Dans le hameau de L'Écot, cette jolie table accueille les randonneurs en été et les skieurs en hiver autour de tartes salées et sucrées (dont celle, exquise, à la rhubarbe !) ou d'un plat du jour concocté en cuisine par Murielle. Cette dernière habite ici toute l'année avec ses deux filles. Cadre grandiose et sourire assuré. Pas de carte bancaire. Réservation fortement conseillée.

Renseignements

L'**office de tourisme de Bonneval-sur-Arc** (04 79 05 95 95 ; La Ciamarella) organise une visite guidée du village.

École du ski français (ESF)/Bureau des guides (04 79 05 95 70)

ISÈRE

Tout ce qui fait les Alpes s'est donné rendez-vous en Isère. Vous voulez marcher entre sommets, vallées et alpages ? Les sentiers qui sillonnent les massifs de la Chartreuse et de Belledonne, les hauteurs du Vercors, les reliefs du Trièves et de la Matheysine vous tendent les bras pour des randonnées de quelques heures à plusieurs jours. La région compte aussi des stations de ski alpin réputées, mais également des domaines skiables plus confidentiels et familiaux, et des paradis pour les amateurs de ski nordique. Et, si vous êtes d'humeur à tutoyer des sommets, le mont Aiguille, la dent de Crolles et Chamechaude, pour n'en citer que quelques-uns, sont (presque) à portée de main. L'Isère, enfin, n'est pas en reste question culture : de passionnants musées consacrés aux arts et à l'histoire, locale ou nationale, vous attendent à Grenoble ou à ses portes. Traversée par les eaux tumultueuses de l'Isère, la plus grande ville des Alpes françaises, dynamique et culturelle, à la fois très urbaine et indéniablement montagnarde, est le pivot de la région, le point d'ancrage où l'on revient entre deux randonnées et deux descentes à skis.

Massif de la Meije, Oisans (p. 335)
SAVOIELEYSSE / STOCK.ADOBE.COM ©

Saint-Christophe-la-Grotte
Les Échelles
D520
Saint-Laurent-du-Pont
Gorges du Guiers
Parc naturel régional de Chartreuse
Saint-Hugues-de-Chartreuse
Charmant Som (1 867 m)
Chamechaude (2 082 m)
Voreppe
Randonnées en Chartreuse (p. 296)
D1075
Saint-Égrève
Grenoble (p. 274)
Sassenage
Fontaine
La Côte-Saint-André
Le Grands-Lemps
D1085
A48
Voiron
Rives
D119
Saint-Étienne-de-Saint-Geoirs
Tullins
Roybon
D1092
A49
Vinay
ISÈRE
Saint-Gervais
Saint-Antoine-l'Abbaye
Saint-Marcellin
D531
Saint-Nizier-du-Moucherotte
Autrans
Échirolles
Lans-en-Vercors
Le Moucherotte (1 901 m)
Méaudre
Claix
Le Pont-de-Claix
D1532
Belvédère Vertige des Cimes
N85
Vizille
Jardin des fontaines pétrifiantes
Grotte de Chorange
Domaine de Vizille
Villard-de-Lans
Pont-en-Royans
Gorges de la Bourne
Vif
Saint-Nazaire-en-Royans
D76
D54
D518
Saint-Julien-en-Vercors
Route Napoléon
Drac
Rochechinard
Saint-Laurent-en-Royans
La Grande Moucherolle (2 284 m)
A49
Saint-Martin-en-Vercors
Saint-Jean-en-Royans
Col de Gaudissart (840 m)
Grands Goulets
La Chapelle-en-Vercors
A51
Pierre-Châtel
Col de la Machine (1 011 m)
Saint-Andéol
La Mine Image
D178
Saint-Paul-lès-Monestier
La Draye Blanche
Saint-Agnan-en-Vercors
Lac de Monteynard-Avignonet
D70
Forêt de Lente
Treffort
Col de Tourniol (1 145 m)
Pas du Serpaton (1 586 m)
Grotte de la Luire
Monestier-de-Clermont
Col de La Chau
Gresse-en-Vercors
Léoncel
D199
Vassieux-en-Vercors
Plage de Savel
D68
Col de l'Allimas
Roc de Toulau (1 581 m)
D76
Saint-Michel-les-Portes
Col des Limouches (1 066 m)
Mémorial de la Résistance en Vercors (p. 322)
Passerelles himalayennes
Le Grand Veymont (2 341 m)
(2 086 m)
Gorges d'Ombleze
Réserve naturelle des Hauts-Plateaux du Vercors
D70
Col de Rousset (1 254 m)
Mont Aiguille (p. 310)
Clelles
Mens
Ansage
D518
D1075
Le Percy
Parc naturel régional du Vercors
Montagne de Glandasse
Col de Menée (1 402 m)
Beaufort-sur-Gervanne
Cirque d'Archiane
Pontaix
Die
Archiane
Col de Jiboui (1 625 m)
Col de la-Croix-Haute (1 179 m)
Valcroissant
Treschenu-Creyers
Borne
Sucettes de Borne
DRÔME
D93
D164

D912
D925
Désert d'Entremont
Mont Granier (1 933 m)
Entremont-le-Vieux
Corbel
Saint-Pierre-d'Entremont
Monastère de la Grande Chartreuse
Cirque de Saint-Même
A41
Allevard
MASSIF DE LA CHARTREUSE
Vallée du Haut-Bréda (p. 294)
Bréda
Pinsot
Saint-Pierre-de-Chartreuse
Château du Touvet
Col du Barioz (1 041 m)
Dent de Crolles (2 062 m)
Col de Marcieu (1 060 m)
La Ferrière
Pl des Petites Roches
Saint-Hilaire-du-Touvet
Theys
Col du Coq (1 435 m)
D1090
D523
Station du Pleynet
Fond-de-France
CHAÎNE DE BELLEDONNE
Villard-Bonnot
D280
Prapoutel-les-Sept-Laux
Col du Glandon (1 924 m)
Croix de Révollat
Sainte-Agnès
Col de la Croix-de-Fer (2 064 m)
Isère
Vallée du Grésivaudan
ISÈRE
D213
D117
Saint-François-Longchamps
A43
La Chambre
Encombres
D927
D1006
Saint-Colomban-des-Villards
Saint-Jean-de-Maurienne
Jarrier
Arc
Les Bottières
D926
A43
La Toussuire
Arvan
Le Corbier
Saint-Michel-de-Maurienne
Saint-Sorlin-d'Arves
Albiez-Montrond
Saint-Jean-d'Arves
Col du Télégraphe
D902
Valloire
Revel
Lac du Crozet
D926
Saint-Martin-d'Uriage
Vaujany
Oz-en-Oisans
Allemond
Vallée de l'Eau-Dolle
Les Grandes Rousses
Aiguilles d'Arves
Uriage-les-Bains
Croix de Chamrousse (2 257 m)
Chamrousse
Pic du Lac Blanc (3 327 m)
Pic du Mas de la Grave (3 021 m)
Villard-Reculas
L'Alpe-d'Huez
Col de Sarenne (1 999 m)
Vallée de Ferrand
Besse-en-Oisans
Col du Galibier (2 642 m)
Romanche
Gorge de la Romanche
D1091
Le Bourg-d'Oisans
Clavans-en-Oisans
Cascade de la Pisse
Plateau d'Emparis (p. 343)
La Grave
Mizoen
Auris-en-Oisans
Ornon
D1091
Massif du Taillefer
Vallée de la Lignarre
Le Rivier-d'Ornon
Barrage du Chambon
Romanche
Glacier de la Girose
Glacier de la Meije
Grand lac de Laffrey
Col d'Ornon
Les Deux-Alpes
Glacier du Mont-de-Lans
La Meije (3 984 m)
(3 200 m)
Vénosc
(2 776 m)
(3 421 m)
Lac de Pierre-Châtel
(3 022 m)
Lac Lauvitel
Aiguille Dibona (3 031 m)
Lac de Pétichet
ISÈRE
Tête de la Maye (2 518 m)
Saint-Christophe-en-Oisans
La Bérarde
Cascade de Confolens
La Valette
Le Coiro (2 606 m)
Le Périer
MASSIF DES ÉCRINS
Siévoz
Entraigues
Gorges du Béranger
Parc national des Écrins
La Mure
Valbonnais
Valloufrey
Bonne
Notre-Dame-de la Salette
N85
Sainte-Luce
Corps
Drac
Barrage du Sautet
Géolocalisez l'ensemble des adresses du chapitre
HAUTES-ALPES
Tréminis
0
10 km

GRENOBLE

Chef-lieu du département de l'Isère et ancienne capitale du Dauphiné, Grenoble (160 000 habitants) est le cœur d'une agglomération totalisant plus de 450 000 habitants, ce qui en fait la plus grande des Alpes. À 110 km de Lyon, 140 km de la frontière italienne et autant de Genève, cette ville dynamique, à la population relativement jeune – son université figure parmi les 10 plus importantes de France –, a connu un important essor au lendemain de la Seconde Guerre mondiale, notamment avec la ganterie.

Ces données factuelles parviennent-elles à décrire Grenoble ? Pas vraiment. Engoncée au creux des massifs qui la bordent, "Gre", comme l'appellent souvent ses habitants, c'est aussi le roulement de l'Isère qui la traverse, une vieille ville largement piétonnière, les "bulles" du téléphérique qui montent au belvédère de la Bastille, une série d'excellents musées, la juxtaposition d'immeubles haussmanniens du XIXe siècle et de verrues architecturales dont nombre sont contemporaines des Jeux olympiques d'hiver de 1968… Grenoble, enfin, c'est une porte d'entrée vers les massifs environnants : "Au bout de chaque rue, une montagne", disait Stendhal, natif de la ville.

À voir et à faire

Centre-ville

Balade à pied

De la **gare ferroviaire**, empruntez en suivant les trams l'incontournable **avenue Alsace-Lorraine**. Après avoir croisé le cours Jean-Jaurès (on y reviendra !), elle mène à la **place Victor-Hugo**, grande place carrée créée à la fin du XIXe siècle dans un style haussmannien. Tout impressionnante qu'elle est, elle a cependant moins d'importance aux yeux des Grenoblois que celle qui lui fait suite : la **place Grenette**. Ancienne place du marché aux grains, elle marque le début de la partie piétonnière du centre-ville. De l'autre côté, à droite, la rue de la République mène aux **Halles Sainte-Claire** (mar-dim 7h-13h, ven-sam 15h-19h). Ce bâtiment aux piliers de fonte bâti en 1874 accueille une série de commerces de bouche alléchants. Juste derrière, la **place Notre-Dame** est également bordée de bâtiments haussmanniens. Outre la **cathédrale** assez massive, en pierre et brique, et le musée de l'Ancien Évêché (voir page ci-contre), elle abrite la belle **fontaine des Trois-Ordres**, qui commémore les événements révolutionnaires de Grenoble. Sur la gauche, un lacis de rues piétonnières et commerçantes mène à la partie la plus ancienne de la ville. Par la rue Brocherie, on arrive à la petite **place aux Herbes**, animée depuis le Moyen Âge, qui abrite un **marché** (mar- dim 7h-13h ; ven-sam 15h-19h). Juste à côté, la **place Saint-André** accueille la **collégiale** du même nom et surtout l'**ancien palais du Parlement du Dauphiné**, délicat édifice gothique flamboyant de style Louis XII. Les **quais de l'Isère** s'étendent juste derrière. Vers la droite, ils conduisent au **pont Saint-Laurent**. Successeur d'édifices variés emportés par les crues de l'Isère, ce pont suspendu, piétonnier, date de 1837. Il fut longtemps le seul ouvrage traversant le fleuve à des dizaines de kilomètres, en aval comme en amont. De l'autre côté du pont, admirez la **fontaine du Lion** (XIXe siècle) : le fauve tenant dans ses pattes un serpent serait une allégorie de Grenoble maîtrisant les crues de l'Isère. Suivant le cours du fleuve, le **quai Perrière** nous fait passer au pied

Le G-Pass

Le **G-Pass** (grenoblepass.com), disponible pour 24 heures en ville ou 72 heures en ville et dans les massifs alentour (24/32 €), inclut à la fois les visites de certains sites, les transports et des réductions dans certains commerces et des services. Il peut s'acheter en ligne ; vérifiez s'il est avantageux en fonction de votre programme.

de La Bastille (p. 282). En fin de journée, vélos et joggers rappellent que la ville a une population plutôt jeune et sportive. En passant sous le téléphérique (p. 283), on arrive ensuite à la **porte de France**, vestige des défenses de la ville au XVIe siècle. Le pont qui lui fait face débouche sur l'autre rive face à l'impressionnant **cours Jean-Jaurès**. Cette artère qui se poursuit sous le nom de cours de la Libération-et-du-Général-de-Gaulle forme l'une des plus longues avenues rectilignes d'Europe : 7,8 km, avec les montagnes en ligne de mire ! On retrouve l'avenue Alsace-Lorraine quelques centaines de mètres plus loin. La boucle est bouclée !

Musée de l'Ancien Évêché — Histoire

(☎04 76 03 15 25 ; musees.isere.fr ; 2 rue Très-Cloîtres ; entrée libre ; ⏲lun-mar et jeu-ven 9h-18h, mer 13h-18h, sam-dim 11h-18h). Mitoyen de la cathédrale Notre-Dame, ce musée retrace l'histoire du département. Au sous-sol, le baptistère révèle les vestiges gallo-romains de la ville. Dans les étages, la visite débute avec le crâne du plus ancien habitant de l'Isère parvenu à ce jour, baptisé Alexandre et estimé à 11 000 ans. Viennent ensuite les outils des premiers agriculteurs, les débuts de la métallurgie, le raffinement de l'époque gallo-romaine, le Moyen Âge et l'essor du Dauphiné, la Révolution et la "journée des Tuiles" qui vit les Grenoblois défier Louis XVI... Les présentations et mises en lumière soignées rendent l'ensemble vivant et intéressant.

Musée dauphinois — Vie alpine

(☎04 57 58 89 01 ; musees.isere.fr ; 30 rue Maurice-Gignoux ; entrée libre ; ⏲lun-ven 10h-18h, sam-dim 10h-19h). À mi-pente de la Bastille, accessible par une série d'escaliers pavés depuis les quais de l'Isère, en face du pont Saint-Laurent, ce musée se tient dans l'ancien couvent Sainte-Marie-d'en-Haut, datant du XVIIe siècle, et inclut des jardins et un cloître abritant des expositions temporaires. Si l'histoire mouvementée du couvent est présentée au rez-de-chaussée, c'est l'exposition permanente "Alpins, 7 000 ans d'histoire" qui fait référence depuis 2023. Avec une mise en scène très réaliste, elle raconte, à grand renfort d'objets, la vie des populations "là-haut" et le temps long. Face aux changements climatiques, aux faits politiques, militaires, socio-économiques et migratoires... tout est toujours finalement question d'adaptation. Une grande carte en relief s'anime et éclaire les déplacements des populations dans le massif, du néolithique à nos jours ; l'ouïe, le toucher ou l'odorat sont aussi sollicités et l'intrigante "machine à contes" fait surgir les croyances et coutumes. Les enfants sont invités à suivre la jeune bergère Charlotte tout au long du parcours. Les dernières salles montrent l'évolution des montagnes et des modes de vie, ce qui amène à l'autre exposition permanente du musée, "Le rêve blanc", consacrée à l'épopée des sports d'hiver et au questionnement de son avenir.

Musée archéologique Saint-Laurent — Histoire architecturale

(☎04 76 44 78 68 ; musees.isere.fr ; pl. Saint-Laurent ; entrée libre ; ⏲mer-lun 10h-18h). Dans les fortifications de la porte Saint-Laurent, ce musée est bâti sur les vestiges d'une série de bâtiments religieux édifiés au cours des siècles et aujourd'hui imbriqués les uns dans les autres.
On y trouve notamment une nécropole romaine qui révèle des ossuaires et sépultures – des films vous révéleront comment les scientifiques réussissent à faire "parler les os" pour déduire des éléments de la vie des défunts –, une église romane du XIIe siècle et, sous celle-ci, la belle crypte Saint-Oyand (VIe siècle) et ses colonnes délicates. L'ensemble renferme ainsi les traces de 2 000 ans d'histoire religieuse. La mise en valeur moderne des lieux, avec projections visuelles de reconstitutions des bâtiments, sols en verre et audioguide gratuit, participe grandement à la qualité de cette visite, qui intéressera autant les passionnés que les novices, même jeunes !

Grenoble

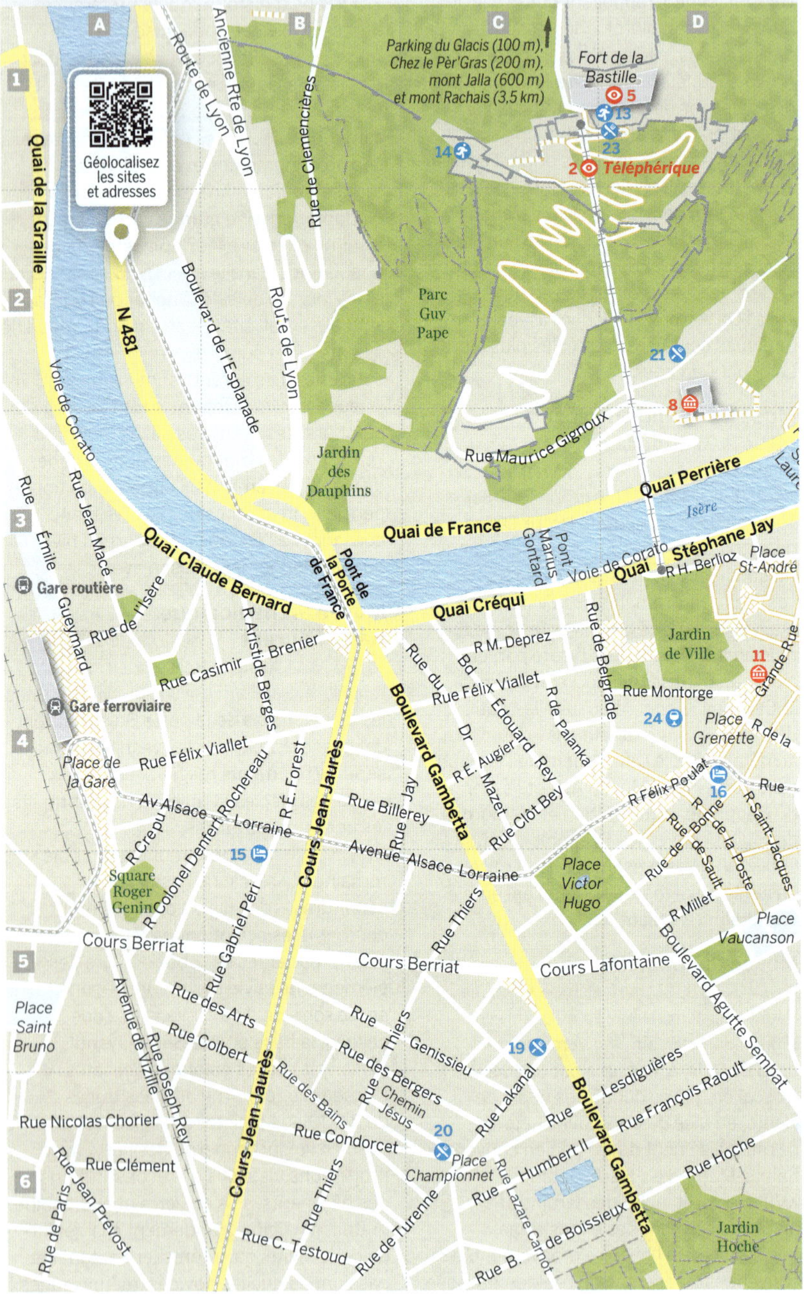
A
B
C
D
1
2
3
4
5
6
Géolocalisez les sites et adresses
Parking du Glacis (100 m), Chez le Pèr'Gras (200 m), mont Jalla (600 m) et mont Rachais (3,5 km)
Fort de la Bastille
5
13
23
14
2 Téléphérique
Parc Guy Pape
21
8
Jardin des Dauphins
Rue Maurice Gignoux
Quai Perrière
Quai de France
Isère
Pont Marius Gontard
Voie de Corato
Quai Stéphane Jay
R H. Berlioz
Place St-André
Quai Créqui
Pont de la Porte de France
Quai Claude Bernard
Quai de la Graille
N 481
Route de Lyon
Ancienne Rte de Lyon
Rue de Clemencières
Boulevard de l'Esplanade
Voie de Corato
Rue Émile Gueymard
Rue Jean Macé
Gare routière
Gare ferroviaire
Rue de l'Isère
Rue Casimir Brenier
R Aristide Berges
Rue Félix Viallet
Place de la Gare
Av Alsace Lorraine
R Crepu
Square Roger Genin
R Colonel Denfert Rochereau
R É. Forest
15
Cours Jean Jaurès
Boulevard Gambetta
Rue du Dr Mazet
Bd Édouard Rey
R M. Deprez
Rue Félix Viallet
R É. Augier
R de Palanka
Rue de Belgrade
Jardin de Ville
11
Grande Rue
Rue Montorge
24
Place Grenette
R de la
Rue
R Félix Poulat
16
R Saint-Jacques
R de la Poste
Rue de Sault
Rue de Bonne
Rue Billerey
Rue Jay
Rue Clôt Bey
Avenue Alsace Lorraine
Place Victor Hugo
R Millet
Place Vaucanson
Rue Thiers
Cours Berriat
Cours Lafontaine
Boulevard Agutte Sembat
R Gabriel Péri
Place Saint Bruno
Avenue de Vizille
Rue Joseph Rey
Rue des Arts
Rue Colbert
Rue des Bains
Rue Genissieu
Rue Thiers
19
Rue des Bergers
Rue Chemin Jésus
Rue Lakanal
Rue Lesdiguières
Rue François Raoult
Rue Nicolas Chorier
Rue Condorcet
20
Place Championnet
Rue Lazare Carnot
Rue Humbert II
Rue Hoche
Rue Clément
Rue Jean Prévost
Rue de Paris
Rue Thiers
Rue C. Testoud
Rue de Turenne
Rue B. de Boissieux
Jardin Hoche

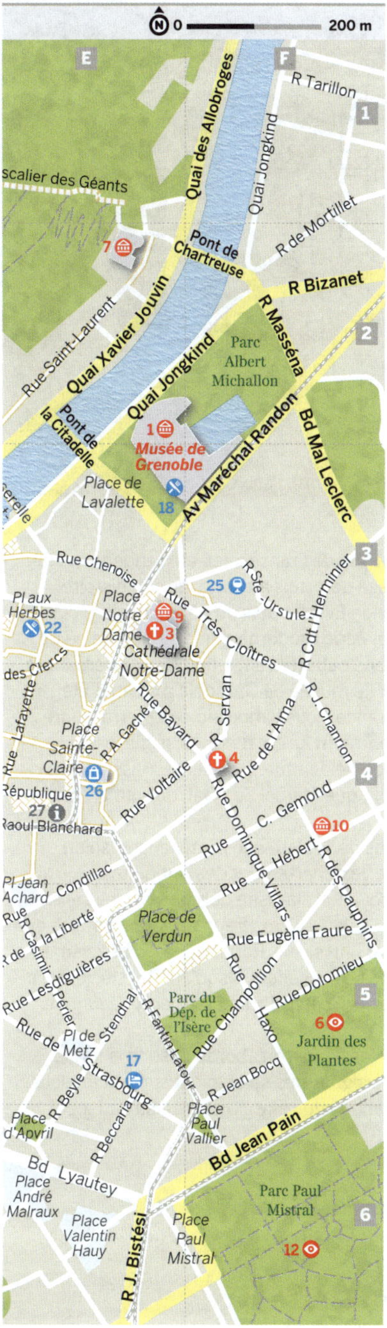

Grenoble

Les incontournables

1 Musée de Grenoble.......F3
2 Téléphérique.......D1

À voir

3 Cathédrale.......E3
4 Couvent Sainte-Cécile.......F4
5 Fort de la Bastille.......D1
6 Jardin des Plantes.......F5
7 Musée archéologique Saint-Laurent.......E2
8 Musée dauphinois.......D3
9 Musée de l'Ancien Évêché.......E3
10 Musée de la Résistance et de la Déportation en Isère.......F4
11 Musée Stendhal.......D4
Musée des Troupes de montagne..(voir 5)
12 Parc Paul-Mistral et tour Perret.......F6

Activités

13 Acrobastille.......D1
14 Prises de la Bastille.......C1

Où se loger

15 1924 Hôtel.......B5
16 Hôtel de l'Europe.......D4
17 RockyPop.......E5

Où se restaurer

18 Café Andry.......E3
19 Café Curieux.......C5
20 Chez Nous.......C6
21 Ciel – Rooftop.......D2
22 Poppa.......E3
23 Restaurant du Téléphérique.......D1

Où prendre un verre et sortir

24 Brasserie Neptune.......D4
25 Minimistan.......F3

Achats

26 Halles Sainte-Claire.......E4

Renseignements

27 Maison Grenoble Montagne.......E4
Office de tourisme.......(voir 27)

Musée de la Résistance et de la Déportation en Isère

Seconde Guerre mondiale

(04 76 42 38 53 ; musees.isere.fr ; 14 rue Hébert ; entrée libre ; lun et mer-ven 9h-18h, mar 13h30-18h, sam-dim 10h-18h). La visite de ce musée à vocation pédagogique, adaptée à un public familial, commence par un cours accéléré de l'histoire de la Seconde Guerre mondiale. De nombreux

À NE PAS MANQUER

Le musée de Grenoble

Considéré comme un des plus beaux musées d'Art de France, créé aux lendemains de la Révolution, le musée de Grenoble a déménagé deux fois au cours de son histoire, occupant les locaux de l'actuel musée de l'Ancien Évêché puis un bâtiment situé place Verdun. En 1994, il a pris ses quartiers dans cet écrin moderne d'une cinquantaine de salles, près des quais de l'Isère. Si ses collections débutent à l'Antiquité, il se démarque par ses œuvres modernes et contemporaines. Le musée de Grenoble a en effet été l'un des premiers musées d'Art moderne de France, sous l'impulsion de Pierre-André Farcy, conservateur de 1919 à 1949. C'est notamment lui qui rendit possible le legs Agutte-Sembat, une impressionnante collection de peintures modernes rassemblée par la peintre Georgette Agutte et l'homme politique Marcel Sembat, qui vint grossir les collections du musée en 1923.

L'exposition se déroule en grande partie dans de vastes salles lumineuses, selon un ordre chronologique. Lors de notre passage, le département des Antiquités (notamment égyptienne) était fermé pour rénovation ; la visite débutait par les salles consacrées au fonds de peinture classique, avec des œuvres françaises, espagnoles et italiennes. L'œuvre la plus ancienne remonte au XIIIe siècle. Renaissance, classicisme, Véronèse, Rubens, La Tour ou encore Canaletto se succèdent jusqu'au XIXe siècle, avec Ingres, Sisley, Monet et l'impressionnisme avec le *Coin de l'étang à Giverny*, Gauguin avec le *Portrait de Madeleine Bernard*.

Après quelques belles salles de sculptures classiques, on aborde ensuite le fonds moderne et contemporain, où de prestigieuses signatures se côtoient sur les cimaises : Picasso, Matisse, Klee, Léger, Modigliani, Chagall, Kandinsky... Une magistrale leçon d'histoire de l'art !

Infos pratiques

Musée de Grenoble ☎ 04 76 63 44 44 ; www.museedegrenoble.fr ; 5 pl. Lavalette ; accès gratuit aux collections permanentes. Expositions temporaires : tarif plein/réduit 14/7 €, gratuit 1er dim du mois, audioguide 2 € ; 🕓 mer-lun 10h-18h30

Le restaurant **Le Café Andry** (p. 280) est installé dans le musée.

objets, un film de 15 minutes et une belle présentation reviennent sur la montée du nazisme, la capitulation, la collaboration pétainiste et les lois antijuives. Une fois planté ce sombre décor, on aborde à l'étage l'organisation de la Résistance dans la région, autour d'étudiants, de sympathisants communistes, mais aussi de quelques religieux, notables, mères de famille et militaires. Le parcours de Marie Reynoard, professeure de lettres au lycée Stendhal, qui fut à la tête du mouvement Combat, marque les esprits. Proche de l'Italie de Mussolini et des maquis du Vercors, Grenoble occupait alors une position stratégique.

Couvent Sainte-Cécile

Expositions et cabinet Rembrandt

(04 76 88 75 75 ; www.couventsaintececile.com ; 37 rue Servan ; 7 €, gratuit -12 ans ; lun-sam 10h-12h30 et 14h-17h30 ; fermé mi-juil à mi-août). Ce couvent du XVIIe siècle dont les religieuses furent chassées à la Révolution servit de salle de cinéma, de dancing et de théâtre avant de devenir le siège des éditions Glénat, en 2004. Restauré, il abrite des expositions temporaires et s'est doublé en 2019 du cabinet Rembrandt où est exposée une petite mais unique collection de gravures du maître néerlandais, propriété du Fonds Glénat.

Parc Paul-Mistral et tour Perret

Espace vert et point de vue

Créé dans les années 1920 à l'initiative de Paul Mistral, maire de Grenoble et député socialiste de l'Isère, pour héberger l'Exposition internationale de la houille blanche et du tourisme de 1925 (le terme de "houille blanche" désignait alors, en opposition au charbon, l'énergie hydroélectrique, sur laquelle le maire comptait appuyer l'avenir de la ville, avec le tourisme), ce parc de 21 ha est le plus vaste de la ville. Il abrite l'un des emblèmes de Grenoble : la **tour Perret**. Haute de 90 m, cette tour d'observation bâtie spécialement pour l'exposition était alors la première tour en béton armé jamais construite. Revers de ce statut de précurseur : fortement dégradée avec le temps, elle est fermée au public depuis des décennies. Bonne nouvelle : sa rénovation doit se terminer en 2025, et donnera à nouveau accès à un panorama à 360° depuis son sommet. Le parc inclut également le massif hôtel de ville (1967), le stade des Alpes (2008) et des équipements conçus pour les Jeux olympiques de 1968, comme l'anneau de vitesse, le palais des sports Pierre-Mendès-France et la vasque olympique. Surtout, ce vaste poumon vert au cœur de la ville est apprécié pour ses arbres et ses immenses pelouses.

Juste à côté, le **Jardin des plantes Joséphine-Baker** (avr à mi-sept 8h-20h, mi-sept à mars 8h-17h30), plus petit et plus soigné, est apprécié des familles avec de jeunes enfants.

Grenoble en quelques dates

IVe siècle – À l'époque gallo-romaine, la ville prend le nom de Gratianopolis, qui deviendra par la suite Grenoble.
XIe siècle – Grenoble est la capitale du Dauphiné, région qui sera intégrée par la suite au royaume de France.
XVIe siècle – Le seigneur protestant François de Bonne de Lesdiguières s'empare de Grenoble et parvient à mettre un terme aux guerres de Religion en Dauphiné.
1788 – Avec la "journée des Tuiles", puis les états généraux de Vizille, la ville est aux avant-postes de la Révolution.
XIXe siècle – L'essor industriel de Grenoble est lié à celui de l'hydroélectricité.
1939-1945 – La ville s'illustre dans la résistance face aux troupes italiennes puis allemandes. Grenoble recevra la croix de la Libération en 1945.
1968 – Les Jeux olympiques d'hiver s'accompagnent d'une métamorphose de l'urbanisme.
2022 – Grenoble reçoit le titre de Capitale verte européenne.

OLIVIER CIRENDINI ©

Musée dauphinois

Prises de la Bastille Via ferrata

(www.grenoble.fr ; 22 rte de Lyon ; juin-août 6h30-20h ; sept-mai 7h45-18h). Baptisée avec humour "les prises de la Bastille", la seule via ferrata urbaine de France débute à 100 m de la porte de France. Assez sportive, elle totalise 950 m, commence par un pont de singe et demande entre 1 heure 30 et 2 heures. Le parcours s'adresse aux personnes expérimentées. Si c'est votre cas, et que vous disposez du matériel nécessaire, vous pouvez vous lancer librement. Sinon, adressez-vous aux professionnels de la Maison Grenoble Montagne (voir p. 284). Dans tous les cas, lisez attentivement les consignes de sécurité affichées à l'entrée. Il n'y a aucun bureau d'accueil sur place.

Où se loger

Hôtel de l'Europe Central €€

(04 76 46 16 94 ; www.hoteleurope.fr ; 22 pl. Grenette ; s/d/tr 69/89/107 €, petit déj 11 € ;). Bâti en 1820, ce qui en fait le plus vieil hôtel de la ville, l'Hôtel de l'Europe fait quasiment figure d'institution. Installé dans un bel immeuble et idéalement situé sur la place Grenette, il a gardé une ambiance familiale tout en mettant à jour ses prestations. La majorité des chambres ont été refaites dans un style sobre gris et blanc, rehaussé de quelques touches de couleur. Le patron est intarissable sur l'histoire de la ville. Un bon rapport qualité/prix.

1924 Hôtel Hôtel €€

(04 76 46 18 92 ; www.1924hotel.com ; 2 rue Gabriel-Péri ; s/d 77/92-111 € avec petit déj ; fermé ven-sam ;). Bien placé entre la gare et le centre piétonnier, le 1924 s'annonce dès la réception par une atmosphère inspirée des années 1930, avec un joli sol en mosaïque et une décoration colorée et chaleureuse. Les chambres sont plus sobres – parquet et déclinaison de gris – mais agréables et confortables. Bon rapport qualité/prix et mention spéciale à l'excellent petit déjeuner.

RockyPop Fun et familial €€

(04 58 00 82 28 ; www.rockypop.com/grenoble ; 9-11 rue de Strasbourg ; d 90-140 € selon saison ;). À quelques pas du parc Paul-Mistral, le RockyPop tient sa promesse d'être original et ludique. Son entrée par le bar et sa déco "pop" très travaillée annoncent la couleur. Le restaurant affiche des allures de *diner* new-yorkais tandis que les jeux d'arcade, la salle de karaoké ou encore le terrain de pétanque de la grande cour intérieure à l'ambiance ginguette sont des invitations à s'amuser. L'accueil et le service s'avèrent cependant très professionnels, et les chambres, plus sobres, avec parquet, murs bleu nuit et moulures au plafond sont bien isolées ; 12 chambres communicantes et 2 appartements s'adaptent aux familles et tribus. Location de vélos (15 € la journée).

Où se restaurer

Café Andry Culturel €€

(04 76 25 80 26 ; www.museedegrenoble.fr ; 4 pl. Lavalette ; plats 19-25 €, plat du jour 14 € ; lun, mer et dim 10h-18h30, jeu-sam 10h-minuit). Depuis septembre 2023, ce

restaurant se veut un réel prolongement du musée de Grenoble, attenant ; son nom est d'ailleurs celui d'Andry-Farcy, le conservateur emblématiquedu musée de 1919 à 1949. En plus de la déco, en phase, l'association culturelle aux manettes imagine un menu associé à chaque exposition temporaire. La carte, courte et surtout végétale, est renouvelée tous les deux mois et conseille un vin à associer à chaque plat. Lors de notre passage, l'aubergine laquée avec coulis de poivrons, mousse de parmesan et herbes fraîches, et le ceviche de daurade et patates douces étaient délicieux.

Chez Nous Local et responsable **€€**
(☎04 76 26 72 60 ; 2 rue Condorcet ; plats 20-25 € ; ⏲lun-ven 8h30-16h30). À quelques mètres de la place Championnet – quartier bobo branché de Grenoble –, Chez Nous propose, en journée, une cuisine approvisionnée au mieux et au plus près. Sur la petite terrasse en triangle ou dans la salle claire à la sobriété quasi scandinave, on y déguste une cuisine copieuse et de saison. Elle varie chaque jour mais comporte invariablement un plat végétarien, une viande ou un poisson ainsi qu'un burger décliné selon la saison, comme celui d'été : avec une sauce blanche au basilic, un steak de bœuf Angus haché et un pain aux herbes façon *focaccia*.

Café Curieux Bistrot de quartier **€€**
(☎04 38 02 93 32 ; 2 rue Lakanal ; plats 17-24 €, plat du jour 14 € ; ⏲lun-sam midi et soir). Derrière une façade noire, à deux pas du lycée Champollion, ce bistrot fréquenté par une clientèle dans l'air du temps décline ses suggestions à l'ardoise, comme les encornets en persillade, l'inévitable burger et frites maison et l'onglet de veau aux morilles. Animé, accueillant et attachant.

Ciel – Rooftop Vue imprenable **€€**
(☎04 65 84 91 19 ; www.ciel-rooftop.com ; 17 rue Maurice-Gignoux ; plat du jour midi 15 €, plats 15-22 € ; ⏲mar-sam 8h30-23h, dim 8h30-17h). Après des années d'abandon, l'immense bâtiment de l'ancien institut de géologie situé sur les pentes de la Bastille a été rénové en un complexe moderne de "coliving et coworking", et son toit-terrasse mué en restaurant. Sous un parasol ou depuis la salle vitrée, la vue sur la ville et les massifs y est imprenable. On repère les sites de la ville parcourus dans la journée, ou l'on profite du coucher de soleil sur Belledonne. La carte joue avec les belles couleurs des légumes et les cuissons, notamment basse température : le filet de truite confit à 52°C ou les côtes de cochon cuites à 82°C viennent donc agrémenter la vue à 360°. Accès à pied en 5 minutes depuis le quai Perrière ; service de navette électrique via le site Internet.

Grenoble à vélo

Envie de circuler à Grenoble à vélo ? Bonne idée ! La ville propose un service de location de solides bicyclettes jaunes. Le concept de **Mvélo+** (www.veloplus-m.fr) se distingue de celui d'autres villes où l'on prend un vélo pour une course : ici, le vélo reste le vôtre le temps de la location. Pour une machine classique, comptez 5 € pour 1 jour et 27 € pour un mois en plein tarif. Vous pourrez réserver en ligne ou dans le bâtiment dédié, situé sur le parvis de la gare.

Poppa Fusion **€€**
(☎04 76 15 20 20 ; www.lepoppa.com ; place aux Herbes ; plat midi 15 €, formules 20-25 €, soir assiettes 9-15 € ; ⏲lun-ven midi et soir, sam 18h-1h). Déco un peu brute à base d'éléments naturels, de brique et de métal, bonne humeur et cuisine soignée : voici le Poppa, petite adresse tendance de la place aux Herbes qui sert une cuisine voyageuse et originale. Le menu varie chaque semaine : *picanha* de veau sauce mimosa, bombe au parmesan, tempura de gambas marinées

Suite p. 284

Téléphérique Grenoble Bastille

La Bastille

Le téléphérique qui y monte est l'un des emblèmes de Grenoble ! Surplombant la ville à 263 m, le site de la Bastille délivre des vues superbes sur Grenoble et les montagnes environnantes. Ses nombreuses possibilités d'activités sportives en font un lieu incontournable.

Pour ceux qui aiment...

☑ **Ne ratez pas**

La vue depuis le belvédère Vauban.

Le site de la Bastille est un contrefort rocheux du mont Rachais, l'un des derniers escarpements du massif de la Chartreuse. Une première série de fortifications y fut érigée en 1592 par François de Bonne de Lesdiguières, chef militaire des huguenots du Dauphiné qui s'était emparé de Grenoble à la demande du roi Henri IV. Plus de deux siècles plus tard – Vauban, entre-temps, avait moqué ces fortifications ! –, Louis XVIII confia au général et ingénieur militaire Haxo le soin d'améliorer les défenses de Grenoble. L'actuel **fort de la Bastille**, avec ses escaliers, casemates et bastions, date ainsi de 1824.

Panorama

Il justifie à lui seul de monter jusqu'ici ! Chartreuse, Vercors, Belledonne, le mont Blanc dans le lointain... La Bastille offre un superbe point de vue, notamment depuis le belvédère Vauban, au-dessus de la station du téléphérique et du restaurant. L'une des visions les plus étonnantes est celle du cours Jean-Jaurès, qui, avec son prolongement, le cours de la Libération-et-du-Général-de-Gaulle, forme une avenue de près de 8 km de long.

Mont Jalla et mont Rachais

Envie de vous dégourdir les jambes ? La balade (environ 1 heure aller-retour depuis le fort) jusqu'au **mont Jalla** est un classique de la Bastille. L'itinéraire rejoint le restaurant Chez Le Pèr'Gras puis emprunte un large chemin empierré (balises blanc-rouge du GR®9), avant de tourner à gauche une dizaine de minutes plus tard. Il se poursuit en montée vers le mont (634 m), qui présente un large panorama et abrite le mémorial national des troupes de montagne. Au retour, on peut obliquer près du restaurant précité pour revenir au téléphérique via les **grottes de Mandrin**. Il s'agit en fait de cavernes-batteries créées avec les fortifications. Prévoyez une lampe, car elles ne sont pas toujours éclairées et comportent des escaliers. Ne vous y engagez pas s'il y a de l'eau à l'entrée. Après le mont Jalla, on peut poursuivre par le GR®9 jusqu'au **mont Rachais** (1 050 m) en 3 heures aller-retour environ depuis le fort.

Musée des Troupes de montagne

Ce **musée militaire** (04 76 00 92 25 ; www.museedestroupesdemontagne.fr ; tarif plein/réduit 3/1,50 € ; mar-dim 9h-19h) est installé dans le fort depuis 2009. Ses audioguides vous feront découvrir l'histoire des troupes alpines.

Parcours aventure

Installé dans le fort, **Acrobastille** (09 84 17 23 63 ; www.acrobastille.fr ; 10-25 € selon âge et parcours ; mars-nov, horaires en ligne) est un petit parc de loisirs avec tyroliennes, épreuves d'exploration et autres jeux de piste.

Accès

Téléphérique Grenoble Bastille (04 76 44 33 65 ; www.bastille-grenoble.fr ; quai Stéphane-Jay ; tarif plein aller simple/aller-retour 5,50/9,60 €, tarifs réduits 3,60-4,40/5-6,20 € ; avr-sept tlj, oct-mars mar-dim). Inauguré en 1934, celui qui fut le premier téléphérique urbain de France est souvent désigné sous le nom de "bulles", en référence à la forme de ses cabines transparentes. Pouvant accueillir 6 personnes, elles mettent environ 5 minutes pour parcourir les 685 m de long et 263 m de dénivelé jusqu'au fort, en franchissant l'Isère. Les horaires diffèrent selon les jours et les mois, mais vous pouvez compter sur le téléphérique chaque jour, hormis le lundi hors saison.

À pied Deux accès pédestres permettent de redescendre (ou de monter) à la Bastille. L'un part de la **porte Saint-Laurent** (Musée archéologique, p. 275), et peut également être rejoint via le Musée dauphinois (p. 275). L'autre part de la **porte de France**, juste en face du pont du même nom, et emprunte une série d'escaliers, quelques passages en tunnel et un jardin. Attention : cette montée est fermée entre 19h30 et 9h d'avril à mi-septembre et entre 17h30 et 9h de mi-sept à mars. À la descente, comptez environ 40 minutes.

En voiture, on rejoint le parking du fort par le chemin de la Bastille, qui part de la Grande-Rue, dans la continuité du quai des Allobroges, sur le flanc droit de la colline fortifiée.

Une petite faim ?

La Bastille abrite un snack et deux restaurants. Le Restaurant du Téléphérique (07 61 43 05 02 ; www.restaurantdutelepherique.fr ; plats 17-19 € ; juin-sept mar-dim 9h30-23h, renseignez-vous sur le site Internet le reste de l'année) **se distingue par sa salle panoramique. Environ 300 m plus loin vers le mont Jalla, Chez le Pèr' Gras** (04 76 42 09 47 ; pergras.com ; menus 35, 72 ou 77 € ; lun-sam midi et soir, dim midi, renseignez-vous hors saison), **adresse familiale depuis 1896, pratique des tarifs assez élevés.**

Stendhal et Grenoble

Stendhal (1783-1842), de son vrai nom Henri Beyle, a raconté son enfance grenobloise dans *Vie de Henry Brulard*. L'auteur du *Rouge et le Noir* s'y livre à un vaste travail d'introspection, exhumant du plus profond de lui-même les souvenirs de ses premières années (l'appartement natal de la rue Jean-Jacques-Rousseau, la mort prématurée de sa mère, la figure paternelle honnie) pour comprendre l'homme qu'il est devenu. D'une plume tendre ou acérée, il croque les membres de son entourage, objet de son attachement indéfectible ou d'une exécration sans bornes. De cette galerie de portraits se détache notamment la figure du grand-père maternel, Henri Gagnon, médecin imprégné de l'esprit éclairé du XVIIIe siècle, qui inculque à son petit-fils le goût de la littérature et de la liberté de pensée. La demeure de ce dernier a aujourd'hui été transformée en **musée Stendhal** (04 76 86 52 08 ; musee-stendhal.bm-grenoble.fr ; 20 Grande-Rue ; entrée libre ; mer, ven, sam et 1er dim du mois 14h-18h). L'office de tourisme (voir ci-dessous) propose aussi une visite guidée "Promenade dans Grenoble avec Stendhal".

Suite de la p. 281

aux agrumes lors de notre dernier passage. Tarifs raisonnables pour cette qualité, mais malheureusement très alourdis par ceux des vins.

Où prendre un verre et sortir

Les occasions ne manquent pas dans les rues du centre. Vous pourrez par exemple diriger vos pas autour de la belle et historique place Saint-André, surnommée "la place du trib'" en référence à l'ancien palais de justice, très appréciée des étudiants.

Brasserie Neptune Bières locales

(04 56 45 34 89 ; www.brasserieneptune.fr ; 6 rue Bressieux ; 3,90-4,90 € le demi ; lun 17h-minuit, mar-ven 17h-1h, sam 12h-1h). Deux collègues libraires ont bifurqué et ouvert cette microbrasserie en plein centre-ville ; 8 bières différentes y sont brassées et servies, dont une nouvelle recette chaque semaine. La déco est exotique ici, car orientée mer, comme en témoigne le nom et le carrelage 'sirène'. Petits plats maison et planches à partager.

Minimistan Insolite €

(07 44 30 97 62 ; www.minimistan.org ; 1 rue des Minimes ; lun-sam 8h-minuit). Au cœur du quartier Très-Cloîtres, cet ancien couvent est devenu un lieu de vie hybride, culturel et festif ; dans l'immense cour intérieure cernée par le bâtiment orné de lierre, les tables colorées sont dispatchées dans un esprit "ginguette". Le soir, la jeunesse grenobloise y sirote une bière locale ou un cocktail dans une ambiance décontractée.

Renseignements

Office de tourisme de Grenoble (04 76 42 41 41 ; 14 rue de la République ; www.grenoble-tourisme.com). Mitoyenne, la **Maison Grenoble Montagne** (04 57 04 27 00 ; www.grenoble-montagne.com) délivre des informations sur la randonnée et les activités de montagne.

Depuis/vers Grenoble

BUS BlaBlaCar Bus (blablacar.fr/bus) et **Flixbus** (www.flixbus.fr) relient la ville à Paris, Lyon, Marseille et de nombreuses autres destinations. Pour les lignes régionales, les **Cars Région** (carsisere.auvergnerhonealpes.fr) sillonnent

RH2010 / STOCK.ADOBE.COM ©

Quais de l'Isère

tout le département et ceux du réseau **M Réso** (www.tougo.fr) font des liaisons vers Uriage, Chamrousse ou le Grésivaudan.

TRAIN La gare de Grenoble est très bien desservie (sncf-connect.com). De Paris, les **TGV** mettent environ 3 heures pour les trains directs. De Marseille, comptez 3 à 4 heures avec une correspondance à Lyon. Les **TER** desservent également la ville, à 1 heure 25 de Lyon et 2 heures de Genève.

VOITURE Grenoble est à 575 km de Paris (A6), 107 km de Lyon (A43) et 145 km de Genève (A1).

AVION L'**aéroport de Grenoble Alpes Isère** (www.grenoble-airport.com) est principalement fréquenté par des compagnies low cost européennes dont les passagers sont attirés en hiver par les stations de ski alpines. Les **aéroports de Genève** (www.gva.ch/fr) et de **Lyon** (www.lyonaeroports.com) ont des plans de vol plus diversifiés.

Comment circuler

Grenoble est plate et son centre-ville est de dimensions modestes. La majorité des sites peuvent donc facilement s'atteindre à pied. Une vaste zone du cœur de ville, entre l'Isère, la place Victor-Hugo, le musée de Grenoble et les rues Condillac, Voltaire et Servan, est piétonnière.

La ville compte par ailleurs un bon réseau de **transports publics** (www.mobilites-m.fr ; trajet/journée 2/6,40 €), avec 5 lignes de tram et 48 lignes de bus, et est très appréciée des cyclistes. Elle propose un système de location de vélos (voir p. 281), et des trottinettes et vélos électriques sont disponibles via l'application Dott (1 € pour débloquer puis 0,22€/min).

MASSIF DE BELLEDONNE

Étiré au nord-est de Grenoble parallèlement au massif de la Chartreuse, dont il est séparé par la vallée du Grésivaudan, le massif de Belledonne culmine à 2 977 m. Outre ses villes thermales, il est principalement réputé pour ses stations de ski aux portes de la capitale des Alpes, notamment Chamrousse et Les 7 Laux, et offre un vaste potentiel d'échappées nature toute l'année.

Bus en Isère

Nombre des localités de ce chapitre sont desservies par le réseau de bus régional **Cars Région** (carsisere.auvergnerhonealpes.fr). Les liaisons sont disponibles en ligne (onglet "Itinéraires"). Les bus du réseau **M Réso** (www.tougo.fr) s'ajoutent à cette offre dans le Grésivaudan et les abords de Belledonne, et ceux de **Transaltitude** (www.transaltitude.fr) desservent en saison les stations de ski.

Uriage-les-Bains

Les bienfaits de ses eaux soufrées, reconnus depuis l'époque romaine, sont sa raison d'être. Cette localité de taille réduite, qui s'étire le long de la route principale, a aujourd'hui des airs de voyage dans le temps : face au parc thermal, quelques villas à l'architecture tarabiscotée témoignent de l'époque où la bonne société venait y "prendre les eaux" ; l'établissement thermal historique destiné aux curistes, érigé en 1895, en est le plus beau témoin. L'animation de la localité repose sur les laboratoires Uriage, qui gèrent la source, le centre de soin, le spa thermal et un luxueux hôtel-restaurant.

Le joli village de **Saint-Martin-d'Uriage**, 3 km au-dessus, offre un cadre paisible. Entre les deux, un beau château remanié au XVIe sur une base médiévale émerge de la végétation (privé, il ne se visite pas).

À voir et à faire

Thermes et spa thermal Cures et bien-être

L'eau d'Uriage est réputée en dermatologie et rhumatologie du fait de sa riche composition en minéraux et oligo-éléments. À côté des **thermes** s'adressant aux curistes, le **spa thermal** (04 76 89 29 00 ; centre-thermal.uriage.com ; 60 pl. Déesse-Hygie ; lun-sam 8h-19h) moderne ouvre ses portes à ceux qui sont simplement en quête de bien-être. Au programme : soins, massages, piscine, hammam, sauna... Comptez 25 € pour l'"Évasion thermale" (2 heures d'accès libre piscine, hammam, sauna), mais les créneaux horaires sont très serrés : de 11h30 à 13h30 ou de 16h30 à 18h30 ! Les forfaits soins, sur rendez-vous, débutent à 15 €.

Où se loger et se restaurer

Les Mésanges Hôtel-restaurant **€€**

(04 38 24 10 80 ; www.hotel-les-mesanges.com ; 94 rte des Mésanges, Saint-Martin-d'Uriage ; s/d 73-94/83,50-104,50 € selon confort, petit déj 10 € ; plats 20-26 €, menus 35-44 € ; restaurant mar-sam soir, sam-dim midi ;). À environ 1 km d'Uriage-les-Bains par la route de Saint-Martin-d'Uriage, c'est l'un des rares hôtels de cette catégorie dans les environs. On apprécie le cadre champêtre reposant, avec une terrasse arborée offrant un large panorama sur la chaîne du Vercors. En contrebas, à une distance idéale : une belle piscine. Le restaurant propose une cuisine simple et agréable, avec quelques touches exotiques. Les chambres assez banales mais correctes, mériteraient d'être remises au goût du jour. Bon accueil.

Café de la Place Bar-restaurant **€-€€**

(04 76 89 71 21 ; 43 pl. de la Mairie, Saint-Martin-d'Uriage ; plats 16-22 € ; mer-sam, dim midi). Voilà une adresse de village comme on les aime : simple et accueillante. L'ardoise décline les plats du jour qui changent régulièrement : *fish and chips* sauce tartare, burger bœuf Angus ou végétarien, andouillette sauce moutarde, poulpe au pesto...

Café A Bistronomique **€€€**

(04 58 17 48 30 ; www.maisonaribert.com/le-cafe ; 280 allée du Jeune-Bayard, Uriage-les-Bains ; plats 24 €, menu 40 € ; tlj). Au rez-de-chaussée de la belle maison du chef étoilé Christophe Aribert, ce café de village élégamment revisité est ouvert toute la journée. On déguste sans chichis, face au parc et à deux pas des thermes, une cuisine

OLIVIER CIRENDINI ©

À NE PAS MANQUER

Le domaine de Vizille

Aux portes sud de Grenoble, le **domaine de Vizille** (04 76 68 07 35 ; musees.isere.fr ; centre-ville de Vizille) se décline entre un superbe parc et un élégant château du XVIIe siècle abritant un musée consacré à la Révolution française.

Le **parc** (entrée libre ; juin-août tlj 9h-20h, mars-mai et sept-oct mer-lun 9h-19h, nov-fév mer-lun 10h-17h) de plus de 100 ha est le point fort du domaine. Rien ne manque à cet immense havre de paix enserré dans un mur d'enceinte de 7 km : allées cavalières, pelouses gigantesques, arbres séculaires, plans d'eau où barbotent cygnes et canards, le tout sous la silhouette photogénique du château. Le parc appelle à une belle balade, d'autant plus qu'il inclut une réserve animalière avec daims, biches, cerfs d'Europe et cerfs sika. Il n'est pas possible d'approcher les cervidés, mais une tour d'observation permet de les observer.

Le **musée de la Révolution française** (entrée libre ; avr-oct 10h-12h30 et 13h30-18h, nov-mars 10h-12h30 et 13h30-17h, fermé mar) occupe une partie du château de Lesdiguières, bâti à la fin du XVIIe siècle pour François de Bonne, duc de Lesdiguières et homme fort du Dauphiné. Résidence d'été des présidents de la République entre 1925 et 1960, aujourd'hui propriété du conseil départemental de l'Isère, il est surtout connu pour avoir abrité l'un des préludes à la Révolution de 1789. À la suite de la "journée des Tuiles", le château accueillit le 21 juillet 1788 la réunion des états généraux du Dauphiné, prémices grenobloises aux événements qui allaient ensuite embraser tout le pays. Vizille est ainsi souvent qualifié de "berceau de la Révolution française". La visite, sur trois étages, présente de beaux intérieurs, comme la bibliothèque, et, au fil des salles, des peintures, sculptures et objets reprenant l'imagerie révolutionnaire.

Le domaine, à une vingtaine de minutes en voiture au sud de Grenoble, est accessible par les transports en commun. Pour rendre la visite plus ludique, deux parcours d'orientation sont disponibles sur demande à l'accueil du musée.

RANDONNÉE

GR®738, la Haute Traversée de Belledonne

738, pour 73 (Savoie) et 38 (Isère) : voilà un GR® qui annonce la couleur. Nombreux sont cependant ceux qui préfèrent l'appeler la Haute Traversée de Belledonne, ou le "sentier des bergers". Divisé en 11 étapes, le GR®738 relie Aiguebelle (Val-d'Arc) à Vizille en cheminant entre crêtes et alpages, avec une large partie de son tracé au-dessus de 1 500 m (le point culminant est à 2 135 m). L'itinéraire, qui passe par Chamrousse, Les 7 Laux et le lac du Crozet, s'adresse à de bons marcheurs, avec des étapes de 3 à 8 heures de marche, certaines totalisant 1 300 m de dénivelé positif et négatif. Des hébergements, le plus souvent des refuges, sont disponibles au terme de chaque étape, en plus des possibilités de bivouac. Vous trouverez tous les renseignements, les coordonnées de refuges et les tracés sur www.hautetraverseedebelledonne.com.

Les 7 Laux, massif de Belledonne
RICHARD / STOCK.ADOBE.COM ©

aussi raffinée que gourmande : mousse de carotte avec œuf parfait ; noisettes et pesto de capucine ; risotto d'avoine, blettes du jardin et crème de parmesan... le plus dur est de choisir.

Renseignements

Office thermal et touristique d'Uriage
(04 76 89 10 27 ; www.uriage-les-bains.com ; 5 av. des Thermes)

Chamrousse et ses environs

La station qui accueillit les épreuves de ski alpin des Jeux olympiques de 1968 étend sa centaine de kilomètres de pistes entre 1 600 et 2 250 m d'altitude. À seulement 35 km du centre de Grenoble, elle offre une bouffée d'air aussi en été, avec une dizaine de degrés de moins qu'en ville. Typique des stations développées dans les années 1970 où l'intégration des bâtiments dans le paysage n'était pas la priorité, elle sait cependant rester attractive et dynamique. Les Grenoblois viennent y admirer le coucher du soleil sur la chaîne du Vercors et les lumières de la ville scintiller en contrebas. Le panorama donne aussi une belle perspective sur l'Oisans, la Chartreuse et le fameux mont Aiguille, reconnaissable par sa forme pyramidale, qui montre la direction du sud.

À voir et à faire

Croix de Chamrousse

Belvédères et sensations

À 2 253 m d'altitude, le point culminant de la station est devenu en 2023 un haut lieu d'activités et de détente. Le panorama à 360° s'admire depuis trois belvédères aménagés que l'on rejoint par des sentiers et une passerelle himalayenne. L'aire de pique-nique avec plancha est complétée par un restaurant. C'est aussi le point de départ de randonnées, de vias ferratas, de pistes de VTT et d'une tyrolienne géante qui ramène les courageux en 2 minutes à Chamrousse 1650 ! Le sommet, sur lequel se dresse une grande croix, s'atteint en randonnant ou grâce à la **télécabine de la Croix** (aller simple adulte/enfant été 10/7 €, hiver selon forfait ; juil-août tlj, juin et sept sam-dim, hiver selon l'ouverture de la station). Au départ de Chamrousse 1650, on atteint la croix en moins de 10 minutes.

Croix de Chamrousse

Réserve naturelle du lac Luitel
Nature et balade

Pionnière de la protection des espaces naturels en France, cette réserve a été créée en 1961 pour protéger un ensemble de milieux tourbeux abritant des sphaignes et autres mousses, ainsi que des plantes insectivores, comme le droséra. La réserve est de taille très réduite (17 ha), tout comme le lac, mais l'ensemble offre l'occasion d'une balade agréable et facile.

De Chamrousse, prenez la D111 vers le sud et descendez environ 3 km jusqu'au panneau indiquant Séchilienne et la réserve. Vous pourrez vous garer soit en bord de route, soit près du chalet en bois abritant en été une maison d'accueil. La balade fait une boucle, en partie en forêt au-dessus du plan d'eau, en partie sur des caillebotis en bois (ne sortez pas des sentiers). Un panneau rappelle qu'un maquis s'installa près du lac en 1944. Cueillette et chiens sont interdits.

Activités

Été

Plusieurs sentiers de **randonnée** partent de la station (plan disponible à l'office de tourisme et sur son site Internet). L'un des plus appréciés rejoint les beaux **lacs Robert**, sertis dans les montagnes à 1 988 m d'altitude. Ces 3 lacs cristallins qui regorgent de poissons s'atteignent depuis les abords de l'office de tourisme, via la télécabine de la Croix (1 heure depuis la Croix de Chamrousse), ou encore en itinérance depuis le refuge de la Pra. L'itinéraire est fléché depuis Chamrousse 1650.

Le **VTT** a aussi la cote sur les pentes de la station avec 6 pistes de différents niveaux pour la descente, atteignables notamment avec la télécabine de la Croix (page ci-contre) et le **télésiège de La Bérangère** (tlj juil-août tarif piéton aller simple adulte/enfant 10/8 €) et 6 boucles balisées pour le cross-country (plan des

OLIVIER CIRENDINI ©

Lac du Crozet

pistes et itinéraires disponible à l'office de tourisme). Plusieurs loueurs se trouvent dans la station, ainsi qu'une **école labellisée MCF** (☎ 04 76 89 89 61 ; www.chamrousse-activites.fr ; Sgambato ski shop Sport 2000, galerie marchande de Chamrousse 1750) pour différents types de sorties.

Hiver

Ski alpin, de randonnée, nordique... mais aussi luge, raquettes, alpinisme... La station de Chamrousse a de quoi satisfaire toutes les envies sportives hivernales et elle est souvent prise d'assaut par les Grenoblois le week-end. Au départ de 3 bases (1 650 m, 1 700 m et 1 750 m), le domaine alpin de Chamrousse totalise 41 pistes de ski alpin, de la verte à la noire, et 15 remontées mécaniques. S'y ajoutent des espaces luge, des possibilités de ski au coucher du soleil ainsi que deux itinéraires de ski de randonnée balisés. Le domaine nordique, à 1 600 m sur la route de Luitel, compte pour sa part 42 km de pistes et 7 itinéraires destinés aux raquettes.

Renseignements

Office de tourisme de Chamrousse (☎ 04 76 89 92 65 ; www.chamrousse.com ; 42 pl. de Belledonne à 1 650 m ou 478 av. du Père-Tasse à 1 750 m)

Route des balcons de Belledonne

Entre Uriage-les-Bains et Allevard-les-Bains, la D280 est appelée à juste titre "route des balcons de Belledonne". Évoluant à mi-pente sur une soixantaine de kilomètres ponctués de nombreux virages, ce bel itinéraire fréquenté par les cyclistes avides de dénivelés traverse une série de jolis villages et réserve de beaux points de vue sur le massif de la Chartreuse. Après Saint-Martin-d'Uriage, la D280 passe par Revel (porte d'accès vers la randonnée du lac du Crozet, voir ci-après), La-Combe-de-Lancey (d'où l'on peut rejoindre le musée de la Maison Bergès, voir p. 292), la Croix de Révollat (ci-après) puis les villages de Sainte-Agnès et de Theys, franchissant au passage quelques cols peu élevés comme le col des Ayes, d'où part la route vers les **stations de ski de Prapoutel et de Pipay**, deux des trois composantes du domaine des 7 Laux (voir p. 294) situées sur le côté ouest du massif. Le dernier avant Allevard, le col du Barioz (1 041 m), abrite un espace de ski nordique.

À voir et à faire

Croix de Révollat — Point de vue

En bordure de la D280, dans un virage 3 km après Le Mas Julien (2,5 km avant Saint-Mury-Monteymond), cette simple croix en ciment marque l'emplacement d'un large panorama sur la vallée du Grésivaudan, en contrebas, et le massif de la Chartreuse, en face.

Lac du Crozet — Randonnée

Il vous faudra marcher (environ 3 heures 30 aller-retour) pour atteindre ce lac posé à 1 974 m d'altitude, qui figure parmi les randonnées les plus appréciées du massif de Belledonne. Outre la beauté du site, avec les sommets de la Chartreuse dans le lointain, le lac se distingue par son barrage créé en 1889 par Aristide Bergès, l'un des pionniers de l'hydroélectricité en Isère. Consolidé en 2018, le barrage donne au site un effet de "lac à débordement" lorsque ses eaux sont hautes.

Le sentier part du parking de Pré Raymond (1 370 m). Depuis Uriage, parcourez une dizaine de kilomètres sur la D280 jusqu'à Revel puis obliquez à droite sur 6 km jusqu'à Freydières, où se trouvent deux bars-restaurants (l'itinéraire vers le lac est indiqué). Vous atteindrez ensuite le parking en environ 2 km de route étroite dans la forêt. Les derniers 800 m sont en piste, mais on peut se garer avant.

L'itinéraire, balisé en jaune, monte doucement à droite, dans la forêt. Après environ 15 minutes, on continue tout droit à l'intersection "les 3 ruisseaux", avant que le sentier oblique à gauche et s'étroitise. On chemine ensuite en courbe de niveau, face à de beaux panoramas sur la Chartreuse, dont Chamechaude et la dent de Crolles. Après 1 heure, on croise un petit chalet. La progression se poursuit dans un environnement de plus en plus rocheux jusqu'à atteindre une canalisation métallique qui faisait partie des anciennes installations hydroélectriques. Suivez le balisage qui quitte la canalisation vers la gauche pour atteindre le lac, juste au-dessus, par son côté gauche.

Au lac, le sentier rejoint le tracé du GR®738 (voir p. 288), avec des possibilités de poursuivre vers le refuge de la Pra (1 heure aller simple) ou le lac de la Sitre (2 heures) et le refuge Jean-Collet (3 heures 30).

Où se loger et se restaurer

Sous les Trois Pics — Gîtes et chambre d'hôtes €€

(☎06 50 49 61 53 ; gite-souslestroispics.fr ; La Perrière ; gîte 2/4 pers 75/95 € ; ch d'hôtes 2 pers 80 € avec petit déj ; P). À la sortie de La Perrière, 3 km après Sainte-Agnès vers le col des Mouilles et Allevard, cette bonne adresse se décline entre 4 gîtes équipés pour 2, 4, 6 ou 8 personnes, et une chambre d'hôtes, tous très soignés et décorés avec goût. Les patrons, qui habitaient à Nouméa ("sous les tropiques") avant de tomber amoureux de ce grand corps de ferme en pierre et de le restaurer, proposent aussi à leurs hôtes une grange aménagée en salle de jeux et un sauna (30 €/heure pour 2 pers). Séjours de 2 nuits minimum, tarifs dégressifs à partir de 4 nuits.

La Colombière — Chambres d'hôtes €€

(☎06 43 51 74 54 ; chalet.lacolombiere.free.fr ; Sainte-Agnès ; s/d avec petit déj 92/109€ durant vac. scol., sinon 73/89 €). Au cœur du village de Sainte-Agnès, juste au-dessus de l'église, cette maison d'hôtes qui recueille de bons échos cultive son look de chalet alpin. Outre la belle vue et la piscine extérieure chauffée, vous y trouverez 5 confortables chambres lambrissées. Cuisinette à disposition et possibilité de table d'hôtes (30 €) sur réservation.

La vallée du Grésivaudan

La vallée du Grésivaudan s'étire le long de l'Isère, des abords de Chambéry à ceux de Grenoble. Cet étroit couloir, emprunté par l'A41, est aussi longé par la D1090, au pied du massif de la Chartreuse, et la D523 côté Belledonne. Ces deux routes passent par une série de sites d'intérêt (présentés ici en remontant la vallée vers le nord).

Maison Bergès – Musée de la Houille Blanche (04 38 92 19 60 ; musees.isere.fr/musee/maison-berges ; 40 av. des Papeteries, Lancey-Villard-Bonnot, D523 ; entrée libre ; avr-oct mer-ven 13h-18h, sam-dim 10h-18h, nov-mars mer-ven 13h30-17h30, sam-dim 10h-17h30). Mêlant art et technologie, ce musée est installé dans la demeure de famille d'Aristide Bergès, industriel novateur qui utilisa dès la fin du XIXe siècle l'énergie hydroélectrique pour faire fonctionner sa papeterie. Outre l'utilisation de la "houille blanche", comme on appelait alors l'hydroélectricité, la visite révèle les éléments Art nouveau de sa demeure.

Château du Touvet (06 50 84 42 39 ; chateaudutouvet.com ; allée du Château, Le Touvet, D1090 ; jardins tarif plein/réduit 6/4 €, château et jardins 10/7-8 € ; juil-août dim-jeu 14h-18h, avr-juin dim et jours fériés 14h-18h, sept-oct dim 14h-18h). Cet édifice d'origine médiévale doit son aspect actuel aux ajouts du XVIIe siècle qui en ont fait une superbe demeure d'agrément. La visite révèle de très beaux intérieurs classiques. On peut aussi se contenter de la visite des jardins, entre bassins, ifs taillés, magnolias éclatants et très belle roseraie ; ils incluent un escalier d'eau "à l'italienne", unique en France. Deux magistrales allées d'arbres mènent à ce domaine privé, appartenant à la même famille depuis 5 siècles et toujours habité. Un parcours de jeu pour les enfants, avec chasse aux trésors, est organisé durant les visites.

Tour d'Avalon (Saint-Maximim, D523). Proche de Pontcharra (où se situe le château où naquit Bayard, le "chevalier sans peur et sans reproche", qui ne se visite pas), cette tour de 33 m de haut a été bâtie à la fin du XIXe siècle, sur la base d'une tour du guet du XIIe siècle. Même si on ne monte pas dans la tour, le tertre sur lequel elle est bâtie offre un beau panorama et est le point de départ de belles promenades.

Allevard et ses environs

Après s'être illustré au XIXe siècle par sa production d'acier et les mines de fer du village voisin de Pinsot, Allevard accueillit les curistes attirés par ses eaux thermales particulièrement riches en soufre, ce qui valut au bourg d'être aussi appelé Allevard-les-Bains. Aujourd'hui, les domaines skiables qui le bordent et la belle vallée du Haut-Bréda (p. 294) à laquelle il donne accès sont de bonnes raisons d'y faire un tour.

À voir et à faire

Collet d'Allevard Domaine skiable

(www.lecollet.com). Un peu en retrait de Chamrousse et des 7 Laux, à la pointe du massif de Belledonne, le Collet d'Allevard est célèbre pour abriter l'un des plus grands domaines de **pistes éclairées** pour le ski alpin en nocturne d'Europe. La station familiale, qui culmine à 2 100 m, totalise 35 km de pistes et se divise en trois secteurs, entre 1450 et 1 640 m. Le plus élevé, Super-Collet, offre un beau panorama sur les environs et jusqu'au Mont-Blanc.

En été, le domaine se transforme en un autre terrain de jeux avec les télésièges ouverts aux randonneurs et vététistes, un parcours d'accrobranche... La D109 monte à la station en 10 km depuis la sortie d'Allevard-les-Bains.

OLIVIER CIRENDINI ©

Château du Touvet

Espace nordique du col du Barioz — Ski nordique

(www.barioz.fr). Les amateurs de ski nordique et de raquettes trouveront leur bonheur dans cet espace nordique, à 12 km d'Allevard sur la route des balcons de Belledonne (D280, voir p. 290), un petit paradis pour ceux qui apprécient le calme. Le foyer de ski de fond (où l'on peut louer son équipement, acheter les forfaits et se restaurer) est aussi le point de départ pour rejoindre le **refuge du Crêt du Poulet** (04 76 71 04 93 ; 12,50 € la nuitée en dortoir, repas du soir 19 € ; juin-sept tlj, week-end et vac. scol. en hiver). Une marche de 4 km via une piste forestière peu raide mène à cet agréable camp de base en alpage, idéal pour randonner alentour ou simplement pour profiter de bons plats en terrasse ou près du poêle, dans un cadre XXL. Accessible également en VTT.

Thermes et spa thermal — Cures et bien-être

Le parc thermal inclut les **thermes d'Allevard** spécialisés en rhumatologie et soins respiratoires, et un **Spa thermal** (04 76 45 03 32 ; www.allevard-les-bains.com ; av. des Bains ; avr-oct lun-sam 10h-19h) axé sur les prestations de bien-être : Jacuzzi, massages, sauna, hammam, soins... Nombreux forfaits détente à partir de 24 €.

Où se loger et se restaurer

Les Alpes — Hôtel-restaurant €€

(04 76 45 94 10 ; www.lesalpesallevard.fr ; rue du 8-Mai-1945 ; d/qua 85/145 € ; petit déj 11 € ; menus midi 20-25 €, plats 23 € ; wifi). Le principal hôtel du centre d'Allevard offre des prestations inégales. Certaines chambres sont rénovées, claires et agréables, tandis que d'autres sont clairement d'un autre temps en termes de décoration et d'éclairage. Le gérant, qui est aussi le chef en cuisine, propose une cuisine fine et d'excellents desserts, au bon rapport qualité/prix. Établissement à l'ambiance familiale sympathique, fréquenté par des curistes habitués.

Casino — Hôtel €€-€€€

(04 76 45 88 29 ; 14 av. des Bains ; d 76-117 € avec petit déj ; wifi P). Tous les casinos ne sont pas un monde où l'on ne dort jamais. Celui d'Allevard dispose d'un hôtel,

installé dans un bâtiment distinct ; ouvert toute l'année et tard le soir, c'est une solution intéressante et un brin originale, avec 10 chambres très cosy (mais dont certaines manquent un peu de lumière naturelle). Réception au casino ; parking gratuit.

La Marie-Jeanne Restaurant **€€**
(09 75 99 77 90 ; 6 rue des Thermes ; plats 9-25 € ; midi et soir mar et jeu-dim). Salades, galettes bretonnes, fondues, tartiflettes, raclettes et autres croziflettes (bien sûr !), charcuterie corse (le patron est originaire de l'île) et quelques viandes… la carte de cette adresse fait le tour de France. En plein centre-ville, La Marie-Jeanne s'en tire très bien malgré cette carte hétéroclite, et la salle est chaleureuse, avec ses murs recouverts de bois et son feu de cheminée dès que la température baisse. Bon accueil.

Renseignements

Office de tourisme d'Allevard (04 76 45 10 11 ; www.allevard-les-bains.com ; 3 pl. de la Résistance)

Vallée du Haut-Bréda

D'Allevard, la D525a s'immisce dans la vallée préservée et discrète du Haut-Bréda sur 16 km jusqu'à Fond-de-France, dans des paysages de basse montagne verdoyants. On croise ainsi Pinsot et son musée, puis le joli bourg de La Ferrière, avant d'atteindre Fond-de-France, qui donne accès à la station du Pleynet et à la randonnée emblématique des lacs des Sept Laux. Une destination très appréciée toute l'année des randonneurs comme des contemplatifs.

À voir

Forges et moulins de Pinsot Musée
(04 76 13 53 59 ; le-gresivaudan.fr/445-les-musees-du-gresivaudan.htm ; rue Louise-Barnier, Pinsot ; tarif adulte 5 € ; gratuit -18 ans ; visites guidées uniquement, mai-sept mer-dim à 10h30 et 15h). Ce joli petit musée vous replongera dans l'époque où le village de Pinsot abritait des moulins, des forges et des mines de fer. Les visites proposent des démonstrations de différentes machineries anciennes.

Activités

Hiver

De Fond-de-France, 5 km de virages serrés montent à la station du **Pleynet – Les 7 Laux** (www.les7laux.com), célèbre car c'est ici qu'arrive la piste noire du vallon du Pra, qui se caractérise par son côté sauvage et ses 1 000 m de dénivelé non damés ! À 1 450 m d'altitude, le Pleynet est la seule station du domaine des 7 Laux située de ce côté-ci du massif de Belledonne – les deux autres, Prapoutel et Pinay, s'atteignent depuis la route des balcons de Belledonne, sur l'autre versant (voir p. 290). Les trois stations, reliées par des remontées mécaniques, culminent à 2 400 m et totalisent 120 km de pistes. De taille modeste mais plus abordable que les autres grands domaines des Alpes, celui des 7 Laux est apprécié d'une clientèle jeune et sportive.

Été

Un bel éventail d'itinéraires de randonnée, faciles ou ardus, partent du "centre" de Fond-de-France. Un parking a été aménagé spécialement à l'attention des randonneurs à l'entrée du village.

Cascade du Pissou (facile, environ 1 heure 30 aller-retour). Cette balade jusqu'à une jolie cascade est balisée depuis Fond-de-France, mais on peut aussi partir de La Martinette, près de l'Auberge Nemoz, ce qui retire un peu de temps. L'itinéraire, en forêt, est fréquenté et bien balisé.

Refuge de Combe Madame (moyen, 4 heures 30 aller-retour, 700 m de dénivelé). Le départ balisé en jaune est indiqué depuis Fond-de-France. Tout comme pour la cascade du Pissou, on peut partir de La Martinette. L'itinéraire monte en longeant le cours d'eau (c'est au début le chemin de la cascade du Pissou) jusqu'au premier chalet de Combe Madame, puis rejoint les alpages et le refuge, dans un joli site pastoral. Il est possible de cumuler cet itinéraire avec celui de la cascade du Pissou.

Lacs des Sept Laux (difficile, environ 6 heures 30 aller-retour, 1 000 m de dénivelé). Randonnée reine de cette partie du massif de Belledonne, ce long itinéraire rejoint une série de lacs de montagne : lac Noir, puis lac Carré, de la Motte, Cottepens et Cos. Le tracé balisé en jaune (et blanc-rouge par endroits) comporte des passages rocheux, des torrents et des parties communes avec un GR® de pays, et s'adresse aux marcheurs motivés. La neige peut par ailleurs persister tard en saison du fait de l'altitude (2 150 m max). Le tracé est balisé depuis Fond-de-France. Il est aussi possible de partir de la station du Pleynet, avec un dénivelé plus faible mais une distance plus longue. Autre option : le **GR® de Pays** (voir sur www.hautetraverseedebelledonne.com) qui propose le tour des lacs en 3 jours depuis Le Pleynet.

Où se loger et se restaurer

L'Aubergerie

Restaurant et chambres d'hôtes **€€**

(04 76 97 59 02 ; www.aubergerie.com ; La Ferrière ; d à partir de 95-165 €/1-2 nuits ; plats 18-26 € ; consultez le site Internet). Pendant 15 ans, Thomas a élevé des agneaux et fabriqué du fromage de brebis dans cette belle bâtisse de pierre. Il a désormais transformé les lieux en un restaurant et une maison d'hôtes qui se hisse parmi les plus agréables des environs. Dans une salle avec parquet, charpente en bois et coins cosy avec peaux de mouton sur les fauteuils, il sert les habituelles fondues et tartiflettes, mais surtout d'excellentes viandes accompagnées de légumes du jardin et des produits de fournisseurs locaux bien choisis. Suggestion végétarienne chaque jour, et sélection de vins de Savoie, surtout bio et "nature". S'y ajoutent 5 chambres dans le même esprit simple et chaleureux, dont la très grande "le chalet". Environ 3 km après La Ferrière et 2 km avant Fond-de-France, indiqué à droite par 200 m de chemin.

Massif des Sept Laux

Chiens de berger, quelques règles

Les randonneurs croisent de plus en plus souvent sur leur chemin des **patous**, ces solides et rustiques chiens de berger, souvent laissés seuls auprès de leur troupeau pour le défendre contre les attaques nocturnes des loups. Aussi sympathiques qu'ils soient dans l'imaginaire collectif, ils prennent très au sérieux leur rôle de gardien, et les accidents sont devenus de plus en plus fréquents. Si vous en rencontrez, restez calme, ne les brusquez pas, ne les caressez pas et abstenez-vous de les fixer dans les yeux ; ne courez pas. Si vous êtes à vélo, marchez à côté de votre monture en la tenant entre le chien et vous. Si vous randonnez avec un chien, pour éviter toute réaction de panique, ne le prenez pas dans vos bras et laissez les chiens faire connaissance entre eux.

Auberge Nemoz
Restaurant et chambres **€€-€€€**

(04 76 45 03 10 ; auberge-nemoz.com ; La Martinette ; d 110-130 € avec petit déj, plats 10-27 €, menus 38-40 € ; restaurant mer soir au dim soir, durant vac. scol. mar-dim soir). À l'entrée de Fond-de-France, au lieu-dit La Martinette d'où partent les sentiers vers la cascade du Pissou et Combe Madame, l'auberge Nemoz se présente sous les airs d'un grand chalet en bois et pierre, entièrement fleuri à la belle saison. La table, appréciée, mise sur les raclettes, fondues et truites, tandis que les 5 vastes chambres et le petit chalet pour deux, tous habillés de bois, sont plaisants et confortables. Bain norvégien, sauna (25 €/2 pers). Tarifs dégressifs à partir de 3 nuits.

Situé quelques kilomètres en amont dans la vallée, l'**Hôtel Le Madame** (www.hotel-lemadame.com) avec ses 22 chambres et sa piscine extérieure, remporte de bons échos.

MASSIF DE LA CHARTREUSE

Trait d'union entre Isère et Savoie, le massif de la Chartreuse est étroitement lié à l'histoire des moines chartreux, ordre religieux austère fondé ici au XIe siècle. Surtout, cet espace de pleine nature, dont Chamechaude (2 082 m) et la dent de Crolles (2 062 m) sont les sommets les plus représentatifs, offre l'un des plus beaux environnements montagnards des environs très proches de Grenoble. Des abords du Guiers, cours d'eau qui dévale le relief avant d'aller grossir le Rhône, aux alpages verdoyants, la Chartreuse est un superbe terrain de jeu pour les randonneurs et autres amateurs de plein air.

Le massif est protégé depuis 1995 dans le cadre du parc naturel régional de Chartreuse, qui inclut également une réserve naturelle de 4 450 ha et des espaces naturels sensibles.

Saint-Pierre-de-Chartreuse et ses environs

Face à la silhouette caractéristique de l'emblématique Chamechaude, Saint-Pierre-de-Chartreuse est le cœur actif du massif. Ce bourg agréable, qui regroupe des commerces et services, offre une bonne base pour découvrir les sites majeurs du massif : gorges du Guiers mort, monastère de la Grande Chartreuse, Charmant Som...

À voir et à faire

Outre ce qui suit, le monastère de la Grande Chartreuse (voir p. 300) et le Charmant Som (p. 298) sont des sites majeurs qui attirent ici les visiteurs.

Gorges du Guiers mort
"Route du désert"

Arrivant à Saint-Pierre par son côté ouest depuis Saint-Laurent-du-Pont, la D520b longe les belles et étroites gorges du Guiers mort. Aussi appelée "route du désert", car elle s'insinue dans les interstices de cette région dont l'isolement a séduit les moines chartreux, c'est un des plus beaux accès à Saint-Pierre-de-Chartreuse.

Oréade Bains nordiques et soins

(04 76 50 34 48 ; oreade-balneo-restaurant.fr ; centre de Saint-Pierre-de-Chartreuse ; 30-32 € ; lun-sam 9h30-20h, dim 14h-20h tte l'année). Original et agréable après une journée de randonnée ou de ski, cet espace installé au cœur du bourg propose plusieurs bassins en cèdre rouge, en plein air, dans lesquels peuvent prendre place 4 personnes pour se relaxer dans l'eau chaude en contemplant les sommets. Également possibilité de soins, massages et sauna. Oréade dispose d'un restaurant apprécié, accessible à la clientèle extérieure. L'ensemble a bénéficié d'un agrandissement à l'été 2024.

Musée Arcabas en Chartreuse Art sacré – Saint-Hugues

(04 76 88 65 01 ; musees.isere.fr ; Saint-Hugues-de-Chartreuse ; entrée libre ; mer-lun 10h-13h et 14h-18h). Rebaptisée musée Arcabas, la petite église du village de Saint-Hugues-de-Chartreuse, à 3 km de Saint-Pierre vers le col du Coq, sert d'écrin aux œuvres d'art sacré contemporain de Jean-Marie Pirot (1926-2018). Connu sous le nom d'artiste d'Arcabas, ce natif de Moselle, Dauphinois d'adoption, y a réalisé 111 œuvres en trois séries, entre 1953 et 1991. Méconnu malgré ses collaborations dans de nombreux pays, l'artiste se distingue par son style figuratif coloré, et sa vision du monde humaniste.

Activités

Randonnée et trail

Située sur l'itinéraire de grande randonnée qui traverse le massif, la localité offre de nombreux choix de randonnée (elle est par ailleurs une station de trail). Des fiches randonnée sont téléchargeables gratuitement sur chartreuse-tourisme.com ou vendues 0,50 € en version papier à l'office de tourisme (p. 300). Quelques suggestions, en plus de celles de l'encadré p. 298 :

La boucle de Saint-Pierre (facile, 3 heures aller-retour). Un itinéraire authentique à travers forêts, prairies et hameaux pittoresques, avec de belles vues sur les sommets environnants. Le parcours commence au parking Crêt des Égaux et passe par des lieux charmants : ici un four à pain traditionnel, là des ruisseaux que l'on traverse à gué et des chemins bordés de grands arbres. Vous traverserez des hameaux typiques tels que Cherlieu et Le Clot, avant de rejoindre les pistes de la station de ski des Égaux. Le chemin serpente entre forêts ombragées et prairies, jusqu'à la Pérelle et la Brévardière, avant de retourner au point de départ.

La Pinéa (moyen, balisage jaune et jaune-rouge, 2 heures 30 aller-retour). Commencez par rejoindre le col de Porte (c'est également le départ de la route du Charmant Som, p. 298), à environ 10 km au sud de Saint-Pierre-de-Chartreuse par la D512, et garez-vous près de l'auberge Les 3 Sommets. Le sentier est indiqué un peu plus loin, près d'un gros tronc d'arbre joliment sculpté de deux grosses têtes. Après 15 minutes sur une piste gravillonnée, on atteint une patte-d'oie où l'on prend à gauche en suivant le balisage jaune-rouge. Le tracé monte doucement dans la forêt, atteint Les Frettes (environ 45 minutes) puis Plénom. On prend alors à gauche vers la Pinéa pour une dernière montée indiquée en 25 minutes. Le paysage se découvre et devient plus minéral. La fin dans les rochers est un peu technique et exigeante, mais la récompense est un beau panorama à 360°.

Plus engagés : 9 **itinéraires de trail** sont proposés depuis Saint-Pierre-de-Chartreuse (infos sur chartreuse-tourisme.com). Des vestiaires et des douches sont à disposition toute l'année au magasin Raidlight (voir p. 300), qui est aussi la base d'accueil de ce village labellisé "station de trail".

VTT

De nombreux itinéraires à VTT sont présentés sur chartreuse-tourisme.com et à l'office de tourisme. **Brun Sport** (04

À NE PAS MANQUER

Le Charmant Som

Moins élevé que ses voisins Chamechaude et Grand Som, qui dépassent les 2 000 m, le Charmant Som (1 867 m) doit à son relief plus doux d'être couvert d'alpages. Son nom (précisons que "som" se prononce comme un "son") fait référence à un "pâturage sur une montagne". C'est l'un des derniers alpages d'Isère sur lequel des fromages sont encore fabriqués sur place. Si les vaches dessinent des taches mouvantes dans son paysage montagnard, les randonneurs sont autant des habitués de ce sommet.

Le Charmant Som s'atteint par le **col de Porte**, à environ 10 km au sud de Saint-Pierre-de-Chartreuse par la D512. De là, l'étroite D57d, qui part derrière l'auberge Les Trois Sommets, monte en lacet sur environ 7 km. L'hiver, elle est enneigée et fermée à la circulation. L'été, on peut se garer vers la fin de la route, avant la fromagerie et l'auberge.

Ce site, classé Natura 2000 du fait de sa biodiversité, voit cohabiter espèces naturelles, élevage et fréquentation touristique. Tout cela impose le respect de quelques règles. Aux randonneurs, on demande de ne pas s'éloigner des sentiers pour protéger les pelouses et les landes. Le site est par ailleurs interdit aux chiens du 10 juin au 15 octobre.

La **randonnée** (facile, environ 1 heure 30) qui se dirige vers le sommet, balisée jaune-rouge puis jaune, suit une boucle sans grande difficulté. Mieux vaut cependant être équipé de vraies chaussures de marche, car le terrain est caillouteux et peut être glissant. Notez qu'il n'y a pas d'eau au Charmant Som ; remplissez vos gourdes à l'avance. Le tracé évolue dans des paysages d'alpage dégagés. L'ombre est rare et le sentier monte à découvert, en pente modérée. À l'arrivée, on découvre une large vue sur les forêts et sommets environnants, ainsi que le site du monastère de la Grande Chartreuse.

Infos pratiques

À la fin de la route, l'**Auberge du Charmant Som** (04 76 88 83 38 ; www.aubergeducharmantsom.com ; plats midi/soir 17/24 €, plat enfant 10 € ; juin-sept midi et soir sauf dim soir) remporte un franc succès en saison avec ses immuables menus à base de fondue ou d'omelette à la ciboulette avec charcuterie et fromages (sans oublier la légendaire tarte aux myrtilles sur pâte briochée). Réservez longtemps à l'avance si vous souhaitez y dîner en été ! Juste derrière, la **Fromagerie du Charmant Som** (juin-oct tlj 8h-20h) vend en saison les fromages de sa production, notamment la tomme et le sérac, à base de petit lait.

76 88 62 12 ; brun-sports.com ; centre de Saint-Pierre-de-Chartreuse) loue en saison des VTT et VTC (10-40/16-50 € la demi-journée/journée selon le modèle), ainsi que des modèles à assistance électrique (25-49/40-69 €).

Ski, raquettes et peaux de phoque

Plusieurs sites, éclatés entre les hauts de Saint-Pierre, les abords du col du Cucheron (Le Planolet) et le col de Porte, proposent ski alpin, de fond et raquettes. L'ensemble est familial et tranquille. Renseignements sur chartreuse-tourisme.com et www.ski-alpin-chartreuse.com. Trois itinéraires sont également balisés pour le ski de randonnée à Saint-Pierre-de-Chartreuse (infos sur chartreuse-tourisme.com) avec vestiaires et matériel disponible à la base d'accueil attenante au magasin Raidlight (p. 300).

Où se loger

Le Petit Chartreux Gîte et chambres €

(06 64 90 53 31 ; lepetitchartreux.fr ; centre de Saint-Pierre-de-Chartreuse ; s/d 50/70 €, pers supp 25 € ;). Cet ancien hôtel propose une formule type "gîte". Les 3 chambres avec lit double et les chambres de 3 à 5 lits simples sont louées à la semaine, le week-end, pour 1 chambre ou tout le gîte, mais aussi à la nuitée selon les disponibilités. Un studio de 3 à 4 personnes est aussi disponible au 3e étage. L'accueil est certes inexistant (tout se fait par email ou sms et on laisse l'argent en partant) mais le confort est très satisfaisant, ce qui en fait une option pratique et d'un rapport qualité/prix très correct. Cuisine à disposition. Location des draps en sus.

Hôtel Beau Site Valeur sûre €€

(04 38 02 10 12 ; www.beausitehotel.fr ; centre de Saint-Pierre-de-Chartreuse ; d/tr 90/110 €, petit déj 13 € ;). Le principal établissement de Saint-Pierre-de-Chartreuse, en plein centre du bourg, est une adresse attachante. Les chambres ont une décoration assez classique et sont confortables, mais ce sont surtout la grande terrasse face au Chamechaude au-dessus de la piscine, le bar avec baby-foot, l'accueil souriant et les excellents petits déjeuners dans la grande salle lumineuse qui emportent l'adhésion. Restaurant réservé à la clientèle.

Les Ateliers du Cucheron Maison d'hôtes €€-€€€

(04 76 77 04 35 ; www.lesateliersducucheron.com ; col du Cucheron ; s/d/ste 79/96/112 € avec petit déj ; repas 30 € ;). À 4 km de Saint-Pierre, littéralement posée sur le col du Cucheron et au pied du Grand Som, cette maison d'hôtes chaleureuse et confortable vous accueille dans un joli salon dont la décoration originale et voyageuse donne le ton des lieux. Les 4 belles chambres et suites confortables, rendues accueillantes par une décoration soignée, disposent de salles de bains impeccables. Tarifs dégressifs à partir de 4 nuits, possibilité de bain nordique (5 €) et repas en table d'hôtes sur réservation.

Où se restaurer

Le 16'Art Cuisine raffinée

(04 76 88 65 42 ; devant l'église de Saint-Pierre ; menu 28 €, plats à partir de 13 € ; lun-sam midi + ven-sam soir). À l'angle de la grande esplanade de Saint-Pierre-de-Chartreuse, le 16'Art surprend par son audace, sa créativité et son excellent rapport qualité/prix. La salle, à l'ambiance conviviale et contemporaine, mêle pierre, bois et œuvres d'art locales, et le menu évolue chaque jour en fonction des arrivages, assurément locaux. Tartare de bœuf de Chartreuse revisité, filet de truite en croûte de noisette, risotto crémeux aux cèpes sauvages... Le chef partage facilement sa passion avec les clients.

Ferme de Brévardière Tendance bio et local €€

(04 76 88 60 49 ; www.brevardiere.fr ; La Brévardière, rte du col du Coq ; menu unique 28 € ; mai-oct jeu-dim midi et soir, nov-avr sam midi et soir et dim midi). L'une des adresses les plus séduisantes des environs vous

UOLIRI / STOCK ADOBE.COM ©

attend à environ 4 km de Saint-Pierre, juste avant Saint-Hugues-de-Chartreuse. Dans la belle petite salle où le bois clair domine, ou sur la terrasse, on sert un menu unique avec entrée, plat, (excellents) fromages fermiers, dessert et pain maison. Le plat fait généralement honneur aux viandes locales – le bœuf de Chartreuse au safran sur polenta est divin – mais un menu végétarien est proposé. Cette adresse d'un excellent rapport qualité/prix mise autant que possible sur le bio et le local. Pas de CB. Réservation indispensable.

Achats

Raidlight-Vertical Articles de sport
(04 76 53 35 55 ; raidlight.com ; centre de Saint-Pierre-de-Chartreuse ; tlj 9h-12h30 et 14h30-18h). À côté d'Oréade, cette boutique est la maison mère de ces deux marques d'équipement de trail et de loisirs en montagne. Les promotions y sont nombreuses. L'hiver, le magasin loue des skis de randonnée (35 €/jour) et des kits de sécurité avec détecteur, sonde et pelle (12 €).

Renseignements

Office de tourisme de Saint-Pierre-de-Chartreuse (04 76 88 62 08 ; chartreuse-tourisme.com ; centre de Saint-Pierre-de-Chartreuse)

Monastère de la Grande Chartreuse

Lieu fondateur de l'ordre des Chartreux, le monastère de la Grande Chartreuse est situé à 3 km de Saint-Pierre-de-Chartreuse par la D520b ("route du désert"). Le site se décline entre la **Correrie**, qui abrite un musée ouvert au public, et le **monastère** en lui-même, environ 2 km plus loin dans la "zone de silence" (accès à pied uniquement) ; ce dernier est fermé au public mais offre l'occasion de **balades et randonnées**.

L'histoire des Chartreux, selon les récits qui sont arrivés jusqu'à nous, débute en 1084 lorsque maître Bruno (appelé depuis saint Bruno) s'installe ici avec six compagnons, guidé par une "vision" de l'évêque de Grenoble. Le lieu a été

MARIUS DOICOV ©

OLIVIER CIRENDINI ©

De gauche à droite : monastère de la Grande Chartreuse ; musée de la Grande Chartreuse ; zone de silence

choisi pour son isolement, ce qui lui vaut d'être appelé "le désert". Les religieux y construisent les premiers bâtiments du monastère où ils entendent mener une vie d'ermites, sur ces terres données par les seigneurs locaux. En 1132, les bâtiments en bois de ce premier monastère sont entièrement détruits par une avalanche causée par des chutes de pierre en amont. La communauté est alors dirigée par le prieur Dom Guigues. Importante figure de l'histoire des Chartreux, il couche sur le papier les règles de l'ordre et entreprend de rebâtir le monastère, toujours en grande partie en bois, qui brûlera à de nombreuses reprises durant les siècles suivants.

L'immense ensemble (fermé au public) que l'on devine actuellement derrière ses hauts murs d'enceinte, avec ses huit clochers, ses alignements de bâtiments en pierre et ses immenses toitures, a été bâti à partir de 1676. L'ordre cartusien avait entre-temps pris son essor et essaimé dans de nombreux pays. Il fut dissous à la Révolution comme toutes les congrégations religieuses contemplatives, mais les moines furent autorisés à garder ici un lieu de retraite. Ils furent finalement expulsés en 1903 avec d'autres congrégations religieuses de France "non autorisées". Après 37 ans d'exil en Italie, les Chartreux profitèrent de la déclaration de guerre de l'Italie à la France pour se réinstaller sur le site d'origine de leur ordre en 1940. Les bâtiments ayant été inscrits à l'inventaire des monuments nationaux, ils louent depuis les locaux à l'État, qui en assure les frais d'entretien et maintient des conditions favorables à l'isolement de ces moines qui souhaitent vivre dans "un désert" : la route s'arrête donc à la Correrie (musée), la zone de silence est instituée et le survol par les avions de tourisme est interdit.

Les chartreux vivent une existence fondée en grande partie sur la solitude et le silence, dans l'espace clos de leur cellule individuelle. Les journées et une partie de la nuit sont rythmées par les prières, l'étude, et pour certains les travaux manuels. L'ordre se compose en effet des pères (en blanc), qui sont prêtres, et des frères (en bleu), qui sont laïcs et assurent le travail

OLIVIER CIRENDINI ©

L'élixir des Chartreux

Comme l'ordre des Chartreux, la liqueur qui porte leur nom garde une part de mystère. De la recette, tenue secrète par plusieurs moines qui n'en connaîtraient chacun qu'une partie, on sait juste qu'elle contient des extraits de 130 plantes. Désireux de subvenir à leurs besoins, les Chartreux se sont essayés au fil du temps à diverses activités, dont l'agriculture, qui leur aurait permis d'obtenir une excellente connaissance des plantes. C'est vraisemblablement dans la Chartreuse de Vauvert, à Paris, que naquit leur premier "élixir de longue vie", au XVIIe siècle. La recette fut ensuite rapportée à la Grande Chartreuse, simplifiée, puis déclinée en plusieurs breuvages en 1840.

Depuis cette date, la Chartreuse jaune (43°) et la Chartreuse verte (55°) sont les principales sources de revenus du monastère. En 2018, la production a été déplacée vers la distillerie d'Aiguenoire, qui ne se visite pas. Un espace de découverte, les **Caves de la Chartreuse** (www.chartreuse.fr) est installé à Voiron.

pour la communauté. Il reste une vingtaine d'institutions de Chartreux au monde. Celle de la Grande Chartreuse compte une vingtaine de moines. Elle tire notamment ses ressources de la vente de la liqueur de Chartreuse (voir l'encadré ci-dessus).

À voir

Correrie – Musée de la Grande Chartreuse

Découverte de l'ordre des Chartreux

(☎ 04 76 88 60 45 ; musee-grande-chartreuse.fr ; tarif plein/réduit/7-18 ans/fam 10/7/4,50/22,50 € ; ⏲ juil-août lun-sam 10h-12h30 et 14h- 18h30, dim 14h-18h30, juin lun-mer et ven-sam 10h-12h30 et 14h- 18h30, dim 14h-18h30, avr-mai et sept-oct lun-mer et jeu-dim 14h-18h). Seule partie de la Grande Chartreuse ouverte au public, le musée est installé dans la correrie ("lieu de l'intendance, du travail et du courrier", nous apprend-on) qui abrita pendant des années la retraite de certains frères. Un peu dans le désordre, on y découvre des informations sur la fondation de l'ordre, la vie quotidienne des moines, leur idéal de solitude et de vie dans un "désert", la liqueur de Chartreuse...

Activités

Randonnée

Une randonnée contemplative dans la zone de silence du "désert de la Chartreuse" invite à suivre les traces de saint Bruno, fondateur de l'ordre des Chartreux. Depuis le "parking des randonneurs", vous traverserez le pont des Allemands et longerez le ruisseau de Saint-Bruno. Le parcours offre de superbes vues sur les sommets du Grand Som et du Petit Som. En passant par la fontaine du habert de Chartroussette, la chapelle Notre-Dame-de-Casalibus, et en suivant plusieurs sentiers en forêt, vous gravirez et descendrez divers chemins, dont certains en lacet serré, avant de revenir au point de départ. Le parcours (4 heures) est ponctué de points de vue et de lieux de recueillement, et offre la part belle aux sentiers en balcon et aux pentes raides.

D'autres sentiers de randonnée partent de la Correrie vers le Petit Som (1 772 m, 3 heures 20 aller simple) et le Grand Som (2 026 m, 4 heures 10 aller simple).

Achats

Boutique du musée Liqueur

(lun-sam 10h30-13h et 14h-18h30, dim 14h-18h30). Dans un bâtiment du musée, vous pourrez trouver la liqueur de Chartreuse, en version verte et jaune (voir l'encadré page ci-contre).

Plateau des Petites-Roches

À l'est du massif de la Chartreuse, cet étroit plateau surplombe la vallée du Grésivaudan d'une falaise haute de près de 800 m, face à la chaîne de Belledonne. À une altitude moyenne d'environ 1 000 m, il est lui-même toisé par la haute silhouette minérale de la dent de Crolles (2 062 m), qui le domine de la même hauteur. Outre de belles randonnées, le plateau des Petites-Roches est célèbre auprès des amateurs de parapente pour sa falaise de Saint-Hilaire-du-Touvet.

À voir et à faire

Col du Coq Randonnées

À 7,5 km de route de montagne sinueuse au sud-est de Saint-Pierre-de-Chartreuse, au-dessus de Saint-Hugues, ce col situé à 1 435 m d'altitude (fermé en hiver) est le point de départ de belles randonnées.

Boucle du col de Pravouta (facile, environ 2 heures). Cette belle balade sans difficulté évolue dans un espace naturel sensible, au pied de la dent de Crolles. Suivez le balisage vers le col de Pravouta, sur un large sentier en légère montée. Après 20 minutes, le paysage s'élargit au pré Giclas (1 550 m), où un panneau indique Pravouta à 45 minutes (ne ratez pas le beau panorama en vous retournant). Dix minutes plus tard, une bifurcation indique le habert de Pravouta à gauche, et le col à droite. Faites un détour jusqu'au habert, petite maison-abri en pierre au milieu d'une belle zone d'estive, pour une pause dans le bruit des cloches des brebis. Revenez ensuite sur vos pas et continuez jusqu'au col de Pravouta (1 695 m). Il est possible de monter jusqu'à la croix de Pravouta (1 760 m). L'itinéraire se poursuit vers le col des Ayes (1 538 m), d'où part le sentier en lacet vers la dent de Crolles. Sur la fin de cette boucle, vous emprunterez un tronçon de GR®9 pour regagner le col du Coq.

Dent de Crolles (moyen à difficile, environ 4 heures aller-retour). Assez sportive sans être très difficile pour autant (sachant qu'elle gravit l'un des plus hauts sommets de la Chartreuse), cette randonnée débute en suivant le balisage vers le col des Ayes. Vous l'atteindrez en 30 minutes environ. Là commencent les choses sérieuses, avec 500 m de dénivelé, par un sentier en lacet qui part vers le Pas de l'Œille. La croix située au sommet de la dent de Crolles est alors visible. Notez que les modalités de bivouac à la dent de Crolles sont réglementées.

Saint-Hilaire-du-Touvet Vol libre et ski

De l'autre côté du col du Coq en venant de Saint-Pierre-de-Chartreuse, le site de Saint-Hilaire-du-Touvet est posé en bordure de la falaise, ce qui en fait un véritable balcon au-dessus de la vallée du Grésivaudan. Il n'en fallait pas plus pour attirer les amateurs de vol libre, notamment les parapentistes, dont les ailes colorées dessinent une multitude de taches colorées dans le bleu du ciel. Le site, mondialement réputé, accueille depuis 1974 la **Coupe Icare** (www.coupe-icare.org), plus grande manifestation mondiale de vol libre. Ce rassemblement accueille chaque année, durant 6 jours en septembre, près de 90 000 spectacteurs et des milliers de pilotes. Il est notamment célèbre pour son "Icarnaval", concours de vol déguisé. Plusieurs sites de décollage sont aménagés sur place. Envie de vous lancer ? Adressez-vous à l'école de parapente **Prévol** (04 76 08 38 71 ; www.prevol.com ; site de la Coupe Icare) qui organise des baptêmes (à partir de 80 €).

Inauguré en 1924 pour désenclaver le plateau et faciliter l'accès au sanatorium qui y était installé, le **funiculaire de Saint-Hilaire** (www.funiculaire.fr), l'un des plus anciens des Alpes, montait ici en 20 minutes depuis sa gare basse de

Montfort, en bordure de la D1090, 700 m en contrebas. Mais en décembre 2021, une crue torrentielle a totalement enseveli cette dernière, et entraîné sa fermeture. Sa réouverture est envisagée pour 2027. La **petite station de ski** (www.station-ski-saint-hilaire.fr ; forfait journée adulte/enfant 12/10 €) familiale de Saint-Hilaire, avec une dizaine de pistes de ski alpin, ski de fond et raquettes, a fortement pâti de la catastrophe. Fermée en 2022, elle a rouvert en 2024 grâce à une association de bénévoles.

Le restaurant **Le Funiculaire** (06 19 97 08 20 ; plats 20-28 € ; fermé lun), apprécié pour sa terrasse panoramique avec vue sur l'aire de décollage des parapentes, est installé à l'arrivée du funiculaire. Quelques mètres plus haut, **Le Baribal** (04 76 08 31 57 ; plats 17-22 € ; mer-dim), avec sa terrasse sous les tilleuls et son piano près du bar, est un joyeux lieu de vie des habitants. Sa carte simple, son café à 1 € et ses concerts deux samedis par mois sont très appréciés.

Col de Marcieu

Randonnée, ski, espace ludique

Ce col (1 060 m) situé 4 km au-dessus de Saint-Bernard-de-Touvet abrite un **Espace ludique** (04 76 08 31 58 ; www.col-marcieu.com ; 8-30 € selon activités ; juil-août tlj 10h-18h, mai-juin et sept sam-dim 13h-17h30, hiver selon enneigement). L'été, il propose des tyroliennes installées dans la forêt, des descentes à trottinette tout-terrain et du tubing sur revêtement synthétique. L'hiver, place au ski, à la luge et aux raquettes ! Snack-bars sur place.

L'autre bonne raison de se rendre au col est la **randonnée de la Croix de l'Aulp du Seuil** (difficile, environ 4 heures 30 aller-retour, plus de 750 m de dénivelé positif), un itinéraire en montée sans concession réputé comme l'un des plus beaux de Chartreuse. Le sentier, balisé jaune-rouge, part du col et suit une piste caillouteuse avant d'obliquer à droite et de passer sous des remontées mécaniques. L'itinéraire, assez exigeant, emprunte ensuite des passages empierrés jusqu'à atteindre les prairies de l'Alpette puis, par un passage sécurisé, la croix. La récompense est le large panorama, à 1 830 m d'altitude.

VERCORS

À cheval entre Isère et Drôme, le massif préalpin du Vercors est souvent considéré comme une "forteresse naturelle". On accède en effet au cœur de ce massif cerné de puissantes murailles calcaires via des routes vertigineuses taillées dans le roc de gorges spectaculaires, ou par des cols aux pentes sévères. Haut lieu de la Résistance durant la Seconde Guerre mondiale, ce plateau, agricole et peu peuplé, présente un paysage sauvage de combes idylliques, de pelouses rases, d'alpages où paissent bovins et ovins, de forêts de hêtres et de résineux. L'été, le massif, qui s'étage entre 1 000 et 2 300 m d'altitude (il culmine au Grand Veymont, dans la réserve naturelle des Hauts Plateaux du Vercors), est un paradis pour les amoureux de randonnées au cœur d'espaces montagnards aux panoramas grandioses ; l'hiver, c'est un rendez-vous prisé des amateurs d'excursions nordiques. Les musées consacrés à la Résistance et à la Seconde Guerre mondiale sont un autre point fort des lieux.

Le Royans, piémont de ce territoire, s'étend entre les plaines du Valentinois et les hautes terres du Vercors. Protégée des vents par les montagnes calcaires, appréciée pour son climat ensoleillé, cette petite région naturelle, traversée par de multiples cours d'eau, parsemée de champs, de bois et de noyeraies, ravira les amateurs de tourisme vert par ses paysages intacts et ses spécialités culinaires (les incontournables ravioles !).

Lans-en-Vercors et ses environs

Un des premiers contacts avec le plateau en venant de Grenoble, Lans-en-Vercors (2 600 habitants) a préservé son ambiance de village de montagne. Apprécié d'un public familial en quête d'un calme difficile à trouver en saison à Villard-de-Lans, le village est le point de départ de belles randonnées et abrite une petite station de ski. Les services sont limités, mais Villard-de-Lans n'est qu'à 8 km.

À voir

La Magie des Automates Musée

(☎04 76 95 40 14 ; www.magiedesautomates.fr ; 785 ch. des Fusillés ; tarif plein/réduit/2-14 ans 11,20/9,70/8,20 € ; ⌚vac. scol. tlj 10h30-18h30, sinon mer-sam 14h-18h30, dim 10h30-18h30). Créé en 1982 par un passionné, ce musée présente un monde féerique de personnages et machines articulés. On vous donnera une baguette "magique" pour lancer les animations. Des chalets thématiques, en extérieur, sont consacrés à la région.

Activités

Randonnée

Outre les suggestions ci-après, l'itinéraire pédestre menant au Vertige des Cimes (p. 307) offre un panorama à ne pas rater.

Plateau des Allières (facile, environ 1 heure 10). Cet itinéraire qui offre aussi une bonne possibilité de repas débute au parking des Barnets (1 266 m), 4 km au-dessus du village en direction de la station des Montagnes de Lans. On monte en une petite demi-heure à l'accueillante Auberge des Allières (voir p. 306). Plusieurs sentiers permettant de faire des boucles sont indiqués au collet du Furon, juste au-dessus, comme le sentier du Canyon ou le col de l'Arc. L'hiver, cette balade est balisée pour les raquettes et évite de croiser les pistes de ski de fond.

Vers le Moucherotte par le plateau des Ramées (moyen, environ 3 heures). Le Moucherotte (1 901 m) est l'un des sommets emblématiques de cette partie du Vercors. Sans nécessairement aller jusqu'à lui, une belle balade s'en approche en passant par le plateau des Ramées. L'itinéraire débute du parking des Virets, à l'entrée de la station de ski, en suivant l'itinéraire vers le belvédère du Vertige des Cimes (p. 307). Après 1 heure de montée régulière, on parvient au carrefour des Virets, où l'on prend à gauche. Le refuge du habert des Ramées est à 10 minutes de marche. On peut ensuite poursuivre à son gré vers le Moucherotte, indiqué en 1 heure 20 (aller simple) en traversant de beaux alpages.

Via Vercors (à pied, à vélo, avec une poussette, à cheval...). Une voie douce en montagne, voilà qui est assez rare pour être noté : c'est même une première ! Le secteur des 4 montagnes est doté d'un itinéraire reliant les 6 communes entre elles sur 55 km et sans grands dénivelés. Balisés par des disques orange indiquant la distance jusqu'au prochain village, les différents tronçons alternent sentiers, pistes forestières et parfois même parcours en bois sur pilotis, et sont agrémentés de tables de pique-nique, d'aires de jeux ou de tables d'orientation. Le niveau de difficulté est indiqué sur les plans par un code couleur : les deux tronçons rouges, plus difficiles, s'adressent aux VTT. Cartoguides disponibles dans les offices de tourisme des communes du territoire.

Ski

À 5 km au-dessus du village, la **station des Montagnes de Lans** (vercors-experience.com/ski-alpin-famille-lans-en-vercors.htm) propose 23 pistes de ski alpin entre 1 400 et 1 827 m d'altitude. Elle offre une majorité de pistes vertes et bleues, mais aussi 5 rouges et 1 noire. Le téléski de la Combe des Virets monte au belvédère du Vertige des Cimes (p. 307) d'où l'on peut redescendre par des pistes bleues ou rouges. Les amateurs de ski nordique trouveront leur bonheur sur les pistes du plateau des Allières et, en bas, du Val de Lans.

Où se loger et se restaurer

Maison Agathe et Sophie

Chambres d'hôtes €€€

(☎07 82 91 70 19 ; agathe-et-sophie.fr ; 1123 ch. des Blancs ; d avec petit déj 100-130 € environ selon confort et saison). Dans un hameau isolé, entre Lans-en-Vercors (à 4,5 km) et Villard-de-Lans, cette grande maison design à la façade habillée de bois abrite un confortable salon et 3 chambres impeccables. L'ensemble est un peu cher, mais le sauna à l'intérieur et le bain norvégien sur la terrasse (supplément de 20 €/chambre) sont bienvenus et les lieux dégagent un vrai charme. Les adeptes de la déconnexion se féliciteront de l'absence voulue de Wi-Fi et de TV (les accros trouveront du réseau !). Bon accueil.

Hôtel du Col de l'Arc

Hôtel-restaurant €-€€

(04 76 95 40 08 ; www.hotelcoldelarc.com ; centre de Lans-en-Vercors ; s/d/tr 66/80-86/98 € ; petit déj 13 € ; plats 11-17 €, menus 19-23-32 € ;). Depuis 1892, la famille Mayousse est à la tête de cet établissement situé en plein cœur de Lans-en-Vercors, où les habitués sont nombreux à venir boire un café les jours de marché. Les chambres, spacieuses, offrent un confort simple mais très correct compte tenu de leurs tarifs – mention spéciale pour la vue de la chambre 24 sur le clocher et la montagne. Le restaurant sert des plats classiques et locaux – salades, ravioles, grillades – en plus de quelques suggestions plus élaborées. Outre la belle piscine en été, cette auberge familiale se distingue avant tout par son excellent accueil. Loue aussi des appartements à la semaine.

Auberge de la Croix-Perrin

Hôtel-restaurant €€

(04 76 95 40 02 ; www.vercors-hotel.com ; col de la Croix-Perrin ; d 79-218 € selon confort et saison, plats 22-28 € ;). À 5 km de Lans-en-Vercors par la D106, au col du même nom, l'Auberge de la Croix-Perrin vous séduira si vous recherchez un peu d'isolement. Sensibilisée au tourisme durable et rénovée en 2021, elle décline une atmosphère cosy dans ses 15 chambres confortables avec vue sur la forêt. Un sauna et un Jacuzzi sont à disposition (20 €/chambre). Accueil chaleureux. Le restaurant propose une carte variée tout en restant de saison et faite maison.

Auberge des Allières

Restaurant avec accès à pied €€

(04 76 94 32 32 ; www.aubergedesallieres.com ; plateau des Allières ; plats 18-24 € ; 10h-17h, quasiment tte l'année, se renseigner hors saison). Gratin de ravioles, assiette de charcuterie, burger au fromage à raclette ou au bleu du Vercors, tarte aux myrtilles... voilà des plats susceptibles de caler l'estomac des randonneurs. Située sur le plateau des Allières (voir p. 305), cette adresse ne s'atteint qu'à pied ou en raquettes. À l'arrivée, une jolie salle en pierre où crépite un feu de cheminée dès les premiers frimas et, en été, une grande terrasse. Cette bonne adresse est indiquée à une demi-heure de marche depuis le parking Les Barnets, 4 km au-dessus de Lans-en-Vercors vers le domaine skiable des Montagnes de Lans.

Villard-de-Lans

Plus importante localité du Vercors, Villard-de-Lans compte 4 300 habitants, mais les foules sont bien plus nombreuses à se presser dans ses restaurants de spécialités montagnardes en saison ! La ville offre peu de charme architectural en elle-même, mais doit son activité à ses stations de ski, à ses services et à son emplacement au cœur du plateau du Vercors. Villard ne se limite pas au noyau de ruelles de son centre-ville, la localité incluant les nombreux hameaux qui la bordent.

Activités

Ski Domaine de Villard-Corrençon

Avec 125 km de pistes de ski alpin pour tous niveaux et des espaces pour les débutants, la **station de Villard-Corrençon** (www.villardcorrencon.com, villarddelans-correnconenvercors.com) offre le plus grand domaine skiable du Vercors. Elle est disséminée en plusieurs sites reliés entre eux, des hauteurs de Villard-de-Lans (Les Glovettes, Balcon de Villard, Côte 2000) au Clos de la Balme à Corrençon-en-Vercors, 7 km plus au sud, plus sauvage. Côté ski nordique, 125 km de pistes sont

XFLAHAUT / STOCK.ADOBE.COM ©

À NE PAS MANQUER

Vertige des Cimes

2,3 m d'avancée au-dessus de 300 m de vide... Ainsi pourrait-on résumer Vertige des Cimes. Cette passerelle en métal créée en 2014 sur les hauteurs de Lans-en-Vercors, à 1 715 m d'altitude, est pourtant bien plus que cela. Un petit pas, un grand souvenir ! Le lieu n'a pas été choisi au hasard : en bordure de la falaise qui délimite l'est du Vercors, ce balcon sur les Alpes révèle un paysage à couper le souffle. Du Moucherotte, tout à gauche, au Grand Cheval du Vercors, à droite, le panorama déroule l'intégralité des massifs de la Chartreuse, de Belledonne, de l'Oisans et du Dévoluy. Charmant Som, Chamechaude, dent de Crolles, grand pic de la Meije, Obiou, mont Blanc enneigé juste derrière Grenoble... tous les sommets sont là, alignés comme à la parade !

La passerelle, totalement sécurisée, n'est pas très impressionnante même pour les personnes sujettes au vertige, car son avancée est relativement faible. Une table d'orientation, juste à côté, permet de mettre un nom sur tous les sommets qui s'offrent au regard.

L'**itinéraire de randonnée** est indiqué depuis le parking Les Virets, situé dans un grand virage 5,5 km au-dessus de Lans-en-Vercors, à l'entrée de la station de ski des Montagnes de Lans. Il n'offre pas un grand intérêt car il évolue en partie le long des installations de la station de ski, mais le panorama de l'arrivée compense ce bémol. Le tracé monte par une large piste en suivant un balisage dédié "Vertige des Cimes" et retrouve rapidement le balisage blanc-rouge du GR®91 (Traversée des Hauts Plateaux du Vercors). Après avoir dépassé le croisement de sentiers des Virets (départ notamment vers le Moucherotte, voir p. 305), on atteint un replat au terme d'une heure de montée, après être passé sous la ligne du remonte-pente. Le belvédère vous attend peu après, au niveau de l'arrivée du téléski.

Infos pratiques

Le belvédère est accessible librement et aisément toute l'année. À pied, comptez environ 2 heures aller-retour, par un sentier en pente modérée. En hiver, on y accède directement par le téléski de la combe des Virets lorsque la station est ouverte.

L'itinéraire traverse une zone de protection des tétras-lyres (voir l'encadré p. 309) et des alpages où vous risquez en été de croiser des chiens de berger (voir l'encadré p. 296).

proposés également et relient Corrençon au secteur de Bois-Barbu, au sud de Villard-de-Lans. Des navettes desservent l'ensemble en saison.

Télécabine Côte 2000

Point de vue, VTT, randonnée, ski...

Depuis le Balcon de Villard, site principal de la station de ski de Villard-de-Lans, à 4,5 km au-dessus du bourg, la **télécabine Côte 2 000** (04 76 94 50 50 ; villarddelans-correnconenvercors.com ; piéton tarif unique 10 €, VTT adulte/étudiant 23/18 € pour 3 heures, hiver selon forfait ; juil-août tlj, juin et sept sam-dim, hiver selon l'ouverture de la station) monte en 8 minutes à 1 720 m d'altitude (révélant au passage comment une station de ski peut nuire au paysage...). L'hiver, c'est l'une des 21 remontées mécaniques qui desservent les **pistes de ski** bordées de sapins. L'été, la télécabine permet aux amateurs de VTT de rejoindre les 6 belles pistes de descente du **bike-park**, et aux marcheurs d'apprécier le panorama et de se dégourdir les jambes. L'itinéraire le plus apprécié est la **randonnée du lac de la Moucherolle** (facile, 2 heures aller-retour), plan d'eau aux eaux vertes, qu'un sentier rejoint en suivant les installations des remontées mécaniques.

Un **bar-restaurant**, installé à l'arrivée de la télécabine, ouvre aux mêmes horaires.

Lac de la Moucherolle

Où se loger et se restaurer

Le Dauphin

Hôtel €€-€€€

(04 76 95 95 25 ; www.hotel-le-dauphin-vercors.com ; 220 av. du Général-de-Gaulle ; d 111-159 € selon saison ; fermé avr et nov ;). En plein centre de Villard, face à la gare routière, ce grand bâtiment légèrement en retrait abrite 19 jolies chambres (aux toutes petites salles de bains), refaites dans un style montagnard privilégiant le bois clair. Bon accueil.

Le Pot de vin

Restaurant €-€€

(04 76 95 14 66 ; 80 rue des Pionniers ; plats 10-28 € ; tlj midi et soir). Dans le centre, mais un peu à l'écart des rues les plus animées, c'est l'une des adresses les plus attachantes de Villard. Dans une salle chaleureuse, ou sur la terrasse où le barbecue chauffe à plein régime en été, on sert ici une cuisine qui n'hésite pas à sortir des spécialités régionales habituelles, avec des salades et bowls d'inspiration voyageuse et un grand choix de (bons) tartares de poisson et de bœuf. Les inconditionnels des pizzas et burgers trouveront également leur bonheur à la carte.

Chez Mamie

Restaurant €€

(04 76 27 75 42 ; www.chezmamierestaurant.fr ; 46 av. du Général-de-Gaulle ; plats 17-25 €, formule déjeuner 18,50 € ; tlj midi et soir en saison). Impossible de rater cette terrasse qui fait presque face à l'office de tourisme et précède une salle à l'atmosphère colorée et chaleureuse. À la carte, les inévitables burgers et plats montagnards, mais c'est l'influence créole amenée par une partie de l'équipe dont le chef, lui-même réunionnais, que l'on apprécie en particulier : le rougail saucisses, le cari d'agneau massalé ou encore le planteur transportent tout le monde au soleil.

Renseignements

Office de tourisme de Villard-de-Lans (☎ 04 76 95 10 38 ; villarddelans-correnconenvercors.com ; 31 av. du Général-de-Gaulle ; ⌚ lun-sam 9h-12h et 14h-18h, dim 9h-12h30). Renseigne sur toutes les activités et vend une brochure sur les itinéraires vélo dans les environs (3 €).

Corrençon-en-Vercors

Point de départ ou d'arrivée des randonnées dans la réserve naturelle des Hauts Plateaux (p. 310), ce village pittoresque aux maisons à pignon lauzé a des airs de bout du monde ; plus sauvage et bien plus joli que Villard-de-Lans, il reste un secret bien gardé des amoureux de la montagne authentique. On rejoint sa voisine par les pistes de ski en hiver. Le village abrite aussi un golf 18 trous réputé, avec vue sur la Grande Moucherolle.

Où se loger et se restaurer

Ze Camp Hôtel-restaurant €€
(☎ 06 47 57 74 48 ; zecamp.fr ; Le Bruchet ; d/qua/ste 6 pers : 98-100/110-120/135-145 €). Aux portes de la réserve naturelle des Hauts Plateaux, du GR®91 et au départ du golf, cet établissement conçu et tenu par la championne de biathlon Marie Dohin-Habert accueille aussi bien les équipes sportives dans le cadre de leur préparation que le public en quête de grand air. Dans ce bâtiment moderne qui se fond dans le décor, les 15 chambres sont modulables pour 1 à 6 personnes. Les grandes baies vitrées comme les cartes IGN géantes fixées sur les murs en béton brut invitent aux activités de plein air. Au restaurant : des produits bio et locaux et, pour éviter le gaspillage, un menu unique et sur réservation (midi/soir 17/23 €). Des sorties sportives, botaniques ou ornithologiques sont proposées.

Aux 2 Sœurs Sur place ou à emporter €
(☎ 04 76 85 45 60 ; 27 pl. de l'Église ; plat du jour 12 €, tarte ou cake 6 € ; ⌚ mer-lun 8h-20h30). Pour remplir son sac à dos ou son estomac de randonneur avec des préparations gourmandes et maison, cette adresse située au pied de l'église est une valeur sûre. Les Deux-Sœurs est ici le nom de deux sommets proches séparés par un col étroit, mais c'est aussi le lien des deux propriétaires, Gaëlle et Céline, fines cuisinières et baroudeuses ayant retrouvé leur village d'origine. Des pizzas aux cakes salés en passant par les salades, pâtisseries ou glaces artisanales, la générosité est au rendez-vous, tout comme la chaleur de l'accueil.

Protégeons le tétras-lyre !

Aussi appelé petit coq de bruyère, le tétras-lyre est l'un des emblèmes du Vercors. Ce petit coq doit son nom à la queue du mâle, qui évoque la forme arrondie et symétrique d'une lyre. Il affiche une couleur noir bleuté et une petite crête rouge, tandis que la femelle a une livrée mouchetée de blanc, de brun et de noir.

Les tétras-lyres vivent vers 1 300 m. Au printemps, les mâles se livrent à d'exubérantes parades nuptiales. En hiver les couples se construisent un habitat dans la neige, véritable petit igloo.

L'habitat des tétras-lyres est cependant menacé par la fréquentation des randonneurs et des skieurs, au point que leur population diminue dans les Alpes. Vous croiserez donc parfois des panneaux invitant à éviter leurs zones de nidification.

Renseignements

Office de tourisme de Corrençon-en-Vercors (☎ 04 76 95 81 75 ; villarddelans-correnconenvercors.com ; pl. de la Mairie)

Autrans-Méaudre

À une dizaine de kilomètres de Villard-de-Lans et à peine plus de Lans-en-

MAXIME OUNG / STOCK.ADOBE.COM ©

La réserve naturelle nationale des Hauts Plateaux du Vercors

À cheval entre Drôme et Isère, la plus grande des réserves naturelles de France métropolitaine, créée en 1985 et partie intégrante du **parc naturel régional du Vercors** (04 76 94 38 26 ; www.parc-du-vercors.fr), s'étend sur quelque 17 000 ha, entre 1 050 et 2 341 m d'altitude – où culminent le **Grand Veymont** (en Isère), puis l'emblématique **mont Aiguille** (2 086 m, en Isère). Ce plateau calcaire karstique sauvage et inhabité, haut lieu du pastoralisme, présente un intérêt naturel majeur, mosaïque de paysages, entre prairie d'alpage, forêt de pins et une flore riche de quelque 747 espèces végétales. Côté faune, c'est le royaume des chamois, des marmottes, de l'aigle royal et du tétras-lyre mais aussi d'espèces plus rares comme le loup, le lagopède alpin ou le bouquetin des Alpes, réintroduits ces dernières années. Pour protéger ce milieu fragile, peu de sentiers de randonnée sont aménagés. Renseignez-vous sur les conditions météorologiques, avant d'entreprendre toute incursion sur les Hauts Plateaux.

Vercors, Autrans-Méaudre, deux villages aujourd'hui fusionnés en un seul, compte quelques pistes de ski alpin, mais est surtout renommé pour son domaine de ski nordique. Entre plaines, crêtes et forêts, les itinéraires se dévoilent sur une centaine de kilomètres et ont valu au site du côté d'Autrans le surnom de "petite Scandinavie". C'est ici qu'est organisée depuis 1979 la **Foulée Blanche** (www.lafouleeblanche.com), l'une des plus célèbres compétitions de ski de fond de France. L'été, à Méaudre, la piscine municipale au milieu des champs vallonnés rafraîchit les promeneurs de jolie manière.

Où se restaurer

La destination a vu fleurir dernièrement de très bonnes tables : **Palégrié chez l'Henri** (palegrie.fr ; 66 rue de la Tour ; menu midi 48 €, dîner à partir de 73 € ; midi ven-lun, soir lun et jeu-sam) qui, dans une belle grange rénovée, sert une cuisine très créative où tout est méticuleusement cuit au four à bois, y compris les légumes, et **La Bohème** (60 rte du Furon ; menu 29,50 €, plat 25 € ; mer-sam soir; + sam et dim midi), qui propose une cuisine mélange de terroir et de voyage, et dispose d'une très belle terrasse couverte.

Renseignements

Office de tourisme d'Autrans-Méaudre (04 76 95 20 68 ; vercors-experience.com ; Autrans, 49 rte du Vercors ; Méaudre, pl. du Village)

Pont-en-Royans et ses environs

Situé en limite de la Drôme, Pont-en-Royans est un point de passage depuis le Moyen Âge. La ville doit en effet son essor, comme son nom, à son emplacement stratégique en un lieu permettant de franchir la Bourne. Le petit pont de pierre bâti au centre du bourg, qui n'a cessé d'être reconstruit et amélioré au cours des siècles, a ainsi toujours été sa raison d'être. Les habitants firent longtemps commerce de bois. Les troncs étaient assemblés ici en radeaux pour être flottés vers le sud, ce que les eaux ne permettaient pas en amont. Le courant de la Bourne fut ensuite mis à profit pour actionner un moulin à carder et filer la laine, ainsi que des tours à bois. Outre son pont et ses maisons "suspendues" à côté, elle doit son attrait aux sites qui la bordent, notamment les gorges de la Bourne et la grotte de Choranche.

À voir

Autour du pont Picard — Patrimoine

Appelé **pont Picard** pour une raison qui reste obscure, l'ouvrage de pierre qui enjambe les eaux de la Bourne a été élargi au XIXe siècle. Plus que le pont en lui-même, ce sont surtout les **maisons "suspendues"**, dont les balcons de bois sont accrochés en surplomb des gorges, qui retiennent l'attention. Certaines datent du XVIIe siècle. Vous trouverez à l'office de tourisme un plan de balade dans les ruelles du centre, qui passe par les **rives de la Bourne**, agréables pour se rafraîchir en été au pied du pont. Un itinéraire monte également jusqu'au **belvédère des Trois Châteaux**, au-dessus du bourg.

Gorges de la Bourne — Route impressionnante

Dès la sortie de Pont-en-Royans en direction de Villard-de-Lans, la Bourne, qui prend naissance à Lans-en-Vercors, coule dans des gorges profondes et impressionnantes qui comptent parmi les plus belles de la région. La D531, qui s'y engage, a été réalisée vers 1860, et a en partie été taillée dans la roche, ce qui représentait alors une prouesse technique.

Grotte de Choranche — Curiosité géologique

(04 76 36 09 88 ; www.visites-nature-vercors.com ; 2865 rte des Grottes, Choranche ; tarif plein/11-17 ans/4-10 ans/-3 ans 13,70/12,10/8,50 €/gratuit, +1 € juil-août ; visites guidées tte l'année). Située au-dessus des gorges de la Bourne (bien indiqué depuis la D531, à 3 km), cette grotte karstique creusée par les cours d'eau souterrains fut explorée pour la première fois par Oscar Descombaz, en 1897. Ouverte au public depuis 1967, elle se démarque par ses étonnantes stalactites fistuleuses – très fines, elles ressemblent à des spaghettis mais sont surnommées "macaronis" car elles sont creuses. La visite guidée, d'environ 1 heure, parcourt environ 500 m des 33 km du réseau de galeries et s'achève par un petit spectacle son et lumière dans l'impressionnante salle "de la cathédrale", haute de près de 25 m. Elle est également l'occasion d'observer des protées, créatures aveugles et dépigmentées proches des salamandres, conservées dans un aquarium.

La grotte est très fréquentée en été, ce qui nuit parfois à la visite. La température, constante, est de 10°C. Les poussettes ne sont pas admises. Vous trouverez un bar-restaurant sur place et un autre en bord de route peu avant la grotte.

Musée de l'Eau — L'eau dans tous ses états

(04 76 36 15 53 ; musee-eau.fr ; pl. du Breuil, Pont-en-Royans ; tarif plein/réduit/5-16 ans 7/6/4,50 €, gratuit pour les clients de l'hôtel ; tlj juil-août 10h-18h30, sept-oct 10h-12h30 et 13h30-18h, nov-mars lun-ven 10h-12h30 et 13h30-18h, sam-dim 10h-12h et 14h-17h30). La planète bleue, ses rivières, son eau qui se transforme en neige et peut même produire de l'électricité... Cette exposition rappelle que l'eau est partout dans nos vies, avec des aspects qui peuvent être tant bénéfiques que dévastateurs. L'ensemble est brouillon mais présente de vrais éléments de découverte aux enfants, en utilisant au passage quelques films 3D. Après une salle consacrée à EDF, partenaire du musée, l'exposition finit dans le hall de l'hôtel où se trouve un bar proposant des eaux minérales du monde. Une visite à privilégier les jours où il tombe de l'eau...

Jardin des fontaines pétrifiantes — La Sône

(04 76 64 43 42 ; www.visites-nature-vercors.com ; 184 impasse des Tufières, La Sône ; tarif plein/11-17 ans/4-10 ans/-4 ans 12/10,80/7,20 €/gratuit, + 1 € juil-août ; jours et horaires variables, se renseigner). À 10 km au nord-ouest de Pont-en-Royans, ce joli

MARIUS DOICOV ©

petit jardin est rempli de fleurs, curiosités végétales et installations amusantes. On y voit également une source "pétrifiante" : son eau est tellement riche en calcaire que les petits objets que l'on dépose sous son cours se couvrent en quelques mois d'une couche de calcite scintillante, donnant l'impression qu'ils ont été transformés en pierre. Les jardins, dans le bruit constant de l'eau qui coule d'une haute cascade, sont apaisants et amuseront les enfants.

Où se loger et se restaurer

Hôtel du musée de l'Eau Hôtel-restaurant €€
(04 76 36 17 90 ; musee-eau.fr/hotel ; pl. du Breuil, Pont-en-Royans ; s/d 69-78/86-94 € selon confort et saison ; plats 12-33 € ; tte l'année ;). Créé en 2002 par l'ancien maire, l'ensemble regroupant le musée de l'Eau et l'hôtel-restaurant du même nom est la référence de la ville. Les chambres sont impeccables et fonctionnelles – préférez celles avec vue sur le pont, pour quelques euros de plus –, l'accueil souriant et le bar à eau original. Le restaurant sert, comme il se doit, des ravioles de Royans (nature ou déclinées à la crème, aux noix, à la truite fumée du Vercors), mais vous pourrez aussi déguster un filet d'omble chevalier, un filet de bœuf Rossini ou une suggestion végétarienne. La grande terrasse accueille des concerts le vendredi.

Renseignements

Office de tourisme de Pont-en-Royans (04 76 38 53 85 ; tourisme.saintmarcellin-vercors-isere.fr ; 48 Grande-Rue).

Saint-Nazaire-en-Royans et ses environs

Porte d'entrée ouest du Vercors, dans la Drôme, ce village séduit avec son aqueduc dominant le lac artificiel de la Bourne, un affluent de l'Isère, qui est bordé d'étonnantes roches rouges. Il ne faut pas hésiter à se faufiler dans les ruelles du cœur du bourg, qui ont gardé leur cachet médiéval, et sont dominées par une église romane.

RUDIERNST / STOCK.ADOBE.COM ©

VMONET / STOCK.ADOBE.COM ©

De gauche à droite : Pont-en-Royans (p. 310) ; gorges de la Bourne ; Jardin des fontaines pétrifiantes

À voir

Aqueduc — Ouvrage d'art

(☎04 75 48 49 80 ; parvis de l'Aqueduc ; tarif plein/4-18 ans/fam 4/2/10 €, gratuit -4 ans ; ⏲juil-août tlj 10h30-12h30 et 13h30-17h30, juin et oct mer-dim 10h30-12h30 et 13h30-17h30). Du haut de ses 35 m, cet ouvrage à 17 arches enjambe Saint-Nazaire et le lac de la Bourne. L'aqueduc fut érigé dans les années 1870 pour acheminer les eaux du canal de la Bourne vers la plaine de Valence. Un ascenseur panoramique vous permet d'accéder à son sommet, où vous pourrez déambuler sur une grille qui surplombe et suit le canal pour profiter d'une vue imprenable sur le village et le Royans. Accès par l'Espace Royans & Vercors, un espace touristique et muséographique qui abrite l'office de tourisme (voir p. 314).

Grotte de Thaïs — Préhistoire

(☎04 75 48 45 76 ; www.visites-nature-vercors.com ; 2-3 pl. des Fontaines-de-Thaïs ; visites guidées 1 heure tarif plein/11-17 ans/4-10 ans 10,70/10,60/7,30 €, gratuit -4 ans, +1 € juil-août ; ⏲avr-sept, horaires variables). Au cœur de Saint-Nazaire, cette grotte, modelée par la Thaïs, qui la traverse avant de se jeter dans la Bourne, est extrêmement colorée en raison des oxydes de fer déposés par les eaux sur ses parois. Découverte à la fin du XIXe siècle, cette cavité souterraine labyrinthique fut occupée par les hommes de Cro-Magnon il y a 20 000 ans. La visite guidée revient sur les spécificités géologiques de la grotte et présente le fascinant travail des spéléo-plongeurs. Une excellente visite familiale et l'assurance d'un peu de fraîcheur au cœur de l'été !

Rochechinard — Ruines médiévales

À 5 km au sud de Saint-Nazaire, au pied des monts du Matin, ce tout petit village d'une centaine d'habitants mérite le détour pour les ruines romantiques d'un château féodal dont l'origine remonterait à la fin du XIe siècle. Près de la chapelle et du cimetière avec vue sur le Vercors, la **Maison-musée de Rochechinard** (☎04 75 47 74 23; tarif plein/-12 ans 5 €/gratuit ; ⏲mi-juil à début sept mar-dim 15h-19h, visites guidées toutes les heures), installée dans l'ancien presbytère du XVIIIe siècle, revient sur la vie quotidienne d'autrefois. Des expositions

VAUT LE DÉTOUR
Saint-Antoine-l'Abbaye

Seul village de l'Isère à être labellisé parmi les Plus Beaux Villages de France, le bourg médiéval de Saint-Antoine-l'Abbaye est à seulement 21 km au nord-ouest de Pont-en-Royans. Il tient une place à part dans l'histoire religieuse locale car c'est ici qu'un seigneur dauphinois aurait rapporté les reliques de saint Antoine le Grand, moine ascète mort en Égypte en 356. L'ordre des Antonins fit ensuite prospérer le bourg, notamment en soignant les malades du "mal des ardents" (ergotisme), affection de l'extrémité des membres causée par un champignon parasite du seigle qui faisait des ravages au Moyen Âge.

Aujourd'hui, ce joli village en pierre blonde mérite la visite pour ses bâtiments superbement restaurés, ses ruelles, sa halle, et bien sûr son **église abbatiale**. En cours de restauration lors de notre dernier passage (ce qui n'empêche pas la visite), elle est un des plus beaux exemples d'architecture religieuse gothique du département.

L'**office de tourisme** (☎04 76 38 53 85 ; tourisme.saintmarcellin-vercors-isere.fr) propose un plan de visite du village (également téléchargeable en ligne). Le **musée départemental** (☎04 76 36 40 68 ; musees.isere.fr) s'intéresse pour sa part à l'histoire du bourg et de son abbaye, et à l'utilisation thérapeutique des parfums.

Si vous décidez de prolonger l'expérience, l'hôtel-restaurant **Chez Camille** (☎06 82 43 05 99 ; www.chezcamille-restaurant.fr), petite adresse accueillante en plein centre du bourg, remporte de bons échos, tout comme les 5 chambres d'hôtes de **L'Antonin** (☎04 76 36 41 53 ; lantonin.fr), non loin. Le gîte écoresponsable pour 2 personnes **Graine de Tilia** (☎06 74 30 23 60 ; grainedetilia.com) est installé dans un éco-hameau un peu avant le village.

et autres événements culturels tels que des concerts ou conférences y sont organisés. Au départ du musée, un **circuit en boucle** facile de 3,9 km (1 heure, 135 m de dénivelé) permet de découvrir les ruines du château et le beau panorama offert sur les paysages alentour.

Activités

Bateau à roue Royans-Vercors — Croisière

(☎04 76 64 43 42 ; www.visites-nature-vercors.com ; 2-3 pl. des Fontaines-de-Thaïs ; aller-retour tarif plein/11-17 ans/4-10 ans/-4 ans 16,20/14,60/10,80/3 €, +1 € juil-août ; avr-oct plusieurs départs/jour). Depuis un embarcadère au pied de l'aqueduc, montez sur un bateau à roue – inspiré des embarcations qui voguent sur le Mississippi – pour une croisière le long de l'Isère, jusqu'à La Sône (Isère). Une balade commentée de 1 heure 30 aller-retour vous fera découvrir l'environnement et les paysages de l'Isère.

Achats

L'Empreinte locale — Boutique partagée

(☎04 58 22 00 66 ; 1 rue des Mariniers ; tlj 11h-18h durant vac. scol., sinon lun, mer et ven-dim 13h-18h30). À quelques mètres de l'embarcadère en direction du parking, cette petite boutique réunit les meilleurs produits fermiers et artisanaux du Vercors dans un rayon de 25 km : confitures, huile de noix, bières, fromages, savons... Accueil très sympathique.

Renseignements

Office de tourisme de Saint-Nazaire-en-Royans (☎04 75 48 49 80 ; parvis de l'Aqueduc)

Saint-Jean-en-Royans et ses environs

Au pied des blanches falaises du Vercors, cette petite ville de 3 000 habitants, née d'un prieuré bénédictin aux alentours de l'an mil, apparaît comme la capitale drômoise du Royans. Célèbre pour ses traditions ancestrales (la raviole du Royans ou la tabletterie), elle constitue une halte plaisante pour le visiteur grâce à son charme quasi méridional, avec ses terrasses de café face à l'église Saint-Jean-Baptiste (qui renferme de belles peintures de style baroque, issues de la chartreuse de Bouvante, aujourd'hui disparue). Le bourg est au débouché du cirque de Combe-Laval, immense brèche dans le massif du Vercors. La pittoresque route de Combe-Laval, taillée dans le roc, mène au cœur du Vercors.

À voir et à faire

Route de Combe-Laval Vertigineux

Cette route, parmi les plus remarquables du Vercors, fut ouverte à la toute fin du XIXe siècle dans le but de développer l'exploitation de la forêt de Lente. Depuis Saint-Jean-en-Royans, à 253 m d'altitude, la D76 grimpe raide jusqu'au **col de la Machine** (1 011 m), où un panorama grandiose de la Combe-Laval vous attend. Taillée dans la falaise, cette succession de virages, de tunnels creusés à fleur de roche, offre des vues vertigineuses, notamment au col de Gaudissart, perché à 600 m au-dessus du cirque de Royans. Passé le col de la Machine, la route descend à travers la **forêt de Lente**, propice à de belles balades. Au carrefour des Trois-Routes, passé Lente, vous avez la possibilité de poursuivre la D76 à l'est, vers le pays de Vassieux-en-Vercors, ou de prendre la belle D199, qui vous mènera au **col de la Bataille** (1 313 m). De là partent les excursions du **plateau d'Ambel** (voir p. 317), offrant un point de vue sublime sur le Diois et les gorges de la Gervanne, en contrebas.

Monastère Saint-Antoine-le-Grand Byzantin

(04 75 47 72 02 ; monastere-saint-antoine.fr ; 4560 rte de Laval, Saint-Laurent-en-Royans ; tarif plein/-12 ans 4 €/gratuit ; mi-mai à mi-juil et sept mer et sam 14h30-17h30, mi-juil à fin août mar-sam 14h30-17h30, oct-mai sur rdv). Au creux du cirque de Combe-Laval, un monastère romano-byzantin se niche dans le vallon sauvage du Cholet, à quelques kilomètres de Saint-Laurent-en-Royans via la route forestière. Fondé en 1978, ce sanctuaire insolite aux allures de bout du monde, placé sous la juridiction du patriarcat œcuménique de Constantinople, vaut le détour, ne serait-ce que pour les 600 m^2 de peintures murales exécutées par un couple d'iconographes russes.

Abbaye de Léoncel Cistercien

(06 33 05 05 22 ; abbaye-leoncel-vercors.com ; Léoncel ; gratuit ; tlj 8h30-20h). À moins de 10 km du col de la Bataille, lovée dans un très beau val isolé cerné par la montagne, l'abbaye cistercienne fut fondée en 1137 à 912 m d'altitude par des moines

Route de Combe-Laval

de l'abbaye de Bonnevaux, et connut son apogée au XIIIe siècle. Les moines quittèrent les lieux à la Révolution, mais l'abbatiale fut sauvée de la destruction en devenant église paroissiale. Petit bijou d'art roman mâtiné d'art provençal, l'édifice de pierre calcaire, dominé par un clocher de type alpin, présente un décor dépouillé, typiquement cistercien. Une association l'ouvre aux visiteurs et y organise des concerts tout l'été. Très belle ambiance au coucher du soleil. Le bivouac est autorisé sur le terrain au pied de l'abbaye (voir ci-contre) !

Tabletterie Desfonds Artisanat
(06 84 36 36 01 ; rte de Lente, Saint-Jean-en-Royans ; mai-oct mar-ven 10h-12h et 14h-17h, sinon sur rdv). Cette tabletterie familiale et artisanale, fondée en 1924, est tout simplement la dernière en France encore en activité. On vous fera découvrir l'atelier ainsi que les étapes de la fabrication des fameuses cuillères en bois d'olivier, en opérant directement sous vos yeux ce savoir-faire local qui fut autrefois l'économie principale du Royans. Toupies, scies, machines d'époque... Une plongée dans la vie avant le plastique.

Artsolite Lieu de vie culturel
(04 58 47 94 79 ; www.lartsolite.com ; 105 imp. des Tisserands, Saint-Jean-en-Royans ; expos tarif plein/7-15 ans et réduit 6/4,50 €, gratuit -7 ans ; expos mer-ven 14h-18h, sam-dim 10h-12h30 et 14h-18h, boutique tlj 10h-12h30 et 14h-19h, restaurant tlj midi + ven-sam soir). Une belle et nouvelle preuve que culture et ruralité peuvent faire bon ménage ! Espaces d'exposition, boutique d'art et décoration, restaurant aux accents bistronomiques, bar... Artsolite est un lieu d'échange et de convivialité, construit en 2023 sur le site d'une ancienne usine de textile. Bordé par le canal et par un vaste parc paysager, le bâtiment arbore une toiture à redans, en clin d'œil à son héritage industriel, tout en offrant un intérieur moderne avec grandes ouvertures, murs clairs et sol en béton ciré.

Activités

Vercors Passions Parapente
(06 85 86 18 20 ; vercors-passions.com ; baptême 10-15 min 90 € ; mai-nov sur rdv). Un moniteur diplômé propose de survoler quelques-uns des plus beaux coins du Vercors à ses côtés, lors d'un vol en parapente biplace, pour 10-20 minutes, 30-40 minutes ou 1 heure. Départs depuis le col de Gaudissard, pour survoler le cirque de Combe-Laval, ou de Saint-Martin-en-Vercors, en bordure du plateau d'Herbouilly.

Aéroclub du Royans-Vercors Vues du ciel
(04 75 48 61 29 ; www.acrv.org ; terrain de Champlong, 470 rte du Tram, Saint-Jean-en-Royans ; baptême 15 min adulte/enfant 45/40 €, tour du Vercors 30 min 240 € pour 1 à 3 pers). Ce petit aéroclub au terrain dominé par les falaises permet d'effectuer en avion un survol spectaculaire du massif du Vercors.

Où se loger et se restaurer

Le Castel Fleuri Hôtel-restaurant €€
(04 75 47 58 01 ; www.hotel-lecastelfleuri.fr ; 16 pl. du Champ-de-Mars ; d/tr/ste 110/150/195 €, plat du jour 14,50 €, menus 31-38 €, menu enfant 10,50 € ;). Au cœur de Saint-Jean-en-Royans, cette belle adresse dispose d'un paisible balcon-terrasse ombragé de toiles, avec vue sur les montagnes. La cuisine d'inspiration régionale est excellente, notamment les incontournables gratins de ravioles ou filets de truite arc-en-ciel, et se décline aussi de façon moderne : flan de tomme, duo de lieu noir... Côté hôtel, une douzaine de chambres bien tenues donnent sur le parc arboré. Un écrin de 4 000 m² avec un agréable espace piscine et, en été, des soirées concerts. Accueil sympathique et dynamique.

Gîtes communaux de Léoncel Gîtes et bivouac €
(06 83 02 65 45 ; Léoncel ; 20 €/nuit, location des draps 5 €). Les dépendances de l'abbaye cistercienne (p. 315) sont en partie devenus

des gîtes gérés par la commune. Si le premier, pour 9 personnes, se loue à la semaine (450-550 € selon la période), le second, en tant que gîte d'étape, se réserve à la nuitée. Le confort est simple, avec grande salle commune, cuisine et douche à disposition, mais le cadre unique de l'abbaye classée et son décor sauvage valent le coup ! Dans le jardin derrière l'abbaye, le bivouac est également accepté si l'on contacte Majo, la gérante des gîtes.

Jaco'Pain Boulangerie, café-restaurant €

(☎ 04 75 47 59 82 ; www.jacopain.fr ; Saint-Thomas-en-Royans ; plats 15-17 € ; ⏲ mar-sam le midi). Une boulangerie bio et artisanale qui se double d'un café-restaurant sympathique (sandwichs, tartes salées, deux plats du jour, carné ou végé) avec pleine vue sur les montagnes ! L'adresse est idéalement située, entre Saint-Jean-en-Royans et Saint-Nazaire-en-Royans. Glaces artisanales et desserts maison.

Auberge des Tracols Restaurant €€

(☎ 04 75 47 76 13 ; www.association-tracols.fr ; 320 ch. de Labe, Saint-Laurent-en-Royans ; plats 18-25 €, menus 18-39 €, menu enfant 14 € ; ⏲ restaurant midi mer-dim, soir ven-sam). Cadre idyllique pour cette auberge qu'aucun panneau n'annonce, perchée dans un hameau face aux falaises de Combe-Laval, à une poignée de kilomètres de Saint-Laurent-en-Royans, et dont la terrasse invite à se languir aux beaux jours. À l'intérieur, deux salles tout de pierre promettent des dîners conviviaux en hiver. Côté cuisine, un terroir sublimé : suprême de pintade contisé à la tapenade, truite de la Vernaison, cuisses de grenouille en persillade... L'auberge fait partie d'un programme visant à la formation et à l'insertion de jeunes en difficulté.

Renseignements

Office de tourisme de Saint-Jean-en-Royans

(☎ 04 75 48 61 39 ; vercors-drome.com ; 13 pl. de l'Église)

RANDONNÉE
Le plateau d'Ambel

Espace naturel sensible, le plateau d'Ambel s'étend sur quelque 1 200 ha. Cette combe peuplée de trois refuges culmine au **roc de Toulau** (1 581 m). De nombreux sentiers de randonnée sillonnent le plateau, modelé au fil des siècles par l'activité pastorale. On a souvent la chance d'y observer des chamois, cerfs, mouflons, vautours fauves... Depuis le **col de la Bataille**, une boucle pédestre de 5 heures environ vous immerge dans ce décor montagnard. Suivez le GR®93 qui chemine à travers bois pour rejoindre le pas de Gouillat. Vous marcherez en bordure ouest du plateau, au bord des falaises, qui offrent des vues sur la vallée d'Omblèze, à votre gauche, notamment à la Croix d'Ambel. Suivez la crête, qui grimpe jusqu'à la Tête de la Dame, point culminant de la randonnée, à 1 506 m. Bifurquez ensuite à gauche en direction du pas de Rouisse, où vous attend un paysage magnifique sur les prairies qui ondulent, peuplées de troupeaux de vaches et de brebis. Vous passerez devant une bergerie avant de rejoindre la forêt d'Ambel et le refuge de Tabanet. Suivez la lisière de la forêt. Le chemin grimpe ensuite jusqu'au pas de Gouillat. Vous prendrez dans le sens inverse le sentier emprunté à l'aller pour rejoindre le col de la Bataille.

Col de la Bataille, plateau d'Ambel
FOTOGRAFIECOR / STOCK.ADOBE.COM ©

Saint-Julien-en-Vercors

Posé au milieu des champs à 900 m d'altitude, cerné par les montagnes, ce petit bourg rural d'environ 250 habitants orchestre ses maisons de pierre autour d'une fontaine circulaire (eau potable) et de son église du XIIIe siècle dédiée à Notre-Dame-de-l'Assomption.

Où se loger et se restaurer

Café Brochier Bistrot gourmand €€
(04 75 48 20 84 ; cafebrochier.com ; pl. de la Fontaine ; plats 20 €, menus 28-35 € ; d/tr/qua 70/80/100 €, petit déj 12 €, demi-pension possible ; restaurant fermé mar-mer tte l'année, lun soir en basse saison). Dans cette belle bâtisse en pierre du XIXe siècle faisant face à la fontaine, cette ancienne épicerie a été remise au goût du jour par un couple de passionnés qui ont su garder son cachet d'autrefois. Côté papilles, les produits du Vercors sont mis à l'honneur de si belle manière qu'il faut réserver sa venue pour avoir une chance de déguster l'échine de "vertacochon", l'omble chevalier ou le tartare de truite ikejime ... L'établissement dispose de 3 chambres, joliment aménagées et confortables. Le café est le rendez-vous des habitants. Terrasse et jardin fort appréciables aux beaux jours. Un de nos coups de cœur !

La Chapelle-en-Vercors et ses environs

Centre commerçant du Vercors central, ce chef-lieu de canton de 800 habitants est un bon endroit pour rayonner dans les environs. Vivant, dynamique, animé le jeudi matin par un marché où se retrouvent tous les producteurs de la région, le bourg est resté coquet, malgré les destructions et les bombardements de juillet 1944. La Chapelle, reconstruite de manière très moderne dans les années 1950, a tout de même gardé quelques témoignages du village d'avant, tel le clocher de l'église, de style roman, et les volets colorés de ses maisons en pierre. L'été, la jolie piscine municipale et les terrains de pétanque en plein centre assurent un air de vacances, et les possibilités sportives sont nombreuses (canyoning, spéléologie, vélo, golf...)

À voir et à faire

Mur et cour des fusillés Lieu de mémoire
(accès libre ; tlj 8h-20h). Au cœur de La Chapelle-en-Vercors, cette ancienne cour de ferme rappelle les heures sombres de la Seconde Guerre mondiale. Après avoir occupé le village le 25 juillet 1944, les nazis rassemblèrent la population locale sur la place principale, prirent seize jeunes hommes en otage qu'ils fusillèrent le soir même dans la cour de la ferme Albert, alors que le village, incendié, était la proie des flammes. Dans la grange qui jouxte le "mur de fusillés", un dispositif son et lumière de 10 minutes rend sobrement hommage aux martyrs.

Grotte de la Percée Blanche Stalagmites et paléontologie
(04 75 48 24 96 ; laperceeblanche.com ; 420 rte de Vassieux ; adulte/enfant 10/7 € ; tlj juil-août 10h-17h, avr-juin et sept-nov 10h-17h, visites vac. scol. mar-dim ttes les heures 10h-18h). En 1918, Fabien Rey, un trappeur qui vivait dans une cabane aux abords de la forêt, découvrit une grotte en cherchant son chien. Là, il pénétra dans une cavité aux dimensions impressionnantes (100 m sur 30) et aux belles concrétions (draperies, coulée stalagmitique...). On mit ensuite au jour, avec le percement d'un tunnel pour faciliter l'accès à la grotte, un véritable "cimetière paléontologique", contenant des milliers d'ossements fossilisés d'une quarantaine d'espèces animales. Anciennement grotte de la Draye Blanche, la grotte a été renommée par ses nouveaux gérants. En plus des visites guidées (1 heure), des spectacles et concerts sont programmés en extérieur, dans la grotte ou dans le bar-restaurant.

Grotte de la Luire Spéléologie et histoire
(04 75 48 25 83 ; grottedelaluire.com ; Le Passage, Saint-Agnan-en-Vercors ; tarif

DELPHOTOSTOCK / STOCK.ADOBE.COM ©

Cour des fusillés

plein/4-14 ans 11/7,50 € ; juil-août tlj 10h-17h30, départ des visites ttes les 45 min, reste de l'année jours et horaires sur le site Internet). Cette grotte privée est incontournable à plus d'un titre. Elle contient un très vaste réseau souterrain, avec une source vauclusienne, dont on ne connaît toujours pas l'origine et qui peut parfois inonder la vallée de la Vernaison. Elle est aussi un lieu de mémoire. Durant la Seconde Guerre mondiale, un hôpital de fortune fut aménagé pour soigner les résistants blessés. Le 27 juillet 1944, les nazis découvrirent l'endroit, y massacrèrent vingt-deux blessés, fusillèrent les médecins et déportèrent les infirmières dans le camp de Ravensbrück. Les visites, uniquement guidées, éclairées à la bougie, et centrées sur les mystères des eaux de la Luire, sont captivantes. Polaires à disposition au niveau de la billetterie.

Activités

Véloplato Réparation et matériel outdoor
(06 34 55 82 92 ; 10 av. de la Terrasse ; mar-sam 9h-12h30 et 15h-17h30). Au centre du village, ce petit magasin spécialisé a sauvé la mise à bien des cyclistes en galère sur les routes ardues des cols alentour ! Technique et accueillant, il est tenu par un passionné qui propose, en plus de la réparation, du matériel à la location ainsi que les accessoires et l'équipement liés à la pratique. Les campeurs, randonneurs et autres adeptes du bivouac comme de la raquette trouveront aussi leur bonheur.

Où se loger et se restaurer

Hôtel Bellier Institution €€
(04 75 48 20 03 ; hotel-bellier.com ; av. de Provence ; d/tr/fam 66-74/90/102-112 € selon saison et confort ; plat du jour 10 €, demi-pension 39 €, menus 19,50-29,50 €, menu enfant 10 € ; tte l'année sauf oct, restaurant fermé ven midi ;). Une institution du Vercors tenue par la même famille depuis cinq générations. L'établissement, engagé dans une démarche de développement durable, compte une dizaine de chambres, sobres mais plaisantes, bien équipées et très calmes. Le plus : une piscine naturelle adossée à une ancienne chapelle, et une terrasse ombragée par un marronnier

De combe en col

Pour le plus grand bonheur des cyclistes courageux comme des conducteurs motorisés contemplatifs, outre la route de Combe-Laval (p. 315) au nord, et le col de Rousset (p. 323) au sud, plusieurs cols permettent de franchir les remparts du Vercors depuis les monts du Matin. La route du **col des Limouches**, au départ de Peyrus, est assurément la plus roulante, même si elle réserve une dizaine de virages serrés. Celle du **col de Tourniol**, au départ de Barbières, est bucolique à souhait. Au sommet, grimpez jusqu'à la Pierre Chauve pour l'un des plus beaux panoramas de la vallée du Rhône. Au-delà du col, la route redescend sur l'abbaye de Léoncel (p. 315). Plus au sud, depuis Combovin, la route du **col Jérôme-Cavalli** est la moins fréquentée des trois, mais pas la moins belle.

centenaire, illuminée de guirlandes le soir venu. Côté papilles, c'est succulent tout en restant de facture assez simple, et cuisiné à partir de produits bio et locaux. Fait aussi salon de thé (glaces maison).

Auberge Le Collet — Un pied dans la nature €€

(☎04 75 48 13 18 ; aubergelecollet.com ; Le Collet, Saint-Agnan ; d 74 €, pers supp +10 ans/2-10 ans/-2 ans 20/15/5 € ; plat du jour 11 €, menu 35 €, plats ardoise 13-21 € ; ⏲juil-août lun-ven soir, sam-dim midi et soir, reste de l'année fermé mer). Sur la commune de Saint-Agnan mais située à la sortie de La Chapelle, après le joli golf, cette bâtisse de pierre isolée en bordure de route et ouverte sur un grand vallon de nature invite à l'escale. Aux 6 chambres cosy et spacieuses s'ajoute une table inventive faisant la part belle aux produits du terroir : profiteroles de truite fraîche avec sorbet pamplemousse, tiramisu à la feta, tomates et crumble... Service impeccable, et propriétaires charmants.

Renseignements

Office de tourisme de La Chapelle-en-Vercors

(☎04 75 48 22 54 ; vercors-drome.com ; av. des Grands-Goulets)

Vassieux-en-Vercors et ses environs

Au sud de La Chapelle, un endroit qui détonne dans le massif du Vercors : le village de Vassieux, 350 habitants, se blottit au cœur d'un plateau karstique à 1 050 m d'altitude, dans une plaine austère, déboisée, qui rappelle des paysages quasi celtiques avec ses roches qui affleurent et ses prairies où paissent les villardes (les vaches du Vercors). Difficile d'imaginer que cette combe tranquille, ceinturée par les montagnes, fut le théâtre d'événements tragiques lors de la Seconde Guerre mondiale – 22 planeurs nazis atterrirent dans la plaine le 21 juillet 1944 alors que les maquisards attendaient des avions alliés. Le village martyr, quasiment anéanti durant les combats de 1944 et reconstruit de manière un peu grandiloquente après-guerre, a reçu le titre de "compagnon de la Libération" par le général de Gaulle en 1945. En poursuivant la D76 au sud de Vassieux, vous gagnerez le col de Rousset, à 1 254 m d'altitude, point de passage principal pour rallier Die.

À voir et à faire

Musée de la Résistance — Histoire

(☎04 75 48 28 46 ; rue Fourna ; tarif plein/réduit/-8 ans 4/2,50 €/gratuit ; ⏲juil-août tlj

10h-12h30 et 13h30-18h30, avr-juin et sept-oct tlj 10h-12h et 14h-18h, nov-mars mer-dim 14h-17h). Ce musée, aujourd'hui départemental, fut fondé dans les années 1970 par un ancien résistant, Joseph La Picirella, qui participa au maquis du Vercors et qui, soucieux de témoigner de cette histoire tragique, collecta des milliers de pièces : uniformes, armes, photographies, lettres, objets du quotidien… La muséographie, revue en 2010, conserve le regard de l'ancien maquisard tout en le replaçant dans la perspective plus large de la Seconde Guerre mondiale. Expositions temporaires régulières, projection de films et espace librairie sur le thème de la résistance.

Nécropole de la Résistance

Lieu de mémoire

(D76 ; accès libre). Au cœur du plateau de Vassieux, une nécropole nationale, inaugurée en juillet 1948 par l'Association des pionniers et combattants volontaires du Vercors. D'une émouvante simplicité, ce lieu de mémoire aligne 187 sépultures, matérialisées par des croix blanches, de résistants, de civils connus ou inconnus, tombés sous les balles des nazis en juillet 1944. Des panneaux explicatifs disposés le long de l'enceinte honorent leur mémoire. Le cimetière national se situe le long de la D76 à 1 km au nord du village.

Musée de la Préhistoire du Vercors

Archéologie

(04 75 48 27 81 ; parc-du-vercors.fr/prehistoire/home ; 600, l'Hâle ; tarif plein/réduit 6/4 €, gratuit -6 ans ; juil-août tlj 10h-18h, avr-juin et sept-oct mer-dim 12h-17h, fermé nov-mars). Au cœur de la forêt de Vassieux, cet excellent musée a été créé à partir de la découverte archéologique, en 1970, d'un vaste atelier de taille de silex laissé intact après avoir été abandonné il y a 4 500 ans. Dans un chalet à l'architecture contemporaine, la visite aborde les différentes phases d'occupation du Vercors, notamment à travers quantité d'objets, d'outils et d'ossements mis au jour ces trente dernières années (une refonte muséographique de ces étapes était prévue pour 2025). Le musée, géré par le parc naturel régional du Vercors, plaira aussi aux plus jeunes, grâce à des ateliers pédagogiques et ludiques (sur réservation) sur la chasse, le feu, l'art, les techniques de fouilles… À la fin de la visite se découvre l'atelier de silex, classé monument historique, où l'"artisan spécialisé" préhistorique produisait de grandes lames de couteaux. Une nouvelle mise en scène moderne plonge le visiteur à l'époque préhistorique, avant une démonstration.

Du maquis au martyr

Durant la Seconde Guerre mondiale, la "citadelle naturelle" du Vercors, difficile d'accès car cernée de murailles calcaires, apparaît comme une place forte pour les résistants. Les premiers maquis de France se mettent en place, ici même, fin décembre 1942 et début 1943. De nombreux réfractaires au service du travail obligatoire (STO) se réfugient dans des bergeries, granges et maisons forestières. Une stratégie, intitulée projet Montagnards, imaginée par l'architecte Pierre Falloz, est validée en février 1943 par Jean Moulin et l'état-major de la France libre. Objectif : aménager des terrains d'atterrissage pour accueillir des troupes alliées aéroportées et faire du massif une base pour déstabiliser l'ennemi, à la suite d'un éventuel débarquement allié. Ainsi, après le 6 juin 1944, plus de 4 000 jeunes hommes rejoignent le maquis, où est proclamée la République du Vercors. Mais en juillet 1944, alors que le plateau de Vassieux-en-Vercors doit voir atterrir des avions alliés, chargés de vivres, d'armes et de matériel, ce sont finalement les planeurs allemands qui se posent. Le Vercors est piégé. Les maisons et villages, incendiés. Les combattants et villageois, fusillés.

HUGUES DEROUARD ©

À NE PAS MANQUER

Mémorial de la Résistance en Vercors

Situé en bordure de falaise sur les hauteurs de Vassieux, au col de la Chau, le mémorial de la Résistance en Vercors, inauguré en juillet 1994 pour le 50e anniversaire des combats du Vercors, est un bâtiment de béton à l'architecture sobre et épurée. Bien plus qu'un musée renfermant une collection d'objets historiques, cet espace entretient avant tout la mémoire des événements tragiques de juillet 1944 et rend hommage aux hommes et femmes qui ont "combattu pour la liberté". Documents, projections, maquettes et vidéos reviennent sur les "années noires de l'Occupation", les motivations de la Résistance, le plan "Montagnards", la naissance du maquis du Vercors et sa fin tragique. Des bornes interactives mettent le visiteur en situation et face à des choix : l'occasion de nous interroger avec philosophie sur les décisions personnelles et des dilemmes moraux. Parmi les moments de visite les plus poignants : les témoignages audio recueillis auprès d'anciens maquisards et d'habitants du Vercors, et la projection d'images documentaires et d'effets visuels qui donnent vie à une maquette du massif. Plus loin, un long corridor où sont inscrits en feuille de plomb les noms des 840 victimes "tombées pour la liberté sur cette terre du Vercors". Enfin, un belvédère aménagé offre, à l'air libre, une vue exceptionnelle sur le Vercors… si paisible aujourd'hui. La table d'orientation pointe les villages et les événements tragiques qui leur sont liés.

En été, des **visites guidées** (à partir de 8 ans ; tarif plein/-18 ans 10/7 € ; mer et jeu 9h, ven 10h) de 1 heure sont organisées.

Infos pratiques

04 75 48 26 00 ; www.parc-du-vercors.fr/resistance/home ; col de la Chau, D76, Vassieux-en-Vercors ; tarif plein/réduit/enfant/famille 7/5/4/18 €, gratuit -8 ans ; mai-août tlj 10h-18h, sept tlj 10h-17h, oct-avr mer-dim 12h-17h, fermé mi-nov à mi-déc ; P gratuit, à 5 min de marche.

Col de Rousset — Belvédère

Reliant Vassieux à Die, la route du col de Rousset est le principal axe assurant la liaison entre le plateau du Vercors et le Diois, via un tunnel long de 800 m percé, en 1979, à 1 249 m d'altitude. Le col marque la frontière climatique entre les Alpes du Nord et les Alpes du Sud. À la sortie du tunnel, côté Diois, se trouve un formidable belvédère sur la route en lacet qui serpente vers Die.

Surplombant la route du col, la **via ferrata de Chironne** (diois-tourisme.com) dévoile aux volontaires la verticalité du massif. Elle est accessible en autonomie à 10 minutes de marche du parking situé près de l'entrée du tunnel. Très aérienne, elle est cotée difficile avec des dévers impressionnants, mais est aussi pourvue d'échappatoires pour les éviter. Plusieurs guides professionnels alentour proposent des sorties accompagnées.

Sur les crêtes, une **station** (☎ 04 75 48 24 64 ; www.ladromemontagne.fr ; ⌚ juil-août tlj 10h30-17h30, saison hivernale fin-déc à mi-mars) propose toute une palette d'activités de plein air en juillet et août, destinées principalement aux enfants. Télésiège panoramique également, avec table de pique-nique. L'hiver, son domaine skiable est apprécié pour ses 26 pistes de ski alpin (forfait journée adulte/enfant/famille 24/19,90/76,50 €).

Activités

Font d'Urle-Chaud Clapier — Domaine skiable

(☎ 04 75 48 27 67 ; lesstationsdeladrome.fr/stations/font-durle ; forfait journée adulte/enfant ski alpin 23/18,90 €, ski nordique 12/6 € ; ⌚ mi-déc à mi-mars). Passé le col de la Chau, depuis Vassieux-en-Vercors, ce domaine entre 1 325 et 1 630 m ravira les amateurs de ski alpin et de ski nordique, débutants comme confirmés. Une centaine de kilomètres dédiés à l'espace nordique, un Nordic Parc avec bosses et autres modules, rails et tunnels, et seize pistes de ski alpin desservies par huit téléskis. Piste de luge. Également un spot de snowkite, le "cerf-volant des neiges".

Aux beaux jours, le site attire les randonneurs et propose depuis 2024 des activités familiales comme le tir à l'arc (6,50 €) ou l'accrobranche (8 €).

Chevauchée del Bronco — Équitation

(☎ 06 60 89 97 85 ; chevaucheedelbronco.com ; Saint-Agnan ; 2 heures/journée/journée avec pique-nique 50/100/120 €, randonnée itinérante à partir de 300 € ; ⌚ avr-oct). À travers les paysages sauvages du Vercors, des plateaux de Font d'Urle à la combe Libouse, on se rêve en cow-boy. Marion Rose propose des balades à cheval allant de 2 heures... à 6 jours ! Cette monitrice diplômée d'État et forcément passionnée guide les cavaliers débutants ou confirmés ; les randonnées en itinérance s'adressent à ces derniers. Elles se font en bivouac ou en gîtes, et se réservent bien à l'avance (le calendrier est mis à jour en ligne).

Où se restaurer

Le Cairn — Sur le pouce €

(☎ 04 82 30 40 40 ; Font d'Urle, Bouvante ; menus été/hiver 15-30 € ; menu enfant 10 € ; ⌚ fin déc à fin mars tlj 9h-18h, mi-mai à sept mar-dim 9h-18h). À l'entrée de la station de Font d'Urle, ce petit bar-restaurant aux allures de chalet donne directement sur les pistes l'hiver. Idéal pour une pause déjeuner rapide ou un petit en-cas entre deux balades, sur la terrasse ombragée ou dans la grande salle, selon l'envie et la saison. À la carte : salades, ravioles, burgers, tarte aux myrtilles, crêpes...

TRIÈVES ET MATHEYSINE

Les références aux paysages des grands parcs américains reviennent régulièrement dans les conversations des voyageurs qui découvrent le Trièves. La région est certes bien plus modeste par ses proportions, mais elle compte en effet une série de sommets emblématiques – Obiou, Grand-Veymont et surtout mont Aiguille – qui lui

Route du col de Rousset (p. 323)

donnent grandeur, beauté et personnalité. Espace de pleine nature, volontiers écolo, dont les vallées fertiles s'étendent entre le massif du Vercors et la chaîne du Dévoluy, cette région vantée par Jean Giono a par ailleurs une histoire distincte, car elle constitua un refuge pour les huguenots durant les guerres de Religion. De l'autre côté du lac de Monteynard-Avignonet, dont elle partage les rives avec le Trièves, la Matheysine a une tout autre identité : après avoir longtemps été synonyme de mines d'anthracite, elle attire maintenant les visiteurs avec ses lacs et le petit train de la Mure.

Mens

Considéré comme la capitale du Trièves, Mens est un joli village dont les ruelles invitent à une balade. Vos pas vous conduiront jusqu'aux belles halles, situées près de l'église catholique et du temple protestant. Ces deux édifices, voisins, rappellent que Mens fut au XVIe siècle une place forte du protestantisme et abrita une forte minorité huguenote après la révocation de l'édit de Nantes, en 1685, qui interdit ce culte en France. Mens, à l'ambiance de village très agréable (à découvrir les jours de marché, le samedi matin toute l'année et le mercredi aussi en été), fait preuve d'une vie culturelle dynamique : c'est en face de son musée, des halles et de sa belle librairie, La Palpitante, qu'émet **Radio Dragon** (radiodragon.org), fameuse radio locale et participative.

À voir

Musée du Trièves Géographie, histoire et religion
(☎ 04 76 34 88 28 ; museedutrieves.fr ; centre du bourg ; tarif plein/réduit 2,30/1,60 €, gratuit -12 ans ; ⏲ mai-sept mar-dim 15h-18h, avr et oct-nov sam-dim 14h-17h). Juste à côté de la halle et du beau jardin de l'église réformée, ce petit musée sur trois niveaux, dont un consacré à des expositions temporaires, s'intéresse au territoire du

Trièves, à ses communautés catholique et protestante et à son histoire, notamment liée à la résistance pendant la Seconde Guerre mondiale.

Où se loger

Auberge de Mens Hôtel-restaurant **€€**
(04 76 34 51 88 ; aubergedemens.com ; rue du Breuil ; d/tr 64-90/124 €, petit déj 10 € ; demi-pension 38 € ;). Nouveau souffle pour cette auberge située en plein cœur du bourg. Reprise en 2024 par un chaleureux et dynamique couple lillois, elle abrite une dizaine de chambres très correctes et remporte des échos plus que positifs. Au restaurant, la cuisine maison est appréciée à la fois pour sa touche d'originalité et le renouvellement hebdomadaire de la carte.

Café des Arts Café historique **€-€€**
(04 76 34 68 16 ; bd Édouard-Arnaud ; plats 15-20 € ; fermé mar). Non loin de l'adresse précédente, le café des Arts est un lieu d'atmosphère, avec son bar en zinc, ses fresques murales datant de 1896 et ses habitués. Ce lieu que Jean Giono appelait "le café des Amis" est inscrit à l'inventaire des monuments historiques. Plats du jour présentés à l'ardoise.

Chichilianne et ses environs

Ce modeste et paisible village de 300 habitants est indissociable du sommet qui le coiffe. Dent de calcaire détachée par l'érosion des sommets du Vercors, l'éperon rocheux du **mont Aiguille** est l'une des cimes les plus emblématiques de l'Isère. La montagne, haute de 2 087 m, ne se distingue pas seulement par sa forme : gravie pour la première fois en 1492, elle est considérée comme le lieu de naissance de l'alpinisme. Chichilianne abrite quelques commerces, notamment une boulangerie et un point d'information touristique en saison. Point de départ de belles randonnées, c'est une base agréable pour découvrir le Trièves.

Rejoindre le Trièves en train

La gare de Clelles (appelée "Clelles-Mens"), entre Mens et Chichilianne, est desservie par plusieurs trains TER quotidiens depuis Grenoble (1 heure 10), tout comme la gare de Monestier-de-Clermont, un peu plus au nord. De la gare de Clelles, un service SNCF de taxi à la demande (réservation au 09 69 32 21 41 ; informations sur www.trieves-vercors.fr) permet de rallier Chichilianne, Lalley, Le Monestier-du-Percy, Le Percy, Saint-Martin-de-Clelles et Saint-Maurice-en-Trièves.

À voir et à faire

Randonnées Autour du mont Aiguille
Des sentiers sont indiqués depuis Chichilianne, mais aussi et surtout du lieu-dit Richardière, à 3 km au nord-ouest. Nos suggestions :

Le pas de l'Aiguille (niveau moyen, 4 heures). De Richardière, une piste praticable en voiture mène en 2 km au parking des Fourcheaux, d'où débute cette balade qui offre un beau point de vue sur le mont Aiguille et rappelle un funeste épisode de la Seconde Guerre mondiale : le 22 juillet 1944, les maquisards qui gardaient le col furent attaqués par les Allemands. Ils se réfugièrent dans des grottes et la majorité parvint à s'enfuir dans la nuit, mais l'attaque coûta la vie à 7 d'entre eux, ainsi qu'à un berger qui faisait paître ses moutons sur l'alpage. Ces 8 hommes reposent dans une **nécropole**, à 1 632 m, au milieu d'un superbe paysage de montagne. L'itinéraire ne pose pas de difficulté, si ce n'est qu'il monte. Balisé jaune-vert, il sinue sous couvert, de part et d'autre d'une piste forestière, puis aborde une partie plus rocheuse jusqu'à une croix en métal, puis une seconde en bois 10 minutes plus tard. Il n'est pas rare de voir des bouquetins. Le mémorial est un peu plus loin, en terrain plat, juste avant la

JEANMICHEL DEBORDE / STOCK.ADOBE.COM ©

Vue sur le mont Aiguille

bergerie de Chaumailloux et un refuge du parc naturel régional du Vercors (PNRV). Il est possible de revenir en boucle par le **pas de l'Essaure** (1 663m) mais la randonnée totalise alors près de 8 heures de marche !

Tour du mont Aiguille (difficile, boucle de 7-8h). Si vous avez envie de voir la célèbre montagne sous tous les angles, et à diverses heures du jour, le tour du mont Aiguille est fait pour vous. Selon votre forme et vos envies, il s'entreprend en une longue journée ou en 2 jours. De Richardière, le mieux est de partir vers le col de l'Aupet, puis ceux des Pellas et de Papavet. Le dénivelé total est de 1 100 m.

Le Spa — Bien-être

(06 37 41 87 28 ; spa-trieves.fr ; hôtel-restaurant Au Gai Soleil du mont Aiguille, Richardière ; sur réservation, en ligne). La belle initiative que voilà ! Dépendant de l'hôtel-restaurant Au Gai Soleil du mont Aiguille (page ci-contre) et situé juste en face, ce petit espace moderne et design propose un Jacuzzi frais, en extérieur, l'été, et un autre, chaud, à l'intérieur, ainsi qu'un sauna, un bassin et un hammam (accès 1/2 heures 20/25 €). Toute une gamme de soins et de massages (à partir de 35 € les 30 minutes) est aussi proposée. Idéal après une randonnée.

Les Quatre Chemins — Ferme équestre

(04 76 34 40 11 ; lesquatrechemins.com ; 217 rte du Châtel ; sur réservation). Pour découvrir le Trièves à dos de cheval, direction cette ferme équestre, à environ 1 km au nord de Chichilianne, qui propose des cours, mais aussi des balades et randonnées. Sur réservation uniquement.

Espace Giono — Musée, bibliothèque

(04 76 34 78 23 ; Lalley ; tarif plein/réduit/-12 ans 1,50/1,20 €/gratuit ; juil-août mer-sam 15h-18h, sept-juin ven-sam 16h-18h). Au pied du col de la Croix-Haute, le tout petit village de Lalley abrite un lieu dédié à Jean Giono, qui séjourna ici à plusieurs reprises et qui évoqua les paysages et les habitants du Trièves dans ses œuvres. Une balade de 4,5 km dans le bourg et alentour, agrémentée de 8 panneaux, permet de

s'immerger dans l'univers de l'écrivain et celui de son amie et peintre Édith Berger.

Où se loger et se restaurer

Gîte du Randonneur

Gîte et restaurant €

(04 76 34 37 02 ; gitedumontaiguille.fr ; Chichilianne ; lit en dortoir 25 €, ch privatisée s/d 35/60 €, draps 5 €, petit déj 8 €, plats 8-20 € ;). Près de l'église, ce gîte se décline en 10 chambres claires et fonctionnelles avec salles de bains, pouvant accueillir de 3 à 7 personnes en lits superposés individuels. Restaurant sur place.

Au Gai Soleil du mont Aiguille

Hôtel-restaurant €€

(04 76 34 41 71 ; hotelgaisoleil.com ; Richardière ; d/tr/qua 71-79/89-97/107-115 €, petit déj 9 € ; plats 8,50-23,90 €, formules à partir de 14 € ;). À 3 km de Chichilianne, au lieu-dit Richardière, cet hôtel-restaurant familial dont le nom est déjà un plaisir en soi est une bonne étape. Les chambres, dans le bâtiment principal ou celui du spa, en face (voir page ci-contre), pour les supérieures, sont impeccables et accueillantes. Le restaurant sert une cuisine très honnête – ravioles, burgers à la mode locale, filet de truite, saucisses bio, fondues. Très bon accueil. Le petit déjeuner, en revanche, est un peu minimaliste.

Les Vagabonds du Mont

Maison d'hôtes €€

(04 76 34 47 42 ; lesvagabondsdumont.com ; Chichilianne ; d 115 € avec petit déj ;). En plein cœur du village, cette grande maison d'hôtes à la décoration très classique abrite 3 chambres meublées dans un style campagnard, avec mobilier en bois et, pour certaines, papier peint à fleurs. La chambre Regain peut se transformer en suite familiale. Les hôtes bénéficient de l'immense salon avec cheminée. Des menus mettant l'accent sur les produits bio (26 € environ) et des pique-niques (15 €) sont proposés sur demande.

OLIVIER CIRENDINI ©

Le délicat whisky du Trièves

Si vous aimez le whisky, vous ne regretterez pas de faire un détour par le **Domaine des Hautes Glaces** (09 50 29 92 77 ; hautesglaces.com ; Cornillon-en-Trièves ; visite et dégustation 10 € ; visite sur réservation mai-sept mer et sam 10h30 et 16h30, oct-avr sam 10h30 et 14h30, boutique mar-sam 10h30-12h30 et 13h30-17h), qui produit des whiskys bio d'exception. Situé à 3,5 km de Mens, à Cornillon-en-Trièves, ce domaine a été créé par Frédéric Révol : "paysan agronome" soucieux de travailler dans le respect de la terre et des terroirs, il cultive ses propres céréales et travaille dans une approche comparable à celles de l'œnologie, en prenant en compte les spécificités des parcelles et des millésimes. On peut ainsi découvrir dans ses cuvées "moissons" des whiskys à la personnalité affirmée, avec des 100% orge aussi doux que les 100% seigle malté sont vifs. L'utilisation de techniques traditionnelles – levures indigènes, alambics chauffés au feu de bois... – expliquent les tarifs des flacons (85-105 € les 50 cl) de cette distillerie qui s'est taillé une belle réputation.

Le Bistrot de la Place

Bio et local €€

(04 76 34 52 41 ; pl. de la Mairie, Clelles ; formules 19-22 €, plat du jour 16,50 € ; été tlj midi et soir, reste de l'année sam-mer midi, jeu-ven midi et soir). À seulement 6 km à l'est de Chichilianne, Clelles abrite une des tables

OLIVIER CIRENDINI ©

VAUT LE DÉTOUR

Un circuit dans le Trièves

Nombre de sites dignes d'intérêt, disséminés dans la petite région du Trièves, appellent à une découverte en voiture. Vous pourrez l'effectuer en boucle, en partant aussi bien de Mens, de Chichilianne ou de Gresse-en-Vercors. La boucle fait un peu plus de 100 km.

De Chichilianne (l'une de nos bases préférées dans le Trièves), vous pourrez commencer par prendre vers le nord pour retrouver la D8a au niveau du village de **Saint-Michel-les-Portes**, coiffé des montagnes, et poursuivre vers le col de l'Allimas et **Gresse-en-Vercors** (page ci-contre). L'itinéraire aborde ensuite 13 km de descente vers **Saint-Paul-lès-Monestier** (où vous attend une bonne table, voir p. 330) puis 10 km vers le sud par la D34 jusqu'au **pont de Brion**. Au-delà de l'ouvrage en lui-même – un pont suspendu en acier mis en service en 1951 –, c'est le panorama saisissant qu'il découvre sur les eaux bleu-vert de l'Ébron, enserré au pied des falaises bordant le lac de Monteynard-Avignonet (voir p. 330) qui surprend (un sentier rejoint la passerelle de l'Ébron, voir p. 331, en environ 15 minutes). Vers le sud, on peut ensuite faire un crochet par Cornillon-en-Trièves et le **Domaine des Hautes Glaces** (voir l'encadré p. 327), qui s'est fait un nom auprès des amateurs de whisky, avant de découvrir **Mens** (p. 324). À quelques kilomètres de la "capitale du Trièves", le **Centre Terre Vivante** (04 76 34 36 35 ; terrevivante.org ; juil-août tlj 10h-18h, mai-juin et sept sam-dim 11h-18h), indiqué à 600 m depuis la D216 en direction de Prébois, propose une découverte de l'écologie et de la nature pour petits et grands. Après Mens, la D216 descend en 12 km jusqu'à **Tréminis**, un joli bourg dont l'église est perchée au-dessus des maisons en pierre au pied de la majestueuse chaîne du Dévoluy. Tréminis abrite un domaine de ski nordique, sauvage et spectaculaire. Près de l'église, la sculpture Alpana, de Jeff Saint-Pierre, semble vouloir partir à l'assaut des sommets. Il ne vous reste ensuite plus qu'à boucler la boucle en passant par le joli village du **Percy**, qui offre de belles vues sur le mont Aiguille. Une bonne table vous attend à Clelles (p. 327), non loin.

les plus attachantes des environs. Animé par une joyeuse bande et approvisionné par une ferme voisine, ce bistrot de village écoresponsable concocte chaque jour une sélection présentée à l'ardoise, cuisinée avec des influences venues d'ailleurs et un savoir-faire dans l'air du temps. C'est bon, original, avec toujours une suggestion veggie et servi avec le sourire. Que demander de plus ?

Achats

Laiterie du mont Aiguille Fromages
(04 76 34 09 47 ; fromagerie-mont-aiguille.fr ; tlj 10h-12h et 14h30-18h). En bordure de la D7 entre Clelles et Chichilianne, la Laiterie du mont Aiguille vend chaque jour ses fromages de vache, chèvre, brebis et 3 pis, dont certains sont bio. Lait de montagne garanti ! Pratique : des distributeurs automatiques réfrigérés permettent les achats en dehors des horaires d'ouverture.

Gresse-en-Vercors

Dans un bel environnement dominé par la massive silhouette du Grand Veymont (2 341 m), plus haut sommet du Vercors, le paisible bourg de Gresse-en-Vercors abrite une station de ski familiale et est le point de départ de superbes randonnées. La localité offre de bonnes possibilités d'hébergement et dispose d'un point d'information touristique dynamique en saison.

Activités

Randonnée

L'office de tourisme pourra vous renseigner sur les suggestions de randonnée, également téléchargeables sur gresse-en-vercors.fr. Elles vont des balades en boucle faciles à effectuer en famille aux circuits exigeants, comme le balcon est du Vercors, le tour du mont Aiguille (qu'on peut débuter non loin, voir p. 326) et bien sûr le **Grand Veymont** (environ 6 heures aller-retour ; 1 100 m de dénivelé), indiqué depuis la station de ski. Parmi les classiques "faciles", le **pas du Serpaton** (environ 3 heures aller-retour), un alpage également accessible par route révélant un panorama à 360°, est balisé depuis les abords de l'office de tourisme.

Ski

Juste au-dessus du village entre 1 250 et 1750 m, la **station de Gresse-en-Vercors** (gresse-en-vercors.fr ; tarif journée 22,50-26,50 € selon période pour le ski alpin et 5-9 € selon l'âge pour le ski nordique) cultive son image de domaine skiable familial à taille humaine, et à prix abordables. Les 27 pistes de ski alpin et 50 km de domaine nordique ont pour toile de fond le cadre grandiose du Grand Veymont.

Où se loger et se restaurer

L'Auberge Buissonnière Chambres et repas €€
(04 76 34 37 28 ; buissonniere.fr ; centre bourg ; d 79-98 €, petit déj 10,50 €, demi-pension 34,50 € ;). Impossible de rater cette grande maison ocre en plein cœur du village ! Rénovée dans un souci d'habitat écologique en 2021, elle abrite 6 jolies chambres lumineuses, habillées de teintes douces et baptisées de noms d'animaux. Vous dormirez ainsi entre lynx, marmotte et ours polaire... Un menu unique où les produits bio et locaux sont à l'honneur est servi dans la salle de restaurant où le bois naturel est roi, des tables au mur.

Le Chalet Hôtel-restaurant €€
(04 76 34 32 08 ; hotellechalet.fr ; 2406 rte de Monestier ; s/d/fam 76-85/95-110/135-150 € selon confort et période, petit déj 13 € ; plats 10-35 €, menus 17-35 € ;). Juste après la place principale en direction de Monestier, cette adresse au charme classique possède des chambres confortables habillées de bois, bien équipées et dotées d'une décoration à la vraie personnalité. Cependant, c'est surtout la table qui fait la renommée des lieux, avec une cuisine de terroir qui sent bon la tradition : terrine de foie gras, chutney de fruits de saison et brioche tiède, tournedos aux morilles

et gratin dauphinois… L'adresse inclut une belle piscine, des terrains de tennis et un spa avec sauna, Jacuzzi et possibilités de massages.

Au Sans Souci Auberge €€

(04 76 34 03 60 ; au-sans-souci.com ; Saint-Paul-lès-Monestier ; s/d 70/80 €, petit déj 9,50 €, demi-pension à partir de 2 nuits 90/150 € pour 1/2 pers, menus 27-37 € ;). À Saint-Paul-lès-Monestier, 12 km en contrebas de Gresse-en-Vercors, cette accueillante auberge de tradition, dans la même famille depuis son ouverture en 1934 mais qui vit bien dans son époque, propose chaque jour un menu assez sophistiqué, à l'image du dôme au fromage de chèvre de Saint-Andéol au serpolet façon pissaladière, ou de la morille farcie au foie gras et ravioles. À l'étage, 16 chambres fraîches et pimpantes (préférez celles sur cour).

Lac de Monteynard-Avignonet

Entre Trièves et Matheysine, ce lac artificiel a été créé par la construction d'un barrage sur le Drac, en 1962. Épousant les formes du cours d'eau, ce qui lui vaut sa forme étirée sur près de 10 km, pour une largeur moyenne de seulement 300 m, il inclut également le canyon de l'Ébron, torrent descendu des montagnes pour se jeter dans le Drac.

Remarquable par la couleur bleu-vert de ses eaux et ses paysages grandioses, le lac est apprécié pour la randonnée qui emprunte ses passerelles himalayennes (voir page ci-contre) au-dessus du Drac et de l'Ébron. Monteynard-Avignonet est par ailleurs l'un des plans d'eau les plus ventés d'Europe, ce qui lui vaut d'avoir les faveurs des véliplanchistes et kite-surfeurs. La baignade y est en revanche interdite.

Le pont de Brion (p. 328) offre un beau point de vue sur l'Ébron et le lac. Le barrage, l'un des plus grands de France, se laisse principalement observer depuis le belvédère du terminus du train de la Mure (p. 333), qui surplombe le lac.

Les principaux points d'accès aux rives sont situés côté ouest à Treffort, côté est à Savel et à La Traverse, sur la commune de Mayres-Savel. Treffort est le principal, avec

Pas du Serpaton (p. 329)

plusieurs parkings aménagés (payants en haute saison) et un **bureau d'information** (04 76 34 14 48 ; lac-monteynard.com ; juil-août tlj 10h30-13h et 14h-18h30, mai-juin et sept lun-ven 10h30-17h, sam-dim 10h30-18h30). Le bateau La Mira (voir ci-dessous) assure la liaison entre Treffort et Savel.

À voir et à faire

Passerelles "himalayennes" — Vertigineux

Les **passerelles du Drac et de l'Ébron**, deux impressionnantes structures métalliques enjambant les eaux turquoise, se laissent avant tout atteindre avec la randonnée décrite p. 332. Si vous ne souhaitez pas faire toute la randonnée (ou si vous visitez les lieux un jour où le bateau permettant de faire la boucle ne fonctionne pas), il est possible de rejoindre la passerelle de l'Ébron, la plus impressionnante, en environ 2 heures 30 aller-retour depuis le parking de Treffort, et celle du Drac en environ 1 heure 30 depuis Savel. Un sentier plus rapide mais moins fréquenté y mène également depuis le pont de Brion (p. 328).

La Mira — Traversée en bateau

(04 76 34 14 56 ; www.la-mira.com ; 8 €, gratuit -4 ans ; haute saison 9h10, 10h30, 16h40, 18h, 19h20 de Treffort, et 8h30, 9h50, 16h, 17h20, 18h40 de Savel, hors saison se renseigner). Très utile pour les randonneurs, ce bateau fluvial fait la liaison entre Treffort et la plage de Savel, de part et d'autre du lac, en environ 30 minutes. Des croisières avec repas sont également possibles. Réservation à l'avance, en ligne, impérative. Les vélos et les chiens sont acceptés à bord avec un billet spécifique (+2 €).

SRVG Monteynard — Sports nautiques

(06 14 32 61 41 ; srvgmonteynard.fr ; Herbelon ; juil-août tlj, mai-juin et sept sam-dim et en semaine sur réservation). Profitant des 300 jours de vent annuels soufflant sur le lac, ce club installé un peu au sud de l'embarcadère de Treffort propose des cours et stages, et loue des canoës et paddles (15 €/heure), planches à voile (à partir de 22 €/heure), catamarans (50 €/heure), wingfoils et windfoils (42 €/heure). Les zones de navigation sur le lac sont réglementées.

Où se loger et se restaurer

Les services sont concentrés à Treffort, mais vous trouverez aussi des bars-restaurants à Savel, ainsi qu'un **camping** (www.camping-savel.com) apprécié. Les adresses ci-dessous sont situées côté Treffort, à moins de 1 km au sud de l'embarcadère de La Mira, entre le parking Combettes et celui des Vignes.

Camping d'Herbelon — Camping et spa €-€€

(04 76 34 05 47 ; camping-dherbelon.fr ; forfait empl. 16-48 €/nuit selon saison, mobil-homes 64-256 € selon capacité, confort et saison ; tente lodge 65-167 € ; avr-sept ;). Ses atouts ? Son emplacement en bord du lac, sa piscine, ses tentes lodges et ses mobil-homes de 2 ou 3 chambres, particulièrement confortables (à plus forte raison pour les "grand confort"). Sans oublier son restaurant (voir p. 333) et son **Summer spa** (summerspa.fr ; mai-oct) ouvert à tous, qui inclut un espace détente avec Jacuzzi, sauna et hammam (40 € pour 1 heure 30) et propose des soins et massages sur rendez-vous.

Château d'Herbelon — Hôtel-restaurant €€€

(04 76 34 02 03 ; www.chateaudherbelon.fr ; ch 110-145 € selon confort, ste 190 €, petit déj 15 € ; plats 17-25 €, menus 35-57 € ; P). L'adresse chic des bords du lac ne manque pas de style – un beau domaine précédé d'une pelouse sur la rive du lac –, ce qui lui vaut d'être appréciée pour les mariages. Les lieux ont indéniablement de l'allure mais certains peuvent trouver la prestation surévaluée.

OLIVIER CIRENDINI ©

À NE PAS MANQUER

La randonnée des passerelles du lac de Monteynard

Outre ses eaux bleu-vert, elles sont la principale attraction du lac de Monteynard-Avignonet. Créées en 2007, les **passerelles "himalayennes"** du Drac (220 m de long) et de l'Ébron (180 m de long) franchissent des bras du lac artificiel en passant entre 45 et 85 m au-dessus de ses eaux (la hauteur du lac, régulé, varie).

Larges de 1,2 m, ces versions technologiques des "ponts de singe" sont ultra-sécurisées. Des dizaines de tonnes de câbles d'acier, des ancrages dans la roche, des câbles anti-balancement et des grillages latéraux assurent la sécurité des visiteurs. Cela ne les empêche pas de procurer des frissons, et les franchir peut demander un vrai effort aux personnes sujettes au vertige.

La **randonnée** (environ 4 heures, 13 km, balisage jaune) est aisée et inclut un trajet avec le **bateau La Mira** (voir p. 331), qui fonctionne chaque jour en été et à des dates variables hors saison. Le sentier fait en effet une boucle entre l'embarcadère de Savel et celui de Treffort. Pour ne pas avoir à vous préoccuper de l'horaire du bateau, nous vous suggérons de débuter à l'embarcadère de Treffort, de prendre le bateau jusqu'à Savel, puis de revenir à pied à votre point de départ en passant par les passerelles.

De la plage de Savel, l'itinéraire part dans le sens des aiguilles d'une montre et atteint en 10 minutes un panneau indiquant la **passerelle du Drac**, à 3,4 km. Il s'éloigne plus ou moins du lac jusqu'à celle-ci, que l'on atteint en environ 40 minutes. Vous expérimenterez alors la poussée d'adrénaline de la première traversée. Après la passerelle, le sentier s'éloigne du lac, monte, emprunte une route goudronnée puis longe un champ cultivé jusqu'à **Serre de Lavana** (site intéressant car il est accessible en voiture, par la D34e, près de Villarnet). On aborde la plus belle partie de l'itinéraire un peu plus loin, quand le sentier révèle (enfin !) un beau point de vue sur le lac, en enfilade. Le tracé coupe ensuite le sentier qui rejoint le pont de Brion puis atteint la **passerelle de l'Ébron**, 5 km après la première. Elle est un peu plus courte que la passerelle du Drac, mais plus impressionnante à nos yeux, car le cadre escarpé du canyon est spectaculaire.

Pour les plus sportifs, le **pas du Berlioz** est un détour d'environ 600 m, indiqué à gauche après avoir franchi la passerelle, vers un beau point de vue (attention, le final est sécurisé mais un peu acrobatique).

La Table du Campagnard Restaurant €€
(Camping d'Herbelon ; 04 76 34 05 47 ; plats 17-36 €, menus à partir de 38 € ; avr-sept tlj, reste de l'année mer-lun midi et soir). La Table du Campagnard semble s'être donné pour mission secrète de vous faire changer radicalement d'avis sur les restaurants de camping ! Intégré au camping d'Herbelon, ce restaurant se démarque par sa cuisine 100% maison et son service qui font l'unanimité. À la carte lors de notre passage : agneau du Trièves confit en croûte d'herbes et gratin dauphinois, friture de truitelles, ravioles aux morilles...

La Mure et ses environs

Plus importante localité de la Matheysine, La Mure a longtemps été synonyme d'anthracite. Cette variété de charbon grise a en effet été extraite ici jusqu'en 1997, lorsque la dernière mine du plateau a fermé après des années de lutte sociale. Outre ce passé minier, la ville mise maintenant sur son train, remis en service en 2021, pour attirer les visiteurs.

Le murçon, saucisse de porc à cuire aromatisée au carvi, est la spécialité de la ville.

À voir et à faire

Petit train de La Mure Historique et panoramique
(04 11 62 62 62 ; lepetittraindelamure.com ; tarif plein/4-15 ans 25-27/20-22 € selon saison, couplé avec la Mine image 30-32/25-27 € ; avr à début nov mar-dim). Fierté de La Mure, ce train rouge mis en service en 1888 a transporté des millions de tonnes d'anthracite. La création de cette voie de chemin de fer de 30 km, qui allait à l'origine jusqu'à Saint-Georges-de-Commiers, fut une prouesse technique : elle dura 6 ans et nécessita la construction de 142 ouvrages d'art, dont 18 tunnels et 6 viaducs. Pionnière de l'électrification en 1903, la ligne cessa le transport du charbon en 1988 ; elle fut alors exploitée pour le tourisme, mais dut fermer après un éboulement, en 2010. L'année 2021 a marqué sa renaissance : le petit train de la Mure a rouvert sur 15 km avec du matériel d'époque réhabilité, proposant aux visiteurs un regard original sur la région et sur le **lac de Monteynard-Avignonet** (p. 330). En environ 40 minutes d'un trajet dont l'intérêt réside surtout dans le franchissement de ses hauts viaducs, le train parvient au bout de son parcours, où un belvédère accessible en 300 m de marche révèle un superbe panorama sur le barrage et le lac, qui prend ici des airs de fjord. Des bornes gratuites de réalité virtuelle permettent de "survoler" les lieux, coiffés des sommets des Deux-Sœurs et du mont Aiguille. Le **bar-restaurant Le Panoramique**, habillé d'une belle architecture de métal oxydé, fait face au paysage.

Il est possible de visiter au passage la Mine image, qui est sur le tracé.

La Mine image Musée de la mine
(04 76 30 68 74 ; mine-image.com ; rte des Quatre-Galeries, La Motte d'Aveillans ; adulte/enfant 9,50/5 € ; mai-sept mar-dim, 3 à 7 visites/jour selon la période). L'anthracite du plateau matheysin fut extrait pendant des décennies de cette mine située à La Motte-d'Aveillans, à 8 km au nord de La Mure. Les visites guidées emmènent les visiteurs "au fond", dans les anciennes galeries souterraines, pour revivre l'histoire des mineurs. Un film complète la visite. La Mine image peut également se visiter avec le petit train de la Mure.

Musée matheysin Histoire régionale
(04 76 30 98 15 ; musee-matheysin.fr ; maison Caral, rue Colonel-Escallon ; tarif plein/réduit 2,30/1,50 € ; avr-sept mer-lun 14h-18h). Abrité dans le plus ancien bâtiment de la ville, ce musée retrace au fil de ses salles l'histoire de la région, de la préhistoire à l'époque des mines d'anthracite, et consacre quelques salles à des artistes et personnages emblématiques de la Matheysine. Chaque saison, une exposition en lien avec le territoire est organisée.

Petit Train de La Mure (p. 333)

Pont de Ponsonnas Saut à l'élastique

À environ 3 km de La Mure sur la D52, ce pont qui enjambe le Drac à plus de 100 m de hauteur est l'un des sites de saut à l'élastique les plus prisés d'Europe. Tenté ? Renseignements auprès de **Vertige Aventure** (vertige38.com).

Où se loger et se restaurer

Murtel Hôtel-restaurant €€

(04 76 30 96 10 ; hotel-murtel.com ; bd Fréjus-Michon, La Mure ; d 78-105 €, petit déj 11 € ; menus 18-36,90 € ; P). Un peu à l'écart du centre, en bord de route, il manque de charme mais propose des chambres standardisées très correctes. Restaurant, agréable petite piscine et bon accueil.

Les Camions jaunes Pizzas et burgers bio €

(04 56 56 21 00 ; rte de la Festinière, Pierre-Châtel ; pizzas 8-14,50 €, burgers 10-14,50 € ; tlj 17h30-20h30). Son nom lui vient de son passé de food-truck qui l'a rendu célèbre sur le territoire. Aujourd'hui installée dans un local avec terrasse, l'équipe 100% féminine a gardé sa recette de pizzas à base de farine bio et de produits de qualité. Les burgers, à la viande locale et également bio, avec leurs frites fraîches cuites à la graisse de bœuf, rendent le choix très difficile ! Sur place en terrasse ou à emporter.

L'Annexe – Brasserie matheysine Restaurant €

(06 85 05 57 42 ; www.brasseriematheysine.fr ; rue du Serret, Nantes-en-Ratier ; mar-dim 10h30-23h ; menu 17 €). Nantes-en-Ratier, au décor champêtre avec vue sur les sommets, n'est qu'à 5 km de La Mure. Dans le prolongement de la Brasserie matheysine, artisanale, l'Annexe propose des formules et plats du jours simples et efficaces, à déguster en salle ou sur la terrasse aux airs de ginguette. L'occasion de profiter d'une sympathique ambiance de village et des petits concerts programmés en savourant la bière locale.

L'Atelier des Saveurs Restaurant €€

(04 56 56 26 12 ; 7 pl. de la Liberté, La Mure ; plats 25-29 € ; soir lun-sam, midi sam-dim).

Risotto tomates artichaut pecorino, ceviche terre-mer, persillé de bœuf Angus… Cette adresse du centre-ville, en face de l'imposant hôtel de ville, est réputée pour sa cuisine "bistronomique" et la fraîcheur de ses produits.

Renseignements

Office de tourisme de La Mure (04 76 81 05 71 ; matheysine-tourisme.com). Il est situé dans la gare du petit train de la Mure.

Lacs de Laffrey

Quatre plans d'eau – grand lac de Laffrey, lac Mort, lac de Pétichet et lac de Pierre-Châtel – s'étendent en enfilade au nord de La Mure, au fil de la **route Napoléon** (N85), ainsi nommée car elle fut empruntée par Napoléon Ier en 1815, à son retour d'exil sur l'île d'Elbe. Gelés en hiver, ils sont appréciés des pêcheurs et des baigneurs en été, notamment le **grand lac de Laffrey** et le **lac de Pétichet**, qui disposent de plages aménagées (non surveillées). Des randonnées permettent de faire le tour de ces derniers (respectivement environ 4 heures et 2 heures). Le **lac Mort**, le plus petit, est en partie bordé d'une digue car il est exploité par une centrale électrique. Le **lac de Pierre-Châtel**, privé, est plus réglementé.

Le **Club nautique de Cholonge** (04 76 83 08 35 ; cncholonge.fr), installé sur la plage de la Bergogne du grand lac de Laffrey, loue des planches à voile, dériveurs, paddles et catamarans.

RAWSAVOYARD / STOCK.ADOBE.COM ©

RANDONNÉE

La Pierre percée

Cette randonnée d'environ 1 heure 30 mène à une étonnante arche de pierre naturelle, et révèle un panorama quasiment à 360° sur le lac de Pierre-Châtel et les hauteurs de la Chartreuse et du Vercors. Pour rejoindre le départ du sentier, depuis la localité de Pierre-Châtel, suivez les panneaux jusqu'à l'étonnante église du bourg et prenez à droite sur quelques centaines de mètres jusqu'au parking du lieu-dit Fontalon. Le sentier monte à côté du cimetière puis part à gauche 500 m plus loin (balisage jaune). Il monte en sous-bois une trentaine de minutes et s'aplanit jusqu'au plan de la Rivoire. Une dernière montée vous mènera à l'arche. Il est possible de revenir en parcourant une boucle.

OISANS

Des grandes stations alpines aux petites vallées préservées, l'Oisans est un concentré de tout ce que l'on vient chercher à la montagne, été comme hiver. Ici l'effort n'est pas un vain mot : cols et sommets se gagnent à la force du mollet ou du piolet. Et sur chaque versant ensoleillé, des hameaux accrochés à la pente témoignent d'un rude passé où les hommes s'accommodaient de ce que la terre voulait bien leur donner : un peu d'élevage et une agriculture de subsistance. Le développement industriel de l'hydroélectricité puis le boom des sports d'hiver ont changé le destin de la région, offrant aux paysans du travail pendant l'hiver.

L'Oisans n'est pas un massif, mais un bassin versant, formé de six vallées desservies par des routes étroites, parfois vertigineuses et à flanc de montagne : Romanche, Lignarre, Eau-d'Olle, Sarenne, Ferrand et Vénéon. Cette dernière, emblématique par sa beauté et son lien ancien avec l'alpinisme, a été fortement touchée par une crue torrentielle à l'été 2024 (voir l'encadré p. 345) et doit imaginer et reconstruire aujourd'hui son avenir.

Le Bourg-d'Oisans

Campée dans une vaste plaine au pied de L'Alpe-d'Huez, cette petite bourgade à la croisée des six vallées s'avère un camp de base pratique pour rayonner. Les férus de cyclisme ne s'y trompent pas et viennent déjà de toute l'Europe pour profiter de la proximité de cols mythiques – le Lautaret, le Galibier, le Glandon. Le Bourg-d'Oisans prend alors des allures de capitale du vélo. Pour changer son aspect de "point de passage" en celui d'une destination à part entière, des travaux d'envergure ont débuté en 2021. D'ici 2026, l'ensemble du centre-ville sera totalement remodelé avec promenade, pistes cyclables, zones piétonnières et nouvelle halle couverte.

À voir

Musée des minéraux et de la faune sauvage Patrimoine naturel
(04 76 80 27 54 ; musee-bourgdoisans.fr ; pl. de l'Église ; juil-août tlj 14h-19h, vac. scol. tlj sauf mar 14h-18h, reste de l'année sam-dim 14h-18h). Encore fermé lors de notre passage, ce musée devait rouvrir sous son plus beau jour en mai 2025. Il abrite la plus belle collection de minéraux des Alpes. On y découvre l'histoire minière et minéralogique de l'Oisans et les trouvailles des chasseurs de cristaux de l'époque. Un espace scénarisé dédié à la faune et une exposition permanente de l'artiste Jean-Marc Rochette (peintre, sculpteur et auteur de BD habitant à La Bérarde) devrait également ouvrir.

Où se loger et se restaurer

La Clé des Bois Chambres et table d'hôtes €
(06 08 71 61 02 ; lacledesbois.com ; 172 ch. des Effonds, Les Sables, Le Bourg-d'Oisans ; s/d/

Le Bourg-d'Oisans

LAURENCE FLEURY ©

tr 65-126/79-126/99-146 € selon saison, avec petit déj ; wifi). À 4 km du Bourg-d'Oisans, dans une ancienne ferme traditionnelle, Peter et Marie ont aménagé 5 chambres d'hôtes de 2 à 4 personnes, à l'ambiance montagnarde. Peter cuisine des plats du terroir issus des produits du marché (table d'hôtes sur réservation pour au moins 6 convives), tandis que Marie, esthéticienne, propose des soins du visage aux huiles essentielles. Très belle salle à manger voûtée. Jardin privatif, Jacuzzi et sauna à disposition. Les cyclistes profiteront de plusieurs équipements : kit de réparation, point de lavage et prise de courant pour recharger gratuitement les batteries des vélos à assistance électrique.

Gîtes

Le Grand Renaud — Appartements €€

(06 15 04 24 33 ; gitesle grandrenaud.com ; 46 rte du Stade ; nuitée 85-150 € selon le nombre d'occupants ; wifi). À 10 minutes à pied du centre du Bourg-d'Oisans, disséminés sur 2 ha de pelouse, ces appartements mitoyens de 35 m² font face à L'Alpe-d'Huez. Chaque logement, sobre et fonctionnel pour 2 à 5 personnes, est doté d'une terrasse, d'un coin salon, d'une petite cuisine équipée et d'une chambre avec 2x2 lits superposés et un canapé gigogne. 10% de réduction en toute saison pour 5 nuits successives. Animaux acceptés : 10 €/jour.

Café du Centre — Restaurant

(04 57 30 07 72 ; 1 rue de Viennois ; plats 14,90 € ; mar-sam). À l'angle de l'une des rues étroites du centre, ce restaurant bien nommé est un véritable lieu de vie pour les Bourcats. Les menus sont écrits chaque matin à la craie sur l'immense ardoise et il est alors difficile de choisir parmi la dizaine de plats, tous faits maison. Le camembert rôti se classe parmi les favoris, tout comme les gnocchis truffés ou l'aile de raie à la grenobloise. À l'intérieur, le grand bar en zinc voit défiler les assiettes tandis que la terrasse s'offre à l'ambiance animée du village.

Renseignements

À partir de l'été 2025, l'**office de tourisme du Bourg-d'Oisans** (bourgdoisans.com et www.oisans.com ; 31 quai du Dr-Girard) et la **Maison du parc national des Écrins** (ecrins-parcnational.fr ; 120 rue Gambetta) doivent se regrouper dans un nouveau bâtiment, tout proche du centre (45 av. de la République). Un espace d'exposition et de projection est également prévu.

Depuis/vers Le Bourg-d'Oisans

Les **bus** du réseau **Cars région** (carsisere.auvergnerhonealpes.fr) proposent une ligne régulière de Grenoble vers Le Bourg-d'Oisans (1 heure 30 en moyenne) et les principales communes de l'Oisans.

La **ligne 55 Zou ! Express** (04 13 94 30 50 ; zou.maregionsud.fr) entre Grenoble et Briançon passe par Le Bourg-d'Oisans (durée moyenne 2 heures).

Vallée de la Lignarre

Au sud du Bourg-d'Oisans, elle sépare le massif des Écrins du massif du Taillefer et abrite de jolis villages accessibles par des routes spectaculaires (voir l'encadré p. 352). **Ornon** compte une dizaine de hameaux dont **Le Rivier-d'Ornon**, 54 habitants à l'année, très joli avec ses maisons traditionnelles, point de départ de multiples randonnées.

Activités

Hiver

Au **col d'Ornon**, une petite station de ski familiale dispose de 4 pistes de ski de fond (forfait journée 8 €), de circuits raquettes balisés, d'un espace luge et de 3 parcours d'orientation hivernaux (enfant, adulte et sportif). Au **Plan Col** se trouve un téléski et deux pistes vertes pour débutants. Plus haut, sur la station des **Hauts du Col** (accessible en voiture), 2 téléskis supplémentaires donnent accès à 1 piste verte, 1 bleue, 2 rouges et 2 noires. Forfait : 13 €/journée.

Été

La balade vers le **plateau des lacs du Taillefer** fait figure de classique. Depuis le hameau de La Grenonière, il faut marcher environ 2 heures le long du GR®50 pour gagner le plateau d'alpage, truffé de minuscules lacs et de plantes endémiques. On peut s'arrêter à la cabane de la Jasse, équipée d'un poêle à bois et de bat-flanc, qui surplombe le sentier. Sur le plateau, faites la boucle au milieu des tourbières et des zones humides classées Natura 2000, en prenant garde à ne pas sortir du sentier. Il est aussi possible de passer la nuit au refuge du Taillefer, gardé l'été.

Plus ardue avec ses 1 250 m de dénivelé, la randonnée qui mène au **lac du Vallon**, à 2 493 m, débute au hameau des Siauds, derrière le col d'Ornon. Le sentier s'élève sur les flancs du pic du Rochail, très peu fréquenté. Au printemps, le lac est encore glacé ce qui le rend encore plus spectaculaire !

Où se loger et se restaurer

Le Chantelouve Gîte et couvert €

(04 76 80 44 82 ; gite-lechantelouve.com ; 6730 rte du Grand-Armet, Chantelouve ; nuitée 18-35 €, petit déj 6 €, menu 22 € ; saison hivernale et vac. scol. ;). Pour ce qui est du cadre, le gîte, situé au col d'Ornon, est joliment cerné par les sommets de près de 3 000 m : Grand Armet, Taillefer et Grand Renaud. C'est une équipe de 4 jeunes, très investis dans leur projet et fourmillant d'idées, qui y accueille les hôtes de passage. Les nuitées se font en dortoir (salle de bains commune) ou en chambre double avec salle de bains privative. Côté table, les plats maison sont préparés avec des produits bio, provenant même parfois directement des potagers voisins. L'hiver, c'est ici que l'on s'équipe pour le ski de fond avec le service de location.

Vallée de l'Eau Dolle

Au nord du Bourg-d'Oisans, elle longe la chaîne de Belledonne depuis le col de la Croix-de-Fer qui marque la frontière avec la Savoie. La route étant fermée l'hiver, la vallée est un cul-de-sac. Sa particularité tient à la présence de deux barrages hydroélectriques : le **barrage du Verney**, à 770 m d'altitude, et celui de **Grand'Maison**, juché à 1 698 m. Tous deux fonctionnent de pair : l'eau stockée dans la retenue supérieure qui alimente l'usine de Grand'Maison, est rejetée dans la retenue inférieure avant d'être repompée dans le lac en amont. Le système permet de faire face rapidement à une pointe de consommation. Ces installations hydroélectriques sont une manne économique pour la vallée qui a largement investi dans le tourisme à coups d'équipements impressionnants.

Depuis/vers la vallée de l'Eau Dolle

Les **bus** du réseau **Cars Région** (carsisere.auvergnerhonealpes.fr) proposent des liaisons régulières depuis la gare de Grenoble jusqu'à Rochetaillée (ligne T75) et Vaujany (ligne T71).

Durant les saisons d'hiver et d'été, une **navette gratuite** effectue plusieurs allers-retours par jour entre Le Bourg-d'Oisans, Allemond et Vaujany.

À voir

Vaujany Station de ski

Cette petite station de ski est sortie de terre en 1989 avec l'inauguration du plus gros téléphérique du monde à l'époque, lui permettant de faire partie de L'Alpe-d'Huez Grand Domaine . Le village, perché sur le versant, s'est doté d'infrastructures dignes des plus grandes stations : une patinoire internationale, un spa, un cinéma, un musée, une grande salle de sport et des chalets accrochés à la pente et très bien intégrés dans le paysage. Le clou de l'innovation : des escaliers mécaniques futuristes barrant la station de haut en bas et recouverts d'un tunnel en Plexiglas incliné à 30° pour se déplacer ! Si cette démesure d'investissements a valu un temps à la station le surnom de "Koweït

VAUT LE DÉTOUR
La Route des savoir-faire de l'Oisans

L'Oisans valorise artisans et artistes, agriculteurs et producteurs, musées et patrimoine bâti à travers cet itinéraire qui permet d'aller à la rencontre des acteurs du territoire, de soutenir leur travail et d'apprécier le fruit de celui-ci. Le *Guide de la route des savoir-faire de l'Oisans* est distribué dans les offices de tourisme et téléchargeable sur oisans.com/decouvrir/route-savoir-faire. Petite sélection :

- **Les Cueillettes de Maline** (☎ 06 15 48 28 63). Dans le hameau du Petit Châtain, en contre-haut de la route principale d'Auris, Marie-Aline propose sa production locale de condiments et autres plantes aromatiques. Vente sur les marchés de Mont-de-Lans le mercredi en juillet-août et du Bourg-d'Oisans le samedi d'avril à novembre, ou sur place (appelez).
- **Atelier 45 Ceramic** (☎ 06 61 21 79 94). Dans son atelier de Bourg-d'Oisans, Stéphane Guiffrey crée de la vaisselle en grès et porcelaine... que l'on retrouve dans certaines des bonnes tables alentour, comme celle du Bijou, à Villard-Reculas (p. 341). Vente à l'atelier les mercredi et samedi de 10h à 18h de juin à septembre et démonstration de tournage (réservation conseillée).
- **Bergerie de la Lignare** (☎ 06 15 25 36 85). Installés à Ornon, Émilie Salvi et Jimmy Haussler élèvent des brebis laitières en agriculture raisonnée et fabriquent leur fromages, yaourts, fromages blancs qu'ils vendent à la ferme et sur le marché du Bourg-d'Oisans le samedi matin. Ils organisent aussi des goûters dégustations, sur réservation le mercredi, accompagnés d'une visite de leur bergerie.

de l'Isère", celle-ci reste finalement authentique dans son accueil et concentre ces infrastructures modernes dans l'hyper-centre, qui avouons-le, est effectivement très en pente !

Au-dessus de la mairie, l'**Espace-musée Vaujany** (☎ 04 76 11 11 91 ; vaujany.com/fr/pole-culturel/espace-musee-de-vaujany ; 11 rte de la Cour-Basse ; entrée libre) présente l'histoire du village et son évolution grâce à l'hydroélectricité, mais aussi la faune, la forêt, le patrimoine, et de manière plus interactive, un simulateur de vol permettant de survoler les massifs alentour.

Depuis le village, la vue sur la **cascade de la Fare**, alimentée par les glaciers du massif des Grandes Rousses, est spectaculaire.

Oz-en-Oisans — Village

Voisine de Vaujany, Oz-en-Oisans se compose de 11 hameaux disséminés entre 800 et 1 350 m d'altitude. La station fait aussi partie de L'Alpe-d'Huez Grand Domaine avec la télécabine de Poutran et celle de l'Alpette, l'une donnant sur le pic Blanc (3 300 m), l'autre sur le dôme des Rousses (2 800 m). Mais si la station permet de rentrer en skis jusqu'à son hébergement, elle ne vit principalement qu'en hiver.

À l'inverse, **Oz Village**, minuscule, avec son lavoir, sa fontaine et son église du XIXe siècle au clocher carré à pyramide, a conservé son charme d'antan et offre en été un cadre des plus bucoliques.

Allemond — Village

La partie la plus ancienne du petit village d'Allemond est située au bord du lac du Verney, tandis que la partie basse est, elle, au pied du barrage construit en 1984. Dans cette vaste plaine ensoleillée, le camping, la piscine municipale et les petits commerces bordent la gare de départ de l'ascenseur valléen "l'Eau Dolle Express" (aller-retour piéton 1,80 €, ou compris

Lac du Verney, Allemond

dans le forfait de ski). Celui-ci permet de rejoindre la station d'Oz en 8 minutes, puis L'Alpe-d'Huez (via la télécabine de Poutran) ou Vaujany (par la télécabine de l'Alpette). Idéal pour éviter les routes aux multiples virages des stations, et pour profiter de la vue sur le lac du Verney et le massif de Belledonne.

Musée EDF Hydrélec Électricité

(04 76 79 12 76 ; 17 rte du Lac, Le Verney ; juin-oct mar-sam 10h-12h30 et 13h30-18h ; entrée libre). À la sortie d'Allemond, au bout du barrage du Verney, ce musée nous plonge dans l'histoire de l'hydroélectricité avec sa collection de machines anciennes (turbines, alternateurs, conduites forcées...). Des dispositifs interactifs, maquettes, vidéos et projections font découvrir aux visiteurs le fonctionnement des barrages, les enjeux environnementaux liés à la production d'électricité et l'évolution des techniques allant jusqu'aux centrales modernes. Le musée offre également des vues directes sur les installations et les paysages alpins.

Activités

Hiver

Les stations d'Oz et de Vaujany sont reliées ensemble (domaine Oz-Vaujany : forfait journée adulte 46 €) et font aussi partie de L'Alpe-d'Huez Grand Domaine ski (voir p. 348), qui cumule 250 km de pistes (forfait journée adulte : 64 €). De nombreuses activités annexes sont possibles autour d'Oz, Vaujany et Allemond : marche nordique sur neige, balades en raquettes, baptêmes en traîneau à chiens, initiation à l'escalade de cascade de glace et au ski de randonnée. Les adeptes du patin ou du hockey sur glace profiteront de la patinoire olympique située à Vaujany.

Été

La proximité des cols du Sabot, du Glandon et de la Croix-de-Fer attire de nombreux cyclistes. Le téléphérique de l'Alpette permet d'accéder au domaine VTT de la station. Si vous optez pour la randonnée, le site www.oisans.com propose une foule d'itinéraires de randonnée bien détaillés, pour tous les niveaux. La **cascade de la Fare** est la balade facile par excellence ; au départ de La Villette, comptez 1 heure 30 aller-retour et 70 m de dénivelé. Au départ d'Oz-en-Oisans, ne ratez pas la balade du **plateau des lacs inférieurs** (12 km aller-retour ou 6 km au départ de l'Alpette, retour par la télécabine de Poutran) qui vous fera longer 5 lacs magnifiques avec la possibilité de pousser jusqu'au refuge de la Fare (où vous pourrez déguster une tartelette aux myrtilles), ou même d'enchaîner sur les lacs supérieurs.

Une **via ferrata** démarre à proximité de la cascade de la Fare avec 2 itinéraires possibles : Les Passerelles, relativement facile, ou celui de la cascade de la Fare, plus aérien avec des passages verticaux.

À 725 m d'altitude, la **base nautique du lac du Verney** (04 76 80 76 11 ; www.oisans.com/equipement/base-nautique-du-lac-du-verney) est idéale pour les familles, avec ses espaces verts et ses jeux à proximité. En juillet-août, on peut y louer des planches à voile, pédalos, Optimist, paddles... et même s'essayer au wingfoil. La baignade est en revanche interdite.

Où se loger et se restaurer

Auberge La Cure — Hôtel-restaurant €

(04 76 79 55 62 ; aubergelacure.com ; 11 pl. de l'Église, Oz-en-Oisans ; s/d/fam 55/65/85 €, petit déj 11 €, demi-pension 34 € ; menu 3 plats 34 € ; lun-sam). Située au pied de l'église du minuscule village d'Oz, La Cure propose une cuisine raffinée à base de produits locaux et de saison. L'été, les tables installées dans le beau jardin accueillent autant de touristes cyclistes (l'auberge est labellisée "Accueil Cyclo Oisans") que d'habitants avertis (réservation indispensable). L'auberge propose 5 chambres très simples mais bien aménagées, sans distinction de prix entre l'hiver et l'été, la haute et basse saison.

Le Bijou — Bistronomie locale €€

(06 31 13 26 20 ; rte d'Huez, Villard-Reculas ; plats 19 € ; été et hiver mer-dim soir + sam et dim midi). À la sortie du village de Villard-Reculas, en surplomb de la route qui mène au si vertigineux pas de la Confession, le Bijou (du nom du mulet qui occupait cette ancienne écurie) séduit toute personne qui s'y attable. Caroline travaille avec une vingtaine de producteurs locaux et d'artisans pour réaliser un décor et une cuisine d'une grande finesse, à l'image du nougat de chèvre et sorbet citron basilic ou de la polenta crémeuse noisette parmesan. Coup de cœur.

La Guinguette — Restaurant €

(04 38 50 00 78 ; 220 ch. des Grands-Champs, Allemond ; tlj sauf mar 9h-22h). Ce petit chalet en rondin est prolongé par une terrasse en triangle qui surplombe les eaux turquoise du lac du Verney. Le service est professionnel tout en étant joyeux, et souvent en musique. La carte, élaborée, a rapidement conquis les gourmets, notamment avec les travers de porc au coulis de tomates, les cuisses de grenouille ou encore les fritures de lac.

Renseignements

Office de tourisme de Vaujany (04 76 80 72 37 ; vaujany.com ; 5 pl. du Téléphérique)

Office de tourisme d'Oz-en-Oisans (04 76 80 78 01 ; oz-en-oisans.com ; 1 pl. du Pic-Blanc)

Vallée du Ferrand et plateau d'Emparis

Cette petite vallée du bout du monde offre une vraie bulle d'authenticité loin des grosses stations de ski voisines. Bien que touristique l'été, elle mérite le détour. L'idéal est de monter tôt le matin, avant l'arrivée des touristes, ou de s'y rendre au printemps et à l'automne. Perdez-vous dans les ruelles de ses trois villages perchés, Mizoën, Besse et Clavans-en-Haut-Oisans, et montez à pied jusqu'au plateau d'Emparis, classé Zone Natura 2000, pâturé par près de 20 000 ovins et pas loin de 1 300 bovins et caprins.

Comment circuler

Une **navette gratuite** effectue 3 allers-retours quotidiens en été depuis Bourg-d'Oisans jusqu'aux villages de la vallée du Ferrand (Besse-en-Oisans, Clavans-en-Haut-Oisans, Le Freney-d'Oisans, Mizoën).

À voir

Juché sur un éperon rocheux, en surplomb du lac de Chambon, **Mizoën** est le premier village de cette petite vallée perchée. Plus haut, à 1 500 m d'altitude, **Besse-en-Oisans** se démarque avec ses maisons en lauze parfaitement retapées et ses ruelles pavées. Au début du XIXe siècle, le village comptait près d'un millier d'habitants, contre un peu moins de 100 aujourd'hui. C'était un lieu de passage très fréquenté vers l'Italie et la Savoie voisine. D'ailleurs, avant le rattachement de la Savoie à la France, il avait même son poste de douane. Faites un saut à l'épicerie-bar des Touristes où se retrouvent les gens du village, avant de pousser un peu plus loin jusqu'à **Clavans-en-Haut-Oisans**, au pied du col de Sarenne, où quelques belles maisons témoignent de la prospérité des colporteurs de l'Oisans. L'histoire des colporteurs et celle du pastoralisme sont racontées à Besse à la **Maison des Alpages** (☎04 76 80 19 09 ; maisondesalpages-besse.com), un espace muséographique qui propose aussi des produits régionaux à la vente et organise l'été des sorties accompagnées à la rencontre des bergers sur le plateau d'Emparis.

Activités

Randonnée

À l'aide du dépliant disponible à l'office de tourisme de Besse-en-Oisans, partez à la découverte des 17 oratoires qui jalonnent la **vallée du Ferrand**, chacun étant orné d'une statue représentant un saint. L'itinéraire, facile (3 heures, 7 km et 440 m de dénivelé), mène aux hameaux de Sert et de Bonnefin.

Au départ du parking des granges du Gay (1 552 m), au-dessus de Besse, les marcheurs les plus aguerris pourront se mesurer au **pic du Mas de la Grave** et ses 3 020 m ! Il faut compter 7 à 8 heures de marche et 1 500 m de dénivelé. Il est possible de partir du Chazelet par le vallon de la Buffe (1 300 m de dénivelé positif). On peut également étaler la randonnée sur 2 jours en passant une nuit au refuge de la Buffe. Là-haut, on se prend une claque panoramique face à la Meije !

Enfin, le **GR®54** (Tour de l'Oisans et des Écrins) traverse le village de Besse-en-Oisans.

Où se loger et se restaurer

Le Sarret — Gîte-restaurant €
(☎04 76 80 06 22 ; gite-le-sarret.com ; Besse-en-Oisans ; plats 12-24 €, formule 14 €, nuitée en dortoir 28 € ou d 33 €/pers ; petit déj 8 € ; sur réservation). Martine propose une cuisine locale typiquement "bessat", comme les crozets cuits au four à bois, les farcis de l'Oisans (à base de chou, de légumes, de lard et de pain), le patiche (sorte de gratin dauphinois), ou le merçon (saucisson à cuire). En dehors de la saison d'été, le restaurant est ouvert uniquement aux pensionnaires.

Renseignements

Office de tourisme de Besse-en-Oisans (☎04 76 80 00 85 ; besse-en-oisans.fr ; rue Principale).

Vallée du Vénéon

Cette vallée mène au cœur du massif des Écrins (voir l'encadré p. 348) par la D530, une petite route sinueuse et étroite, en corniche au-dessus du vide par endroits. Fermée l'hiver après Champhorent, elle isole les hameaux de La Bérarde et des Étages durant plusieurs mois.

Elle regroupe deux communes : Venosc et Saint-Christophe-en-Oisans-La Bérarde, ainsi que des petits hameaux périphériques, certains accessibles seulement à pied. Haut lieu de l'alpinisme,

LAURENCE FLEURY ©

À NE PAS MANQUER

Randonnée sur le plateau d'Emparis

Ce vaste plateau, où montent l'été les troupeaux venus de Provence, s'étend sur 2 900 ha et offre un belvédère incroyable sur les glaciers de la Meije. C'est un beau terrain de jeu pour se balader et bivouaquer face au massif des Écrins. Bien que protégé et classé Zone Natura 2000, on peut y accéder en voiture, mais par une piste étroite, vertigineuse et de moins en moins carrossable (croisement difficile entre deux véhicules). Nous vous conseillons donc fortement de vous y rendre à pied, depuis le col de Saint-Georges (qui nécessite d'emprunter quand même un petit tronçon de cette piste) ; il faut compter 1 heure 30 jusqu'au plateau d'estive. En partant de Besse, prévoyez une heure supplémentaire. Trois refuges offrent la possibilité de passer la nuit sur le plateau et de randonner sur deux jours ; ceux du Fay et des Moutères sont proches l'un de l'autre, tandis que le refuge des Clots permet d'accéder facilement à la cascade pétrifiante de la Pisse, à une paroi d'escalade ainsi qu'à une via ferrata. Une grande boucle rejoint les lacs Lérié et Noir depuis le village de Besse (comptez la journée). On peut aussi traverser le plateau jusqu'au Chazelet, hameau de La Grave.

Au départ de Besse, une petite randonnée de 5 km sur le sentier en direction du sommet de la Quarlie est équipée de bornes explicatives et interactives. Il suffit de flasher le QR Code pour obtenir un tas d'informations sur le patrimoine et le pastoralisme local.

Infos pratiques

oisans.com/decouvrir/les-incontournables/le-plateau-d-emparis/#itinéraires

La Bérarde, durement touchée par une catastrophe naturelle en 2024 (voir l'encadré p. 345), fut le point de départ des premières expéditions vers les sommets des Écrins. C'est d'ici que sont parties bon nombre d'expéditions pour les plus hauts

Besse-en-Oisans

sommets du massif, dont la Première de la Meije, vaincue le 16 août 1877 par la cordée Gaspard-Boileau de Castelnau.

Depuis/vers la vallée du Vénéon

Des **navettes** la desservent depuis Le Bourg-d'Oisans (selon les saisons, se renseigner sur les horaires). La **télécabine de Venosc** (04 76 79 75 01 ; oisans.com/telecabine-de-venosc ; aller simple/aller-retour 3,30/6,50 €) relie le village à la station des Deux-Alpes.

À voir

Venosc Village

Rattaché à la commune des Deux-Alpes (p. 351), Venosc est relié à la station par une télécabine. Avec ses maisons anciennes, ses boutiques d'artisan et ses rues piétonnières, ce magnifique village accroché à la pente invite à la flânerie. N'hésitez pas à pousser les portes des ateliers et galeries d'art (voir aussi p. 339). Un marché leur est dédié le mardi matin en juillet-août sur le parking de la télécabine. Quelques maisons typiques, carrées, avec un toit à quatre pans, évoquent l'activité des paysans locaux qui, du XVIIe au XIXe siècle, partaient l'hiver comme colporteurs vendre des graines et des bulbes de fleurs. L'hiver était si rude que beaucoup s'exilèrent pour travailler, jusqu'au Chili, au Canada ou ailleurs. Au retour, certains d'entre eux firent bâtir des maisons imposantes, symboles de leur réussite.

Côté patrimoine, l'**église Saint-Pierre** mérite une halte. Très bien dotée grâce aux donations des riches colporteurs, elle abrite notamment un retable baroque du XVIIe siècle. Dans le clocher se cache la plus vieille cloche de l'Oisans (1622). Sur la façade d'une maison privée, rue du Cours-de-la-Vie, on peut apercevoir un beau **cadran solaire**. Il faut descendre la ruelle jusqu'à l'angle de la propriété ; un petit passage permet de l'apercevoir du bout du jardin. Pour l'anecdote, c'est par là que passaient les cortèges pour les mariages, baptêmes et enterrements, entre l'église et la mairie.

Saint-Christophe-en-Oisans Village

Petit village accroché à la pente et aux maisons serrées autour de son église, Saint-Christophe est lié à l'histoire de l'alpinisme. C'est là que vécut Pierre Gaspard, premier grand guide paysan, célèbre pour avoir trouvé en 1877 l'itinéraire jusqu'au sommet de la Meije, considéré alors comme infranchissable. Nombre de guides montagnards de la vallée reposent dans son cimetière. Le territoire de la commune est très étendu ; elle occupe à elle seule un cinquième de la superficie du parc national des Écrins, avec 128 sommets de plus de 3 000 m.

Au centre du village, le **musée Mémoires d'alpinismes** (04 76 79 52 25 ; entrée 3,50 € ; juil-août tlj 9h30-12h30 et 14h30-18h, juin et sept tlj à partir de 10h, vac. scol. printemps et hiver tlj sauf sam 14h-17h, reste de l'année sur rdv) comprend 400 m^2 dédiés à la montagne et à l'histoire de l'alpinisme dans la région. Les exploits des découvreurs des voies mythiques du massif sont mis à l'honneur à travers des films et des articles de journaux. Une exposition est aussi consacrée aux femmes alpinistes avec des témoignages sonores.

Activités

Hiver

L'hiver, la vallée est propice à l'escalade de cascades de glace. Parmi les secteurs phares, le **vallon du Diable** (ou de la Selle) au hameau des Prés, à Saint-Christophe-en-Oisans, le site du **Clôt**, sous La Bernardière, ou encore la **cascade de l'Alpe du Pin**.

Saint-Christophe est la porte d'entrée vers la haute vallée en matière de ski de rando, dès la réouverture de la route (mi-mars). C'est là qu'on vient glaner des informations sur les conditions de neige ; c'est le lieu de passage de quelques skieurs hors-piste venus directement de la station des Deux-Alpes, située au-dessus et que l'on rejoint en 8 minutes par la télécabine de Venosc (voir page ci-contre).

Catastrophe naturelle à La Bérarde

Le 21 juin 2024, alors que des précipitations s'abattaient sur le massif, un lac s'est subitement purgé sur le glacier de Bonne Pierre, à 2 900 m d'altitude, engendrant une crue gigantesque du torrent des Étançons. Charriant avec elle des centaines de milliers de tonnes de blocs et de pierres, elle a dévalé plus de 1 000 m de dénivelé, jusqu'au village isolé de La Bérarde (p. 342). Fort heureusement, elle n'a fait aucune victime, mais ce hameau mythique de l'alpinisme a été détruit en très grande partie. En plus des bâtiments, maisons et campings rayés de la carte, et de sa chapelle emblématique éventrée, la D530, unique accès routier de la vallée, a également été touchée et coupée pendant de nombreux mois. Les sites d'activités en montagne sont pour la plupart épargnés, mais, pour la communauté montagnarde et les pouvoirs publics mobilisés, les questions restent nombreuses quant à la manière de reconstruire, réinvestir ou réinventer ce haut lieu de l'alpinisme, majestueux et si emblématique.

Les infos pratiques et les accès aux sites sont actualisés sur : oisans.com/catastrophe-naturelle-berarde-saint-christophe-en-oisans-venosc/ ou sur le site de la mairie de Saint-Christophe en Oisans (mairie-st-christophe-en-oisans.fr).

Été

La vallée du Vénéon compte deux **vias ferratas** : l'une à Venosc, l'autre à Saint-Christophe-en-Oisans. S'y ajoutent un large choix de voies d'escalade de plusieurs longueurs et pour tous niveaux sur les falaises de l'Encoula à Saint-Christophe, et la Tête de la Maye à La Bérarde.

Côté randonnée, si vous n'êtes pas sujet au vertige, ne manquez pas de monter

LAURENCE FLEURY ©

sur les **balcons du Vénéon** (850 m de dénivelé ; 3 heures), au départ de Saint-Christophe. Taillé dans la roche, à flanc de falaise, ce sentier aérien délivre une vue imprenable sur la rivière. Quelques câbles ont été aménagés pour faciliter le passage. Retour possible à Venosc par le sentier ou par la télécabine puis en bus jusqu'à Saint-Christophe.

Le **lac de la Muzelle** (6 heures aller-retour) est un condensé de paysages alpins : forêt d'épicéas, pelouses alpines et cirque minéral où se niche le lac. Point de départ au Bourg-d'Arud (hameau de l'Alleau). Possibilité de dormir au **refuge de la Muzelle** (☎ 04 76 79 02 01).

Le **lac du Lauvitel**, situé dans une réserve intégrale, est le plus grand lac des Écrins. Mieux vaut s'y rendre au printemps ou à l'automne, car l'endroit est surfréquenté l'été et le stationnement à la Danchère, le point de départ, est problématique.

La rivière du Vénéon est aussi un haut lieu de pratique pour les sports d'eaux vives comme le rafting, le kayak et l'hydrospeed. Vous pouvez notamment contacter **Vénéon Eaux Vives** (☎ 04 76 80 23 99 ; rafting-veneon.com). **Intégral Rafting** (☎ 04 76 80 25 05 ; integralrafting.wixsite.com/integral-rafting) propose aussi du canyoning dans les gorges à proximité.

La vallée du Vénéon est enfin un haut lieu de l'alpinisme. La **traversée de la Meije** figure parmi les plus belles courses des Alpes, mais elle s'adresse aux initiés. Comptez 10 à 12 heures d'efforts entre 3 000 et 4 000 m d'altitude. La mythique **Dibona** est une aiguille granitique de 300 m avec des voies de tous niveaux, au départ du refuge du Soreiller. La **Tête du Replat** est une jolie course d'initiation, accessible par le glacier de la Selle avec une vue imprenable sur la Meije.

Où se loger et se restaurer

La Cordée Lieu incontournable €

(☎ 04 76 79 52 37 ; la-cordee.com ; Saint-Christophe-en-Oisans ; dortoir 15 €, ch 44,50-54,50 € ; menu complet 20 €, plat du jour-dessert 13,50 € ; ⏲ tte l'année). Cette auberge emblématique de la vallée a été ouverte en 1907 par les grands-parents de

LAURENCE FLEURY ©

LAURENCE FLEURY ©

De gauche à droite : Saint-Christophe-en-Oisans (p. 345) ; Venosc ; le Vénéon

Marie-Claude Turc, qui tient toujours le comptoir. Jadis le seul commerce de Saint-Christophe-en-Oisans, "À la Fleur des Alpes", son nom d'origine, faisait office de bureau de poste et accueillait les alpinistes en partance ou de retour de course. Rebaptisé La Cordée dans les années 1950, l'endroit est toujours le phare de la vallée, toujours éclairé, même l'hiver lorsque l'infatigable Marie-Claude accueille et renseigne les skieurs sur les conditions d'enneigement. Côté hébergement, La Cordée propose 7 chambres de 2-3 lits avec ou sans salle de bains et un dortoir de 15 places. Le lieu fait aussi restaurant midi et soir (cuisine simple et familiale), et boutique de souvenirs avec un large choix de livres de montagne et quelques produits locaux. Le tout dans un joyeux désordre. On peut même acheter la vaisselle "La Cordée" dans laquelle on mange ! Marie-Claude a également créé La Cordée d'à Côté, un espace détente avec hammam (15 €) très appréciable après une journée de randonnée. Tout l'été, elle organise les "jeudis de la Cordée", des concerts et soirées conte ou théâtre ouverts à tous.

Château de la Muzelle — Hôtel-restaurant €

(☎04 76 80 06 71 ; chateaudelamuzelle.com ; Bourg-d'Arud, Venosc ; d 99 €, petit déj 11 €, demi-pension 90-98 €/pers ; 🕐fin mai à mi-sept). L'édifice fait son effet depuis la route, avec sa grande façade aux nombreuses fenêtres, ses tours et son porche à l'entrée. Cette gentilhommière du XVIIe siècle est dotée de chambres spacieuses et lumineuses, pour certaines totalement rénovées et très joliment décorées. Beau parc arboré au bord de la rivière. Cuisine traditionnelle à base des légumes du potager.

Les Arias — Gîte €

(☎04 76 79 27 41 ; gitelesarias.fr ; ch 38 €/pers avec petit déj, dortoir 25 €, demi-pension 48 € ; 🕐juin-sept). Au hameau du Pré-Clot, à 5 minutes de Saint-Christophe, cette ancienne bergerie rénovée accueille un gîte d'une capacité de 15 personnes, posé dans un cadre verdoyant, au cœur des montagnes. La salle à manger occupe une jolie salle voûtée tandis que l'étage est réservé aux chambres et aux dortoirs mansardés de 2 à 6 places, simples et

VAUT LE DÉTOUR

Le parc national des Écrins

À cheval entre Isère et Hautes-Alpes, le **parc national des Écrins** (ecrins-parcnational.fr) est composé de sept vallées principales qui convergent toutes vers le centre du massif : c'est le cas de la vallée du Vénéon, qui offre un accès à ce royaume de la haute montagne, avec plus de 150 sommets à plus de 3 000 m. D'ailleurs, si la création officielle du parc remonte à 1973, une première entité avait été instaurée dès 1913, sous le nom de parc national de La Bérarde. Il s'agissait, à l'époque, de réguler l'envahissement des pâturages qui entraînait érosion, déboisement et désordre torrentiel. L'aménagement des premiers sentiers remonte aux années 1930, de même que la construction des premiers refuges. Aujourd'hui, les actions phares du parc national concernent la préservation de la faune, de la flore et des glaciers, ainsi que la réintroduction de certaines espèces comme ce fut le cas pour le bouquetin au lendemain de la création du parc.

Haut lieu de l'alpinisme, le massif est aussi une destination fabuleuse pour la randonnée avec, dans la zone cœur du parc, des sentiers et des refuges ayant comme toile de fond des sommets mythiques comme la Meije ou la barre des Écrins. Pour une randonnée itinérante, le **GR®54** est une boucle de 187 km qui fait le tour de l'Oisans et du massif des Écrins. Comptez entre 10 et 15 jours pour le couvrir, avec un cumul de 12 800 m de dénivelé et 14 cols à franchir. Il enchaîne des étapes sportives et soutenues, avec parfois quelques passages techniques. Le parcours de 13 étapes peut toutefois être adapté au niveau de chacun : www.alltrails.com/fr/lists/gr54-tour-de-l-oisans-et-des-ecrins.

Le site Internet du parc (ou l'appli "rando Écrins") recense toutes les structures d'altitude ; téléchargez le livret sur les bonnes pratiques pour respecter les lieux. Vous pourrez aussi vous procurer une carte IGN du parc (13,40 €) et le topoguide de la FFRandonnée "Tour de l'Oisans et des Écrins" (15,90 €). Des lignes de bus et des navettes desservent en saison les grands sites de randonnée.

fonctionnels. Côté restauration, la cuisine est familiale avec un menu unique le soir. Des spécialités de l'Oisans sont servies le dimanche sur réservation (crozets, farcis).

Renseignements

Bureau des guides de La Bérarde (04 76 79 54 83 ; guidesberarde.com)

Bureau d'information touristique de Venosc-Les Deux-Alpes (04 76 80 06 82 ; venosc.com ; 355 rte de Bourg). À côté de la télécabine de Venosc.

L'Alpe-d'Huez

Le nom exact donné à ce territoire aménagé : L'Alpe-d'Huez Grand Domaine, ski ou VTT. Ses 250 km de pistes forment l'un des plus grands ensembles des Alpes. Il comprend 4 stations-villages périphériques : Vaujany (p. 338), Oz-en-Oisans (p. 339), Villard-Reculas et Auris-en-Oisans. Sans oublier le village d'Huez, relié à la station par le tout nouveau télécabine Huez Express. C'est aussi à Huez que le premier téléski fut installé en 1936 sur son alpage, d'où son nom. La route en lacet aux 21 boucles élargie pour les JO de Grenoble de 1968 a révolutionné la station qui s'est développée à toute vitesse et s'est laissé envahir par des infrastructures peu harmonieuses. Et ce n'est pas fini : l'été, les nombreux travaux liés à de nouvelles constructions peuvent perturber les amateurs de calme. Ses atouts sont donc ailleurs : son exposition plein sud permet

Lac du Lauvitel (p. 346)

de skier au soleil de 9h à 17h. Et du haut du pic Blanc, son point culminant à 3 330 m, on peut voir un cinquième du territoire français !

L'Alpe-d'Huez est la capitale du vélo depuis le Tour de France de 1952 et la célèbre victoire de l'étape par Fausto Coppi, et elle reste à la page avec le passage, en août 2024, du premier Tour de France féminin. La configuration de la route permet l'accueil du public au plus près des coureurs et coureuses. Un véritable stade à ciel ouvert offrant une ambiance populaire et festive à chaque événement. La station accueille aussi, chaque été depuis 1995, la Megavalanche, une course VTT qui rassemble 2 000 riders qui dévalent, à fond la caisse, 26 km du haut du pic Blanc jusqu'à Allemond. Soit 2 600 m de dénivelé. Les premiers mettent moins d'une heure !

À voir

Grotte de glace — En famille

(☎ 04 76 80 30 30 ; grottedeglace.com ; skieurs munis d'un forfait tarif plein/5-13 ans 6/5,50 €, piétons forfait télécabine DMC 1800 + entrée grotte 28/24,50 €). Créée artificiellement à 2 700 m, l'hiver, la grotte de glace expose aussi des œuvres éphémères : chaque année, de nouvelles pièces réalisées par des sculpteurs de glace professionnels sont exposées dans 120 m de galeries. Accès à pied par la télécabine DMC 1800, à skis par les pistes.

Site archéologique de Brande — Village minier

(accès libre l'été). Peuplé entre le XIIe et le XIVe siècle, cet ancien village minier, situé sur le plateau de Brande, à 1 800 m d'altitude, est le plus haut village médiéval de ce type connu en Europe. Ses habitants y extrayaient le minerai d'argent pour la fabrication de pièces de monnaie. Le site laisse voir les vestiges des anciennes habitations, à deux pas de la station. Des visites guidées sont organisées par le **musée d'Histoire et d'Archéologie de L'Alpe-d'Huez** (☎ 04 76 11 21 74 ; Palais des Sports et des Congrès ; 5 € sur réservation).

LAURENCE FLEURY ©

Village de Huez

Église Notre-Dame-des-Neiges

Vitraux

(77 ch. de la Chapelle, Huez ; fermée mai et nov). Inaugurée en 1969, cette église à l'architecture de style Le Corbusier abrite une série de très beaux vitraux peints par l'artiste isérois Arcabas et un orgue en forme de main tendue vers le ciel. Chaque jeudi, l'été et l'hiver, des concerts de musique classique sont programmés.

Activités

Hiver

La station principale du domaine de L'Alpe-d'Huez Grand Domaine ski compte 5 descentes de plus de 2 000 m de dénivelé, 70 itinéraires de ski hors-piste, 3 zones de snowpark et 3 pistes aménagées et scénarisées pour les familles. Les pistes rouges et noires sont en haut de la station, les bleues et vertes plutôt en bas. Forfait ski journée adulte : 64/51 € haute/basse saison pour le Grand Domaine ; 52/41,50 € haute/basse saison pour le domaine restreint. Le ski nordique, la raquette et le trail blanc ne sont pas en reste avec 50 km de pistes nordiques, notamment la **boucle des Lacs**, au pied des Grandes Rousses. Pour les skieurs confirmés, du haut du pic Blanc démarrent la plus longue piste noire d'Europe, la **Sarenne** (16 km par le glacier de Sarenne) et la **piste insolite du "Tunnel"** qui passe sous la montagne et débouche sur un mur de 35°, soit l'une des plus vertigineuses des Alpes.

Été

L'Alpe-d'Huez est une destination **vélo** : sa montée, avec ses 21 virages, est très prisée par les cyclistes : 1 120 m de dénivelé sur 14 km, soit 7,9% de pente en moyenne. Le VTT n'est pas en reste avec 265 km de pistes et 10 remontées dédiées. Idéale à vélo car peu fréquentée, la montée au col de Sarenne depuis la station offre un incroyable panorama sur les alpages du plateau d'Emparis, la Meije et ses glaciers.

Parmi le grand choix de **randonnées** à pied, ne ratez pas la ronde des lacs inférieurs : Noir, Rond, Faucille et Carrelet, en passant par le lac Besson. Le décor est grandiose et de nombreuses variantes sont possibles. À 2 800 m d'altitude, les lacs supérieurs valent aussi le détour. Depuis le sommet du deuxième tronçon de la télécabine DMC que l'on prend au centre du village, on découvre le massif des Grandes Rousses au cœur d'un paysage minéral et sauvage. Comptez 2 heures 30 et 200 m de dénivelé sur 7 km.

Où se loger et se restaurer

Chalet Le Camigane — Au pied des pistes €€

(06 72 51 06 10 ; www.lecamigane.com ; 45 rte du Signal ; d 140-195 €, petit déj et accès au spa inclus). Un chalet Bed & Breakfast au pied des pistes, avec 8 belles chambres décorées dans un style montagnard et cosy – petits cœurs et autres décorations en bois partout ! Certaines chambres communiquent et sont idéales pour les familles. Tous les balcons donnent plein sud sur les Alpes. Le chalet est aussi doté d'un bar et d'un espace bien-être avec sauna et Jacuzzi. Une chouette adresse dans le quartier du Vieil Alpe.

O' Baroudeur — Restaurant, coffee-shop €

(07 77 00 82 50 ; 126 pl. Maurice-Rajon ; plats 5-20 € ; 7h30-19h tlj en saison). Derrière la vitre de la toute petite cuisine se mitonnent de délicieux plats aux influences voyageuses. Sur une chaise haute, à l'intérieur, ou longue, en terrasse, on vient ici à toute heure pour prendre des forces avec un petit déjeuner (granola, pancakes...) ou un carrot cake avant le ski, ou au contraire récupérer avec un saumon à la vanille de Tahiti, une focaccia maison ou encore des tapas avec l'apéritif.

Le Génépi — Semi-gastronomique €

(04 76 79 04 95 ; legenepi-restaurant.fr ; 55 rte Romaine ; menu du jour midi 24 €, soir à partir de 40 € ; tlj). L'ambiance y est très montagnarde, mais vous ne trouverez ici ni raclette ni fondue. Dans la grande salle aux poutres apparentes et murs en pierre, ou sur la terrasse avec vue, ce restaurant semi-gastronomique sert une cuisine inventive et raffinée : volaille farcie à l'ail des ours et comté, cromesquis de pommes de terre et mousse au reblochon, brocolis fumés au sapin...

Renseignements

L'**office de tourisme de L'Alpe-d'Huez** (04 76 11 44 44 ; alpedhuez.com ; pl. Joseph-Paganon), le **chalet ESF** (04 76 80 42 55), l'**école de VTT MCF** (04 76 80 31 69 ; alpedhuezvtt.com) se trouvent au même endroit, ainsi que le **Bureau des guides de L'Alpe-d'Huez, Oz-en-Oisans et Vaujany** (hiver guidesalpedhuez.com ; été guidesoisans.com).

Depuis/vers L'Alpe-d'Huez

Des bus **Transaltitude** (04 26 16 38 38 ; www.transaltitude.fr) rallient L'Alpe-d'Huez depuis la gare routière de Grenoble (1 heure 45, à partir de 20 €).

Les Deux-Alpes

Les Deux-Alpes, c'est la communion de deux alpages : Venosc et Mont-de-Lans. Cette station tout en longueur à 1 650 m est traversée par l'avenue de la Muzelle, artère principale où se succèdent des commerces et près de 80 restaurants ! Classée dans le top 15 des stations de ski en France, elle excelle pour sa verticalité et le cumul de son dénivelé depuis le dôme de la Lauze (3 568 m) jusqu'à Mont-de-Lans (1 300 m).
En plein été, on peut y dévaler de bon matin les pistes du plus grand glacier skiable d'Europe, avec en prime un panorama à 360°.

À voir et à faire

On peut fouler le **glacier de Mont-de-Lans** pour son panorama (sur la Meije et les Écrins), mais aussi pour son espace glisse aménagé : 8 pistes de ski libre et un snowpark mondialement réputé. On accède à son sommet (3 400 m) via le nouveau

SI VOUS AIMEZ...
Les routes panoramiques

Si les 21 boucles du lacet de L'Alpe-d'Huez attirent les projecteurs, l'Oisans ne manque pas de routes spectaculaires. À découvrir de préférence à vélo ou à moto, car les voitures ne s'y croisent pas forcément partout.

Bourg-d'Oisans-Oulles On la surnomme "Oulles là là !" tant elle impressionne. Cette étroite route taillée dans la roche offre sur 7 km une vue imprenable sur les massifs des Grandes Rousses et des Écrins.

Huez-Villard-Reculas Sur cette route sinueuse entre deux falaises, un panneau annonce le pas de la Confession. Selon la légende, seules les âmes pures pouvaient s'y risquer, d'où la présence d'un oratoire côté Huez pour se confesser avant de s'engager sur les 4,5 km en balcon face au massif du Taillefer.

Villard-Reymond Pour atteindre ce village perché à 1 620 m d'altitude, il faut emprunter une route en lacet qui offre une vue spectaculaire sur les massifs du Taillefer et des Écrins. Au-dessus du village, une piste carrossable monte au col du Solude, où l'on peut admirer le plateau d'Emparis, les aiguilles d'Arves, le glacier de la Girose et le sommet de la Meije.

téléphérique Jandri 3S (accès piéton adulte/enfant/-5 ans 29,50/24 €/gratuit ; fin nov-juil selon l'enneigement) puis le funiculaire tout récemment rénové également.

À 10 minutes de marche de la gare haute du funiculaire, l'impressionnant **belvédère des Écrins** est une passerelle métallique suspendue au-dessus du vide, qui dévoile une vue à 360° sur tous les massifs alpins. Un peu plus bas, à 3 200 m, la **grotte de glace** (adulte/enfant 6,50/5,50 €) peut faire l'objet d'une visite en famille avec son petit musée d'œuvres sculptées dans la glace.

Été

Le **ski sur le glacier** se pratique désormais jusqu'au mois de juillet, si l'enneigement est suffisant. Mais on peut aussi opter pour d'autres activités. Elles sont nombreuses ! À commencer par le **bike park** et ses 2 300 m de dénivelé de descente à VTT sur le domaine. On peut aussi s'essayer à la via ferrata, à l'escalade, à la rando glaciaire et à l'alpinisme. Et les itinéraires de randonnée sont multiples. Parmi les accompagnateurs qui œuvrent sur la station, **Maxime Pichoud** (04 76 11 36 29 ; www.guides2alpes.com) développe un tourisme participatif et sensibilise ses clients aux problèmes de l'érosion, du tourisme de masse, du manque de paysans dans la région. Installé comme maraîcher avec son épouse, à 1 000 m d'altitude, il vous fera goûter les produits de son jardin.

Hiver

La station compte 200 km de pistes, dont les trois quarts sont situés à plus de 2 000 m d'altitude. Son point culminant, à 3 568 m, est accessible à tous et se descend aussi par une piste bleue (forfait ski journée adulte/enfant 63/50,50 € en haute saison et 53,50/43 € en basse saison). Parmi les activités proposées, vous pourrez vous laisser tenter par une initiation au ski de randonnée avec un guide de haute montagne, une sortie de ski hors-piste, une balade en raquettes, en ski de fond, ou en encore à VTT à assistance électrique sur neige. Les Deux-Alpes compte aussi trois écoles de parapente : vous pourrez vous initier au speed riding, une activité de glisse combinant le vol à voile et la glisse (skis aux pieds).

Où se loger et se restaurer

Base Camp Lodge Hostel €

(04 79 31 18 64 ; hotel-basecamplodge-les2alpes.com ; 120 av. de la Muzelle ; été/hiver lit en dortoir à partir de 25/50 €, ch capsule

BARMALINI / STOCK.ADOBE.COM ©

Les Deux-Alpes

1 pers à partir de 25/75 €, d 79/169 €, petit déj 15 € ; restaurant uniquement l'hiver). De la chambre capsule (!) pour 1 ou 2 personnes au dortoir de 8 personnes, ce nouveau lieu adapté à tous les budgets et à tous les voyageurs (solo ou en groupe) arbore une déco de style montagne épuré (bois et métal). Le bar et le restaurant sont équipés de larges tables en bois, et tout autour, les baies vitrées donnent vue sur les montagnes. Cuisine vegan (mais pas seulement), salle de fitness, sauna et ski room.

Le Chamois Lodge Hôtel-restaurant **€€**
(04 76 80 51 31 ; chamoislodge.fr ; 110 av. de la Muzelle ; d à partir de 80 € avec petit déj en été, 165 € en hiver, menu sportif à partir de 29 €). Cet hôtel-bistrot-restaurant est tenu de main de maître, et dans une ambiance très détendue, par Aurélie et Fabien. Elle est sommelière ; lui, originaire des Deux-Alpes, est l'ancien chef étoilé du Chalet Mounier voisin. Les chambres, plutôt modernes et spacieuses, sont décorées avec goût et quelques touches d'humour, avec beaucoup de bois. Les balcons, dont certains sont meublés de sièges de remontée mécanique, donnent sur la Muzelle. L'hôtel dispose d'un spa, d'un hammam, d'un sauna, d'une salle de sport et d'une très belle cave à vin. C'est le camp de base des équipes de France de ski lors de leurs nombreux stages d'entraînement.

Renseignements

Office de tourisme des Deux-Alpes (04 76 79 22 00 ; les2alpes.com ; 4 pl. des Deux-Alpes)

Depuis/vers Les Deux-Alpes

Des bus **Transaltitude** (04 26 16 38 38 ; transaltitude.fr) rallient Les Deux-Alpes depuis la gare routière de Grenoble (1 heure 45, à partir de 20 €).

Depuis l'aéroport de Grenoble, les **navettes Ben's Bus** (bensbus.co.uk/fr) sont directes (à partir de 48 € l'aller simple).

S PIERRE
PAVETE AD SANCTUARIUM MEUM ECce DOMus
CLAMA, QUID CLAMABO?
1827
OMNIS CARO FENUM, ET OMNIS GLORIA EIUS QUASI FLOS AGRI

En savoir plus

Église Saint-Jacques-d'Assyrie, Hauteluce (p. 209)

Aix-les-Bains (p. 187)

ERIC / STOCK.ADOBE.COM ©

Histoire

Occupée très tôt par les humains malgré l'aspect inhospitalier que lui conférait son relief, la région des Alpes françaises a connu une histoire riche et complexe. Elle a été ballottée pendant mille ans entre différentes puissances, avant d'être rattachée progressivement à la France – d'abord le Dauphiné en 1349, d'où émergeront après la Révolution la Drôme, l'Isère et les Hautes-Alpes, puis la Savoie en 1860, qui donnera naissance aux deux départements que nous connaissons aujourd'hui.

12000 av. J.-C.
Première présence humaine permanente.

1800-750 av. J.-C.
Des villages se développent sur les berges des principaux lacs de la région.

IIIe siècle av. J.-C.
Les Allobroges occupent une zone correspondant aux actuels départements de la Savoie, de la Haute-Savoie et de l'Isère.

Les premiers occupants

Si l'homme de Néandertal, il y a 50 000 ans, a laissé derrière lui quelques outils de silex comme ceux retrouvés dans une grotte d'Onnion en Haute-Savoie, la première occupation permanente des Alpes remonte aux environs de 12 000 ans av. J.-C., époque où les vallées et cluses alpines ont été dégagées par le recul des glaciers qui ont laissé place à de grands lacs. Cette présence humaine est attestée par des ossements, armes et outils retrouvés dans de nombreuses grottes, notamment dans les Préalpes. Des peuplades nomades chassent alors le renne ou le cerf dans la Combe de Savoie et dans le Vercors.

Au néolithique, vers 3000 av. J.-C., s'installent dans les plaines des communautés d'agriculteurs sédentaires, mais les hommes grimpent aussi vers les sommets du massif des Écrins, de la Tarentaise, de la Maurienne et du Chablais, où ont été retrouvés des rochers gravés et des roches à cupules.

À l'âge du bronze, entre 1800 et 750 av. J.-C., apparaissent sur les rives des grands lacs (Léman, Bourget, Annecy et Aiguebelette) des villages lacustres dans lesquels se développent des ateliers de poterie et de métallurgie. Des fouilles ont mis au jour les traces de cette activité humaine.

La domination des Allobroges et la Pax Romana

Dès le IIIe siècle av. J.-C., les Celtes s'installent dans les Alpes, les puissants Allobroges dominant autour de Vienne (Isère). Ils pratiquent l'élevage et la viticulture, et exploitent des sources thermales comme celle d'Aix-les-Bains.

Les Alpes sont alors témoins du passage du Carthaginois Hannibal qui, avec ses troupes et ses éléphants, aurait franchi le col du Clapier (au sud de l'actuel col du Mont-Cenis) pour envahir l'Italie lors de la deuxième guerre punique, en 218 av. J.-C.

Au siècle suivant, en 121 av. J.-C., les Romains battent les Allobroges et intègrent les Alpes dans la Gaule transalpine, qui deviendra la Gaule narbonnaise. La région se divise en provinces stratégiques, avec des cols majeurs comme le Petit-Saint-Bernard et Montgenèvre devenant des routes vitales pour l'Empire. Les Alpes s'insèrent peu à peu dans la civilisation gallo-romaine. Aux premiers siècles de notre ère, la production agricole se diversifie, le travail des métaux et du bois se développe, et les ateliers de potiers (Portout, près du lac du Bourget), de verriers et de forgerons se multiplient dans la région.

Burgondes et Francs

Cette "paix romaine" se fissure aux IIIe et IVe siècles sous la pression des peuples germaniques. Originaires de l'actuelle Norvège, les Burgondes voient leur progression vers l'ouest stoppée net par le général romain Aetius, qui, en 443, concède toutefois aux survivants un territoire correspondant à l'ancienne Allobrogie et à une partie de l'Helvétie. La région ainsi créée se nomme Sapaudia, le "pays des sapins" (d'où viendrait le nom de Savoie). De là, les Burgondes étendent leur domination vers le plateau de Langres,

121 av. J.-C.
Les Romains l'emportent sur les Allobroges. Les Alpes passent sous domination romaine.

443
Aetius place les Burgondes en Sapaudia, le pays des sapins.

1032
Les futurs Savoie et Dauphiné passent sous la domination du Saint-Empire romain germanique.

le bassin du Rhône jusqu'aux confins du Massif central et de la Provence. Genève devient la capitale de leur royaume. On dit, sans certitude, que ce sont eux qui auraient importé la vache de race abondance.

Sous les Carolingiens, qui succèdent aux Mérovingiens, les Alpes, notamment le col du Petit-Mont-Cenis, s'affirment comme un passage stratégique pour les armées et les marchands. Charlemagne, couronné empereur en 800, divise la Saboia en plusieurs comtés.

Après le démembrement de l'Empire carolingien, la région est intégrée à la Lotharingie, puis au royaume de Bourgogne. À la mort sans héritier de Rodolphe III en 1032, son royaume est légué au Saint-Empire romain germanique, ouvrant une période de tension et de montée en puissance de la noblesse locale, qui marque les débuts de la féodalité.

Naissances du comté de Savoie et du Dauphiné

Parmi les quelque 250 familles nobles de Savoie, deux grandes dynasties vont émerger. Les comtes de Genève dominent des régions comme le Chablais et l'Albanais, et déplacent le centre de leur pouvoir à Annecy.

À l'est, Humbert Ier aux Blanches-Mains, allié de l'empereur Conrad II, devient comte de Maurienne, puis de Savoie, consolidant son pouvoir par mariages et alliances, et contrôlant les principaux cols vers l'Italie.

La maison de Savoie prend officiellement naissance avec Thomas Ier, qui achète Chambéry en 1232, formant le cœur de la dynastie. Ses descendants, comme Amédée VI (dit le Comte vert) et son fils Amédée VII (le Comte rouge), étendent l'influence savoyarde jusqu'au Piémont et à Nice. Amédée VIII pousse encore plus loin, annexant Genève en 1401 et l'intégralité du Piémont en 1419. Ainsi, au début du XVe siècle, les "portiers des Alpes" voient leur territoire s'étendre de l'Aar (nord de la Suisse actuelle) à l'Isère, de la Saône au Pô, et atteindre la Méditerranée. L'empereur romain germanique Sigismond conforte cet apogée en accordant au comte le titre de duc en 1416.

Plus à l'ouest, une autre puissance se dessine à peu près simultanément. Au XIe siècle, Guigues Ier d'Albon étend ses terres du Champsaur jusqu'au Viennois. Son territoire devient le Dauphiné de Viennois en 1142, avec Grenoble pour capitale, et les comtes prennent le titre de dauphins. Trois dynasties se succèdent : Albon, Bourgogne et La Tour du Pin.

Les tensions avec la Savoie voisine, aux territoires imbriqués, provoquent des conflits. Humbert II, dernier dauphin de Viennois au XIVe siècle, modernise son État (il crée notamment l'université de Grenoble), mais accumule des dettes, ce qui le pousse, dépourvu d'héritier, à vendre en 1349 le Dauphiné à Philippe VI de France : désormais, l'héritier du trône de France portera le titre de "dauphin".

Deux siècles de rivalités et de crises

La Savoie se méfiait déjà de la montée en puissance de la France, et ce sentiment s'accroît encore lorsque le Dauphiné voisin tombe dans le giron de cette dernière. Malgré quelques

1033-1047
Règne de Humbert Ier aux Blanches-Mains, premier comte de Maurienne, fondateur de la dynastie des comtes de Savoie.

1142
Naissance du Dauphiné de Viennois.

1232
Thomas Ier achète la ville de Chambéry, qui devient la capitale du comté de Savoie.

accords, la rivalité perdure. En 1430, profitant de l'affaiblissement de la France embourbée dans la guerre de Cent Ans, Amédée VIII de Savoie tente de conquérir le Dauphiné, mais échoue lors de la bataille d'Anthon. Après la mort d'Amédée, les successeurs en Savoie accumulent les erreurs, affaiblissant leur autorité, ce qui leur fait entre autres perdre Genève, qui rejoint la Confédération helvétique en 1526 et se rallie à la Réforme calviniste. Pendant ce temps, les Piémontais accroissent leur influence dans le gouvernement. Face à Turin, Chambéry, trop proche de la France alors en pleine expansion, n'a plus de capitale que le nom.

En 1536, le duc Charles III prend parti pour Charles Quint contre François Ier, qui se sert de ce prétexte pour envahir le duché de Savoie. La présence française durera jusqu'en 1559 et la fin des guerres d'Italie. Parallèlement, la Réforme protestante progresse au Dauphiné, tandis que la Savoie se transforme en bastion de la Contre-Réforme, avec ses églises baroques. En 1590, François de Bonne, huguenot puis converti, prend Grenoble, combat les armées de Charles-Emmanuel de Savoie et remporte la victoire de Pontcharra en 1591, consolidant l'influence française dans la région.

Le destin de la Savoie, entre renouveau et décadence

Emmanuel-Philibert récupère les territoires sous contrôle français en 1559 et transfère la capitale de Chambéry à Turin en 1562, déplaçant le centre de gravité politique du duché de Savoie vers le Piémont. Sous Charles-Emmanuel Ier, la France reprend plusieurs territoires savoyards (la Bresse, le Bugey, le Valromey et le pays de Gex) en 1601, mais le duché prospère grâce au commerce de produits tels que les dentelles et épices.

Cependant, les conflits européens du XVIIe siècle, notamment la guerre de Trente Ans et les invasions françaises, ruinent le territoire et déciment la population, victime de la peste. La Savoie est occupée jusqu'aux traités d'Utrecht et Rastatt (1713-1714). Victor-Amédée II, installé au Piémont, échange la Sicile contre la Sardaigne, reléguant la Savoie à une simple province de l'État sarde.

Sous l'influence des Lumières, Victor-Amédée II et Charles-Emmanuel III introduisent des réformes pour améliorer la fiscalité, notamment en créant le cadastre général de Savoie, connu sous le nom de "mappes sardes", encore reconnu aujourd'hui.

De la Révolution au rattachement de la Savoie à la France

En septembre 1792, les troupes révolutionnaires entrent en Savoie sans rencontrer de grande résistance. À Chambéry, l'assemblée des Allobroges opte pour le rattachement de la Savoie à la France. Voilà créé le département du Mont-Blanc, avec Chambéry pour préfecture. Mais, en février 1793, la Constitution civile du clergé est très mal acceptée par les Savoyards. Les paysans se révoltent localement contre une déchristianisation forcée, et la Terreur ne fait qu'accroître l'influence de la Contre-Révolution dans les campagnes et les montagnes.

30 mars 1349
Par le traité de Romans, Humbert II vend le Dauphiné au roi de France Philippe VI.

1416
Le comté de Savoie est élevé au rang de duché par le Saint-Empire romain germanique.

1536
La France envahit les territoires de la maison de Savoie. Elle les occupera durant 23 ans.

Plateau des Glières (p. 100)

Durant le Consulat (1799-1804), puis l'Empire, la Savoie vit des années plus calmes, l'économie se remet doucement avec le textile à Annecy et la mine de plomb argentifère de Peisey-Nancroix. En Isère, Voiron se spécialise dans le tissage des toiles, tandis que l'industrie de la chaussure se développe à Romans et la ganterie à Grenoble. Le thermalisme commence à attirer une clientèle fortunée dans les montagnes alpines, notamment à Aix-les-Bains.

En 1815, la fin de l'Empire amène le retour de la Savoie dans le royaume sarde, décidé lors du congrès de Vienne. Victor-Emmanuel Ier (1759-1824) met en place le "Buon Governo" (1815-1848), régime despotique restaurant la puissance du clergé, que Charles-Félix, puis Charles-Albert poursuivront.

Les rois de la maison de Savoie s'intéressent davantage à la péninsule italienne, alors en plein Risorgimento (unification). Une tendance qui se confirme sous Victor-Emmanuel II (1820-1878), qui sera l'un des maîtres d'œuvre de l'unité italienne en 1861. Un an auparavant, en échange de l'aide militaire de la France en faveur de l'unification italienne et contre la domination autrichienne, il vend la Savoie et Nice à Napoléon III lors du traité de Turin (mars 1860). Un rattachement validé par une consultation populaire aux allures de plébiscite savamment orchestré. Deux départements distincts sont créés : Savoie et Haute-Savoie.

1786

Première ascension du mont Blanc par le cristallier Jacques Balmat et le médecin Michel-Gabriel Paccard.

1792

Les troupes révolutionnaires entrent en Savoie, qui devient le département du Mont-Blanc.

1860

Le duc de Savoie (et roi de Piémont-Sardaigne) cède à Napoléon III Nice et la Savoie, qui est divisée en deux départements.

Le XIXe siècle voit la modernisation des infrastructures : tunnels et chemins de fer facilitent les échanges, tandis que l'hydroélectricité transforme la Maurienne en centre de production d'aluminium et d'acier. Les paysans se spécialisent dans l'élevage et s'organisent en coopératives, et leurs fromages se vendent jusqu'à Paris. Un décollage économique qui n'empêche pas les deux départements de subir une continuelle émigration de leur population au profit des villes ou même de lointaines contrées (Algérie, Argentine, Canada).

Les deux conflits mondiaux

Durant la Première Guerre mondiale, aucune bataille ne se déroule sur le sol des Alpes françaises, mais la Seconde Guerre mondiale va plus durablement marquer les départements alpins. L'armée des Alpes est prise en étau entre l'Allemagne et l'Italie. Un armistice est signé avec l'Italie le 24 juin 1940. Les départements alpins se retrouvent en zone libre, gouvernée par le régime de Vichy. À partir de novembre 1942, Italiens et Allemands se partagent cette dernière, jusqu'à l'armistice signé par les Italiens en septembre 1943. S'ensuit l'occupation totale par les Allemands qui ne parviennent pas à enrayer le développement des mouvements de résistance, malgré la terreur qu'ils imposent.

En mars 1944, sur le plateau des Glières, 450 résistants, parmi lesquels des républicains espagnols, affrontent quelque 6000 Allemands et 1000 miliciens vichystes, face auxquels ils ne font pas le poids. La répression s'abat sur le territoire.

La résistance est forte à Grenoble (qui obtiendra le titre de Compagnon de la Libération après-guerre) et dans les zones montagneuses de la région, dans le massif de la Chartreuse comme dans la Matheysine. Le massif du Vercors devient une base de résistance majeure, mais ceux qui ont pris le maquis comme la population subissent des représailles terribles de la part de l'armée allemande en juillet 1944, à coups de bombardements et d'exécutions. En août 1944, les résistants haut-savoyards libèrent leur département, mais il faut attendre le printemps 1945 pour que les Allemands soient enfin délogés du Mont-Cenis et du Petit-Saint-Bernard, en Savoie.

Une nouvelle ère

Le bilan de la guerre est très lourd, tant sur le plan humain que matériel. Mais après une dizaine d'années de difficultés liées à la reconstruction, les Alpes entrent dans une nouvelle ère. Le dépeuplement s'accentue encore dans les territoires en altitude, tandis que dans les vallées les industries se développent et accueillent la main-d'œuvre venue des montagnes. À la fin du XIXe siècle déjà, l'ingénieur Aristide Bergès, installé en Isère, vantait les mérites de la "houille blanche", l'énergie hydraulique. Selon lui, les cours d'eau alpins alimentés par les glaciers représentaient une richesse à exploiter. Son analyse a convaincu les industriels qui ont installé leurs usines (dans des secteurs aussi variés que

1924
L'organisation des premiers Jeux olympiques d'hiver, à Chamonix, révèle le développement du tourisme en montagne.

1944
Résistance au plateau des Glières et dans le massif du Vercors.

1963
Le parc national de la Vanoise est le premier du genre à voir le jour en France.

l'industrie chimique, le textile, la métallurgie, la papeterie ou des activités d'extraction de minerais) dans la région, près des rivières. Des centrales hydroélectriques se multiplient, notamment dans la vallée de la Romanche. Les départements savoyards ne sont pas en reste, avec la construction de gigantesques installations hydroélectriques : barrages de Tignes (1952) et de Roselend (1962). À cette époque, la ville de Grenoble notamment, pôle industriel important, enregistre une explosion démographique.

Le déclin industriel qui va s'amorcer plus tard sera compensé par l'essor de l'industrie touristique. Après l'élan du tourisme de masse de l'après-guerre, les amateurs de ski continuent d'affluer de plus en plus nombreux sur les pistes. Les Jeux olympiques d'hiver de Chamonix (Haute-Savoie), en 1924, avaient déjà mis un coup de projecteur sur la région alpine. Elle est de nouveau mise en lumière avec ceux de 1968, à Grenoble. Les infrastructures sont modernisées, les stations de sports d'hiver s'agrandissent et deviennent démesurées lorsqu'elles unissent leurs forces pour créer de gigantesques domaines skiables, comme celui des Trois-Vallées, qui se revendique aujourd'hui le plus grand de la planète.

Le thermalisme, qui a connu un engouement aux XVIIIe et XIXe siècles, a repris de la vigueur après la Seconde Guerre mondiale. Les stations thermales se développent pour accueillir les curistes, qui profitent des hôtels luxueux et des casinos en plus des soins, que ce soit à Allevard, Uriage (Isère) ou Aix-les-Bains (Savoie). L'expansion du réseau ferré permet de drainer le flot de visiteurs jusqu'à l'air pur et les eaux curatives des montagnes.

Les Alpes sont plus que jamais une charnière entre la France et l'Europe grâce au spectaculaire percement des tunnels du Mont-Blanc (1965) et du Fréjus (1980), et aux nouvelles autoroutes et lignes TGV, encore prolongées à l'occasion des Jeux olympiques d'Albertville, en Savoie, en 1992.

Un chantier est en cours depuis plusieurs années pour la création d'une liaison ferroviaire Lyon-Turin passant par Chambéry. Elle prévoit le percement d'un nouveau tunnel dans les Alpes. Cette ligne, en projet depuis 1991, rencontre une certaine opposition des deux côtés de la frontière de la part d'associations, notamment environnementales. Pour l'heure, la mise en exploitation de la future ligne transalpine est prévue pour 2033. En 2030, l'ensemble des Alpes françaises accueilleront les Jeux olympiques d'hiver, au cours desquels les stations savoyardes et iséroises joueront un rôle de premier plan.

1968
Jeux oympiques d'hiver à Grenoble.

1992
Albertville accueille les Jeux olympiques d'hiver.

2030
Les Jeux olympiques d'hiver se tiendront dans les Alpes françaises.

Cloches savoyardes traditionnelles

URSULE / STOCK-ADOBE.COM ©

Culture

Dans les hauteurs alpines, les chalets traditionnels côtoient les stations imaginées par des architectes avant-gardistes de la seconde moitié du XXe siècle. Le cor des Alpes et le folklore font bon ménage avec les musiques électroniques des destinations branchées. Les églises à la décoration baroque flamboyante se dressent dans de rudes vallées. Dans ces montagnes, dont les écrivains romantiques ont été les premiers à chanter la beauté, il y a plus à voir que ce que la nature a généreusement donné.

Architecture

L'habitat traditionnel

Le chalet traditionnel des Alpes du Nord est bien plus qu'une simple habitation : il incarne l'essence de la vie montagnarde, forgée par les besoins de la transhumance et de la production agricole en haute altitude. Très bien conservé dans les Alpes, il utilise surtout les matériaux locaux aux propriétés isolantes comme le bois et la pierre (en proportions variables selon leur abondance), et comporte des galeries en façade délimitées par des garde-corps ajourés. Datant du XVe siècle, le terme "chalet" signifie

JEAN-YVES FOY / STOCK.ADOBE.COM ©

Station d'Avoriaz

"abri de montagne" et désignait donc originellement les abris temporaires des bergers qui se déplaçaient avec leurs troupeaux pour les pâturages d'été.

Les chalets sont construits de manière ingénieuse pour s'adapter aux besoins pastoraux : la partie basse, en pierre, abrite les animaux durant l'hiver, tandis que les étages supérieurs, en bois, servent de logement à la famille et de grange pour stocker le foin. Ce système permet non seulement de protéger les récoltes du froid, mais aussi d'assurer une bonne isolation thermique pour la partie habitée. Le toit du chalet, caractérisé par une forte inclinaison et des débords importants, protège les murs des chutes de neige et crée un espace couvert autour de l'habitation, où l'on entrepose le bois de chauffage et divers outils.

Chaque vallée des Alpes du Nord présente des spécificités architecturales. Dans la région du Grand-Bornand, notamment au village du Chinaillon, les chalets sont reconnaissables à leur soubassement en pierre et à leurs étages en bois massif. La toiture est souvent recouverte de tavaillons, de petites planchettes en bois refendu qui assurent une étanchéité parfaite. Un temps délaissés au profit de matériaux plus modernes comme la tuile ou l'ardoise, les tavaillons sont aujourd'hui de nouveau en vogue, valorisés pour leur esthétique rustique et leur parfaite adaptation aux rigueurs montagnardes.

Dans la vallée d'Abondance (Haute-Savoie), les galeries de bois des chalets traditionnels sont finement ciselées, et ressemblent presque à de la dentelle. Dans le Beaufortain (Savoie), étonnamment accrochés à la forte pente, les chalets classés de Boudin, au-dessus d'Arêches, datent pour certains des XVIIe et XVIIIe siècles. L'épicéa a été utilisé pour leur charpente comme pour les tuiles de leur toiture, et les immenses piles de bois de chauffage amassées sous leurs toits constituent à elles seules de vraies œuvres d'art.

En Tarentaise, le village du Monal, classé monument historique, mérite bien la marche facile de 1 heure 15 qu'il faut effectuer pour le rejoindre à partir de la station de Sainte-Foy. Ses demeures traditionnelles (on ne peut parler de chalets) des XVIIIe et XIXe siècles arborent des murs de pierre, une charpente en mélèze et des toits en lauze (pierre taillée), matériaux uniquement trouvés sur place. Les tuiles de lauze, lorsqu'elles ont été utilisées à l'unisson, peuvent conférer à un village une splendide harmonie. C'est le cas à Bonneval-sur-Arc, classé parmi les plus beaux villages de France, où les maisons de pierre et aux toits de lauze sont parfaitement préservées.

Les stations alpines

À partir des années 1950, la modernisation des Alpes prend un tournant avec la création de stations de ski conçues *ex nihilo* pour accueillir des milliers de touristes venus pratiquer les sports d'hiver. Ces stations, imaginées par des architectes visionnaires, se veulent en rupture avec l'architecture traditionnelle, tout en s'intégrant dans le paysage ; plusieurs d'entre elles sont aujourd'hui labellisées "architecture du XXe siècle" par le ministère de la Culture.

Flaine, construite à 1600 m d'altitude dans les années 1960, est un exemple emblématique de cette modernité. C'est à l'architecte américain Marcel Breuer (qui a notamment signé le palais de l'Unesco, à Paris) que l'on doit la conception des lieux, ainsi que le choix d'une utilisation massive du béton. L'hôtel Le Flaine, emblème de la station avec sa terrasse solarium surplombant une falaise, et l'immeuble Bételgeuse ont été les premiers bâtiments inaugurés en 1969. On aime ou on n'aime pas, mais force est de constater qu'il y a un style et une grande maîtrise technique… Par ailleurs, la station fait la part belle à l'art contemporain et propose un parc de sculptures monumentales où l'on peut découvrir notamment *Le Boqueteau* de Jean Dubuffet, la *Tête de femme* de Pablo Picasso et les *Trois Hexagones* de Victor Vasarely.

Avoriaz, station construite dans les années 1960 sur un site vierge d'habitat, est un autre modèle d'architecture novatrice. Conçue sur plus de quarante ans par les architectes Jacques Labro, Jean-Jacques Orzoni et Jean-Marc Roques, puis Simon Cloutier, Avoriaz utilise le bois, plus particulièrement le cèdre rouge, pour ses bâtiments. Ce matériau naturel, laissé brut, vieillit en prenant des teintes variant du gris au brun selon les saisons, intégrant parfaitement la station dans son environnement. Contrairement à Flaine, où le béton est roi, Avoriaz se caractérise par son approche respectueuse du relief naturel, avec des bâtiments qui suivent les courbes de la montagne et s'adaptent au terrain accidenté.

Les Arcs, en Savoie, sont principalement l'œuvre de l'architecte Charlotte Perriand, qui a collaboré avec Le Corbusier, et dont le travail dans les Alpes est salué pour son respect du paysage et des matériaux locaux. Perriand a conçu des immeubles imposants, capables d'accueillir un grand nombre de touristes tout en préservant l'intégrité du paysage montagnard. Les bâtiments sont bardés de mélèze, un bois résistant aux intempéries, et leurs toits sont recouverts de lauzes pour rappeler les habitations traditionnelles. Les Arcs se composent de plusieurs villages (Arc 1600, Arc 1800, etc.), chacun offrant une expérience différente mais partageant cette identité architecturale.

Courchevel 1850, station haut de gamme, incarne une approche plus sophistiquée de l'architecture en montagne. Les architectes Denys Pradelle et Laurent Chappis ont dessiné un ensemble de bâtiments, dont le célèbre "chalet à pattes", édifié sur des piliers en béton pour élever l'habitation au-dessus du niveau de la neige.

L'héritage du thermalisme alpin

L'histoire des sources thermales alpines remonte à l'Antiquité, mais c'est au XIXe siècle que le thermalisme connaît un véritable essor en France, encouragé par les élites en quête de bien-être et de cures médicales.

Aix-les-Bains, Évian-les-Bains, Saint-Gervais et Uriage-les-Bains deviennent des stations incontournables, attirant une clientèle fortunée et aristocratique. Les sources d'eau thermale, réputées pour leurs vertus curatives, sont recommandées pour le traitement des affections respiratoires, des rhumatismes, des problèmes de peau et d'autres maux. Aix-les-Bains, en particulier, voit affluer des visiteurs célèbres, dont la reine Victoria, qui séjourne plusieurs fois dans la station, rehaussant sa réputation auprès de la haute société européenne. Nombre de ses sujets britanniques lui emboîteront en effet le pas, ainsi que l'impératrice Élisabeth d'Autriche (la fameuse Sissi), mais aussi des écrivains comme Dumas ou Balzac. D'autres stations émergent, comme Challes-les-Eaux, proche de Chambéry, Brides-les-bains ou La Léchère en Tarentaise, ou Évian-les-Bains, au bord du lac Léman, qui devient également un lieu de villégiature prisé : s'y développe un complexe thermal comprenant le palais Lumière, un édifice Art nouveau aux lignes élégantes, où les visiteurs viennent non seulement pour les soins, mais aussi pour profiter du cadre et des animations.

Dans l'Isère, le thermalisme se développe également, notamment grâce aux initiatives de François Billerey, médecin et inspecteur des eaux thermales, qui relance l'utilisation des sources sulfureuses d'Uriage et d'Allevard.

L'art baroque savoyard

L'art baroque connaît un essor remarquable en Savoie aux XVIIe et XVIIIe siècles. Ce style architectural, stimulé par la mise en scène de la foi catholique en réaction à la Contre-Réforme, se déploie dans des édifices religieux qui se parent de décors exubérants à la grande richesse ornementale, mêlant sculptures dorées, retables majestueux et fresques colorées, destinés à impressionner les fidèles. On compte environ quatre-vingts sanctuaires dans la région, où l'on peut admirer les réalisations des artistes de ce courant, principalement réparties en Tarentaise, en Maurienne, dans le Beaufortain et dans le val Montjoie. Le mouvement manifeste un véritable dynamisme dans les églises de Savoie aux XVIIe et XVIIIe siècles, au moment où la région connaît une grande prospérité. À cette époque, la Savoie est un carrefour imposé pour nombre de voyageurs et elle tire pleinement profit de cette situation. Elle concentre une effervescence artistique très importante. L'art baroque savoyard est une synthèse de particularités empruntées à de nombreuses écoles européennes – italienne, allemande, française et espagnole. Au final est né un style propre et nettement identifiable.

Les églises de cette époque sont de véritables trésors d'art sacré. Le retable, souvent monumental, est l'élément central de la décoration intérieure. Réalisé en bois de tilleul, de sapin ou de mélèze, il est finement sculpté et recouvert de feuilles d'or, offrant un contraste éclatant avec la teinte sombre des pierres. Dans les premiers retables, les colonnes sont simplement cannelées (comme dans la chapelle du Pincru à Mont-Saxonnex), comme dans le style Renaissance, mais très vite survient l'avènement des colonnes torsadées, ornées de pampres de vigne, de rosiers grimpants et de lauriers. Entre les colonnes, des niches sont souvent garnies de draperies sculptées et de statues de saints. Au centre, un grand tableau d'autel représente des scènes bibliques ou des figures saintes, donnant à l'ensemble une dimension narrative et spirituelle. À la fin du XVIIIe siècle, l'arrivée du style néoclassique impose le retour aux colonnes droites, lisses ou cannelées (au maître-autel de Saint-Nicolas-de-Véroce, par exemple).

Dans la vallée de la Maurienne, l'église Saint-Thomas-Becket d'Avrieux, ainsi que celles de Valloire et Termignon se démarquent par la profusion de leurs ornements. Saint-Thomas-Becket, par exemple, présente des colonnes torsadées, entrelacées de motifs végétaux et de guirlandes de fleurs, qui soutiennent des chapiteaux ornés de sculptures d'anges. Les retables de ces églises sont parmi les plus impressionnants de la région,

Chapelle Notre-Dame-de-la-Gorge, Contamines-Montjoie (Haute-Savoie)

représentant des scènes bibliques entourées de statues dorées et de symboles religieux, comme les chérubins et les anges. En parcourant ces édifices, le visiteur est frappé par la théâtralité de l'art baroque, conçu pour susciter la ferveur religieuse et illustrer la richesse spirituelle de l'époque.

Le patois des Alpes

Les Alpes du Nord sont également une région où se croisent plusieurs influences linguistiques, reflet d'une histoire marquée par les échanges culturels et commerciaux. En Savoie, jusqu'au milieu du XXe siècle, le français n'était qu'une langue administrative, tandis que les habitants parlaient le franco-provençal, ou arpitan, ainsi que divers patois locaux. Ces dialectes, bien que de moins en moins pratiqués, continuent d'exister dans certains villages et auprès de ceux qui s'attachent à préserver leur héritage. Le savoyard, proche du franco-provençal, est également parlé en Suisse romande et dans la Vallée d'Aoste.

Les locuteurs de ces dialectes utilisent des termes et des tournures qui diffèrent de ceux employés en français standard. En Savoie, on compte souvent "septante" pour "soixante-dix", "huitante" pour "quatre-vingts", et "nonante" pour "quatre-vingt-dix", à l'image des Suisses. Certaines particularités, comme la prononciation marquée des "e" finaux, confèrent aux habitants une intonation distinctive et chantante : "la jolie fille" devient "la jolille fille". On observe aussi des constructions linguistiques comme le passé surcomposé ("quand j'ai eu fait ceci"), encore courant dans certaines vallées.

Dans l'ex-Dauphiné, qui comprend l'Isère et le nord de la Drôme, l'influence de l'arpitan se retrouve principalement au nord, avec le dauphinois, un dialecte proche du savoyard. En revanche, dans le sud, notamment dans les Hautes-Alpes et le sud de la Drôme, le vivaro-alpin, une variante de l'occitan, est majoritaire. Ces dialectes, bien que moins parlés aujourd'hui, survivent à travers des expressions colorées et des mots intégrés au français local, témoignant de la richesse linguistique de la région.

Les noms de lieux et les patronymes en Savoie sont souvent marqués par la présence de lettres muettes, comme le "x" ou le "z", qui ne se prononcent pas : ainsi, "La Clusaz" se dit "La Clusa", "le col de la Forclaz" se prononce "Forcla", et "Chamonix" devient "Chamoni". Cette particularité ajoute un charme distinctif à la toponymie savoyarde, tout en témoignant de l'histoire complexe de ces langues régionales, entre influences celtes, romaines et médiévales.

La musique traditionnelle

La musique traditionnelle des montagnes alpines témoigne d'influences suisses, piémontaises et françaises. Elle s'appuie sur le cor des Alpes (un long cor coudé d'au moins 3 m de long utilisé initialement pour communiquer à distance en montagne), l'accordéon et le chant polyphonique. Vous aurez peut-être le plaisir d'en entendre aux beaux jours à l'occasion des fêtes de village, lors desquelles hommes et femmes revêtent les costumes traditionnels. Il existe une grande variété de tenues folkloriques (une vingtaine en Savoie). Elles diffèrent selon la vallée ou le village, mais sont la plupart du temps constituées pour les femmes d'un châle, d'un jupon, d'un tablier et d'une coiffe, par exemple la "frontière" en Tarentaise, de spectaculaires cornettes blanches dans la Chartreuse, ou des bonnets de dentelle sous un grand chapeau de paille dans la Chartreuse comme dans les Terres Froides (Isère).

Les Alpes dans la littérature : une source d'inspiration intemporelle

Le premier auteur à mentionner les Alpes françaises est Tite-Live, historien romain du Ier siècle av. J.-C., qui relate le passage d'Hannibal et de ses éléphants à travers les montagnes qu'il décrit comme hostiles. C'est bien plus tard, au XVIIe siècle, que naissent les récits de voyage, faisant converger vers les Alpes de nombreux visiteurs. À partir de cette époque, les paysages alpins sont considérés comme pittoresques et exotiques. Toute l'Europe veut aller voir le mont Blanc et la Mer de Glace.

À partir du XVIIIe siècle, les Alpes deviennent une destination prisée des philosophes et des intellectuels des Lumières. Voltaire, par exemple, réside à Ferney, près de Genève, et admire la beauté sauvage des montagnes environnantes. Jean-Jacques Rousseau, né à Genève, passe une grande partie de sa jeunesse en Savoie et s'inspire des paysages alpins pour ses œuvres. Dans *La Nouvelle Héloïse*, il célèbre la nature et exprime un attachement profond aux montagnes, qu'il considère comme un lieu de refuge et de pureté. Les années que Rousseau passe dans la région savoyarde marquent profondément sa pensée et son œuvre, influençant le mouvement romantique en Europe.

Le XIXe siècle voit l'arrivée des romantiques, qui considèrent les Alpes comme un cadre idéal pour exprimer leurs sentiments exaltés. En Angleterre, Shelley et Byron, séduits par la proximité de la Suisse et par la beauté des lacs alpins, écrivent des poèmes et des récits inspirés par leurs voyages dans la région. Byron, notamment, décrit les montagnes comme un lieu mystique, où "les mythes prennent forme". Du côté français, les écrivains romantiques comme Chateaubriand et Victor Hugo explorent eux aussi les Alpes, en quête de décors grandioses. Pour Chateaubriand, les montagnes, "remplies de ténèbres et de glaciers grisâtres", ne sont pas exemptes d'une dimension oppressante.

Lamartine, poète et homme politique, est souvent considéré comme le chantre de la nature savoyarde. Son poème "Le Lac", écrit en 1820 et inspiré par ses souvenirs du lac du Bourget, est une œuvre emblématique du romantisme français. L'œuvre exprime la nostalgie et la mélancolie qui accompagnent le souvenir des moments éphémères de bonheur : "Ô Temps, suspends ton vol !" Lamartine revisite les lieux qu'il a parcourus autrefois avec une femme aimée, et son poème immortalise ce lac comme un lieu de mémoire et de contemplation.

Après l'âge romantique, les Alpes continuent d'inspirer les écrivains, bien que le ton change pour devenir plus réaliste. Au XXe siècle, Henry Bordeaux, originaire de Thonon-les-Bains, dépeint la vie traditionnelle en Savoie dans ses romans, mettant en avant les valeurs familiales, religieuses et morales. Roger Frison-Roche, quant à lui, adopte un style plus aventureux. Chamoniard d'adoption, il écrit des récits de montagne qui exaltent l'endurance et le courage des hommes face aux défis de la nature alpine. Son œuvre est à l'origine de nombreuses vocations parmi les alpinistes et les amoureux de la montagne.

Jean Giono, écrivain provençal, situe plusieurs de ses romans dans le Trièves, entre les massifs du Vercors et du Dévoluy. Ses romans *Un roi sans divertissement* et *Les Âmes fortes* explorent les thèmes de la solitude, de la mort et de la condition humaine à travers des personnages vivant dans des villages isolés en montagne. La nature, dans les romans de Giono, est autant un refuge qu'un miroir des émotions humaines, un espace à la fois oppressant et grandiose où les passions se déploient librement.

Jean-Marc Rochette, originaire de Grenoble, est un artiste polyvalent (peintre, sculpteur et auteur de BD), profondément influencé par la montagne – il se destinait d'ailleurs à être guide de haute montagne jusqu'à ce qu'une chute de pierres le laisse gravement blessé, une expérience qu'il relate dans *Ailefroide, Altitude 3954,* album qui témoigne plus largement de sa passion pour l'alpinisme. La carrière de Rochette a cependant vraiment démarré avec la bande dessinée *Le Transperceneige*, scénarisée par Lob, qui a connu deux adaptations consécutives en film, puis en série, sous le titre *Snowpiercer* : Rochette y crée un univers dystopique dans lequel les survivants de l'humanité vivent dans un train sillonnant un hiver post-apocalyptique.

Tomme de Savoie

CLAIRE ANGOT ©

Cuisine

L'image d'une cuisine rustique et riche en calories que véhiculent les départements des Alpes du Nord est par trop réductrice. Vous ne manquerez certes pas d'y apprécier fondue, tartiflette ou diots au vin blanc, mais aussi une gastronomie raffinée, nourrie au cours des siècles de multiples influences extérieures. Les gourmets s'y verront comblés : avec plus d'une quarantaine de restaurants étoilés, la région offre une concentration inédite de tables remarquables.

La rudesse du climat montagnard et l'isolement des communautés des hautes vallées ont longtemps cantonné la cuisine nord-alpine à une mission première : mater la faim des paysans et des travailleurs avec une variété de produits toute relative. On consommait de la soupe, des pommes de terre, quelques laitages, un peu de viande salée, et beaucoup de pain. La raclette, la fondue et la tartiflette n'ont jamais été des plats populaires, leur prix de revient étant trop élevé. Tout juste faisait-on fondre un peu de tomme maigre dans le potage ou les féculents. C'est seulement après-guerre, avec l'essor des stations de ski et du tourisme, qu'est née cette mode des recettes à base de fromage. Les aubergistes alpins ont alors développé une cuisine plus complexe et diversifiée, cherchant à mettre en valeur des ressources locales – poissons d'eau douce, gibier, baies et champignons.

Les produits phares

Fromages

Parmi les fromages savoyards les plus connus figure le **reblochon**, essentiellement produit dans le massif des Aravis, mais aussi dans le Val d'Arly. L'ingrédient majeur de la tartiflette est devenu, en volume, le premier fromage des pays de Savoie.

Le massif savoyard du Beaufortain a donné naissance au **beaufort**. Le fromage d'été a un goût forcément plus fruité et floral que son pendant d'hiver, période durant laquelle les vaches sont nourries au foin. Avec le comté et l'emmental, il est un des trois fromages indispensables à une bonne fondue savoyarde.

S'il existe mille sortes de tommes, l'une d'entre elles se différencie de toutes les autres par son goût très fruité, et par son orthographe : c'est la **tome des Bauges**. Elle bénéficie aujourd'hui d'une AOP et se caractérise par une croûte grise épaisse.

Fromage à pâte pressée mi-cuite, l'**abondance**, fabriqué lui aussi dès le Moyen Âge, tient son nom de la vallée haut-savoyarde dont il vient.

Le **bleu de Termignon**, le **tamié** (cousin du reblochon produit par les moines de l'abbaye de Tamié) et le **bleu du Vercors-Sassenage** (AOP) ont également acquis une belle notoriété.

Et puis, pour changer un peu de tous ces fromages au lait de vache, citons le **chevrotin des Aravis** (AOP), fromage fermier au pur lait de chèvre issu des Préalpes savoyardes (Aravis, Bauges, Chablais) et fabriqué en été, durant l'alpage.

Du côté de l'Isère, la star incontestée est le **saint-marcellin**, qui se déguste aussi bien sec que moelleux (dans cette version, il a été affiné plus longtemps).

Charcuterie

Le climat montagnard favorise le séchage et la conservation de la charcuterie. En région savoyarde, les **diots** sont de petites saucisses de porc mijotées dans du vin blanc. La vallée de l'Arve (Haute-Savoie) est connue pour ses **saucisses de Magland**, qui sont en fait des saucissons fumés au bois de hêtre et à la sciure de résineux. Pour changer du saucisson, dégustez avec votre verre de vin une tartine de **terrine au génépi** à base de porc de montagne. Enfin, pour accompagner la raclette, rien de tel qu'un bon **jambon de Savoie**, traditionnellement séché et salé à la main, et affiné en altitude pendant 9 à 12 mois.

Poissons des lacs

Les Alpes du Nord concentrent des cours d'eau et de grands lacs naturels riches en poissons. Le plus recherché par les fins gourmets est un salmonidé appelé **lavaret**, lorsqu'il vient du lac du Bourget, et **féra**, quand c'est du Léman ou du lac d'Annecy.

Je rebloche, tu rebloches... nous reblochons !

Le reblochon devrait son nom au verbe savoyard "reblocher", qui signifie "traire une deuxième fois". Dans l'ancien système de métayage, il s'agissait en fait d'une ruse des paysans consistant à traire une deuxième fois leur vache après le départ du contrôleur pour réduire les fermages qu'ils devaient aux moines. Le lait de cette deuxième traite, plus crémeux et plus riche en matière grasse, était idéal pour la transformation en fromage.

Le reblochon fermier est reconnaissable à sa pastille verte, alors que le reblochon fruitier – celui des coopératives – a, lui, une pastille rouge.

La **perche**, si elle est appréciée à maturité, est prisée autour du lac du Bourget et du Léman pour la friture de ses perchots (âgés de moins de 1 an). L'**omble chevalier**, un poisson très gras, accumule les polychlorobiphényles (PCB) dans sa chair, et se retrouve donc interdit de pêche sur le Bourget. **Brochets** et **truites** sont également appréciés.

Accompagnements

Si la **pomme de terre**, ingrédient rustique par excellence, tient le haut du pavé dans les recettes, la **polenta** se révèle elle aussi populaire. Facile à cuisiner, cette semoule de maïs peut être accommodée de diverses façons : gratinée, fromagère, sucrée, en soupe, en frites ou version parmentier...

Quant aux champignons, ils sont intimement mêlés à la cuisine alpine. On retrouve aujourd'hui **chanterelles**, **girolles**, **morilles** et **cèpes** dans des variantes de fondue ou de croziflette. Les cèpes sont délicieux servis en fricassée à la savoyarde (avec du jambon de montagne et de l'huile de noix).

Quelques spécialités

Les **crozets** sont une spécialité de Savoie. Apparues au XVIIe siècle, ces petites pâtes carrées, traditionnellement à base de farine de sarrasin mais aujourd'hui aussi de blé dur, se dégustent accompagnées d'une viande, agrémentées de tomme ou de beaufort. Outre la fondue, raclette, tartiflette, ou le gratin dauphinois, la **croziflette**, tartiflette où les crozets remplacent les patates, moins connue, sustentera les gros appétits.

Farçon, **farcement**, **farci** : plusieurs appellations pour un étonnant mélange sucré-salé à base de pommes de terre et de poitrine fumée auxquelles on ajoute pruneaux, raisins secs et poires (les fruits varient selon les recettes).

La consommation du **berthoud** est restée cantonnée au Chablais, sa région d'origine. Il s'agit de fromage d'Abondance recouvert de vin blanc et fondu dans de petits ramequins frottés d'ail. Il est servi avec des pommes de terre et de la charcuterie.

Pour lc goûter ou le dessert, la **tarte aux myrtilles** est un classique. Dès août, les prairies montagneuses se couvrent de ces petites baies qui font le bonheur des cueilleurs.

Préparé à partir de farine et de blancs d'œufs montés en neige, le **gâteau (ou biscuit) de Savoie** est très léger et s'accompagne de confiture ou d'une crème anglaise. Le **saint-genix** est une brioche aux pralines tirant son nom de Saint-Genix-sur-Guiers, petit bourg médiéval de l'avant-pays savoyard dont il est originaire. Du côté de l'Isère, la noix de Grenoble (AOP) est sublimée dans le **gâteau aux noix**, qui requiert un soupçon de rhum.

Vins et liqueurs

La vigne est cultivée en Savoie depuis l'Antiquité, avec une grande variété de cépages. Les deux principaux cépages autochtones et très anciens, sont, en blanc, la **jacquère**, poussant notamment sur les éboulis du mont Granier, et, en rouge, la **mondeuse**, au goût puissant et tanique, et au parfum de violette. Dans la Combe de Savoie, de loin la plus riche en vignes, le **bergeron** (ou roussanne), autour du village de Chignin, est à l'origine de nombreux crus multi-médaillés. Le **chautagne**, produit dans une petite région du nord du lac du Bourget, fait aussi partie des vins de Savoie, dont l'aire AOC déborde sur la Haute-Savoie et l'Isère.

Le **génépi** est la plus représentative des liqueurs alpines. Obtenue à partir de la macération de variétés montagnardes d'armoises, plantes aromatiques autrement nommées... génépi, vous la trouverez un peu partout dans le commerce. La **chartreuse** est, quant à elle, la doyenne des liqueurs alpines, élaborée il y a plus de 400 ans par des moines de la Grande Chartreuse, à partir de pas moins de 130 plantes et herbes sauvages.

Bouquetin, col de la Colombière, Le Grand Bornand (p. 97)

J. STEPHENS ©

Environnement

De gigantesques glaciers suivis d'alpages verdoyants, de doux vallons face à des dents de granit acérées, des torrents agités se jetant dans des lacs paisibles, des forêts de résineux au pied de vastes massifs calcaires... Les pays de Savoie et l'Isère offrent un éventail de paysages très contrastés. Le tout habité par une flore et une faune remarquables.

Un territoire de roche et de forêt

La formation des Alpes a été plus qu'un travail de patience. De 600 à 70 millions d'années, la roche s'est d'abord fabriquée au fond d'un océan aujourd'hui disparu, l'océan Alpin. Puis entre 50 et 10 millions d'années, les plaques d'Eurasie et d'Afrique sont entrées en collision, créant failles, plis et cassures. Enfin, lors des deux derniers millions d'années, une trentaine de glaciers ont creusé les vallées et érodé le paysage.

Recouverts de forêts providentielles, les massifs alpins sont d'une variété géologique inouïe. Les plus élevés (Mont-Blanc, Belledonne, Beaufortain) sont constitués de roches cristallines (de granit surtout), tandis que les massifs dits préalpins (Bauges, Chartreuse, Vercors), nés de la remontée du plancher océanique, sont calcaires. D'où la présence de nombreuses cavités souterraines et de fossiles par endroits.

Lacs

Les lacs d'origine glaciaire les plus vastes en France se situent dans les pays de Savoie, à une altitude inférieure à 500 m. Doté d'un microclimat très agréable, le **lac Léman** est situé en partie en Suisse. Le **lac d'Annecy**, autrefois moribond, se fait maintenant fort d'être l'un des plus purs d'Europe, même s'il peine à se renouveler en oxygène et que les poissons y sont rares (voir l'encadré p. 81). À Aix-les-Bains, avec 11 km de roselières couvrant ses berges, le **lac du Bourget** est le plus sauvage. Dans l'avant-pays savoyard, les eaux du **lac d'Aiguebelette** frôlent les 28°C en été.

Les Alpes du Nord comptent aussi un grand nombre de lacs d'altitude – la plupart formés à la suite du retrait des glaciers après la dernière grande période glaciaire – et de nombreux lacs créés par des barrages.

Parcs et réserves naturelles

Les Alpes du Nord comptent deux parcs nationaux (Vanoise et Écrins) et trois parcs naturels régionaux (Bauges, Vercors et Chartreuse). De nombreuses **réserves naturelles** et des **espaces naturels sensibles** viennent aussi aider la nature à reprendre son souffle et à limiter l'impact de l'homme sur l'environnement.

Premier parc national français, créé en 1963 pour la protection des bouquetins, le **parc national de la Vanoise** (p. 256) se situe entre les vallées de la Maurienne et de la Tarentaise. Il culmine à 3855 m d'altitude avec la pointe de la Grande Casse. Créé en 1973, le **parc national des Écrins** (p. 348) est considéré comme le parc européen de la haute montagne grâce à ses sommets mythique connus de tous les alpinistes. Tous deux ont été conçus pour protéger les espèces végétales et animales menacées par l'essor du tourisme.

Le territoire compte aussi deux Géoparcs mondiaux de l'Unesco : le **massif des Bauges** (p. 199) et le **Chablais** (p. 140).

Faune et flore

Les animaux

Avec son drôle d'air endormi, la **marmotte** est la mascotte de la montagne. Elle peut être vue d'avril à septembre – le reste du temps, elle hiberne. Vous entendrez à coup sûr son sifflement dans les alpages.

Le **chamois** et le **bouquetin** peuvent aussi être aperçus : le second, protégé et bien moins farouche, se distingue du premier par ses longues cornes cannelées ; le chamois a, quant à lui, des cornes plus fines et recourbées, et son allure est proche de celle du chevreuil ou de l'antilope.

Bien plus rare, le **lynx** vit dans les forêts isolées. Vous pourrez plus facilement croiser des chevreuils ou des renards. Très discrets, les lièvres variables, dont la fourrure est blanche l'hiver et marron gris l'été, gambadent dans les alpages de haute altitude, et leurs traces se laissent facilement reconnaître l'hiver dans la neige.

Tout aussi discrets sont les **loups**. Arrivés d'Italie en 1992 à la suite d'une recolonisation dans le massif des Abruzzes, ils sont apparus pour la première fois dans le parc national du Mercantour. Leur nombre s'élèverait actuellement à 600 individus en France et serait en progression, obligeant les éleveurs à protéger leurs troupeaux avec des patous (voir l'encadré p. 296 pour les bonnes pratiques si vous croisez un de ces chiens lors d'une randonnée).

Dans les airs, vous verrez aussi la magnifique **perdrix des neiges** (ou lagopède), la **chouette de Tengmalm**, l'**aigle royal**, ou encore le **gypaète barbu** – le plus grand rapace de France, d'une envergure de 2,80 m en moyenne, de retour dans la région grâce à un long programme de réintroduction. Citons aussi le **tétras-lyre**, drôle de petit coq sauvage assez peureux qui vit entre alpage et forêt.

Les arbres et les plantes

La flore alpine est très variée et s'étage sur plusieurs strates. De 200 à 1000 m d'altitude, c'est l'**étage collinéen**. Le chêne et le hêtre dominent. Ensuite vient l'**étage montagnard** (de 1000 à 1500 m). Place au pin sylvestre, à l'épicéa, au sapin et au mélèze. En baissant les yeux, vous pourrez admirer des rhododendrons, buissons de myrtilles et lis martagons. À partir de 2000 m d'altitude, on arrive à l'**étage subalpin** : c'est là que s'étendent les alpages, ces pâturages d'herbe et de fleurs auxquels les Alpes doivent leur nom. Le pin cembro y règne en maître, tout comme la gentiane acaule ou le chardon bleu. Enfin, entre 2500 et 2800 m, on parle d'**étage nival**. C'est le monde des roches, de la mousse, du lichen et des glaciers. Rare y est la flore, à l'exception de l'edelweiss et de la renoncule des glaciers.

Problèmes environnementaux

Le dérèglement climatique

Le réchauffement climatique est plus important en montagne que dans les plaines : la hausse enregistrée est de 2°C depuis 1960, contre 1°C sur l'ensemble du territoire. Les conséquences en sont visibles. On observe d'abord un recul très inquiétant des glaciers, au-delà même des prévisions les plus pessimistes élaborées il y a plusieurs années. La **fonte de la Mer de Glace** (p. 103), plus grand glacier français, s'accélère. Rien qu'entre 2022 et 2024, elle a réduit de 30 m d'épaisseur, et de 300 m en tout depuis 1850. Or les glaciers jouent un rôle crucial : ces vastes réserves d'eau gelée ont vocation à régulariser et à alimenter les cours d'eau, qui approvisionnent à leur tour la faune et la flore, les habitants des villages et les cultures dans les plaines. En conséquence, les parois rocheuses deviennent aussi plus instables, avec de plus en plus d'éboulements.

Avec la hausse générale des températures, la limite pluie/neige est montée en altitude, et la neige se fait plus rare, obligeant les petites stations de moyenne altitude à fermer. L'utilisation de neige de culture, dont la production est très gourmande en eau et en énergie, ne peut résoudre à elle seule le problème.

Les épisodes de pluie torrentielle avec débordement de cours d'eau sont également de plus en plus fréquents, pouvant transformer des hameaux entiers en champs de ruines, comme à La Bérarde, en Isère, en juin 2024.

La pollution atmosphérique

Malgré des paysages enchanteurs qui évoquent la pureté et le plein d'oxygène, les Alpes font face à un sérieux problème de pollution de l'air, dû notamment au manque de transport en commun et au transport de marchandises. Contrairement à la Suisse, où de grands parkings et des navettes souvent obligatoires attendent les skieurs en aval des stations, ici, la voiture est encore reine. À chaque période de vacances scolaires, d'interminables embouteillages de véhicules asphyxient les vallées.

Le fret est très important dans ce secteur frontalier avec l'Italie et la Suisse. Les camions transitent par le tunnel du Mont-Blanc, mais surtout par celui du Fréjus, très fréquenté. Les gaz d'échappement émis ont tendance à stagner dans les vallées. La Transalpine, projet de liaison ferroviaire mixte (voyageurs et fret) entre Lyon et Turin, est destinée à transférer une partie du fret routier vers le rail pour réduire la pollution. Sa mise en service est prévue pour 2033.

ÉDOUARD BAL ©

Marmotte en haute Maurienne

Vers un tourisme plus responsable

Comment gérer l'afflux de touristes en hiver comme en été dans les massifs qui manquent d'eau ? Voici l'épineuse question à laquelle est confrontée une bonne partie des Alpes du Nord. Canons à neige, barrages électriques, piscines, habitations dispersées en altitude, logements de masse dans les stations, agriculture... tout concourt à mettre en tension le système hydrique. Un problème loin d'être résolu.

De manière générale, les sports d'hiver tels qu'ils sont pratiqués à l'heure actuelle ont des conséquences sur l'environnement, mais sont aussi à la base de l'économie de la région et de sa culture. Il est donc difficile de les remettre totalement en cause. Condamnées à ne plus être enneigées dans les années à venir et face à l'explosion des coûts de fonctionnement des remontées mécaniques, certaines stations cherchent à se diversifier et à trouver des alternatives au tout-ski. Notamment en misant sur le vélo ou la randonnée.

Si vous souhaitez vous-même limiter votre impact sur les montagnes, des actions sont à votre portée. Consultez le site des **Mountain Riders** (www.mountain-riders.org) qui accompagnent les territoires dans le processus de candidature et de labellisation Flocon vert, attribué aux stations vertueuses du point de vue de la transition écologique. Vingt-cinq d'entre elles sont situées dans les Alpes du Nord.

Randonneur dans le Vercors

GEORGES MAURICE / STOCK-ADOBE.COM ©

Sports et activités

Les Alpes, grâce à leurs paysages variés de lacs, rivières, forêts et montagnes, offrent des possibilités d'activités quasi infinies, été comme hiver. Amateurs de sommets enneigés, de promenades paisibles ou de sensations fortes, tous se verront comblés.

Activités d'été

Randonnée, trek et trail

Le profil et l'étendue de ce territoire (Savoie, Haute-Savoie, Isère) promettent des balades magnifiques, de tous niveaux, avec plus de 23 000 km d'itinéraires balisés recensés. Les 2 parcs nationaux (Vanoise et Écrins), les 3 parcs régionaux (Bauges, Chartreuse et Vercors) et les 15 réserves naturelles (comme les Aiguilles Rouges, la Grande Sassière...) assurent également l'accès à de grands espaces protégés et sauvages !

Il existe des **randonnées** accessibles à tous : courtes, à faible dénivelé et même praticables en poussette. Certaines ont une approche ludique, interactive ou culturelle, d'autres sont plus exigeantes physiquement et visent panoramas, sommets ou lacs. Rendez-vous sur les **sites d'information** (www.alpes-isere.com, www.savoie-mont-blanc.com) qui référencent une multitude d'itinéraires.

NIKOLAI KORZHOV / STOCK-ADOBE.COM ©

Sur les pentes de Courchevel

Aventuriers ou baroudeurs dans l'âme tenteront l'itinérance en s'élançant dans un **trek**, avec nuitées en refuge, en auberge ou encore en bivouac. Le **Tour du Mont-Blanc (TMB)**, le plus célèbre, étant victime de son succès, il est préférable de s'orienter vers des circuits moins fréquentés mais également magnifiques. Le **tour du mont Aiguille**, accessible, révèle en 3 jours la beauté du Trièves, qui n'est pas sans rappeler les grands espaces américains. Sur 4 jours, le **tour de la Vallaisonnay** (www.vanoiserando.fr) offre un florilège des paysages du parc national de la Vanoise. Citons aussi le **GR®5**, reliant la mer du Nord à la Méditerranée, de Thonon-les-Bains à Valfréjus (topo-guide® 504). Les plus pressés aborderont ces différents itinéraires au pas de course, adhérant ainsi à la pratique aussi physique que tendance du **trail**.

Pour s'adonner au plaisir de la marche tout en emmagasinant de nouvelles connaissances, adressez-vous à un guide ou à un accompagnateur de moyenne montagne (AMM) ! Diplômé d'État, il partagera son savoir en matière de faune, flore, géologie ou encore histoire. Adressez-vous aux **bureaux des guides**, aux bureaux locaux des AMM, aux offices du tourisme ou des parcs naturels.

En montagne, de nombreuses précautions s'imposent. La météo peut changer brutalement, renseignez-vous avant le départ. Soyez bien équipé (chaussures de rando, vêtements chauds), prévoyez de l'eau (2 l/pers/jour), de la nourriture et un téléphone chargé. Les indications de temps de parcours valent pour des marcheurs moyens.

Vélo

La petite reine a toute sa place dans cette région montagneuse. Les **pages Internet dédiées au vélo** (www.savoie-mont-blanc.com/velo, www.isere-tourisme.com/decouvrir-l-isere/itineraires/a-velo) sont parfaits pour la sélection des itinéraires et du profil souhaité (VTT de descente, cyclosportif, balade, itinérance...).

Les stations de ski proposent une offre de deux-roues importante et variée : outre les remontées mécaniques adaptées au transport des VTT, elles ont mis en place des équipements spécifiques : bike park, pistes d'enduro, circuits de randonnée et de cross-country, zones d'initiation... L'offre de location de VTT à assistance électrique (VAE) est maintenant omniprésente. L'aide au pédalage aplanit les montagnes, décuple les forces et nivelle les capacités.

Les **défis du cyclo-grimpeur**, à vélo de route, ont lieu au départ de localités accessibles en TER. Quelque 80 cols et montées remarquables, souvent empruntés par les coureurs du Tour de France, sont bornés tous les kilomètres. L'été, certains cols et montées sont fermés aux voitures l'espace d'une matinée, permettant d'affronter sereinement les glorieux Glandon, Croix-de-Fer... ou L'Alpe-d'Huez, dans l'Oisans. Les plus aguerris se retrouvent au Bourg-d'Oisans pour aller défier les cols voisins et découvrir de somptueux panoramas. La **route des Grandes Alpes** (www.routedesgrandesalpes.com), reliant le lac Léman à la Méditerranée, constitue un itinéraire de légende (près de 700 km et 14 cols).

Parmi les très jolies balades familiales, citons la piste cyclable du lac d'Annecy, longue de 31 km, et la voie verte longeant le lac du Bourget. La **Via Vercors** (vercors.fr/fr/tourisme/outdoor/viavercors) offre aussi un joli parcours de près de 55 km à faible dénivelé.

Activités nautiques et sports d'eaux vives

Les lacs accueillent de nombreux sports aquatiques. En Savoie, ramez sur celui d'Aiguebelette, à bord d'un **aviron**. Sur le Bourget, pagayer en **paddle** ou en canoë-kayak le long de la côte sauvage. Cap sur le lac d'Annecy pour le **ski nautique** ou le wakeboard. En Isère, le vent souffle fort sur le lac de Monteynard-Avignonet, pour le plus grand plaisir des véliplanchistes et kitesurfeurs.

Les rivières constituent elles aussi des opportunités d'activités multiples. Bien encadré par des professionnels, goûtez aux sensations fortes du **rafting**, du **canyoning** ou de la **nage en eaux vives**. Bourg-Saint-Maurice (p. 233), en Savoie, est un centre important.

Vol libre

Le **parapente** est très prisé l'été, avec des baptêmes en biplace pour les sensations et des stages de plusieurs jours pour l'apprentissage. Cols et plateaux sont propices au vol libre : à la Forclaz, au-dessus du lac d'Annecy ou sur le plateau des Petites-Roches, qui surplombe la vallée du Grésivaudan (p. 292). Pour une balade aérienne d'un autre genre, **Alpes Montgolfière** (alpes-montgolfiere.fr) organise des vols en **ballon** avec vue sur le mont Blanc depuis Praz-sur-Arly.

Via ferrata et escalade

Pour permettre à ses bataillons alpins de traverser les Dolomites, l'armée italienne a développé la **via ferrata** (voie ferrée en italien) au début du XXe siècle. Cette pratique s'est popularisée dans les années 1980. Aujourd'hui, il existe beaucoup de voies, classées de facile (F) à extrêmement difficile (ED). Une bonne météo est indispensable à la pratique : la pluie rendant glissants les éléments métalliques, conducteurs, de plus, en cas d'orage. Citons la via ferrata du Diable à Aussois (des sections pour tous niveaux), la Croix des Verdons à Courchevel (la plus haute de France) ou la Tour du Jallouvre au Grand-Bornand (très difficile), réputées dans les départements savoyards. Celle de la Bastille à Grenoble ou celle dans la vallée du Vénéon en Oisans sont des références iséroises. Discipline plus récente, la **via cordata** se pratique encordé et à deux personnes minimum. Compromis entre via ferrata et escalade, elle familiarise à l'univers vertical.

Et puis, bien sûr, il y a l'**escalade**. Le rocher des Gaillands, à Chamonix, et le rocher de Glaisy, à Notre-Dame-du-Pré (à 15 km de Moûtiers), seront parfaits pour commencer la grimpe en famille. En Haute-Savoie, le mont Salève conviendra aux débutants comme aux plus expérimentés. En Isère, les alentours de Pont-en-Royans présentent une grande densité de sites où se retrouvent dès le printemps de nombreux adeptes de la "grimpe".

Alpinisme

On fait remonter l'invention de l'alpinisme moderne à 1786, lorsque le Suisse Horace-Bénédict de Saussure proposa une prime au premier qui gravirait le mont Blanc, chose faite l'année suivante. C'est cependant dans l'Isère que se trouve le pic considéré comme le lieu de naissance de l'alpinisme en France : le **mont Aiguille** (2 087 m) gravi pour la première fois en 1492 par Antoine de Ville.

Si vous avez une bonne condition physique et la capacité d'adaptation exigée pour les activités en montagne, alors adressez-vous au Club alpin français (CAF) ou aux bureaux des guides pour une première ascension. Au pied du Mont-Blanc, Chamonix a les arguments naturels pour être la capitale mondiale de l'alpinisme, mais n'y cherchez pas le calme ; en Savoie, dirigez-vous vers Pralognan-la-Vanoise et son dôme de Polset ou Bonneval-sur-Arc et sa Levanna Occidentale ; en Isère, le Grand Pic de Belledonne est un bel objectif, proche de Grenoble, et Saint-Christophe-en-Oisans (p. 345) sera toujours l'autre capitale de l'alpinisme.

Équitation

Les centres équestres permettent d'effectuer des randonnées mémorables, accompagnées ou non, en plaine comme en altitude. Autre expérience : louer un âne quelques heures, une journée ou plusieurs jours. Pas aussi têtu qu'on pourrait le croire, l'âne peut porter jusqu'à 40 kg et aime travailler. Les enfants adoreront sa compagnie.

Spéléologie

Parcourir des galeries souterraines accidentées, se faufiler dans d'étroits passages, manipuler cordes et mousquetons… la spéléologie est un sport original et complet. Des initiations sont parfois proposées, comme à Avoriaz, dans les Bauges (p. 200), dans le Vercors ou sur le site de **Saint-Christophe-la-Grotte** (www.animgrotte.com) en Chartreuse.

Activités d'hiver

Ski alpin et snowboard

Au départ moyen de transport pour les communautés montagnardes, le ski devient au cours du XIXe siècle une activité ludique pour les plus aisés. En 1921, la baronne Noémie de Rothschild fonde Megève, station restée très luxueuse. Mais la volonté de populariser l'activité interviendra dans les années 1960, avec la construction de stations comme Les Arcs ou Les Menuires, rendant les sports d'hiver plus accessibles. Les 3 départements concernés ici totalisent 134 stations ! Les Trois-Vallées, Val-d'Isère ou Tignes résonnent comme de véritables paradis de la glisse, et La Plagne, Les Arcs et Val-Thorens figurent parmi les 10 stations les plus fréquentées du monde. L'Isère n'est pas en reste avec ses 22 stations, dont L'Alpe-d'Huez Grand Domaine Ski qui cumule 250 km de pistes. Le ski alpin partage son terrain de jeu avec le snowboard, né dans les années 1960 de la culture du surf et du skateboard. Comme pour le ski, il est préférable de prendre des cours avec un moniteur pour débuter. Les écoles de glisse sont généralement situées au pied des pistes ; réservez en périodes de vacances. Les adeptes de sauts et figures, en ski comme en snowboard, aiment se retrouver dans les snowparks, espaces aménagés avec divers modules, s'adressant parfois spécifiquement aux néophytes ou aux experts.

Pour les débutants ou les familles avec tout-petits, un grand domaine skiable n'est pas nécessaire. Les stations de moyenne montagne telles qu'Aussois, La Chapelle-d'Abondance ou Villard-de-Lans vous rendront la note nettement moins salée. Si l'enneigement y est moins garanti, l'éventail d'activités s'étend chaque année en transition face au réchauffement climatique.

Ski de randonnée

Apprécié des amateurs de grands espaces, le ski de randonnée est très physique. Les skis, proches des skis alpins, sont pourvus de "peaux de phoque" synthétiques pour accrocher à la pente en montée. Une fois en haut, on retire les peaux et on s'offre la descente méritée. Le ski de randonnée se pratiquant en hors-piste, le risque est présent : être accompagné d'un guide ou d'un moniteur est indispensable ! De plus en plus de domaines proposent des itinéraires balisés et sécurisés (Val-d'Isère, Arêches-Beaufort...).

Ski nordique et raquettes

Le **ski nordique** (ou ski de fond) se divise en deux techniques, le classique et le skating : sur les pistes, des rails sont prévus pour la première, et un espace est damé pour le second. Les deux permettent d'allier découverte des paysages et tranquillité, ainsi qu'un coût nettement inférieur à celui du ski alpin. Savoie Grand Revard est le plus grand domaine de France ; Les Saisies, le plateau de Bessans ou le domaine d'Autrans-Méaudre dans le Vercors sont aussi des références. La plupart des stations de ski alpin possèdent un domaine nordique avec parfois une initiation au biathlon (associant ski de fond et tir à la carabine).

Autre activité en vogue pour son côté nature et physiquement accessible : les **raquettes**. De nombreux sentiers sont balisés en altitude et des sorties thématiques sont proposées.

Traîneau et tractage

Tentez une excursion en **traîneau à chiens** : des stations proposent une initiation à la conduite d'attelage comme dans le Val d'Arly ou en haute Maurienne vanoise. Le **ski joëring** fait intervenir un cheval, qui tracte un skieur sur terrain plat. Plus de sensations ? Essayez le **snowkite**, équivalent du kitesurf sur neige ; vous glissez tracté par un grand cerf-volant ! Font d'Urle en Isère ou la Rosière sont des lieux de pratique reconnus. Plus fort encore, le **speed riding**, mélange de snowkite, de parapente et de ski. Valfréjus a vu naître la première école, **Ataka** (www.ecole-speedriding.com).

Sports de glace

Un grand nombre de stations possèdent une patinoire, intérieure comme à Vaujany, ou extérieure comme aux Contamines-Montjoie. Citons aussi l'**escalade sur glace**, en pleine nature ou sur la tour de glace de Champagny-en-Vanoise. Il est aussi possible de nager sous la glace, comme dans le lac de Tignes !

Luge

Intemporelle, la luge a souvent ses pistes réservées. Parfois, elle prend des airs d'attraction et se met sur des rails : le budget n'est plus le même. Pour les plus téméraires, La Plagne propose une descente en **bobsleigh**, sur la piste olympique de 1992 (p. 240).

Alpinistes au mont Blanc

NANDO MACHADO / STOCK-ADOBE.COM ©

Carnet pratique

Infos utiles

Argent

La plupart des stations de montagne sont équipées de distributeurs automatiques de billets. Si vous prévoyez de randonner dans une vallée un peu reculée, pensez à vous munir d'espèces au préalable. Dans les chalets-restaurants isolés et dans les refuges, les terminaux de paiement par carte bancaire sont peu courants.

Bénévolat

Si un séjour original, utile, riche en apprentissages et en échanges, écologique et peu coûteux vous attire, le Wwoofing est fait pour vous. Né au Royaume-Uni dans les années 1970, ce système de bénévolat en ferme biologique a gagné le monde entier, et bon nombre d'agriculteurs alpins ont rejoint le mouvement ces dernières années. Lors de notre enquête, ils étaient 32 en Savoie, autant en Haute-Savoie et 38 en Isère à accueillir des "wwoofers", censés participer 4 à 6 heures par jour aux tâches de l'exploitation (découpe du bois, traite des vaches, tâches ménagères, autoconstruction...), en échange du gîte et du couvert. Nul besoin d'expérience particulière, seules la motivation et l'ouverture d'esprit sont requises ! Pour devenir wwoofer en France, inscrivez-vous sur le site wwoof.fr. La cotisation annuelle solo/duo est de 25/30 €.

Cartes de réduction et bons plans

Multisport été et remontées mécaniques

En été, la plupart des stations proposent une carte payante donnant accès à un large éventail d'activités sportives et à certaines remontées mécaniques. Renseignez-vous auprès des offices de tourisme ou de votre hébergement.

Cours de ski

Pour prendre des cours de ski, réservez auprès de l'école de votre choix, **ESF** (École du ski français ; www.esf.net) ou **ESI** (École de ski internationale ; www.ecoledeski.fr). En achetant à l'avance la carte de cours collectifs ou individuels, vous éviterez l'attente aux guichets à votre arrivée.

Forfaits

Certaines stations vous permettent de bénéficier de réductions en achetant vos forfaits en ligne ou encore à l'avance. Il existe des "pass" pouvant être rechargés directement sur les sites Internet des stations.

Cartes et plans

Les cartes départementales au 1/150 000 éditées par Michelin peuvent être d'une aide précieuse pour vous repérer sur les petites routes montagnardes : la n°333 réunit Savoie et Isère et la n°328 détaille la Haute-Savoie.

L'**IGN** (Institut national de l'information géographique et forestière ; www.ign.fr) édite les cartes des séries Top 75 et Top 25 (ou Série Bleue), qui accompagnent les randonneurs. L'appli payante **Iphigénie** (14,99 €/an) permet de consulter toutes ces cartes tout en étant géolocalisé (mais cela suppose d'avoir suffisamment de batterie). L'appli **Maps.me** a le mérite de fonctionner hors ligne et d'être gratuite, mais elle est nettement moins précise et n'utilise pas les mêmes fonds de carte.

En station, les offices de tourisme éditent des cartes de randonnée et VTT souvent très bien faites, et vendent des topoguides. On trouve dans les offices de tourisme une carte illustrée des deux départements ainsi qu'une carte cyclo avec 100 itinéraires et une carte rando avec 22 itinérances et 100 balades et randonnées à la journée.

Ces dernières années, nombreux sont les offices de tourisme à avoir lancé, avec plus ou moins de succès, des applis dédiées aux pratiques *outdoor* permettant de se géolocaliser. Renseignez-vous auprès de l'antenne de votre destination.

Météo

Météo France (☎32 50 ; meteofrance.com) donne, en ligne et par téléphone (appel payant), les prévisions pour les 15 jours à venir.

Les sites des offices du tourisme ont également des bulletins assez précis et des webcams pour voir en direct les conditions d'enneigement.

Climat et saisons

Les Alpes du Nord sont sous le régime d'un climat montagnard, avec, théoriquement, des hivers froids et neigeux et des étés chauds et orageux. Mais c'est aujourd'hui l'une des régions de France les plus marquées par le changement climatique, et les prévisions météo y sont de plus en plus difficiles.

L'hiver, si la présence de neige est garantie dans les stations en altitude (au-dessus de 1 800 m), c'est plus compliqué pour les stations de moyenne montagne et les espaces nordiques.

Le printemps et l'automne sont le plus souvent assez humides, surtout dans les Préalpes. Le mois de novembre ainsi que la fin avril/début mai sont souvent maussades et l'activité touristique est à l'arrêt.

L'été, les risques d'orages sont importants, notamment en altitude et sur les lacs et en milieu/fin de journée. Sur le lac du Bourget, les orages s'accompagnent souvent d'un vent très violent, phénomène ultralocalisé lié au relief et surnommé la "Traverse". Sur le lac Léman, c'est le "coup de joran", en provenance du Jura, qu'il faut redouter.

En altitude, le froid met très vite fin à l'été, c'est pourquoi la majeure partie des stations d'altitude ferment leurs portent début septembre et durant toute l'intersaison. Vous n'y trouverez pas de commerces ouverts, ni d'endroits où loger.

Désagréments et dangers

La montagne a ses dangers, qui sont parfois sous-estimés par les visiteurs. Ne jouez pas au casse-cou et suivez quelques règles élémentaires de base. Sachez que la note peut être très salée en cas d'intervention de sauvetage (elles ne sont pas toujours gratuites).

Quelles que soient l'activité et la saison, ne partez jamais seul sans avoir communiqué au moins votre programme à un proche ou à votre hébergeur, ainsi que l'heure de retour prévue.

Partez avec un téléphone chargé (sachant que le froid décharge plus rapidement les batteries).

Les skieurs hors-piste doivent respecter les consignes de prudence. Dans la limite du possible, ils doivent se faire conseiller ou accompagner par un professionnel. Renseignez-vous auprès du bureau des guides des stations. Votre excursion n'en sera que plus agréable.

Pour le ski hors-piste, vous aurez besoin d'un système de détection sous avalanche ARVA ainsi que d'une pelle et d'une sonde.

Même dans le cadre d'excursion dans des conditions moins extrêmes, ne perdez pas de vue qu'en montagne, les activités les plus simples peuvent se révéler dangereuses si vous ne respectez pas certaines précautions : ne rentrez pas trop vite dans un lac glaciaire, vous risquez une hydrocution. Faites attention aux chutes de pierres. Soyez aussi conscient que les distances sont parfois difficiles à apprécier en montagne, et ne lésinez pas sur l'achat d'une carte détaillée !

Enfants

La plupart des stations disposent de structures adaptées à l'accueil des enfants : garderie pour les tout-petits, accueil des 3-6 ans et au-delà, centre de loisirs. Pour être sûr d'avoir une place pour votre enfant, pensez à réserver tôt. Voir aussi *Voyager en famille* p. 61

Équipement et location de matériel

Dans certaines stations, vous pouvez réserver votre matériel de ski en même temps que votre hébergement, ou sur les sites de certains magasins de sport. Vous avez la possibilité de louer tout ou partie du pack (skis, chaussures, bâtons, casque). Sur Internet, une multitude de sites proposent de réserver son matériel à l'avance et de bénéficier de tarifs plus avantageux.

Si vous pratiquez le VTT, écoutez les conseils de votre loueur et ne lésinez pas sur les équipements de protection et le casque.

Handicap

L'été, l'offre des "promenades confort" se multiplie. Certaines sont tracées en bord de lac mais d'autres permettent de découvrir la montagne avec des accompagnateurs spécialisés. Ces circuits sont visibles sur www.savoie-mont-blanc.com, dans la rubrique (très fournie) "Destination pour tous". S'ajoutent aussi des activités nautiques, du parapente ou de la randonnée. L'antenne iséroise de France Nature environnement a créé un guide des randonnées accessibles aux personnes à mobilité réduite avec 24 itinéraires à télécharger sur www.fne-aura.org.

Plusieurs associations ou prestataires privés proposent des activités été/hiver, notamment des balades en joëlette, un siège à porteurs. À Val-Cenis, contactez **Appash** (☎06 43 49 87 97 ; www.esi-valcenis.com/appash) ; en Haute-Savoie, **Loisirs Assis Évasion** (☎06 73 39 81 78 ; www.loisirs-assis-evasion.com), à Passy ; au Pays des Écrins, **Handi Cap Évasion** (☎04 78 22 71 02 ; www.hce.asso.fr).

L'hiver, certaines stations sont labellisées Handiski, mais songez également aux balades en traîneaux à chiens, accessibles en fauteuil.

Hébergement

En hiver, la norme est la location à la semaine, même dans les établissements hôteliers, et la demi-pension est souvent imposée. En été, l'hébergement à la nuitée est beaucoup plus facile et les tarifs peuvent être 3 à 4 fois moins chers qu'en hiver.

Entre Noël et le jour de l'An et en février, lorsque les stations sont prises d'assaut par les skieurs, il est quasiment impossible de se loger à un prix raisonnable.

Près de la Suisse, en raison du fort pouvoir d'achat des voisins helvètes et du nombre élevé de frontaliers travaillant en Suisse, les prix sont souvent surévalués.

Hôtels

Beaucoup d'hôtels disposent d'équipements de loisirs (piscines, sauna ou hammam) pour l'après-ski ou bien comme solution de repli en cas de mauvais temps l'été, et la tendance générale est à la montée en gamme.

L'été, les tarifs pour une chambre double de catégorie moyenne sont compris entre 90 et 130 €. L'hiver, durant les vacances scolaires, il faut compter entre 250 et 450 € pour la même chambre.

Chambres d'hôtes

Les chambres d'hôtes peuvent être plus économiques : le petit déjeuner doit être inclus dans le prix de la nuitée. La plupart sont affiliées aux réseaux **Gîtes de France** (www.gites-de-france.com) ou **Clévacances** (www.clevacances.com), qui garantissent le respect de normes de sécurité et de confort. La réservation est conseillée. Les tarifs, pour une chambre double avec petit déjeuner, s'échelonnent de 85 à plus de 150 € selon le standing. Certaines maisons d'hôtes proposent la table d'hôtes au dîner (entre 30 et 40 €, sur réservation).

Campings

Vous trouverez des campings bien équipés, avec piscines et animations, ou bien des campings à la ferme, une formule originale et bon marché : on plante sa tente sur la parcelle d'une exploitation agricole, près du bâtiment principal. On doit alors se contenter d'infrastructures limitées mais on découvre le quotidien des paysans, on peut acheter de bons produits fabriqués sur place, et les enfants peuvent observer les animaux. Consultez le site www.bienvenue-a-la-ferme.com.

Locations d'appartements et résidences de tourisme

Les Alpes comptent une très grande quantité de meublés de tourisme loués à la semaine ou en court séjour. Les tarifs sont très variables selon la taille de l'hébergement et la situation. À proximité

Pour les visiteurs étrangers

Argent

La Haute-Savoie compte des bureaux de change à Annecy, Annemasse, Saint-Julien-en-Genevois, à la poste de Thonon-les-Bains et à Chamonix. En Isère, vous en trouverez un à Grenoble. En Savoie, Chambéry dispose d'un bureau. Vous pouvez aussi opter pour un bureau de change en ligne qui vous livrera l'argent à domicile. La fonction de change est aussi remplie par la plupart des agences bancaires, bien plus nombreuses, mais pratiquant des taux parfois moins avantageux.

Heure locale

La France a 1 heure (hiver) ou 2 heures (été) d'avance par rapport à l'heure de Greenwich. Lorsqu'il est 14h dans les Alpes, il est 8h à Montréal. L'heure est la même qu'en Suisse et en Belgique.

Formalités et visas

En tant que membres de l'Union européenne, les Belges peuvent résider en France sans limitation de temps. Les Suisses et les Canadiens peuvent séjourner 90 jours sans visa (limité à 2 séjours de 90 jours par an).

Les permis de conduire délivrés dans les pays membres de l'Union européenne, en Suisse et au Canada sont valables en France.

Pour plus de précisions, ou pour d'autres nationalités, reportez-vous au portail de l'administration française www.service-public.fr.

des stations ou des lacs se trouvent aussi des résidences tout équipées avec piscines, ou encore des centres et villages de vacances pour les familles.

Refuges

Un grand nombre de refuges de haute et moyenne montagne sont disséminés dans les massifs. Vous pourrez vous y restaurer et y passer la nuit. La réservation, souvent depuis le site Internet, est indispensable.

Auberges de jeunesse

Les voyageurs au budget serré opteront pour des lits en dortoir ou chambres collectives dans les auberges de jeunesse du réseau **FUAJ** (www.fuaj.org) à Annecy, La Clusaz, La Toussuire, Séez-Les Arcs, Val-Cenis, Chamonix-Mont-Blanc ou Chamrousse.

Centrales de réservation

Les centrales de réservation sont des organismes souvent publics, parfois privés, qui regroupent les offres de prestataires et de particuliers. Si leurs listes ne sont pas forcément exhaustives, elles peuvent s'avérer utiles pour dénicher un logement. La plupart des sites Internet des offices de tourisme locaux ou départementaux ont désormais un onglet dédié à ce service.

Internet (accès)

Les offices de tourisme, bars, restaurants, chambres d'hôtes et hôtels sont très nombreux à proposer un accès Wi-Fi gratuit. Notez que dans certains massifs reculés, la 4G n'est toujours pas d'actualité, ni le réseau téléphonique. Dans les parcs nationaux, vous vous retrouverez souvent sans aucune couverture.

Santé

Passé les 3 000 m (ce qui arrive très vite en téléphérique), la différence de pression atmosphérique peut provoquer le mal des montagnes (violents maux de tête et malaises d'ordre digestif et respiratoire). Le rythme cardiaque s'accélère pour pouvoir pomper davantage d'oxygène. L'organisme finit par produire plus de globules rouges, mais il faut compter une semaine avant qu'il ne s'acclimate réellement.

En cas de grossesse, dans les trois premiers ou les trois derniers mois, ou en cas de maladies cardiaques ou de problèmes respiratoires, évoluer en altitude est contre-indiqué, surtout au-dessus de 2 500 m.

Avec des enfants de moins de 18 mois, ne montez pas au-delà de 2 000 m, et grimpez par paliers pour éviter les risques d'otite. En cas de doute, n'hésitez pas à prendre un avis médical.

Transports

Depuis/vers les Alpes du Nord

Voie aérienne

Les deux grands aéroports internationaux les plus proches sont ceux de **Lyon-Saint-Exupéry** (☎0826 800 826, 0,15 €/min ; www.lyonaeroports.com) et de **Genève** (☎00 41 22 717 71 11 ; www.gva.ch).

De Lyon, transferts quotidiens par taxi et par bus vers les grandes villes alpines via **FlixBus** (www.flixbus.fr), ou **Blablacar** (www.blablacar).

De Genève, la ligne 272 des **Cars Région** (www.laregionvoustransporte.fr) permet de gagner Annecy, et vous rejoindrez Grenoble ou Chambéry avec **FlixBus** (hwww.flixbus.fr) ou **Blablacar** (www.blablacar).

L'hiver, depuis les deux aéroports, **Altibus** (www.altibus.com) vous conduit jusqu'aux stations de sports d'hiver.

Voie terrestre

Bus

Les principales villes des Alpes du Nord, parmi lesquelles Chambéry, Chamonix, Modane, Grenoble et Aix-les-Bains, sont reliées aux réseaux des bus longue distance en France et à l'étranger. Renseignez-vous auprès d'**Eurolines** (eurolines.fr), **Blablacar** ou **FlixBus**.

Train

Le **TGV** (informations et réservations sur www.sncf-connect.com) direct place Chambéry, Grenoble et Aix-les-Bains à environ 3 heures de Paris. Bourg-Saint-Maurice et Modane sont à 4 heures 30. Au départ de Lille, Chambéry et Grenoble sont à 5 heures, Annecy à 5 heures 30. Depuis Marseille, Chambéry est à 4 heures 50, Annecy à 6 heures et Grenoble à 3 heures.

En saison, des trains **Thalys** (informations et réservations sur www.eurostar.com) circulent entre Bruxelles et Chambéry (4 heures 20) ou encore Bourg-Saint-Maurice (6 heures 30) et Moûtiers (5 heures 45).

Le **Léman express** (informations et réservations sur www.lemanexpress.com) relie Genève à Annecy en 1 heure 30 environ en passant par Annemasse et La Roche-sur-Foron.

Pour vos déplacements en région, plusieurs lignes de **TER** (www.ter.sncf.com/auvergne-rhone-alpes) permettent de se passer de voiture et, dans certains trains, on peut voyager avec son vélo.

Comment circuler

Bus

Pour vos déplacements à l'échelle de toute la région Auvergne-Rhône-Alpes, consultez le site www.oura.com ou le site www.laregionvoustransporte.fr.

En station

Les stations étendues géographiquement disposent souvent d'un système de navettes gratuites et régulières.

Dans les grandes stations, le parking en hiver est, la plupart du temps, obligatoire et payant (environ 20 €/jour, 80-100 €/semaine dans les grandes stations en souterrain). En été, le parking est souvent gratuit.

Train

Les TER desservent plutôt bien les grandes vallées alpines, et sont relayés par des bus pour monter vers les stations de ski. En Maurienne, le train s'arrête à Saint-Avre-La-Chambre, Saint-Jean-de-Maurienne, Saint-Michel-Valloire et Modane. En Tarentaise, il passe par Albertville, Moûtiers, Aime-La Plagne, Landry et Bourg-Saint-Maurice. En Haute-Savoie, le TER rejoint Évian-les-Bains en passant par Thonon et Annemasse. Enfin, la vallée de Chamonix est traversée par un TER qui s'étire jusqu'à Vallorcine. La ligne Genève-Annecy/Grenoble/Valence, dite ligne du Sillon Alpin, permet de passer aisément d'un territoire à l'autre.

Vélo

Le réseau de pistes cyclables, encouragé par l'essor du vélo électrique, est en fort développement et nombreux sont les hébergements à disposer du label Accueil vélo. Vous trouverez des loueurs de vélos dans toutes les villes, à côté des gares et en bord de lac. Comptez de 8 à 30 € par jour.

Voiture

Le relief tourmenté et l'état des routes, soumises à de forts changements climatiques et peu entretenues dans certaines vallées, requiert une certaine prudence. Ne soyez jamais pressé lors de vos déplacements et renseignez-vous au préalable sur les conditions de circulation.

L'hiver, la plupart des cols situés à plus de 1 000 m sont difficilement praticables ou carrément fermés à la circulation. Plusieurs sites officiels permettent d'avoir des informations mises à jour en temps réel dans chaque département : **Savoie** (savoie-route.fr), **Haute-Savoie** (www.inforoute74.fr) et **Isère** (www.itinisere.fr).

Vous pouvez aussi consulter **Bison Futé** (www.bison-fute.gouv.fr ; fréquence radio 107.7).

Notez qu'en hiver, les équipements spéciaux (pneus hiver, quatre-saisons ou chaînes à neige/chaussettes) sont obligatoires dans tous les départements alpins.

Lors des vacances d'hiver, si vous le pouvez, évitez de partir le samedi, jour d'arrivée et de départ de la plupart des skieurs. L'été en haute saison et particulièrement le week-end, la circulation se fait difficilement aux abords du lac d'Annecy en raison de l'extrême fréquentation des lieux et du manque de route secondaire.

Conduite sur neige

Si vous êtes confronté à des conditions de conduite délicates sur route enneigée ou verglacée, adoptez une conduite souple : anticipez au maximum votre freinage, pour n'appuyer que tout doucement sur la pédale, rétrogradez davantage, et gardez des distances de sécurité plus importantes.

Location

Si vous ne disposez pas de véhicule, vous trouverez sur place des agences de location, dans les gares, les aéroports ou les principaux centres-villes. Renseignez-vous sur les prestations incluses dans le prix (kilométrage illimité ou non, taxes, assurances, rachat de franchise...) et sur votre responsabilité en cas de problème. Profitez de tarifs plus avantageux sur Internet, faites jouer la concurrence et, surtout, réservez bien à l'avance. La bonne idée peut être de se connecter à l'un des sites comparant les tarifs, tels que www.tripncar.com ou www.carigami.fr.

Aussi étonnant que cela puisse paraître, les agences de location sont souvent en rupture de stock de véhicules équipés de pneus neige.

Les principales enseignes sont :

- **Ada** (☎ 0805 28 59 59 ; www.ada.fr)
- **Avis** (☎ 0821 230 760 ; www.avis.fr)
- **Budget** (☎ 0825 003 564 ; www.budget.fr)
- **Europcar** (☎ 0825 358 358 ; www.europcar.fr)
- **Hertz** (☎ 0825 861 861 ; www.hertz.fr)
- **Rent a Car** (☎ 0891 700 200 ; www.rentacar.fr)
- **Sixt** (☎ 0820 00 74 98 ; www.sixt.fr)

En coulisses

Un mot des auteures

Claire Angot

Un grand merci à toute l'équipe de Lonely Planet, en particulier à Dominique Bovet pour sa confiance renouvelée et à Isabelle Bouwyn pour sa relecture attentive. Merci aussi à tout le personnel des offices de tourisme des pays de Savoie et à toutes les personnes rencontrées pour cette enquête d'avoir partagé leurs coups de cœur et leurs anecdotes avec tant de générosité et de passion !

Nolwenn Patrigeon

Je remercie les hôteliers, serveurs, habitants ou habitués, personnels des offices de tourisme et guides rencontrés, des grottes du Vercors aux sommets escarpés de l'Oisans en passant par le monastère de la Grande Chartreuse, d'avoir partagé avec moi leurs ressentis, leurs coups de cœur et leur amour pour ce territoire.

Crédits photographiques

Photographie de couverture Chamonix-Mont-Blanc, Haute-Savoie © Georgios Tsichlis / Shutterstock.fr

Couverture du cahier détachable Vélo Massif du Beaufortain, col de Véry © Gilles Lansard / Hemis.fr

Page de titre Église des Praz, vallée de Chamonix © Badahos / stock.adobe.com

Les cartes du chapitre Randonnée p. 42-57 ont été réalisées en utilisant des plans de l'IGN mis à disposition selon les termes de la licence Etalab 2.0 (geoservices.ign.fr/documentation/diffusion/telechargement-donnees-libres.html RGE ® ALTI 5m)

À propos de ce guide

Cet ouvrage est la 1re édition du guide *Alpes du Nord.* Il a été rédigé par Claire Angot et Nolwenn Patrigeon. Pour cette édition, les auteures ont reçu le concours de Pierre Gouyou-Beauchamps pour les itinéraires à vélo. Vous trouverez leurs biographies p. 400.

Direction éditoriale Dominique Bovet
Responsable prépresse Jean-Noël Doan
Coordination éditoriale Isabelle Bouwyn
Maquette Évelyne Nobre
Cartographie Martine Marmouget, Bertrand de Brun et Florence Bonijol (AFDEC)
Couverture Laurent Briard et Laure Wilmot
Merci à Christophe François pour sa relecture attentive ; à Vahagn Terzian pour son travail de référencement ; à Cécile Couet pour sa lecture et son travail sur l'index ; à Justine Munsch et Héloïse Vasse pour leur aide précieuse. Enfin, merci à Luan Angel, Emma Davies et Nigel Longuet à Londres, et à Jean-Pierre Masclef à Melbourne.

Vos réactions

Vos commentaires nous sont très précieux et nous permettent d'améliorer constamment nos guides. Notre équipe lit toutes vos lettres avec la plus grande attention. Nous ne pouvons pas répondre individuellement à tous ceux qui nous écrivent, mais vos commentaires sont transmis aux auteurs concernés. Tous les lecteurs qui prennent la peine de nous communiquer des informations sont remerciés dans l'édition suivante, et ceux qui nous fournissent les renseignements les plus utiles se voient offrir un guide.

Pour nous faire part de vos réactions, prendre connaissance de notre catalogue et vous abonner à notre newsletter, consultez notre site Internet : **www.lonelyplanet.fr**

Nous reprenons parfois des extraits de notre courrier pour les publier dans nos produits, guides ou sites web. Si vous ne souhaitez pas que vos commentaires soient repris ou que votre nom apparaisse, merci de nous le préciser. Notre politique en matière de confidentialité est disponible sur notre site Internet.

Index

D

E

R

S

T

Comment utiliser ce guide

Ces symboles vous aideront à identifier les différentes rubriques :

- À voir
- Activités
- Cours
- Circuits organisés
- Fêtes et festivals
- Où se restaurer
- Où prendre un verre
- Où sortir
- Achats
- Renseignements et transports

Ces symboles vous donneront des informations essentielles au sein de chaque rubrique :

- Adresse écoresponsable
- GRATUIT Entrée libre
- Numéro de téléphone
- Heures d'ouverture
- Parking
- Non-fumeur
- Climatisation
- Piscine
- Bus
- Ferry
- Tramway
- Train
- Végétarien
- Familles

Choisissez des lieux sur mesure grâce aux symboles suivants :

- Argent
- Gastronomie
- Prendre un verre
- Vélo
- Sports
- Art et culture
- Fêtes et festivals
- Sites photogéniques
- Paysages
- En famille
- Achats
- Vaut le détour
- Randonnée
- 100% local
- Histoire
- Sortir
- Plages
- Patrimoine
- Faune et flore
- Scène LGBT
- Hébergement
- Château
- Activités nautiques
- Infos pratiques

À voir

- Cave/vignoble
- Château
- Église
- Monument
- Mosquée
- Musée/galerie/édifice historique
- Plage
- Réserve ornithologique
- Ruines
- Synagogue
- Temple bouddhiste
- Temple confucéen
- Temple hindou
- Temple jaïn
- Temple shintoïste
- Temple sikh
- Temple taoïste
- Zoo/réserve animalière
- Autre site

Achats

- Magasin

Activités

- Bodysurfing
- Canoë/kayak
- Cours/circuits organisés
- Plongée/snorkeling
- Randonnée
- Sentô (bain public)
- Ski
- Snorkeling
- Surf
- Piscine/baignade
- Planche à voile
- Autres activités

Où se loger

- Camping
- Hébergement

Où se restaurer

- Restauration

Où prendre un verre

- Bar
- Café

Où sortir

- Salle de spectacle

Renseignements

- Accès Internet
- Ambassade/consulat
- Banque
- Bureau de poste
- Centre téléphonique
- Hôpital/centre médical
- Office du tourisme
- Police
- Toilettes
- Autre adresse pratique

Géographie

- Aire de pique-nique
- Cascade
- Col
- Montagne/volcan
- Oasis
- Parc
- Phare
- Plage
- Point de vue
- Portail
- Refuge/gîte

Transports

- Aéroport
- Bart
- Bus
- Ferry
- Gare/chemin de fer
- Métro/MRT
- Monorail
- Parking
- Piste cyclable
- Poste-frontière
- Station-service
- Subway/Métro
- T/T-Bane
- Taxi
- Téléphérique/funiculaire
- Tramway
- U-Bahn, Tube Station
- Autre moyen de transport

Pierre Gouyou-Beauchamps

Cahier détachable Vélo Voyageur au long cours et journaliste pour la presse cycliste, Pierre a rejoint en 2016 la place Gengis-Khan d'Oulan-Bator, en Mongolie, au départ de Lyon : 15 266 km d'aventures racontées dans les colonnes du magazine *200*, pour qui il est pigiste régulier depuis 2014. Pour Lonely Planet, Pierre a couvert plusieurs destinations à vélo : la Corse, la Loire, les Pyrénées, le Massif central, les Alpes, la Bourgogne, le Lot et la Dordogne...

Contribution

Rodolphe Bacquet a rédigé les chapitres *Histoire* et *Culture*.

Les guides lonely Planet

Une vieille voiture déglinguée, quelques dollars en poche et le goût de l'aventure, c'est tout ce dont Tony et Maureen Wheeler eurent besoin pour réaliser, en 1972, le voyage d'une vie : rallier l'Australie par voie terrestre via l'Europe et l'Asie. De retour après un périple harassant de plusieurs mois, et forts de cette expérience formatrice, ils rédigèrent sur un coin de table leur premier guide, *Across Asia on the Cheap*, qui se vendit à 1 500 exemplaires en l'espace d'une semaine. Ainsi naquit Lonely Planet, dont les guides sont aujourd'hui traduits dans le monde entier.

Nos auteurs

Claire Angot

Diplômée de l'École supérieure de journalisme de Lille, Claire Angot vit à Annecy et travaille comme auteure et rédactrice indépendante. Passionnée d'environnement et d'activités de pleine nature, elle n'a d'yeux que pour les montagnes, les îles et les grands espaces restés sauvages : Alpes, Corse, Pyrénées, Suisse, Québec, Martinique, Nouvelle-Calédonie...

Nolwenn Patrigeon

Journaliste et rédactrice indépendante, Nolwenn a installé son camp de base face au mont Blanc pour profiter de la vie en altitude. Si elle aime arpenter et décrypter l'univers montagnard et son époque mouvementée, elle se nourrit d'autres horizons, aussi proches que lointains, en particulier quand ils sont vastes et préservés. Elle rédige des articles pour la presse spécialisée de montagne et grand public (*Géo*, *Le Figaro Voyage*...) et est coauteure du livre *50 Refuges de montagne en France* (éditions Gallimard).

Nos auteurs (suite)

Explorer la région
Les Alpes du Nord

1re édition
© Lonely Planet Global Limited 2025
© Lonely Planet et Édi8 2025
92 avenue de France - 75013 Paris
lonelyplanet.fr

Dépôt légal Février 2025
ISBN 978-2-38492-628-2
Photographes © comme indiqué 2025
Imprimé par ESTIMPRIM, Autechaux, France
1re impression

En Voyage Éditions | un département édi8

#lisez! engagé
www.lisez.com
Imprimé sur du papier issu de forêts gérées durablement.
Plus d'information ci-dessus